7판

영유아 문해 발달과 교육

Literacy Development in the Early Years
Helping Children Read and Write

Lesley Mandel Morrow 저

권 민 균 역

 아카데미프레스

Allyn & Bacon
is an imprint of

www.pearsonhighered.com

매리와 밀톤에게; 프랭크에게;
스테파니와 더글라스에게; 제임스와 나탈리에게,

나의 소중한 부모님과 남편,
나의 소중한 딸과 사위, 그리고
나의 소중한 손자와 손녀.

제임스와 나탈리, 내 삶의 에너지

저자에 대하여

레슬리 맨델 머로우는 러트거스대학교(Rutgers University)의 저명한 교수이며 동대학교 사범대학 교수 학습학과장이다. 그녀는 교사로 시작하여 읽기 전문가가 되었고 이후 뉴욕 시 포르담대학교에서 박사학위를 받았다. 그녀의 주된 연구 분야는 유아기 문해 발달과 언어 교육 프로그램의 구성과 운영이며, 연구에는 다양한 배경의 아동과 가정이 포함되어 있다.

머로우 박사는 학회지의 논문, 저서, 보고서를 많이 저술하였다. 그녀는 러트거스대학교에서 연구, 교수 및 봉사 훈장을 받았다. 그녀는 국제읽기협회(IRA)로부터 훌륭한 읽기 교육자상을 받았고 포르담대학교에서 자랑스러운 동문상도 받았다. 머로우 박사는 연방정부로부터 많은 연구비를 지원받았고 영어연구소, 국립읽기연구소와 조기읽기연구소에서 진행하는 연구의 책임자를 맡았다. 그녀는 전 세계 100개의 국가가 관계하며 60,000명의 회원이 가입된 국제읽기협회장을 역임하였으며 읽기 명예의 전당에도 뽑혔다. 2010년에는 문해연구협회에서 수여하는 오스카 코우지 연구비를 받아 문해에 대한 지식과 교육의 진보에 기여하고 있다. 그녀는 제임스 이썬과 나탈리 케이트의 자랑스러운 할머니이다.

역자 서문

이 책은 레슬리 맨델 머로우가 저술하고 피어슨 출판사에서 2011년에 출간한 *Literacy Development in the Early Years: Helping Children Read and Write*(7판: 영유아 문해 발달과 교육)를 번역한 것이다. 이는 예비교사, 현직교사, 독서지도사, 행정가와 학부모를 위한 책이며 유아기 및 초등 저학년 언어교육, 독서교육, 아동 문학, 아동발달, 유아 교육과정의 학부 및 대학원 과목의 교재로 사용될 수 있다.

머로우 박사는 오랜 기간 유아교실에서 언어 및 문해 교육 프로그램을 구성하고 운영한 교사 경험을 가지고 있다. 그녀는 이 경험을 기반으로 유아교사가 언어와 문해 교육에 관한 모범적인 프로그램을 운영할 수 있도록 대학교에서 예비교사 및 현직교사를 가르치며 교실 실제적 지식과 유아기 언어 및 문해 발달에 대한 이론을 축적해왔다. 이것의 열매가 본 책인 「영유아 문해 발달과 교육」이며 출판을 거듭하여 7판에 이르렀다.

역자는 대학과 대학원에서 언어와 문해 발달과 교육에 대한 과목을 가르치면서 유아기 언어 교육과정의 이론과 실제를 통합하며 유아 교실 맥락의 실제적 그림을 보여주는 교재에 대한 아쉬움이 있었다. 특히 언어 혹은 문해 교육과정이 유아의 일과 운영 및 생활주제 혹은 탐구주제와 통합되어 구성되고 운영되는 것의 실제와 모델을 교사와 유아의 입장에서 보여주는 교재의 필요성을 느끼고 있었다. 또한 한국 사회도 이제 다문화 사회로 변화하면서 유아 교실에서 만나는 다문화 배경 유아들의 교육적 욕구에 대한 배려 및 이들의 언어교육 방법을 충분하게 다루어야 할 필요성을 느끼고 있었다. 이 책은 역자의 이러한 아쉬움을 해소하여 주었다. 이 책은 학습자의 다양성을 고려한 언어와 문해 교육에 대한 장을 별도로 저술하였을 뿐만 아니라 각 장마다 주류 언어인 영어와 다른 언어배경을 가진 유아들의 모국어와 모국문화의 경험을 오히려 교육자료로서 활용하는 언어교육의 방법과 기술을 자세하게 소개하고 있다. 또한 유아와 함께 책을 읽거나 읽어주는 부모, 형제, 조부모 그리고 부모 이외의 양육자 역할의 중요성을 강조하여 유아기 언어 및 문해 발달에서 가정을 비롯한 학교 밖의 역할을 강조하고 있다. 따라서 유아기 문해 교육을 위한 교육기관과 가정 및 지역사회의 협력이 제시되어 있다.

미국 유아기의 형식적 학제는 유치원부터 초등학교 저학년까지이다. 따라서 원서는 교육과정 운영에 대한 실제를 보여줄 때에는 유치원뿐만 아니라 초등학교 1, 2학년 교실도 포함하고 있다. 또한 영아와 유아기의 언어와 문해 발달 및 교육을 다루고 있으므로 출생에서부터 유치원 입학 전까지 연령의 언어와 문해 발달 및 교육에 대하여도 다루고 있다. 따라서 본서를 번역하면서 가장 갈등하였던 것이 유아라는 용어 사용이었다. 우리나라에서 유아란 용어는 초등학교 입학 전 연령에만 사용하나 미국에서는 초등학교 1, 2학년 연령에도 사용하므로 한국 독자에게는 이것이 혼란스러울 것이다. 저자는 한국 독자가 기대하는 연령보다 높은 연령에도 유아 교실, 유아 교사 혹은 유아 교육과정이라는 용어를 사용하였으나, 역자는 우리나라 독자를 염두에 두고 초등학교 입학 전 연령과 해당 교육기관을 지칭할 때에 유아란 용어를 사용하고 그 이상의 경우는 아동이라는 말을 사용하고자 노력하였다. 그러나 초등학교 입학 전 연령에 대하여 이야기하다가 인접한 내용에서 바로 초등학교 입학 후 연령에 대한 예시를 제시할 경우 등 유아와 아동을 엄격히 구별해 쓰지 못했음을 밝힌다. 따라서 유아와 아동이 혼재되어서 독자로서는 용어 사용에 일관성이 없게 느껴질 수도 있을 것이다. 역자는 유아기와 초등학령기에 대한 한국 독자의 지식과 기대를 존중하면서 원서 내용을 충실히 반영함과 동시에 용어 사용의 일관성을 유지하고자 노력하였으나 모든 독자를 만족시키지는 못하리라 예상된다.

읽기와 쓰기 교육 목표의 하나는 글자의 소리를 정확하게 내거나 적는 데 있다. 5장에는 말과 글의 소리에 대한 교육이 주로 발음중심 교육의 관점에서 기술되어 있는데 이것이 영어 소리의 특징과 이에 대한 교육 방법이라서 한국 독자에게는 이 내용이 크게 필요하지 않을 수도 있다. 그러나 한국어 글자 교육의 방법에서도 발음중심 교육의 내용과 방법에 대한 국내의 관심이 클 뿐만 아니라 영어의 발음중심 교육에 대한 지식이 한국어의 글자 교육에 시사하는 바가 있을 것이라는 기대로 원서 내용을 그대로 번역하기로 하였다. 이 과정에서 두운, 각운 등 운율의 예시를 보여주는 단어 혹은 문장과 말소리 장난 같은 예시는 소리가 중요하므로 영어 먼저 쓰고 괄호 안에 그것을 번역하는 방법을 취하였다.

머로우 박사는 유아기 문해 경험은 유아의 삶과 관계있어 이것이 그의 삶에 기능을 할 때 유아 스스로 사용하고 이후 그것의 모양과 형식을 탐색하게 된다는 경험주의적 혹은 의미중심적 관점을 우선시하고 있다. 이 과정에서 교사와 유아의 상호작용과 유아 간의 상호작용을 강조하며 다양한 장르의 아동 문학은 유아가 재미를 느끼며 읽기에 자연스럽게 몰입하게 하는 것임을 강조하고 있다. 그러나 경험과 의미만이 강조되어서 글자의 모양과 형식에 대한 지식과 교육을 가볍게 여기는 것을 경계하여 필요한 경우 이를 직접적이고 반복적으로 가르칠 것을 주장하며 방법적 면에서 학습지 형식의 활동지도 다수 소개하고 있다. 역자는 본서가 제시하는 이론과 실제적 지식의 통합과 발음중심과 경험중심을 통합하는 균형적 관점에 만족하며 번역하였다. 그러나 말과 글의 소리 관계에 대해서는 우리나라 말이 아닌 영어라서 우리나라 유아기 언어와 문해 발달 및 교육에 관심 있는 독자의 기대에 못 미칠 것이라는 아쉬움이 크다. 우리나라 말과 글의 소리 관계에 대한 것을 유아기 언어와 문해 교육의 통합적 관점에서 다룬 책이 나올 것을 기대한다. 이 책이 나올 수 있도록 도와주신 아카데미프레스와 책의 처음부터 끝까지 읽으며 꼼꼼하게 교정을 봐준 김묘선 선생님에게 감사의 마음을 표현하며 역자 서문을 마친다.

2012년 계명동산에서 권 민 균

기고 서문

유아 문해 발달과 교육은 1989년에 1판이 출간되어 2011년에 7판이 출판되었으므로 이 책이 나온 지 22년의 세월이 흘렀다. 판이 거듭될 때마다 새로운 것이 추가되었는데 22년 전에도 좋은 것이라고 여겨진 것들은 여전히 남아있고 현 시점의 연구, 정책, 교육 실천이 추가되었다. 이 책은 유아기 문해 교육을 다룬 최초의 책이며 여전히 실용성을 인정받고 있는 인기 있는 책이다.

「영유아 문해 발달과 교육」 1판이 출간되었을 때는 출현적 문해관이 시작되어 적용 되기 시작하던 시기이다. 그 전에는 유아는 말하기와 듣기를 먼저 배우고 약 6세 혹은 7세가 되어야 읽고 쓰기를 배울 수 있다는 견해가 지배적이어서 초등학년기가 되어야 본 격적으로 읽고 쓰기를 배울 수 있다고 믿었다. 현재는 출생과 함께 말을 듣고 말하며 글 자의 기능과 형태를 동시적으로 습득한다고 생각한다. 읽기를 배우는 것과 배우려고 읽 는 것은 동시적인 것이다. 또한 효과적인 교육과 방법은 나이에 상관없이 모든 유아에 게 효과적인 것이라고 여긴다. 훌륭한 문해 교육은 문해 자료와 사회적 상호작용이 풍 부한 환경에서 필요한 기술을 구체적으로 배우고 교사의 모델링이 있으며 유아의 학습 에 의미 있는 피드백을 제공한다. 레슬리 맨델 머로우는 자신이 유아교실의 담임을 한 것과 읽기 전문가, 자녀를 양육한 엄마와 할머니로서의 경험과 자신의 연구 결과 그리 고 다른 전문가의 연구 결과를 통합하여 이 책을 저술하였다. 학습 과정과 방법에 대한 역사적이고 철학적 이론을 고찰하고 세월이 흐르면서 더욱 강조된 읽기 교육에 대한 정 책적 변화를 고려한 것이 책에 반영되었다. 읽기 교육에 대한 법적 의무라는 정책 변화 와 함께 강조된 것이 평가인데, 머로우는 교사들이 직면한 평가라는 도전을 감당할 수 있도록 별도의 장에서 이 주제를 다루고 있다.

가정에서는 영어가 아닌 다른 언어를 사용하다가 학교에 입학하면서 영어를 배우는 유아(ELL 유아)의 수가 미국 교실에서 차지하는 비중이 크다. 머로우는 이러한 학교 환 경의 변화에 맞추어 학습자의 다양성을 고려한 문해 교육에 대한 장을 별도로 저술하였 고 책 전체에 걸쳐서 학교에서 영어를 배우는 유아를 위한 활동을 별도로 표시하여 제 공하고 있다. 머로우는 유아가 사용하는 다양한 언어와 다양한 문해 경험을 교육에 활 용하는 가치를 강조하고 있다. 머로우는 읽고 쓸 기회가 충분히 주어지면 유아 스스로 읽고 쓰기를 실험하며 스스로 학습해가는 과정에 대한 설명과 예시를 제시하고 있다. 또한 성인이 제시하는 모델, 구체적 교수법과 피드백에 대하여도 자세히 제시하고 있 다. 또한 문해 발달과 교육에 대한 구성주의적 관점과 문제 해결적 관점에 기초하여 문 해 교육에 대한 통합적인 관점을 제시하고 있다.

머로우의 문해 환경에서 아동 문학은 중요한 역할을 한다. 아동 문학은 언어의 모델을 제시하며 읽고 쓰고자 하는 동기를 격려한다. 아동 문학은 문해 활동의 발판이다. 무엇보다도 문학은 앎으로 이끄는 길이다. 문학은 인간의 기본적인 정신 활동인 이야기 혹은 탐구의 방법으로 조직되어 있다. 머로우는 문학 이외에도 구체적인 기술을 습득하는 데 효과적인 문해 자료를 활용하는 방법과 미 전역, 주, 지역 교육청의 문해 교육 표준을 충족할 수 있는 방법도 제시하고 있다.

머로우는 아동과 함께 책을 읽거나 읽어주는 부모, 형제, 조부모 그리고 양육자 역할의 중요성을 강조하고 있다. 그녀는 아기에게 책을 읽어주는 것이 언어뿐만 아니라 이야기 구조를 습득하게 하며 이것이 읽기와 쓰기에 대한 지식을 얻도록 어떻게 도와주는지를 잘 설명해준다. 또한 글자에 대한 개념, 책 다루는 방법과 이야기의 기본 구조 등도 성인이 어린 아이에게 책을 읽어주면서 습득됨을 보여주고 있다. 책 읽기를 즐기고 글 쓰기를 함께 할 때 성인은 자연스럽게 유아의 문해 교육을 이끌고 있는 것임을 강조하고 있다. 교실에 문해 영역을 준비하고 교사가 아이들에게 책을 읽어주는 것의 효과에 대하여도 기술하고 있다. 또한 책의 저자와 삽화가가 실제 존재하는 보통 사람임을 인식할 때 더 읽고 싶어하며 그들처럼 글을 쓰고 싶어함을 보여준다. 머로우는 이야기 구연이 책을 읽어주는 것처럼 효과가 있다고 한다. 머로우는 음소 인식, 알파벳 글자 원리, 발음 지식이 성공적인 책 읽기에 필요한 기초적인 지식과 기술임을 강조함을 잊지 않았다. 또한 해독뿐만 아니라 의미를 구성하기 위하여 독해를 위한 전략도 필요함을 강조한다. 그녀는 교사, 연구자, 부모, 할머니의 경험에 기초하여 성공적인 문해 학습에 이르는 길을 보여주고 있는 것이다.

레슬리 맨델 머로우는 자신의 경력의 세월과 깊이만큼 문해 발달과 교육에 대한 전통적 견해를 기초로 하면서 현재의 새로운 견해에 대하여도 최전방에 있다. 머로우는 언어 발달에 대한 이론을 간명하게 요약하여 이것이 문해 교육에 시사하는 과정과 방법을 조명한다. 그녀 자신이 이론과 실제를 연결하는 연구를 현재도 진행하고 있다. 이 책에는 본인의 연구 결과뿐만 아니라 교실에서 문해 교육을 실행하고 있는 협력 교사의 실제를 제시하고 있다. 이러한 교실 실제는 이 책의 타당성과 신용도를 높인다.

이 책은 일과 운영에서 언어 경험이 어떻게 계획되고 운영되어야 하는지를 보여준다. 이 실제를 통해 머로우는 이론이 어떻게 현장에서 교육 실제로 적용되는가를 독자가 이해하도록 돕는다. 7판에는 유아 교실에서 공학기기의 활용, 개별화 교육, 중재, 내용교과와의 통합이 크게 강조되어 있다. 사진, 그림 등은 실제 교실의 모습을 보여주고 교사가 활용할 수 있는 활동지도 많이 제시되어 있다.

레슬리 맨델 머로우의 문해 발달과 교육은 현재 관련 분야에서 최첨단의 지식을 다루고 있다. 그녀는 민감한 관찰자와 저술가로서 유아와 교사의 목소리를 잘 대변하고 있다.

머로우 박사는 스스로 책 읽기를 즐기는 아이는 드물다고 한다. 누군가는 이들이 글자의 멋진 세계로 들어갈 수 있도록 유혹해야 한다고 한다. 그녀는 이 책에서 이러한 유혹과 안내를 어떻게 해야 하는지를 보여주어 우리와 유아의 삶을 살찌우고 있다. 출생부터 초등학교 3학년 시기의 문해 발달과 교육에 대한 머로우 박사의 공헌은 지대하다.

린다 갬브렐, Ph.D.
(크렘슨대학교 교육학과 교수)

저자 서문

「영유아 문해 발달과 교육」(7판)은 교사, 독서 전문가, 행정가, 예비교사와 학부모를 위한 책이다. 이는 유아기 및 초등기 독서교육, 아동 문학, 아동발달, 유아교육과정, 언어교육의 학부 및 대학원 과목의 교재로 사용될 수 있다.

이 책은 유아기 문해 발달에 대한 큰 관심에서 시작되었다. 나는 유아부, 유치부, 초등학교 담임교사였고, 독서 전문가였으며 대학교에서 유아교육과정을 가르쳤다. 또한 나의 연구는 유아 문해 발달을 위한 교수 전략에 집중되어 왔다. 지난 몇 년간 영유아 문해 발달과 교육에는 여러 분야의 이론이 관련되어 왔으며 새로운 이론도 제시되었다. 새로운 이론은 유아 문해 교육 방법에 대한 전통적 전략에 대한 새로운 시사점을 주기도 한다. 이 책은 출생부터 초등학교 3학년까지의 문해 발달을 촉진시키는 교육과정을 제시하고 있다.

이 책에 있는 여러 아이디어들은 다양한 연구에 근거하고 있다. 이는 여러 차례 실행되어 효과가 검증된 것들이나 이것이 모든 교사와 유아에게 다 맞는 것은 아니다. 좋은 교사는 자신감을 가지고 실행할 수 있는 교수 전략을 사용한다. 교사는 자신의 문해 교육 프로그램을 계획하고 자료를 선택할 때 비판적으로 사고할 수 있는 의사결정자이어야 한다. 유아는 사회적, 정서적, 신체적, 지적 발달과 성취수준에서 다양한 특징을 보인다. 그들이 경험하는 문해에 대한 문화적 배경, 경험의 내용과 수준도 다양하다. 이러한 다양성은 문해 교육에서 분명 고려되어야 한다.

이 책은 가르치는 것의 과학과 예술을 통합한다. 가르치는 것의 과학적 측면이란 실제 연구에 의하여 타당성이 검증된 교수 전략을 의미한다. 또한 문해 교육에 대한 표준과 현 시점의 정책을 반영하고 있다. 이 책의 매 장에는 과학적 교수 전략과 과정이 기술되어 있다. 그러나 과학적 교수 이론이 교사와 유아의 개인차를 자동적으로 고려하는 것은 아니다. 가르치는 것의 예술이란 인간이 가지고 있는 다양성과 차이를 존중하는 것이다. 이 책은 문해 교육에 대한 통합적이고 균형적 관점을 제시한다. 문제 해결 지향적인 구성주의와 직접적이고 구체적인 교수법을 잘 융합하여 교사가 지금 마주하고 있는 유아에게 가장 적절한 교수법을 선택할 수 있도록 돕는다. 독서교육은 읽기, 쓰기, 듣기, 말하기, 보기의 통합으로 이루어져야 한다. 또한 내용교과는 문해 기술과 통합되어 가르쳐야 한다. 교수법을 구분하는 것은 주제에 달려있다. 주제 중심 접근법에서는 유아 개인의 차이를 존중하는 교수법을 강조한다.

도입 장에서는 유아 교실을 구체적으로 소개하여 효과적인 문해 교수의 모델을 보여주고 있다.

1장에서는 조기 문해 발달에 관한 과거부터 현재에 이르는 이론, 연구, 정책을 소개하고 있다.

2장에서는 평가 관련 주요 이슈를 소개하는데 참 평가, 포트폴리오 평가와 표준화 평가를 제시하고 있다. 이 장에서는 평가의 목표가 교수 과정과 방법을 구성하는 데 있음을 강조한다. 평가에 대한 이러한 관점은 이 책의 모든 장에 적용된다.

3장은 현재 학교 교실의 커다란 이슈 중 하나인 다양성에 관하여 기술하고 있다. 이 장은 7판에서 더 확대되었는데 이유는 교실 유아들의 특징이 더 다양해졌기 때문이다. 이 장에서는 학습장애, 신체장애, 영재 그리고 학교에서 영어를 배우는 유아의 문해 교육에 대하여 기술하고 있다. 이 장뿐만 아니라 유아의 다양한 특징을 반영하는 교수법은 모든 장에 제시되어 있다. 왼쪽의 그림은 영어를 모국어로 하는 유아뿐만 아니라 학교에서 영어를 배우기 시작하는 유아를 위한 교수법을 표시한다.

English Language Learners

4장부터 7장까지는 언어 및 어휘 발달, 말과 글의 소리 분석, 이해, 쓰기를 다루고 있다. 이곳에서는 각 주제의 교수 전략, 평가 방법에 대하여 기술하고 있다. 이 책에서는 읽기, 쓰기, 말하기, 듣기, 보기 발달이 서로 관련되어 있다는 관점을 취한다. 즉 각 영역의 발달 이론, 단계, 전략은 서로 깊게 연관되어서 분리될 수 없다는 관점을 취한다. 따라서 4장부터 7장까지 관련 주제를 분리한 것은 진술의 편이를 위한 것이지 언어, 어휘, 단어, 이해와 쓰기가 각각 별개의 주제라고 보기 때문은 아니다.

8장은 문해에 대한 동기 혹은 열정에 관한 장이다. 이 장은 유아의 삶과 관계된 자료에 집중하고 있다. 또한 교육과정 일과 중 내용교과 학습과 문해가 어떻게 통합될 수 있는지를 보여주고 있다. 이외에도 놀이 속에서 이루어지는 문해 활동과 교육 공학이 아동의 문해 발달에 어떻게 활용될 수 있는지에 대하여 진술하고 있다. 읽기 교육의 목표는 독립적으로 읽을 수 있도록 가르치는 것 외에도 평생 독서자의 소양을 길러주는 것이다.

9장은 성공적인 문해 교육 프로그램과 관련된 요소를 어떻게 구성하고 운영하는가에 대한 장이다. 교육과정 혹은 일과가 통합되지 않으면 각각의 전략은 효과를 발휘할 수 없다. 일과의 조정과 운영뿐만 아니라 대집단, 소집단, 일대일 상호작용과 같은 집단의 구성에 대하여도 기술하고 있다. 이 장에서 가장 중요한 것은 유아 개인이 흥미 영역 활동을 하는 동안 교사가 소집단 학습을 운영하는 것에 대한 내용이다. 이는 개별화 혹은 맞춤 교육과 관련이 있다.

10장은 조기 문해 발달에서 차지하는 가정의 중요성에 대한 장이다. 가정과 학교의 연계, 세대 간 프로그램, 가정 문화의 다양성을 존중하는 문해 교육에 대하여 기술하고 있다.

각 장은 먼저 핵심 질문, 핵심 용어로 시작한다. 그 다음 교실의 실제 상황을 묘사하고, 이론, 연구, 실제 교수 전략과 평가의 순으로 기술하고 있다. 각 장에는 교실의 특성에 적용할 수 있는 교수 전략이 소개되어 있다. 모든 장은 각 장의 주제와 내용을 확장시키는 질문으로 끝난다.

7판에서 새롭게 추가된 것

7판에는 다음과 같은 것이 새롭다.

- 각 장에는 문해 교육에 효과적이고 구체적인 교실 실제가 소개되어 있다. 이는 각 장을 시작하면서 문해 교수와 관련된 환경, 자료, 교육과정에 대한 실제적 안목을 넓혀주기 위함이다.
- 6판에 비하여 교육 현장에서 바로 활용할 수 있는 구체적인 전략과 자료가 더 많이 보강되었다.
- 영어를 학교에서 배우는 유아를 위한 교수법이 3장과 4장뿐만 아니라 전 장에 걸쳐 소개되어 있다.
- 국가독서위원회, 국가조기문해위원회, 국가난독증방지위원회, 독서먼저, RAND 보고서, 낙제학생방지법, 정상을 향하여, 국가 핵심 기준에 의한 연구와 정책이 소개되어 있다.
- 새로운 사진, 표 그림이 보강되었다.
- 언어 발달, 음성학 인식, 음운론, 이해, 동기, 쓰기, 철자 발달을 위한 교수 전략을 교사가 이해하기 쉽도록 교사-유아 간의 실제 대화체 형식으로 제시하였다.
- 아동 문학, 조기 문해 관련 소프트웨어, 웹사이트가 업데이트되었다.
- 놀이, 내용교과와 문해 학습이 통합되는 것을 강조하였다.
- 교수 계획의 구성 및 자료 준비에서 개별화 교수법에 대한 제안이 추가되었다.
- 비슷한 성취 수준 혹은 필요가 비슷한 유아를 소집단으로 구성하여 운영하는 교수법이 강조되었다.

감사의 글

7판이 나오기까지 도와준 많은 사람들에게 진심으로 감사한다. 이들은 나의 요구에 항상 긍정적으로 응하였고 나를 위해 많은 시간을 할애하였다. 알파벳 순서로 이들의 사진이 아래에 있다: 제시카 바론스키, 더글라스 부셀, 스테파니 M. 부셀, 제니퍼 델 네로, 켈리 던스톤, 케내쓰 쿤즈, 스테파니 레더만, 크리스티나 스페지오, 스테치 스텐젤, 욜렌 슈레이스, 쑤 윈, 대니엘 윈트링햄.

특별히 나를 위하여 무한정으로 자신의 시간을 내준 스테파니 레더만에게 감사한다. 7판이 나오기까지 수정작업을 도와준 피어슨 출판사의 오로라 마티네즈 편집장에게 감사한다. 오로라는 인내심을 가지고 내가 이 일에 집중할 수 있도록 여러 가지 조언을 해 주었다. 또한 에린 글랙은 아주 세심하게 조언과 격려를 해 주었다. 네스빗 그래픽사의 린다 그리피스와 수잔 맥킨타이어 공동 편집장에게도 감사한다. 특히 수잔 맥킨타이어는 출간 마감일을 맞출 수 있도록 도와주었다.

이 책은 여러 분야 사람들의 직·간접적 도움으로 출간될 수 있었다. 이 책이 나올 수 있도록 도움을 준 유아 교실의 선생님과 행정가에게도 크게 감사한다. 또한 내가 가르쳤던 유아, 대학생들에게도 감사하며 그들의 수업과 교실 운영을 관찰할 수 있는 기회를 준 좋은 교사들에게도 감사한다.

6판을 검토하여 7판에서 첨가할 것과 삭제할 것에 대하여 피드백을 준 여러 사람에게 감사한다. 그들의 꼼꼼한 분석과 깊이 있는 논평에 감사한다. 6판을 읽은 대학 교수,

대학생, 교사, 부모들이 7판이 나오도록 의미 있는 평가를 해 준 것에 감사한다.

마지막으로, 어린 시절 나에게 문해를 경험할 수 있는 환경을 마련해 주고 내가 일에 몰입할 수 있는 열정을 불어넣어 준 부모님, 매리와 밀턴 맨델에게 감사한다. 사랑과 우정을 알게 해 준 나의 가족 스테파니 부셀, 더그 부셀과 프랭크 머로우에게 감사한다. 또한 이 책에서 소개하고 있는 여러 개념과 방법의 타당성을 검증해 준 손자와 손녀인 제임스와 나탈리에게 감사한다.

레슬리 맨델 머로우

도입:
모범적 언어교육
수업의 예시

도입 장에서 학기초 유아 교실의 담임교사와 유아들에 대하여 소개할 것이다. 도입 장의 목적은 문해를 강조하는 모범적 유아교실의 예를 제시하는 것이다. 이는 이 책의 나머지 장을 이해하는 기초가 될 것이다. 이 장을 통해서 앞으로 소개될 내용에 대한 기초적 이해를 할 수 있을 것이다. 모범적 언어교육에 관계된 자료, 일과와 같은 핵심적 요소들이 소개될 것이다. 이 책을 다 읽은 후에 다시 도입 장을 다시 읽는 것도 좋은 방법이다.

 ## 유아교사와 학생에 대하여

웬디 헤이스 선생님은 지난 7년간 1학년 담임교사를 맡았다. 최근에 읽기 전문가로서 석사학위를 취득하였다. 그녀가 가르치는 아이들은 근로자 가정의 아이들로 6명의 백인, 5명의 동양인, 7명의 흑인과 4명의 라틴계로 총 22명이다. 20%의 반 아이가 스페인어, 일본어, 힌디말 혹은 만다린어를 가정에서 사용하고 있다. 12명이 남자아이고 10명이 여자아이이다. 신체장애아 한 명에게는 종일반 교사가 따로 배정되어 있다.

웬디 선생님은 여러 영역을 통합하는 교육과정을 운영하고 있다. 그녀는 사회와 과학과 같은 내용교과와 말하기, 듣기, 읽기와 쓰기를 하나의 주제에서 통합하여 운영하고 있다. 학생 개인의 특성에 따른 개별 교육은 소집단 형식으로 운용된다. 소집단에서는 구체적 기술을 직접적으로 가르친다. 또한 정보 장르의 책을 활용하여 학생들이 다양한 어휘와 배경 지식을 얻도록 한다. 그녀는 무엇인가를 만들어내는 절차에 관한 글, 특정한 주제에 대하여 정보를 주는 글, 요리법과 웹사이트 등 다양한 장르의 글을 활용한다.

웬디 선생님 교실의 공간 배치

웬디 선생님의 교실은 영역으로 구분되어 있으며 외부인의 방문을 환영하는 따뜻한 분위기를 낸다. 탐구 주제가 벽의 게시판에 명시되어 있으며 이는 아이들의 문해 발달의 정도를 드러낸다. 여기에는 웬디 선생님과 아이들과 함께 작성한 포스터와 아이들의 글 혹은 그림 작품도 게시되어 있다. 모닝 메시지를 적은 차트가 이젤에 놓여있고, 달력, 날씨, 도우미, 일과, 교실 규칙, 주머니 차트, 단어 띠 등이 대집단 활동이 주로 이루어지는 영역에 게시되어 있다.

웬디 선생님 교실의 가장 넓은 공간은 문해 영역이며 이곳에는 부분 카펫이 있어 대집단 모임 혹은 독립적 읽기에 활용된다. 이곳에는 많은 책이 있고 수준에 따라 구분된 책들이 바구니에 담겨있다. 예를 들어서, 초록색 바구니에 들어 있는 책들은 소집단 활동 중에 아이 혼자서도 충분히 읽을 수 있는 난이도의 책이다. 공룡, 스포츠 혹은 날씨와 같은 주제로 분류된 책들은 별도의 바구니에 담겨있다. 스티커가 책마다 부착되어서 학생들은 책을 읽은 후 책을 어느 곳에 정리해야 할지 스스로 알 수 있다. 학생들이 만든 책 혹은 이야기는 별도의 바구니에 보관되어 있다. 현재 진행되고 있는 주제와 관련된 책은 책의 표지가 보이도록 보관할 수 있는 서가에 꽂혀있다.

문해 영역에는 융판대에 부직포로 만든 인형과 자석판에 자석이 부착된 인형과 소품이 있어서 이를 이용해 이야기를 만든다. 교사가 아이들에게 책을 읽어줄 때에는 흔들의자에 앉는다. 아이들도 혼자 읽거나 또래와 함께 읽을 때 흔들의자에 앉는다. 동화가 녹음된 CD가 있어서 이를 들을 수 있다. 자석글자, 단어카드, 타일글자 등이 있어 이를 조작하며 단어를 만들거나 분해할 수 있다. 전자칠판도 준비되어 있으므로 교사가 주도하는 단어 학습, 이해 등을 위한 활동을 할 수 있다. 이 영역에는 컴퓨터가 있어서 쓰기, 읽기활동을 유아 스스로 하거나 웹사이트에 반의 소식을 올릴 수 있다.

문해 영역 바로 옆이 쓰기 영역이다. 이곳에는 교사와 소집단의 아이들이 함께 앉을 수 있는 둥근 모양의 테이블이 있다. 선반에는 다양한 종류의 종이, 스테플러, 사인펜, 크레용, 색연필, 사전, 낱자 도장과 잉크패드가 준비되어 있다. 단어 벽에는 낱자가 수평선 대형으로 배치되어 있으므로 유아가 새로운 단어를 배우면 카드에 이를 적고 단어의 첫 글자 아래 이 단어카드를 붙여놓는다. 아이들은 단어를 읽거나 쓸 때 어려움이 있으면 단어카드를 참고한다. 단어를 읽거나 쓸 때 문제가 있으면 첫소리 혹은 끝소리가 같은 단어를 생각해보고 이를 단어 벽에 게시되어 있는 단어카드에서 찾아본다. 단어 벽에는 반 아이들의 이름카드와 자주 쓰이는 단어카드가 부착되어 있으므로 이를 활용할 수 있다.

과학 영역에는 기니아 피그, 토끼와 소라게가 있다. 이외에도 식물이 자라는 화분, 자석, 돋보기 혹은 물에 가라앉는 것과 가라앉지 않는 사물이 진열되어 있다. 주제에 따라서 탐구하거나 조작할 수 있는 재료가 첨부된다.

역할 영역에는 테이블, 의자, 서가가 있다. 주제에 따라서 식당으로 꾸며지기도 하는데 메뉴, 주문서 등이 준비되고 다양한 문화의 음식도 준비된다. 금년에는 이태리, 중국, 멕시코, 유대 빵집, 일본 식당이 준비되었다. 이외에도 신문사, 우체국, 여행사로 꾸며지기도 한다.

블록 영역에는 다양한 크기와 모양의 나무 블록과 레고와 같은 구성 놀잇감도 있다. 장난감 트럭, 기차, 자동차, 사람, 동물이 있고 이는 이름표가 붙어있는 보관대에 보관된다. 아이들이 구성한 구조물에는 "공사 중" 혹은 "다 완성되지 않았음"처럼 아이들이 이름을 붙이거나 사인을 표시할 수 있도록 카드와 테이프가 준비되어 있다. 이런 표시를 한 아이는 자신의 이름을 써놓아서 구조물을 만든 사람이 누구인지를 알린다.

씽크대 가까이에는 미술 영역으로 이젤, 테이블과 의자가 있다. 가위, 마커, 크레용, 다양한 색, 모양, 크기의 종이도 있다. 솜, 알루미늄 호일, 벽지, 스티커와 찰흙 등 다양한 콜라주 재료도 준비되어 있다.

수학 영역에는 수세기, 더하기, 측정, 그래프 그리기, 모양 탐색을 할 수 있는 조작물이 준비되어 있다. 융판대에서 조작할 수 있는 부직포로 만든 숫자와 자석 숫자가 있으며 네모, 세모, 원기둥, 정사각형 모양의 조작물이 있다.

교실의 조용한 쪽의 테이블에서는 웬디 선생님이 아이들과 소집단으로 함께 활동할 수 있는데, 가까운 곳에 있는 보관대에는 단어카드, 레벨 북, 문장 띠지, 화이트보드, 마커와 단어 게임 등이 있다.

영역 운영 : 언어 영역 포함 총 6 영역

웬디 선생님은 이상의 모든 영역을 가급적이면 매일 사용하도록 하는데 이유는 저학년 아동들은 구체물을 조작하고 협동할 때 가장 잘 배우기 때문이다. 모든 아이들이 매일 최소 세 개의 영역을 경험하도록 하기 위하여 모든 영역에는 "완성품"을 보관하는 바구니가 있고 각 아동은 한 영역의 활동을 마치면 이곳에 자신의 이름을 적거나 완성물을 담아놓는다. 아이들이 귀가한 후 웬디 선생님은 영역의 "완성품"보관 바구니를 체크하여 활동을 한 아이와 하지 않은 아이를 체크한다. 과제물을 보고 이해가 부족해 보이거나 미완성 결과물에 대하여는 "미완성" 바구니에 담아서 다음 날 해당 아동을 지도할 계획을 잡는다. 매일 세 영역의 활동을 끝낸 아동은 다른 영역의 활동을 자유롭게 선택할 수 있다. 따라서 아이는 선생님이 지정한 활동과 스스로가 선택한 활동을 한다.

교수 계획을 위한 평가

반 아이들이 보여주는 읽기와 쓰기의 다양한 능력에 맞는 교육을 실시하기 위하여 웬디 선생님은 형식적, 비형식적 평가에 많은 시간을 할애한다. 9월, 1월, 6월에는 발음지식, 시각글자 인식, 읽기 이해도, 유창성, 쓰기 검사를 한다. 또한 매일의 활동 결과물을 보고 이를 통해 교수계획을 짠다. 선생님은 글을 읽는 아이는 한 달에 한 번씩 연속기록을 하며 글을 읽지 못하는 아이는 책과 글에 대한 개념(Concepts about Books and Print) 검사를 한다. 이 검사로 아동이 사용하는 읽기 전략과 오류를 발견할 수 있다. 이전에 했던 연속기록 혹은 책과 글에 대한 개념 검사로 각 아동의 변화를 파악한다. 또한 일화 기록을 통해 아동에게 어떤 도움을 주어야 할지를 판단한다. 아동의 쓰기물을 수집하여 평가하고 이를 아동의 포트폴리오에 보관한다. 이외에도 아동의 사회, 정서, 신체 발달 도 관찰한다.

소집단 읽기 활동

웬디 선생님은 소집단 형태로 읽기 학습 시간을 운영한다. 평가를 통해 비슷한 수준 혹 은 도움이 필요한 아동을 소집단으로 구성하여 문해 관련 활동을 지도한다. 주로 음소 인식, 이해, 유창성, 글쓰기, 어휘와 관련하여 구체적인 교수활동을 한다. 웬디 선생님 반에는 현재 4개의 소집단이 구성되어 매주 각 집단을 3~4회 정도 만난다. 금요일에는 읽기 수준이 가장 떨어지는 아동을 개인지도한다.

웬디 선생님의 일과 운영

8:45 교실에 도착한 아동은 다음을 한다:
아침 도우미: 화분에 물 주기, 날씨 기록하기
출석카드에 표시하고 저널을 쓴다.
어제 미완성한 과제를 하고 필요한 경우 관련된 개념과 지식에 대하여 배우 고 연습한다.

9:00 대집단으로 아침 모임을 한다:
아침 인사
오늘의 요일과 날씨에 대하여 이야기 나눈다.
오늘의 일과에 대하여 이야기를 한다.
모닝 메시지를 읽는다.
주제와 관련된 노래 혹은 움직임 활동을 한다.
교사가 주제 관련 책을 읽어준다.
학교 교육과정 혹은 주에서 기준으로 정한 문해 관련 기술에 대하여 학습한 다.

9:30 소집단 읽기 활동 및 영역 활동

10:30 간식

10:45 쓰기 시간: 대집단으로 학습하기, 교사와 함께 소집단으로 쓰기 워크숍

11:45 점심과 실내놀이나 바깥놀이

12:40 수학

1:40   주제와 관련된 사회 혹은 과학(읽기와 쓰기 활동을 동반함)

2:15   창의적 미술, 음악 혹은 체육(담임교사 혹은 특별교사가 실시함)

2:50   대집단 모임

　　　　책 읽기

　　　　일과 돌아보기

　　　　내일의 계획

웬디 선생님의 하루

웬디 선생님의 교실에서는 읽기, 쓰기, 듣기, 말하기, 사회, 과학이 하나의 주제로 통합되어 운영된다. 이 주는 공룡을 주제로 학습하고 있다. 월요일에 그 주의 활동을 계획한다. 월요일 아침 8시 45분에 아동이 한 명씩 도착하면서 속삭임이 시작된다. 아침 일과를 하는 아동들 뒤로 클래식 음악이 들리고 있다. 아이는 각자 출석카드에 자신의 이름을 붙이거나 점심과 우유를 사 먹을 것인지 아닌지를 표시한다. 이를 끝낸 아동은 이젤에 웬디 선생님이 적어놓은 모닝 메시지를 읽는다. "얘들아, 안녕? 오늘은 4월 3일, 월요일이야. 오늘은 미술활동을 할 거란다. 공룡을 좋아하니? 공룡을 좋아한다면, 왜 좋아하지? 공룡을 좋아하지 않는다면, 한번 좋아해보는 것이 어떨까?"라고 적혀 있다.

웬디 선생님 반 아이들은 이와 같은 주제 소개 방식에 익숙하여서, 자신이 공룡을 좋아하면 "네"에 표시하고 아니면 "아니오"에 표시하며 자신의 의견을 친구들과 나눈다. 각자는 아침 도우미 활동을 체크하는데, 예를 들어, 동물 밥 주기, 식물 물 주기, 날씨 기록하기 등이다. 특히 동물도우미(zookeeper)는 동물 우리 옆에 붙어 있는 과제 목록을 하나씩 읽으며 동물 돌보기에 필요한 것이 누락되지 않도록 주의한다. 이 활동은 영어를 학교에서 처음 배우는 아이나 읽기 발달이 많이 늦은 아이에게 적절하다.

이제는 저널에 지난 주말에 있었던 일을 적는 시간이다. 웬디 선생님은 열중하고 있는 아이들을 돌아보면서 틀린 구두점을 체크해주거나 단어를 적는 데 어려움이 있는 아이들에게는 단어 벽에 부착되어 있는 단어를 참고하도록 지도한다. 주말 지낸 것에 대한 저널 작성이 다 끝나갈 쯤 웬디 선생님은 몇몇 아이들의 주말 이야기를 듣는다. 웬디 선생님이 저널 쓰기 마무리를 알리는 종을 치면 몇몇 아이들은 이미 문해 영역의 카펫에 자리를 잡고 혼자 혹은 친구와 함께 책을 읽기 시작한다. 저널 쓰기를 다 끝내지 못한 아동은 "미완성" 바구니에 자신의 쓰기물을 넣고 다음 시간에 마치도록 계획한다. 도우미 아동이 아침 모임을 위하여 탬버린을 흔들면 모두 카펫에 와서 둥그렇게 앉는다.

아침 모임

웬디 선생님이 "친구들 안녕"하면 아이들도 서로 인사를 하거나 악수를 한다. 이 주는 4월의 첫주이므로 교사가 4월에 대한 동시를 읽어주고 아동은 같이 따라 읽는다. 선생님은 4월의 동시를 이미 게시판에 적어놓았고, 아이들은 이미 각자 동시 옆에 그림을 그려서 자신의 동시책에 보관해놓았다. 요일 도우미, 날씨 리포터, 일과 도우미가 이 시간을 주도한다. 웬디 선생님은 출석과 점심을 사먹는 친구들의 수를 세어 연락 도우미에게 알려주면 그가 이를 사무실에 가서 보고한다.

이제 선생님은 모닝 메시지를 함께 읽으며 활동을 주도한다. 오늘의 질문인 "공룡을 좋아하니?"의 결과를 토론한다. 공룡을 좋아하거나 좋아하지 않는다고 답한 아이들은 이유에 대하여 말한다. 이사벨라는 공룡이 무섭게 생겨서 공룡을 좋아하지 않는다고 말한다. 호세는 공룡에 흥미가 있으며 그렇게 많은 종류가 있다는 것이 놀랍다고 한다.

웬디 선생님은 아이들이 다시 모닝 메시지를 읽도록 한다. "얘들아, 안녕? 오늘은 4월 3일, 월요일이야. 오늘 우리는 미술활동을 할 거란다. 공룡을 좋아하니? 공룡을 좋아한다면, 왜 좋아하지? 공룡을 좋아하지 않는다면, 한번 좋아해보는 것이 어떨까?"를 읽으면서 선생님은 아이들이 이 문장에 나오는 단어의 단모음과 장모음에 주의하도록 한다. 단모음에는 빨간색의 동그라미로 표시하고 장모음에는 파란색의 동그라미로 표시하도록 하는데, 아이들이 자원한다. 이 활동은 아이들이 /r/이 어떻게 모음의 소리에 영향을 주는지를 알게 해준다. 예를 들어 모닝 메시지에 나오는 art(미술)와 April(4월)에서 r은 주변 모음을 길게 하지도 짧게 하지도 않는다.

옆의 다른 차트에 선생님은 공룡에 대한 동시를 적어놓았다. 교사가 먼저 읽으면 아동이 따라 읽는다. 이후 남자 아이들과 여자 아이들이 번갈아가며 한 행씩 읽도록 한다. 그 다음 한 문장의 한 단어를 포스트잇으로 가려서 아이들이 빈 자리의 단어를 읽도록 한다. 이 활동을 모든 단어가 가려질 때까지 한다.

선생님: 내가 _____ 하면 으르렁대지. 빈칸에 어떤 단어가 들어갈까? 공룡이 언제 으르렁거릴까 한번 생각해 보자.

학생 1: 화가 많이 났을 때요.

선생님: 그래 화가 많이 나면 으르렁대지. 모두 그렇게 생각하니?

아이들: 네.

선생님: 그런데 모든 공룡이 다 화를 낼까?

학생 2: 어떤 공룡은 화를 내고요, 어떤 공룡은 그렇지 않아요.

선생님: 그건 그래.

학생 3: 맞아요. 그런데 공룡이 배가 고파도 으르렁댈 거예요.

선생님은 단어카드에 '화가 난'과 '배고픈'을 적고 네 개의 단어카드에 적을 단어에 대하여 아이들과 이야기를 나눈다. 마침내 오늘은 화가 난, 피곤한, 배고픈, 슬픈을 적었다.

선생님: 단어는 이렇게 의미가 통하도록 해야 한단다.

학생 3: 먼저 글자를 봐야 하고요, 다음에 그 단어가 속한 문장을 보면 그곳에 속하는 단어를 찾아낼 수 있어요.

선생님: 맞아요. 자 지금부터 우리가 찾은 단어의 글자를 보도록 하자.

웬디 선생님은 아이들과 함께 가려진 단어 맞추기를 계속하였다. 아침 모임 시간은 음악에 맞춰서 아이들이 공룡처럼 걸어보는 것을 끝으로 끝났다.

영역 시간: 유아 주도 활동

영역 선택 시간을 시작하기 전 웬디 선생님은 아이들과 함께 각 영역을 간단하게 검토하며 공룡과 관련하여 새롭게 준비된 자료에 대하여 소개하였다.

쓰기 영역: 공룡 모양으로 잘려진 종이, 공룡 모양의 책, 공룡 사전, 공룡 관련 단어가 적힌 공룡 모양의 포스터, 연필, 크레용, 색연필, 마커 등

문해 영역: 픽션과 논픽션 종류의 공룡 책, CD자료가 있는 공룡 책, 공룡 단어 퍼즐, 공룡 메모리 게임, 교사가 제작한 공룡 로토 게임

컴퓨터 영역: 게임, 다양한 종류의 공룡에 대한 정보와 화석에 대한 동영상을 볼 수 있는 웹사이트: www.teacherplanet.com/links/redirect.php?url=http://www.kidsturncentral.com/links/dinolinks.htm.

과학 영역: 동물 두개골 혹은 뼈, 돋보기와 고무장갑을 가지고 뼈를 관찰하고 동물 몸 전체 모양을 생각해보는 활동, 육식 혹은 채식 공룡 카드로 분류해보기, 두 발로 걷는 공룡 혹은 네 발로 걷는 공룡 카드로 분류해보기, 기록지도 함께 있음

수학 영역: 플라스틱 공룡 뼈를 재볼 수 있는 자, 저울 등의 측정 도구와 기록지, 1부터 50까지 번호가 적혀있는 작은 공룡 모형

블록 영역: 장난감 공룡, 나무, 풀숲과 공룡에 관한 책

미술 영역: 공룡 모양 틀, 공룡 스탬프, 공룡 찰흙 모형, 공룡 찰흙으로 만들 수 있는 여러 공룡 사진

극놀이 영역: 공룡에 관한 책, 발굴에 필요한 도구들(붓, 망치, 조각칼, 안전 안경 등), 뼈 모형, 뼈를 전시할 수 있는 쟁반, 발굴한 뼈에 이름을 쓸 수 있는 종이와 연필 등을 준비하여 고고생물학자 사무실로 꾸며 놓음

웬디 선생님이 각 영역의 자료와 활동을 소개하면 아이들은 오늘 해야 할 과제를 우선으로 선택하여 활동한다. 예를 들어서 글자와 소리의 관계를 연습하는 활동을 우선하고 이후 아이들은 자신이 원하는 활동을 선택할 수 있다. 각 아동은 자신이 참여한 활동에 표시를 해야 한다.

소집단 읽기 활동: 선생님 주도 활동

웬디 선생님이 제일 먼저 만난 소집단은 새 책을 읽는다. 먼저 책을 쭉 훑으며 아이들과 함께 이야기를 나누면서 처음 보거나 읽기 어려운 단어를 찾는다. 또한 각 쪽의 그림을 보며 공룡의 이름에 대하여 이야기한다. 선생님이 책을 읽어준다. 그 다음 아이들 각자가 소리 내어 책을 읽도록 하는데, 이때 한 아이가 틀리지도 않으면서 아주 빨리 읽는다는 것을 발견한다. 웬디 선생님은 이 아이를 좀 더 높은 집단으로 옮길 것에 대하여 고민하며 메모를 한다. 모든 아이가 읽기를 끝내면, 8쪽을 펴도록 한다. "아까 보니까 제임스가 처음에는 '우리는 반달곰을 보았어요(We saw the pot bear)'라고 읽다가 다시 돌아가서 '우리는 북극곰을 보았어요(We saw the polar bear)'라고 바꿔 읽었어요. 제임스는 글자를 읽을 때 문장 안에서 의미가 통해야 한다는 것을 기억한 것이지요."라고 이야기 한다.

아이들이 읽기를 하는 동안 웬디 선생님은 한 아이에 대하여 연속기록을 한다. 이 아이가 이빨들(teeth)을 이빨(tooth) 혹은 날개(wings)를 바람(winds)으로 읽는 것을 발견한다. 따라서 웬디 선생님은 이 아이와 함께 글자 모양에 더 주목해서 읽는 활동을 하여야겠다고 생각한다.

웬디 선생님과 소집단 읽기 활동을 할 다음 집단은 처음 집단보다 읽기 수준이 높아서 더 어려운 책을 읽는다. 이 집단은 지난번에 읽은 책이므로 아동 각자가 읽도록 한다. 웬디 선생님은 어려운 단어를 읽을 때 문장 안에서 의미를 생각해보고 그 다음 단어의 첫 글자의 소리를 내보도록 가르친다. 아침 모임에서 했던 것과 비슷한 활동으로 이들은 "가려진 글자 맞추기 게임"을 한다. "나는 빨리 _____ 할 수 있어요"에서 빈칸의 단어를 찾는 것이다. 웬디 선생님은 아이들이 문장을 읽고 어떤 의미일까 생각해보며 이곳에 들어갈 단어를 찾도록 한다. 아이들은 걷다(walk), 먹다(eat), 뛰다(hop), 자다(sleep), 달리다(run)를 생각했다. 책에 있는 다른 문장을 가지고 비슷한 활동을 몇 번 더 하였다.

세 번째 집단은 다른 책을 읽었고 이 집단에서 웬디 선생님은 단어를 읽을 때 끝소리에 집중하는 것에 대하여 이야기하였다. "나는 지금 가게에 갔습니다(I am go to the store)"라고 적었다. 선생님이 이 문장을 읽자 아이들은 금방 이 문장이 이상하게 들린다고 한다. 웬디 선생님이 "나는 가게에 갑니다(I am going to the store)"라고 다시 적는다. 아이들은 이 두 문장에서 가다(go)와 가고 있다(going)가 차이가 있음을 발견한다. 웬디 선생님은 아이들에게 단어를 읽을 때 단어가 어떻게 끝나고 있는가에 주의해야 한다고 말해준다. 아이들은 단어의 끝에 주의하면서 책을 다시 읽는다. 읽기가 끝난 후 책의 이야기를 다르게 한다면 어떻게 할 것인지 아이들의 의견을 묻는다.

간식

오늘 간식은 공룡 모양의 과자와 쥬스다. 간식을 다 먹은 아동은 책을 읽는다.

쓰기 워크숍: 기능적 쓰기, 의미적 쓰기

웬디 선생님은 이 활동을 학교 전체에 확대해보기로 하였다. 아이들은 학교 친구들이 좋아하는 공룡에 대하여 조사하기로 한다. 웬디 선생님은 반 전체 아이들과 함께 다른 반 교사와 아이들에게 보낼 편지를 작성한다. 먼저 편지의 형식에 대하여 검토한다. 편지의 시작과 끝을 어떻게 할 것인지 이야기 나눈다. 편지의 첫 문장을 어떻게 시작할 것인지 아이들의 의견을 물으면서 차트지에 적는다. 모두 함께 편지를 작성한 후 선생님이 워드로 작성한 편지를 각 반에 보내고, 처음에 아이들과 함께 작성한 차트지는 학교 식당 문에 붙여놓는다.

웬디 선생님은 공룡에 대하여 정보 글을 쓰는 것에 대하여 설명한다. 먼저 각자는 자신이 좋아하는 공룡을 정하고 글쓰기를 시작하기 전 다음과 같은 질문에 대하여 생각해보도록 한다.

내 공룡은 어떤 종류인가? 내 공룡이 주로 먹는 것은 무엇인가? 내 공룡이 살았던 곳은? 이외에 내 공룡에 대하여 알고 있는 것은?

아이들은 짝과 함께 관심 있는 공룡에 대한 정보를 수집한다. 자말과 다미엔은 티라노사우르스를 하기로 하였다. 선생님은 공룡에 관한 책을 보면서 위의 질문과 관련된 정보에 밑줄을 긋거나 웹사이트를 아이들에게 소개한다. 각 아동은 학급에서 만들 공룡에 대한 책의 두 쪽을 맡아 메모한다.

이 활동을 통해 아이들은 책을 쓰기 전 브레인스토밍의 필요성과 기능에 대하여 알게 되었다. 브레인스토밍을 통해 아이들은 무엇을 쓸 것인가를 결정할 수 있었다. 화요일에 공룡에 대한 정보를 더 수집한 후 글쓰기를 시작할 것이다. 아이들은 수집한 정보를 이용해 글을 쓰고 그림도 그린다. 이 활동이 끝나면 아이들은 반 친구들 앞에서 자신의 공룡에 대한 이야기와 수집한 정보에 대하여 발표한다.

점심과 놀이

학교 식당에서 점심을 먹은 후, 날씨가 좋으면 바깥놀이를 하고 그렇지 않으면 강당 혹은 교실에서 놀이를 한다.

독립적 읽기

아동은 혼자 혹은 짝과 함께 자신이 읽고 싶은 공룡에 대한 책을 읽는다. 이는 아이들이 책읽기를 좋아하도록 만든다. 매번의 독립적 읽기가 끝난 후 자신이 읽은 책에 대한 내용과 쪽수를 독서 기록지에 표기한다.

수학

학교에서는 별도의 수학 프로그램을 운영하고 있으나, 웬디 선생님은 이뿐만 아니라 수학을 주제를 중심으로 언어와 통합시키려고 노력한다. 오늘은 아이들과 함께 모든 공룡의 이름을 목록으로 적어보았다. 공룡 백과사전을 이용해서 각 공룡의 이름 철자를 확인하고 그림도 보면서 차트지에 적었다. 인터넷에서 공룡 관련 웹사이트를 찾는다. 10개의 공룡 이름 목록을 만들었고 아이들이 좋아하는 공룡의 수를 세어 한 아동이 이를 기록하였다. 알로사우르스, 이구아노돈, 스피노사우르스, 스테고사우르스, 트리세라톱스와 티라노사우르스, 총 6개의 공룡을 반 아이들이 가장 좋아하였다.

주제가 통합된 영역 활동

미술도 공룡 주제와 관련한 것으로 반 아이들이 공룡 벽화와 서식지를 미술 선생님과 함께 만들기로 하였다. 먼저 웬디 선생님이 공룡 벽화와 서식지에 대하여 아이들에게 자세히 설명하자, 아이들마다 자신이 작업하고 싶은 부분, 즉, 나무, 동굴, 덩굴, 강 혹은 여러 식물 중 택하였다. 웬디 선생님은 아이들이 담당한 부분에 각 아이의 이름을 적었다.

　반 아이들 중 1/3이 벽화작업에 참여하는데 이들은 공룡에 관한 책을 보며 당시의 식물과 환경에 대하여 관찰하였다. 또한 공룡의 먹이, 서식지, 물 등에 대하여 이야기를 나눌 때 아이들은 무척 흥미를 보였다. 벽화 제작에 참여하지 않는 아동은 미완성된 저널 쓰기 혹은 다른 영역의 활동을 하였다. 해야 할 것을 다 끝낸 아동은 원하는 영역을 선택하여 활동한다. 이 시간에 아동들은 블록 놀이, 극놀이, 미술 프로젝트, 과학 영역 혹은 책읽기 등 자신이 가장 하고 싶은 영역을 선택할 수 있다. 오늘 벽화활동을 하지 않은 아동은 이번 주 중 다른 날에 벽화를 하게 될 것이다.

미술, 음악, 체육

이 시간에 아동은 미술, 음악, 체육 선생님과 활동한다. 웬디 선생님이 공룡 주제에 관하여 특별활동 선생님과 사전에 조율을 하여서, 미술 선생님은 공룡 조각을 할 것이고, 음악 선생님은 공룡과 서식지에 관한 노래를 소개하고, 체육 선생님은 공룡처럼 움직이는 동작활동을 한다.

오후의 모임 시간

귀가할 시간이 가까워오면 아이들은 모두 모여 책을 읽고 하루를 평가한다. 공룡에 관한 책을 읽으므로 아동들이 작업하고 있는 벽화와 관련된 정보를 보충할 것이며 공룡에 관한 글을 쓰는 데 도움이 될 정보와 어휘를 얻을 것이다. 책을 읽어주기 전 웬디 선

생님은 정보책의 특성에 대하여 언급한다. 이 책에는 각 장의 목차, 어휘 목록, 그림
표, 새로운 주제에 대한 제목, 진하게 표기된 단어 등이 있다. 이 책에는 육식 공룡과 초
식 공룡의 종류에 대하여 소개하고 있는데 이는 공룡 주제로 반에서 처음으로 언급하
게 되는 것이다. 선생님이 책을 읽어준 후 아이들은 선생님과 함께 초식 공룡과 육식
공룡의 특징을 적는다. 또한 장갑 판(armored plates), 멸종, 육식과 같은 새로운 어휘
를 배운다.

다음 날 이 책을 읽을 때는 공룡에 대한 사실과 정보에 집중하며 들어보라고 아이들
에게 말할 것인데 이유는 정보책의 특징이 이것이기 때문이다.

선생님은 책을 읽어준 후 "왜 이 책을 정보책이라고 하는 걸까?"라고 질문하였다.

학생 1: 이 책에는 이야기를 이끌어가는 등장인물이 없어요.
학생 2: 이는 실제에 관한 것이에요.
학생 3: 정보를 많이 얻을 수 있어요.

토론이 끝난 후, 책에서 얻은 사실을 웹 모양으로 정리하였다. 가운데에 원을 그리고
안에 공룡이라는 단어를 쓰고 원으로부터 선을 그었다. 다시 작은 원을 그리고 이것을
가운데 원의 선과 연결한 후 아동들이 말하는 공룡과 관계된 사실을 작은 원안에 적었
다. 그 결과, 공룡, 크다, 무섭다, 채식, 고기를 먹는다, 위험하다, 멸종하다가 적혔다. 이
후 선생님은 정보책은 꾸며진 이야기가 아니라 사실에 관한 것이므로 논픽션이라고도
함을 말해주었다. 한 아동이 손을 들어 다음과 같이 말하였다.

학생 1: 나는 그림을 그린 것이므로 이 책이 가작된 것이라고 생각해요. 이것이 정보
책이려면 사진기로 찍은 사진이 있어야 해요.
학생 2: 그런데 공룡은 다 죽어서 사진을 찍을 수 없었을 거야. 공룡이 살아있던 때
는 카메라가 없었잖아. 이제는 공룡이 없잖아. 이런 것을 무엇이라고 하더라? 아 맞
아, 멸종이지.

귀가하기 전, 오늘의 활동을 돌아보면서 가장 좋았던 것에 대하여 이야기하고 다음
날을 계획하였다.

화요일: 공룡에 대한 탐구의 계속

화요일의 활동은 새로운 책과 과제가 있다는 것 말고는 월요일과 같다. 한 주 내내 모닝
메시지, 함께 책 읽기, 대집단 학습, 소집단 학습, 영역 선택 활동, 독립적 읽기, 쓰기 워
크숍과 같은 일과가 반복되며 사회, 과학, 수학, 미술, 음악, 놀이가 공룡 주제에 통합되
어 진행된다.

요약

웬디 선생님 반의 아이들은 구체적인 기술을 직접 배우기도 하지만 스스로 탐구하고 실험할 기회를 가진다. 이들에게는 대집단 혹은 소집단에서 해야 할 과제가 있지만, 하루 일과 중 자신의 흥미에 따라서 활동을 선택할 기회도 있다. 많은 정보가 대집단 혹은 소집단에서 소개되고 이 정보들은 한 주간 동안 반복되고 검토된다. 각 아동의 개인적 필요는 소집단, 쓰기 워크숍 혹은 영역 선택활동을 통해 충족된다. 읽기와 쓰기는 사회, 수학, 과학 등의 내용교과에 통합되어 아동은 하루 종일 읽고 쓰기 경험을 한다. 무엇보다도 웬디 선생님 반 아이들은 기대와 흥분으로 매일 교실에 온다는 것이 가장 중요하다.

차 례

5장　글자의 소리 알기: 음소 인식과 발음 ···················· 124

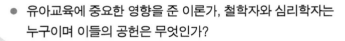

핵심 질문

● 유아교육에 중요한 영향을 준 이론가, 철학자와 심리학자는
  누구이며 이들의 공헌은 무엇인가?

● 1800년부터 현재에 이르기까지 유아기 문해 교육의 시대적 차이는 무엇인가?

● 출현적 문해관과 총체적 언어 접근법은 구성주의적 관점을 갖고 있다. 구성주의적 관점에서는 유아가 어떻게
  학습한다고 믿는가?

● 주제 단원에서 언어 교육을 통합한다는 것의 의미는 무엇인가?

● 행동주의 학습 이론과 관련되어 있는 명시적 혹은 직접적 교수법의 특징은 무엇인가?

● 균형적 문해 교육 접근법이란 무엇인가?

● 낙제학생방지법(No Child Left Behind Act), 정상을 향하여(Race to the Top), 보편 핵심 기준(Common Core
  Standards)과 같은 정부가 최근 시행하는 교육 정책이 문해 교육에 시사하는 것은 무엇인가?

핵심 용어

구성주의 관점	균형적 접근	도식
동화	명시적 교수법	스캐폴딩
아동 중심 교육과정	연구	이론
읽기 준비도	정책	조절
총체적 언어 접근법	출현적 문해	통합 언어 교육
행동주의 학습 이론		

1

유아기 문해 발달의 기초: 과거부터 현재까지

독서란 얼마나 위험한 행위인가, 가르치는 것만큼이나.
그건 이질적인 것을 섞어 만드는 것이지. 이미 꽉 들어차 있는 것에
무엇을 더 덧붙이려는 거지? 이미 달라붙어 굳어버린 것을.
그걸 끄집어내어 활용할 수 있다면 얼마나 좋을까! 내가 살짝
건드려주면 자신의 힘으로 용솟음쳐 나올 텐데.

– 실비아 애시톤–워너
(실 잣는 여인, 1963)

세 살 나탈리와 어머니는 복합 쇼핑센터에서 볼일을 보고 있었다. 나탈리가 말하기를, "엄마, 나 저것 읽을 수 있다: T-A-R-G-E-T. 이것은 Marshall[1]이야." 그러자 어머니는 미소를 지으며, "훌륭하구나, 나탈리. 정말 잘 읽었어. 그런데 엄마가 간판 다시 읽어줄게: 타겟. 타겟도 마샬과 같은 가게지. 우리 딸이 생각을 잘 하니 간판을 읽을 수 있구나. 마샬에 있는 글자 중 네 이름에 있는 글자와 같은 것은 무엇일까? 나탈리는 가만히 생각하다가 말하기를, "내 이름에 A가 있는데 마샬에도 A가 있고, 내 이름에 L이 있고 마샬에도 L이 있어요."

얼마 전까지만 해도 위에서 나탈리가 보여주는 행동에 대하여 성인들은 귀엽다고 생각은 하지만 옳은 지식을 보여주고 있다고 생각하지는 않았다. 그러나 현재는 나탈리의 이러한 행동은 상당한 문해 지식을 드러내는 것으로 간주되며 이러한 지식은 인정받아야 마땅하다고 생각한다. 나탈리는 글자의 모양에 대한 지식을 갖고 있으며 간판에 있는 글자를 알아볼 수 있다. 또한 글은 읽는 것이며 글에는 의미가 담겨있다는 것을 알고 있음을 드러낸다. 나탈리가 단어를 틀리게 읽었다 하더라도 단어가 나타내고 있는 건물이 마트라는 배경지식을 활용하여 꽤 똑똑한 추론을 하고 있다. 또한 이 마트(타겟)에 실제로는 한 번도 가보지 않았지만 자신이 경험하고 익숙한 마트(마샬)에 대한 지식을 활용하여 간판의 이름을 읽었다. 또한 자신이 가지고 있는 문해 지식을 자신과 기꺼이 상호작용해 줄 성인에게 드러내기를 즐기고 있다. 어머니는 딸이 보여준 지식이 완벽하지는 않았지만 노력에 대하여 칭찬해주고 지식을 확장해주고 있다. 또한 딸의 이름에 포함된 글자와 같은 글자를 생각해보도록 하는 질문을 통해 딸의 학습을 한 걸음 더 나아가게 하고 있다.

아기는 출생의 순간부터 언어에 대한 지식을 습득한다. 아기는 성장하면서 말하기, 읽기, 쓰기에 대한 지식을 계속 쌓아간다. 유아기 성장을 이해하려면 문해 발달에 관심이 모아져야 한다. 유아들이 보여주는 문해 지식이 성인처럼 관례적이지는 아닐지라도 유아 주변의 부모, 교사, 정책 입안자들은 이들이 보여주는 문해 지식에 주목하고 이를 존중해야 한다. 유아들이 보여주는 문해 지식과 문해 관련 행동은 문해 교육을 구성하고 실행하는 데 기초가 되어야 한다.

아이가 처음으로 내딛는 걸음과 처음 발화에 우리가 열광하듯이, 처음으로 보여주는 읽기와 쓰기 행동은 주목받고 존중되어야 한다. 이 책은 출생부터 8세까지 어린 아이들의 문해 발달에 대한 이론, 실제, 정책에 대한 것이다. 이 책은 국제읽기협회(International Reading Association: IRA)와 전미유아교육협회(National Association for the Education of Young Children: NAEYC)가 1998년에 공동으로 제안한 「발달적으로 적합한 읽기와 쓰기(Learning to Read and Write: Developmentally Appropriate Practices for Young Children)」와 국제읽기협회가 2006년에 발표한 「학령전 문해 발달(Literacy Development in the Preschool Years)」을 참고하여 집필하였다. 이외에도 미

---

1) 역주: 타겟 혹은 마샬. 둘 다 미국에 있는 대형 마트의 이름

국읽기위원회 보고서(National Reading Panel Report)가 2000년에 발표한 것을 참고하였다. 이 책 전체에서 기초하고 있는 이론적 가정은 다음과 같다.

1. 문해 학습은 영아기부터 시작된다.
2. 가정은 문해 자료가 풍부하여야 하며 문해 경험을 제공하여야 한다. 자녀의 문해 발달에 가정이 하는 역할은 크다.
3. 교사는 각 유아가 갖고 있는 읽기와 쓰기에 대한 사전 지식과 경험에 차이가 있음을 인지하여야 한다.
4. 학교에서 이루어지는 읽기와 쓰기 학습은 이들의 배경지식에 근거하여야 한다.
5. 읽기와 쓰기 발달은 문해 활동뿐만 아니라 자신에 대하여 긍정적인 느낌을 갖게 하는 지지적 환경을 필요로 한다.
6. 문해 학습은 다양한 경험과 자료를 제공하는 환경에서 이루어진다.
7. 성인은 문해 학습에 필요한 전략을 스캐폴딩하거나 시범을 보여주는 모델링을 하여야 한다.
8. 유아는 정보를 나누고 서로에게서 배울 수 있는 사회적 맥락에서 문해 경험을 해야 한다.
9. 구체적인 문해 경험에 유아가 적극적으로 참여하도록 한다.
10. 유아기 읽기와 쓰기 경험에는 체계적이고 구체적인 학습도 포함된다.
11. 문해 발달 프로그램에서는 말하기, 듣기, 읽기, 쓰기가 음악, 미술, 사회, 과학과 놀이와 통합되어야 한다.
12. 문화와 언어의 다양성이 고려되어야 한다.
13. 문해 발달은 개인마다 차이가 크므로 이는 소집단 활동과 일대일 상호작용 같은 개별화된 수업으로 존중되어야 한다.
14. 문해 발달에 어려움을 겪는 유아를 위해서 일반 문해 학습 이외에도 조기에 중재 프로그램이 제공되어야 한다.
15. 평가는 다양한 형식으로 자주 이루어져야 하며 배운 것을 평가하여야 한다.
16. 초등학교 3학년까지는 모든 아동이 유창하게 읽을 수 있어야 하며 모든 교수와 평가는 연령별 문해 기준에 도달하는 것에 목표를 두어야 한다.
17. 교수 설계는 유아의 발달 수준에 적합하며 성취 가능한 수준으로 구성되어야 한다.
18. 프로그램은 연구 결과에 기반하여 구성되어야 한다. 미국읽기위원회보고서(2000)는 음소 인식, 어휘, 이해, 유창성을 강조하고 있다. 미국국립가족문해센터(National Center for Family Literacy, 2004)는 학령 전 유아의 성취 목표에 대하여 기술하고 있다.

이 책은 철학자, 교육학자, 심리학자들이 제안하는 유아들의 학습법과 배워야 할 내용에 기반하여 저술되었다. 이 책에서는 문해 발달이 말하기, 듣기, 읽기, 쓰기와 다른 영역 과목과 통합되어 계획된 환경에서 이루어짐을 강조하고 있다. 각 장마다 집중하여 다루고 있는 내용에 약간의 차이가 있으나 이 책에서 처음부터 끝까지 강조하고 있는 것은 문해와 다른 학습 영역의 통합이다.

문해 발달에는 학습적인 면과 교수적인 면이 동시에 강조되어야 한다. 교사는 유아에게 구체적인 기술을 가르치면서 동시에 이들이 협력 학습에 적극적으로 참여하도록 격려하고 스스로가 탐색할 수 있는 자료를 제시하여야 한다. 이 책에서 강조하는 것들 중 하나는 독서는 유아의 삶과 관련이 있으며 이는 즐거운 것임을 인식하도록 하는 것이다. 또한 독서는 성공적인 삶을 살아가는 데 필요한 정보를 얻는 자원임을 유아가 느끼게 하는 것이다. 미국 교육부, 사법부, 보건부의 통계와 Assel, Landry, Swank, Gunnewig(2007)에 의하면 문해 기술을 갖고 있지 않은 사람은 다음과 같은 특징을 갖는다.

- 고등학교 중퇴
- 행동문제를 갖게 되며 대개 감옥에 가게 됨
- 만성적 질병
- 빈곤한 삶
- 문맹이 세대 전이됨

반대로 문해 기술을 지닌 사람은 다음과 같은 특징을 갖는다.

- 최소 고졸이며 대학 진학의 가능성이 높음
- 유능한 사회적 기술
- 건강한 삶을 누림
- 자신뿐만 아니라 가족 부양 능력
- 문해 기술이 세대 전이됨

4학년 때 또래보다 낮은 독서 능력을 보이는 아동의 90%는 약간의 향상이 있을지라도 학교생활 끝까지 자신의 학년 수준에 이르지 못하는 것으로 알려져 있다. 따라서 유아교사들의 책임이 막중하다.

유아교육에 영향을 준 학습 이론, 연구, 철학

많은 철학가, 교육학자, 심리학자들이 유아기 학습에 대한 이론을 제시하였다. 이들은 독서 능력을 자연과 본성 혹은 환경과 교육의 문제로 보기도 하였다.

1700년대부터 1800년대까지

루소. 장 자크 루소(1762)는 교육은 자연에서 이루어져야 한다고 주장하였다. 즉 발달

▲ 페스탈로치, 프뢰벨, 듀이와 같은 철학자, 교육자들은 유아가 환경을 탐색하고, 실험하고 놀이할 때에 학습이 이루어진다고 믿었다.

적으로 준비된 것만을 배우도록 해야 한다는 것이다. 또한 부자연스러운 교수법은 폐기하고 대신 유아 스스로가 자라고 배울 수 있도록 해야 함을 강조하였다. 교육은 유아 스스로의 발달과 준비에 맞추어야 한다고 하였다. 루소에 따르면 유아는 호기심을 통해 배우며 유아마다 독특한 학습 양식이 있으므로 형식적 교육은 이를 방해한다. 루소의 철학에 의하면 교사는 유아의 학습 준비도를 존중하며 개입을 최소화하여야 한다.

페스탈로치. 요한 하인리히 페스탈로치(Rusk & Scotland, 1979)는 루소의 자연주의로부터 영향을 받았으나 나름의 이론을 발전시켰다. 그는 학교를 운영하며 자연주의와 비형식적 교수를 통합한 교육원리를 개발하고 적용하였다. 그는 유아 스스로가 배우기를 기대한다는 것이 비현실적임을 깨달았다. 즉 유아 스스로가 읽는 기술을 배울 수 있을지라도 교사와 부모는 이러한 능력이 성장할 수 있는 조건을 제공해야 한다고 그는 믿었다.

프뢰벨. 프레드릭 프뢰벨(Rusk & Scotland, 1979) 역시 자연스러운 유아의 발달을 믿었다. 그는 페스탈로치의 아이디어를 계승하여 어린 유아를 교육하는 것에 대한 이론을 제시하였다. 프뢰벨은 유아의 성장에서 놀이의 중요성을 강조한 것으로 유명하다. 또한 놀이를 통하여 배울 수 있게 하려면 성인의 안내와 계획된 환경이 있어야 한다. 프뢰벨은 교사는 놀이 활동과 경험을 통하여 학습이 이루어질 수 있도록 하는 디자이너라고 하였다. 그는 사물과 자료를 가지고 체계적인 유아 교육과정을 구성한 최초의 교육자이다. 유아는 이러한 자료를 가지고 놀면서 심리운동적 기술을 발달시키고 모양, 색, 크기를 배우고 비교와 측정을 하게 된다. 프뢰벨이 제안한 교육전략은 현재 유아교실에서도 여전히 실행되고 있는데 그 예가 대집단으로 노래를 부르거나 토론을 통해서 서로의 아이디어를 나누고 배우는 시간인 서클 타임이다. 그는 "어린이의 동산"이라는 의미의 "유치원"이라는 용어를 최초로 사용하였다. 이 용어는 정원사인 교사가 유아를 씨앗처럼 심어서 보살핀다는 그의 철학을 잘 나타내고 있다.

20세기를 향하여

English Language Learners

듀이. 존 듀이(1966)의 유아교육에 대한 철학은 유아중심 교육과정 혹은 진보교육이라고 하는 개념을 낳았다. 교육은 유아의 흥미를 중심으로 구성되어야 한다고 듀이는 믿었다. 프뢰벨처럼 유아는 실제 삶의 맥락 안에서 놀이를 통하여 배운다고 생각하였다. 또한 사회적 상호작용은 학습을 격려하며 공룡과 같은 흥미 있는 주제가 학습을 하게 하는 매개가 된다고 하였다. 듀이는 기술 자체가 학습의 목표가 되는 것을 반대하였다. 또한 내용 영역을 통합할 때 학습이 최적화된다고 하였다.

듀이의 철학은 미국 유아교육에 큰 영향을 미쳤다. 듀이의 철학은 유아교실을 여러 활동과 영역으로 배치되도록 하였다. "블록 코너"에는 다양한 크기와 모양의 블록, 장난감 자동차, 트럭, 사람 인형 등이 진열된다. 미술 영역에는 이젤, 크레용, 가위, 종이, 찰흙, 천 조각, 스티로폼 등이 배치된다. 극놀이 영역에는 부엌 가구, 냉장고, 식탁과 의자, 전화기, 인형, 거울, 옷 등이 배열된다. 과학 영역에는 물놀이 탁자, 조개껍데기, 다양한 종류의 돌, 식물, 애완동물 등이 배치된다. 음악 영역에는 피아노, 리듬 악기, 녹음기 등이 놓인다. 또한 피아노 옆 바닥에는 카펫이 깔려있어 유아들이 이 위에 앉아 노래한다. 또한 그림책과 쿠션 등이 교실 조용한 구석에 배치되어 편안한 자세로 책을 읽을 수 있다.

하루의 일과는 조용한 놀이로 시작되어 서클 타임으로 모여서 교사와 유아는 오늘의 날짜와 날씨에 대하여 이야기 나눈다. 혹은 동물, 우리 동네 고마운 사람들과 같은 주제에 대하여 이야기를 나누거나 노래를 한다. 서클 타임은 대개 유아 각자가 흥미 영역을 선택하여 놀이하는 자유놀이 이후에 진행된다. 간식 또한 일과에서 중요한 부분이다. 이외에도 미술, 과학 등 특별 활동이 진행되기도 하며 바깥놀이에서 달리고, 오르고, 자전거를 타거나 모래놀이를 할 수 있다. 교사는 매일 주제 관련 책을 읽어준다.

읽기와 수학은 별개의 교과로 취급되거나 형식적으로 가르치지 않는다. 이보다는 간식 시간에 유아 수만큼의 쿠키를 세어보게 하거나 달력의 날을 세어보게 한다. 연필로 풀어야 하는 작업지는 유아교실에 없으며 읽는 기술을 직접적으로 가르치지 않는다. 알파벳의 낱자는 벽에 게시되어 있거나 달력의 날과 요일을 손으로 가리키면서 소리 내어 읽도록 한다. 유아의 사물함에 이름이 적혀 있으며 교실의 다른 사물에도 이름표가 붙어있다. 유아교실의 목표는 학교 일과에 유아가 적응할 수 있도록 도우며 학교 환경에 익숙해지도록 하는 데 있다. 따라서 유아가 사회, 정서, 신체 발달을 균형적으로 이루도록 하면서 읽기와 쓰기에 대한 형식적 교육은 최소화한다.

스키너와 행동주의.   행동주의에서 말하는 학습이란 자극에 대한 반응이다(Slavin, 1997). 학습은 모방과 연결로 이루어지며 자극과 행동이 연합되는 조건화가 반복되어 이루어진다. 스키너에 의하면 인간은 자동적으로 혹은 우연적으로 배우지 않는다. 인간은 무엇인가를 배우기 위하여 환경을 조작한다. 특정 행동에 대한 결과가 긍정적이면 이 행동이 일어날 가능성이 증가한다. 따라서 기술은 여러 단계를 통해서 습득되며 각 단계에는 보상이 있어야 한다. **행동주의 학습 프로그램**은 체계적으로 구성되어 직접적으로 전달된다. 과제는 구조화되어 있으며 반복과 연습을 통해 배운다. 따라서 행동주의 프로그램은 기술 중심적이며 사회, 정서 혹은 신체 발달에는 크게 관심이 없고 인지적 기술 학습에 관심이 있다. 자료는 난이도에 따라 분류되고 수준별 학습 계획이 구조화된다. 먼저 학습 목표가 제시되고 교사는 미리 계획된 대본에 따라서 가르친다(Engelmann & Bruner, 1969). 아래에 그 예가 있다.

교사: 쉬, 쉬, 쉬. 이 소리는 무엇일까요?

　　　(응답을 기다린다) 쉬, 쉬, 쉬. 잘 했어요.

교사: 쉬, 쉬, 쉬. 자 이제 쉬라고 해 보세요.

네, 쉬, 쉬. 잘 했어요.

DISTAR(Direct Instruction System for Teaching Arithmetic and Reading; Englemann & bruner, 1969), PRS(Programmed Reading Series; Sullivan & Buchanan, 1963)와 Success for All(Slavin, 1997)이 대표적인 행동주의 철학에 의한 독서 프로그램이다.

행동주의는 유아중심과 거리가 먼 것으로 평가되나 유아를 적극적으로 참여시키면서 행동주의 방식으로 가르칠 수는 있다. 아래에 이와 같은 교수 활동이 제시되어 있다.

교실 실제

첫소리 자음 P 소리를 배우기 (직접적 교수 활동)

직접적으로 보여주기

교사: 오늘 P 소리를 배울 거예요. P로 이름이 시작하는 친구가 누구죠?

피터: 내 이름이요.

교사: 그래요. 자 모두 피터라고 말해봅시다.

유아: 피터.

교사: 손을 입술에 대고 프, 프, 프라고 말하세요.

유아: 프, 프, 프.

교사: 느낌이 어때요?

낸시: 따뜻한 김이 느껴져요.

교사: 좋아요. 선생님이 지금부터 P 소리가 많이 나오는 이야기를 해줄 거예요. 융판에 인형으로 이야기를 들려줄 건데 P 소리가 나오는 단어 두 개를 생각하며 잘 듣고 이야기가 끝나면 옆짝에게 그 단어에 대하여 말해주세요. 이야기 중 피그, 파티, 피자, 팬다, 플름, 퍼플에 대하여 들을 수 있을 거예요. 이야기의 제목은 피그의 파티입니다. (그림 1.1을 복사하고 색칠해서 융판동화 혹은 자석동화로 활용한다.)

핑크 피그는 파티를 열었어요. 그는 이 파티가 멋있는 파티가 되기를 바랐어요. 그는 패티 피그(그림 1.1의 1번), 팬다 베어(2번), 프라우드 피콕(4번)을 초대했어요. 그는 식탁에 페투니아, 피자, 팝시클을 준비했어요. 팬다 베어가 제일 먼저 와서 핑크 피그는 그에게 물었어요. "무엇을 입으면 패티 피그에게 멋있게 보일까?" 팬다 베어가 말하기를 "내 팬다 베어 옷을 입으면 아주 멋질 거야." 그래서 핑크 피그는 팬다 베어의 옷을 입고 자신이 아주 멋있을 것이라고 생각했어요(3번). 그 다음 프라우드 피콕이 왔어요. 핑크 피그는 물어보기를 "무엇을 입으면 멋있을까?" 하였더니 프라우드 피콕이 말하기를, "내 퍼플 플름을 입으면 아주 멋질 거야." 그래서 그는 퍼플 플름을 입었어요(4, 5, 6번). 다들 핑크 피그가 멋있다고 했어요. 패티 피그가 왔어요. 핑크 피그가 문을 열자 패티 피그는 퍼플 플름을 쓰고 팬다 베어의 옷을 입은 핑크 피그를 보고 괴물인 줄 알고 놀라서 소리를 지르고 도망갔어요. 핑크 피그는 팬다 베어에게 옷을 돌려주고 프라우드 피콕에게는 플름을 돌려주고 페투니아를 들고 패티 피그를 찾아갔어요(1, 8번). 그는 현관 뒤에 숨어있는 패티 피그를 찾았어요. 패티 피그는 핑크 피그를 보고, "어머나 세상에, 핑크 피그 당신이었군요." 했어요. 그들은 재미있게 파티를 하였답니다.

연습

교사: 옆 짝에게 이야기에서 나오는 P로 시작하는 단어 중 자신이 좋아하는 단어 두 개를 말해 주세요.

조시가 젠에게: 나는 플룸과 패티가 좋아.

젠이 조시에게: 나는 페투니아와 피자가 좋아.

교사: 자신이 좋아하는 단어와 짝이 좋아하는 단어 두 개가 같았던 친구 있나요? 하나가 같았던 친구는? 둘 다 다른 단어를 이야기한 친구는?

교사: 이야기에 나오는 인물 인형을 주머니에 넣어서 언어 영역에 놓아둘게요. 여러분이 이야기를 하거나, P로 시작하는 단어를 종이에 써보세요.

그림 1.1

피그의 파티

몬테소리. 마리아 몬테소리(1965)는 감각을 이용한 학습법을 개발하였다. 그녀는 자연스러운 본성의 발현, 유아의 관심, 놀이는 크게 강조하지 않았다. 오히려 기술을 습득하기 위해서는 조기에 순서적으로 체계적인 훈련이 필요하다고 믿었다. 따라서 그녀는 특정한 개념과 기술을 습득할 수 있는 자료로 이루어진 환경을 제안하였다. 교사가 자료 사용법을 보여주면 유아는 이를 모방한다. 유아는 구체물을 조작하며 스스로 배운다. 자료는 자기 수정이 가능하여 유아가 오류를 발견하고 수정할 수 있다. 모든 자료는 특정한 용기에 담겨 난이도 수준에 따라서 구분되어 진열된다. 몬테소리 교육에서 교사는 구체적인 기술을 가르칠 수 있는 교구를 환경에 준비하는 안내자이다. 이 교구는 매력적이고 견고하며, 현재 유아교실에서 사용되는 구체물의 원형이다.

옷 단추 끼우기, 물 따르기, 탁자 닦기와 같은 일상 활동을 할 수 있는 교구를 사용한다. 각 활동은 정확한 동작을 순서대로 시행하게 되어 있다. 감각 영역에서는 촉각, 미각, 후각, 청각, 시각을 통하여 색, 크기, 모양을 교구를 조작하며 배운다. 읽기와 수학도 구체물로 배울 수 있도록 되어 있다. 수학은 구슬을 세고, 더하고, 빼고, 나누며 배울 수 있다. 촉각으로 느낄 수 있는 낱말카드를 통해 글자를 읽는다. 시각단어 혹은 통글자는 실물 사진 혹은 실물을 통해 배운다. 몬테소리 교육과정은 행동주의 이론에 근거하고 있다. 구체물을 조작하여 학습하는 것이 유아 스스로가 보이는 호기심과 탐구심보다 더 중요하다. 또한 놀이는 성취를 보장하는 것이 아니므로 과제보다는 덜 중요한 것으로 인식된다. 몬테소리교육은 유아의 독립적 학습을 격려하며 매일의 일과는 계획적이며 구조화되어 있다.

피아제. 피아제의 인지발달 이론(Piaget & Inhelder, 1969)은 유아의 인지적 능력을 연령별로 기술하고 있다. 연령에 따른 발달 단계는 아래와 같다.

1. **감각운동기(0~2세):** 듣고, 보고, 맛보기와 같은 감각 탐구를 통하여 생각이 발달한다.
2. **전조작기(2~7세):** 언어가 발달하기 시작하며 생각이 직관적이며 주변의 세상을 조직하기 시작한다.
3. **구체적 조작기(7~11세):** 생각이 구체적이며 차차 추상적 사고를 할 수 있다.
4. **형식적 조작기(11~성인):** 추상적 사고가 가능하며 언어로 생각한다.

전조작기 유아에게 추상적 사고를 하게 하는 것은 적절하지 않다. 유아는 세상과 상호작용하며 지식을 획득한다. 피아제 이론에 기초한 교육은 동화와 조절을 통한 문제해결과정에 유아가 참여하도록 한다. **동화**란 이미 갖고 있는 도식에 맞게 새로운 정보를 통합시키는 것이다. 즉 과거의 경험을 통해 얻은 정보에 근거하여 새로운 정보를 해석한다. 예를 들어, 처음으로 고양이를 본 마이클은 "엄마, 저기 강아지가 있어."라고 한다. 이는 네 발 달린 강아지에 대한 지식을 이용하여 고양이를 이해하는 것이다. **조절**이란 이미 존재하고 있는 도식을 새로운 정보에 맞추어 변형시키는 것이다. 예를 들어, 강아지의 생김새와 행동을 알고 있는 마이클이 고양이는 짖는 것이 아니라 야옹하며 운

▲ 피아제는 유아가 환경을 적극적으로 탐색할 때 학습이 이루어진다고 믿었다.

다는 것을 발견하고는 고양이를 강아지로 인식하였던 것을 고양이로 분화시키는 것이다.

피아제에 의하면 유아는 지식을 변화시키고 재조직하는 과정을 통해 적극적으로 학습에 참여한다. 학습은 주변의 성인과 또래와 상호작용하면서 일어난다. 피아제 교육과정은 구성주의적 프로그램이라고 할 수 있다. 유아는 놀고, 탐색하고, 실험하고, 언어를 사용한다. 피아제 이론으로 고안된 학령 전 유아 프로그램인 High Scope는 의사결정, 문제 해결, 자기 훈련, 목표 설정, 계획과 교사·또래와의 상호작용을 격려한다. 유아의 호기심과 배우고자 하는 자발성을 강조한다. 또한 피아제 교육과정에서는 수학, 과학과 같은 내용 영역의 학습을 별도로 강조하지 않는다. 피아제 교육과정에서는 다음과 같은 인지 활동이 이루어진다.

1. **언어 발달:** 이야기 듣기, 말하기, 묘사하기
2. **분류:** 사물의 특성을 진술하고, 동질성, 차이를 구분하여 분류, 짝짓기 등을 한다.
3. **순서 짓기:** 크기 등에 따라 사물을 순서 짓는다.
4. **다양한 방법으로 표상하기:** 다양한 방식으로 배운다. 예를 들어서 사과에 대하여 배우기 위해서 먹어보고, 그림을 그리고, 사과 단어를 써보고, 사과에 대한 동시를 지어보고 사과소스를 만들어본다.
5. **공간관계:** 사물을 조립하고, 분해하거나 재배열하며 모양을 변형시키고 다른 각도에서 보기도 한다.

비고스키. 비고스키(1978)가 말하는 지적 기능은 사회적 관계에서 습득된다. 새로운 개념과 지식을 얻으려면 유아의 생각에 피드백을 주는 타인과의 상호작용이 있거나 혹은 혼자서는 할 수 없는 과제를 할 수 있도록 도와주는 사람과의 상호작용이 있어야 한다. 부모와 교사는 유아가 새로운 아이디어를 이해하거나 문제를 푸는 것을 돕는데 이때 언어를 사용한다. 유아는 이러한 상호작용을 통해 활동과 언어를 내면화한다. 유아가 과제를 스스로 다 할 수 없는 영역을 "근접발달영역(zone of proximal development)"이라고 하며 이는 더 지식이 많은 타인에 의해 스캐폴딩이 이루어지는 영역이다. 성인은 어떻게 과제를 완수하는가에 대한 시범을 유아에게 보인다. 또한 유아가 주목해야 할 부분을 명료하게 해주는 것도 **스캐폴딩**이다. 아이가 과제를 스스로 완수하게 되면 내면화되었다고 하며 부모와 교사는 아이가 독립적으로 과제를 완수할 수 있도록 놔둔다. 사회적 상호작용을 통한 지식 구성을 사회적 구성주의라고 한다.

1900년대부터 1950년대까지

읽기 준비도. 이 시기의 읽기에 대한 이론적 기초는 아놀드 게젤(1925)의 성숙이론이 주

▲ 유아는 새로운 과제를 완성하기 위하여 능력 있는 타인의 도움을 받고 있다.

를 이룬다. 유치부 전과 유치부 유아는 아직 읽을 수 있을 만큼 성숙하지 않으므로 읽기 교육을 해서는 안 된다고 하였다. 이 시기의 유아는 놀고, 탐색하고, 노래 부르고, 교사가 읽어 주는 이야기를 듣는 것이 주가 되어야 한다. 교수-학습 방법은 유아의 사회, 정서, 신체 발달에 역점을 두어 유아중심적이라고 할 수 있다. Morphett과 Washburne(1931)은 유아가 "충분히 나이 들 때까지" 읽기 교육을 시켜서는 안 된다고 하였다. 이들은 6년 6개월이 되어야 읽기 성취가 보장되므로 이보다 어린 유아에게는 읽기 교육이 바람직하지 않다는 연구를 보고하였다. 교사들은 유아가 성숙할 때까지 기다리는 것을 불편하게 느끼며 유아가 읽기에 준비되도록 하는 여러 활동을 제시하였다. 1930년대와 1940년대에 유행한 검사는 교사에게 도움이 되었고 이후 유아기 읽기 교수에 영향을 미쳤다. 이 당시 유행한 표준화검사는 아이가 읽기 교육을 받을 만큼 준비되었는가에 초점이 맞추어져 있었다. 따라서 **읽기 준비도**라는 용어가 유행하였다. 이는 아이가 성숙할 때까지 기다리는 것이 아니라 읽기에 기초가 되는 것들을 가르쳐서 성숙을 배양하는 것이다. 준비 기술이란 (1) **청각 분별력**: 비슷한 소리, 운율이 맞는 소리, 낱자의 소리를 구분하는 능력 (2) **시각 분별력**: 색깔, 모양, 낱자 인지 (3) **시각 운동 기술**: 왼쪽에서 오른쪽 방향의 시각 운동, 선 따라 가위로 자르기, 선 안에 색칠하기 (4) **대근육 운동 기술**: 한 발로 뛰기, 두 발로 뛰기, 선 따라 걷기 등이다. 따라서 읽기 준비도 모델에서는 위의 네 개의 기술을 습득하여서 문해 능력을 준비하는 것이다. 이 모델에서는 유치부 전 혹은 유치부에 들어오는 유아가 비슷한 발달 수준에 있다는 전제하에 위와 같은 기술을 체계적으로 가르치므로 유아의 사전 경험과 지식의 개인적 차이는 고려하지 않는다. 그러나 위의 기술을 가지고 있지 않아도 글을 읽는 유아가 있는가 하면 기술을 다 가지고도 읽기에 어려움을 가지는 유아가 있다는 것을 발견하게 된다.

1960년대부터 현재까지

1960년대부터 1980년대까지 이루어진 연구들은 유아 문해 교수 실제에 많은 영향을 주었다. 이 시기의 연구자들은 실험연구, 상관연구, 면담, 관찰, 비디오 녹화, 사례연구 등 다양한 방법으로 유아의 인지발달을 연구하기 시작하였다. 또한 문화, 인종, 사회 경제적 배경이 다양한 상황을 연구하고, 과거처럼 실험실이 아닌 교실, 가정과 같은 실제 맥락에서의 연구가 활발해졌다. 언어 발달, 가정 문해, 읽기와 쓰기 발달에 대한 연구들은

▲ 유아는 어린 시기부터 책과 글쓰기에 노출되어야 하며 이들의 시도는 격려되고 보상되어야 한다.

유아들이 학습하는 방법, 읽기를 배우는 과정, 어떻게 읽기와 쓰기를 교육해야 하는가에 대한 교사들의 인식에 커다란 영향을 주었다. 문해 기술을 취득하려면 모방할 대상이 필요하며 나름의 독특한 형태를 만들어낸다. 이것을 출현적 문해라고 한다.

출현적 문해

마리 클레이(Marri Clay)가 최초로 사용한 출현적 문해란 말의 뜻은 학교에 오기 전에 유아가 이미 읽기와 쓰기에 대한 지식을 습득함을 말한다. 문해 발달은 인생 초기에 시작되어 계속 이루어진다. 듣기, 말하기, 읽기와 쓰기는 서로에게 영향을 주는 역동적 관계를 갖는다. 언어와 문해 발달은 가정, 학교 및 지역사회에서 의미 있게 언어를 사용하는 맥락에서 이루어진다. 또한 읽기와 쓰기는 협력과 모델링이라는 사회적 상호작용으로 이루어진다. 또한 언어는 미술, 음악, 놀이, 사회 탐구, 과학 탐구 과정에서 의미와 목적을 제공하는 동시에 학습 수단이다. 예를 들어, 밀가루 반죽놀이에서 놀이 방법을 말로 혹은 글로 안내받는다.

모든 연령의 유아들은 비록 완벽하지는 않으나 문해 지식을 가지고 있다(Baumann, Hoffman, Duffy-Hester, & Ro, 2000; Morris & Slavin, 2003). 출현적 문해 관점에서는 유아가 긁적여 놓은 것도 글을 쓴 것으로 인정한다. 긁적이는 것과 그림의 차이를 아는 유아는 글과 그림의 차이를 인지하는 것으로 인정한다. 또한 그림을 보면서 마치 읽는 듯한 인상을 주며 이야기를 하는 것도 읽기 행동으로 인정한다. 출현적 문해에서는 개별 유아의 수준을 인정하고 이에 맞는 교수 프로그램을 제공한다. 이 관점에서는 아주 어린 시기부터 책을 경험시킨다. 또한 직접적으로 지식을 가르치는 것보다는 문제해결력을 강조하는 사회적 구성주의 관점을 취한다.

총체적 언어 교수법

총체적 언어 교수법은 출현적 문해 관점과 유사하나 관례적으로 읽지 않는 유아에 관심이 있다. 총체적 언어 교수법은 **구성주의**와 자연적 학습을 지지한다. 이는 학습 방법에 대한 철학이며 이 철학에 근거하여 교수법을 도출한다. 문해 활동은 학습자에게 의미 있으며, 관계 있고, 기능을 수행하는 것으로 생각하므로 이는 유아중심적 관점으로 인정된다. 읽기 학습은 가정과 학교에서 경험하는 것과 관련 있다. 예를 들어서 학교에서 벌집이 발견되었다면 이에 대하여 토론하고 글을 읽고 쓴다. 당시 교육 주제가 벌이 아니었을지라도 교수할 만한 순간을 놓치지 않는다(Collins & Shaeffer, 1997; Dunn, Beach & Kontos, 1994; Fingon, 2005).

문해 교육은 미술, 음악, 사회 탐구, 수과학 탐구, 놀이와 같은 내용교과를 배우는 과정에 통합된다. 주제 학습은 여러 내용교과와 문해 경험을 통합한다. 농장 주제를 탐구할 때에는 교실에서 알을 부화시키는 과정을 보고서로 기록하며, 병아리(chick)의 /ch/ 발음에 대하여 공부할 수 있다. 미술활동으로 농장을 그리고 농장에 관한 노래를 하며 농장을 방문하고 농장 관련 과학정보와 사회과 탐구를 한다. 주제는 학교, 집 혹은 지역 사회에서 일어나는 흥미로운 것에 기초하여 교사 혹은 유아가 결정한다.

읽기와 쓰기 교육에는 듣기와 말하기 교육도 강조된다. 과거에는 이와 같은 프로그램을 **통합 언어 교육**(integrated language arts)이라고 하였다. 아동 문학은 읽기 교육의 주요 매체가 되며 다양한 장르를 통해 교과 학습을 한다. 또한 교실에는 다양한 문해 자료와 문해 영역이 확보되며 이러한 환경을 풍부한 문해 환경이라고 한다.

총체적 언어 교수법을 취하는 교사는 가르치는 것보다 배우는 것을 더 강조한다. 학습은 자기 조절적이며 스스로의 선택이 강조된다. 수업을 통해 읽기와 쓰기를 가르치는 것이 아니라 문해 활동을 경험하는 것을 강조하며 또래 튜터링을 통해 사회적 상호작용이 활발하게 이루어지도록 한다. 조용히 혼자 읽거나 쓰는 활동, 자신의 쓰기물을 발표하는 활동이 문해 능력을 기른다고 믿는다. 또한 이 관점에서는 유아기는 평생 독서자가 되는 기초를 마련하는 시기라고 믿는다.

총체적 언어 교실에서는 주제 중심 학습을 한다. 공룡 주제라면 공룡 관련 어휘를 탐색할 때 첫소리, 끝소리 등을 탐색할 수 있다. 초기 총체적 언어 접근법에서는 특정한 기술을 체계적으로 혹은 직접적으로 가르치는 것보다 아동 문학을 읽거나 쓰는 경험을 하면 자연스럽게 배울 수 있다고 믿었다. 그러나 글자의 소리를 읽는 해독은 교사가 직접 가르칠 필요가 있다.

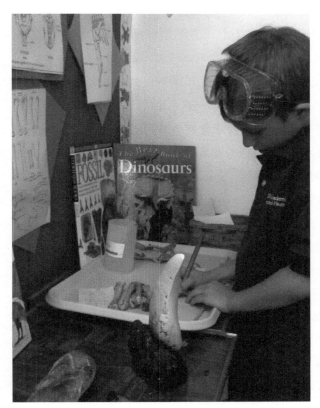

▼ 과학과 사회 교과는 주제로 통합되며 주제를 탐구하면서 읽기와 쓰기를 한다.

총체적 언어 교실에서의 평가는 계속적이며 다양한 형태를 띤다. 일상의 과제물을 수집하거나 다양한 맥락에서의 행동을 관찰 기록하며 개별 유아의 포트폴리오를 수집한다. 평가는 교사, 부모와 유아 모두를 위한 과정이다. 또한 교사, 부모와 유아는 평가를 이해하기 위하여 협의회도 갖는다.

총체적 언어 교실의 교사와 유아는 교수 전략과 자료를 결정하는 당사자이다. 상업적 자료를 사용할 수 있으나 이에 전적으로 의지하지 않는다. 문해 학습은 하루 일과 전체에 통합되며, 일과 중 프로젝트를 위한 시간이 비중 있게 안배된다. 총체적 언어 접근법, 통합 언어 교육, 출현적 문해 관점은 사회적 구성주의에 기초하며 실제에 있어 유사점이 많다. 사회적 구성주의 관점에 의한 실제가 다음에 제시되어 있다.

English Language Learners

ELL

식당 놀이

영양 주제를 하면서 반 아이들 세 명에게 극놀이에 사용할 수 있는 식당 메뉴를 만들어보라고 했어요. 이 활동은 문화적 다양성을 존중하며 음식이라는 보편적 주제로 아이들을 몰입시킬 수 있죠. 아이들은 스스로 메뉴를 만들고 나는 도와주었어요. 이들은 생크림과 초콜릿을 얹은 핑크 아이스크림, 마시멜로를 위에 얹은 타코, 팬케이크 등 다양한 음식을 적었습니다. 햄버 거와 피자가게 외에도 일식당, 중식당, 멕시코 식당, 유태 샌드위치 가게도 있었어요. 아이들 은 식당의 이름도 짓고 메뉴판도 예쁘게 꾸몄습니다. 모닝 메시지 시간에 반 아이들과 메뉴의 음식에 대하여 이야기를 나누었습니다.

교실 한 켠을 식당으로 꾸미고 이미 있었던 모형 음식과 도구 이외에 식탁보, 쟁반과 주문 에 쓸 수 있는 수첩과 필기구도 준비하였습니다. 모든 아이들이 다 볼 수 있도록 큰 종이에 식 당 이름을 적어놓았어요. 학년 내내 소집단으로 돌아가면서 여러 식당을 구성할 수 있습니다.

극놀이 시간이 되면 여러 종류의 문해 행동이 나타나요. 메뉴를 읽고 주문을 받습니다. 또 한 오늘의 특별한 요리와 맛에 대하여 이야기를 나누고 값을 치르죠. 이 역할놀이는 어린 학 습자에게 적절한 문해 활동을 격려합니다.

마르시아 웨살로(1학년 담임)

직접적 교수법과 구성주의: 발음 분석 및 총체적 언어

1980년대부터 1990년대에는 총체적 언어 교수법이 표준화 검사에 통과할 만한 점수를 얻는 데 부족하다는 비판을 받았다. 많은 사람들이 총체적 언어 교수의 철학을 잘못 이 해하여 총체적 언어란 전체 집단으로 가르치는 것이라고 생각하였다. 그 결과 개별 아 동의 특징과 요구를 채워주는 소집단 활동을 하지 않는 교사도 있었다. 또한 말소리 분 석은 가르치면 안 되는 것이라고 생각하였다. 그러나 총체적 언어 교수법에서는 직접적 으로 가르치는 것이 아니라 문학을 활용하거나 자연스러운 맥락에서 말소리의 특징을 알도록 하는 것이다. 즉 총체적 언어 교수에 대한 잘못된 해석으로 말소리 분석에 대하 여 가르치지 않고 읽고 쓰기에 필요한 일련의 기술을 체계적으로 가르치는 것에 무심하 였다. 총체적 언어 교수에 대한 잘못된 이해는 잘못된 교수-학습 실행으로 독립적이고 유창한 읽기 능력을 발달시키는 데 실패하였다.

이러한 반성은 다시 말소리 분석을 직접적 혹은 명시적으로 가르치는 전통적 방법 으로 회기하게 하였다. Juel(1989)은 유아가 읽기와 쓰기에 관심을 가지는 시기에 말소 리에 집중하도록 해야 한다고 주장하였다. 소리와 기호의 관계성을 이해하기 위하여 유 아는 같은 소리를 분류하거나, 단어를 구성하는 소리를 분절하거나 합성하거나, 다른 소리로 대체할 수 있는 음소 인식을 할 수 있어야 한다. 이러한 **발음 분석** 혹은 **음소 인 식**은 유아부, 유치부, 1학년 수업에서 진행되어 읽기 능력을 발달시킨다(Byrne &

Fielding-Barnsley, 1993, 1995; Stanovich, 1986). 음성학 혹은 음소 인식은 (1) 단어는 알파벳 낱자로 이루어져 있다는 낱자 지식과 (2) 글자와 말소리의 관계를 아는 소리-기호에 대한 지식을 갖게 한다. 읽기와 쓰기는 이러한 **음소 지식**을 습득해야 가능함을 많은 연구들이 보고하고 있다(Anthony & Lonigan, 2004; Lonigan, 2006).

행동주의적 혹은 직접적 교수 관점에서의 문해 교육은 발음 분석 혹은 음소 지식 교육을 강조한다. 이 관점에서의 교수 자료는 매우 체계화되어 있고 필요한 기술을 직접적으로 가르치며 단계마다 교사의 역할이 구체적으로 명시되어 있다.

성취도 검사 점수는 정치적 조류의 영향을 받아 특정한 교수법을 선택하도록 한다. Bond와 Dykstra(1967a, 1967b)는 1학년을 대상으로 조기 문해 발달에 가장 효과적인 방법이 무엇인가를 연구하였다. 다소 오래전에 시행된 이 연구는 여타 방법에 비하여 가장 효과적인 어느 한 가지 방법은 없다고 하였다. 오히려 효과적인 교수법의 여부는 교사에 달려있다고 보고하였다(Pressley, Allington, Wharton-McDonald, Block, & Morrow, 2001).

균형적 문해 교육

English Language Learners

국제읽기협회(International Reading Association; IRA)에서 1999년에 발표한 「조기 읽기 교육을 위한 다양한 방법(Using Multiple Methods of Beginning Reading Instruction)」이라는 제하의 성명문에서 모든 아이들을 위한 가장 효과적이며 유일무이한 읽기 교육 방법은 존재하지 않는다고 하였다. 교사는 유아의 사회, 정서, 신체, 인지 발달 수준을 파악하여야 하며 다양한 문해 교육 방법을 인지하고 있어야 한다. 그래야 유아 개인의 필요를 반영한 읽기 교육 방법을 계획, 실행할 수 있다. 총체적 언어 교수법 및 발음 분석 교수법을 통합한 교수법을 균형적 접근법(Balanced Comprehensive Approach; BCA)이라고 한다. 이는 실증 연구에 의해 검증된 이론과 전략을 신중하게 검토하여 유아 개인의 특징에 맞게 제공하는 것이다. 구체적 기술을 직접적으로 가르치는 교수법과 문제 해결 전략을 강조하는 구성주의적 관점을 통합하여 구체적 기술을 학습하는 활동으로 시작하여 구성주의적 문제 해결 활동을 포함하므로 지식과 기술 학습을 확실히 하거나 정교하게 한다(Morrow & Tracey, 1997). 특정 교수법을 사용한다고 해서 다른 교수법을 사용하지 못하는 것은 아니다(Pressley, 1998). 그림 1.2에 균형적 교수(BCA) 프로그램이 소개되어 있다.

BCA는 다양한 전략을 임의적으로 선택하거나 대집단, 소집단, 일대일 교수법을 기계적으로 적용하는 것도 아니다. 오히려 다양한 이론으로부터 전략을 선택하여 균형을 이루는 것이다. 예를 들어 한 아이는 시각으로 정보를 주로 처리하여 소리 활동에 집중하는 발음 분석에는 어려움을 보일 수 있고, 다른 아이는 소리 자극을 잘 분별, 처리하

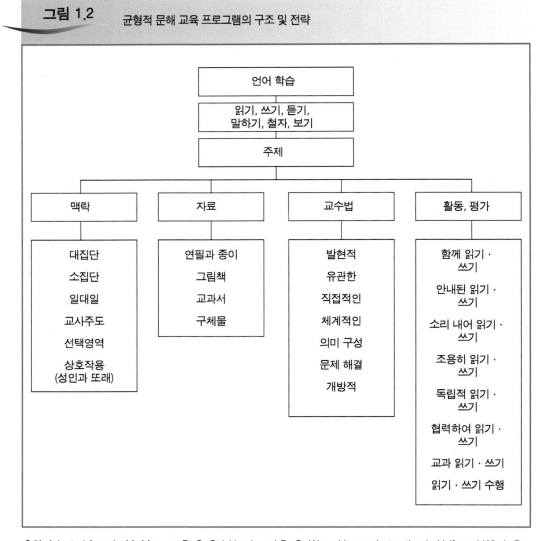

그림 1.2 균형적 문해 교육 프로그램의 구조 및 전략

출처: Adapted from L. M. Morrow, D. S. Strickland, and D. G. Woo, *Literacy Instruction in Half- and Whole-Day Kindergarten: Research to Practice* (Fig. 2, p. 76). Newark, DE: International Reading Association. Copyright ⓒ 1998 by the International Reading Association.

여 음소 분석을 아주 잘 할 수 있다. 따라서 BCA는 문해 교육의 최신 유행을 적용하는 것이 아니라 개별 유아의 특징에 맞는 교수법을 선택하여 적용하는 것이다.

균형적 교수법은 문해 과정의 복잡성과 정교함을 반영한 모델이다. 이 모델은 음소 분석, 구체적 기술뿐만 아니라 이해, 목적, 의미와 같은 문해 과정의 기능을 다 고려한 것이며 학습은 전체-부분-전체의 맥락에서 가장 잘 이루어진다는 신념을 반영한 것이다. 이는 유아가 평생 독서자가 되고자 하는 동기를 격려하고 유창하게 관련 기술을 구사하며 의미 있는 문해 활동에 참여하도록 하는 교수 양식이다. 그림 1.3과 1.4에 직접적이고 문제 해결 과정을 반영한 활동이 소개되어 있다.

그림 1.3 **구성주의와 행동주의 균형활동 계획안(세 마리 곰)**
딱딱한 종이 위에 아래의 그림들을 복사, 색칠, 코팅하세요. 잘라낸 그림 뒤에 부직포를 붙인 후에 융판을 사용하여 이야기를 들려주세요. 아이들로 하여금 자신들이 들은 것을 다시 말하게 하세요. 나중에 이야기를 다시 말하게 하되 새로운 결말을 만들게 하세요.

그림 1.3   구성주의와 행동주의 균형활동 계획안(세 마리 곰) (계속)

그림 1.4 "세 마리 곰" 활동을 위한 대사
방법: 대사들을 잘라서 사건의 순서에 따라 정렬하시오.

옛날 옛적에, 소녀는 숲속을 걸어가고 있었어요.

소녀는 세 마리 곰의 집을 보고 그 집 안으로 들어갔어요.

먼저 소녀는 세 그릇의 죽을 발견했어요.

소녀는 첫 번째 죽을 먹어보았어요.
하지만 그것은 너무 차가웠어요.

소녀는 두 번째 죽을 먹어보았어요.
하지만 그것은 너무 뜨거웠어요.

소녀는 세 번째 죽을 먹어보았어요.
그것은 먹기에 딱 좋았답니다.

그리고 소녀는 세 의자들을 발견했어요.

소녀는 첫 번째 의자에 앉았어요.
하지만 그것은 너무 작았어요.

소녀는 두 번째 의자에 앉았어요.
하지만 그것은 너무 컸어요.

소녀는 세 번째 의자에 앉았어요.
그것은 크기가 딱 맞았어요.

그림 1.4 "세 마리 곰" 활동을 위한 대사 (계속)

그리고 소녀는 안방에 들어갔고 세 개의 침대를 발견했어요.

첫 번째 침대는 너무 컸어요.

두 번째 침대는 너무 작았어요.

세 번째 침대는 딱 맞았고, 소녀는 잠에 빠져들었어요.

잠시 뒤, 세 마리 곰이 집에 왔어요.

그들은 누군가 그들의 의자에 앉았었다는 것을 알아챘어요.

그들은 누가 그들의 죽을 먹었다는 것을 알아챘어요.

그들은 누군가 그들의 침대에서 잤다는 것을 알게 되었어요.

작은 곰이 그의 침대에서 소녀를 발견하고 비명을 질렀어요!
소녀는 잠에서 깨어났고, 문밖으로 도망갔어요.
그리고 다시는 그곳으로 돌아오지 않았어요.

조기 문해에 영향을 미치는 정책과 실증 연구

1960년대까지 미국의 교육정책은 주 정부의 자율권을 인정하는 분위기에서 다양한 교육 모델이 수행되었으며 국가가 각 주를 통제하거나 의무적 실행을 요구하지는 않았다. 그러나 시간이 흐르면서 국가 차원의 보고서들은 진단적이고 의무적 실행을 요구하는 것이 많아지게 되었다. 2010년에는 국가 연방 차원에서 의무적 실행에 대한 법이 제정되기도 하였다. 현재는 국가에서 통제하며 각 주의 책임을 강하게 묻고 있다. 이 절에서는 조기 문해 교육에 영향을 준 정책에 대하여 기술할 것이다.

2001년 부시 행정부는 낙제학생방지법(No Child Left Behind Bill; NCBL)을 제정하였다. 이 법은 연방 정부가 문해 교육에 깊게 관여하게 한 법이다. NCBL의 목표는 미국의 모든 아이들이 초등 3학년까지는 유창하게 읽을 수 있어야 하는 것이다. 이는 사회경제적 계층 간에 나타나는 문해 발달의 차이를 최소화시키고 너무 늦기 전에 문제를 예방하고자 하는 것이다. 연방정부의 독서 먼저(Reading First) 기금은 학력이 떨어지는 지역의 유치반부터 초등학교 3학년 아동의 읽기 성취를 높이기 위하여 조성되었다. 이 기금을 사용하고자 하는 주에서는 아동의 읽기 수준을 보고하고 주에서 실행하고자 하는 읽기 교육 프로그램이 신뢰할 수 있으며 과학적으로 효과가 있는 방법임이 검증되었음을 보고한다. 이 기금으로 지원된 읽기 프로그램의 특징을 보면 아래와 같다.

- 주제 중심 학습
- 실험 집단과 통제 집단이 있는 실험 설계
- 객관 타당한 자료 수집
- 학생들이 성취해야 하는 과제 목표의 타당성
- 검사자가 여러 명 혹은 여러 번 수집된 신뢰도가 보증된 자료
- 양적 혹은 질적 자료 수집 방법에 상관없이 타당하고 체계적인 자료 수집 방법
- 심사를 통과한 연구 보고물을 참고함

국가읽기위원회 보고서(2000)

ELL
English Language Learners

국가읽기위원회 보고서(The National Reading Panel Report, 2000)는 100,000개 이상의 연구를 검토하여 독서 교육에 효과적인 전략을 소개하고 있다. 그러나 읽기 혹은 쓰기에 대한 동기는 분명 중요한 것임에도 불구하고 이에 대한 선행연구가 충분하지 못하여 이 보고서에서 검토되지 않았다고 한다. 또한 실험연구 방법을 취한 연구만 검토되고 질적연구, 사례연구 혹은 상관연구 등은 위원회의 기준을 충족시키지 못하여 검토대상에서 제외되었다. 보고서는 조기 문해 발달에는 다음과 같은 요소가 필수적이라고 지적하고 있다.

- 음소 지식

- 음성학
- 어휘
- 이해
- 유창성

쓰기, 독립적 읽기와 동기에 대한 것은 이 보고서에서 검토되지 않았는데, 그 이유는 과학적으로 충분히 타당하게 연구된 선행연구물이 많지 않았기 때문이다. 그러나 문해 전문가들 사이에서는 국가읽기위원회에서 검토되지 않았지만 세 가지 요소가 조기 문해 발달의 필수 요소로 지적되고 있다.

국가조기문해위원회 보고서

English Language Learners

국립가족문해센터(National Center for Family Literacy)에서 발간한 「국가조기문해위원회 보고서(National Early LIteracy Panel)」에는 읽기 발달과 관계있는 출생부터 5세까지의 문해 기술을 제시하고 있다. 먼저 관련 변인을 확인한 후, 후기 읽기 발달과 관련 있는 환경, 맥락, 프로그램을 찾아내고자 하였다. 위원회에서 보고한 변인은 아래와 같다.

- **알파벳 지식(Alphabet knowledge):** 알파벳 글자의 이름과 소리에 대한 지식
- **음운 인식(Phonological awareness):** 말소리를 구분하고, 분해, 합성하거나, 단어를 구성하는 소리를 분절하거나, 음소에 대한 지식
- **글자를 빠르게 읽는 능력:** 의미 없이 임의적으로 나열된 글자의 이름을 빠르게 읽는 능력
- **사물 혹은 색의 이름을 빠르게 알아보는 능력:** 임의적으로 나열된 사물의 그림, 혹은 색을 보고 이름을 빠르게 말하는 능력
- **낱자 혹은 자신의 이름을 쓰는 능력:** 불러주는 낱자를 쓰거나 자신의 이름을 쓰는 능력
- **음성 기억력:** 일정 시간동안 소리 정보를 기억하는 능력
- **인쇄된 글에 대한 개념:** 글이 쓰이는 방향, 책의 표지, 저자 혹은 글과 같은 인쇄물에 대한 지식
- **인쇄물에 대한 지식:** 알파벳 지식, 인쇄된 글에 대한 개념, 어휘, 기억 혹은 음운 인식을 포함함
- **구두 언어:** 구두 언어를 말하거나 이해하는 능력
- **시각 정보 처리:** 시각 기호의 차이와 공통점을 인식하는 능력

위에서 기술한 지식은 문해 발달에 중요하다. 이러한 지식에 일정 점수를 얻지 못하는 유아가 많은 학교는 별도의 도움을 받아야 한다.

미국의 역대 행정부는 독특한 교육 정책을 실행하였다. 낙제학생방지법(2001)은 2008년의 독서 먼저(Reading First), 2010년의 정상을 향하여(Race to the Top)와 같은

재정 지원 자금을 낳았다. 정상을 향하여 지원을 받는 학교는 표준화 검사에서 일정한 성취를 이루어야 할 의무가 있고 이를 이룬 교사에게는 봉급 가산이 있다. 몇몇 사람은 이와 같은 평가 책무성에 기반한 지원은 교사가 시험에만 매달리게 하는 폐단이 있다고 한다. 교육계에서는 한 번의 성취 결과로 책임을 묻는 것은 학생과 교사 모두에게 큰 부담이 될 뿐만 아니라 교육과정이 왜곡될 수 있음을 지적한다.

현재까지 진행된 연구, 이론, 철학과 방법은 유아의 삶에 의미가 있고 목적이 있는 상황에서 가장 잘 배운다는 것을 분명히 알려주고 있다. 문해는 또래 혹은 성인과 상호 작용하는 사회와 문화 맥락에서 발달한다. 교육내용은 학습자의 배경 지식과 관련이 있어야 하며 각 유아의 사회, 정서, 신체, 인지 발달 수준에 적합해야 한다. 또한 관련 기술을 체계적으로 조직한 교수법도 문해 발달에 필수적 요소이다.

우리 사회는 최근까지 조기 문해 발달에 많은 관심을 쏟아왔다. 조기 문해 발달에 대한 관점도 유행이 있었다. 1990년대 중반에 유행했던 구체적인 기술을 우연 발생적으로 가르치는 것에서 더 체계적이고 직접적으로 가르치는 것으로 바뀌었다. 국제읽기협회 (International Reading Association)와 전미유아교육협회(National Association for the Education of Young Children)는 공동으로 「발달적으로 적합한 읽기와 쓰기(Learning to Read and Write: Developmentally Appropriate Practices for Young Children)」를 발표하였는데, 이 공동 선언문은 균형적 문해 관점을 지지하고 있다.

결론

유아교육에 대한 역사, 철학, 이론, 실증 연구에 의하면 유아는 기술을 습득하려면 경험해야 한다. 뿐만 아니라 유아는 그 기술을 배워야 하는 이유를 이해해야 한다. 유아는 사회 문화적 맥락에서 성인 혹은 또래와 상호작용하면서 문해 기술을 발달시킨다. 실제 삶을 반영하는 교육을 받아야 하므로 교사는 이들의 배경 지식과 경험을 고려한 교육을 해야 한다. 학습은 유아의 사회, 정서, 신체, 인지 발달 단계에 적합한 것이어야 한다. 특정 문해 기술을 가르치기 위하여 구조화되고 체계적인 교육도 제공되어야 한다. 문해 교수-학습을 계획하는 교사는 다음과 같은 것을 고려해야 한다.

- 유아에게 의미 있고 관계있는 학습이 되도록 환경을 준비한다.
- 명시적 교수, 모델링, 스캐폴딩을 제공한다.
- 특정 기술 학습을 안내한다.
- 개별적 학습을 제공한다.
- 과제 집중을 위해 충분한 시간을 허용한다.
- 일과를 규칙적으로 운영한다.

- 개인의 요구를 고려한 맞춤식 교수를 계획하고 실행한다.
- 유아와 부모에게 의미 있는 피드백을 정규적으로 준다.
- 탐색, 실험과 문제 해결의 기회를 준다.
- 구체물을 조작하고 탐색할 기회를 준다.
- 타인과 협력할 기회를 준다.
- 다양한 문해 매체와 자료를 활용한다.

지금까지 쌓아온 교육적 성과물을 기초로 우리가 알고 있는 것에 대하여 숙고하고 이를 정교화하여 최적의 교수법을 실행해야 한다. 우리는 읽기와 쓰기 교육에 최고로 효과가 있는 묘책으로 단 하나의 프로그램을 찾아 의지하려는 경향이 있다. 그러나 다양한 경험과 배경, 발달 수준을 보이는 유아에게 적절한 교수-학습을 선택하는 것은 교사의 몫이다.

활동과 질문

1. 이 장 맨 앞의 핵심 질문에 답하라.

2. 다음 중 하나를 선택하여 피아제와 비고스키 이론에 근거하여 교수 계획안을 구성하라: 발음 인식, 음소 지식, 어휘, 이해 혹은 유창성. 이외에도 몬테소리, 듀이, 스키너 이론에 근거한 교수 계획안도 구성해보라.

3. 유아부터 초등학교 3학년까지의 교실을 관찰하라. 그 교실의 교수-학습과 가장 관계가 밀접한 이론을 찾고 이에 대한 구체적 예를 들라.

4. 이 장의 그림 3과 4에 제시된 교수 활동은 행동주의와 구성주의 이론에 근거하고 있다. 당신은 두 가지 교수방법 중 어느 것이 더 좋으며 그 이유는 무엇인지 설명하라.

5. 정부에서 실행하고 있는 정상을 향하여(Race to the Top) 정책이 당신의 교실에는 어떻게 영향을 주고 있는지 설명하라.

핵심 질문

- 참 평가를 정의하고 평가도구의 예를 들라.

- 표준화된 검사에 대하여 설명하고 종류를 이야기하라.

- 고부담 평가란 무엇인가?

- 참 평가와 표준화된 평가에 대한 찬반 의견은 무엇인가?

- 조기 문해 발달의 기준이란 무엇인가?

- 표준화된 검사와 표준에 기초한 검사의 차이는 무엇인가?

핵심 용어

고부담 평가	기준	비형식적 읽기 평가
연속 기록	참 평가	표준화검사

2

평가:
문해 교수 계획의 기초

시험지에 샐리와 톰의 그림이 있다. 샐리가 톰에게 무언가를 건네주는 모습이다.
그것은 밸로니 샌드위치 같다.
그림 아래에는 다음과 같이 적혀있다:

　　　샐리는 톰보다 크다. ＿＿＿＿＿＿＿＿

　　　톰은 샐리보다 크다. ＿＿＿＿＿＿＿＿

짐은 키가 큰 것과 밸로니 샌드위치를 주는 것이 어떤 관계가 있는 것인지 궁금하다.
그리고 밸로니 샌드위치가 진짜 맞는 것일까? 어쩌면 토마토인지도 모른다. 짐은 이
문제를 놓고 한참 생각하였다.

－미리암 코헨
(1학년이 시험을 치르다, 1980, pp. 9-10)

로사는 교사가 나누어준 시험지를 받고 무척 당황하였다. 로사가 2학년 학급에 온 지는 이제 4개월이 되었다. 지금 영어를 배우고 있지만 아직 미숙한 수준이고 스페인어로 된 글은 잘 읽지만, 영어는 소리 나는 대로 읽을 뿐 뜻을 잘 모르는 수준이다. 시험지 질문을 이해할 수 없어 답을 할 수 없다. 로사가 할 수 있는 것은 답안 문항 옆에 있는 네모에 X 표시를 하는 것이다. 로사는 문제를 하나도 읽지 못하고 그저 X 표시하는 것으로 시간을 보냈다. 자신이 글을 읽을 줄 모른다는 것이 선생님에게 알려지는 것보다는 차라리 이렇게라도 하는 것이 마음이 편하다.

미리암 코헨은 저서 「1학년이 시험을 치르다(First Grade Takes a Test)」에서 표준화된 검사를 치르는 1학년 아동의 경험과 이 검사 결과가 학급의 인간관계에 미치는 영향을 다음과 같이 기술하였다.

시험지에는 다음과 같이 쓰여 있다: 토끼는 _____을 먹는다.

☐ 상추   ☐ 개밥   ☐ 샌드위치

조지가 손을 들고 "토끼는 당근을 먹어야 해요. 그렇지 않으면 앞니가 너무 자라서 토끼를 찔러요."라고 말했다. 교사는 고개를 끄덕이며 손가락을 입에 대 조용히 하라는 표시를 하였다. 조지는 조심스럽게 당근을 그려 넣었다. (1980, pp. 5-6)

로사와 조지는 시험지에 틀린 답을 적었지만, 그 이유는 서로 다르다. 로사는 스페인어로 된 글은 2학년 수준에서 읽을 수 있으나 자신의 문화적 배경으로 인해 영어로 된 시험문제를 전혀 읽지 못하였다. 조지는 자신의 경험과 연계하여 질문에 심도 깊은 답을 알고 있으나 조지와 다른 경험을 가진 사람이 개발한 표준화된 검사지의 정답은 아니었다. 또한 조지는 시험이란 여러 개의 답 중 정답을 골라 그 옆에 체크하는 것이라는 것을 몰랐다. 두 경우 모두 답을 모르는 것은 아니었으나 정답을 하지는 못하였다.

이 장에서는 유아교육자들에게 당면한 가장 심각한 이슈에 대하여 논의할 것이다. 즉 유아의 수준과 필요를 평가하여 특정한 기준에 도달하는 것에 관한 것이다. 평가는 반드시 다양한 특징을 나타내는 유아의 배경과 능력에 민감하여야 한다. 그래야만 이들의 개인적 필요에 적합한 교수법을 계획하고 국가 혹은 주 정부에서 설정한 기준 혹은 학업 목표를 성취할 수 있다.

이 장에서 평가란 주제를 먼저 소개하고 몇 가지 기초적인 평가 도구에 대하여 소개할 것이다. 이 책의 다른 장에서도 수행 평가의 실제가 소개되어 있다. 평가의 주요 목적은 개인의 필요를 채워주는 교수 활동을 계획하고 안내하는 데 있다.

조기 문해 발달 평가에 대한 이론과 연구

유아의 흥미, 학습 양식, 능력에 관심을 가지고 있는 문해 교육자들은 수행 평가에 대하여 면밀하게 검토한다. 집단적으로 지필로 실시하는 표준화검사는 조기 문해 구성 요인에 근거한 전략을 반영하여 평가하지 못한다. 또한 한 가지 측정으로 유아의 향상을 가늠할 수 없는 것도 분명하다. 하나의 검사로 유아를 평가하기보다는 여러 영역과 조건에서 향상을 평가하는 것이 더 적절하다. 평가는 교사, 유아, 부모에게 강점과 약점을 알게 해주고 이에 맞는 교수 전략을 세우도록 도와야 한다. 평가는 또한 교육 목표와 내용과 일치하여야 한다. 한 교실에는 다양한 특징을 보이는 유아가 있고 각 유아가 보이는 수행은 상황에 따라서 다르므로 평가 방법은 다양하여야 한다.

국제읽기협회(International Reading Association; IRA)와 전미유아교육협회(National Association for the Education of Young Children; NAEYC)가 공동으로 발표한 읽고 쓰기에 대한 선언문은 다음과 같다: "평가는 유아의 발달과 문화적 다양성을 고려한 것이어야 한다. 평가 도구는 교수 프로그램의 목표에 기반을 둔 것이며 유아의 전체적 발달을 고려하고 평가가 수행에 미칠 영향을 고려하여야 한다." 실제 삶을 반영하여 읽기와 쓰기 능력을 측정하며 다양한 문해 활동을 고려하는 것이 좋은 평가이다.

이상에서 언급한 특징을 갖고 있는 평가를 **참 평가**(authentic assessment)라고 한다. 이 용어에 대한 정의는 다양하나 교실과 학교 밖에서 경험하여 배운 것을 고려하거나 반영하는 평가법이라고 정의한다. 참 평가와 관계하여 몇 가지 원리가 있다(Johnston & Costello, 2005; Purcell-Gates, & Martineau, 2007; Risko & Walker-Dalhouse, 2010).

평가의 목표
- 하나의 방법으로만 평가하는 것이 아니라 다양한 관찰과 여러 가지 도구를 활용하여 평가한다.
- 유아가 교실에서 실제 읽기와 쓰기 활동을 하는 것을 관찰할 뿐만 아니라 형식적인 검사도 수반한다.
- 교육과정의 목표를 기준으로 유아가 학습한 것을 평가한다.
- 평가는 일정 기간을 두고 계속적으로 진행되어야 한다.
- 평가에는 유아의 문화, 언어, 개별 특수성이 고려되어야 한다.
- 평가는 유아, 부모, 교사 모두가 적극적으로 참여하는 협동적 과정이어야 한다.
- 평가는 읽기와 쓰기 교수를 계획하고 실행하는 데 기초가 되어야 한다.

위의 목표를 이루기 위해서 평가는 자주, 다양한 유형으로 진행되어야 한다. 평가는 한 유아의 행동을 관찰하고 기록하여 이 유아에 대한 큰 그림을 그릴 수 있도록 하는 것에 주요한 목적이 있다. 이 책의 매 장마다 각 장에서 다루고 있는 문해 행동 및 기술을 평가할 수 있는 도구가 소개되어 있다. 이 장에는 한 유아를 종합적으로 이해하는 데 도움이 될 수 있는 여러 종류의 평가 도구 목록이 제시되어 있다.

참 평가: 측정과 전략

일화 관찰 기록. 교사가 작성한 양식 혹은 기존에 있는 양식을 사용하여 유아의 행동을 관찰하고 기록한다. 관찰 기록지는 활동을 기록할 수 있도록 여백을 둔다. 기록의 목적을 미리 정하고 이를 반영하여 기록지를 구성한다. 교사는 교실에서 일어난 유아의 흥미롭고 유머러스한 행동을 기록하고 전반적 특성에 대하여도 메모한다. 또한 소리 내어 읽기, 조용히 읽기, 이야기를 들을 때 나타내는 행동 혹은 쓰기 행동 등 유아의 특정 행위에 초점을 맞추어 관찰한다. 유아가 발화한 대화도 기록한다. 예를 들어 다음과 같이 기록한다. 재닛은 틀리는 글자 없이 읽었으나 강세, 높낮이 등의 표현이 없다. 내가 다시 읽어준 후 나처럼 읽어보라고 하자 재닛은 그대로 따라 읽었다. 그리고 말하기를 "선생님처럼 하니까 좋네요. 한 번 더 하고 싶어요." 하였다. 그림 2.1은 관찰과 기록을 위하여 사용할 수 있는 양식이다.

그림 2.1

관찰 기록지의 예

유아 이름: _____

날짜: _____   시간: _____   장소: _____

관찰의 목적:

관찰 시 일어난 중요한 사건

중요한 사건에 대한 평가(관찰을 통해 알게 된 것도 포함한다)

관찰을 통해 이후 교수 계획에 반영할 수 있는 활동(최소 3개)

출처: From Morrison, *Fundamentals of Early Childhood Education*, 5th edition. ⓒ 2008. Reproduced by permission of Pearson Education.

일상 활동 수행 견본. 매일 유아가 산출한 활동 견본을 정규적으로 수집한다. 글 쓴 것, 미술 작품, 과학과 사회 학습 보고서를 일 년 내내 수집한다(그림 2.2).

소리 녹음. 다시 말하기 등을 녹음하여 유창성을 평가한다. 이 방법은 아동 문학에 대한 반응 혹은 집단 내 상호작용에서 어떻게 기능하는가를 평가할 수 있도록 한다. 유아는 자신의 소리가 녹음된 것을 들으며 읽기의 유창성 혹은 이야기 다시 말하기 등을 스스로 평가할 수 있다. 녹음하여 이야기 다시 말하기 평가 방법이 6장에 제시되어 있다.

비디오 녹화. 소리를 녹음하는 것에 그치지 않고 비디오 녹화를 하면 유아의 행동을 눈으로 확인할 수 있다. 비디오 녹화는 여러 목적으로 사용될 수 있다. 비디오 녹화된 것을 평가할 때는 관찰지 혹은 체크리스트를 사용한다. 교사 수업을 비디오 촬영하면 교사 자신에 대하여 평가할 수 있다.

교사가 만든 지필 시험. 상업적으로 미리 만들어져 있는 것보다 교사의 수업내용과 일관되게 평가할 수 있으므로 교사가 시험지를 직접 제작하여 유아에게 제시할 필요가 있다.

학생 평가. 참 평가의 조건 중 하나는 유아가 참여하는 것이다. 유아 스스로가 자신의 수행정도를 평가할 수 있도록 한다. 정규적으로 자신의 활동 결과물을 수집하여 이를 교사 혹은 또래와 토론하여 자신의 수행정도를 스스로 평가해본다. 즉 유아는 평가 과정에서 가장 핵심적 역할을 해야 한다.

그림 2.2

니콜이 유치원 학년 말에 쓴 글

Dear　　mrsWilley
I thingk you are
The hisisT tetcher in
the scool. I had a

GraT year in kindrardin.
I like The senkis I likT Dansing

Love Nicole E. OXOXOXO
Have a nice sum.er

윌리 선생님에게

저는 선생님이 학교에서 가장 좋은 선생님이라고 생각해요.

유치원 생활이 정말 즐거웠어요. 나는 서커스가 좋아요. 나는 댄싱이 좋아요.

사랑하는 니콜이. 즐거운 여름방학을 보내세요.

조사 혹은 면담. 교사가 미리 질문을 준비하여 유아의 학습에 대한 생각, 학교에서의 좋은 점과 싫은 점에 대하여 묻는다. 이는 구두로 묻고 구두로 답하게도 할 수 있고 지필 형식도 가능하다. 8장에 유아의 동기를 조사하는 설문이 제시되어 있다. 여러 개의 답지에서 하나를 선택하는 형식 혹은 주관식으로 답하게 할 수 있다. 그림 2.3과 2.4를 활용해보라.

협의회. 교사는 유아와 일대일 면담을 통하여 소리 내어 읽기를 평가하거나 유아의 향상에 대하여 이야기를 나누거나 향상에 필요한 과정 혹은 활동을 고안하는 협의를 할 수 있다. 협의에서 유아는 자신의 향상 정도를 평가하는 데 적극적인 역할을 해야 하며 동등한 자격으로 평가한다. 부모 역시 협의 과정에 함께 하여 자녀의 향상에 대하여 교사와 이야기를 나눈다. 부모는 자녀와 함께 혹은 혼자서 교사를 만난다. 부모는 가정에서 수집한 자료를 가지고 협의회에 참석한다.

체크리스트. 참 평가 과정에는 유아의 발달 변화 혹은 특정 기술 습득을 체크할 수 있는 리스트 사용도 포함된다. 또한 교사의 학습 목표를 반영한 체크리스트도 만들 수 있다. 체크리스트는 미리 설정된 목표를 달성하였는지 여부를 체크하는 것이다. 유아의 사회, 정서, 신체, 인지의 연령별 발달 상황에 대한 체크리스트가 박스 2.1에 제시되어 있다. 이외의 다른 종류의 체크리스트가 이 책의 여러 장에 제시되어 있다.

연속 기록과 비형식적 검사

Clay(1993a)는 유아가 소리 내어 읽는 행동을 관찰, 기록하고 교수 계획을 세우기 위하여 연속 기록을 고안하였다. 연속 기록은 유아가 읽을 수 있는 것과 오류를 기록한다. 연속 기록은 유아가 독립적으로 읽을 수 있는 자료와 가르치는 데 필요한 자료를 결정하는 데 참고한다. 또한 유아가 읽기 행동에서 경험하는 좌절의 정도도 판단할 수 있다. 유아가 보여주는 오류는 수준에 맞는 자료와 교수 전략을 선택하는 데 도움이 된다. 즉 연속 기록은 글에 대한 이해 수준을 평가하기보다는 유아가 산출하는 오류 분석에 더 집중한다.

유아에게 100개에서 200개 단어로 이루어진 짧은 단락을 읽도록 한다. 유아에게는 짧은 단락을, 나이가 많은 초등학생에게는 긴 단락을 읽도록 한다. 교사도 같은 단락의 복사본을 가지고 유아가 소리 내어 읽을 때 보이는 오류를 코딩 체계에 따라서 표기한다. 유아가 보이는 오류의 종류에는 없는 말의 삽입, 생략, 반복, 대체, 순서 바꾸어 읽기, 읽으려고 하지 않기 혹은 도움 청하기가 있다. 자기 수정도 기록을 하나 이는 오류로 취급하지 않는다. 교사는 정확히 읽은 것과 오류의 종류를 표기한다(그림 2.5 참조).

그림 2.3 읽기 면담 질문

이름:_____ 날짜:_____

면담하고 있는 유아의 연령 수준에 맞추어 질문을 하시오.

1. 사람들은 왜 책을 읽을까요? (최대한 많은 이유를 말해보세요.)

   _____

   _____

2. 친구는 왜 책을 보거나 읽나요?

   _____

   _____

3. 학교 외의 곳에서 얼마나 자주 책을 읽나요?

   _____

   _____

4. 무엇을 읽을지 혹은 무슨 책을 볼지 어떻게 결정하나요?

   _____

   _____

5. 학교와 집에서 책을 읽으면 기분이 어떤가요?

   _____

   _____

6. 지금까지 읽은 책 중에서 가장 감명 깊었던 책은 무엇인가요? 그리고 그 이유는 무엇인가요?

   _____

   _____

7. 읽기를 배울 때 어떻게 배웠나요? 혹은 지금 배우고 있다면 어떻게 배우고 있나요?

   _____

   _____

8. 책을 읽으면 무엇을 알게 되나요?

   _____

   _____

9. 무엇에 대해 읽는 것을 좋아하나요? 아니면 특별히 어떤 책을 읽어왔나요?

   _____

   _____

10. 어떤 종류의 것을 읽기 좋아하나요? (면담하고 있는 유아의 나이에 맞게 질문하라.)

    _____ 역사소설   _____ 동화   _____ 시

    _____ 소설   _____ 위인전과 자서전   _____ 공상과학

    _____ 판타지   _____ 정보책

그림 2.4   쓰기 면담 질문

이름: _____   **날짜:** _____

면담하고 있는 유아의 연령 수준에 맞추어 질문을 하시오.

1. 사람들은 왜 글을 쓸까요?(최대한 많은 이유를 말해보세요.)

    _____

    _____

2. 친구는 왜 쓰거나 그리나요?

    _____

    _____

3. 학교 외의 곳에서 얼마나 자주 쓰거나 그리나요? 그 이유는 무엇인가요?

    _____

    _____

4. 무엇을 쓰거나 그릴지 어떻게 결정하나요?

    _____

    _____

5. 지금까지 쓰거나 그려온 것 중에서 가장 좋아하는 것은 무엇인가요? 그 이유는?

    _____

    _____

6. 쓰기를 어떻게 배웠나요? 혹은 지금 배우고 있다면 어떻게 배우고 있나요?

    _____

    _____

7. 누군가 읽어준 책이나 직접 읽은 책에서 쓰기에 대해 배운 것이 있나요?

    _____

    _____

8. 특별히 쓰기 좋아하는 주제가 있나요?

    _____

    _____

9. 친구들에게 글쓰기를 잘 하도록 조언을 한다면 뭐라고 할 건가요?

    _____

    _____

10. 글을 잘 쓰는 사람이 되기 위해서 무엇을 배우고 싶나요?

    _____

    _____

그림 2.5	연속 기록의 코딩 체계

오류 유형	코딩	특징
맞게 읽은 것	✓ ✓ ✓ ✓	맞게 읽은 단어에 체크 표시를 하거나 그냥 놔둔다.
자기 수정(오류가 아님)	his ｜ sc her ｜	처음에 틀리게 읽다가 다시 바르게 읽는다.
읽으려고 하지 않기	boat / barge	읽으려고 하지 않으므로 교사가 대신 읽어준다.
삽입	at / _	단락에 없는 단어를 넣어 읽는다.
생략	_ / rat	단락에 있는 단어를 생략하고 다음을 읽는다.
반복(오류가 아님)	← The horse ran away	읽은 단어를 다시 읽는다.
순서 바꾸어 읽기	he╲said / was	단어 간 혹은 단어 안의 낱자 순서를 바꾸어 읽는다.
도움 구하기	_ ｜App / house ｜T	단어를 읽어달라고 요청한다.

출처: *Linking Reading Assessment to Instruction: An Application Worktext for Elementary Classroom Teachers* by Homan, Susan P. Copyright 2005 Lawrence Erlbaum Associates via Copyright Clearance Center.

자료의 95~100%를 바르게 읽으면 이것이 유아의 읽기 수준이 된다; 90에서 95%의 단어를 바르게 읽으면 학습이 필요한 수준이며, 90% 이하로 바르게 읽으면 유아에게 어려운 수준이다. 정확도 계산은 다음과 같이 한다.

1. 단락에 있는 단어 수를 적는다(예, 70).
2. 오류 단어의 수를 적고 이를 전체 단어 수에서 뺀다(예, 5개의 오류가 있었으면 65 개가 남는다).
3. 바르게 읽은 단어 수(65)를 전체 단어 수(70)로 나눈다.
4. 이에 100을 곱한 것이 정확도이다(이 경우에는 93%의 정확도가 계산된다).

연속 기록의 다음 단계는 오류의 원인을 규명하는 것이다. 의미와 관계된 오류는 M (Meaning), 시각 표상과 관계된 것은 V(Visual), 문법 구조와 관계된 것은 S(Structure) 로 표기한다(그림 2.6 참조). 이는 연속 기록을 보며 결정하는데 아래에 예가 제시되어 있다.

1. *의미 오류.* 틀리게 읽었으나 의미에는 변화가 없는 경우에는 M으로 표기한다. 예 를 들어 "이것은 나의 집이다(This is my home)"를 "This is my house"로 읽은 경 우는 정확도는 떨어지나 자료의 그림, 의미와 맥락을 이용하여 읽은 것이므로 M 으로 표시한다.

▲ 연속 기록을 통해 유아의 읽기 행동을 평가할 수 있으며 이는 교사가 학습 계획을 하는 데 기초 자료가 된다.

2. *시각 오류.* spilt를 spill로 읽은 경우 비슷하게 보이는 낱자 혹은 단어 오류이므로 이는 V로 표시한다.

3. *구조 오류.* 오류가 문장 구조에 대한 직관적 이해에 기초한 것으로 보이면 구조 오류인 S로 표시한다. 예를 들어 I ran to the zoo를 I went to the zoo로 읽은 것은 S로 표시한다.

유치부와 초등 1학년의 낱자 인식 검사 시 연속 기록을 한다. 알파벳 글자의 대문자와 소문자 인식을 물어보는 검사에서 유아는 낱자의 이름을 소리 내어 읽는다. 교사는 이때 맞게 혹은 틀리게 읽었는지를 표시한다. 좀 더 높은 수준의 검사에서는 낱자가 내는 소리를 검사한다. 자주 사용되는 단어 읽기 검사도 할 수 있는데, 예를 들어 5장에 있는 그림 5.2를 활용할 수 있다. 단어 목록을 이용한 검사에서 가장 쉬운 단어에서 어려운 단어를 구분하여 쉬운 단어부터 읽어보도록 한다. 쉬운 단어를 다 읽으면 그 다음 단계의 단어 읽기를 검사한다.

초등 저학년까지는 연속 기록을 한 달에 한 번은 진행한다. 연속 기록을 통한 검사결과를 참고하여 유아가 자주 행하는 오류를 찾아내고 이를 기초로 문장을 들을 때 의미에 집중하게 하거나 단어를 읽을 때는 단어를 구성하는 낱자에 집중하며 읽기와 같은 전략을 가르쳐준다. 연속 기록을 할 때 그림 2.6의 양식을 활용하여 유창하다, 떠듬거리며 읽는다 혹은 고르지 않게 읽는다 등도 기록한다. 또한 다시 말하기를 통해 이해도를 평가한다.

비형식적 읽기 검사

비형식적 읽기 검사(Informal reading inventories; IRI)는 연속 기록과 비슷하나 이해도 평가를 강조한다. 이 검사의 목적은 초등 1학년, 3학년, 6학년에 해당하는 읽기 수준을 결정하는 것이다. 방법은 학년에 해당되는 읽기 자료를 읽은 후 (1) 독립적 읽기 수준(도움이 필요 없는 수준) (2) 학습이 필요한 수준(대부분 혼자 읽을 수 있으나 교사의 도움이 필요한 경우) (3) 어려운 수준(읽기 자료가 너무 어려운 수준)으로 구분된다. 읽기 자료는 이야기 장르와 정보 장르를 모두 포함하며 주요 아이디어, 추론, 어휘 등에 대하여 평가를 받는다. 교사는 학생이 소리 내어 읽을 때 단어를 빠뜨리는지, 반복하는지, 글자를 거꾸로 읽는지, 자기 수정을 하는지, 단어를 삽입하는지, 다른 단어로 대체하는지 등으로 구분하여 표기한다. 비형식적 읽기 검사에서 가장 핵심은 듣거나 읽은 이야기를 잘 이해하고 있는지에 대하여 평가하는 것이다(Flippo, Holland, McCarthy & Swimming, 2009). 자료에 대한 오류, 정확도를 계산하여 자료가 독립적 읽기 수준, 학습이 필요한 수준, 어려운 수준인지를 결정한다.

그림 2.6	연속 기록 양식지

이름: _____　　**날짜:** _____

책: _____　　**책 수준:** _____

단어 수: 　　　　　　　**정확도:** 　　　　　　　**오류 비율:**

오류 수:

자기 수정률:

오류	자기수정	단락	오류			자기 수정		
			의미	구조	시각	의미	구조	시각

M: 의미, S: 구조, V: 시각, E: 오류, SC: 자기 수정

읽기 수준
독립적 수준: 95~100%의 정확도
학습 수준: 90~95%의 정확도
어려운 수준: 89% 이하의 정확도

읽기 유창성: 유창하게 읽는다 _____ 떠듬거리며 읽는다 _____ 고르지 않게 읽는다 _____

다시 말하기

배경: 인물 _____　　시간 _____　　장소 _____

주제: 문제 혹은 목표 _____

사건: 사건의 수 _____

해결: 문제 해결 _____　　목표 성취 _____　　결말 _____

출처: Adapted from M. Clay, *Running Records for Classroom Teachers*. Reprinted by permission of Pearson New Zealand.

　　IRI를 사용하여 학생의 이해도 수준에 너무 쉬운지 어려운지를 결정할 수 있다 (Gunning, 2003; Hasbrouck & Tindal, 2006; Tompkins, 2003). 교사 스스로가 IRI를 작성하여 사용할 수 있으나 아래에 소개되어 있듯이 출판된 것도 있다.

질적 읽기 평가-3(Leslie & Caldwell, 2001)

수업과 연계된 평가: 초등학교 교사용(Marrotti & Homan, 2005)

교실 읽기 평가(Silvaroli, 2001)

분석적 읽기 평가(Woods & Moe, 1999)

포트폴리오 평가

포트폴리오는 유아의 작품을 모으는 것이다. 포트폴리오에는 완성되지 않은 것과 완성된 것이 포함된다. 포트폴리오는 유아의 과거, 현재 모습, 앞으로 나아갈 길을 보여준다. 포트폴리오에는 교사, 유아, 부모가 수집한 샘플이 포함된다. 또한 최선으로 가장 잘 한 것뿐만 아니라 어려워하는 것도 보여줄 수 있어야 한다. 유아가 경험한 다양한 활동의 결과물뿐만 아니라 학습한 것이 무엇인가를 드러내도록 한다.

현재 많은 교사가 학생들의 작품을 컴퓨터에 디지털 자료로 보관하고 있다. 각 유아마다 폴더를 만들어서 보관한다. 포트폴리오의 겉모양은 아코디언 형태로 된 폴더 형식이 좋다. 폴더에 유아가 직접 그린 그림이나 사진을 붙이거나 이름도 아이가 직접 쓰도록 한다. 포트폴리오는 다음 학년으로 계승되는 경우가 많으므로 포트폴리오에 포함될 것을 신중하게 골라 부피를 최소화한다. 포트폴리오에는 다양한 문해 활동의 샘플과 유아가 가장 잘 할 수 있는 것이 포함되어야 한다. 예를 들어 다음과 같은 것이 있다.

- 일과 중 나온 작품 샘플
- 일화 기록
- 소리 내어 읽기 녹음 자료
- 구어 분석 자료
- 재화
- 체크리스트
- 면담
- 표준화검사
- 자기 평가
- 저널
- 설명글과 이야기 글 샘플
- 그림 작품

포트폴리오에 포함되는 샘플과 평가 결과를 수집하는 것에 대하여 연간 계획을 할 수 있다. 그림 2.7이 그 예이다. 일 년간 포트폴리오를 수집하여 학년이 끝날 때 집으로 가져갈 수도 있다(McKenna & Dougherty-Stahl, 2009).

이 책의 모든 장에는 특별한 기술과 지식에 대한 교수-학습이 소개된 이후 항상 평가에 대한 것이 제시되어 있다. 포트폴리오에 포함될 수 있는 다양한 평가 양식과 방법이 제시되어 있다. 이러한 자료들은 교사가 적절한 교수 계획을 선택하고 계획하도록 돕고, 부모가 자녀의 발달을 이해할 수 있게 하며, 유아 스스로가 자신의 강점과 약점을 이해할 수 있도록 한다.

| 그림 2.7 | 포트폴리오에 포함될 샘플 수집과 검사를 위한 연간 계획 |

이름: _____ 학년: _____

학교: _____ 교사: _____

9월, 1월, 5월에 검사를 한다. 월별로 해당 검사를 체크한다.

학년	9월 유아부	1월 유아부	5월 유아부	9월 유치부	1월 유치부	5월 유치부	9월 1학년	1월 1학년	5월 1학년	9월 2학년	1월 2학년	5월 2학년
1. 유아 면담												
2. 부모 면담												
3. 자화상												
4. 글에 대한 개념 검사												
5. 이야기 재화												
6. 다시 글쓰기*												
7. 자유 기술												
8 낱자 인식												
9. 연속 기록*												
10. 자주 쓰이는 단어 인식												
11. 관찰 코멘트												

* 는 유아부(Pre-K)에는 해당 안 됨.
출처: Adapted from South Brunswick, New Jersey, public schools portfolio.

English Language Learners

교사가 고안한 비형식적 평가

저는 반 아이들이 매일 배운 것에 대하여 돌아보고 평가하는 것을 좋아해서, 일정기간 동안 아이들이 배운 것을 기록하고 보관하도록 합니다. 교실 벽에 걸려 있는 차트에는 각 아이들의 주머니가 있습니다. 이 주머니에는 색인카드가 들어 있는데, 하루 일과를 마치기 10분 전 모든 아이들은 자신의 색인카드를 꺼내 오늘 배운 것 중 가장 기억에 남거나 중요한 것을 기록하고 짝에게 이를 이야기하도록 합니다. 이후 5분간은 짝과 함께 나눈 이야기를 기록합니다. 교실을 나가면서 색인카드를 제자리에 꽂아 놓습니다. 이를 읽어보면 아이들이 이해한 개념을 쉽게 파악할 수 있습니다. 주말마다 카드를 가정에 보내어 자녀가 학교에서 배우고 있는 것을 부모가 알도록 합니다. 또한 부모는 가정에서 자녀와 함께 카드에 있는 내용을 기초로 대화를 나누어 학습을 확장하도록 합니다.

부모가 "학교에서 무엇을 했니?"라고 아이에게 물으면, 아이는 더 이상 "아무것도"라고 답하지 않는다고 합니다. 오히려 카드에 적힌 내용에 대하여 이야기를 나눈다고 합니다. 매일 일과가 끝날 때 하루를 돌아보는 것은 이들이 학습한 것을 기억하도록 돕습니다.

크리스티나 스페지오(2학년 담임)

교사가 고안한 비형식적 평가

저도 동료교사 크리스티나와 비슷한 것을 합니다. 제가 담임을 맡고 있는 3학년 아이들은 수업이 끝나기 전 '출발권'을 작성해야 합니다. 포스트잇처럼 잘 붙는 종이에 오늘 배운 내용에 대한 답을 적어서 책상 위에 놓아 둡니다. 답을 다 적은 아이들은 이 종이를 자신의 책상에 붙여 놓고 교실을 떠나죠. 이후 제가 표에 적힌 내용을 훑어보고 반 아이들의 이해도를 파악하고 보충이 필요한 경우 다음의 교수-학습 계획에 반영합니다. 이러한 평가 방법은 특정한 아이의 이해도를 전체로부터 주목받지 않고 교사만이 파악할 수 있도록 합니다.

제니퍼 델 네로(3학년 담임)

표준화검사

표준화검사는 유아가 학습한 것을 평가하는 것이다. 표준화검사는 전문 출판사에 의해 편집되며 많은 수의 학생들에게 실행되어 기준점수가 있다. 기준이란 학년 혹은 각 나

이에 해당되는 평균점수를 의미한다. 표준화검사를 사용할 때에는 먼저 이것이 학생들에게 적절한 것인지를 고려해야 한다. 즉 검사는 측정한다고 하는 것을 측정하는지 혹은 교사의 교수 목표와 일치하는지를 고려해야 한다. 또한 검사 신뢰도도 주요 고려사항이다. 표준화검사에는 다음과 같은 것이 있다.

1. 학년 점수: 이는 원점수를 학년 점수로 전환한 것이다. 예를 들어 1학년 아동이 2.3점수를 받으면 이는 해당 학년보다 높은 점수를 받은 것이다.

2. 백분율 순위: 이는 원점수를 백분율 순위로 전환한 것으로 같은 학년 혹은 같은 연령의 또래들 안에서 순위를 표시하는 것이다. 예를 들어서 80% 순위를 받은 경우 이 아동보다 낮은 점수의 또래가 80%가 있으며 20%의 또래가 이 아동보다 높은 점수를 받은 것이다.

표준화검사에 대한 논란이 많지만, 여전히 표준화검사는 수행정도에 유익한 정보를 준다. 부모들은 자녀의 표준화검사 결과를 아는 것을 중요하게 여기는데 이는 자녀의 수행 수준에 대해 자세한 정보를 주기 때문이다. 그러나 지금까지 제시하였던 여러 유형의 평가처럼 표준화검사 점수는 유아의 수행에 대한 일부 정보를 줄 뿐임을 기억해야 한다. 그러나 표준화검사 상황 자체가 유아가 학교 안 혹은 바깥에서 경험해야 할 문해 유형을 제시한다.

표준화검사와 관련한 이슈

표준화검사와 관계해 여러 가지 고려해야 할 것이 있다. 먼저 표준화검사는 여러 평가 유형 중 하나이며 이는 다른 평가 방법들과 함께 사용해야 한다. 표준화검사에서 유아기 문해 능력을 평가하는 것은 청각 기억, 운율, 낱자 인식, 시각 처리, 학교 언어 혹은 듣기 능력이다. 그러나 유아기 문해 교육에서 중시되는 것은 배경 지식, 책에 대한 개념, 읽기 태도, 글과 연관된 의미, 인쇄물의 특징에 대한 지식인데 이는 표준화검사에서는 측정하지 않는다. 어떤 유아는 표준화검사 문항을 다 맞추었지만 아직 읽지 못하거나, 어떤 유아는 표준화검사를 통과하지 못하였는데 이미 읽을 수 있는 경우도 있다.

어떤 표준화검사는 최근의 유아기 문해 발달에 대한 이론과 연구 결과와 무관한 것도 있다. 교육청은 표준화검사로 유아들의 수행 수준을 평가하기 때문에 교사들은 이에 압력을 느낀다. 이러한 경우를 **고부담 평가**(high-stakes assessment)라고 하는데 이는 한 번의 검사 결과로 중요한 문제에 대한 결정을 내리기 때문이다. 이러한 상황에 항복하는 교사는 어린 유아에게 부적절한 교수-학습법을 선택할 가능성이 높다. 이 경우 교사는 실제 검사 유형과 비슷한 시험 형식으로 반복적으로 연습시키는 데 많은 시간을 쓰기도 한다. 즉 모의시험을 치르고 채점하여 결과에 따라서 학습 계획을 세운다. 검사에 대비하여 학생을 연습시키지 않거나 가르치지 않는 교사의 학생들은 실제 시험에서 낮은 점수를 받을 가능성이 높다. 또한 검사 문항 내용 자체뿐만 아니라 검사 혹은 시험을 치르는 방식에 대한 지식도 중요한 역할을 한다. 따라서 표준화검사에 대하여 가르치기를 거부하는 교사는 자신의 직업을 유지하는 데 위협을 느끼기도 한다. 이는 딜레마다.

표준화검사와 관계된 또 다른 이슈는 검사 결과로 유아를 특정 집단에 배치하는 것이다. 한번 특정 반에 배치되면 다른 반으로 이동하기가 무척 어렵다. 그러나 문제는 반 배정의 근거가 되는 표준화검사 점수가 부정확할 수 있다는 것이다. 그림 2.8은 세 명의 유아의 점수를 보여준다.

유아 A는 청각과 시각 점수는 높으나 언어 검사에서는 낮았다. 이 유아의 전체 백분율 순위는 50이다. 유아 B는 청각, 언어 점수는 좋으나 시각 점수가 낮으며 전체 백분율 순위는 50이다. 유아 C는 시각, 청각, 언어 점수가 고르게 좋고 전체 순위도 50이다. 이 세 명 모두 1학년으로 진급할 것이며 같은 수준의 반에 배정될 것이나, 사실 유아 A는 초등학교 1학년 읽기 능력의 기초가 되는 언어 점수가 너무 낮다. 세 명 각각이 갖고 있는 능력은 특징적 차이를 보이지만 표준화검사 전체 점수에서는 동일한 능력을 갖고 있는 것으로 나온다.

표준화검사와 관계된 또 다른 이슈는 편향(bias)에 관한 것이다. 표준화검사는 나이 든 아동보다 어린 유아에게 적용할 경우 신뢰도가 낮다. 또한 어떤 검사는 백인과 중산층에게 유리하게 편향된 경우도 있다. 따라서 이런 검사는 도시가 아닌 곳 출신, 아프리카계 미국인, 두 언어 사용자에게 불리하다. 중산층 백인 가정의 유아들이 주로 하는 경

그림 2.8

유치원 아동의 가상 테스트 프로필

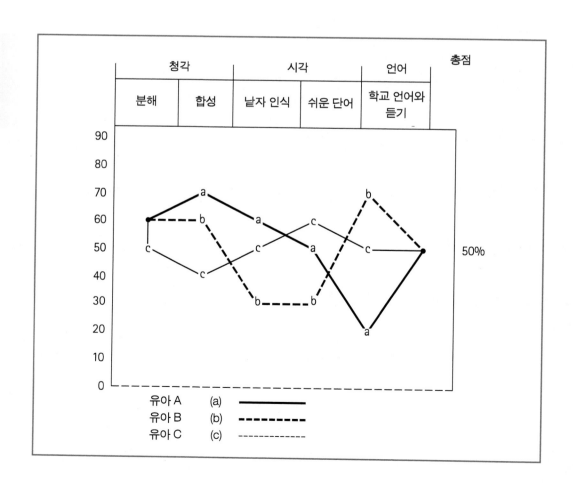

험과 관계된 것이 검사 내용으로 선택되어 이들이 검사에서 높은 점수를 받을 가능성이 있다. "별을 손으로 가리키세요." 혹은 "나무 뒤에 있는 염소에 동그라미 하세요." 와 같은 지시문은 염소를 한 번도 보지 못한 어린 유아에게는 염소가 강아지로 인식될 수 있기 때문에 답이 틀릴 수도 있다.

IRA(국제읽기협회: International Reading Association)와 NAEYC(전미유아교육협회: National Association of Educating Young Children)가 공동으로 선언한 「발달적으로 적합한 유아를 위한 읽기와 쓰기 학습(Developmentally Appropriate Practices for Young Children」(1998)은 발달적, 문화적으로 적합한 평가 방법을 사용할 것을 제안한다. 또한 교수-학습 목표와 일치하는 평가와 유아의 전인적 발달을 고려한 평가를 제안하고 있다. 유아기에 무분별하게 사용되는 표준화검사의 문제를 해결하기 위하여 여러 조치를 취할 수 있다. 행정가와 교사는 우선 표준화검사의 문제점을 인식하고 한 번의 검사가 아닌 연중 계획을 가지고 다양한 방법으로 유아의 발달을 평가하도록 해야 한다.

유아에게 사용되는 표준화검사는 분명 문제가 있으나 이것이 사용될 때 교사는 유아가 이에 대하여 배울 수 있도록 도와야 한다. 유아는 지시문을 따라 행동하는 법과 답을 어떻게 채워야 하는지를 배워야 한다. 즉 검사를 치르기 전 검사를 치르는 방법에 대하여 배워야 한다. 표준화검사를 사용할 때에는 면담, 일화 기록, 활동 샘플 등과 같은 참 평가 방법도 함께 사용해야 한다.

읽기와 쓰기에 대한 기준과 평가

미국은 초등학교 3학년까지는 모든 아동들이 유창하게 읽어야 한다는 목표를 가지고 있다. 따라서 문해 교육 기관, 주, 연방정부는 읽기와 쓰기에 대한 기준을 제시하고 있다. 읽기와 쓰기에 대한 **기준**이란 각 학년에 따라서 최소한으로 습득해야 할 지식과 기술에 대한 것으로, 학년별로 읽기, 쓰기, 듣기, 말하기 등에 관련된 지식과 기술을 구체화하고 있다.

국제읽기협회(International Reading Association; IRA)와 미국영어교사협회(National Council of Teachers of English; NCTE)가 공동으로 주도한 「영어 기준(Standards for the English Language Arts)」(1996)은 다음과 같은 역할을 하여야 한다고 하였다.

1. 현 시점에서 필요한 읽고 쓰기 기술에 대하여 아동을 준비시킬 뿐만 아니라 미래 기술 사회에서 읽고 쓰기에 대한 비전을 고려하여 아동을 준비시켜야 한다.
2. 부모, 교사, 연구자들이 아동에게 갖고 있는 언어 능력에 대한 비전 혹은 목표를

성취하도록 하여야 한다.

3. 모든 아동이 읽기와 쓰기에서 높은 성취를 이루도록 기대하고 이는 현존하는 교육 불평등을 완화하는 기회가 되어야 한다.

출처: IRA & NCTE(1996). *Standards for the English Language Arts*. Newark, DE: International Reading Association, and Urbana, IL: National Council of Teachers of English.

IRA와 NCTE에 의하여 기본적인 기준이 제시된 이후, 많은 주에서 독자적으로 읽기와 쓰기에 대한 기준을 마련하였다. 주별로 제시된 기준은 상당히 구체적이어서 각 학년에 따라서 습득되어야 할 읽기와 쓰기에 대한 기준이 자세하게 제시되어 있다. 2004년 뉴저지 주의 언어교육 핵심 교육과정 기준(Core Curriculum State Standards in Language Arts Literacy)을 소개하면 다음과 같다.

기준 #3.1 이해와 반응

1. 시와 이야기를 듣거나 읽고 동작, 미술, 음악, 극의 다양한 방법으로 표현한다.
2. 이야기를 듣고 주인공, 배경, 주요 사건을 말할 수 있다.
3. 자신이 좋아하는 책이나 이야기를 말할 수 있다.
4. 이야기를 듣고 인물과 사건을 포함하여 이야기를 다시 말할 수 있다.
5. 함께 읽기에 참여할 수 있다.
6. 그림을 보거나 이야기의 일부를 듣고 이후에 대하여 예측할 수 있다.

전문은 www13.state.nj.us/NJCCCS에서 찾아볼 수 있다.

기준에 도달할 수 있는 교수-학습 활동과 평가 방법이 각 기준 옆에 함께 제시되어 교사가 실행하기 쉽도록 되어 있다. 기준 달성을 측정하도록 고안된 검사는 쉽게 답을 찾을 수 있는 것들이어서 거의 모든 아이들이 검사를 통과할 수 있다. 50%의 아이들만 통과할 수 있도록 고안된 표준화검사와의 차이점이 이것이다. 모든 학교는 유아반부터 초등 3학년까지 규정된 기준에 따라서 수업을 계획하고 진행하여야 한다.

최근의 문해 기준은 주교육청위원회(Council of Chief State School Officers; CCSSO, 2010)에서 편찬한 것으로 많은 주에서 이 기준을 사용하고 있다. 국가 차원에서 기준을 가지고 있으면 모든 아이들이 이 기준에 의하여 배운다는 이점이 있다. 요즘 아이들은 이사가 잦으므로 다른 주로 이사를 가도 그 전에 살았던 주에서 목표로 하였던 문해 교육의 기대가 동일하다. 또한 교사가 다른 주로 옮겨도 새로운 기준으로 교육과정을 운영할 필요가 없다. 보편 문해 기준(Common Core State Literacy Standards)의 핵심 정신을 정리하면 아래와 같다.

● 대학 입학 혹은 취업 교육을 받는 데 요구되는 문해 기술과 학제간 지식과 기술을 정의하는 데 목적이 있다.
● 보편 문해 기준은 각 주에서 목표와 기대, 주제를 스스로 정할 수 있도록 융통성이 있어야 한다.

- 기준은 읽기, 쓰기, 말하기, 듣기, 말하기로 나뉘어 있으나 각 영역은 의사소통 과정으로 통합되어야 한다.
- 학생들은 정보와 아이디어를 이해하고 평가하고 통합하고 보고할 수 있는 능력을 갖추어야 한다. 문제를 해결하도록 연구할 수 있어야 하며 전통적 매체와 새로운 매체를 활용하여 다방면의 글 자료를 분석하고 창조할 수 있다.
- 읽기, 쓰기, 말하기, 듣기는 국어과 수업만이 아니라 사회과, 과학과 수업에서도 강조되어야 한다.

대학과 취업 준비(College and Career Readiness; CCR)에서는 각 학년에 해당하는 핵심 기준을 제시하고 있다. K-3학년까지 습득해야 할 문해 지식이 학년별로 제시되어 있는데 이를 자세히 보려면 www.corestandars.org/articles/8-national-governors-association-and-state-education-chiefs를 참고하라.

대학과 취업 준비에서 제시한 읽기 기준

1. **핵심 아이디어와 세부사항: 픽션과 논픽션 텍스트**

   a. 독서하면서 글이 드러내놓고 전하고자 하는 부분뿐만 아니라 추론도 한다. 이를 위하여 결론을 지지할 수 있는 사실적 정보와 증거를 글에서 인용할 수 있다.

   b. 핵심 아이디어와 주제를 분석하고 이해할 수 있다. 이를 위한 세부사항과 아이디어를 다시 말하거나 요약할 수 있다.

   c. 인물, 사건, 아이디어가 왜, 어떻게 발현되는지를 분석할 수 있다.

2. **책의 특징과 구조**

   d. 글에 사용된 단어, 표현을 해석할 수 있다. 사전적 뜻, 내포적 뜻, 비유적 뜻을 알고 글의 스타일, 논조, 분위기를 파악할 수 있다.

   e. 문장, 단락, 절, 장, 장면 등이 어떻게 서로 연결되며 이것들이 글 전체에 어떻게 기여하는지를 분석할 수 있다.

   f. 관점 혹은 주제의식이 글의 스타일에 영향을 주었는지를 알 수 있다.

3. **지식과 아이디어의 통합**

   g. 여러 형태의 미디어와 형식, 이미지, 글 등으로 전해지는 내용과 의미를 통합하고 평가할 수 있다.

   h. 글에서 제시된 주장과 논점을 구분하고 평가할 수 있다. 또한 관점의 논리적 타당성을 평가하면서 근거를 댈 수 있다.

   i. 두 개 이상의 글을 놓고 주제 혹은 관점의 공통점과 차이점을 비교할 수 있다.

4. **독서의 범위와 난이도**

   j. 다양한 종류의 글과 난이도의 글을 읽고 혼자서 이해한다. 또한 이를 타인과 협력하여 읽을 수 있다.

출처: 주정부연합센터(2010), Best Practices and Council of Chief State School Officers.

아래는 보편 문해 기준(Common Core State Literacy Standards) 중 이 책과 관계있는 것을 정리한 것이다.

보편 문해 기준과 이 책의 관련 장

1. **문학: K-3학년**
   - 핵심 아이디어와 세부사항: 글의 요소, 개념을 인식하고 이야기를 다시 말할 수 있다.

     본서 4, 6, 8, 9장
   - 핵심 아이디어와 세부사항: 글을 이해한다. 세부사항을 기억한다. 사건, 아이디어, 절차 간의 관계를 이해한다. 시간, 순서, 원인과 결과를 나타내는 표현을 쓸 수 있다.

     본서 4, 6, 8, 9장
   - 책의 특징과 구조: 글의 특징을 구분할 수 있다. 작가, 글의 종류, 관점의 차이를 안다.

     본서 2, 3, 4, 5, 6, 7장
   - 지식과 아이디어의 통합: 그림과 글의 관계를 안다. 주제, 무드를 이해하고 두 명 이상 작가의 공통점과 차이점을 안다.

     본서 2, 6, 8, 9장
   - 독서의 범위와 난이도: 여러 종류의 글을 소리 내어 읽기, 함께 읽기, 혼자 읽기를 한다.

     본서 1, 2, 3, 6, 8, 9, 10장
2. **기초 기술**
   - 인쇄물에 대한 개념: 단어 학습, 언어 발달, 해독

     본서 2, 3, 4, 5, 6장
   - 음운 인식: 음소, 음절, 운율인식

     본서 1, 2, 4, 5장
   - 발음/단어 인식: 자주 사용되는 단어, 장·단 모음

     본서 1, 2, 4, 5장
   - 유창성: 목적을 가지고 읽고 이해하기

     본서 2, 4, 5장
3. **쓰기**
   - 다양한 글의 종류: 그리기, 받아쓰기, 글쓰기, 다양한 글 쓰기

     본서 3, 4, 5, 7, 8, 9장
   - 글쓰기와 나누기: 글 발표하기, 질문에 답하기, 친구와 선생님의 피드백에 답하기

     본서 7, 8, 9, 10장
   - 자료 조사하기: 정보를 찾기, 협력적으로 글쓰기

본서 7, 8, 9, 10장
- 여러 종류의 글쓰기: 긴 글, 짧은 글, 주어진 주제에 맞게 글쓰기
  본서 7, 9, 10장

4. 말하기와 듣기

- 이해와 협력: 대화에 참여하기, 질문하기와 답하기, 생각 말하기
  본서 3, 4, 5장
- 표준 영어 알기: 표준어 듣기
  본서 2, 3, 4, 5, 7장
- 언어에 대한 지식
  본서 3, 4, 5, 7장
- 어휘 이해와 활용
  본서 2, 3, 4, 5, 7장

출처: 정부연합센터(2010). Best Practices and Council of Chief State School Officers.

국가문해국(National Institute of Literacy)과 국가가족문해국(National Center for Family Literacy)은 2004년에 출생부터 5세까지 읽기와 쓰기에 대한 기준을 제시하였다. 이는 성공적인 학교 문해에 기초가 되는 지식과 기술이므로 학령 전 유아 문해 교육의 기준을 제시한다.

- 알파벳 지식(AK): 알파벳 글자의 이름과 글자가 내는 소리를 안다.
- 음운 인식(PA): 말소리를 구분하고 음절을 나누고 조합할 수 있다.
- 의미 없이 나열된 글자를 빠르게 읽을 수 있다.
- 사물이나 색 이름을 빠르게 말할 수 있다.
- 불러주는 글자를 쓰거나 자신의 이름을 적을 수 있다.
- 음운 기억력: 말소리를 일정기간 기억할 수 있다.
- 책과 인쇄물에 대한 개념: 책의 제목, 작가, 앞표지, 뒤표지, 글자, 그림을 구분할 수 있다.
- 인쇄물에 대한 지식: 알파벳 지식, 인쇄물에 대한 개념, 어휘, 기억력을 통합한 지식
- 구어를 이해하고 생산할 수 있다.
- 시각 정보처리: 시각 기호를 보고 같은 것 찾기, 다른 것 구분하기를 할 수 있다.

이상의 학령 전 유아 문해 기준에 도달하는 데 가정이나 어린이집에서 기호 알아보기, 책 함께 읽기, 언어 능력 발달시키기와 같은 활동이 도움이 된다.

아동 발달 단계

유아교육은 유아의 신체, 사회, 정서, 인지 발달에 관심이 있으므로 교육과정은 모든 영역을 고려하여 구성되어야 한다. 즉 문해 발달에 관심이 있다고 하여 다른 영역의 발달을 소홀히 여겨서는 안 된다. 다양한 영역 발달에 관한 지식은 학습 장애, 영재성, 의사소통 장애 등과 같이 특별한 요구가 있는지 여부를 판단하게 돕는다. 한 영역만이 아니라 전 영역이 골고루 발달을 이루도록 하는 것에 대한 관심은 유아교육의 오랜 전통이 되어 왔으며 이는 문해 발달에 영향을 준다. 박스 2.1에 출생부터 8세에 이르기까지 각 영역의 발달 특징이 기술되어 있다(Seefeldt & Barbour, 1998, pp. 63-69). 이는 유아의 발달을 평가하고 교수 계획을 짜는 데 참고자료로 활용될 수 있다.

박스 2.1

단계별 발달 특징

출생~12개월

신체 발달
- 급격한 성장이 이루어진다.
- 배고픔 혹은 고통으로 밤에 자주 깨다가 낮에 두 번 정도 낮잠을 자고 밤에는 길게 잘 수 있게 된다.
- 세 시간에 한 번씩 먹는 습관에서 하루에 세 번 먹는 식습관으로 변화된다.
- 머리를 들 수 있을 정도로 목 근육이 발달한다.
- 초점을 맞출 수 있으며 환경을 두리번거리며 탐색한다.
- 16주가 되면 사물을 손으로 잡을 수 있다. 6개월이 되면 사물을 잡았다 놓았다 할 수 있다.
- 4개월에서 6개월이 되면 뒤집는다.
- 6개월에서 8개월에는 젖병을 잡는다.
- 6개월에 첫 이가 난다. 돌이 되면 약 12개의 이가 난다.
- 6개월에서 8개월이 되면 혼자 앉는다.
- 9개월이 되면 설 수 있다.
- 6개월에 기는 시늉을 하다가 9개월 정도가 되면 길 수 있다.
- 1세가 되면 걷기 시작한다.

사회성 발달
- 4개월에서 5개월 사이에 사람을 보고 미소 짓는다.
- 장난치는 것을 즐긴다.
- 엄마 혹은 주 양육자를 알아본다.
- 손과 발을 갖고 논다.
- 6개월이 되면 혼자 혹은 타인과 노는 것을 즐긴다.
- 낯선 이를 보면 불안해한다.
- 까꿍 혹은 짝짜꿍을 할 수 있다.
- 다른 사람의 행동을 따라 한다.

정서 발달
- 울음이 분화되어서 배고픔, 추위 혹은 다른 불편함 간에 차이가 있다.
- 몸 움직임, 손 움직임, 다리 차기 혹은 얼굴 표정으로 감정을 나타낸다.
- 만족하면 기쁨을 나타낸다.
- 6개월에는 입맞춤 혹은 포옹 등으로 좋은 감정을 나타낸다.

- 두려움을 느끼는 표시를 한다.
- 싫어하는 것은 밀쳐낸다.

인지 발달

- 엄마와 다른 사람을 구별하다가 익숙한 사람과 낯선 사람을 구별하게 된다.
- 바라보기, 입에 가져가기, 손으로 잡기 등을 통해 환경을 탐색한다.
- 오랫동안 사물을 탐구한다.
- 관심을 보이던 사물이 없어지면 저항한다.
- 사물을 조작하여 변화를 일으키는 것을 즐겨 여러 번 같은 행동을 반복한다.
- 6개월부터 12개월 사이에 사물이 없어지면 찾는 등의 대상 영속성 개념이 생긴다.
- 사물을 잡아끌거나 원하는 것을 잡기 위하여 장애물을 치우는 등 목적 행동이 나타난다.
- 환경에 대한 호기심이 증가한다.

1~2세

신체 발달

- 여러 가지 운동 능력이 발달한다.
- 2세가 되면 20개의 젖니가 다 난다.
- 대근육이 발달하여 혼자 서며 의자를 밀고 다닌다.
- 돌에서 15개월 사이에 혼자 걷기 시작한다.
- 상자 안에 물건을 넣거나 뺀다.
- 공을 힘껏 던진다.
- 계단을 내려갈 때 몸을 돌려서 내려간다.
- 소근육이 발달하여 블록 두 개를 쌓고, 콩을 집으며, 용기에 물건을 넣고, 숟가락을 사용한다. 손수건을 머리에 두를 수 있다.
- 18개월이 되면 크레용으로 수평선 혹은 수직선의 형태로 긁적인다.
- 책장을 넘긴다.
- 달릴 수 있으나 잘 부딪힌다.
- 위, 아래로 뛴다.
- 계단을 오르내릴 때 한 발씩 한다.
- 한 손으로 컵을 쥔다.
- 최소한 블록을 6개 쌓고 구슬을 꿴다.
- 찬장 문을 연다.
- 곡선, 나선 등을 긁적인다.
- 오른손이나 왼손 중 자주 사용하는 손이 나타난다.
- 낮에는 배변을 조절한다.

사회성 발달

- 1세경 자신과 타인을 구분한다.
- 거울에 비친 상을 마친 타인처럼 취급한다.
- 18개월이 되면 너와 나를 구분해서 사용한다.
- 스스로 놀기 시작하며 자신에 몰입해 있지만 새로운 사람을 인식한다.
- 타인의 행동을 정교하게 따라 한다.
- 몸의 부분을 안다.
- 음악에 반응한다.
- 2세경이 되면 부모와 노는 것보다 또래와 노는 것에 더 많은 관심을 보인다.
- 병행 놀이처럼 상호작용 없이 논다.
- 2세가 되면 타인과 구분된 자아 인식이 강화된다.
- 가정 밖 세상에 나가 탐험하는 것에 대해 모순된 반응을 보인다.
- 자기 소유물에 집착을 보이기 시작한다.

정서 발달
- 1세경에는 무척 귀엽다.
- 18개월에는 변화에 저항하며 엄마가 눈에 보이지 않으면 크게 저항한다.
- 저항, 반항, 고집 부리기, 숨기 등의 행동을 보인다.
- 타인의 정서를 인식한다.
- 1세경에는 죄책감이 전혀 없으나 2세가 되면 죄책감을 느끼기 시작한다.
- 타인 공감이 없다.
- 큰 소리로 웃고 뛴다.

인지 발달
- 심상이 형성되어 눈에 보이지 않는 것을 찾으며 과거에 일어난 사건을 상기하거나 앞으로 일어날 일을 기대한다. 시간의 흐름과 공간의 방향성을 안다.
- 추론적 사고를 하기 시작하여 물건을 찾을 때 한 곳 이상을 찾는다.
- 시간이 지난 후에 모방이 가능하다.
- 사물의 이름을 기억한다.
- 대상 영속성 개념이 생긴다.
- 2세 혹은 3세에 흑백을 구분하며 색의 이름을 안다.
- 하나와 여럿을 구분한다.
- "하나, 둘, 셋"을 기계적으로 셀 수 있으나 합리적 수 세기는 아직 부족하다.
- 말한 대로 행동하거나 혹은 행동하면서 이에 대하여 말할 수 있다.
- 물건을 분해하고 다시 조립한다.
- 과거에 일어난 사건을 기억하며, 오늘, 내일이란 말을 사용하나 혼동하기도 한다.

3~4세

신체 발달
- 신체 기술이 크게 발달한다.
- 세발 자전거를 탄다.
- 수레를 밀 수 있다.
- 빠르게 뛰고 쉽게 정지한다.
- 놀이 기구의 사다리를 오른다.
- 번갈아 발을 움직여서 계단을 오른다.
- 두 다리를 모으고 점프한다.
- 에너지가 충만하다.
- 4세경 멀리 뛰기를 할 수 있다.
- 한 발로 뛴다.
- 한 발로 서서 균형을 잡는다.
- 음악에 맞추어 몸의 움직임을 즐긴다.
- 소근육이 발달하여 지퍼를 잠그고 혼자서 옷을 입는다.
- 잠자는 중 배변을 안 한다.

사회성 발달
- 타인에게 관심을 보이는 것이 분명하다.
- 병행놀이보다는 협동놀이를 하며 또래 활동에 참여한다.
- 피부색 차이 혹은 남녀 차이를 인식하기 시작한다.
- 독립성이 발달한다.
- 4세경 주도성을 보이기 시작한다.
- 남녀의 신체 차이를 안다.
- 상상의 놀이 친구를 갖기도 한다.

정서 발달
- 유머를 즐기며 성인이 웃으면 같이 웃는다.

- 절제력이 생긴다.
- 반항이 감소한다.
- 특정 사물과 환경에 대한 두려움을 보인다.
- 의도적으로 거짓말을 할 수 있으나 성인이 하는 선의의 거짓말에 잘 속는다.

인지 발달
- 문제 해결력이 발달하며 블록을 쌓았다가 발로 차서 그 결과를 관찰한다.
- 열심히 들으면서 환경에 대하여 배워 간다.
- 방향이 있는 긁적임을 하기 시작한다.
- 4세경에 자신이 아는 것 혹은 중요하게 여기는 것을 그린다.
- 사물 혹은 현상의 한 가지 특징에 지각적으로 주목하는 경향이 있다. "왜" 질문이 많다.
- 세상의 모든 것에는 이유가 있다고 믿으나 이유는 자신의 지식과 일치하여야 한다.
- 자아 중심적이다.
- 실제와 상상을 구분하기 시작한다.

5~6세

신체 발달
- 계속 움직이나 조절력이 뛰어나다.
- 두발 자전거를 탈 수도 있다.
- 한발 한발 점프를 한다.
- 소근육이 발달하여 칫솔, 톱, 가위, 연필, 망치를 다루고 바느질을 한다.
- 글을 쓰거나 그림을 그릴 때 선호하는 손이 확실히 있다.
- 혼자 옷을 입을 수 있으나 운동화 끈을 매는 것은 여전히 어렵다.
- 6세부터 젖니가 빠지기 시작한다.

사회성 발달
- 친구를 좋아하여 혼자 친구에게 놀러간다.
- 독립적이다.
- 과제 집중도가 길어지며 오늘 한 활동을 내일 다시 시작하여 완성한다.
- 한두 명의 친구와 짧은 시간 동안 놀다가 다른 친구들과도 논다.
- 권위에 순종하고 협조적이다.
- 6세가 되면 자기주장이 강해지고 상황을 통제하려 하거나 충고를 하기도 한다.
- 일등이 되고자 하며 듣기에 어려움을 보이기도 한다.
- 으스대거나 소유욕이 강해진다.
- 정서적 욕구가 강해지며 부모에게 사랑-미움의 감정을 갖기도 한다.
- 여자 혹은 남자 역할에 민감하다.
- 입는 옷에도 민감하다.

정서 발달
- 유머가 계속 발달한다.
- 옳고 그른 것을 구분한다.
- 5세에 정서를 조절하며 사회적으로 받아들여지는 방식으로 정서를 표현한다.
- 짧게 자주 싸운다.
- 감정이 자주 바뀐다.
- 학교생활이 시작되어 새로운 긴장을 갖기도 하며 떼쓰기도 나타난다.
- 배설 등에 관한 용어에 관심을 보인다.
- 5세경 양심이 발달하나 선악의 구분이 단순하다.
- 6세경 규칙을 인지하고 규칙을 준수하는 것에 엄격하다.
- 친구의 잘못을 고자질하기도 한다.

인지 발달

- 양 혹은 길이에 대한 보존개념이 습득된다.
- 글자와 숫자에 관심을 보여 따라 쓴다.
- 대부분의 색 이름을 안다.
- 글에는 뜻이 있음을 안다.
- 시간 감각이 있으나 자신의 경험과 관련해서 인식한다.
- 자신의 공간을 인지하며 익숙한 공간에서는 독립적으로 돌아다닌다.

7~8세

신체 발달

- 성장 속도가 느려진다.
- 신체 게임 놀이를 하며 팀 스포츠를 즐긴다.
- 한 가지 기술을 습득하기 위하여 계속 연습한다.
- 소근육이 발달하여 다이아몬드 모양을 정확하게 그리거나 낱자를 정확하게 쓴다.
- 에너지가 폭발적으로 나타나기도 한다.
- 젖니가 계속 빠지고 영구치가 난다.
- 신체 균형이 맞으며 얼굴형이 바뀐다.

사회성 발달

- 동성 친구에 대한 선호가 분명하다.
- 또래 집단이 형성된다.
- 성 정체감이 확고해진다.
- 자기 몰입을 하기도 한다.
- 독립적으로 과제를 하거나 논다.
- 논쟁한다.
- 7세경 승패를 쉽게 인정하지 않으며 고자질하기도 한다.
- 8세경 게임을 더 잘하나 이기는 것에 대한 관심이 그전 같지 않다.
- 일상의 일에 책임을 보인다.
- 덜 이기적이 되며 타인을 즐겁게 해주려고 한다.
- 상상놀이를 여전히 즐긴다.

정서 발달

- 새로운 것을 시작하는 것을 어려워하나 시작한 것에 대하여는 끝내려 한다.
- 학교생활에 대하여 걱정하기도 한다.
- 다른 사람의 관점을 인식하며 공감이 발달한다.
- 무의미한 말에서 재미를 느끼고 농담을 즐긴다.
- 선악을 구분하나 아직 미숙하다.
- 쉽게 상처받는다.
- 소유물을 관리한다.

인지 발달

- 주의 집중 시간이 길어진다.
- 오랜 시간이 요구되는 과제를 계획하고 수행한다.
- 논리적 사고에 관심을 보인다.
- 지역사회 혹은 세계에 대하여 인식한다.
- 지식과 흥미가 확장된다.
- 7세경 읽기 능력이 능숙해지고 읽기를 즐기게 된다.
- 수개월 혹은 수년 단위로 세월의 흐름을 인지하고 표현한다.
- 과거 혹은 미래의 시간에 관심을 보인다.
- 자신과 타인의 수행 수준을 의식하여 "나는 그림을 잘 그려. 그런데 수지는 국어를 잘 해." 같은 말을 한다.
- 개인 능력 차이가 크게 나타난다.

활동과 질문

1. 이 장 맨 앞의 핵심 질문에 답하라.

2. 4세부터 8세 아이를 한 명 선택하여 3개월간 포트폴리오를 구성하라.
    a. 언어 표본을 분석(4장)
    b. 책과 글의 관례에 대한 개념 검사(5장)
    c. 낱자 인식 검사(5장)
    d. 음성 인식 검사(5장)
    e. 음운 인식 검사(5장)
    f. 자주 사용하는 어휘(5장)
    g. Sulzby의 읽기 발달 단계 검사(6장)
    h. 이야기 다시 말하기: 순서, 구조, 상세함(6장)
    i. 쓰기물 검사(7장)
    j. 일화 기록을 통한 오류 검사(2장)
    k. 이해도 검사(6장)
    l. 읽기와 쓰기에 대한 면담(2장)
    m. 가정 문해 활동에 대한 부모 면담(10장)

3. 부모들은 참 평가 방식에 불만족한다. 부모들은 자녀의 수행 정도가 평균, 혹은 평균 위, 아래인지를 표준화검사 점수를 통해 확인하고 싶어한다. 그러나 당신은 참 평가가 유아의 수행을 평가하는 적절한 방법이라고 믿고 있다. 그렇다면 당신은 부모를 어떻게 설득할 것인가? 부모 워크숍에서 읽기 기준에 대하여 설명하고 당신의 교수 계획과 평가 과정 간의 관계를 설명하는 것을 계획해보라.

4. 교실에서 사용할 수 있는 비형식적 평가를 구성해보라. 이 장에서 제시한 기준에 맞게 평가 요소를 열거하라. 당신이 제안한 평가의 논리적 근거를 간단하게 설명하고 이것이 후속 교수 활동에 영향을 주는가를 설명하라.

핵심 질문

- 문화적 배경이 다양한 유아를 위한 문해 교육은 어떻게 계획되어야 하는가?

- 학교에서 영어를 배우는 유아를 위한 문해 교육은 어떻게 계획되어야 하는가?

- 조기 중재 프로그램이란 무엇인가?

- 읽기에 어려움을 갖는 유아에게는 통합 교육과 분리 교육 중 어느 것이 적절한가?

- 다중지능이론이란 무엇이며, 문해 교육에는 어떻게 적용될 수 있는가?

- 통합교실의 신체 장애아들을 위한 교육은 어떻게 계획되어야 하는가?

- 이 장에는 교실에서 흔히 사용되는 단어와 표현을 영어와 스페인어로 그림과 함께 제시하였다. 이를 교실에서 활용할 때 영어를 학교에서 배우는 학습자를 위한 전략에는 어떤 것이 있는가?

핵심 용어

문화적 다양성	분리 교육 프로그램	영재
조기 중재	통합	학교에서 영어를 배우는 학습자(ELL)
학습 장애아		

3

문해와 다양성:
특별한 요구가 있는
유아 가르치기

토마스 제퍼슨은 우리나라 정신의 근간을 일부 이루고 있는 문해와 교육에는 세 가지 근본 신념이 있다고 하였다: (1) 민주주의를 실천하기 위해서는 모든 국민이 읽을 수 있어야 한다, (2) 따라서 미래의 국민이 될 어린이의 읽기 발달을 지원해야 할 의무가 있다, (3) 읽기는 학교 교육이 시작될 때부터 바로 가르쳐야 한다. 이에 대한 근거로서 "국민은 자유를 지키는 궁극의 수호자로서 자신의 안전을 담보하는 것 이상으로 더 중요하거나 더 적법한 것은 없다."

—토마스 제퍼슨
(토마스 제퍼슨의 삶과 글 중)

모든 유아는 질 높은 문해 교육을 받아야 한다. 소집단은 문화적 배경이 다양한 유아들에게 적합하다. 소집단에서는 유아들이 의미 있고 자연스러운 대화를 활발히 주고받는다. **학교에서 영어를 배우는 유아**들은 또래와의 자연스러운 대화를 통해 영어를 배우게 된다. 소집단에서는 유능한 또래가 읽기를 어려워하는 친구를 자연스럽게 도와줄 수 있다. 다음 에피소드는 세 유아교실에서 일어나고 있는 유아들 간의 자연스러운 대화를 보여준다.

아베레 선생님이 교사가 담임을 맡고 있는 2학년 아동들은 개별 혹은 소집단으로 문해학습을 하고 있었다. 선생님은 영어를 제2모국어로 배우고 있는 학생과 관련하여 다음과 같은 에피소드를 이야기해 주었다: 쥬니타는 교실에서 한 마디도 하지 않는 아이였는데 어느 날 쥬니타가 리더가 되어 친구들을 모아놓고 선생님 역할놀이를 하고 있었다. 세 명의 친구들을 동그랗게 앉게 하고는 한 명씩 이름을 부르며 차례로 책을 큰 소리로 읽도록 하였다.

내쉬 선생님은 선생님의 도움을 받지 않으면서 학생들이 문해 학습을 소집단으로 협력해 하도록 하였다. 선생님은 학습 교재 사용법을 미리 설명해주고 아이들 스스로 하도록 하였다. 내쉬 선생님의 말에 의하면, 특수아들은 독립적으로 학습할 때 효과가 크다. 그중 읽기 실력이 해당 학년의 수준에 미치지 못하는 샬렌은 교실에서 한 번도 소리 내어 읽은 적이 없었다. 어느 날은 샬렌이 봉제인형에게 소리 내어 글을 읽어주고 옆에서 다른 아이가 이를 듣고 있음을 관찰하였다. 내쉬 선생님은 드러나지 않게 샬렌을 칭찬하였고 샬렌은 그날 하루 종일 소리 내어 읽기 활동에 몰입하였다.

대부분 학력 미달 학생이 모여 있는 로젠 선생님 학급에서 마르셀은 영재 학생이었다. 마르셀은 대부분 홀로 학습에 몰두하였는데, 문해 영역을 운영한 지 두 달이 지나자 또래들과 함께 문해 학습에 참여하게 되었다. 마르셀은 신문을 읽으며 그날의 날씨 정보를 체크하였다. 패트릭이 마르셀에게 함께 신문을 읽어도 되냐고 묻자 마르셀은 반갑게 이를 허용하고 함께 신문을 보며 최고 온도와 최저 온도 등에 대해 이야기를 나누었다.

이상의 에피소드 외에도 특별한 문제를 갖고 있음에도 불구하고 많은 유아가 문해 활동에 적극적으로 참여할 수 있음을 보여주는 예들이 많이 있다. 한 교사는 "모든 유아는 문해학습을 할 수 있는 나름의 방법을 발견하게 된다"고 하였다.

문해와 다양성에 대한 이론과 연구: 유아의 개별적 요구 수용하기

이 책 전체 그리고 1장에서 소개된 대부분의 이론과 관점은 유아의 개인적 특수성을 반영한 교수법을 강조하고 있다. 유아교육은 항상 학습자 중심이며 유아의 사회, 정서, 신체, 인지 발달이 균형을 이루도록 노력해왔다. 모든 유아는 독특한 개성을 가진 존재이며 현재 유아교실은 그 어느 때보다 다양성이 커서 이들의 개별적 필요를 충족시켜야 하는 과제를 안고 있다.

다양성을 존중하는 첫 단추는 개별 유아가 갖고 있는 특수성을 인지하는 것이다. 이러한 인식은 차이를 인지하도록 하며 이에 따른 교육적 적용을 고안할 수 있다.

나는 이 책을 집필하면서 다양성에 관한 문제를 별도의 분리된 장에서 기술하느냐 아니면 책 전체에 펼쳐 전략을 통합시키느냐를 놓고 고민했다. 처음에는 후자의 방법으로 책을 저술하고자 하였으나, 현재 교실은 다양성이 극명하고 교사들은 다양한 유아들의 특징을 존중하는 교수법에 대한 고민이 크므로 두 가지 방법을 다 쓰기로 하였다. 이 장은 현직 교사들이 마주하는 다양성의 유형에 대해 소개하는 것으로 시작하였다. 이 장에서는 학교에서 영어를 배우기 시작하는 유아들과 위기에 처한 유아들을 위한 교수법에 대해 많이 논의하고 있다. 이외에도 학교현장에서 만날 수 있는, 특별한 교육이 필요한 유아들을 위한 교수법이 소개되어 있다. 일반 아이들에게 적절한 교수법은 약간 수정하고 조절한다면 특별한 교육을 필요로 하는 유아들에게도 적절하다(Delpit, 1995).

ELL
English Language Learners

다문화 사회에서 다양한 문해를 인정해야 할 필요성

▼ 다양한 언어와 문화를 인정하는 교실은 유아의 경험을 풍성하게 한다.

미국 사회는 인종과 민족이 점점 더 다양한 인구분포를 나타내고 있다. 인구조사보고서에 따르면 세 명의 어린이 중 한 명은 소수 인종과 민족 출신이다. 현재 1,400만 명의 어린이가 가정에서 영어를 사용하지 않는다. 2030년에는 학생 인구의 40%가 학교에서 처음으로 영어를 배우기 시작할 것으로 추정된다. 약 400여 개의 언어가 미국에서 사용되는 것으로 보고되며 이중 스페인어가 제일 많이 사용되며 그 밖에 한국어, 아라비아어, 러시아어, 나바호어, 만다린어, 일본어 등이 사용되고 있다(Brock & Raphael, 2005; Miramontes, Nadeau, & Commins, 1997).

가정에서 영어를 사용하지 않는 어린이는 대부분 학업 성취가 그리 높지 않은 것으로 평가되고 있다(Rossi & Stringfield, 1995). 이러한 현상의 원인으로는 영어가 제1언어가 아닌 가정에 대한 지원의 부족, 제2언어를 학습하는

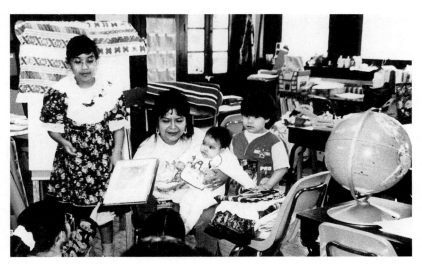

것의 복잡성과 낮은 사회경제적 지위가 지적되고 있다(Banks & Banks, 1993; Connell, 1994; Garcia & McLaughlin, 1995).

과거 미국 사회는 다양성을 존중하지 않았으며 다른 문화적 배경을 가지는 유아가 가정의 문화유산과 언어를 포기하고 영어와 미국 문화를 스스로 습득하기를 강조하였다. 다문화 사회에서 조화롭게 살기를 원한다면 모든 학생들에게 문화적 배경에 적합한 교육을 제공할 의무가 교육자들에게 있다. 교육자는 문화와 언어의 차이에 민감하며 모든 어린이는 자신의 문화유산을 계승하는 동시에 미국 시민으로 성장하면서 그들의 언어를 포기하지 않고 영어와 미국의 문화를 배우도록 해야 한다.

문화의 다양성

다문화는 단지 인종과 민족의 다양성뿐만 아니라 계층, 종교, 성, 연령 등을 포함하는 복잡한 개념이다. 우리 사회는 다인종, 다민족, 다문화, 다수의 언어를 사용하는 역동성을 가지므로 관용, 차이에 대한 이해, 자기 성찰, 자아 인식, 다문화 사회에 대한 지식과 기술을 가르쳐야 한다(Schickedanz, York, Stewart, & White, 1990). 우리는 다양한 학급을 환영해야 하는데, 이유는 그것이 배워야 할 내용의 다양성을 제공하기 때문이다. 유아의 **다양한 문화적 배경**을 인정함으로써 그들의 자아 개념을 향상시킬 수 있다. 차이는 특수한 것이 아니라 일반적인 것으로 수용되어야 한다. 특정 문화에서는 수용되는 행동이 다른 문화에서는 그렇지 않음을 인지하여, 문화에 따라 유아의 행동이 다름을 교사는 이해하게 될 것이다. 다문화 교실의 목표는 다음과 같아야 한다.

1. 다름과 생활방식, 가치관, 세계관, 개인적 차이에 문화가 미치는 영향에 대한 이해가 향상된다.
2. 다문화 사회에 적절한 교수-학습에 대한 이해가 향상된다.
3. 학습과 발달에 적합한 환경을 위한 체계적 전략을 개념화한다.

다문화 배경을 갖는 유아와 모국어가 영어가 아닌 유아를 위한 교실은 다음에 목표를 두어야 한다.

1. 유아는 자신의 민족적 정체성을 수용하고 편안하게 느낀다.
2. 유아는 다른 문화권, 특히 주도적 문화권에서 기능하는 데 필요한 지식을 배운다.
3. 자신과 다른 문화적 배경을 갖는 또래와 긍정적으로 상호작용한다.
4. 영어가 모국어가 아닌 유아 혹은 표준 영어를 사용하지 않는 유아는 모국어를 계승하고 존중하면서도 영어를 사용할 수 있다.

교사는 자신의 교실에 있는 다양한 문화적 배경을 갖는 유아를 이해하도록 노력해야 한다. 또한 자신이 가르쳐야 할 유아는 다문화적 배경을 갖는 유아임을 잊지 않고, 자신과 다른 민족적 정체성, 유산과 전통을 존중해야 한다. 또한 교사 자신의 문화유산, 전통, 신념에 대하여도 알아야 한다(Barone, 1998; Schickedanz, York, Stewart, & White, 1990; Tabors, 1998).

학교에서 영어를 배우는 유아 도와주기

영어를 가정에서 모국어로 사용하지 않는 유아들이 어린이집, 유치원, 초등학교 저학년으로 학교생활을 시작하면 이런 유아들을 대상으로 문해 교육을 어떻게 해야 하는가가 첫 번째 도전이 된다. 유아가 사용하는 어휘, 문장, 언어 유형은 표준 영어와 상당한 차이가 있을 수 있다. 심지어 가정에서 영어를 사용하는 유아일지라도 뉴잉글랜드 농촌지역, 애팔래치아 산맥, 몇몇 아프리카계 미국 출신이 사용하는 문장 구조는 표준 영어와 상당한 차이가 있다. 또한 중남미, 중동, 아시아에서 이민 온 가정의 유아도 있다. 다음은 이들의 다양한 언어 능력을 기술하고 있다(Fromkin & Rodman, 1998; Galda, 1995).

미국 교실 유아의 언어 능력의 다양성

1. 이제 막 미국으로 이민 온 유아는 영어를 거의 모른다.
2. 가정에서 영어를 모국어로 사용하지는 않으나 TV 혹은 가정 밖 사회와의 접촉 경험으로 영어를 약간 말할 수 있는 유아도 있다.
3. 영어와 자신의 모국어를 유창하게 말할 수 있는 유아도 있는데, 이런 유아는 주류 집단에 쉽게 동화된다. 이들의 상호작용은 주로 영어로 이루어지는데 이중언어의 혜택을 상실할 가능성이 크다.
4. 부모나 가정에서 사용하는 모국어는 거의 사용할 줄 모르며 영어를 주로 사용하는 유아는 부모에게 영어로 말하나 부모는 다른 언어로 이 유아와 상호작용한다.
5. 가정에서 사용하는 영어는 표준 영어가 아니거나 유창한 수준이 아니므로 이 유아는 비표준 영어를 사용한다. 이 유아는 표준 영어를 학교에서 배워야 하나 가정에서 사용되는 자신의 언어가 열등한 것으로 인식돼서는 안 된다.
6. 가정에서 오로지 영어만 사용하는 유아가 있다.

위 여섯 가지 유형의 유아들은 교육기관에서 실시되는 문해 교육의 핵심 쟁점이 되는데 이유는 구어 경험과 능력이 문해 발달과 밀접하게 관련되어 있기 때문이다. 교사는 유아에게 문해 기술을 습득하도록 돕는 것 외에 정서적 측면도 함께 고려하여야 한다. 불행히도, 교사는 표준 영어를 사용하지 않는 유아들을 무시하는 경향이 있으며 학업 성취에도 열등할 것이라고 예측하는 경향이 있다. 그러나 많은 연구에 의하면 다르다는 것을 결핍으로 인지하지 않게 되었다. 흑인이 사용하는 영어는 인간의 모든 사고 과정을 표현할 수 있을 만큼 복잡하며 나름의 체계적 규칙을 갖고 있는 언어임이 많은 언어학자에 의하여 증명되었다. 따라서 교사들은 교실에서 만나는 유아들의 다양한 언어적 배경에 민감해야 하며 그들이 표준 영어를 사용하지 않는다는 이유로 당황하거나 열등감을 느끼지 않도록 해야 한다. 오히려 교사는 유아가 자신의 문화와 언어에 자긍심을 갖도록 도우며 언어와 문화의 다양성은 교실 경험을 풍성하게 하는 것으로 인식하여야 한다(Neuman & Roskos, 1994).

다른 언어에 대한 유아의 반응

대개 유아들은 자신의 언어로 이야기하는 또래를 선택하는데 이는 자신과 같은 언어를 사용하는 또래와 상호작용하기 쉽기 때문이다. 그러나 이들은 다른 언어를 사용하는 또래를 거부하지도 않으며 몸짓 혹은 다른 수단을 이용하여 그들과 상호작용한다. 이중언어를 사용하는 유아는 영어가 익숙하지 않은 또래의 통역자 역할을 한다. 유아들은 말의 차이에 호기심을 가지고 반응하고 때로는 서로를 '수정' 해 주기도 하지만 어른들처럼 표준 언어 사용이 아닌 것에 편견을 갖지는 않는다.

어린이집과 유치원의 유아들은 영어 사용의 좋은 모델이 되며 민감하게 반응하는 교사와 함께 있으면 영어를 쉽게 습득한다. 가정의 모국어를 유창하게 사용하는 유아들의 경우에는 더더욱 그러나 가정의 모국어를 제대로 배우지 못한 유아들의 경우에는 항상 그런 것만은 아니다.

인구조사통계에 의하면 약 400개의 언어가 미국에서 사용되고 있다(Gollnick & Chinn, 2002). 또한 학교에서 영어를 배워야 하는 유아 수는 꾸준히 증가하고 있다. 국립 영어 학습 및 교수 프로그램(National Clearinghouse for English Language Acquisition and Language Instruction Educational Programs: NCELA: 2006)은 약 4백7십만 명이 이에 해당하는 것으로 추정하고 있다. 2050년이 되면 학교 취학 아동의 40%가 영어가 아닌 언어를 모국어로 사용할 것으로 추정하고 있다(IRA, 2001). 따라서 교사는 교실에서 만나는 학생의 모국어가 영어가 아닐 수 있다는 현실을 받아들여야 한다. 현재 교사의 86.5%가 백인이므로 교사와 학생 간의 인구 비례에 균형이 맞지 않는다(Gollnick & Chinn, 2001). 그러나 영어를 모국어로 하는 유아들을 위한 교수법은 학교에서 영어를 배워야 하는 유아들에게도 적절한 교수법으로 평가되고 있다.

▼ 유아의 문화적 배경을 이해하는 교사는 유아의 필요에 적절하게 반응할 수 있다.

가정 및 문화유산 존중하기

유아들이 교실에 들어섬과 동시에 그들의 문화유산과 가치관이 존중되고 있음을 느끼게 하는 것이 중요하다. 자신을 빼고 모든 사람이 자신과 다른 언어로 말하고 있는 곳에 놓인 유아가 느낄 두려움이 어떨지 상상해보라. 교사는 이런 유아의 모국어에 관심을 보이고 최소한 몇 개의 표현을 배워야 한다(Xu, 2003). 또한 부모 상담을 통해 유아의 영어 숙달정도를 미리 파악해두는 것이 도움이 될 것이다. 교사는 처음으로 부모와 상담할 때 통역자를 대동할 필요도 있을 것이다. 가능하다면 학부모 상담을 통해 부모가 자녀가 영어로만 배우기를 원하는지 혹은 모국어로 함께 배우기를 원하는지 파악할 필요가 있다(IRA, 2001). 또한 부모에게 교실에 참여할 기회를 주고 그들의 문화와 언어를 소개할 기회를 주는 것이 필요하다.

교실에는 다문화 가정 유아들의 모국어로 된 문해 자료가 많이 비치되어야 한다. 이에는 책, 신문, 음식메뉴와 일상의 자료가 다 포함된다. 교사는 유아가 가정에서 경험하는 문해 자료와 학교에서 경험하는 것이 연계될 수 있도록 최선을 다해야 한다. 이 작업은 때로는 상당한 도전이 되는데, 이유는 각 문화마다 문해에 대한 접근 관점이나 관행이 다르기 때문이다(Espinosa & Burns, 2003; Xu, 2003). 그러나 가정에서의 문해 활동에 대한 학부모 상담은 교사가 영어를 배우는 학생들을 위한 교수 전략을 계획하고 구성하는 데 유익하다. 교사는 교실에서 배운 내용을 부모가 가정의 언어로 소개해줄 것을 요청할 수도 있는데, 이는 가정과 학교의 연계에 도움이 되는 방법 중 하나이다. 교사가 학생의 문화에 익숙하면 학생의 요구와 필요에 효과적으로 반응할 수 있다. 예를 들어서, 교실의 토의시간에 참여하는 것을 격려하는 문화가 있는가 하면 그렇지 않은 문화도 있다. 우리 문화에서는 교사에게 말할 때에는 교사를 바로 보며 말하기를 요구하나 다른 문화권에서는 이것이 예의가 없는 것으로 간주되고 고개를 숙이고 이야기하기를 요구한다. 손가락으로 밥을 먹는 문화도 있으며 포크, 칼 혹은 숟가락을 사용하는 문화도 있는 반면 젓가락을 사용하는 문화도 있다. 교사가 문화적 전통을 이해하지 못하면 유아의 행동을 버릇없거나 산만한 것으로 간주할 수 있다. 따라서 교실 유아와 적절하게 상호작용하려면 행동의 특성 및 배경을 이해하는 것이 필수이다(Hadaway & Young, 2006).

그림 3.1의 학부모용 질문지는 유아의 문화를 이해하고 이들이 교실에서 편안하게 생활하는 데 필요한 정보를 얻을 수 있도록 제작되었다.

영어를 학교에서 배우는 학습자를 위한 교수

영어를 학교에서 배우는 학습자를 위한 교수법은 (1) 영어몰입 교육 (2) 제2모국어로서의 영어(ESL) (3) 이중언어 교육 (4) 유아의 제1모국어 교육이다.

영어몰입 교육은 영어만으로 가르치는데 이는 언어를 새로 배우는 데 아주 능숙한 어린 유아들에게 적절하다. 일반 교실에서 유아들은 또래 및 교사와 일상적 상호작용을 통해 영어를 배운다.

제2모국어로서의 영어(ESL) 프로그램에서는 다른 교실로 이동하여 영어를 배운다.

이중언어 교육에는 몇 가지 유형이 있다. **전이접근법**(transitional approach)은 궁극적으로는 영어가 유아의 모국어를 대체하는 교육법이다. **유지접근법**(maintenance approach)은 유아가 제1모국어를 유지하면서 영어를 배우는 방법이다. **양방향 이중언어 접근법**(two-way bilingual approach)은 영어를 모국어로 사용하는 유아들과 그렇지 않은 유아들이 함께 있는 교실에서 사용될 수 있다(Gollinick & Chinn, 2008). 이 교실

그림 3.1   부모님과 자녀를 알 수 있도록 도와주세요.

자녀 이름: _____

아버지 이름: _____

아버지 모국: _____

어머니 이름: _____

어머니 모국: _____

자녀를 부를 때 사용하는 이름: _____

자녀의 이름에 특별한 의미가 있다면 말해주세요: _____

자녀가 태어난 곳: _____

미국 말고 자녀가 거주한 나라와 때: _____

모국에서 거주한 연도: _____

자녀에게 사용하는 언어: _____

    아버지: _____

    어머니: _____

의사소통할 수 있는 언어: _____

    아버지: _____

    어머니: _____

부모 외에 자녀가 함께 거주하는 형제, 조부모, 고모, 삼촌 및 사촌:

이름	관계	이들이 자녀와 사용하는 언어

영어가 제1모국어가 아닌 경우 자녀가 알고 있는 영어 단어 수 (동그라미로 표시)

      10개 미만   10~50   50~100   100개 이상

종교가 있으면 네, 아니오 응답, 밝힐 수 있다면 종교의 이름:

_____

자녀가 주로 먹거나 좋아하는 음식: _____

종교적 이유 혹은 다른 이유로 자녀가 먹을 수 없는 음식: _____

자녀가 먹기 싫어하는 음식: _____

자녀가 음식을 먹을 때 사용하는 도구:

                손가락   젓가락   포크와 숟가락

문장 완성하기:

    내 아이가 또래집단에 있을 때 나는 아이가 _____ 하기를 원한다.

    내 아이가 교실에서 잘못 행동했을 때 나는 교사가 _____ 하기를 원한다.

| 그림 3.1 | 부모님과 자녀를 알 수 있도록 도와주세요. (계속) |

내 아이가 교실에서 즐겁지 않으면 나는 교사가 _____ 하기를 원한다.

금년에 내 아이가 학교에서 배워야 할 가장 중요한 세 가지

(1) _____

(2) _____

(3) _____

출처: From P.O. Tabors, *One Child, Two Languages*, Copyright © 1997. Adapted by permission of Paul H. Brookes Publishing Co., Inc.

에서는 교육과정의 반은 영어로, 나머지 반은 다른 언어로 가르친다.

영어를 학교에서 배우는 학습자를 위한 **제1모국어 교육**이란 이중언어교실 혹은 영어몰입교실로 전이하기 전 모국어로 문해 교육을 받는 것이다. 즉 기본 개념, 지식과 기술을 모국어로 배우면서 영어가 익숙해짐에 따라 영어로 배우는 비중을 높인다(Gollnick & Chinn, 2008).

유아의 제1모국어로 문해 교육을 제공하여 장기적으로 제1모국어 발달을 향상시키는 프로그램은 영어를 학교에서 배우는 학습자에게 가장 효과가 높은 것으로 많은 연구들이 보고하였다(Gunning, 2003; IRA, 2001). 난독방지위원회(Committee on the Prevention of Reading Difficulties in Young Children)는 먼저 모국어로 독서를 배우고 영어로 말하기 교육은 차츰 시행할 것을 추천하고 있다(Snow, Burns, & Griffin, 1998). 영어와 스페인어를 사용하는 양방향 이중언어 접근법은 성공적인 것으로 보고되었다.

미국 교육과학원, 미국 아동보건 및 인간발달원과 미국 영어습득청에서는 다음과 같은 연구 결과를 보고하였다.

- 영어를 학교에서 배우는 학습자의 해독 능력은 어느 정도 학습이 진행되면 영어가 모국어인 학습자의 해독 능력과 같아진다.
- 영어 말하기의 유창성과 해독 능력은 어느 정도 상관성이 있다.
- 영어를 학교에서 배우는 학습자에게는 해독을 배우는 것보다 어휘 지식이 더 중요하다.
- 문해 교육은 음소 인식, 발음지식, 유창성, 어휘, 독해와 쓰기 등 모든 요소를 강조해야 한다.
- 영어가 모국어인 학습자에게 효과적인 프로그램은 학교에서 영어를 배우는 학습자에게도 효과적이다.
- 영어는 모든 내용 영역에 적용하여 가르칠 때 효과적이다.
- 준비된 교사가 수업도 잘한다.

▶ 극놀이, 노래, 인형 소품은 학교
에서 영어를 배우는 학습자에게
도움이 된다.

● 학교에서 영어를 배우는 학습자의 가정 언어를 존중해야 한다.
● 가정의 언어와 연계하여 영어를 가르치면 효과적이다.
● 영어를 학교에서 배우는 학습자의 문해 교육에서 가장 중요하고 효과적인 것은
  어휘 지식을 향상시키는 데 있다.

영어를 제2모국어로 배우는 학습자들의 학습 경로에는 많은 요인들이 관여하므로,
모든 유아에게 완벽한 방법은 없다. 교사는 전문가의 조언과 학부모 상담을 통해 각 유
아에게 적합한 방법을 선택해야 한다.

영어를 학교에서 배우는 학습자를 위한 독서 교수 전략

영어를 학교에서 배우는 학습자가 있는 학급의 담임교사는 이 유아의 언어와 문해 발달
을 도울 수 있는 전략을 창의적으로 많이 고안해야 한다. 영어를 제2모국어로 배우는
학습자를 위한 전략은 다른 일반 유아를 위한 전략이 될 수 있다.

영어를 학교에서 배우는 학습자가 영어로 수업하는 교실에 들어오면 초기에는 매우
위축되어 있으므로 이들이 소속감을 느끼게 하는 것이 중요하다. 이 유아와 같은 언어
를 사용하는 같은 반 유아가 환영사를 녹음하여 첫날 들려주는 것도 좋은 방법이다. 혹
은 지역사회의 인사가 영어가 아닌 다른 언어로 반에서 수업을 하도록 하여, 일반 아동
들이 익숙하지 않은 언어로 수업에 참여하는 것의 어려움을 공감할 수 있도록 한다. 이
는 일반 유아들로 하여금 영어를 제2모국어로 배우는 유아가 영어만 사용하는 교실에
서 느낄 수 있는 좌절과 불안감을 이해하도록 돕는다. 영어를 제2모국어로 배우는 학습
자들을 위한 일반적인 전략은 다음과 같다.

● 학급의 일과를 계획적이고 규칙적으로 구성하여 영어를 배우는 유아가 새로운
  환경에서 안전감과 자신감을 갖도록 한다.
● 하루 일과를 나타내는 게시판에는 영어를 읽지 않아도 의미를 알 수 있도록 그림
  표시도 병기한다.
● 영어를 배우는 아이에게 학급 친구(이상적으로는 이중언어 사용자)를 버디로

배정한다. 이 버디는 친절하며, 학급 생활을 잘 알고, 타인을 존중하며, 친구를 학교의 여러 곳으로 안내하며 친구가 도움이 필요할 때는 도움을 줄 수 있어야 한다.

● 영어를 학교에서 배우는 학습자는 또래협력 학습에 참여할 수 있도록 하는데, 상급반 아이를 어린 유아와 짝지어주거나 유능한 또래와 짝짓도록 한다.

● 소집단으로 집중적인 언어 및 문해 활동을 제공한다(Gersten et al., 2007).

● 유아가 적극적으로 참여할 수 있는 활동을 고안한다. 예를 들어, 영어를 배우는 유아가 종이 나누어주기, 학급 화분에 물주기와 같은 언어가 필요 없는 과제를 맡아서 학급에 공헌할 기회를 준다.

● 언어 사용을 최대화할 수 있는 활동을 제공한다.

● 학습 활동은 유아가 이해할 수 있도록 지원한다.

● 학습 내용은 다양성을 활용할 수 있는 것으로 선택한다.

● 학교에서 영어를 배우는 학습자의 모국어, 문화 관습과 전통에 진지한 관심을 갖는다.

영어를 학교에서 배우는 학습자의 언어와 문해 발달을 돕기 위한 전략은 다음과 같다.

● 학급 도서 영역에는 영어뿐만 아니라 유아의 제1모국어로 된 도서를 비치한다.

● 도서뿐만 아니라 신문, 노래 게시판, 메뉴 혹은 표지 등도 다른 언어로 쓰인 것을 게시한다.

● 교사는 어휘 학습을 위한 집중적 교수 활동을 매일 제공한다. 어휘 발달은 영어뿐만 아니라 독서 능력을 향상시키는 데 필수적이다. 한 번에 너무 많은 어휘를 소개하지 않도록 한다. 적게 노출해야 효과가 있다. 핵심 개념을 나타내는 어휘를 선택하여 오랜 기간 동안 이 어휘들을 집중 사용한다. 그림 3.2, 3.3과 같이 그림, 사진 등의 시각 자료로 영어와 다른 언어로 교실의 사물을 표기한다(Cappellini, 2005).

● 안녕, 감사합니다, 천만에요, 실례합니다 같은 영어의 기본 표현을 가르친다.

● 운동장, 식당, 화장실, 강당, 영역 이름, 책, 종이, 연필, 펜, 크레파스 같은 학교 관련 어휘를 먼저 가르쳐서 유아 스스로가 학교생활을 할 수 있도록 한다. 또한 단어장 혹은 단어상자에 유아 스스로가 수집한 어휘를 기입하도록 한다. 단어 카드에는 사물의 그림과 이에 해당하는 영어와 제1모국어를 같이 기입하도록 한다.

● 간단하게 말하기, 느리게 반복적으로 말하기, 동작, 시각 자료 등을 제시하는 **보호된 영어**(sheltered English)를 많이 사용한다(Shore, 2001).

● 교사는 관용어 혹은 문화 특수적 표현을 삼간다.

● 읽기 자료를 선택할 때는 미리 어휘, 문장 구조, 의미, 문화적 배경 및 지식 등이 영어를 제2모국어로 배우는 학습자에게 너무 어렵지 않은지 살펴보고 선택한다(Gunning, 2003). 또한 읽기 자료를 나누어주기 전에 어휘를 살펴보거나 내용에

그림 3.2　영어와 스페인어
다음은 학교 교실에서 흔히 사용되는 단어이다. 교실에 게시하기 전 학급 아이들과 이에 대해 이야기를 나누고 일과 중에도 이를 자주 언급한다.

chair

silla

books

libros

crayons

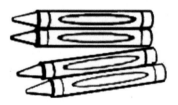

creyones

bathroom

baño

paper

papel

scissors

tijera

그림 3.2   **영어와 스페인어 (계속)**

다음은 학교 교실에서 흔히 사용되는 단어이다. 교실에 게시하기 전 학급 아이들과 이에 대해 이야기를 나누고 일과 중에도 이를 자주 언급한다.

pencils

lapices

desk

escritorio

door

puerta

computer

computadora

flag

bandera

window

ventana

그림 3.3   **영어와 스페인어 표현**
다음은 자주 사용될 수 있는 말이다. 교실에 게시하기 전 학급 아이들과 이에 대해 이야기를 나누고 일과 중에도 이를 자주 언급한다.

도와주실래요?
¿Me ayuda por favor?

영어 말할 줄 아세요?
¿Habla inglés?

영어를 알아들을 수 있나요?
¿Entiende el inglés?

배고파요.
Tengo hambre.

잘가.
Adiós.

안녕!
¡Hola!

화장실은 어디에 있나요?
¿Donde está el baño?

몇 시입니까?
¿Què hora es?

안녕하세요?
¿Cómo está?

이 말은...?
¿Cómo se dice...?

얼마인가요?
¿Cuánto es?

날씨가 어떤가요?
¿Què tiempo hace?

아파요.
Me siento enfermo.

내 이름은...
Me llamo...

좋은 아침입니다.
Buenos días.

▲ 학교에서 영어를 배우는 학습자에게 이야기를 들려줄 때는 융판동화 같은 그림자료를 활용하면 효과적이다.

대해 미리 이야기를 나눈 후에 읽도록 한다. 정보그림책 혹은 개념책처럼 보편적 지식과 사실을 다루고 문화 특수적 내용이 별로 없는 도서는 영어를 배우는 학습자들에게 유익하다(Xu, 2003).

● 패턴이 반복되는 도서는 예측이 쉬우므로 영어를 제2모국어로 배우는 학습자들에게 유익하다. 또한 시각 자료, 동작 표현, 반복구를 많이 제시해주고 재미나는 말로 표현된 노래 혹은 운이 맞는 게임활동을 한다.

● 자신의 제1모국어로 배우는 학습자에게는 친숙한 주제로 글을 창작하도록 한다. 스스로가 창작한 글에는 생소한 어휘, 문장 구조 혹은 문화적 자료가 잘 나타나지 않으므로 이런 종류의 글을 창작하거나 쓰기가 쉽다(Gunning, 2003; Xu, 2003).

● 영어가 제2모국어이나 유창하게 말하는 유아가 모국어를 쓰는 또래와 한 짝이 되는 버디 독서 및 글짓기는 매우 유익한 활동이다. 버디는 함께 글을 창작하면서 자원을 적절하게 사용할 수 있다.

● 교사는 영어를 학교에서 배우는 학습자의 이야기를 받아 적어 준다. 이야기에는 영어와 모국어가 혼합되어 사용될 수 있으나 이는 영어 학습에 도움이 되므로 교사는 이를 금지시키지 않는 것이 좋다(Gunning, 2003).

● 게임, 인형, 그림 자료와 같은 구체물은 영어를 제2모국어로 배우는 학습자들의 어휘 발달에 유익하다.

● 그림책을 읽으면서 문해에 관한 기초 지식과 기술을 직접적으로 가르치거나 모델링, 그림 단서를 활용해 가르친다.

● 문해 지식의 획득은 처음에는 도움을 받다가 점차 스스로 사용할 수 있도록 반복하여 연습해야 한다.

● 빈칸 메우기 활동을 한다: 짧은 이야기를 읽은 후, 단어로 빈칸 채우기 활동을 한다.

> 옛날에, 돼지 ＿＿＿＿ 마리가 있었어요.
>
> 그들은 ＿＿＿＿＿와 함께 살았어요.
>
> 집을 나가서 각자의 ＿＿＿＿ 을 지으려 했어요.
>
> 첫째 돼지는 ＿＿＿＿ 집을 짓고,
>
> 둘째 돼지는 ＿＿＿＿ 집을 짓고,
>
> 막내 돼지는 ＿＿＿＿ 을 지었답니다.

● 그림책을 반복해서 읽도록 한다.

● 간단하게 변형된 이야기를 녹음해서 이를 소리 내어 따라 읽도록 한다.

● 간단하게 변형된 이야기의 문장을 카드에 써놓은 것을 이야기 순서에 맞게 배열한다.

- 낱말카드를 문장 순서에 맞게 배열한다.
- 가정에서 영어를 사용하지 않는 유아의 부모에게 위와 같은 다양한 기술에 대해 알려주고 그들이 함께 할 수 있도록 노력한다.

영어가 모국어인 학습자를 위한 교수법은 영어를 학교에서 배우는 학습자에게도 적절하다.

교실 실제

ELL
English Language Learners

나는 어디에서 왔을까요?

매년 새 학년이 시작되면 나는 학생들에게 "나는 어디에서 왔을까요?"라는 제목의 조사를 합니다. 이는 아동이 속한 가정의 역사와 유산에 대한 조사이지요. 부모는 자녀와 함께 이 설문에 응답합니다. 이 설문에 대한 부모의 관심과 반응은 항상 기대 이상입니다. 부모들은 자신이 떠나온 나라에 대한 정보를 알려주는 것을 매우 즐거워합니다. 이 설문으로 아동들의 문화적 배경에 대한 정보를 확실하게 알게 됩니다.

이 정보를 통해 내 학생이 다니엘 분(Daniel Boone)[1]과 관계가 있으며 한 학생의 조부가 미 공군 최초의 흑인 비행사인 역사적 인물임을 알게 되었습니다. 한 페루 아이는 미국 아버지와 독일 어머니에게 입양된 것이며 그의 형제는 콜롬비아에서 입양되었습니다. 이외에도 히스패닉 배경과 아시아 및 다른 나라에서 온 아이들이 몇몇 있었습니다. 이 정보를 활용하여 문화적 다양성을 고려한 활동을 할 수 있었고, 이들의 부모들을 교실에 초청하여 그들의 문화유산에 대해 소개하는 시간을 가졌습니다.

반 아이들이 함께 책을 만들었는데 제목은 '여권'이고 내용은 아이들의 문화유산에 관한 것이었습니다. 아동 한 명당 한 쪽을 맡았는데, 이때 나는 일대일로 아이들을 만나 그들이 채워야 할 것에 대해 의논하였습니다. 또한 일주일에 한 명의 아이를 선정하여 이 아이의 가정과 문화적 배경과 유산을 게시판에 소개하였습니다. 각 문화의 음식, 이야기, 노래, 춤, 의복은 아동들이 흥미롭게 여기는 아이템입니다. 또한 이들의 고향 지도 또한 유익한 정보가 됩니다.

이 활동을 통해 나는 반 아이들의 문화적 배경에 대한 정보를 얻을 수 있었고, 교실 구성원의 다양성을 존중하는 경험이 되며, 부모의 참여를 독려할 뿐만 아니라 의미 있는 맥락에서 사회학습이 읽고 쓰는 경험과 통합될 수 있다고 평가합니다.

캐서린 하이스(1학년 담임)

---

1) 역주: 다니엘 분(1734~1820): 미국 땅을 초기에 개척한 개척자.

교실 실제

역할놀이 영역에서의 다문화 빵집놀이

'우리 동네' 라는 생활주제를 할 때 역할놀이 영역에 빵집을 구성하였습니다. 제빵사의 모자, 앞치마, 과자 모형, 밀대, 볼, 계량스푼, 빵틀을 준비하였고, 도넛, 쿠키, 케이크, 파이 등을 담는 상자도 준비하였습니다. 반 아이들과 함께 찾은 빵 요리법이 적혀있는 책과 종이, 필기용구도 같이 준비해 두었습니다. 역할놀이 영역의 컴퓨터에는 레시피 폴더가 있으며 필요한 경우에는 인터넷을 이용하여 다른 요리법을 찾아보기도 합니다. 또한 아이들에게 가정에서 많이 해 먹는 빵 요리법을 알아오도록 합니다. 독일의 스트루델, 이탈리아의 비스코티와 유대의 찰라 빵 등입니다.

실제 만든 빵과 쿠키를 사고팔기 위하여 주문서, 계산대, 영수증, 번호표 등도 준비합니다. 아이들의 놀이를 격려하기 위하여 내 자신이 하루는 파는 사람, 하루는 고객, 하루는 빵 굽는 사람의 역할을 합니다. 이 활동은 읽고 쓰기 활동이 왕성하게 일어나 아이들이 무척 재미있어 합니다. 예를 들어서 전화로 혹은 방문한 고객으로부터 주문을 받을 때 받아 적어야 하며, 빵 굽는 사람은 요리책의 레시피 혹은 아이들이 만든 레시피를 읽어야 합니다. 고객은 돈을 세어야 하고 제품을 소개하는 이름표를 읽어야 합니다. 아이들은 내가 시범을 보이는 행동을 따라 하거나 자신이 스스로 아이디어를 내어 이 영역에서 빵집놀이를 합니다.

조이스 웅(1학년 담임)

영재, 학습장애, 주의결핍 및 과잉행동 장애

영재아란 지능지수가 약 130 이상인 경우를 말한다. 학업 성취 이외에 음악 등의 성취가 또래에 비하여 2, 3년 앞선 경우도 영재아로 분류된다. 특별한 재능은 분명 지원해주어야 하나 사회, 정서 및 신체 발달을 희생하면서까지 특정 재능에 집중하는 것은 바람직하지 않다. 영재아는 그의 능력에 맞는 과제 등을 통해 맞춤형 교육을 받아야 한다. 1980년대에는 영재아를 위한 다양한 프로그램이 있었다. 그러나 영재아는 스스로 잘 할 것이라는 전제하에 읽기를 배우는 데 큰 어려움을 보이는 아동과 학교에서 영어를 배우는 아동에 대한 관심으로 영재아에 대한 지원이 감소하였다. 교사는 영재아가 충분히 관심을 가질 수 있도록 과제의 수준을 변화시켜야 한다. 그렇다고 해서 영재아에게 너무 많은 과제를 주어야 한다는 의미는 아니다. 영재아가 과제를 일찍 끝내면 스스로 책을 선택해서 읽게 하거나 읽기를 배우는 데 큰 어려움을 보이는 또래를 돕거나 개별 과제를 하도록 한다. 영재아는 능력을 발휘할 수 있는 과제가 없으면 학교 생활에 흥미를 잃게 되므로 교사는 이를 주의해야 한다.

학습장애는 나이에 비하여 현저하게 낮은 수준의 학업 성취를 보이는 아동에게 해당된다. 학습장애에는 여러 가지 요인이 관계되어 있다. 지능은 일반 수준이나 지능에 비해 학업 성취가 현저히 낮다. 이들은 말하기, 쓰기 및 언어 이해와 같은 언어 처리에 문제가 있는 경우가 많다. 지각 문제, 난독중 혹은 뇌의 문제가 원인이 되기도 한다. 학습장애아는 집중력이 약하며 주의가 산만하다.

주의결핍 및 과잉행동 장애(ADHD)는 집중, 주목, 가만히 앉아 있기 혹은 과제 집중이 어려운 경우를 말한다. 원인은 화학적 불균형에 있으며 학습장애를 일으킨다. 학습장애와 주의결핍 및 과잉행동 장애아들을 위한 프로그램은 직접적 교수를 짧게 하면서 면밀하게 구조화되어야 한다. 또한 그들의 흥미를 충분히 끌 만한 학습자료를 제공해야 한다. 그러나 이 책에서 제공되는 대부분의 교수법은 이런 어려움이 있는 아동들에게도 효과적이다.

위험에 처한 유아

유아를 위험에 처하게 하는 요인에는 몇 가지가 있다. 다양한 민족적, 언어적 배경을 갖는 유아, 신체장애 및 가난에 처한 유아는 위험에 처한 유아라 할 수 있다. 가난한 가정 출신의 유아가 학교 적응에 모두 실패하는 것은 아니다. 그러나 빈곤선 이하에 처한 유아의 55%는 학년보다 낮은 수준의 문해능력을 갖고 있음을 많은 자료가 보여주고 있다 (Donahue, Doane, & Grigg, 2000).

Snow, Burns, Griffin(1998)에 의하면 일반 유아에게 효과적인 전략 혹은 교수법은 모든 유아에게도 효과적이다. 효과적인 전략 혹은 교수법이란 구체적인 기술을 체계적으로 가르치는 직접적인 교수법과 스스로 문제를 해결하는 시간을 허용하고 실제 삶과 관련된 자료와 경험 제공이 골고루 안배된 균형적 문해 교수법이다. 또한 학령 전 학교 경험을 갖는 유아가 학교 교육에서의 적응도가 높다. 위험에 처한 유아의 대다수는 3세 혹은 4세가 되면 같은 연령의 일반 유아들에 비해 뒤떨어진다. 따라서 교사는 이들이 성취감을 느낄 수 있는 활동을 제시해야 한다. 유아는 과제에 성취감을 느끼면 새로운 것을 시도하고자 한다. 그러나 실패감을 느끼면, 더 이상 시도하려 하지 않는다.

위험에 처한 유아의 경험은 다양하지 않으므로 어휘와 언어 사용이 제한적이며, 결과적으로 이들의 문해 발달에 걸림돌이 된다. 이들의 가정에는 책 혹은 텍스

▼ 가정환경이 어려운 아이가 3세 혹은 4세 어린 나이에 유아 교육기관을 다니게 되면 이후 학교교육에서 성공할 가능성이 높아진다.

트 자료가 많지 않아 문해 자원이 부족하다. 이들에게 말하게 하는 자료를 제공하면 어휘 발달에 도움이 되므로 교실에는 다양하고 풍부한 도서가 비치되어야 한다.

다중지능과 문해 발달

H. Gardner(1993)는 다중지능이란 개념을 제안하였다. 그가 제안한 일곱 가지 유형의 지능을 모두 갖고 있는 사람이 있는 반면, 그중 몇 가지만 갖고 있는 사람도 있다. 다중지능은 서로 다른 학습 유형과도 관계있다. 따라서 유아는 다양한 학습 경험을 가질 필요가 있다. 어떤 경험은 강점 지능을 더욱 촉진할 수 있으나 어떤 경험은 약점 지능에 도움이 될 수 있는 기술 획득에 유익할 수도 있기 때문이다. Gardner가 제안한 다양한 지능에 적절한 활동 유형이 다음에 제시되어 있다(Armstrong, 1994).

언어지능: 강의, 토론, 단어 게임, 스토리텔링, 함께 읽기, 저널 쓰기

논리수학지능: 퍼즐, 문제 해결, 과학 경험, 암산, 숫자 게임, 비판적 사고

공간지능: 시각 표상, 미술 활동, 상상 게임, 마인드 맵, 은유, 시각화

운동지능: 조형활동, 연극, 댄스, 스포츠, 감각활동, 느긋한 운동

음악지능: 랩, 노래

개인간지능: 협동학습, 또래 튜터링, 지역사회 활동, 사회적 모임, 시뮬레이션

개인내지능: 개인 교습, 개별 학습, 학습에서의 다양한 선택, 자존감 세우기

모든 유아가 같은 방법으로 읽기를 배우는 것이 아님을 명심하여야 한다. 즉 유아마다 강점인 지능이 있으므로 이들의 개인적 특징에 적합한 활동과 경험을 제시해야 한다 (Armstrong, 2009).

신체장애아

시각, 청각장애, 의사소통 장애, 기타 신체 변형이 신체장애에 해당한다. **통합교실**이란 일반 교사 이외 특수교사의 지원을 받아서 장애아와 일반아를 같이 교육하는 곳을 뜻한다. **시각장애**아는 법정 시각장애뿐만 아니라 시각이 거의 없는 경우를 뜻하는데 청각과

촉각 경험이 중요하다. 약시 유아에게는 텍스트 크기를 확대한 자료가 도움이 되며 시각이 전혀 없는 유아에게는 점자를 이용하여 읽기교육을 시킨다. 시각장애아의 점자 읽기교재로는 시각장애 출판사(American Printing House for the Blind)에서 나오는 교본을 활용할 수도 있다(Ward & McCormick, 1981).

청각장애아는 보청기의 도움을 받을 수 있다. 일반 교실에서 함께 교육을 받을 수 있는 청각장애아는 청력이 어느 정도 있어야 하며 이들에게는 시각 혹은 촉각을 이용한 학습이 도움이 된다. 이들은 수화를 사용하므로 기본적인 수화 지식이 교사에게 필요하다.

뇌성마비, 근육위축, 척추 뼈 갈림증, 류마티스성 관절염과 같은 **이동 장애**가 있는 경우에 증상이 심하면 일반 교실에서 통합교육은 불가능하다. 그러나 증상이 경미하면 일반 교실에서 통합이 가능한데, 이들의 지능은 일반아와 차이가 없으므로 일반아에게 사용하는 교수법과 자료가 이들에게도 적용될 수 있다. 소근육 조절에 어려움이 있는 경우에 쓰기 활동은 컴퓨터를 이용하거나 교사 혹은 또래가 받아 적기 등을 할 수 있다. 이들은 과제를 완성하는 데 일반아보다 시간이 더 많이 소요될 수 있는데 이는 지능과 같은 인지적 결함 때문이 아니라 운동 조절 능력 때문이다. 이들의 장애는 다른 장애보다 현저하게 눈에 띌 수 있으므로 자신뿐만 아니라 주변 일반아가 이들에 대한 태도나 자세를 차별적으로 느끼지 않도록 하는 것이 염두에 두어야 할 과제 중 하나이다. 이 문제를 놓고 구체적으로 어떻게 느끼며 생각하는지 등에 대해 학급 유아들과 같이 토의하는 것이 도움이 된다.

의사소통 장애는 일반 교실에서 통합하기에 큰 어려움이 없는 장애이다. 이 장애는 말하기 혹은 언어 사용 전반에 어려움이었다. 말하기 장애에는 부정확한 발음, 비정상적으로 큰 목소리 혹은 억양 같은 목소리와 관련된 것, 더듬는 것과 말하기 속도가 느린 것이 포함된다.

언어 사용 전반에 장애가 있다는 것은 언어 습득과 사용에 어려움이 있는 것이다. **언어 발달지체**는 또래에 비하여 이해력과 표현력이 현저하게 늦은 경우이다. 이런 아동은 특별 교실에 가서 언어치료를 받아야 하지만, 일반 학급에서 사용되는 대부분의 교수-학습법이 효과가 있다. 언어 발달에 관하여 기술하고 있는 4장에 경미한 언어 문제를 갖는 유아들을 위해 적절한 교수법과 맥락에 대해 소개하였다.

교수법은 될 수 있는 대로 구체적이며 학습자의 참여를 격려하는 것이어야 한다. 어린 학습자를 위한 교수법은 이들이 과제에 일정 시간 집중하도록 도와야 한다. 이들의 집중 시간을 일정 시간 확보하는 활동은 성공한 것이라고 판단해도 무관하다. 일대일 상호작용은 개별적 특징과 학습 유형을 판단하는 데 큰 도움이 된다. 특히 영재아들을 위한 활동은 일반아를 위한 활동과 구별하여 제공될 때 개별적 필요와 특징을 존중하는 것이 된다.

특수한 문제는 활동 자체보다도 활동의 목표를 우선적으로 고려하여야 한다. 장애아를 위한 교수 계획은 여러 전문가의 협동이 필요하다. 전문가 협의를 통해 특별한 문제를 해결할 수 있는 방법이 모색되어야 효과적인 교수 활동이 고안될 수 있다. 예를 들어서 주의집중 장애를 갖고 있어서 이 과제에서 저 과제로 너무 빠르게 전환하는 유아는 주의집중력이 높은 또래와 짝을 지어서 활동을 할 수 있게 하면 효과가 있을 수 있다. 이 또래는 주의집중 장애 또래에게 과제의 요구사항을 읽어주고 과제 수행 과정에서 직접적인 활동 방법에 대한 제안을 할 수도 있다.

부모는 자녀의 강점, 약점과 흥미에 대한 정보를 교사에게 가장 정확하게 전달할 수 있다. 또래, 특수교사, 보조교사 등은 협력하여 장애아들의 특별한 요구사항에 대한 지원을 할 수 있다.

장애아를 교육하는 사람은 이들의 특별한 요구와 차이에 대한 인내심을 가져야 한다. 차이를 갖고 있는 아이를 무엇인가 불행한 처지에 있는 것으로 보는 것은 학습에 큰 도움이 되지 않는다. 특수아들이 궁극에는 독립적으로 기능할 수 있도록 현재의 특수성과 장애를 극복하는 데 어떻게 하면 도움을 줄 수 있는지에 초점을 맞추어야 한다(Erickson & Koppenhaver, 1995).

아래에 신체장애, 발달장애 혹은 특별한 학습 양식을 갖는 유아에게 효과적이라고 알려진 교수법을 기술하였다(Ruddell & Ruddell, 1995).

1. 신체장애 혹은 학습 양식에 특징이 없는가를 파악하기 위하여 정기적으로 관찰해야 한다. 예를 들어 칠판의 글씨를 보는 것에 어려움이 있거나, 그대로 따라 써야 하는 것을 틀리게 하거나, 눈을 찡그리며 사물을 보는 유아는 시각에 문제가 있을 수 있다.
2. 학급의 유아가 무언가 어려움을 겪고 있으면 교육청 혹은 지역사회 기관의 전문가로부터 지원을 구한다. 먼저 의심이 가는 문제를 정확하게 구분하고 유아가 지원을 받을 수 있도록 해야 한다.
3. 유아가 갖고 있는 문제의 성격에 대해 정확히 이해하고 이후 특수교사 혹은 전문가와 함께 협의할 시간을 마련한다.
4. 어린 학습자에게 보편적으로 유효한 교수-학습 방법인 격려, 칭찬과 같은 긍정적 피드백을 활용한다.
5. 특별한 문제에 적절한 교수법을 실행한다. 모든 유아에게 적절한 교수법은 개별적 특징에 맞도록 약간 수정한다면 효과가 있다.
6. 특수아의 부모를 교육과정에 꼭 참여시킨다. 이들에게 학교에서 제공하는 지원을 알려주고 학교 밖에서 부모 스스로가 구해야 할 지원에 대해 토론하며 이들이 가정에서 자녀와 할 수 있는 활동을 목록으로 작성하는 데 도움을 준다.

개별화 수업과 중재

개별화 수업

학급 유아의 개별적 특징에 반응하는 것은 교사의 주요한 역할이다. 이 장에서 영어를 제2모국어로 배우는 학습자, 영재아, 학습장애아, 난독증아, 신체장애아에 대해 언급하였다. 영재아를 제외한 특수아들은 읽기를 배우는 데 어려움을 경험할 가능성이 크고, 영재아를 포함한 모든 특수아는 자신이 갖고 있는 특수성을 감소시킬 수 있는 수업이 필요하다. 지난 수년간 이런 특징을 나타내는 어린 학습자를 위한 여러 프로그램이 개발되고 실천되어 왔다. 그 결과 개별적 특수성에 적합한 교수법은 교사와 유아의 협력과 시간이 필요하다는 것이 분명해졌다. 교사는 유아와 협력을 통해 특징을 진단할 수 있으며 개인적 특수성에 부응하는 개별화된 수업을 고안할 수 있다.

사반나는 초등 2학년 수준의 읽기를 하고 있으며 전체적으로 또래에 비하여 발달이 느린 편이다. 사반나는 어머니와 둘이 살고 있는데, 사반나의 어머니는 긴 시간 일하느라 집에서 사반나에게 책을 읽어주거나 주말에 사반나를 도서관에 데려갈 수 없다. 따라서 사반나가 읽을 수 있는 곳은 학교뿐이다. 호세는 멕시코에서 이민 온 지 얼마 안 되어 영어를 거의 못한다. 호세는 수학 지식을 조금 갖고 있으며 책을 접할 기회가 거의 없다. 나다니엘은 초등 4학년 수준에서 읽는데 어머니와 아버지 모두 교사이며 나다니엘에게 다양한 독서 경험을 제공한다. 나다니엘의 집에는 여러 종류의 책이 있으며 도서관에도 자주 간다. 나다니엘은 방학 때는 다양한 경험을 하고 박물관에도 가며 집에서 하는 독서 시간도 많다. 애슐리는 3학년 수준의 읽기 능력을 보이며 창의적 글쓰기 실력을 갖고 있다. 애슐리는 종종 학급에서 일어나는 일에 집중하지 않으며 자신의 일에 빠져들기도 한다. 마지막으로, 제니는 언어와 시각정보를 처리하는 데 문제가 있어서 힘겹게 읽는다. 영어로 말하는 것도 유창하지 않다. 이상의 모든 아동이 칼리한 선생님이 맡은 2학년 학급의 학생들이다. 이 아동들이 모두 같은 방식으로 배운다는 것은 불가능하다. 이들에게는 개별화 수업이 필요하다.

개별화 수업은 융통성이 있으며 아래의 특징을 갖는다.

- 개별아의 특징을 진단하고 평가한다.
- 수업은 융통성 있게 계획되어 필요할 때는 빠르게 변화시킨다.
- 개인차를 고려한다.
- 흥미를 고려한다.
- 성취 수준과 학업적 요구에 반응한다.

개별화 수업을 계획할 때에는 배경지식을 기초로 한 전체집단 교수법이면서 성취 규준에 목표를 두고 관련 연구 결과에 기초한 과학적 근거가 있어야 하며 하나의 기술을 배우기 위해 다양한 활동을 포함시킨다. 이를 종종 **타이어 원**(1단계) 교수법이라 한다.

개별화 수업에는 또한 목표 교수 활동이 포함되기도 하는데 이를 **타이어 투**(2단계) 교수법이라 하며, 다음의 것들이 포함된다.

- 소집단
- 교사와의 일대일 상호작용
- 영재아에게는 속진 학습
- 습득하는 데 어려움이 있는 기술에 대한 강화
- 유아의 흥미, 성취 수준과 필요에 부응하는 학습 자료
- 유아의 학습 양식에 맞추어진 교수법

개별화 수업의 집중도가 가장 높은 수업은 **타이어 쓰리**(3단계)로 명명되며, 다음 특징이 있다.

- 매우 체계적이고 직접적인 교수방법으로 소집단으로 수업한다.
- 특수교육 서비스가 필요하지 않도록 정규 수업이 융통성 있게 제공되는 것에 목적을 둔다.
- 정규적인 읽기 교육을 받으면서도 학급 혹은 별도의 교실에서 소집단 교육을 받는다.

개별화 수업의 목표는 일반 교육과정과 비슷하지만 성취 기대 수준이 다르다. 개념과 기술 학습에 필요한 자료는 동일하나, 영재아에게는 도전적인 것이며 도움이 필요한 유아에게는 성취감을 느낄 수 있는 것이다. 예를 들어서, 추수감사절 같은 단어에서 영재아는 이와 관계된 어휘를 많이 찾고 더 어려운 어휘를 찾는 과제를 주고, 도움이 필요한 특수아는 이와 관계된 어휘를 적게 찾고 쉬운 어휘를 찾는 과제를 주는 것이다. 이 활동은 목표와 내용이 같으면서 요구 수준이 다른 수업인 개별화 수업의 예가 될 수 있다.

개별화 수업이 중요하다는 것에 모든 교사가 동의하나 이를 수행하는 데 적절한 수업 자료, 시간, 능력, 자원이 부족하다고 생각하는 교사가 많다.

중재

유아를 위한 중재 프로그램은 개별화 교육이나 사후에 문제를 해결하는 데 초점이 있는 것이 아니라 사전에 문제를 예방하는 데 초점이 있다. 중재 프로그램은 조기 문해 발달을 지원하기 위하여 학교에서 무엇인가를 더 해야 한다는 가정에 근거한다. 위험한 환경에 처해 있는 유아에게 조기에 중재가 제공된다면 훨씬 효과적이다(Hiebert & Taylor, 1994; Tomlinson, 2003; Walpole & McKenna, 2007).

조기 중재란 읽기와 쓰기 발달에 적절한 프로그램을 뜻하는데, 구체적으로 학교에

입학할 무렵 또래에 비하여 문해 관련 기초 기술을 습득하지 못한 유아를 위한 프로그램이다. 이 중재 프로그램을 경험하는 경우 또래보다 크게 뒤지거나 후에 읽기와 쓰기 능력 발달에서 부진할 가능성이 거의 없다(O' Connor, Harty, & Fulmer, 2005; Slavin & Madden, 1989; Stanovich, 1986).

교육자들 간에는 조기 중재 프로그램의 방법으로서 특수교사가 학급 담임과 협력하여 유아의 교실에서 중재 프로그램으로 진행하는 것과 유아를 특수 교실로 따로 모아놓고 진행하는 것 중 어느 것이 더 적절한가에 대한 논쟁이 있다. 조기 중재 프로그램의 목적은 효과적인 읽기와 쓰기 교수법을 통해 문해 발달의 효과를 높이는 것이다. 현재는 별도의 교실에서 교육하는 것보다는 일반 교실에서 중재 프로그램을 진행하는 쪽으로 의견이 모아지고 있다. 이러한 통합의 근거는 유아가 일반 교실과 특수 교실을 왔다 갔다 하는 것을 최소화하는 것과 조기 중재 프로그램이 일반 교실의 교육과정에 통합되도록 하자는 정신에 근거한다. 이로써 유아가 특수반에 간다는 낙인이 찍히는 것을 막을 수 있고 특수 교사가 일반 교사와 협력하여 최적의 교육을 제공할 수 있다.

잘 알려진 조기 중재 프로그램으로는 리딩 리커버리(Reading Recovery)가 있는데 이는 특수 교실에서 진행되는 방식으로 뉴질랜드에서 시작되었고(Clay, 1987), 오하이오 주립대학교에서 집중적으로 연구되었다(Pinnell, Freid, & Estice, 1990). 리딩 리커버리는 학교에서 형식적으로 문해 교육을 받기 시작하는 해에 읽기 학습에 문제가 있는 유아를 위한 중재 프로그램이다. 이 프로그램에서는 일반 교실의 읽기 교육뿐만 아니라 매일 30분씩 일대일 교육 시간을 갖는다. 리딩 리커버리는 특별한 요구에 맞추며, 일상 생활과 관련된 의미 있는 읽기 경험을 교사와 아동이 협력하여 경험하면서도 필요한 기술을 구체적이면서 직접적으로 배운다. 리딩 리커버리에서 사용하는 전략의 일부를 다음에 기술하였다.

1. 친숙한 이야기를 읽어 성공감을 경험한다.
2. 새 책을 소개할 때, 교사와 유아는 함께 그림을 보거나 책이 무엇에 관한 것인지 등 책을 탐색하는 시간을 갖는다.
3. 교사의 도움 없이 유아 혼자 새 책을 읽어보도록 한다.
4. 교사는 유아가 소리 내어 읽을 때 보이는 오류를 연속 기록으로 기록하며 이후 다시 말하기를 통해 이해정도를 평가한다.
5. 단어의 첫소리 혹은 끝소리 등을 인지할 수 있도록 교사는 음운 분석에 관하여 가르친다.

낱자를 구체적으로 경험할 수 있도록 자석 글자 등을 자석판에 붙여보는 활동을 하여 촉각적 경험을 하게 한다. 또한 배운 단어를 포함한 문장을 써보는 활동도 한다. 책에서 읽은 몇 개의 문장을 종이에 써놓은 것을 순서대로 놓아보거나, 문장에서 빠진 단어를 문맥을 통해 짐작하여 채워넣기 활동도 할 수 있다. 이러한 활동이 여러 번 반복된다.

리딩 리커버리 프로그램을 활용하는 교사는 사전 교사교육을 통해 유아가 문해 사건에 참여하고 있을 때의 행동을 관찰하고 기록하는 것에 대해 배운다. 또한 모델링하거나 스캐폴딩하는 것에 대해 교육받는다. 또한 이 프로그램은 구체적인 문해 기술 습득뿐만 아니라 의미 있는 문해 경험도 강조해 균형 있는 프로그램이라 할 수 있다. 이 프로그램은 위험에 처해 있는 유아들에게 특히 효과가 있는 것으로 평가받고 있다. 또한 이 프로그램의 교수법은 일반 교실에서 소집단 읽기 교육에 적용되기도 한다.

문해 발달이 지체된 유아를 위하여 효과가 있는 것으로 평가되는 조기 중재 교수법이 일반 학교에서 시행되거나 상용화된 프로그램이 많다. 일대일 혹은 3명 이하 소집단 활동이 일반 학급에서 활용된다면, 교사는 개별적 관심과 지원을 할 수 있기 때문에 효과가 있다. 이외에도 몇몇 교육청에서 위험에 처한 유아를 위해 개발한 조기 중재 프로그램을 다음에 기술하였다.

읽기 조기 중재 프로그램(Early Intervention in Reading)은 1학년을 위한 것이다. 이 프로그램의 목적은 학급 교사가 읽기 부진아들의 읽기 학습을 보충하는 것으로 교사는 매일 20분씩 5~7명의 소집단 아동들에게 읽기 학습을 보충해준다. 이 방법은 효과가 있는 것으로 평가되고 있다(Hoover & Patton, 2005; Taylor, Strait, & Medo, 1994).

그림책 읽기 프로그램(Storybook Reading Program)은 위험에 처한 유치원아를 위한 보충 프로그램이다. 이 프로그램에서는 전통적인 읽기 기술 습득 관련 활동에다가 다음의 것들이 동시에 제공된다.

1. 큰 소리로 책을 읽어줄 때, 어떻게 듣고 생각할 것인지에 대해 안내한다.
2. 읽어준 이야기를 유아가 다시 말하기를 하도록 한다.
3. 한 책을 여러 번 반복해서 읽어주어, 이야기의 구조와 문장에 익숙해진 유아가 혼자 읽어보는 시도를 한다.
4. 토론이 활발하게 이루어질 수 있도록 하여 유아가 의미를 구성할 기회를 준다.
5. 문해 활동이 활발하게 이루어질 수 있도록 학급에 읽기와 쓰기 센터를 구성한다.
6. 배운 기술을 연습해볼 수 있도록 유아 스스로 독립적으로 읽고 쓸 수 있는 시간을 준다(Morrow & O' Connor, 1995).

교사는 활동을 대집단, 소집단 및 일대일 상호작용 등 다양한 집단 유형으로 운영하여 유아의 강점과 약점을 발견한다. 보조교사는 소집단 혹은 일대일로 상호작용하여 기초 기술을 가르쳐서 담임교사의 수업을 지원한다. 위와 같은 중재 프로그램에 참여한 유아는 그렇지 않은 유아에 비하여 읽기·쓰기 능력에서 많은 향상을 보였다(Hoover & Patton, 2005; Taylor, Strait, & Medo, 1994).

중재반응에 관한 법률

중재반응에 관한 법률(Response to Intervention; RTI)은 2004년 특수교육법(Individuals with Disabilities Education Act; IDEA)과 함께 시작되었다. 이 법은 특수교육서비스를

받기 위하여 학업 성취와 지적 능력 간에 큰 차이가 있는가를 먼저 고려해야 할 필요가 없게 하였다. 즉 '과학적이고 연구에 기반한' 교수방법과 맞춤형 중재 프로그램에 이 학생이 반응하는지 혹은 이 학생에게 효과가 있는지를 먼저 고려하게 한 법이다. 심화된 혹은 맞춤형 중재 프로그램이 학생에게 효과가 없다는 것이 확인된 이후에 장애 분류를 고려하게 된다. 아직은 법적으로 이 용어가 확정된 것은 아니나 전문가들은 이를 중재반응에 관한 법률(RTI)이라 한다.

과거에는 학습에 어려움을 가지고 있는 학생이 장애 혹은 특수 교육이 필요하다고 분류되기 전에는 그에게 특별한 도움을 제공하지 않았다. 중재반응에 관한 법률은 장애 아로 분류되지는 않았으나 말하기, 듣기, 쓰기, 읽기 등에 문제가 있는 유아에게 중재 프로그램을 제공할 수 있게 한다. 이로 인해 특수아로 분류되지 않아도 학습 도움을 받을 수 있는 것이다(Mesmer & Mesmer, 2008).

중재반응에 관한 개념은 뉴저지 주의 한 공립교육구에서 시작되었다. 이 교육구의 중재 전문가 혹은 읽기 전문가들은 위험에 처한 학습자를 도와줄 수 있는 능력이 있는 교사를 채용하였다. 이들은 하나의 방법이 모든 학습자에게 적절할 수 없다는 판단을 하고 하나의 교육과정 혹은 프로그램을 운영하지 않았다. 유아 개인을 평가하여 이들에게 필요한 교육 프로그램을 구성하였다. 어떤 유아에게는 리딩 리커버리 프로그램을 적용하였고, 다중감각 읽기 기술, 미리 가르치기, 반복해서 가르치기, 반복하기 등의 교수 전략을 각 유아의 특징에 맞게 흥미롭게 제공하였다. 이 교육구에서는 중재반응과 관련된 교사 혹은 전문가들, 읽기 전문가, 코치, 중재자, 행정가, 말하기 특수 치료사, 특수 교사, 학급 담임이 매달 모임을 갖도록 하였다.

중재 프로그램을 실행하기 전 우선 유아의 특징을 고려하고, 학교나 교실에서 활용할 수 있는 자원과 재능을 최선으로 활용할 수 있는 방법에 대해 숙고해야 한다. 특별한 도움이 필요한가와 그것의 실체에 대해 진단하는 것이 교사가 해야 할 첫 번째 일이며 그 다음이 차이를 존중하고 수용하는 것이다.

Delpit(1995)은 미국 읽기 학회에서 '다른 사람의 자녀를' 가르친다는 것에 대하여 이야기할 때 다양한 배경과 다소 열악한 가정환경 출신의 유아가 많은 대도시 지역에서 문해 프로그램이 성공을 거두려면 다음 같은 특징을 가져야 한다고 하였다.

1. 유아의 가정환경과 문화에 대해 이해하고 존중한다.
2. 열악한 가정환경 출신의 유아에게 가르쳐야 할 내용의 양을 축소해서는 안 된다. 그들은 일반 유아가 배우는 만큼 배울 수 있다. 교사, 부모, 지역사회는 유아의 능력을 신뢰하고 가르쳐야 한다.
3. 어떠한 교수-학습 방법을 사용하든지 학습의 목표는 비판적 사고력을 신장시키는 데 있다. 교사가 유아의 능력을 신뢰하고 이들을 위한 꿈과 비전이 있을 때 유아는 성공할 수 있다. 빈곤한 가정의 유아는 일상생활의 맥락에서 비판적 사고력과 문제해결력을 연마하는데 이유는 이들의 삶 자체가 독립적이며 의무를 지고 있기 때문이다.

4. 모든 유아는 미국 교육과 사회의 적응에 필요한 기초적 기술, 관례와 전략을 습득할 수 있는 기회를 가져야 한다. 성인은 이들에게 학교 밖의 삶에 성공할 수 있는 기술을 가르쳐야 할 의무가 있다.

5. 유아 자신이 스스로를 능력 있고 가치 있는 존재로 신뢰할 수 있도록 돕는다.

6. 학교에서 배우는 내용과 유아가 이미 알고 있는 삶의 지식을 연계시키기 위하여 이들에게 친숙한 비유와 경험을 활용한다.

7. 가족처럼 서로 돌봐주는 교실 문화를 조성한다. 담임하고 있는 유아를 자기 자식처럼 대한다. 또한 세상에서 그들이 가장 똑똑하며 그렇게 될 수 있다고 이들에게 말해준다. 그러면 이들은 단지 교사로부터 배우는 것에 그치지 않고 교사를 위하여 배우려고 한다.

8. 유아의 필요를 모니터링하고 평가하고 다양한 자원을 활용하여 이에 대응한다.

9. 유아의 가정이 소유하고 있는 강점을 찾아서 이를 기초로 시작한다.

10. 유아와 지역사회를 연결하여 도움이 될 수 있는 자원이 있음을 경험하게 한다. 또한 그들이 지역사회를 위하여 할 수 있는 역할이 있음을 생각하게 한다. 그들이 실패하는 것은 자신만의 실패가 아니라 지역 공동체에도 실패가 됨을 인지하게 한다. 그들이 성공하면, 자신만의 성공이 아니라 공동체를 위한 성공이 될 수 있음을 인지하게 한다.

유아의 입장이 되어보기

어른은 꽤 오랫동안 읽고 쓰기를 해왔기 때문에 읽고 쓰기를 배우는 데 요구되는 기술과 지식이 얼마나 다양하고 복잡한 것인지를 실감하기 어렵다. 읽기는 복잡한 과정이며 이제 막 읽기 시작한 초보자에게는 감당하기 어려운 것이다. 게다가 시력 장애 혹은 영어를 제2모국어로 배워야 하는 상황에 놓이면 어려움은 더욱 가중된다. 읽고 쓰기를 배우는 과정을 이해하기 위하여 유아가 되어보자. '콘퓨자벳(Confusabet)'이라고 억지로 만든 알파벳을 예로 들어보고자 한다.

　나는 대학생들과 부모들에게 자신을 5세 혹은 6세로 가정해보게 하였다. 콘퓨자벳을 이용하여 몇몇 단어를 익히게 하였고 이때 그림 자료와 맥락 암시를 동시에 제시하였다(그림 3.4 참조). 26개의 알파벳을 연습한 후에 콘퓨자벳으로 된 그림책을 주고 이

그림 3.4

콘퓨자벳

Look　at　the　red　automobile

들이 유치원의 읽기 시간에 있다고 가정하고 책을 읽어보도록 하였다. 또한 콘퓨자벳을 이용하여 읽은 내용에 대해 한 문장으로 적도록 하였다.

이 활동 이후에 참가자들이 콘퓨자벳을 어떻게 읽고 쓰기를 배우게 되었는지에 대해 토론하였는데, 이들이 보고한 전략은 거의 비슷하였다: 자신이 알고 있는 읽기와 쓰기에 관계된 정보를 현재의 과제와 계속 연결했다는 것이다. 우선 콘퓨자벳의 알파벳이 영어 알파벳 숫자와 같은 수라는 것을 알아내었고 어휘 일반에 대한 지식이 콘퓨자벳 어휘의 의미를 추론하는 데 도움이 되었다는 것이다. 또한 영어와 콘퓨자벳 알파벳 낱자 모양이 비슷하면 배우기가 쉬웠고, 의미를 해석하는 데 그림과 맥락 암시를 가능한 많이 활용하였다. 문법 혹은 언어 구조에 대한 지식과 주변에 있는 단어로 뜻을 추정하는 데 많이 활용하였다. 또한 모르는 단어가 나오면 생략하기도 하고 단어의 첫 소리에 의지하여 발음하고자 하였다. 또한 단어를 보고 발음해보는 전략을 이용해 암기하였으며, 특이한 형태와 길이가 긴 어휘는 기억하기 쉬웠다고 하였다. 이들은 읽기를 배우기 위해서는 무척 적극적으로 자신을 몰입시켜야 함을 시인하였다. 즉 그들은 추측하고, 실수하고, 자기 교정을 한 것이다.

이상으로 참가자 스스로가 사용한 전략이라고 보고한 것 이외에도, 이들이 사용하는 전략으로 내가 발견한 것이 있다. 즉 참가자들이 서로 협력하고 의지한다는 것이다. 참가자들은 주변 사람과 자신의 성공과 실패에 대해 이야기하였다. 또한 자신 스스로가 깨우친 어휘에 대해 주변 사람에게 알리고 싶어했다. 또한 어려운 단어에서는 자발적으로 좌절을 표현하였고, 주변 사람의 도움을 청하였다. 몇몇 사람은 너무 어려워서 중간에 포기하고 싶다고 말하기도 했다. 이 활동은 이러한 사회적 상호작용 때문에 중간 중간 무척 소란스러웠고, 몇몇 사람은 한 어휘의 뜻과 발음에 대해 의견이 일치하지 않다가 마침내 합의점을 찾기도 하였다. 때로는 한 참가자가 다른 참가자를 도우는 또래 튜터링으로 활동이 끝나기도 하였다. 또한 새로운 학습 자료가 건네지면 호기심을 나타냈다.

참가자들은 협력을 통해 안전감을 느끼고 정보를 주고받고 활동이 더욱 흥미로워졌다고 한다. 그들은 내가 이러한 사회적 상호작용에 대해 지적하기 전 이 과정을 의식조차 하지 않았다. 참가자들은 콘퓨자벳을 배울 때 사회적 상호작용과 주변 사람의 도움을 구하는 것은 너무나 자연스러운 것임을 인정하였다.

참가자들은 콘퓨자벳을 읽고 쓰기를 배우는 것은 문제를 해결하는 과정과 같고 몇 가지 행동주의적 전략을 사용하였다고 기술하였다. 그러나 어떠한 방법을 사용하든 의미를 이해하고자 하였다고 한다. 문자를 읽고 이해할 때 시각, 청각을 이용해 힌트를 얻으려 하였고 전체 단락의 의미를 이해하기 위하여 이전의 경험과 참가자 상호간의 도움을 활용하였다. 의미를 구성하기 위하여 예측하고 추론하고 창안하였다. 또한 맥락에서 얻을 수 있는 힌트와 시각 글자를 읽는 것과 같은 방법으로 단어의 첫 소리를 집중적으로 해독하려 애썼다. 대학생 이상의 성인이 참여한 이 활동에서 이들이 읽고 쓰기를 배우기 위하여 활용한 방법은 다양하였다. 따라서 어떠한 종류의 취약점을 갖고 있더라도, 모든 유아는 자신의 특징과 필요에 적합한 교육을 받을 권리가 있다.

활동과 질문

1. 이 장 맨 앞의 핵심 질문에 답하라.

2. 이 장에서 말하는 다양성이란 영어를 제2모국어로 배우는 학습자, 즉 영어로 말하지 않거나, 제한된 영어 구사력을 갖는 유아와 학습 능력에 차이가 있는 유아, 즉 영재아, 학습장애아, ADHD, 위험에 처한 유아와 시각, 청각, 운동, 의사소통 장애가 있는 유아, 다른 문화적 배경을 갖고 있는 유아를 다 포함한다. 다양성의 여러 유형 중 한 유형의 유아를 선택하여, 이들에게 적합한 교수 전략과 관계있는 이론을 기술하라.

3. 이 장에서 소개된 2학년 교사 칼리한 학급의 다양한 수준과 특징을 수용하는 개별화 수업을 고안하라.

4. 이 책 전체를 통해 교실에서 사용할 수 있는 언어 교수 전략이 소개될 것이다. 항상 특별한 도움이 필요한 유아에 대해 유념하고 이들에게 적합한 교수 전략에 대해 생각하라.

5. 그림 3.2의 단어 카드를 확대 복사하여 색칠하고 코팅하라. 단어 카드를 교실에 게시하고 단어에 대해 토의하는 활동을 한다.

핵심 질문

- 이 장에 기술된 이론가들은 언어 습득에 대하여 어떻게 말하고 있는가?

- 뇌가 발달하는 과정과 이것이 언어 발달과 어떻게 연관되는가를 이해하는 것이 왜 중요한가?

- 출생부터 8세에 이르기까지 언어는 어떻게 발달하는가?

- 언어가 다르다는 것은 무슨 뜻인가?

- 다양한 문화적 배경을 가지고 있는 유아를 존중하는 구체적 활동의 예에는 무엇이 있는가?

- 영어를 제2모국어로 배우는 유아에게 유익한 교수-학습 실제는 무엇인가?

- 유아기 언어 발달의 목표는 무엇인가?

- 출생부터 2세 영아의 언어 발달을 위해 부모 및 교사가 사용하는 전략은 무엇인가?

- 2학년과 3학년 아동의 어휘 발달에 유익한 전략의 예를 들어보라.

- 유아의 언어 발달 평가를 위한 포트폴리오에 포함될 수 있는 자료를 기술하라.

핵심 용어

구성주의 관점	문법론	방언
수용 언어	시냅스 형성 과정	신경 가지치기
심미적 대화	음소	의미론
정보추출적 대화	표현 언어	t-단위
ZPD		

4

언어와 어휘 발달

"때가 되었어" 하고 바다코끼리가 말했다.
"신발, 배, 왁스, 양배추와 왕 등 많은 것들에 대하여 이야기할 때가"

—루이스 캐롤
(바다코끼리와 목수)

태어나면서부터 아기의 주위는 말로 가득하다. 구어 발달은 유아가 읽고 쓰기라는 문해성을 갖게 하는 기초가 된다. 연구자들은 유아를 자세히 관찰하여 이들이 언어를 배우고 활용하면서 사용하는 전략을 기술하였다. 이들의 관찰에서 가장 눈에 띄는 것은 유아는 언어를 배우는 데 있어서 적극적인 참여자라는 점이다. 언어를 배우고 활용하기 위해 유아는 문제 상황에 자신을 놓아보고, 이미 갖고 있는 배경지식에 근거하여 새로운 가설을 창안하며, 주위에서 언어를 사용하는 사람과 상호작용을 시도한다. 유아가 사용하는 이러한 전략은 문해 발달을 위한 초기 교수법으로 활용될 수 있다.

　유치원생인 멜로디의 어머니 트레이시는 딸과 나눈 대화에 대하여 다음과 같이 말하였다. 어느 날 저녁 실외에서 하늘을 바라보고 있었는데, 보름달이 떠있음을 보고 딸에게 "멜로디야, 달이 뚱뚱하구나!"라고 하였더니, 멜로디가 혼란스러운 표정을 지으며 "엄마, 왜 달이 뚱뚱해? 저녁밥을 너무 많이 먹었나?"라고 질문하였다. 이를 보면 멜로디는 어머니의 말을 이해하기 위해 '뚱뚱하다'라는 어휘에 대해 갖고 있는 정보를 활용하고 있음을 알 수 있다. 어머니는 달이 뚱뚱하다고 표현한 것은 달이 보름달임을 이야기하기 위한 것임을 다시 설명하였고, 멜로디는 '뚱뚱하다'는 말이 맥락에 따라서 다른 의미로 사용될 수 있음을 학습하게 되었다.

　유아는 수동적으로 언어를 배우지 않는다. 다시 말해 유아는 언어를 구성하고, 재구성하면서 언어를 배운다. 내가 가르쳤던 유치원 교실에서 자라서 무엇이 되고 싶은지에 대한 이야기를 나누었다. 마이클이 자신의 차례가 되었을 때, 아버지가 의사이며 얼마 전 아버지가 일하는 수술실(operating room)에 가보았다고 하였다. 마이클이 말하기를 "그곳에 있던 사람들이 마음에 들었고, 우리 아빠가 사용하는 기계도 마음에 들었어요. 그래서 나는 커서 우리 아빠처럼 기계를 작동하는 사람(operator)이 될 거예요."라고 하였다. 마이클이 사용한 기계를 작동하는 사람(operator)이란 표현은 그가 경험하고 관찰한 맥락과 상황을 가장 잘 표현한 것이라 할 수 있다.

　언어 발달이 성숙의 과정임은 분명하나 유아가 적극적 기여를 한다는 것이 많은 연구의 보고이다. 그들은 어른의 것을 모방하기도 하지만 자신의 생각을 전달하는 관례적 어휘가 없을 때에는 스스로 어휘를 창안하여 사용하기도 한다. 이들이 사용하는 최초의 어휘는 기능적 어휘나 긍정적 강화를 받는 경우 새로운 어휘를 창출하기도 한다. 언어적 자극이 풍부하고 어른과 상호작용할 기회를 많이 가지는 유아는 그렇지 않은 유아에 비하여 구어 발달이 빠르다(Cazden, 2005; Dickinson, McCabe & Essex, 2006; Gaskins, 2003; Morrow, 2005; Morrow, Kuhn, & Schwanenflugel, 2006).

　구어 발달에 관한 연구결과들은 읽기와 쓰기의 문어 발달에 대한 연구를 자극하였다. 읽고 쓰기는 구어 사용을 포함하기 때문에 구어와 문어 발달은 공통점이 있다고 많은 연구자들이 믿고 있다.

언어 발달과 읽기

구어 처리과정은 읽기를 배우는 데 기초가 되므로 **구어 학습**은 읽기를 배우는 데 중요한 부분이다. **읽기**란 텍스트를 해독하고 독해하는 과정이고(Roskos, Tabors, & Lenhart, 2004; Ruddell & Ruddell, 1995; Vukelich, Christie, & Enz, 2002) 독자와 텍스트 간의 상호작용이다. 읽기는 독자가 저자의 메시지를 재구성하는 과정이다. 글자는 말을 규칙에 따라서 시각적으로 재현한 것이다. 읽기는 눈으로 보는 것의 문법적 패턴과 규칙을 찾아 이에 해당하는 의미를 연결시키는 것이다. 이미 알고 있는 언어 구조를 기반으로 현재 읽고 있는 맥락과 관계 지어 의미를 독해한다. 또한 문법적 혹은 의미적 힌트를 통해 다음에 무엇이 올 것인가를 예측한다. 의미와 언어의 구조를 처리하는 능력의 정도는 성숙한 독서자와 미숙한 독서자를 구분해준다. 미숙한 독서자는 현재 읽고 있는 자료의 언어 구조와 개념에 친숙하지 못하여 그것을 이해하는 데 어려움을 겪는다. 문법과 의미에 친숙해지면 이제 막 읽기를 시작한 어린 독자들도 인쇄물 기호의 형식과 내용을 예측할 수 있다. 과거에 성숙한 독자와 미숙한 독자를 구분하는 것은 낱자와 단어를 얼마나 양적으로 많이 알고 있느냐에 있었다. 그러나 오늘날은 인쇄물 기호 혹은 텍스트를 읽는 능력은 이것의 의미를 재구성하는 것에 달려 있다고 믿는다. 재구성 과정은 현재 읽고 있는 텍스트와 관련된 경험, 개념과의 친숙 정도와 언어 기능에 대한 일반 지식에 기초한다.

구어와 읽기의 상관관계는 조숙하게 읽기를 하는 어린 유아들에 대한 연구에서도 분명하다. 예를 들어, 또래에 비하여 읽기를 빨리 시작한 유아는 구어 발달도 무척 빠르다. 일찍 글을 깨우친 유아는 가정에서 구어 경험이 풍부하다(Dickinson & Tabors, 2001). 이런 유아의 부모를 인터뷰한 결과, 자녀는 사물과 사건을 묘사하는 말을 빨리 시작하였으며 문법적으로도 상당히 복잡한 문장으로 말을 하였다고 한다. 또한 이런 아이는 새로운 낱말을 창안하거나 유머가 있으며 말을 많이 하는 경향이 있다. 4세에 글을 깨우친 아이의 어머니가 말하기를, 자녀가 첫눈을 보고 "눈이 소용돌이치고 땅에 닿은 눈은 마치 몽실몽실한 마시멜로 같다"라고 말하였다고 보고하였다. 이후 몇 달 지난 후 봄이 되자 "저기 봐, 엄마. 나비가 팔랑거리며 날고 있어. 마치 꽃과 춤을 추는 것 같아."라고 하였다. 3세가 되도록 구어에 대한 경험이 부족하여 말하기 발달이 늦어지면 이는 읽기와 쓰기 발달에서 이미 위험에 처해있다고 할 수 있다. 다행히 구어와 문해 경험을 풍부하게 제공하는 좋은 어린이집이나 유치원을 다니게 되면 바로 회복하는 것으로 알려져 있다.

▼ 일상에서 경험하지 못하는 언어를 책을 통해 경험할 수 있다.

Halliday(1975)는 언어의 여러 기능 중 하나로서 주변 환경으로부터 의미를 추출하는 데 구어가 역할을 한다고 하였다. 조기에 글을 깨우치는 아이들은 이야기 구조를 깨달아서 '옛날 옛날에', '그들은 행복하게 오래오래 살았다' 같은 것을 이야기 짓기에서 사용한다. 또한 이야기를 말할 때 어른들이 책 읽어줄 때 사용하는 억양과 톤으로 말한다. '책 언어(book language)'는 유아가 일상생활의 구어를 통해서 경험할 수 있는 것 이상으로 이끌어주며 책 언어는 조기 독서자가 보여주는 언어 사용의 특징이기도 하다 (Burns, Snow, & Griffin, 1999; Dickinson & Tabors, 2001).

구어 발달 이론 및 연구

아기가 말하기를 어떻게 배우게 되는가를 완벽하게 설명해주는 이론은 없으나 이와 관계된 이론은 몇 가지 있다. 구어 능력이 어떻게 습득되느냐를 알게 되면 이것의 발달을 위한 환경을 제공할 수 있다. 또한 이를 통해 읽기와 쓰기가 어떻게 발달하는가에 대한 이해에 도움을 얻을 수 있다.

행동주의 이론

현재 우리가 구어 습득에 대하여 갖고 있는 관념은 **행동주의 이론**의 영향을 많이 받았다. 행동주의 이론이 구어 습득에 대하여 전체적 그림을 보여주는 것은 아니지만 여전히 교수-학습 과정에 필요한 전략과 기술에 영향을 주고 있다. Skinner(1957)는 언어란 청자와 화자 간의 상호작용 중에 발생한 관찰 가능한 말이라고 정의하였다. 그의 말에 의하면, 생각이란 언어를 내부적으로 처리하는 것이고 언어와 생각은 부모와 아기가 상호작용하는 것처럼 환경과의 상호작용을 통해 자극을 받는다. 행동주의 이론은 어른이 언어 모델을 제공하면 유아는 이를 모방한다고 한다. 유아는 어른으로부터 긍정적인 강화를 통해 언어를 습득한다(Cox, 2002).

초기 구어적 표현은 강화를 받고 이러한 강화가 다시 행동을 유도한다. 이러한 과정을 **상호적**(interactive)이라고 하는데, 이는 언어가 의미를 정교하게 하고 확장하고자 하는 어른의 상호작용에 의하여 중재된다는 뜻이다(Hart & Risley, 1997). 갓난아기가 목소리를 내면 대부분의 부모들은 고무되어 부드러운 말씨로 반응한다. 그러면 아기는 다시 소리를 내어 이 강화에 반응한다. 아기가 자음과 모음을 연합하여 소리를 낼 수 있으면 자꾸 소리를 낸다. 10개월 된 아기가 바, 바, 바 혹은 마, 마, 마 같은 소리를 가지고 노는 것을 관찰하는 것은 그리 어려운 일이 아니다. 반응적인 부모는 이러한 소리를 말로 인지하여 마, 마, 마와 같은 소리는 '엄마'를 말하는 것이라고 간주한다. 이에 한껏 고무된 부모는 아기에게 부드럽게 이야기하거나 안아주거나 뽀뽀를 해준다. 부모는 아마도, "아기야, 다시 해봐라. 마, 마, 마."라고 할 것이다. 부드럽고 따뜻한 부모의 반응에 아기도 기분이 좋아져서 같은 소리를 다시 반복하여 부모로부터 긍정적 강화를 받는다.

안타깝게도, 이러한 상호작용은 반대로 진행될 수 있다. 예를 들어서, 아기의 옹알이에 대하여 부모가 시끄럽다고 느끼고는 거친 목소리로 "조용히 해라. 소리 내지 마라"라고 반응을 보인다면 아기가 말하기 탐색을 계속할 가능성은 없어진다.

따라서 긍정적 강화는 성인 모델을 유아가 모방하게 하며 말을 계속하도록 하는 것은 분명하다. 잘못 이해하거나 아예 이해를 하지 못하면서도 기계적인 모방을 한다 할지라도, 환경으로부터 말을 자주 풍부하게 듣는다면 아기는 말을 많이 하게 된다. 예를 들어서 유아는 자주 들은 노래의 가사를 따라 하는데, 뜻을 모르고 소리만을 따라 하기도 한다. 3세 유아는 'My country' tis of thee'[1]를 듣고는 따라 부르는데 'My country tis a bee'로 불렀다. 즉 들리는 대로 따라 하는 것이다. 혹은 자신이 익숙한 소리나 잘 아는 단어(이 경우에는 bee)로 대체하여 부르는 것이다.

생득 이론

Chomsky(1965), Lennenberg(1967), McNeil(1970)은 **생득 이론**을 제안하였다. 이 이론은 언어는 선천적인 능력임을 주장한다. 유아는 문법의 규칙을 내면화하여 언어가 어떻게 기능하는지를 스스로 알고 있으며 이는 무한 개의 문장을 산출할 수 있도록 한다. 이 이론에서는 행동주의 이론에서 주장하는 언어 습득에 필요한 연습, 강화, 모델링이 필요 없다고 믿는다. 언어를 학습하는 능력은 인간 고유의 선천적 능력이며 따라서 거의 모든 유아는 생후 몇 년 안에 언어를 사용할 수 있는 능력을 갖추게 된다. 인간은 성장하면서 언어 사용이 가능해진다. 유아는 언어의 패턴을 배우고 새로운 규칙을 무의식적으로 스스로 생산하기도 한다. 유아가 새롭게 생산해내는 규칙과 패턴은 더 복잡한 형태를 나타내기도 하는데 극단적 생득이론가인 Lennenberg(1967)는 유아가 언어를 사용하는 능력을 발달시키는 데 환경이 하는 역할은 아무것도 없다고 하였다. 언어는 유아 내부적 요인에 의하여 동기화되므로 이는 자연스러운 능력이다(Pinker, 1994). 언어가 발달하기 위해서는 성숙이 큰 역할을 하고 이는 인간의 고유 능력임이 분명하다는 점에서 생득 이론이 기여한 바가 있으나 피아제와 비고스키의 이론이 언어 발달을 설명하는 데 더 설득력이 있다.

피아제와 비고스키 이론

피아제의 **인지발달 이론**이란 활동을 통해서 유아가 발달한다는 원리에 기초하고 있다.

---

1) 역주: 이전의 미국 국가

즉 유아가 표상하는 세계란 환경을 조작하거나 감각 경험을 통해 이루어진다. 이 이론에 의하면 초기 언어는 자아 중심적이거나 자신의 행동에만 집중되어 있다. 유아는 자신이나 자신이 하고 있는 것에 대하여 말한다. 유아의 일반적 발달과 초기 언어 발달은 만지기, 듣기, 보기, 맛보기, 냄새 맡기를 통해 경험한 사건, 물건, 행동과 관계있다(Piaget & Inhelder, 1969).

비고스키(Vygotsky)의 **학습이론** 역시 언어 발달에 의미하는 바가 있다. 비고스키에 의하면, 유아의 고등 정신 기능은 사회적 관계에서 상호작용을 내면화하면서 발달한다. 어른은 유아에게 사물의 이름을 알려주고 방향을 안내하고 제안을 한다. 성장하면서 유아 주변의 어른은 도움의 정도를 차츰 줄여간다. 비고스키(1978)는 어른과 유아 간의 사회적 상호작용의 범위를 **근접발달영역**(Zone of Proximal Development; ZPD)이라고 하였다. 이 영역은 이론상 유아가 어른의 도움을 받아서 수행할 수 있는 범위를 의미한다. 이 영역에서 유아가 어른의 도움 없이 독립적으로 수행할 수 있게 되면 발달은 멈추게 된다. 이 이론이 언어 학습에 의미하는 바는 분명하다. 어른은 유아를 격려하고 동기화하고 지원하는 상호작용을 통해 이들의 언어 발달을 이끌 수 있다(Sulzby, 1985b).

단어로 말하기 시작하면 유아의 시도는 가속화된다. 장난감을 가리키면서 이름을 말한다. 공을 가지고 놀면서 공이라는 말을 여러 번 한다. 민감한 부모는 아이가 말하는 단어를 반복하거나 확장시켜 준다(Burns, Snow, & Griffin, 1999). 아이가 공하고 말하면 "그래. 동그랗고, 크고, 멋진 빨간 공이야."라고 말해준다. 이러한 확장과 강화를 통해 아이는 새 말을 배운다. 또한 부모는 "이 멋지고 빨간 공으로 무엇을 할까?"라고 말해주기 때문에 아이는 생각하고, 이해하고 행동한다. 긍정적 강화는 아이의 발화가 반복되도록 하며 이는 언어 발달이 계속적으로 일어나게 한다(Dickinson & Tabors, 2001).

구성주의 이론

피아제와 비고스키의 이론에 기초를 두어 언어 발달을 연구하는 **구성주의 이론**은 언어 발달에 대한 현대적 관점을 제시한다(Brown, Cazden, & Bellugi-Klima, 1968; Hallliday, 1975). 구성주의자들은 유아를 생득적 규칙 혹은 내면화된 개념을 기초로 언어를 창안하는 존재로 본다. 언어는 적극적인 사회적 과정을 통해 창안된다. 이 과정에서 종종 유아는 실수를 하기도 한다. 그러나 실수는 오히려 언어의 기능을 습득하는 데 필요하다. 따라서 초기 언어 발달에서 실수를 수용해야 한다.

구성주의 이론은 초기 문해 발달에 시사하는 바가 크다. 특정 나이에 도달해야 하는 언어 발달의 기준표가 있다 할지라도 이러한 기준을 성취하지 못하였다고 하여 즉 8개월 된 아기가 말소리 비슷한 것을 내지 않는다고 하여 혹은 2세 반 된 유아가 문장으로 표현을 못한다고 하여 이를 고치려고 애쓰지는 않는다. 이 시기에는 대개 유아 개인마다의 발달 속도와 개인차를 존중하며 그 과정에서 이들이 보여주는 실수도 귀엽게 보아준다. 그러나 이들이 학교에 입학하게 되면 개인차는 무시하고 유아 개인이 아닌 교육

▲ 아기는 어른과 상호작용하면서 말을 배운다. 어른은 언어의 모델을 제시하고 아이의 말소리를 강화한다.

과정에 근거한 과제를 제시하는 경향이 있다.

언어를 습득하는 과정은 계속적이며 상호적인 과정이다. 이는 유아가 타인과 상호작용하는 사회적 맥락에서 발생한다(Hart & Risley, 1999). 때때로 유아는 말을 가지고 놀면서 스스로 배우기도 한다. 새로운 말을 해 보기도 하고 혼잣말을 하기도 하며 배운 것을 반복하기도 한다. 언어 습득 과정은 유아의 문화적, 사회적 배경에 따라 다양하다(Au, 1998). 유아가 하는 말을 들으면 단순히 어른이 하는 말을 흉내내고 있지 않음을 알 수 있다. 유아는 스스로를 표현해야 할 때 이에 해당하는 관례적 표현이 충분하지 않으면 자신의 경험과 의미와 말의 규칙에 대한 지식을 활용하여 새롭게 표현하기도 한다.

3세 유아가 주근깨가 많은 또래를 처음 보고는 "엄마, 봐봐. 저 아이 코에는 반짝이가 뿌려져 있어." 4세 유아가 얼굴에 깊은 주름이 있는 할머니를 보고는 "저 할머니 얼굴에는 왜 길이 있는지 궁금해."라고 말하기도 한다. 아버지와 함께 마시멜로를 굽던 3세 여자아이는 "음음... 이 맛을 냄새 맡을 수 있어." 여름날 소낙비가 내린 후 다시 해가 뜨고 주위에 물기가 다 마른 것을 관찰한 3세 남자아이는 "해가 와서 비를 다 먹어버렸어."라고 말하기도 한다. 겨울이 다 끝나가면서 눈이 녹는 것을 본 4세 여자아이는 "이것 좀 봐. 눈 아래에서 풀이 내다보고 있어"라고 말하였다.

할러데이의 언어 발달 이론

할러데이(Halliday, 1975, p. 7)는 **언어 발달**이란 "어떻게 의미를 나타내는가를 배우는 것"이라고 하였다. 그의 이론에서 언어 발달이란, 유아가 타인과 상호작용하면서 할 수 있는 것이 의미를 가지는 것이고 이것이 말로 표현되는 것이다. 즉 유아의 초기 언어 발달은 바로 **기능**에 기초한다: 자신이 할 수 있는 것을 말로 하게 된다. 언어는 맥락에 유관적이고 기능적일 때 학습된다. 유아가 사용하는 언어에는 일곱 가지 기능이 있다고 하는데(Halliday, 1975, pp. 19-21) 이것이 다음에 기술되어 있다.

1. **도구적 기능**: 개인의 욕구를 충족시키거나 무엇인가를 하기 위해 사용한다.
   예: 쿠키 엄마(Cookie Mommy)
2. **조절적 기능**: 다른 사람의 행동을 조정하기 위해 사용한다.
   예: 지금 자면 안 돼(No sleep now)
3. **상호적 기능**: 다른 사람과 잘 지내기 위해 사용한다.
   예: 같이 놀고 싶니?

4. **개인적 기능**: 자기 자신에 대하여 말하기 위해 사용한다.

　예: 지금 달리고 있어요.

5. **추론적 기능**: 무엇인가를 알아내거나 배우기 위해 사용한다.

　예: 소가 하는 일이 무어지?

6. **상상적 기능**: 가상하기 위해 사용한다.

　예: 우주놀이 하자.

7. **정보적 기능**: 다른 사람과 정보를 교환하기 위해 사용한다.

　예: 이 놀이를 어떻게 하는 것인지 말해줄게.

지금까지 언어습득에 대한 이론을 제시하였다. 각각의 이론은 언어습득의 한 측면에 대하여 설명하며 이중 어떤 이론도 언어습득 과정을 모두 다 설명하지는 못한다. 그러나 유아는 사용해야 할 필요 때문에, 흥미 때문에, 언어가 그들에게 주는 의미 때문에 언어를 발달시키고 있음을 우리는 잘 알고 있다. 언어는 탐색과 창조에 의해 습득되며 또한 유아의 성숙, 언어 자체의 구조와 형식의 제한을 받기도 한다. 또한 유아와 어른 간의 긍정적 상호작용을 통해 언어습득은 가속화된다.

뇌 발달과 언어 및 문해 발달: 출생부터 3세까지

뇌 연구결과는 출생부터 3세까지의 경험이 언어와 문해 발달에 영향을 준다는 것을 확증하고 있다. 아기는 학습할 수 있는 능력을 갖고 태어났다. 매 순간 아기는 환경을 탐색하고 경험을 이해하려 한다.

아기는 출생 당시에는 약 1,000억 개의 신경세포를 갖고 있다. 학습이 가능하려면 신경세포가 연결되어야 한다. 신경세포 간 연결이 반복된 것은 살아남고, 연결이 반복되어 사용되지 않으면 쇠퇴하는데 이를 **신경 가지치기**(neural shearing)라 한다(Shaywitz, 2003). 출생 시 갖고 있는 1,000억 개의 신경세포는 50조 개의 시냅스가 형성되어 있고 1개월이 되면 급속한 신경 연결이 이루어지는데 이를 **시냅스 형성 과정**(synaptogenesis)이라 한다. 아기의 경험이 쌓이면서 신경세포 간 연결이 이루어지고, 이 경험이 반복되면 이 연결은 영구적이 된다. 학습이란 이 연결이 영구적인 것이 된 것을 의미한다 (Berk, 2007; Newberger, 1997; Vukelich, Christie, & Enz, 2007). 따라서 언어와 문해의 발달에 필요한 경험은 태어나면서부터 필요하다.

뇌의 부위는 각각의 다른 발달을 담당하는데 운동 피질은 움직임 통제력을, 소뇌는 운동 능력을, 측두엽은 학습, 기억력, 감정, 청각 능력을, 베르니케 영역은 언어 이해력을, 브로카 영역은 말하기 능력을, 전두엽은 계획, 추리, 정서 표현을, 몸 감각 영역은 촉감과 체온을, 두정엽은 지각과 특수 처리를, 후두엽은 시각 처리를 담당한다. 이 영역들이 민감하게 발달하는 시기는 각각 다르다. 예를 들어 생애 첫 해는 언어 발달에 가장 민감한 시기이다. 이 시기에 언어를 처리하는 청각 경로가 발달한다. 출생 초기, 아기의 신경세포는 세상의 모든 언어를 처리할 수 있는 연결을 기다리고 있다. 빠르면 6개월부터 신경세포 가지치기가 시작되는데, 이때부터 아기는 들어보지 못한 소리는 더 이상 인식하지 못하게 된다. 돌이 되면 그동안 들어온 말소리를 유심히 듣고 말을 배울 수 있게 되며 경험하지 못한 말소리는 더 이상 처리가 불가능해진다. 즉 사용되지 않거나 소리에 노출되지 않은 신경세포는 소멸한다(Berk, 2007; Karmiloff & Karmiloff-Smith, 2001; Kuhl, 1994).

3세까지의 유아를 기르거나 보육하고 있는 부모나 보육자에게 뇌 발달이 시사하는 바는 무엇인가? 즉 언어 및 문해 발달을 위해 어떠한 경험을 제공하여야 언어 및 문해 능력을 담당하는 신경세포가 연결되어 영구화되도록 할 수 있는가? 이를 위해 부모나 보육자는 다음과 같이 하여야 한다.

- 사랑, 음식과 옷을 제공한다.
- 아기에게 말을 걸어준다.
- 적절한 어휘를 사용한다.
- 문장으로 이야기해 준다.
- 울음, 미소 등에 반응한다.
- 각운, 두운이 일치하는 어휘를 사용하는 언어 놀이를 한다.
- 다양한 놀잇감을 제공한다.
- 노래를 들려준다.
- 책을 읽어준다.
- 여러 종류의 음악을 들려준다.

언어 발달 단계

유아는 일정한 단계를 거치면서 언어를 발달시키는데, 이 과정은 언어의 구조, 말소리의 체계, 문법과 의미를 깨우치는 것을 포함한다.

영어에는 44개의 **음소**(phoneme) 혹은 말소리가 있다. 언어적 자극이 풍부한 환경에서 자라는 유아는 어린 시기에 이 소리들을 쉽게 배울 수 있다. 유아는 정확한 발음, 높낮이와 강세 등을 배울 수 있다. **억양**(intonation)이란 높낮이, 강세 혹은 소리의 연결을 포함하는데, **높낮이**(pitch)는 높은 소리, 낮은 소리를 뜻한다. **강세**(stress)는 강하게 혹은 부드럽게 말하는 것을 의미하며 **연결**(junctures)이란 단어, 구, 문장에서 쉼과 생략에 대한 것이다(Berk, 2007, 2008).

구문론(syntax)이란 구, 절, 문장에서 단어의 배열에 대한 것이다. 구문 규칙을 알면 듣거나 읽는 것을 이해할 때 도움이 된다. 구문 규칙에는 기초 문장 패턴, 문장 패턴의 응용, 끼어넣기 및 연결이 있다. 다음 예를 보자(Morrow, 1978; Tompkins, 2007).

1. 문장 패턴의 기초
   - 주어-동사: 소녀가 달렸다.
   - 주어-동사-목적: 소녀가 그 팀을 운영하였다.
   - 주어-동사-간접목적-직접목적: 수잔이 린에게 동전을 주었다.
   - 주어-연결동사-형용사: 제인은 키가 크다.

2. 문장 패턴의 응용
   - 질문
     핵심문: 짐이 그 가게에 갔다. (Jim went to the store.)
     변형문: 짐이 그 가게에 갔는가? (Did Jim go to the store?)
   - 부정문
     핵심문: 제인은 치어리더이다. (Jane is a cheerleader.)
     변형문: 제인은 치어리더가 아니다. (Jane is not a cheerleader.)
   - 수동태
     핵심문: 제니퍼가 리사에게 풍선껌을 주었다. (Jennifer gave Lisa some bubble gum.)
     변형문: 리사는 제니퍼에게서 풍선껌을 받았다. (Lisa was given some bubble gum by Jennifer.)

3. 끼어 넣기 및 연결
   - 수식어 첨가(형용사, 부사, 구)
     핵심문: 소년은 친구들과 놀았다. (The boy played with friends.)
     변형문: 빨간 바지를 입은 소년은 세 명의 친구들과 놀았다. (The boy in the red pants played with three friends.)
   - 연결
     핵심문: 제인이 달렸다. 제인이 놀았다. 잭이 달렸다. 잭이 놀았다.
     변형문: 제인과 잭은 달렸고, 놀았다.

의미론(semantics)이란 해당 언어의 내용 어휘와 기능 어휘를 통해 의미를 전달하는 것이다. **내용 어휘**는 그 자체에 의미가 있는 것이고 **기능 어휘**란 단독으로 그 자체에 의미가 있는 것은 아니나 문장 안에서 어휘 간의 관계성을 나타내며 의미를 드러낸다. 기능 어휘에는 전치사, 접속사, 관사 등이 포함된다(Fields, Groth, & Spangler, 2007; Pflaum, 1986; Tompkins, 2007).

언어 발달을 단계로 나누어서 구분하지만, 이 과정은 유아에 따라 다르다. 또한 어느 시점에서는 앞으로 나아가듯 보이지만, 다른 시점에서는 뒤로 퇴행하는 것처럼 보이는 것이 언어 발달이다. 따라서 언어 발달 단계는 명확하게 구분되는 것은 아니나 일반적으로 구분되는 단계를 다음에 제시하였다.

출생부터 1세까지

출생 몇 달간의 구어 발달은 소리를 가지고 실험하듯이 노는 것으로 특징지을 수 있다. 아기는 불편하면 울고, 기분이 좋으면 트림을 하고 목젖소리를 낸다. 부모는 아기의 울음이 배고파서 그런 것인지, 아니면 다른 무언가의 고통에 의한 것인지를 구분할 수 있다. 아기는 팔과 다리를 움직이면서 즐거움과 고통을 표현하므로 비언어적으로 의사소통을 한다.

8개월에서 10개월이 되면 옹알이가 세련되어져서 여러 개의 자음과 모음을 연결하여 소리를 낸다. 소리의 조합을 반복하여 내는데 이때 부모는 아기의 첫 단어를 들었다고 생각하게 된다. 다, 다, 다 혹은 마, 마, 마 같은 소리는 실제 단어의 소리처럼 들린다. 대부분의 부모는 이러한 소리에 반응을 보이며 강화하므로 아기는 소리와 이것이 가리키는 의미를 연결하기 시작한다.

8개월에서 12개월이 되면 아기의 언어 이해 수준이 급격히 높아져서 실제 표현할 수 있는 것보다 훨씬 많은 말을 알아듣는다. 이때 아기들은 자신의 일상생활에서 친숙하게 자주 경험하거나 의미가 있는 단어인 엄마, 아빠, 안녕, 아기, 과자, 우유, 주스 등과 같은 단어를 발화하기 시작한다. 또한 이때부터 단어 하나로 문장의 의미를 나타내는 **일어문기**(holophrase)를 시작한다(Hart & Risley, 1999; Vukelich, Christie, & Enz, 2007). 예를 들어, 아기가 "과자"라고 한 말은 "나 과자 먹고 싶어", "과자가 바닥에 있어" 혹은 "과자 다 먹었어" 등의 의미를 나타낼 수 있다.

1세부터 2세까지

듣기와 말하기의 구어능력은 1세에서 2세 사이에 급격하게 발달한다. 일어문기이지만 이들은 마치 문장으로 이야기하는 것처럼 성인의 억양을 따라 할 수 있다. 그러나 성인이 이 말을 모두 알아들을 수 있는 것은 아니다. 또한 이 시기에 한두 개의 단어를 조합하여 말하기 시작하는데 이는 이들이 구문에 대한 지식을 얻게 되었다는 증거이다. 명사와 동사를 조합하나 전치사, 접속사 혹은 관사 등과 같은 기능어는 생략되어 있다. 그러나 단어를 조합하는 순서는 문법적 규칙을 준수하는 것으로 보인다: "아빠가 집에 곧 오실 거야"를 나타내는 말인 "아빠 집"과 같은 표현이나 "장난감이 테이블 밑으로 떨어졌어"를 나타내기 위해 "장난감 떨어졌어"와 같은 것은 문법적 규칙에 대한 지식이 습득되었음을 보여준다.

2세부터 3세까지

2세부터 3세까지의 시기를 언어 발달에서 가장 역동적인 시기라고 할 수 있다. 대개 300개의 어휘부터 약 1,000개의 어휘를 습득하며 발화는 하지 못하나 이해할 수 있는 어휘의 수는 2,000~3,000개에 이른다. 두세 개의 단어를 조합하여 사용하는 전보식 문장(telegrahpic sentence)은 여전하나 문법적 지식이 더욱 정교해지며 대명사, 접속사, 전치사, 관사, 소유형 등의 기능 어휘를 구사할 수 있게 된다. 말하기 능력이 향상되면서 자신감도 자라고, 새로운 단어와 구를 가지고 놀기도 하며, 의미 없는 어휘를 생산하기를 좋아한다. 또한 운율, 말의 각운, 두운, 반복을 즐긴다(Bloom, 1990). 2세 10개월이 된 제니퍼의 다음과 같은 말놀이는 이 시기 유아의 언어 행동 특징을 잘 보여준다. "착한 강아지, 나의 강아지, 하얀 강아지, 하얗고 착한 강아지, 착한 강아지, 나의 강아지, 망아지, 방아지. 뽀뽀해 강아지, 뽀뽀해 강아지, 강아지, 착한 강아지." 이상과 같은 제니퍼의 말은 반복적이고 놀이적이며 아무 의미도 없으나 창의적이라 할 수 있는데 이는 이 시기 언어의 전형적인 예라 할 수 있다.

3세부터 4세까지

어휘와 문장 구조에 대한 지식은 이 시기에도 계속 발달한다. 이 시기에는 복수형과 규칙 동사에 대한 지식이 습득되는데 습득된 규칙과 지식을 과잉 일반화하는 것이 특징이다. 영어에서 복수형과 동사의 변형 시 일반 규칙도 있지만 예외적인 것도 많은데 일반 규칙을 예외 없이 사용하는 경향이 있다(Jewell & Zintz, 1986; Otto, 2006; Vukelich, Christie, & Enz, 2007). 4세 제시의 말은 이러한 특징을 잘 보여준다. "머로우 선생님, 이리 빨리 와보세요. 제가 어항을 쓰러뜨려서 어항이 깨졌고, 어항의 물고기가 바닥에서 수영하고 있어요(Mrs. Morrow, hurry over, I knocked over the fishbowl and it broked and all the fishes are swimming on the floor)". 즉 영어의 broke는 break의 과거형인데 제시는 과거형을 의미하기 위해 ed를 예외 없이 사용하였고, 복수형을 의미하고자 fish에도 es를 첨가하였다.

  4세가 가까워지면 어른이 사용하는 언어의 모든 요소를 거의 다 습득한 듯 보인다. 유아는 규칙에 따라서 새로운 문장을 창안할 수 있다. 그러나 언어에 대해서는 새로운 경험을 하고 새로운 어휘를 습득하고 단어를 조합하는 새로운 방법을 평생을 두고 배우므로, 이 시기에 언어에 필요한 지식과 기능을 거의 습득한 듯 보여도 이는 기초에 불과하다. 3세부터 4세가 되면 아동은 현재 행동을 수행하면서 자신이 하는 행동에 대하여 묘사를 할 수 있다. 또한 놀이하면서 스스로에게 말을 하기도 한다. 이는 마치 자신의 행동을 정교화하려는 시도로 보인다(Roskos, Tabors, & Lenhart, 2009; Seefeldt & Barbour, 1998; Strickland & Schickedanz, 2009). 4세인 크리스토퍼는 이젤에 그림을 그리면서 "나는 멋진 그림을 그리고 있어. 여러 가지 색을 칠할 거야. 이러 저리 칠하고, 위와 아래에도 칠할 거야. 그림 그리면서 폴짝 뛸 거야."라고 말하였는데, 크리스토퍼의 행동과 말이 정확하게 일치하였다.

5세부터 6세까지

5세 혹은 6세 아동이 말하는 것은 성인이 말하는 것과 거의 같다. 어휘는 다양하고 문법적으로도 복잡한 규칙을 구사할 수 있다. 약 2,500개의 단어를 정확하게 구사하는데, 어떤 발음은 여전히 어려워하기도 한다. 예를 들어, 영어에서 l, r과 sh 소리가 단어 끝자리에 놓이면 발음을 어려워한다. 단어는 두 개 이상의 의미를 가질 수 있음을 알고, 무엇인가를 잘못 이해하였을 때는 이를 모면하기 위해 유머를 보이거나 엉뚱한 말을 하기도 한다. 또한 어떤 상황이나 대상을 나타내는 말이 떠오르지 않을 때에는 스스로 창안하여 사용하기도 한다. 이 시기의 유아가 사용하는 말은 성인을 꽤 즐겁게 해주고 흥미를 갖게 한다(Krashen, 2003; Seefeldt & Barbour, 1998; Weitzman & Greenberg, 2002).

　　어느 날 아침 벤자민이 매우 흥분하여 교실로 뛰어 들어왔다. "머로우 선생님, 믿지 못할 일이 일어났어요. 지난밤에 우리 집 개가 강아지를 길렀어요!"

　　유치원에 첫 등교하는 날, 앨리슨은 약간 긴장하고 있었다. 엄마가 괜찮으냐고 묻자 앨리슨이 대답하기를 "응, 엄마, 나 괜찮아요. 그냥 내 위가 약간 걱정하고 있는 거예요."

　　이상과 같은 예 외에도, 유치원에 다니는 유아의 말에는 남다른 특징이 있다. 그들은 배변과 관련된 어휘와 말을 즐기고 욕설도 사용하여 남들을 놀라게도 한다. 또한 말을 많이 하고 말을 통해 상황을 통제하려고도 한다. 또한 이들의 언어는 환상의 세계에서 실제의 세계로 진입하였음을 보여주기도 한다.

7세부터 8세까지

7세가 되면 문법적 활용은 성인과 거의 유사해진다. 물론 어른이 사용하는 만큼의 문법적 활용과 문장 생성을 보이지 않으며 성인이 사용하는 어휘처럼 다양하지도 않다. 이 시기의 유아는 자신들이 하는 것에 대하여 아주 말을 많이 하고 대화 상대자로 훌륭하다.

　　3세 정도의 어린 나이의 언어 발달 정도는 고등학교 2학년의 독서 능력 발달을 예측할 수 있다. 이 시기에 늦어진 어휘 발달은 이후의 읽기 발달이 또래에 비하여 늦을 가능성이 있으며 심지어 학교를 그만두는 것과도 관계있다. 언어 발달은 사회경제적 지위와 관계있다. 기초생활수급자 가정의 3세 아이는 약 500개의 어휘를 습득하며 노동자 가정의 유아는 700개, 부모가 전문직을 가지고 있는 가정의 아동은 1,100개의 어휘를 습득한다. 부모가 전문직인 가정의 아이들은 기초생활수급자 가정의 아이들에 비하여 하루에 네 배 가까이 더 많은 어휘를 듣는다(Hart & Risley, 1995). 경제적으로 어려운 가정 출신의 아이라도 좋은 유아교육을 받은 아이들은 이 차이를 극복한다. 사회경제적 수준이 높은 가정의 초등학교 1학년 아이들은 수준이 낮은 가정의 아이들에 비하여 두 배 더 많은 어휘를 습득한다. 학업 성취가 높은 고등학교 3학년 학생은 학업 성취가 낮은 또래에 비하여 네 배 더 많은 어휘를 습득하였다(Beck, Perfetti, & McKeown, 1982).

언어 발달에는 말의 양뿐만 아니라 말의 질도 문제가 된다. 초등학생들은 매년 2,500에서 3,000개의 새로운 어휘를 습득해야 하는데 이는 매일 7개의 새로운 어휘를 배우는 셈이다(Snow, Burns, & Griffin, 1998). 2세부터는 매일 10개의 새로운 단어를 습득하여 6세가 되면 약 14,000개의 어휘를 습득한다.

영어를 학교에서 배우는 학습자 도와주기

English Language Learners

미국의 교실에는 영어 사용 능력과 유창성에 차이가 있고 가정에서 다른 언어를 사용하는 학습자가 많다. 이들 중에는 가정에서 영어를 사용하지 않아 영어를 전혀 모르는 채 학교생활을 시작하는 학습자도 있고 약간의 사용능력을 갖고 있는 학습자도 있다. 이들은 영어보다는 가정에서 사용하는 언어에 더 유창하다. 이들을 위한 목표는 이들이 가정의 언어와 영어 사용에 동시에 능숙한 이중 언어 구사자가 되는 것이다.

교실에는 표준 영어가 아닌 사투리를 사용하는 학습자도 있다. **사투리** 혹은 방언이란 문화, 지역, 사회 단체에 따라서 달리 사용되는 언어의 한 유형이다(Jalongo, 2007; Leu & Kinzer, 1991; Otto, 2006). 한 지역의 방언은 다른 지역의 방언을 사용하는 자에게 전혀 이해되지 않을 수도 있다. 어떤 방언이 더 훌륭한 것이라고 할 수는 없지만 특정 언어에 존재하는 다양한 방언 중 하나를 그 사회의 힘과 권력을 갖는 사람이 주로 사용하게 되면 그 방언이 표준어가 된다. 교사는 다양한 방언이 존재할 수 있음을 의식하여야 하고, 어린 학습자가 표준 방언을 이해할 수 있도록 도와야 한다. 또한 방언을 사용하는 학습자를 지적으로 열등하게 여기면 안 된다. 유아가 표준 영어를 습득하는 것은 사회에서 성공하는 데 필요하지만, 이들이 자신의 언어로 문해 능력을 깨치기 전에 먼저 표준 영어 발화를 강요하는 것은 부적절하다.

가정에서 사용하는 언어를 일반 교실에서 존중하는 데 유익한 몇 가지 전략이 있다. 교실에 이 유아의 가정 언어를 사용하는 보조교사가 있으면 좋다. 다음 전략은 영어를 학교에서 배우기 시작하는 유아에게 유익한 전략으로 자신이 가정에서 사용하는 언어를 존중하고 흥미를 가질 수 있도록 돕는다.

▼ 영어가 모국어인 유아를 영어를 학교에서 배우기 시작하는 유아와 짝지어주면 도움이 된다.

- 가정 언어로 표현된 단어를 교실에도 게시한다.
- 가정 언어로 책을 만들어 보도록 제안하고 결과물을 급우 앞에서 발표하게 한다.
- 가정 언어로 말하고 읽을 수 있는 부모, 보조교사 혹은 또래 친구들과 함께 교실에서 읽고 쓸 기회를 준다(Freeman & Freeman, 2006; Griffin, 2001; Otto, 2006; Roskos, Tabors, & Lenhart, 2009).

가정 언어가 학교에서 존중받고 사용되는 것에 대한 경험도 중요하지만 이들이 영어를 배울 수 있는 기회를 갖는 것도 중요하다. 영어를 잘하는 또래를 영어를 학교에서 배우기 시작하는 유아와 짝을 지어준다. 영어를 학교에서 배우는 학생들에게 유익한 영어 교육법은 언어경험 접근법(language experience approach; LEA)이다. 다음은 이에 해당하는 전략이다.

- 유아에게 말할 기회를 준다.
- 동화시간을 매일 규칙적으로 갖도록 한다.
- 유아가 흥미 있어 하는 주제를 중심으로 탐색하고 말하고 읽고 쓸 기회를 준다.
- 가정 경험과 학교 경험에 관계된 아이들의 이야기와 말을 게시한다.
- 위에 게시된 내용을 유아가 따라 쓰게 하거나 자신들의 경험과 이야기를 불러주면 교사가 이를 받아 적어 주기도 하고, 유아 스스로 쓰는 기회를 갖도록 한다 (Leu & Kinzer, 2003; Lindfors, 1989; McGee & Morrow, 2005; Miramontes, Nadeau, & Commins, 1997).

학교에서 영어를 배우기 시작하는 유아를 위한 교수법은 3장에 더 자세히 기술되어 있다. 전 장에 걸쳐서 영어 학습자를 위한 교수법은 특별한 표시(ELL)가 되어 있다.

English Language Learners

교실 실제

소품의 활용

소품은 시각적이고 손으로 만지며 조작할 수 있는 구체물이므로 소품을 활용할 수 있는 그림책은 제2언어로 영어를 배우는 유아가 영어로 말을 할 수 있도록 돕는다. 활용하기 좋은 그림책의 예로는 「눈 오는 날 입는 옷(The Jacket I Wear in the Snow)」(Neitzel, 1999), 「피터의 편지(A Letter to Amy)」(Keats, 1968), 「피터의 의자(Peter's Chair)」(Keats, 1967)가 있다. 먼저 책을 낭독하여 읽어준 후, 이야기에 필요한 소품을 만들거나 수집하게 한다. 예를 들어, 「눈 오는 날 입는 옷」을 읽고 난 후, 이야기에 나오는 옷에 대하여 토의하고 필요하면 옷을 추가하기도 한다. 수집한 옷을 반 아이들에게 하나씩 나누어주고, 두 번째로 책을 읽어준다. 이번에는 이야기에서 옷이 언급될 때마다 멈추고 그 옷을 가지고 있는 유아가 손을 들고 그 옷의 이름을 말하도록 한다. 예를 들어, "이것은 눈 오는 날 내가 입는 스웨터야." 하는 문장에서는 스웨터를 갖고 있는 유아가 스웨터를 보여주며 "스웨터" 하고 말한다. 이야기를 반복하여 읽으면서 반복되는 표현과 이름에 대하여 함께 말하도록 한다.

이런 활동은 소품이 가능하고 이야기가 반복되는 어떤 것에도 적용할 수 있다. 소품은 구체적으로 조작할 수 있으므로 제2언어로 영어를 배우는 유아가 소품의 이름을 영어로 배우고 말하면서 적극적으로 활동할 수 있도록 한다.

지나 고블(K-3학년 제2언어로서의 영어 교사)

언어 발달 전략

▲ 교실에서 읽어주는 그림책은 어린 유아의 수용 언어와 어휘 발달에 도움이 된다.

언어 발달에 대한 이론 및 연구 결과들을 검토하면, 유아가 언어를 즐겁고, 생산적으로, 적절하게 배울 수 있도록 도울 수 있는 전략이 도출된다. 유아는 성인의 언어를 모방하고, 언어를 사용하여 타인과 상호작용하면서 또한 긍정적인 강화를 받으면서 언어를 습득한다. 언어는 선천적 능력이므로 모든 유아는 특정 나이가 되면 보편적 언어 능력을 나타낸다. 또한 유아는 성장하면서 복잡한 문장 구조를 구사할 수 있게 된다. 친숙한 환경에서 행동하면서 혹은 언어를 직접 조작하면서 언어를 사용하게 된다. 최초로 사용하는 어휘는 자신의 일상적 맥락 안에서 의미가 있고 친숙한 것에 관한 것이다. 특히 자신의 욕구를 충족시킬 필요성에 의하여 말을 하게 된다. 또한 자신보다 능숙한 언어 사용자와의 상호작용을 통해 언어를 습득한다. 유아는 스스로 말을 만들어내기도 하고 말을 가지고 놀기도 하며 독백을 하기도 한다.

언어습득에 대하여 알고 있는 지식과 단계별 발달 특징을 기초로 하여 유아의 언어 발달에 유익한 교재, 활동과 경험을 고안할 수 있다. 다음 내용은 출생부터 8세에 이르기까지 이들의 언어 발달을 위한 프로그램 목표이다.

수용 언어 발달을 위한 목표

1. 다양한 말을 들을 수 있는 환경을 제공한다.
2. 유아가 경험하는 언어가 즐겁고 놀이가 될 수 있도록 한다.
3. 자신이 듣는 소리를 구분하고 분류할 수 있는 기회를 준다.
4. 정규적으로 다양한 어휘를 소개한다.
5. 다른 사람이 하는 말을 들을 수 있는 기회를 주고 들은 말을 이해하였다는 표시를 할 수 있는 기회를 준다.
6. 지시를 따를 수 있는 기회를 준다.
7. 표준 영어의 모델을 제공할 뿐만 아니라 가정 언어를 학교에서도 들을 수 있는 기회를 준다.

표현 언어 발달을 위한 목표

1. 발음을 정확하게 할 수 있도록 격려한다.
2. 다양한 어휘를 사용할 수 있도록 돕는다.
3. 완성된 문장으로 말할 수 있도록 격려한다.

4. 형용사, 부사, 전치사, 종속절, 복수형, 과거형, 소유형 등을 사용하여 다양한 문장 구조로 말할 수 있도록 한다.

5. 다른 사람과 의사소통할 기회를 많이 준다.

6. 감정, 관점, 동기 등을 나타내는 사회적, 심리적 언어를 사용할 기회를 주고, 가설 설정, 요약, 결과 예측 등과 같이 문제해결을 위한 언어를 사용할 기회를 준다.

7. 크기, 양을 묘사하고, 비교, 집단의 정의, 연역적으로 사고하는 데 언어를 사용하게 한다.

8. 교사가 주도하는 대집단 토의, 소집단 활동과 유아가 주도하는 학습, 비형식적 대화 등 다양한 맥락에서 말할 기회를 준다.

9. 영어뿐만 아니라 가정에서 사용하는 언어로도 자유롭게 이야기할 기회를 준다. 말하고자 하는 욕구는 존중되며 격려되며 수용되어야 한다.

유아는 필요를 충족시키는 수단으로 언어를 사용할 때 가장 잘 배우고 활용하므로 언어는 교실의 경험과 주제 학습과 연결되어야 한다. 유아는 자신들이 이미 알고 있고 경험한 것에 근거하여 주변에서 일어나는 것의 의미를 해석하고 구성하는 적극적 학습자이다.

언어란 의미가 소통되고 표현되는 주요한 체계이다. 언어는 의미 있는 맥락에서 가장 잘 소통되며 일상적 삶과 활동의 일부로 사용되면서 습득된다. 언어의 이러한 특징을 잘 이해함과 동시에 언어의 차이에 대하여 수용하여야 특별한 요구가 있는 유아가 언어를 발달시키도록 도울 수 있다(Au, 1998).

출생부터 2세까지의 언어 발달 전략

"안녕, 나탈리. 오늘 귀여운 우리 공주님의 기분이 어떤가? 자, 이제 기저귀를 갈아보자. 아이쿠, 많이 무거워졌구나. 자 이제 기저귀 대에 공주님을 올려놓고 뽀송뽀송한 새 기저귀로 바꾸어줄게. 자, 기저귀 갈 동안 이 장난감 오리를 들고 있을래? 그래, 아주 착하구나. 이 오리를 정말로 좋아하지. 자 이제 닦아보자. 자 이렇게 나탈리를 닦아주는 거야, 이렇게 닦아주는 거야. 이렇게 닦아주면 우리 나탈리 기분이 아주 좋아지지. 아, 이 노래를 좋아하지. 맞아. 그러니까 미소 짓고 트림하네. 다시 한 번 해 볼까? 자 이렇게 나탈리를 닦아주는 거야, 이렇게 닦아주는 거야. 이렇게 닦아주면 우리 나탈리 기분이 아주 좋아지지. 와, 나탈리가 나랑 함께 노래하네. 맞아, 아아- 아아- 아, 다시 해 보자. 음..... 냄새 좋지? 베이비 로션이 냄새가 좋고 부드럽구나."

생후 첫해의 언어 발달. 위의 예는 나의 손녀 나탈리가 4개월 때 나와 함께 나눈 대화이다. 글로 볼 때는 마치 한 사람만이 하는 독백 같지만, 실제로는 나탈리도 매우 적극적인 대화 참여자였다. 나탈리는 의도적으로 나를 바라보았으며, 트림을 하며 팔을 흔들고, 미소 짓고 가끔은 진지하였다. 나는 나탈리에게 아주 풍부한 언어 자극을 제공하였다. 이 대화에서 나는 나탈리의 참여를 격려하였고, 나탈리가 참여하는 것에 긍정적인 피드백을 주었다. 이와 같은 대화는 아기를 먹이거나, 목욕시킬 때, 옷 갈아 입힐 때 일어난다. 심지어 아기가 침대에 누워 있어도 이런 종류의 대화를 하고 아기가 다른 놀이에 집중하고 있을 때도 마찬가지다. 아기는 이것이 대화임을 아는 것이 분명한데 몸 움직임, 트림, 옹알이, 미소로서 반응을 보였기 때문이다.

소리로 아기를 둘러싸기. 아기는 행복한 말소리로 둘러싸여야 한다. 아버지이건, 어머니이건, 어린이집의 보육교사이건 아기를 돌볼 때는 말소리를 동반해야 한다. 아기를 돌보는 사람은 동시, 동요, 손가락 놀이 등을 능숙하게 사용할 줄 알아야 한다. 아기는 소리와 함께 이것이 의미하는 바를 경험할 기회를 가져야 한다. 하나의 노래를 가지고 상황과 행동에 맞게 즉흥적으로 개작하여 아기에게 들려줄 필요가 있다. 예를 들어, "여기 아기 기저귀를 간답니다, 간답니다."와 같은 것이다. 이러한 자극은 아기가 말소리에 민감하게 한다. 또한 아기는 말을 자신이 통제할 수도 있고 말은 재미있고 무엇인가 쓸모 있는 것임을 깨닫게 된다.

주변의 성인이 제공하는 말소리 이외에도 아기는 클래식, 재즈, 대중음악 등 다양한 소리를 들어야 한다. 또한 일상의 말과는 억양, 높낮이, 강조 쉼표, 어휘에서 차이가 있는 '책 언어'를 들어야 한다. 아기에게 말을 걸어주고 노래를 들려주고 책을 읽어주고 라디오와 텔레비전을 듣고 볼 기회를 주면 이들의 언어는 발달한다. 말소리는 아니나 현관문에서 나는 종소리, 물 끓는 소리, 시계 소리, 진공청소기 소리, 개 짖는 소리, 새소리, 자동차의 급제동 소리 등은 아기가 소리에 민감해지고 소리의 차이를 구분할 수 있도록 한다. 이러한 소리에 아기가 주목하게 하고 이들의 이름을 불러주면 아기들이 이에 민감해진다.

감각 사물로 아기를 둘러싸기. 아기는 보고, 만지고, 냄새 맡고, 듣고, 맛볼 수 있는 다양한 사물이 필요하다. 아기가 손을 뻗쳐서 잡을 수 있는 가까운 곳에 이러한 사물을 둔다. 이러한 사물들은 아기의 행동과 호기심을 자극할 것이고 사물을 조작하면서 아기는 언어를 사용하게 된다. 어떤 것은 밀거나 만지면 소리와 음악이 나오기도 하고 질감과 냄새도 다양하다. 아기 손으로 잡기 쉬워야 하고, 밀고, 차고, 끌 수 있어야 한다. 봉제인형, 고무로 된 장난감, 뮤직 박스, 모빌 등을 아기가 잡거나 만질 수 있도록 가까이 두고, 모서리가 안전하게 처리된 책과 천으로 된 책도 아기에게 필요하다. 아기 침대나 아기 놀이 우리 안에 장난감을 놓아두며, 몇몇 장난감은 새것으로 주기적으로 바꾸어준다. 아기 스스로 혼자 놀게도 하지만 어른이 같이 만지며 놀아주면서 이름을 말해주고 그 사물에 대하여 이야기해 주어야 한다.

3 내지 6개월에서 12개월이 되면 아기는 목젖소리를 내고, 소리 내어 웃으며 옹알이를 시작한다. 어른은 아기가 내는 소리에 마치 말을 하는 것처럼 응대해주고 긍정적 반응을 하여 아기가 신나서 말을 하도록 한다. 아기가 자음과 모음을 결합하여 말하기 시작하면 아기가 한 말을 그대로 따라 소리 내주고 반복해준다. 아기는 스스로 소리를 만들어내고 통제감이 생기면 말소리를 더 많이 내게 된다. 아기가 어른의 말뜻을 알아듣

기 시작하면 사물의 이름을 말해주고 대화를 나누며 아기에게 지시도 한다. 풍부한 언어적 자극과 만족하는 상호작용을 경험하면서 돌이 가까워오면 아기의 언어 발달은 이제 본격적으로 시작된다.

1세와 2세의 언어 발달. 돌을 넘긴 아기를 위한 언어적 자극은 돌 전의 아기를 위한 언어적 자극과 크게 다르지 않다. 그러나 이 시기에 아기는 150개의 새로운 단어와 2개 혹은 3개로 이루어진 문장을 말할 수 있게 되므로 새로운 자극과 전략이 필요하다. 이 시기의 아기가 한 단어 혹은 두 단어로 이야기하는 것은 문장의 의미를 나타내는 것이므로 어른은 아기의 말에 필요한 단어를 첨가하면서 아기의 말을 확장시켜 주어야 한다.

비계 설정을 통한 도움. **비계 설정**은 아기가 말을 배울 수 있도록 돕는 전략이다(McGee & Richgels, 2008; Otto, 2006; Soderman & Farrell, 2008). 질문에 답을 할 수 없는 아기에게 어른이 대신 답을 해주는 것도 일종의 비계이다. 이를 통해 해야 할 말을 모델링하는 것이다. 예를 들어 아기가 "곰"이라고 했을 때, 어른이 "네 곰인형을 갖고 싶니?" 혹은 "여기 네가 좋아하는 부드러운 갈색 곰이 있다."라고 답해준다. 어른은 이러한 확장뿐만 아니라 아기에게 특정한 행동을 하도록 요구하여서 아기의 생각과 이해를 확장시키기도 한다. 예를 들어 "여기 네가 좋아하는 부드러운 갈색 곰이 있다. 곰을 안아줄래? 네가 곰을 안아주는 것을 보고 싶구나."라고 하기도 한다. 행동을 요구하는 것뿐만 아니라 아기가 질문에 답을 하도록 요구할 수도 있다. "네 곰이 입고 있는 옷에 대하여 이야기해 줄래?" 이처럼 어떻게, 왜, 말해줄래 같은 말은 아기가 네, 아니오로 대답하지 못하게 하며, 두 개 이상의 단어를 사용하여 대답하게 한다. 반면 무엇, 누가, 언제, 어디서로 시작하는 질문은 한 단어로만 답하게 하는 경향이 있다. 아기의 말하기 능력이 발달하면서 위의 예와 같은 어른이 사용하는 비계설정은 감소한다.

새로운 경험은 언어 발달을 촉진시킨다. 아기를 위한 노래, 동시, 책은 1세에서 2세 아기가 이해할 수 있는 어휘로 된 것을 선택해야 한다. 어휘와 개념은 경험에 의하여 더욱 확장되는데, 우체국, 슈퍼마켓, 세탁소, 공원 등을 방문하는 것은 아기들의 경험을 확장시키며 관련된 개념을 이해하고 이에 해당하는 어휘를 사용하도록 돕는다. 단순한 가사노동도 아기들에게는 신기한 경험이 되며 어휘를 습득할 기회를 제공한다. 아기를 이러한 활동에 참여시키는데, 18개월 아기는 빨래를 세탁기에 넣는 행동을 할 수 있고, 소금 한 스푼을 넣는 행동을 할 수 있다. 일상적 가사에 아기를 참여시킬 때에는 항상 언어를 동반하여 아기에게 말을 들려주고 질문을 한다(Hart & Risley, 1999).

과잉일반화와 언어 발달. 아기들의 말하기 실력이 늘어나면서 문법 규칙 등을 과잉일반화하는 오류를 자주 범한다. 예를 들어서 "내가 물고기에 밥을 주었어(Me feeded fishes)"라고 말한 아이는 다음과 같은 과잉일반화를 한 것이다.

> 불규칙 변화를 하는 먹였다(**fed**) 대신에 과거를 나타내는 어미 **ed**를 사용하였고
> 주격인 **I** 대신 목적격인 **Me**를 사용하였고

물고기 여러 마리는 **fish**로 나타낸다는 것을 무시하고 이를 위해 **es**를 붙였다.

문법 규칙만을 과잉일반화하는 것이 아니라 새롭게 습득한 개념에 대하여도 과잉일반화를 한다. 예를 들어 날아가는 새를 배운 후 나비를 보고 새라고 말하기도 한다. 이러한 오류는 직접적이고 부정적 방법으로 수정하는 것이 아니라, 즉 "아니야, 그것은 새가 아니야."보다는 "아, 그것은 나비야."라고 말해주는 것이 좋다. 긍정적 강화와 적절한 언어 모델을 경험한다면, 시간이 지나 아기는 새와 나비를 구분하여 말할 수 있고 규칙적 문법과 불규칙적 문법을 정확하게 구분하여 사용할 수 있게 된다.

과잉일반화의 오류를 부정적인 것으로 지적하여 직접적으로 고치려 하면 이를 이해하여 바른 형태로 사용하게 되기보다는 언어를 사용하려는 자세와 태도에 부정적 영향을 주기 쉽다. 학습은 학습자가 위험을 감수하고 실수를 할 때 이루어진다. 어른의 바른 언어 사용 모델을 경험하면 유아는 자연스럽게 바른 규칙을 내면화하여 스스로 사용하게 된다. 아무리 빨라도 5세까지는 발음, 문법 등이 100% 맞게 표현되어야 한다는 걱정을 하지 않고 맘껏 표현해보고 실험해볼 기회를 누려야 한다. 그러나 '아기 말'이 듣기에 귀엽다고 하여 나이에 맞지 않게 격려하는 것은 좋지 않다. 유아는 주변의 성인을 기쁘게 하는 것을 추구하므로 이러한 어른의 태도는 언어 발달에 부정적일 수 있기 때문이다.

1세와 2세의 언어 발달을 위한 자료. 1세와 2세의 언어 발달을 위한 자료는 1세의 것보다는 더 정교하고 다양해야 한다. 아기는 스스로 움직일 수 있으므로 집이나 어린이집의 책은 스스로 만질 수 있도록 배치되어야 한다. 다양한 재질로 된 장난감이 준비되어야 하고, 3개에서 5개로 맞출 수 있는 퍼즐도 필요하고 밀고 당길 수 있는 장난감과 아기 몸에 맞는 의자와 테이블도 필요하며 크레용과 큰 종이도 필요하고 손인형도 필요하다. 다양한 방식으로 조작을 탐색할 수 있는 장난감이 좋고 장난감을 매개로 대화를 많이 나눈다. 아기 방에 비치되는 도서의 양도 점차 늘리고 아기 스스로 만지고 놀 수 있도록 책의 재질은 천이나 두꺼운 판지가 좋다.

유아교실에서의 언어 발달 전략

3세부터 8세까지는 언어 발달이 급격히 이루어지는 시기이다. 유아는 좋은 말의 모델에 지속적으로 노출되어야 하며 어른 혹은 또래와 함께 언어로 상호작용해야 하는 상황에 계속 놓여야 한다. 그들의 발화는 긍정적으로 강화되어야 하며 주변의 것들에 대한 지식과 관심을 확대하는 의미 있는 경험을 해야 한다. 언어는 기능적이며 다른 내용 지식과 주제와 통합되어 사용되어야 한다.

이를 위해 유아교사는 흥미 영역을 조성하고 언어 사용이 빈번할 수 있는 자료를 구비한다. 과학 영역에는 애완 쥐 한 쌍을 준비한다. 애완 쥐는 활동성이 있어서 관찰하기에 흥미롭고 다루기도 쉽다. 쥐 우리 주변의 유아는 쥐의 움직임을 관찰하면서 자연스럽게 많은 말을 듣고 하게 된다. 쥐의 생산 주기는 약 28일이므로 새끼를 낳게 되면 반 유아들은 흥분하고 질문이 많아지고 끝없이 말을 하게 된다.

▶ 과학 주제 학습은 새로운 어휘 사용을 자극하고 말하고 토론해야 할 이유를 제공한다.

내 교실의 애완 쥐는 28일 만에 첫 새끼를 낳은 후 첫 새끼가 젖을 떼기도 전에 또 새끼를 낳았다. 10마리의 새끼를 젖을 먹이고 돌보느라 어미 쥐는 삐쩍 마르고 지쳐 보였다. 어느 날 아침 어미 쥐가 우리에 없는 것을 한 아이가 발견하였지만 어미 쥐에게 무슨 일이 일어났는지를 아무도 알 수 없었다. 그러다 며칠 뒤 교사실 냉장고 뒤에 숨어있는 어미 쥐를 발견하였다. 어미 쥐가 어떻게 우리를 빠져 나왔는지 알 수 없었지만 아이들마다 여러 가설을 제시하였고 왜 우리를 빠져 나왔는지에 대한 이야기는 끝도 없이 진행되었다. 애완 쥐와 관계된 이 사건은 교사 한 명이 제공할 수 없을 정도의 풍부한 언어 경험을 우리 교실에 제공한 것이다.

각 흥미 영역별 언어 발달을 위한 자료. 유아교실의 흥미 영역에 비치하면 언어 발달에 도움이 될 수 있는 자료를 소개한다.

과학: 어항, 양서류, 식물, 돋보기, 애완동물, 자석, 온도계, 콤파스, 프리즘, 조개껍데기, 돌 무더기, 현미경, 정보책, 주제관련 그림책, 관찰 기록지, 실험 보고서

사회: 지도, 지구의, 국기, 지역 사회의 아이콘, 교통 표지, 현재 사건, 다른 나라의 공예품, 정보책, 주제관련 그림책, 쓰기 도구 및 재료, 책 만들기 재료

미술: 이젤, 수채 물감, 붓, 색연필, 크레용, 사인펜, 여러 종류의 종이, 가위, 찰흙, 색 찰흙, 천, 모직, 끈, 상자, 예술가에 대한 책과 공예에 관한 책

음악: 피아노, 기타, 다양한 악기, CD나 테이프 플레이어, 여러 종류의 음악이 녹음된 CD, 리듬 악기, 노래책, 노래 가사 판

수학: 저울, 자, 계량컵, 시계, 스톱와치, 달력, 가짜 돈, 계산기, 도미노, 주판, 줄자, 키자, 모래시계, 숫자(나무, 자석, 부직포), 나눗셈 퍼즐, 도형, 수 학습지, 수에 관한 그림책

문해: 다양한 장르의 그림책, CD나 테이프 플레이어, 헤드셋, CD 동화, 종이, 스테이플러, 카드, 구멍 뚫는 기구, 따라 그릴 수 있는 글자, 컴퓨터, 인형, 이야기 극장,

▲ 블록으로 동물원을 협력하여 만드는 유아들은 대화를 할 수밖에 없다.

편지 쓰는 데 필요한 봉투, 편지지, 필기구, 글자 모형(부직포, 나무, 자석), 단어 모형, 계절, 동물, 우주 등과 관련된 그림자료, 운율 게임, 색깔 게임, 글자와 소리 연결 카드, 알파벳 카드, 교실 밖의 사물을 나타내는 글자

극놀이: 인형, 드레스, 양복, 봉제 인형, 거울, 음식 용기, 접시, 포크, 나이프, 신문, 잡지, 책, 전화번호부, 교내 전화번호부, 요리책, 노트, 카메라, 앨범, 테이블, 의자, 빗자루, 쓰레받이, 유아 키에 맞는 싱크대, 냉장고, 다림질 판, 부엌놀이, 마트놀이, 미용실, 주유소, 사무실, 레스토랑 등 주제에 맞는 소품

블록: 크기와 모양과 재질이 다양한 블록, 사람, 동물 모형, 장난감 자동차, 트럭, 간판 표시를 위한 필기구, 주제에 맞는 그림책

작업대: 나무, 망치, 가위, 드라이버, 톱, 펜치, 못, 풀, 테이프

바깥놀이: 모래, 물, 양동이, 삽, 곡괭이, 텃밭과 도구, 미끄럼틀, 자전거, 모형 집, 공, 타이어, 로프

다양한 흥미 영역에서 유아는 또래, 선생님과 상호작용할 기회를 가져야 한다. 각 영역의 소품을 만지고, 냄새 맡고, 자신이 하는 놀이에 대하여 이야기하고 친구의 이야기를 듣는다. 흥미 영역의 소품을 가지고 놀면서 유아는 창의적이고 상상력을 발휘하며 문제를 해결하고 의사결정을 하는데 이때 언어를 사용한다. 언어를 사용하는 것이 언어 발달의 핵심 요소이다.

몇몇 자료와 소품은 계속 비치되어 있고, 그 외의 것들은 주제 혹은 흥미에 따라 교체되거나 보강된다. 예를 들어, 미국 원주민에 관한 주제가 진행된다면 원주민 인형과 공예품을 사회 영역에 비치하고 미국 원주민에 관한 그림책은 문해 영역에 비치한다. 문해 영역에는 언어 발달을 위해 소품과 자료가 비치되고, 그 이외의 영역에는 주제에 맞게 자료를 비치하되 언어가 사용될 수 있는 매개체 역할을 한다. 주제에 맞게 모든 영역이 통합되어 구성되면 학습이 깊이 있게 이루어진다(통합 교수에 관한 것은 9장에 자세히 기술되어 있다).

주제 학습을 통한 언어 발달. 각 주제는 새로운 어휘, 문법, 발음뿐만 아니라 이해력을 향상시키는 역할을 한다. 한 주제로 통합된 경험은 여러 영역의 내용을 통합시키고 다양한 감각을 통해 탐색하고 학습하게 한다(Antonacci & O' Callaghan, 2003; Combs, 2009; McGee & Morrow, 2005; Spencer & Guillaume, 2006; Tompkins & Koskisson, 2001). 다음에 기술된 것은 새로운 주제가 소개될 때 활용할 수 있는 것으로 유아교실에서 언어 발달에 도움이 되는 활동이다. 편의를 위해 겨울을 주제로 기술하였다.

토론: 주제에 대하여 토론한다. 겨울의 날씨는 어떠한가? 겨울에는 어떤 옷을 입어야

▶ 주제 탐구를 통한 경험은 말하게 하고 이를 적으면 읽게 된다.

하는가? 다른 계절에는 할 수 없으나 겨울에 할 수 있는 놀이는 무엇인가? 겨울이 가져오는 어려움은 무엇인가? 미국의 뉴욕, 플로리다, 캘리포니아와 같이 지역마다 겨울은 어떤 차이가 있는가?

단어 목록: 겨울과 관계된 단어를 생각해본다. 눈, 얼음, 추위, 흰색, 젖은, 언, 썰매, 눈사람, 장갑, 목도리, 모자, 스키, 스케이팅, 눈덩이, 벽난로, 눈가루 등 단어를 적어본다. 이상의 단어를 느낌, 모양, 냄새, 소리, 맛 혹은 겨울에 할 수 있는 놀이와 아닌 것 등의 기준으로 분류한다. 단어를 게시판에 써서 교실에 게시한다. 이 목록은 새로운 주제로 바뀔 때까지 게시한다. 벽의 게시판에 게시할 것이 너무 많으면, 책으로 만들어본다.

그림(혹은 사진): 겨울에 볼 수 있는 사물과 장면의 그림이나 사진을 두고 토론한다.

이야기 나누기(보이면서 말하기): 주제와 관련된 사물을 가정에서 가져와서 친구들 앞에서 보이며 말하기 시간을 갖는다. 발표하고 싶어하는 유아에게 모두 기회를 주도록 하는데, 한 번에 발표하는 유아의 수가 5명을 넘지 않도록 한다. 가정에서 가져온 물건을 친구 앞에서 소개하는 시간은 유아에게 자신감을 주므로 중요한 활동이다. 수줍어하는 유아도 가정의 친숙한 물건을 소개하는 시간에는 자신감을 가질 수 있다. 교사는 문장으로 말하는 모델이 되어주고, 이 활동을 위해서 부모와 협력할 기회로 생각하라.

실험: 겨울과 관련된 실험을 계획한다. 실험에는 유아의 적극적 참여를 유도한다. 실험의 가설에 대하여 토의하고 결과에 대하여 예측해본다. 또한 실험하는 과정에서 유아가 하고 있는 일에 대하여 말하도록 한다. 실험이 끝나면 전체 유아들과 결과에 대하여 토의한다. 예를 들어, 물이 어는 과정과 녹는 과정에 대한 실험을 해 본다.

미술: 겨울 주제와 관련하여 미술활동을 하는데, 지시를 하여 모든 유아들에게 같은 결과물이 나오는 활동보다는 각자가 자신의 작품을 만들 수 있도록 한다. 활동 전에 재료를 소개한다. 재료를 만져보고, 기술하고 비교할 기회를 준다.

▲ 요리활동에서는 젓다, 섞는다, 끓이다, 양을 재다, 깍두기 썰다 같은 독특한 어휘가 사용된다.

유아가 무엇인가를 만들고 있을 때 자신이 하고 있는 것에 대하여 말하도록 격려한다. 예를 들어서, 종이, 알루미늄 호일, 솜, 모직 천, 티슈, 분필 등의 재료를 주고 겨울에 대한 콜라주를 만들어본다. 유아가 왜 특정한 색과 재료를 선택하였는지를 질문한다. 콜라주를 보고 사람들이 겨울이라고 생각할 만한 이유에 대하여 토의해보기도 한다. 재료의 특징에 대하여 토의하고 특정 재료를 가지고 무엇을 만드는 것이 좋을지도 토의해본다.

음악: 겨울에 관한 동요를 부른다. 음악은 즐거운 것이고 새로운 어휘를 소개해주어 소리와 의미에 대하여 민감하게 한다. 가사 없는 음악을 들어보고 겨울 주제와 관련된 단어, 문자 혹은 이야기를 지어보게 한다.

요리활동: 겨울과 관련된 요리활동을 해 본다. 따뜻한 수프, 아이스크림 혹은 팝콘을 만들어본다. 음식의 질감, 냄새, 맛, 모양에 대하여 이야기 나눈다. 요리과정을 읽고 순서와 양에 대하여도 배울 수 있다. 모든 유아가 요리활동에 참여하고 함께 먹으면서 많은 이야기를 나눌 수 있도록 한다. 요리는 젓다, 섞는다, 끓이다, 양을 재다, 깍두기 썰기 등과 같은 새로운 어휘를 배울 수 있는 아주 좋은 기회이다.

극놀이: 겨울 주제와 관련된 소품을 준비한다. 장갑, 모자, 목도리, 부츠 등은 겨울과 관련된 극놀이와 이에 관련된 대화를 자극할 것이다. 소품을 소개할 때 각 소품을 주머니에 넣어서 손으로만 만지면서 물체의 특성과 이름에 대하여 추측해보는 게임도 좋다. 촉감은 사물의 특징을 기술하는 어휘를 자극한다.

바깥놀이: 바깥놀이에서는 자발적인 대화가 이루어지며 문제 상황이 많이 발생한다. 눈을 치우는 삽, 썰매, 양동이, 컵 등을 가지고 눈이 온 날 놀이를 할 수 있다. 바깥놀이 시작 전에 토의를 하고 놀이 후 평가를 한다.

모닝 메시지: 매일 아침 날짜와 날씨에 대하여 이야기를 나눈다. 이 시간에는 유아 각자에 대한 뉴스를 나누기도 한다: 새 신발, 생일 등. 하루의 일과를 계획하는 시간이다.

현장 견학: 지역사회의 기관을 방문하거나 손님을 초청하거나 영화를 보기도 한다. 이 활동은 언어적 상호작용을 촉발한다.

동화 시간: 겨울에 관한 동화를 읽어준다. 예를 들어 「케이티와 눈(Katy and the Big Snow)」(Burton, 1943)은 겨울에 관한 정보를 주고 관련 어휘를 경험할 수 있다.

이야기 창작: '눈사람' 혹은 '눈보라' 같은 단어를 주고 생각해본 다음 이야기를 지어보도록 한다.

이야기 다시 하기: 그림책을 읽어준 후, 유아가 이야기를 다시 해 보기를 한다. 이야

▲ 인형 소품을 사용하여 이야기를 재화하면 자연스럽게 문해 언어를 사용하게 된다.

기 다시 해 보기는 그림책에 사용된 어휘와 표현을 모방하기도 하고 이것을 자신의 것으로 다시 창조하는 이점이 있다. 어린 유아에게 다시 말하기는 쉬운 활동이 아니므로 인형, 융판, 그림 등과 같은 소품을 준비해주면 유아는 이야기를 그대로 재현하거나 아니면 자신의 이야기를 창조할 수 있다.

나 자신만의 단어: 이상의 활동을 하면서 유아는 자신이 좋아하는 단어를 선택하여 나만의 목록을 만든다. 토론, 미술, 과학, 노래, 동화, 동시, 요리활동을 하면서 자신이 좋아하는 단어를 선택하여 목록으로 적고 이를 책으로 묶는다. 스스로 글을 못 쓰는 유아들은 활동을 하면서 자신이 좋아하는 단어를 말하게 하고, 교사가 이를 적어준다. 글을 쓰는 유아들은 스스로 쓰고 철자 등에 관련하여 도움이 필요하면 교사는 도움을 준다. 단어집은 어휘뿐만 아니라 읽기와 쓰기를 향상시킨다.

단어 벽: 주제와 관련하여 새로운 어휘가 소개되면 교사는 이를 게시판이나 벽에 적어둔다. 게시되는 단어는 자주 이용되며 각 연령에 맞는 단어가 좋다. 특히 자주 사용되는 단어는 파란색으로 적고 연령에 맞는 단어는 빨간색으로 적고 이 단어를 포함한 문장 만들기 혹은 이야기 만들기로 확장활동을 한다.

일과 요약: 하루를 마치는 시간에 일과를 평가하면서 오늘 있었던 일, 사건, 경험을 요약하고, 좋았던 것, 싫었던 것 등에 대하여 이야기 나누고 다음 날 하고 싶은 활동으로 마무리한다.

아동 문학과 언어 발달. 그림책은 다양한 어휘와 경험을 보여주는 것으로 선택한다. 「스트레가 노나(Strega Nona)」(dePaola, 1975) 같은 책은 흥미로운 언어를 소개할 뿐만 아니라 주인공이 처음부터 끝까지 운율이 있는 노래를 한다. 이런 책은 어휘, 구문, 형용사, 부사에 대한 이해를 높일 뿐만 아니라 말소리의 재미를 느끼게 한다. 「공룡의 먹이 활동(How Do Dinosaurs Eat Their Food?)」(Yolan & Teague, 2005) 같은 책은 처음부터 끝까지 의문문으로 되어 있어 구두점과 문장 구조를 탐색할 수 있도록 한다.

무엇인가를 만드는 것을 소개하는 책은 유아가 지시에 익숙하게 하며 글 없는 그림책은 자신의 이야기를 창작할 수 있도록 한다. 위, 아래, 안, 밖, 가까이, 먼 같은 수학적 개념과 추론에 관한 책은 유아가 생각할 기회를 준다. 죽음, 이혼, 외로움, 두려움과 일상의 문제를 다루는 사실주의 동화는 감정, 타인에 대한 민감성, 문제해결 같은 사회심리적 문제에 관한 어휘를 사용하게 한다. 수수께끼, 말장난, 유머와 농담에 관한 책은 언어가 의미를 가지면서 상황에 따라서 다양한 말소리를 낼 수 있음을 경험하게 한다. 동시는 말의 리듬, 은유, 직유, 의성어에 대하여 민감하게 하며 유아가 동시를 지으며 스스로 이러한 언어의 특징을 즐길 수 있다. (부록에 다양한 유형의 아동 도서 목록이 있다.) 책에 사용되는 언어를 듣고 이에 대하여 토론하면 유아는 이런 언어 특징을 내면 화하여 사용한다. 정기적으로 성인이 아동 문학을 읽어주는 것을 경험한 유아는 어휘 사용이 고급스럽고 문장 구조에 대한 이해도 높다고 밝혀졌다(Beck & McKeown, 2001).

아동 문학을 경험하여 책에 나온 표현을 자신의 언어생활에 어떻게 적용하여 활용하는지 예를 들어보자. 어느 봄날 아침, 내가 담임을 하였던 유치부 아이들이 바깥놀이를 하고 있었다. 몇 마리의 새가 날갯짓을 하며 마당을 돌고 있었다. 맬리사가 나에게 달려오며 "머로우 선생님, 보세요. 새들이 파닥파닥 날갯짓을 하며 놀이터 위를 날고 있어요."라고 말하여, 나는 맬리사가 사용한 어휘의 다양성과 풍부함에 놀라 잠깐 멍하였는데 맬리사가 사용한 어휘는 얼마 전 교실에서 함께 읽은 「제니의 모자(Jenny's Hat)」(Keats, 1966)에 나왔던 바로 그 표현임이 기억났다. 그 책에는 새들이 제니의 모자 주위를 **파닥파닥 날갯짓**을 하며 날고 있다는 표현이 있었는데, 맬리사는 이를 바로 자신의 언어에서 사용한 것이다.

눈이 많이 내린 어느 날, 나의 딸이 "엄마, 밖에 나가서 놀아도 돼요? 얼굴에 미소를 짓고 있는 눈사람을 만들고 싶어요."라고 하여, 4세 된 딸아이가 이런 표현을 한다는 것에 놀랍기도 하고 흐뭇하기도 하였다. **미소를 짓고 있는 눈사람** 같은 표현은 대상물의 특징을 형용사로 꾸며 표현한 것인데 이는 7세 혹은 8세의 아동이나 사용할 수 있는 언어 구조와 표현이다. 자세히 보니 딸아이의 손에는 「눈 오는 날(Snowy Day)」(Keats, 1962)이 들려 있었는데, 이 책에는 주인공인 피터가 **미소를 짓고 있는 눈사람**을 만드는 이야기가 나온다. 딸은 책에 나온 표현을 자신의 언어생활에서 사용한 것이다.

위에서 소개한 활동들은 탐구 주제가 변화면서 일 년 내내 진행될 수 있다. 비슷한 유형의 활동의 반복과 응용은 유아에게 새로운 어휘, 개념과 아이디어에 익숙하게 한다. 새로운 주제가 소개되고 이에 대한 경험이 구조화되면서 유아는 새로운 어휘와 표현을 자발적으로 사용할 기회를 많이 누릴 수 있다. 매 주제마다 소개되는 어휘 목록과 자료는 이후에도 다시 검토되고 사용될 수 있다.

활동은 기관뿐만 아니라 가정에서도 할 수 있다. 부모들이 유치원처럼 흥미 영역을 전문적으로 구분하고 주제 탐색을 할 필요는 없지만, 명절, 계절, 가정 행사 혹은 특별한 관심 주제들은 일상생활에서 흔히 일어나는 일이므로 자녀의 언어 발달을 위한 기회로 삼아야 한다. 행사와 사건에 대하여 자녀와 함께 의견을 나누고, 단어 목록을 적으며 내가 좋아하는 단어장을 만들고 요리와 가사에 자녀를 참여시키고, 여행을 다니며 책을 읽어주고 함께 노래하여 언어 사용이 즐거우며 유용한 것임을 체험하게 한다.

언어는 자발적인 언어 사용을 촉진하는 환경에서 발달한다. 모델링, 스캐폴딩과 강화를 통해 유아와 성인은 상호작용하게 되고, 이는 유아 혼자서는 할 수 없는 수준 이상으로 유아의 언어 발달 수준을 높인다. 지금까지 기술한 언어 발달을 위한 전략은 가정에서 영어가 아닌 다른 언어를 사용하는 유아와 언어 발달에 장애가 있는 유아에게도 유익한 방법이다. 단지 나이가 어린 유아들은 교사와 일대일로 상호작용할 기회를 많이 주어야 한다. 그림 4.1에 인형 소품을 사용하여 아동이 이야기를 만들 수 있는 예가 제시되어 있다.

English Language Learners

그림 4.1   **구어 발달을 위한 막대인형**

두꺼운 종이에 복사하고 색칠을 한다. 여러 장을 겹쳐서 자른다. 막대인형을 만들기 위해 각각의 그림 뒤에 작은 막대(예, 아이스크림 막대)를 붙인다. 교사는 아래에 있는 인형들을 사용해서 이야기를 만들고, 이야기가 끝난 후에 아이들로 하여금 막대인형을 사용하도록 한다. 교사는 "옛날 옛날에 남자아이와 여자아이가 살고 있었어요. 그들은 나무 사이를 산책하기로 했어요" 등과 같이 첫머리를 말해줌으로써 시작을 도와줄 수 있다. 교사는 아이가 시작, 중간, 이야기의 결말을 포함할 수 있도록 도와준다.

2학년과 3학년의 어휘와 의미 이해 발달

지금까지 학년 전 유아의 어휘 발달을 위한 전략을 소개하였다. 다음은 초등학교 2학년과 3학년 아동의 어휘 발달 및 텍스트를 읽으면서 의미를 연결하도록 도와주는 전략을 소개할 것이다. 이 전략은 이 연령의 아동들의 글쓰기에 사용될 어휘도 향상시킬 것이다.

의미 지도: 의미 지도는 어휘들이 어떻게 의미적으로 연관되어 있는지를 보여주는 도표이다(Johnson & Pearson, 1984; Otto, 2006). 다음 전략을 사용할 수 있다.

1. 주제와 관련된 것이나 아동이 흥미 있어 하는 단어 하나를 선택한다.
2. 칠판이나 게시판에 그 단어를 적는다.
3. 단어와 관계된 다른 단어를 브레인스토밍한다.
4. 단어들을 분류한다(그림 4.2 참고).
5. 단어를 사용하여 이야기를 만든다(Cox, 2002).

문맥 암시: 문맥은 단어의 의미를 추측할 때 중요한 정보를 제공한다. 단어가 생략된 문장을 주고 들어가야 할 단어를 생각해보는 활동은 문맥을 통해 관련된 단어를 암시받을 수 있다는 것을 경험하게 한다. 또한 문장 내의 다른 단어의 의미를 생각해보는 것도 의미를 추측할 수 있는 좋은 방법이다. 이러한 문맥을 통해 암시를 얻는 것이 새로운 단어의 의미를 배우는 효과적인 방법임을 아동이 깨닫도록 돕는다. 뜻을 모르는 단어의 의미를 추정할 때 해당 단어의 앞쪽과 뒤쪽을 살펴보게 한다. 혹은 해당 단어가 속해 있는 문장의 앞과 뒤에 암시가 있을 수 있다. 뜻을 모르는 단어의 의미를 문맥 암시를 통해 추정하는 활동을 한 후 함께 암시를 어떻게 얻었는지에 대하여 토론도 한다. 다음 문장은 레오 리오니의 「으뜸 헤엄이(Swimmy)」(1975)에 나오는 것인데, 리오니가 사용한 어려운 단어의 뜻을 주변의 쉬운 단어로부터 암시받을 수 있는 좋은 예이다.

그림 4.2

교통기관에 대한 의미 지도

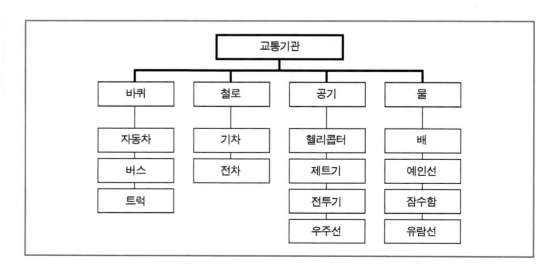

"어느 흐린날, 무섭고 빠르고 배고픈 참치가 화나서 빠르게 _____ 파도를 헤치고 왔습니다."

이상과 같이 교사는 문맥을 통해 뜻을 암시받을 수 있는 단어를 빈칸으로 남겨 놓는다. 해당되는 단어는 **쏜살같이**(darting)였다. 교사는 빈칸의 단어를 빼고 아이들에게 문장을 읽어준 후 빈칸에 해당되는 단어가 무엇인지 묻는다. 아이들은 수영하듯이, 서두르며, 빵빵 쏘며, 펄쩍 뛰면서 혹은 밀면서와 같은 단어를 제안한다. '쏜살같이'라는 말은 모두에게 생소하여 아무도 생각하지 못하였다. 교사는 아이들이 제안한 단어에 대하여 칭찬하면서 책에 쓰인 그 단어, 쏜살같이를 알려주면서 이 단어의 뜻에 대하여 물었다. 쏜살같이라는 말은 밀면서, 빵빵 쏘며 혹은 서두르며와 같은 뜻일 것이라고 추측하였는데 이는 아이들이 이미 제안한 단어이며 이것이 바로 쏜살같이란 말의 뜻이다.

English Language Learners

단어집: 새 학기가 시작되면서 아동 각자는 자신의 단어집을 만든다. 새 단어는 중간에 적고, 동의어는 이 단어 오른쪽에 적고, 단어의 정의는 왼쪽에 적는다. 새 단어를 활용하여 만든 문장과 그림을 아래 왼쪽에 적는다. 이 단어가 속하는 유형은 단어 아래 오른쪽에 적는다(예: 푸들은 강아지, 주황색은 색깔 등). 한 학년 동안 단어장의 어휘목록은 이렇게 하여 쌓인다.

파생어: 2학년과 3학년은 어휘 파생어를 공부할 때이다. 접두사, 접미사 혹은 어근에 해당되는 단어를 선택한다. 파생어에 대한 지식을 조금 갖게 되면 아동은 스스로 새로운 단어를 만들 수 있다. 파생어에 대한 지식을 아동들이 표현할 기회를 준다. 예를 들어서, "접두사 dis는 아니다(not)라는 의미가 있고, content는 행복 혹은 기쁜 같은 뜻이므로 두 개의 단어를 합친 discontent는 행복하지 않다"라는 의미이다.

사전: 사전 활용은 단어의 뜻을 알아가는 좋은 전략 중 하나이다. 단어는 여러 의미를 갖고 있는데 이것이 사전에 열거되어 있음을 아동이 탐색하도록 한다. 또한 여러 의미를 갖고 있는 단어인 경우, 읽고 있는 텍스트에서는 어떤 의미로 쓰이고 있는지를 추측할 수 있도록 한다. 이때 사용하는 사전은 초등학교 저학년용으로 해야 한다(Graves, Juel, & Graves, 2006).

어휘 관련 자료와 활동이 풍부한 2학년과 3학년 교실은 언어 발달을 향상시킨다. 저학년과 마찬가지로 새 단어는 목록으로 작성하여 게시하고 사전을 활용한다. 교실 문고에는 수수께끼 책, 유머에 관한 책, 말장난 책 등이 있어야 한다. 픽션과 논픽션 장르의 책이 구비되어야 하고, 말 수수께끼, 단어 십자놀이 등의 책도 있어야 한다(Blachwicz & Fisher, 2002).

교실에서의 언어 발달을 위한 전략

학교에 입학할 즈음이면 모든 유아는 말하기에 대한 경험이 풍부하다. 이들의 이야기는 일상생활과 관련하여 체험적이며 자발적인 것이다. 부모와 이야기하면서 질문과 답을 하고 의견을 나누기도 하며 부모가 주도하기도 하나 자녀가 적극적으로 이야기를 하기도 한다. 지금까지 이야기를 유발할 수 있는 전략을 소개하였으나 지금부터는 다른 유형의 말하기 경험을 제공하는 교실에서의 체계적 구조에 대하여 제시할 것이다. 이에는 교사 주도의 질문과 토의, 정보를 주고받는 소집단 토의, 교사 혹은 유아가 이끄는 토론 등이 있다. 다양한 유형의 대화에 대하여 기술하는데, 특히 교사가 "만약 ___라면 어떻게 될까?", "만약 ___라면 어떻게 할 것이니?", "이유를 말해줄래?" 같은 열린 질문을 사용하면 아동이 말할 기회가 많아짐을 강조할 것이다.

대화는 3~5명의 소집단에서 가장 잘 일어난다. 이것보다 많은 유아가 참여하면 대화라고 할 수 없고 대집단 토의라고 해야 한다. 소집단 대화가 가능하기 위해서는 다음 가이드라인에 유의해야 한다.

교사의 개입 없이 유아끼리 하는 자유로운 대화

특별한 목표나 주제 없이 유아들은 자유롭게 이야기 나눌 기회를 가져야 한다. 이런 유형의 대화는 자유놀이시간, 흥미 영역 활동 혹은 바깥놀이에서 일어난다. 대화는 시끄러울 수 있지만, 유아는 이러한 유형의 대화를 통해 사회성을 발달시킨다. 구조적이고 형식을 갖는 대화가 아닌 자유스러운 대화는 심미적 대화, 정보추출적 대화, 극놀이에서의 대화로 나누어볼 수 있다.

가이드라인 · 교사와 함께하는 소집단 대화

1. 대화란 다른 사람이 이야기하는 것을 듣는 것이다.
2. 대화는 순서를 지켜야 한다.
3. 이야기할 순서를 얻기 위해서는 먼저 손을 들어야 하며, 다른 사람이 말하는 중에 끼어들어서는 안 된다.
4. 주제와 관련된 것을 말해야 한다.
5. 대화가 산만해지면, 교사는 원래의 대화 주제와 목표를 상기시켜야 한다.
6. 교사도 한 명의 대화 참여자로서 말하기를 최소화하여야 한다. 교사도 유아에게 적용하는 규칙을 준수해야 한다: 다른 사람이 이야기할 때는 손을 들어야 하며, 순서를 지켜야 하고, 혼자 너무 많이 말해서도 안 된다.

| 가이드라인 | 교사 없이 하는 소집단 대화 |

먼저 그룹 리더를 정해야 한다. 교사와 함께 하는 소집단 대화와 관련된 규칙도 이곳에 적용된다.

1. 다른 사람이 이야기할 때는 들어야 한다.
2. 순서를 지킨다.
3. 이야기 할 순서를 얻기 위해서는 먼저 손을 들어야 한다.
4. 주제와 관련되지 않은 이야기는 삼간다.

▲ 유아는 3, 4명의 또래들과 자연스럽게 대화할 기회를 가져야 한다.

심미적 대화는 주로 도서 영역에서 일어난다. 유아는 자신이 읽고 있거나 누군가가 읽어주는 이야기를 들으면서 그 의미를 해석한다. 문학에 대하여 토의하거나, 이야기를 하거나, 독자 극장 활동을 하면서 심미적 대화가 일어난다. 이 유형의 대화에 대하여는 8장에서 자세히 이야기할 것이다.

정보추출적 대화는 정보를 주고받거나 설득하는 대화이다. 주제 탐색 과정에서 이런 유형의 대화가 일어나며, 보이며 말하기, 보고시간, 면접 혹은 논쟁에서 흔한 대화 유형이다. 앞에서 소개한 유형보다 사전 준비가 더 많이 필요하다.

극놀이를 할 때 유아는 경험을 공유하고 아이디어를 탐색하며 또래와 활발하게 상호작용한다. 극놀이를 통해 유아는 특정 역할에 대하여 자연스럽게 탐색하고 연습할 수 있다. 소품과 인형을 사용하면 더 많은 대화가 촉발된다.

언어 발달 평가

연령에 맞게 언어가 발달하고 있는지를 확인하기 위한 평가는 중요하다. 평가를 통해 유아의 언어 발달 정도를 확인할 수 있다. 평가를 할때에는 향상 혹은 진보를 파악할 수 있게 여러 가지 방법과 평정을 사용한다. 다양한 기술과 지식을 여러 상황을 통해서 평가해야 한다. 어떤 유아는 지필 검사보다는 면담에서 더 나은 수행을 보인다. 따라서 면담과 지필 두 가지 모두 사용해야 한다. 문해에는 여러 지식과 기술이 관계되므로 특정 유아의 강점과 약점을 파악하기 위해 다양한 평가 방법을 사용해야 한다. 그러나 안타깝게도 평가의 범위가 좁아서 유아의 전체 능력을 평가하지 못하는 경우가 많다.

체크리스트 | 언어 발달 평가

이름:_____   날짜:_____

	항상 그렇다	가끔 그렇다	전혀 그렇지 않다	비고
말소리를 낸다.				
한 단어로 말한다.				
두 단어로 말한다.				
친숙한 소리에 반응한다.				
비슷한 소리를 구분한다.				
다른 사람의 말을 알아듣는다.				
말로 하는 지시를 이해한다.				
다른 사람에게 자신있게 말한다.				
발음이 정확하다.				
수준에 맞게 어휘를 알고 있다.				
완전한 문장을 구사한다.				
다양한 구문 구조를 구사한다.				
알아들을 수 있게 말한다.				

교사 코멘트:

전체적 관점으로 언어와 어휘 발달을 평가하기 위해서는 다음에 유의해야 한다.

● 가르친 것을 반영한 도구를 사용해야 한다.
● 유아의 자기-평가도 활용해야 한다.
● 유아가 꼭 알아야 할 단어를 평가한다.
● 어휘 발달에 대한 평가는 어휘의 의미를 알고 활용하는 능력에 대한 것이어야 한다.
● 어휘 발달에 대한 평가는 체계적이어야 한다.
● 직접적으로 배운 어휘에 대하여 평가하여야 한다.
● 평가 시 혼자 혹은 교사 및 또래와 함께 참여할 기회를 가져야 한다.

유아기 언어 발달의 정도를 평가할 수 있는 방법은 2장에서 기술된 것과 비슷하다. **체크리스트**는 평가자에게 평가하려는 행동을 자세하게 제시하며 개별 유아를 평가할 수 있다. 학기가 진행되는 동안 정규적으로 사용하면 유익하다. 1년 동안 3번 혹은 4번 정도 평가하면 발달 정도에 대한 정보를 얻을 수 있다. 학습의 목표를 통해 체크리스트로 평가해야 할 행동을 정한다.

일화기록은 시간을 많이 쓰게 하나 풍성한 정보를 준다는 점에서 유익하다. 기록은 공책이나 카드에 한다. 기록에는 특정한 형식 없이 사건 혹은 일화가 일어난 날에 기록한다. 아동이 말한 것과 상황을 기록한다. 체크리스트와 마찬가지로 향상도를 파악하기 위해서는 일정 기간 동안 여러 번 기록한다.

녹음 혹은 녹화는 면담을 하면서 녹음하거나 유아가 모르게 녹화한다. 영상 녹화도 같은 기능을 하나 카메라가 없는 교실에서는 녹음을 한다. 녹음되고 있는 것을 유아가 의식하지 않아야 긴장하지 않고 자연스러운 행동을 녹음할 수 있다(Genishi & Dyson, 1984; McGee, 2007; Otto, 2006). 녹음의 어려운 점은 후에 전사하여 분석할 수 있도록 깨끗하게 녹음되게 하는 것이다. 녹음하는 성인은 유아에게 친숙한 사람이어야 자연스러운 언어 행동을 녹음할 수 있다. 마찬가지로 녹음기도 유아에게 친숙한 도구가 되도록 언어 영역에서 자주 사용할 수 있도록 한다. 그래야 평가에서는 이 도구 때문에 유아의 행동이 부자연스럽지 않게 된다.

유아의 경험에 대하여 토의할 때 자연스러운 언어 행동을 녹음할 수 있다. 유아에게 집, 좋아하는 게임, 장난감, 좋아하는 TV 프로그램, 형제자매, 여행 혹은 생일파티에 대하여 질문한다. 유아의 평상시 언어 능력을 보여주는 것을 녹음하도록 유의해야 한다. 일 년에 3번에서 4번 정도 녹음을 한다. 녹음한 것을 유아에게도 듣게 하여 즐길 기회를 준다. 이후 녹음한 것을 전사하여 사용한 단어의 수, 완벽하게 표현된 문장 내에서 사용된 단어의 수 등을 분석한다. 이를 통해 평균 발화 단어 수를 계산할 수 있다. 평균 발화 단어 수는 언어 발달 정도의 지표가 된다.

t-단위는 필요한 문장 요소가 다 표현된 독립적인 절을 뜻한다. 예를 들어, "그것은 내 과자야"는 하나의 t-단위로 계산된다. t-단위 두 개가 연결되면 이는 복문이 되는데 t-단위의 수 혹은 t-단위 안에 사용된 평균 단어의 수는 언어 발달의 정도를 나타내는 지표가 된다. 연령이 증가하면서 한 개 t-단위 안에 사용된 단어의 수도 증가하고 t-단위가 복문으로 구성된다(Hunt, 1970).

녹음한 자료로 평균 발화 단어 수와 t-단위를 분석하면 유아가 사용하는 형용사, 부사, 종속절, 부정어, 소유격, 피동문, 복수 등을 파악할 수 있다. 변형을 많이 사용할수록, 복문과 다양한 구문 요소가 사용될수록 언어 수준이 높은 것이다(Morrow, 1978). 일 년 동안 수집된 여러 개의 자료는 유아의 언어 발달 정도에 대한 분명한 그림을 보여준다.

다음은 2학년인 7세 소년이 그림책을 보며 한 이야기를 녹음한 것의 전사 자료이다.

그는 아침에 일어나서 고양이와 함께 창밖을 바라보고 침대 밖으로 나온 후 이를 닦고 이를 다 닦고 난 이후에 먹는다, 아침을 먹고, 아침을 먹고 난 이후에 게임을 하려고 옷을 입고 나서 오후에는 장난감을 가지고 놀고 나서 오후에 병원놀이를 하고 아침 일찍 카우

보이와 인디언 놀이를 하고 나서 저녁이 가까운 오후에 경찰관과 도둑놀이를 하고 장난
감 성에서 놀 때에는 마법의 양탄자에 대하여 꿈꾸기를 좋아하고 파도위로 배를 운전하
며, 그는 어, 서커스 어, 무대감독이고 그는 뚱뚱한 여자를 들어 올리고 말위에 어릿광대
가 서 있는 것 같고 어릿광대가 높은 줄에 있고 누군가가 떨어져서 머리를 다치고 카우보
이가 아이스크림을 다친 사람에게 갖다 주고 그날 밤 그는 화장실로 가서 씻고, 그는 잠
자리에 들고, 꿈을 꾸었지만 나는 그가 어떤 꿈을 꾸었는지 모르겠고 그가 꾸는 꿈을 생
각해보면 놀이할 것에 대하여 꿈을 꾸고, 같은 놀이를 계속하는 꿈을 꾼다.

위의 전사 자료를 t-단위로 분류한 것이 다음에 제시되어 있다.

1. 그는 아침에 일어나고 있다 (He's getting up in the morning) (6)
2. 그리고 그의 고양이와 함께 창밖을 바라본다 (And he's looking out the window
   with his cat) (9)
3. 그리고 침대 밖으로 나온 후, 이를 닦는다 (And after he gets out of bed, he
   brushes his teeth) (11)
4. 이를 다 닦고 난 후에, 먹는다 (Then when he gets done brushing his teeth, he
   eats) (9)
5. 아침을 먹는다 (He eats breakfast) (3)
6. 아침을 먹고, 아침을 먹고 난 이후에 게임을 하려고 옷을 입는다 (And then
   (when he) after he eats breakfast he (he) gets dressed to play some games) (12)
7. 오후에는 장난감을 가지고 논다 (Then in the afternoon he plays with his toys) (9)
8. 오후에 병원놀이를 한다 (Then in the afternoon he plays doctor) (7)
9. 아침 일찍 카우보이와 인디언 놀이를 한다 (And early in the day he plays cow-
   boys and Indians) (10)
10. 저녁이 가까운 오후에 경찰관과 도둑놀이를 한다 (Then when it's in the after-
    noon close to suppertime he plays cops and robbers) (14)
11. 장난감 성에서 놀 때에는 마법의 양탄자에 대하여 꿈꾸기를 좋아한다 (When
    he's playing in his castle he likes to dream of a magic carpet) (14)
12. 파도 위로 배를 운전한다 (He's driving his ship on the waves) (7)
13. 그는 어, 서커스 어, 무대감독이다 (He's (uh) circus (uh) ringmaster) (3)
14. 그는 뚱뚱한 여자를 들어 올린다 (He's lifting up a fat lady) (6)
15. 말위에 어릿광대가 서 있는 것 같다 (I mean a clown is standing on a horse) (9)
16. 어릿광대가 높은 줄에 있다 (A clown is on a high wire) (7)
17. 누군가가 떨어져서 머리를 다쳤다 (Somebody fell and then hurt their head) (7)
18. 카우보이가 아이스크림을 다친 사람에게 갖다준다 (The cowboy is bringing
    some ice cream to the hurt man) (11)
19. 그날 밤 그는 화장실로 가서 씻는다 (That night he goes in the bathroom and
    gets washed) (10)

20. 그리고 그는 잠자리에 든다 (And then he goes to bed) (6)

21. 그리고 꿈을 꾼다 (Then he dreams) (3)

22. 나는 그가 어떤 꿈을 꾸었는지 모르겠다 (I don't know what he's dreaming) (6)

23. 그가 꾸는 꿈을 생각해본다 (I will think of what he's dreaming) (7)

24. 그는 놀이할 것에 대하여 꿈을 꾼다 (He's dreaming of going to play) (6)

25. 그리고 그는 같은 놀이를 계속하는 꿈을 꾼다 (And he's playing the same things over) (7)

결과: (1) 각 t-단위에 사용된 단어 수를 적는다. (2) 단어 수를 다 더한다. (3) t-단위에 사용된 단어 수를 계산한다(단어 수를 t-단위로 나눈다). (4) 전체 발화 단어 수를 계산한다. (5) 중복된 단어 수를 센다. (6) 형용사 수를 센다. (7) 이 아동은 전체 129개의 단어를 말하여서 t-단위당 평균 5.16개의 단어를 말하였다.

표준화 언어 검사

언어 발달에 대하여 지금까지 기술한 것은 비표준화된 평가에 대한 것이었다. 목적에 따라서 혹은 유아의 연령에 따라서 사용할 수 있는 표준화된 검사도 있다.

- **피바디 그림 어휘 검사**(Peabody Picture Vocabulary Test; PPVT): 2세부터 18세까지 할 수 있는 언어발달검사 3판. PPVT-III는 표준 영어 어휘 검사로서 개인 검사이며 검사시간은 약 10~15분이다.
- **구어와 문어 교사 평정 검사**(Teacher Rating of Oral Language and Literacy; TROLL): 미국 미시간대학교 조기독서향상센터(CIERA)에서 구성한 것으로 교사가 개인 아동의 언어사용, 읽기와 쓰기를 평정한다. 25개의 문항으로 이루어져 있으며 5~10분이 걸린다.
- **우드콕-존슨 III 성취검사**(Woodcock-Johnson III NU Tests of Achievement; WjIII): 이는 구어 능력과 기초 기술에 대하여 평가하며 5분이 걸린다.

이외에도 **언어발달검사: 4세부터 8세까지**(TOLD)(Hresko, Reid, & Hammill, 1999), **한 단어 그림 어휘 검사: 2세에서 18세까지**(EWPVR)(Brownell, 2000)가 있다. 이 검사법을 사용하면 아동의 어휘 발달 및 문장구조 사용 능력에 대한 정보를 얻을 수 있다(McGee, 2007).

이 장에서는 구어 발달이 단계적으로 어떻게 일어나는가와 구어 습득 이론에 대하여 소개하였다. 구어는 읽기와 쓰기 발달이 서로 관계되어 있는 것처럼 문해 발달에 관계되어 있으므로 언어 중 구어 발달만 따로 구분하는 것은 다소 부자연스럽다. 즉 언어의 여러 요소는 서로 영향을 주면서 동시적으로 발달한다. 9장에는 의사소통 능력의 여러 요소를 통합한 프로그램이 제시되어 있다.

활동과 질문

1. 이 장의 맨 앞에 있는 핵심 질문에 답하라.

2. 영어를 제2언어로 배우는 유아의 언어 발달을 위한 전략은 무엇인가?

3. 교사는 영어를 제2언어로 배우는 유아의 문화적 배경에 대하여 어떤 관심을 가져야 하는가?

4. 이 장에 소개되어 있는 언어 발달의 목표를 하나 선택하여 이를 목표로 한 수업계획안을 구성하라. 수업계획안에 반영된 언어 습득 이론을 제시하라.

5. 여럿이 놀거나 작업 중의 아이들의 말을 녹음하라. 이들의 언어를 언어습득 이론에 근거하여 설명해보라. 예를 들어 모방은 행동주의 이론으로 설명할 수 있다.

6. 사회생활 혹은 탐구생활과 관련한 주제를 하나 정해서 언어 발달과 관련된 목표와 관련된 활동을 기술하라.

   내용 영역: 과학

   주제: 바다에 사는 생물

   언어 발달을 위한 목표: 새로운 어휘를 습득한다.

   활동: 레오 리오니의 「으뜸 헤엄이」를 읽는다. 유아에게 새로운 단어를 기억하도록 한다. 읽기가 끝난 후, 유아가 제시하는 새 단어를 차트에 적고, 단어의 의미에 대하여 토의한다.

7. 어린이집, 유치원 혹은 초등학교 1, 2학년 교실을 3시간 동안 관찰한다. 아이들이 이야기할 수 있는 시간과 교사가 이야기하는 시간, 언어적 상호작용이 없는 시간을 표시하라. 각 시간을 비교하고, 다음 유형으로 분류한다.

   a. 질문과 답
   b. 대집단 토의
   c. 교사가 주도하는 소집단 토의
   d. 유아 상호간 토의
   e. 교사와 유아 간 토의

   이상의 분석으로 유아가 언어를 얼마나 자주 사용하는가와 언어가 사용되는 맥락과 상황의 다양성에 대하여 생각해본다.

8. 심미적 대화와 정보추출적 대화가 일어날 수 있는 활동을 계획하여 실행해본다. 각 대화의 유형에서 언어적으로 공통된 것과 다른 것은 무엇인가?

9. 2장에서 소개된 포트폴리오 평가를 위해 평가 자료를 수집하라. 2세부터 7세까지 유아의 언어 행동 샘플을 수집하라. 그림을 보여주거나 유아가 좋아하는 TV 프로그램, 애완동물, 친구, 가족 혹은 여행에 대하여 이야기하도록 한다. 샘플을 녹음하고 전사하라.

   a. 이 장에서 언급된 연령별 언어 발달 특징에 기초하여 녹음된 유아의 언어수준을 평균, 평균 이하, 평균 이상 중 어디에 속하는가를 평가하라. 다른 연령을 관찰한 급우의 것과 비교하라.

b. 전사자료를 t-단위로 분석하라. t-단위당 평균 단어 수를 계산하고 구문 유형도 분류하라. 다른 연령의 샘플을 분석한 급우의 것과 비교하라.

c. 한 유아의 언어 행동 샘플을 다른 시점에서 더 수집하라. 처음의 것처럼 분석한 후 언어 발달 정도를 평가하라.

핵심 질문

● 글자의 기능, 형태, 규칙이란 무엇인가?

● 읽기 준비도란 무엇인가?

● 다음에 제시된 출현적 문해 전략을 기술하고 이를 가르치는 방법도 기술하라.
  1. 환경 글자 2. 자기만의 단어 3. 언어 경험 접근 4. 맥락 암시 5. 그림 암시

● 자주 쓰이는 단어를 정의하고 이를 가르치는 방법을 기술하라.

● 다음 용어를 정의하라.
  1. 음소 인식 2. 음운 인식 3. 자모 원리 4. 발음중심 교수법 5. 음소-문자소 일치
  6. 이중 글자 7. 자음 혼합 8. 장모음, 단모음 9. 다음절 단어 해독 10. 굴절 어미

● 상용화된 문해 교육 자료의 특징을 기술하라.

● 단어 학습에 얼마의 시간을 안배하여야 하는가?

● 당신은 일과 중 단어 학습을 언제 하는가?

핵심 용어

단어 학습 기술	발음중심 교수법	시각 글자
언어 경험 접근법	음소 인식	음운 인식
자주 쓰이는 단어	환경 글자	

5

글자의 소리 알기:
음소 인식과 발음

어린 아이는 글자의 모양보다는 기능에 먼저 관심을 보인다. 아이가 처음으로
말하고, 읽고, 쓰는 말은 가족의 이름, 음식의 이름, 도로의 이름처럼 무언가 기능을
하고 그들의 삶에서 의미 있는 것들이다. 기능에 먼저 관심을 보이고 이후에 글자의
모양 혹은 소리에 관심을 보인다. 글자의 규칙에 대한 관심은 제일 나중이다. 읽기와
쓰기에는 구두점이 있으며 단어와 단어 사이에는 공간이 있으며 글은 왼쪽에서
오른쪽 방향으로 쓴다는 것을 알게 된다.

―프랭크 스미스
(읽기에 대한 이해)

제임스 선생님 학급은 영양에 대하여 공부하고 있었다. 극놀이 영역은 슈퍼마켓처럼 5개의 식품군으로 나뉘어 식품을 진열하였다: 유제품, 빵과 시리얼, 고기, 가금류와 생선, 과일과 야채. 소리와 기호의 관계에 대한 학습과 주제를 연결시키기 위해 meat(고기)의 **m**, fish(생선)의 **f**, dairy(유제품)의 **d**를 진열하였다. 또한 **f**와 관계되는 **Fanny the Fish was a Friendly Flounder who liked to Flip her Flippers as she Fluttered through the waves**(파도를 가르며 지느러미를 펄럭이기를 좋아하는 친절한 가자미 생선 패니)와 같이 재미있는 이야기도 전시했다. 반 아이들은 현재 탐구하고 있는 글자로 시작되는 물건을 모았다. 이러한 활동은 글자의 모양, 글자의 소리, 이것이 속한 단어에 대하여 자연스럽게 이야기하고 이를 가지고 놀게 하였다. 캐시와 켈리는 시장놀이를 하였는데, 캐시가 잠시 캔을 집으며 말하였다. "캘리야, 우리 **f** 로 시작하는 단어를 다 모아보자." 함께 주위를 돌아보더니 캐시가 **Frosted Flakes**(시리얼의 일종)와 **French Fries**(감자튀김)를 찾았다. 켈리는 **Fruit Cocktail**(과일 통조림), **Fruit Loops cereal**(시리얼의 일종), **Frozen Yogurt**(얼린 요구르트)를 찾았다. 이들은 자신이 찾은 물건을 보고만족해하며 각 단어에서 **f** 소리를 강조하여 발음하였다. 반 아이들은 단어를 따라 쓰기도 하였다. 제임스 선생님은 이 비슷한 활동을 전체 아이들과 함께 하기도 하였다. 그러나 소집단 활동에서는 각 유아의 필요와 수준에 맞는 활동을 하였다. 왜냐하면 글자의 이름 혹은 소리에 대한 학습에 준비가 안 된 유아가 있는가 하면 단어의 두운과 각운에 대하여 분석할 수 있는 유아가 있기 때문이다.

단어 소리 분석에 대한 이론 및 연구

글을 읽고 쓰게 되는 것은 출생에서부터 시작되어 평생을 걸쳐서 이루어진다. 유아마다 문해 성취 시기가 다르므로 미리 정해진 시간표를 가지고 이들을 압박해서는 안 된다. 유아는 글자에는 **기능**이 있다는 것을 깨달으면서 읽기와 쓰기를 시작하게 된다(McGee & Morrow, 2005). 처음으로 하는 말, 읽거나 쓰는 글은 가족의 이름, 음식의 이름, 길거리 이름, 패스트푸드 식당 이름처럼 자신의 삶과 관계있거나 기능이 있는 것들이다.

기능에 대한 관심을 먼저 보인 후 글자의 모양에 관심을 보인다. 글자의 이름, 소리, 모양에 관심을 보이면서 본격적으로 문해 학습이 시작된다. 이후 글자의 쓰임에 대한 규칙을 배운다. 글은 왼쪽에서 오른쪽 방향으로 읽고 구두점의 역할과 글자 혹은 단어 사이의 공간에 대하여 알게 된다. 문해 초기 발달은 기능에 대한 관심으로 시작되지만 유아는 금세 글자의 모양과 규칙에도 관심을 보인다.

연구자들은 유아의 문해 발달이 일정한 단계로 규칙적으로 발달하는 것이 아니라 한 번은 앞으로 나아가는 듯하다가 다시 뒤로 후진하는 듯한 양상을 띤다고 강조한다. 예를 들어 오늘은 15개의 영어 알파벳을 알고 있던 아이가 내일은 12개만 알 수도 있다.

글자 혹은 단어를 인식하는 데 세 단계의 발달 양상을 보인다. 먼저 맥락에서 글을 읽고 그 다음 글자의 소리를 추론하며 마지막으로 단어를 발음하게 된다(Cunningham, 2009; McCormick & Mason, 1981). 이야기를 읽는 시간에 유아의 질문과 코멘트는 주로 그림이나 이야기의 의미와 관계있다. 점차 이야기에 익숙해지면 글자의 이름이나 단어를 소리 내어 읽는 데 관심을 보인다(Cunningham, 2009; McAfee & Leong, 1997; Neuman & Roskos, 1998). 즉 이야기에 대한 초기 반응은 글자의 의미에 집중하지만 후기에는 글자의 형태에 집중한다.

어떤 아이들은 학교에서 본격적으로 읽기와 쓰기 교육을 받기 전에 이미 읽기와 쓰기에 대하여 많이 알고 있다. 심지어 학교 입학 전에 스스로 읽거나 쓰는 유아도 있다. 반면 학교에 입학하기 전에 글자나 책을 거의 경험하지 못하는 유아도 있다. 글자에 충분히 노출된 유아는 그림과 글의 차이를 알고 있으며 책을 독서와 연결 짓는다. 이들은 환경 글자를 읽으며 글을 읽고 쓰는 것은 의미를 담는다는 것을 이해하고 있다. 반면 글자에 노출된 경험이 없는 유아는 글과 책에 대한 개념이 없다.

유아기의 읽기와 쓰기는 삶과 관련되어 있다. 가족들은 무엇인가를 함께 하면서 읽고 쓰게 된다. 서로에게 편지 혹은 안부 카드를 쓰거나 목록을 만들고 지시를 한다. 그러나 모든 유아가 이러한 경험을 하는 것은 아니어서, 경험을 많이 한 유아가 문해 지식을 얻는 동안 이런 유아는 아무 지식도 얻지 못할 수 있다(Allington, 2009; Kuhn et al., 2006).

유아는 글자의 기능 혹은 사용을 경험하므로 읽기와 쓰기를 이해한다(Cook-Cottone, 2004; McGee & Morrow, 2005). 식품 구매 목록, 장난감 사용법, 택배 물품, 가전제품, 약품 용기, 요리법, 전화 메시지, 가정 통신문, 종교관련 자료, 메뉴, 환경 글자, 우편, 잡지, 신문, 동화책, TV 채널, 전화 번호, 편지와 주소가 일상적으로 경험하는 문해 경험이다. 이외에도 전자 우편, 문자, 비디오 게임 안내서를 보고 읽고 쓰게 된다. 유아는 일상 삶에서 이런 것을 자주 접하며 놀이를 통해 사용을 흉내 내어 이들의 기능과 목적을 탐색하고 이해한다. 부모, 보육교사와 유치원 교사는 유아가 이미 경험한 것과 유사한 경험을 하도록 해야 한다.

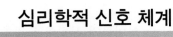

심리학적 신호 체계

읽기에 대한 심리학적 과정은 유아의 사전 지식, 사전 경험과 강점을 이용하는 것에 기초한다. Goodman(1967)은 말하기를, 읽기란 저자가 의도하는 바를 독자가 자신의 지식을 활용하여 새롭게 의미를 구성하는 적극적이고도 심리학적인 "추측 게임"의 과정과 같다고 하였다. 다음에 세 종류의 신호 체계를 소개하였다.

1. **구문론적 신호:** 소년은 그 _____ 을 걸어 내려갔다(The boy walked down the _____)라는 구문에서 독자는 구문론적 지식에 의지하여 밑줄 친 곳에 언덕, 계단 혹은 거리 같은 명사형이 올 것이라고 추측할 수 있다. 반면, **소년은 그 뛰어서 을 걸어 내려갔다**(The boy walked down the jumped)처럼 동사형은 전혀 관계없을 것임을 추측할 수 있다.

2. **의미론적 신호:** 이는 구문의 의미를 보며 필요한 단어를 추측하는 것이다. 예를 들어서 **그 소년은 버터를 걸어 내려갔다**(The boy walked down the butter) 같은 구문은 말이 되지 않는다.

3. **문자적 신호:** 자모 글자의 모양을 보고 이것의 이름 혹은 소리를 추측한다.

구문론적 신호, 의미론적 신호와 문자적 신호에 의지하여 유아는 예측하고, 추측하고 연결 지으며 소리와 의미를 찾아내려고 한다. 자신의 경험과 언어에 대한 지식을 활용하여 의미를 산출하는 것이다.

단어 학습 기술(word study skill) 혹은 글자에 대한 지식은 글자의 모양, 단어의 소리와 의미를 알아내도록 도와 유아가 독립적 독서가가 되도록 한다. 단어 학습 기술에는 맥락과 구문적 지식을 활용하는 것도 포함된다. 시각 글자에 대한 지식은 글자의 모양, 유형, 첫소리, 끝소리 혹은 어근을 알도록 도와준다. **음소 인식**(phonemic aware-ness)이란 단어는 여러개의 말소리로 이루어져 있음을 아는 것이므로 글자와 소리의 관계를 아는 **발음지식**(phonics)과는 다르다. 이는 또한 단어, 음절, 첫 자음, 두운 혹은 각운이라고 하는 음소보다 큰 소리의 덩어리를 구별하고 조작할 수 있는 지식인 **음운 인식**(phonological awareness)과도 다르다. 음소 인식과 음운 인식은 발음지식을 얻게 하는 기초 지식으로 알려져 있다. 발음지식은 한 개의 글자 기호 혹은 여러 개의 글자 기호(이를 문자소라고 한다)가 내는 소리(이를 음소라고 한다)를 아는 것이다. 영어에는 44개의 말소리가 있는데 글자 기호와 이것이 내는 소리가 일정하지 않고 불규칙적이어서 이것이 초보 독서자에게는 도전이 된다. 발음지식을 가르치는 방법은 여러 가지가 있다.

합성적 접근이란 단어를 구성하는 기호의 소리를 하나씩 읽는 방법이다. **분석적 접근**이란 각 기호의 소리를 하나씩 읽는 것이 아니라 발음이 이상해지지 않도록 전체 단어 안에서 읽는 것이다. 이는 단어를 구성하는 소리의 덩어리를 묶어서 발음하는 것인데 어린 유아에게는 기호의 소리를 하나씩 발음하는 것보다 쉽다. 심리학적 신호 체계 이론에서는 위에서 말한 구문론적 신호, 의미론적 신호와 문자적 신호를 통합하여 새로운 글자를 읽게 되는 것을 문해 발달이라고 한다.

발음중심 접근법이 성공적인 읽기 능력의 주요한 기술로 한때 많은 관심을 받았으나 유창한 독서자가 되기 위해서는 위에서 언급한 여러 종류의 단어 학습 기술이 다 관여해야 한다(Bear et al., 2008; Ehri & Roberts, 2006; Reutzel & Cooter, 2004).

또한 조기 문해 교육에는 의미가 있는 경험이 중요함이 검증되었다(Teale, 2003). 물론 유창한 읽기자가 되기 위해서는 음소 인식, 음운 인식, 발음지식이 분명 필요하다

(Adams, 1990; Juel, 1994; McNaughton, 2006).

조기 문해 교육에서 단어 학습 기술은 다음과 같은 사항을 다룬다. 어떤 기술을 가르쳐야 하는가? 각 기술은 언제 가르쳐야 하는가? 어떻게 가르칠 것인가? 각 기술을 가르치는 데 얼마나 많은 시간을 투자해야 하는가? 이 질문에 확실한 하나의 답은 없으나 다양한 방법으로 기술을 가르치는 것이 중요하다는 것은 분명하다. 즉 명시적이고 구체적인 교수법, 자발적인 교수법, 의미적이고 경험적 교수법, 반복적으로 연습할 시간 등이 다 필요하다.

단어 학습에 대한 기준과 기술, 목표

다음은 문해 발달을 향상시키는 단어 학습과 관련된 목표이다.

1. 유아는 글은 왼쪽에서 오른쪽으로 읽는다는 것을 안다.
2. 말소리는 글자로 적을 수 있고 읽을 수 있다는 것을 안다.
3. 글자가 무엇인 줄 알며 글자를 가리킬 수 있다.
4. 단어가 무엇인 줄 알며 단어를 지적할 수 있고 단어와 단어 사이를 띄운다는 것을 안다.
5. 환경 글자는 의미가 있다는 것을 알며 이중 몇 개의 의미를 정확하게 안다.
6. 자주 보이는 글자를 알아본다.
7. 운율이 맞는 말과 맞지 않는 말을 안다.
8. 교사가 '뜨거운'과 운율이 맞는 말은 무엇이니?'라고 질문했을 때 '차가운'처럼 운율이 맞는 단어를 찾을 수 있다.
9. 글자를 읽기 위해 맥락, 구문, 의미적 지식을 활용한다.
10. 그림이나 글자에서 단서를 찾아 읽어보려고 한다.
11. 글자나 글자의 덩어리에는 소리가 있다는 자모 원리(alphabetic principle)를 안다.
12. 한 개 혹은 여러 개의 음소로 단어를 만들거나 하나의 단어를 음소로 분해할 수 있다. 단어의 음절을 분해할 수 있고 단어의 음절을 다른 음절로 대체하여 새로운 단어를 만들 수 있다.
13. 영어 알파벳의 대문자와 소문자를 안다.
14. 같은 자음의 소리가 다르게 날 수 있음을 안다(예: cat, city의 c).
15. 같은 모음의 소리가 다르게 날 수 있음을 안다(예: acorn, apple의 a; eagle, egg의 e; ice, igloo의 i; oats, octopus의 o; unicorn, umbrella의 u).
16. 불규칙한 소리를 내는 자음과 모음의 소리를 낼 수 있다.
17. bl, cr, dr, fl, gl, pr, st처럼 자음 덩어리의 소리를 낼 수 있다.

▲ 그림책을 보거나 읽는 경험이 축적되면 글자의 소리에 관심을 보이고 단어를 소리 내어 읽어보려고 시도한다.

18. ch, ph, sh, th, wh처럼 덩어리를 이루었을 때 전혀 다른 소리를 내는 글자(이중 글자)를 안다.

19. 단어의 첫소리, 끝소리, 자음, 모음을 분해할 수 있다.

20. 여러 개의 음절로 된 글자를 분절해서 읽을 수 있다.

21. 음소와 문자소 지식을 기초로 단어를 예측할 수 있다.

22. 단어의 기능어, 예를 들어 접두사, 접미사, 굴절어 등을 안다.

23. 다음의 발음 원리를 활용할 수 있다.

    a. 자음-모음-자음 형식에서 모음 소리는 대개 짧다(예: bat, bet, but, bit).

    b. 모음-자음-e 형식에서 모음 소리는 대개 길다(예: cake, cute).

    c. 모음 두 개가 연속하면 첫 모음 소리는 길고 두 번째 모음 소리는 묵음이다 (예: train, receive, bean).

24. 동운(rimes) 혹은 음표(phonograms)에 첫 자음을 첨가하여 새로운 단어를 만들 수 있다(예: it, an, am, at, ite, ate 등).

25. 적당한 쉼표, 표현, 속도로 유창하게 읽을 수 있다.

글자 읽기 교수 전략

글자의 기능, 형태, 구조 및 관습에 대한 교수 전략은 다양한 학습 경험을 제공하는 것이다. 유아는 사회적 상호작용도 필요하며 따라 할 모델이 필요하고 실제 삶과 관련된 의미 있는 경험도 하며 자신이 이미 알고 있는 지식과 연계되는 활동도 경험해야 한다. 즉 읽기의 효용성을 깨닫는다면 유아는 큰 어려움 없이 배울 수 있다.

다음에 기술된 전략은 유아가 직접적이고 목적이 있는 읽기를 하도록 하는 것이다. 모든 전략은 유아부터 초등학교 3학년 아동까지 적용이 가능하므로 교사는 담임하고 있는 반 아이들의 특징에 맞추어 약간의 변형만 하면 된다. 이러한 기술의 습득은 내용 교과의 학습에도 도움이 될 것이다. 소리 내어 읽어주는 활동, 환경 글자를 가리키며 글자와 소리의 관계에 대하여 주목하고 유아가 하는 이야기를 받아 적거나 유아 스스로가 써보게 한다. 어린 유아들에게는 빅 북을 읽어주면서 왼쪽에서 오른쪽 방향으로 읽는 것을 보여주거나 운율이 있거나 비슷한 구절이 반복되는 내용을 통해 다음에 올 내용이나 말을 예측하게 한다(Invernizzi, 2003). 이러한 경험은 유아가 글은 왼쪽에서 오른쪽 방향으로 읽으며 글은 말소리의 변형이고 글자는 소리가 있으며 글자가 모여서 단어가 되고 단어에는 의미가 있으며 그림에는 글의 뜻을 알게 하는 암시가 있으며 글은 추측되어 읽을 수 있음을 배우게 한다. 또한 음소 인식, 음운 인식, 자모음 지식, 발음지식에 대하여는 직접적으로 가르칠 필요가 있다. 글자 읽기에 대하여 가르칠 때 교사는 다음과 같은 사항으로 시작한다.

● 배우려는 기술에 대하여 유아에게 이야기해 준다.
● 배우려는 기술이 무엇이며 쓰임새에 대하여 구체적으로 보여주고 스캐폴딩한다.
● 시간을 충분하게 확보한다.
● 유아 개별적으로 연습할 시간을 준다.
● 배운 기술을 자주 복습한다.

읽기 준비도 활동

1장에서 언급한 대로 유아교사나 연구자 모두 유아 스스로의 시간에 따른 발달을 신뢰한다. 읽기에 대한 형식적 교육은 발달이 어느 정도 이루어진 이후에 시작한다. 형식적 읽기 교육을 시작하기에 적절한 시기인 6세 6개월이 되기 전 읽기를 가르치려는 사람들이 있는데 이러한 시도를 읽기 준비도 프로그램이라고 한다. 읽기 준비도 개념은 과거부터 현재까지도 꽤 만연하다.

읽기 준비도 프로그램은 형식적 읽기 교육에 필요한 사회, 정서, 신체, 인지 능력 개발에 주력한다. 다음 체크리스트에는 읽기 준비도에 해당하는 각 영역별 행동 목록이 있다. 사회·정서 발달은 각 영역에 있는 자료를 선택하여 노는 자유놀이 시간을 통해 발달한다. 극놀이, 미술, 과학, 도서, 블록과 바깥놀이를 유아 스스로 선택하여 놀면서 나누기, 협동, 자기 조절, 자신감 등을 발달시킨다. 맛있고 몸에 좋은 간식을 먹는 시간은 또래와 사귀며 사회성을 기를 수 있는 좋은 시간이다.

English Language Learners

● 대근육과 소근육을 발달시키는 신체 발달도 문해 발달의 한 요소이다.
● 유아는 실내 및 실외에서 뛰기, 뚜벅뚜벅 걷기, 한 발로 뛰기, 공 던지기 등을 할 기회가 있어야 한다.
● 구멍에 끼거나 두 개의 사물을 단추로 연결하는 자료와 놀잇감은 소근육을 발달시킨다. 소근육은 글자를 쓰는 데 필요한 조절력을 주므로 선 따라 줄긋기, 가위로 오리기는 눈과 손의 협응력을 길러준다.
● 청각, 시각 변별력은 인지 발달의 요소이며 문해 발달의 준비요소이다.
● 시각 변별 활동에는 모양 혹은 그림 자료에서 같은 것과 다른 것을 찾는 활동이 있다. 과거에는 학습지로 주로 활동하였는데, 예를 들면 같은 꽃이 여러 개 있는데 이중에 하나만이 약간 다르게 그려져 있어서 유아가 이를 찾아 동그라미를 치거나 꽃에 색칠하는 활동이다. 학습지 활동은 유아가 지시사항을 따라 하는 것에 대하여 연습할 수 있다는 점에서 유익하다. 현재는 실제 사물을 가지고 차이점과

▲ 학습지를 가끔 사용하는 것도 효과가 있다.

공통점에 대하여 토의하는 활동을 많이 한다. 색깔 분류 활동도 시각 변별 활동이 되는데 사물을 같은 색끼리 분류하거나 잡지에서 같은 색 부분을 찢어서 콜라주를 만들기도 한다. 네모, 동그라미, 세모 같은 모양 분류도 시각 변별 활동이 된다. 이러한 활동을 먼저 한 후에 자모음 낱자를 가르친다.

● 청각 변별 활동은 같은 소리와 다른 소리를 구분하게 한다. 과거에는 동물 그림을 보고 같은 소리를 내는 동물을 찾아보는 활동을 하였다. 현재는 음악을 듣거나 운율이 있는 단어를 듣거나 비슷한 소리의 단어를 모아보는 활동을 한다. 비슷한 소리가 나는 사물을 모아보는 활동, 자음 M으로 시작하는 사물, 예를 들어 map, milk, money 등을 모아보는 활동도 있다.

그림 5.1은 자음 c, d, p로 시작하는 사물의 그림을 찾는 전형적인 읽기 준비도 학습지이다. 그러나 사슴 그림은 유아의 경험에 따라서 꽃사슴이나 영양으로 보일 수 있기 때문에 유아에게 상당한 혼란을 준다. 즉 그림을 그린 사람의 의도와 유아의 생각이 다를 수 있으므로 유아가 오답을 할 수 있다. 따라서 이런 활동을 하려면 교사는 먼저 유아에게 그림의 이름을 읽어줄 필요가 있다.

환경 글자의 활용

English Language Learners

환경 글자란 로고, 상품 명, 길거리 표시처럼 유아의 환경에서 쉽게 자주 관찰될 수 있는 글자를 말한다. 2세만 되어도 환경 글자를 읽을 수 있다(Orellana & Hernandez, 1999; Strickland & Snow, 2002). 그런데 글자와 환경 맥락을 분리하면 어린 유아는 이를 못 알아보기도 하여 유아가 읽는 것은 글이 아니라 글의 주변적 특징이라고 하는 연구자들도 있다(Hiebert & Raphael, 1998). 그렇다 하더라도, 아주 어린 유아도 맥도날드

그림 5.1

읽기 준비도 학습지

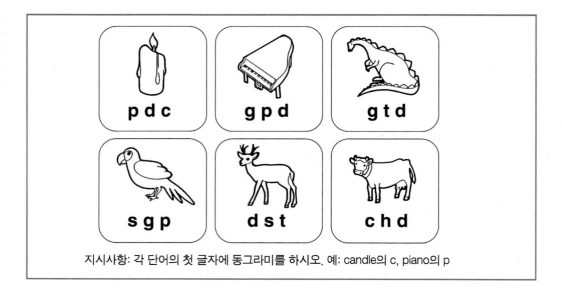

지시사항: 각 단어의 첫 글자에 동그라미를 하시오. 예: candle의 c, piano의 p

체크리스트 | 읽기 준비도

유아 이름: _____   날짜: _____

사회 · 정서 발달	항상 그렇다	가끔 그렇다	전혀 그렇지 않다	비고
친구들과 나눌 줄 안다.				
친구, 성인과 협력한다.				
자신감이 있다.				
자기 조절력이 있다.				
과제를 완성한다.				
책임감이 있다.				

신체 발달

	항상 그렇다	가끔 그렇다	전혀 그렇지 않다	비고
달리기, 뛰기, 한발 뛰기, 뚜벅거리기, 던지기, 선 따라 걷기 등을 할 수 있다.				
연필 쥐기, 선 안에 색칠하기, 가위질하기 등을 할 수 있다.				
눈과 손을 협응할 수 있다. a. 이름을 쓸 수 있다. b. 글자를 따라 쓸 수 있다. c. 사람 얼굴을 그릴 수 있다.				
건강하고 에너지가 있다.				
시력이나 청력에 문제가 없다.				
오른손이나 왼손 중 선호하는 쪽이 있다.				

인지 발달

	항상 그렇다	가끔 그렇다	전혀 그렇지 않다	비고
시각 변별력 a. 글은 왼쪽에서 오른쪽으로 읽는다는 것을 안다. b. 색 이름을 안다. c. 도형의 이름을 안다. d. 대문자를 안다. e. 소문자를 안다. f. 시각 기억력이 있다.				
청각 변별력 a. 친숙한 소리를 구분할 수 있다. b. 새소리와 종소리를 구분할 수 있다. c. 같은 말소리가 반복되는 것을 인식한다. d. 같은 말소리를 만들 수 있다. e. 자음 첫소리를 구분할 수 있다. f. 자음 끝소리를 구분할 수 있다.				

교사 코멘트:

▲ 지역사회에서 흔히 볼 수 있는 환경 글자를 사진을 찍어서 교실에 게시하고 유아들이 이를 이용하여 글을 적도록 격려한다.

햄버거의 로고[1]를 McDonald's와 관련시켜 읽으므로 자모음의 글자가 모여 단어가 되며 이는 읽는 것이라는 것을 유아가 알고 있다고 볼 수 있다. 환경 글자를 읽는 것은 주변의 성인이 긍정적 피드백을 주므로 유아가 자신감을 갖게 한다.

아기가 태어나면서부터 부모는 환경 글자에 관심을 갖도록 할 수 있다. 식료품 상표, 길거리 표시, 가게 혹은 식당을 이용하면서 상표나 제목을 읽어준다. 유아교실의 영역 이름, 자료의 이름 등 교사는 교실 안과 밖의 환경 글자를 표시해준다. 이러한 환경 글자는 시각 어휘의 일부가 될 것이다.

유아가 쉽게 인지하는 환경 글자는 시리얼, 인스턴트 수프, 우유, 과자, 세탁 세제 등 가정에서 흔히 보는 상품의 이름표이다. 또한 패스트푸드 레스토랑, 길거리 표시, 교통 표지판, 마트 간판은 가정 밖에서 흔히 보는 환경 글자이다. 유아교사는 이러한 환경 글자를 교실에도 표시해주어 유아가 이를 따라 쓰도록 한다. 길거리에 있는 여러 환경 글자를 사진으로 찍어서 교실에서 아이들과 함께 읽어보게 하거나 따라 쓰고 이를 이용해 문장을 만들거나 이야기를 만드는 활동을 해도 된다.

학기 초 교실 환경 글자는 사물함에 붙인 유아의 이름 혹은 각 영역에 이름을 붙이는 것으로 시작한다. 영역 이름 라벨은 유아의 눈높이에 맞추어 부착하여 유아 앞에서 교사가 읽어주고 옆 친구에게 읽어주라고 제안한다. 교실에 새롭게 추가되는 교구나 자료의 이름표를 붙여주면서 유아에게 이를 인지시키고 이 단어들이 시각 글자 목록에 추가될 것임을 알린다. 교실의 교구나 자료는 유아에게 기능이 있고 목적적 행동을 하게 하는 것이므로 이름표를 붙여주는 것은 중요하다. **'간식 전에 손을 씻으세요'** 같은 지시사항도 좋은 환경 글자이다.

탐구 주제와 관련된 용어도 교실에 게시한다. 예를 들어 공룡 주제를 탐구하고 있을 때 브란토소러스와 티라노소러스처럼 긴 글자라도 어린 유아들이 금방 알아보게 된다. 유아부, 유치부, 초등 1학년, 2학년 교실의 아이들이 교실의 환경 글자를 혼자 읽거나 친구들과 함께 읽는 모습은 흔하다. 예를 들어서 용기를 흔들어보고 그 안에 들은 것을 예측하는 교구와 그것의 이름이 과학 영역에 게시되어 있는 유치부 교실에서 조보나가 후앙을 데리고 가서는 "후앙, 잘 들어봐. 이것을 흔들면 모래 소리가 난다. 너도 해 볼래. 여기에 **모래**(sand)라고 적혀 있지?"라고 하는 것을 나는 관찰하였다. 후앙은 차례대로 용기를 흔들어 보면서 말하기를, "이것 들어볼래, 조보나. 이것은 돌 같다. 그러면 이 글자는 돌(stones)이겠네. 자 봐, 모래와 돌 모두 S로 시작해."라고 말하였다. 두 유아는 이러한 상호작용을 반복하였다.

---

1) 역주: 무지개 두 개가 연결된 듯한 M자 모양의 맥도날드 햄버거 로고를 말함.

English Language Learners

모닝 메시지. 교실의 환경 글자에 대하여 교사가 유아와 토론하면 어린 유아도 이를 인지할 수 있다. 게시판 혹은 융판의 일정 부분에는 메시지 혹은 과제를 게시한다. 글자와 그림을 함께 제시하여 어린 아이들이 글자의 의미를 추측할 수 있도록 한다. 다음 예를 보라.

> 오늘은 화요일입니다.
> 오늘은 비가 옵니다.
> 오늘은 거미에 대하여 배울 거예요.
> 거미에 관한 새 책이 준비되었어요.

이러한 활동은 유아가 매일 메시지를 읽도록 할 것이다. 글자에는 의미가 있으며 이를 읽는 것은 흥미롭고 유익하다는 것을 체험하게 된다. 교사들 중에는 이러한 활동을 모닝 메시지라 부르기도 하고 매일의 일과에 꼭 활용한다(Morrow, 2003).

반 아이들이 매일 아침 모두 모여 오늘 할 일 혹은 오늘의 행사에 대하여 이야기를 나눌 때 모닝 메시지 판을 활용한다. 교사는 메시지를 아이들 앞에서 보드에 적으며 특정 글자의 모양이나 글의 뜻에 대하여 언급한다. 아이들은 메시지 중 자신의 이름과 같은 글자가 있는가를 찾아보기도 하며 비슷한 글자로 끝나는 단어를 찾아본다.

7세 혹은 8세 반의 모닝 메시지 혹은 환경 글자는 유치부 혹은 유아부의 것보다는 길고 복잡한 단어와 문장을 쓴다. 1학년과 2학년 수준에서 필요한 글자와 소리의 관계에 대하여도 언급할 수 있다. 다음 예는 sh 같은 이중글자에 대하여 언급할 수 있는 좋은 기회이다.

> Shelly is wearing shiny new shoes. (셸리는 반짝이는 새 신을 신고 있다.)

다음은 자음-모음-자음-e 형식에서 장모음 발음에 대하여 학습할 수 있는 좋은 예다.

> Kate told us that her birthday cake was made in the shape of a kite. (케이트는 자신의 생일 케이크가 연 모양으로 만들어졌다고 우리에게 말하였다).

교사는 모닝 메시지를 쓸 때 일부러 철자나 구두점을 틀리게 적고는 아이들이 찾아보게도 한다. 혹은 문장 중 단어를 가리고 들어갈 단어를 생각하게 하거나 단어 철자의 일부를 생략하고 추측하게도 한다. 다음은 유세프 선생님의 유치원 교실 모닝 메시지이다. 매일 모닝 메시지를 하면서 글자의 이름, 소리, 글자 읽기를 한다.

> Dear Boys and Girls, (사랑하는 친구들아,)
> Today is Monday January 3, 2011. (오늘은 2011년 3월 3일 월요일이에요.)
> The weather is cold, and it is raining. (바깥 날씨는 춥고 비가 오고 있어요.)
> We are learning about reptiles. (우리는 파충류에 대하여 배우고 있어요.)
> We talked about snakes, lizard, and alligators. (그동안 뱀, 도마뱀, 악어에 대하여 이야기 나누었죠.)

Love, Mrs. Youseff. (사랑을 담아서, 선생님이.)

매일 메시지가 거의 비슷하므로 아이들은 이를 읽을 수 있다. 예를 들어 유세프 선생님의 메시지에서 중간 단어를 생략하면,

Today is Tues __ __ __ January 4, 2011.
The weather is c __ __ d, and it is rai_i_g again.

시각 어휘의 활용

English Language Learners

Ashoton-Warner(1986)는 *Teacher* 잡지에 실린 글에서 시각 글자를 습득하는 방법으로 '나만의 단어(Very Own Words)'를 제안하였다. 8×12cm 카드 하나에 책을 읽으면서 혹은 내용교과를 학습하면서 자신이 좋아하는 단어를 하나씩 적는다. 어린 유아인 경우 가족을 지칭하는 **엄마, 아빠, 할아버지, 할머니, 과자** 등을 적을 수도 있다. 또한 **나쁜, 좋은, 벌받다** 등처럼 감정과 관련된 단어도 좋다. 이렇게 적은 카드를 유아의 파일에 보관한다.

가정 혹은 학교에서 유아가 좋아하는 장난감, 애완동물, 친구 등에 대하여 이야기를 나눈 후 좋아하는 단어를 생각하게 한 후 개인카드에 적는다.

교사: 이것은 선생님의 '나만의 단어' 카드예요. 선생님은 가족, 친구, 하고 싶은 것과 관련하여 새롭게 배운 단어를 적었어요. 선생님은 자전거 타기를 좋아하므로 **자전거**를 적었고 이 카드는 선생님의 '나만의 단어' 파일에 모아둘 거예요. 카드의 앞면에는 자전거라는 글을 적었고, 뒷면에는 자전거 그림을 그렸어요. 여러분이 좋아하는 사람, 물건, 애완동물, 장난감은 무엇인가요?

자말: 저는 우리 할머니를 좋아해요. 나는 **할머니**를 적고 싶어요.

킴: 나는 **감자 칩**이 좋아요. 나는 이것을 적을래요.

아마드: 나는 우리 엄마가 책 읽어주는 것이 좋아요. 나는 **책**이라고 적을래요.

▼ 모닝 메시지에서 주제를 명시하고 이에 속하는 어휘와 단어 학습을 할 수 있다.

이 활동은 팝콘, 점토 놀이 등처럼 유아들이 흥미를 보이는 언어를 사용하게 되므로 재미있는 활동이다. 유아들은 익숙해지면 교사가 요구하지 않아도 사회 혹은 과학 탐구를 하면서 새롭게 알게 된 단어나 책에서 발견한 단어를 카드에 적는다.

나만의 단어는 유아의 관심과 흥미에 의하여 선택된 어휘이므로 시각 글자를 발달시키는 데 아주 유익하다. 예를 들어서 교사는 유아가 적은 나만의 단어를 사용해서 친구들에게 말하고, 적기도 하며, 이야기를 만들도록 격려한다.

7세 혹은 8세도 나만의 단어를 수집하는 것을 즐기며 이를 통해서 많은 어휘를 습득할 수 있다. 카드는 알파벳 순서로 보관하며 이 단어를 가지고 자음, 모음의 소리, 소리의 혼합, 이중

English Language Learners

글자, 단어의 첫소리와 끝소리 등에 대하여 학습할 수 있다. 이는 교재에 나온 단어 혹은 교사가 선택한 단어를 가지고 소리 분해 혹은 발음지식 활동을 하는 것보다 유아에게 의미 있으므로 효과가 좋다.

나만의 단어 활동은 영어를 학교에서 배우는 유아에게 유익하다. 색인카드에 유아가 선택한 단어를 영어와 가정에서 사용하는 언어 두 가지로 적게 한다.

자주 쓰이는 단어. **시각 글자**란 눈으로 자주 보아서 단어를 통째로 기억하여 읽는 것을 말한다. 유아가 보는 그림책에는 몇 개의 단어 혹은 문장이 반복되는데 이를 반복하여 읽다보면 암기하여 통째로 읽게 된다. 따라서 자주 쓰이는 단어 카드 목록을 만들어 기억하게 하면 매번 단어를 읽기 위해 음소, 음절 혹은 자모음 소리를 분절하기 위해 신경 쓸 필요가 없다.

교사는 매주 단어 몇 개와 문장 하나를 선택하여 암기하게 할 수 있는데 다음과 같은 활동이 가능하다.

- 단어를 소리 내어 말하고 문장에 사용한다.
- 문장을 칠판이나 차트지에 적고 시각 글자에 밑줄을 긋는다.
- 단어의 알파벳 모양에 주목하도록 이야기를 나눈다. 예를 들어 비슷한 알파벳 모양, 불규칙한 특징 등에 대하여 이야기 나눈다.
- 단어의 글자를 말로 소리 내보고 허공에 손가락으로 써보게도 하며 종이에 쓰게도 한다.
- 단어 글자를 노래하듯이 말해본다.
- 자주 쓰이는 단어 카드를 박스에 넣어 대집단 시간에 유아 한 명이 나와서 카드를 뽑아 소리 내 읽어보고 이 단어를 넣어 문장을 만들어보고 친구들에게 카드를 보여준다.

그림 5.2는 **자주 쓰이는 단어**의 목록이다(Fountas & Pinnell, 1996). 이 단어들은 대개 문장 맥락에서 추측하기 어려운 것들이다. 유치부, 초등 1, 2, 3학년 교사들은 이런 종류의 단어에 익숙해질 수 있도록 일정 시간을 할애하여야 한다. Adams(1990)는 어린

▶ 나만의 단어 목록으로 유아 개인의 시각 글자를 익힐 수 있다. 시각 글자를 따라 적고 읽도록 격려한다.

그림 5.2

자주 쓰이는 단어

a	boy	going	into	my	run	two
after	but	good	is	no	said	up
all	by	had	it	not	saw	us
an	came	has	just	now	see	very
and	can	have	keep	of	she	was
am	come	he	kind	old	so	we
are	could	her	know	on	some	went
as	day	here	like	one	that	were
asked	did	him	little	or	the	what
at	do	his	look	our	then	when
away	don't	house	looked	out	there	where
back	down	how	long	over	they	will
be	for	I	make	people	this	with
because	from	if	man	play	three	would
before	get	I'm	me	put	to	you
big	go	in	mother	ran	too	your

출처: Reprinted with permission from Guided Reading: *Good First Teaching for All Children* by Irene Fountas and Gay Su Pinnell. Copyright © 1996 by Irene Fountas and Gay Su Pinnell. Published by Heinemann, Portsmouth, NH. All rights reserved.

유아가 주로 보는 글 자료의 25%를 차지하는 단어를 다음과 같이 제시하였다.

a, and, for, he, she, in, is, it, of, that, the, to, was, you

위 단어는 시각 글자 학습에서 최우선으로 고려해야 하는 단어이다. 시각 글자를 습득하는 활동을 하면서 교사는 유아가 이런 글자를 읽을 수 있는지에 대해 카드에 적은 단어를 읽어보게 하며 계속적인 평가를 하여야 한다.

English Language Learners

단어 벽지. **단어 벽지**는 유아의 눈높이에 맞게 교실 벽에 자주 쓰이는 단어 혹은 어려운 단어, 주제와 관련된 단어를 알파벳 순서로 배열하는 것이다. 유아에게 단어의 알파벳을 크게 말해보게 하며 공중 혹은 종이에 따라 써보게도 한다. 글자의 모양대로 오려서 글자의 모양을 촉감으로 감지할 수 있도록 하여 기억에 도움을 준다. 단어를 게시하기 전에 발음, 알파벳 스펠링 등 특징에 대하여 이야기를 나눈다. 또한 글쓰기를 할 때 단어 벽지의 단어를 사전처럼 활용할 수 있음을 상기시킨다.

단어 벽지에 게시된 글자를 가지고 단어 게임을 할 수도 있다. 예를 들어서 단어의 한 음소를 떼어내고 대체될 수 있는 단어를 생각하는 게임이다. "이 단어는 went 이구나. 여기서 w를 떼어내고 b를 넣으면 어떻게 될까?" 혹은 "이 단어는 look과 각운이 맞는데, b로 시작해. 이 단어를 단어 벽지에서 찾아볼래?" 등이다.

단어 벽지의 단어를 운율이 맞는 단어, 모음이 같은 단어 등으로 구분하여 게시할 수도 있으며 융판에 부직포 카드로 만들어서 떼었다 붙였다 할 수도 있다. 단어 벽지에는 자주 쓰이는 단어뿐만 아니라 주제 학습을 통해서 알게 된 단어, 이야기 나누기에서 나온 단어, 그림책을 읽으면서 나온 단어를 게시할 수도 있다. 영아반에서는 아기의 이름으로 단어 벽지를 만들기도 한다. 다음은 단어 벽지와 관계된 활동이다.

- 일정한 패턴으로 단어를 분류해본다. 예를 들어서 an, at 뒤에 오는 단어를 모아 보는 것이다.
- 색, 사물의 이름, 동물의 종류를 분류하여 단어를 모아보는 것이다.
- 단어 벽지에 있는 단어를 가지고 추측 게임을 할 수 있다. 예를 들어서,

이 단어는 세 개의 알파벳으로 되어 있어요.

이는 동물이예요.

몸이 털로 덮여 있고 작은 귀가 있어요.

이 동물은 사람의 집에서 살아요.

이 동물은 우유를 좋아해요.

이 동물은 ___ at 이예요.[2]

언어경험 접근법. **언어경험 접근법**은 말이 어떻게 글로 연결되는지를 유아가 배우도록 한다. 이는 알파벳 글자의 모양, 알파벳 글자가 모여 단어가 되는 것을 알게 하고 형태소와 음소가 어떻게 연결되는가를 유아의 흥미와 경험에 맞게 가르친다.

▼ 단어 벽지에는 탐구 주제 관련 어휘를 진열한다.

▲ 가을 주제와 관련된 단어를 벽에 게시하였다.

---

2) 역주: 해당하는 단어는 cat (고양이)

여러 학자들이 언어경험 접근법을 개발하고 발전시켰지만 그 중에 Allen(1976), Hall(1976), Veatch(1973)가 대표적이다. 언어경험 접근법은 학습자의 관점에서 다음과 같은 전제를 가지고 있다.

> 내가 생각하는 것은 중요하다.
>
> 내가 생각하는 것을 나는 말할 수 있다.
>
> 내가 말한 것은 나 혹은 다른 사람이 글로 적을 수 있다.
>
> 글로 적힌 것은 나 혹은 다른 사람이 읽을 수 있다.

언어경험 접근법에서 강조하는 흥미와 경험은 유아의 가정과 학교 모두에 해당한다. 이 접근법은 특히 학교에서 영어를 배우는 유아에게 적절하다. 단어는 유아가 직접 선택하여 이를 가지고 문장, 이야기, 책을 만든다. 교사는 유아의 경험을 풍부하게 할 수 있도록 현장 견학, 요리 활동, 인형극, 교실 애완동물, 특별한 날 등을 계획하고 공룡, 우주 혹은 다른 문화에 대한 흥미로운 주제 활동을 진행한다. 언어 경험 활동 혹은 교육은 주로 반 전체 아이들과 함께 하거나 소집단 혹은 개인 유아와 할 수도 있다.

언어경험 접근에 의한 활동은 말하기로 시작한다. 동물원 견학 혹은 반 애완동물 새끼의 출생과 같은 아이들이 직접 경험한 것을 주제로 이야기를 시작한다. 이야기를 시작할 때에는 네 혹은 아니오로 답하는 질문이 아니라 생각, 느낌을 표현하고 상황을 묘사할 수 있는 질문을 한다. 예를 들어 동물원 견학에 대하여 이야기를 나눌 경우 좋아하는 동물, 그 동물을 좋아하는 이유, 동물의 생김새, 동물의 행동 등에 대하여 질문한다. 유아가 말하는 것은 무조건 수용하고 표준말이 아닌 것도 일단은 수용하고 유아가 말한 것을 교사가 표준말로 다시 말하면서 모델링한다.

토론이 어느 정도 진행된 후 차트지처럼 큰 종이에 유아의 생각을 적는다. 진한 색의 마커로 단어와 문장 사이에는 충분한 공간을 주면서 쓴다. 글자는 관례적으로 써서 유아들에게 글자의 표준 모양에 대한 시각 정보를 정확하게 전달하도록 노력한다.

토론된 내용을 적을 때 교사는 유아들이 사용한 표현을 되도록이면 그대로 사용하여 적으며 손으로 글을 쓰는 좋은 모델이 되도록 노력해야 한다. 유아의 말이 잘 이해되지 않을 때는 다시 표현하도록 요구하거나 교사가 다시 표현해준다. 되도록 많은 아이들의 표현을 적을 수 있도록 지난 시간에 빠진 아이를 기억하여 이들의 생각을 듣고 이를 받아 적는다. 또한 그 아이디어를 표현한 아이의 이름을 같이 적는 것이 좋다. 예를 들면 다음과 같이 적는다.

> 제이콥은 "나는 동물원의 고릴라가 좋았어요. 고릴라가 뛰어 다니고 재미있는 표정을 지었어요."
>
> 조반나는 "나는 아기 사슴이 좋았어요. 아기 사슴은 크고, 맑고, 까만 눈을 가졌어요. 코는 까맣고 털은 갈색이었어요."

2세 혹은 3세 유아의 경험은 단어 몇 개이므로 적을 때 단어 옆에 그림을 함께 그려 주면 단어를 읽기 쉽다. 단어를 적을 때에는 해당되는 알파벳을 소리 내어 말해주면 좋

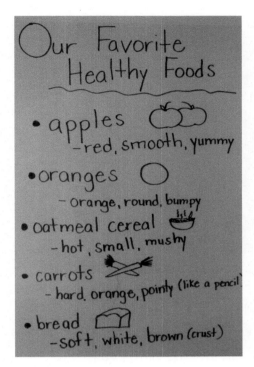

▲ 유아가 말한 것을 교사가 적은 차트는 말한 것을 쓰고 읽는 활동이다.

다. 예를 들어 "자, 지금 선생님이 쓰는 단어는 고릴라예요. g-o-r-i-l-l-a. 이 단어는 g로 시작하고 a로 끝나죠?" 이 활동을 하면서 유아들이 좋아하는 소리가 무엇인지 유심히 관찰한다. 적으면서 아이들에게 종이의 어디에 적어야 하는가를 묻는다.

언어경험 접근 활동은 차트지에 적은 단어와 문장을 유아들에게 읽어주거나 함께 읽는 것으로 끝나는데 이때 포인터를 사용하여 왼쪽에서 오른쪽 방향으로 읽도록 한다. 모든 아이들이 한 목소리로 읽어도 되고, 한 유아가 일어나서 읽도록 한다. 완성된 차트는 교실 잘 보이는 곳에 게시하고 유아가 읽고, 일부분은 적고 몇 개의 단어는 나만의 단어 카드에 적어 보관하도록 한다. 유아의 경험을 함께 적은 차트는 공간이 허락하면 학기 내내 게시하다가 여러 개를 모아 빅북(big book)으로 만들어두면 유아의 지난 경험을 회고하는 데 도움이 된다. 개별적으로 구술한 이야기를 받아 적어 교실 도서 영역에 비치하여 다른 유아가 읽을 수 있도록 한다. 아이들이 함께 만든 책은 아이들이 즐겨 읽는 책 중의 하나이다.

언어경험 접근 활동 중 하나가 **주머니 차트**(pocket chart)이다. 반에서 함께 한 경험을 적은 차트, 시, 노래 혹은 짧은 이야기를 한 문장씩 띠지에 적는다. 아이들이 이를 따라 적도록 하거나 문장 띠지를 섞어서 주머니 차트에 순서대로 배열하는 활동을 할 수 있다. 심지어는 문장의 단어를 잘라서 단어 카드를 문장으로 구성하는 활동을 할 수 있다. 이 활동은 선택활동 시간에 개별적으로 하도록 한다.

동물 주제를 공부하고 있을 때 유치반 담임인 맥키 선생님은 작자 미상인 동시 "안녕"을 읽어주고 동물 이름을 읽어보도록 하였다. 다음에 동시가 적혀있다.

나는 새에게 안녕 하고 인사합니다.

꿀벌아 안녕

우리의 돼지야 안녕

나는 오리에게 안녕 하고 인사합니다.

거위야 안녕

귀여운 병아리야 안녕

맥키 선생님은 이 동시를 차트지에 적고 각 문장마다 해당되는 동물의 그림을 그렸다. 문장별로 잘랐다. 그리고 같은 동시를 문장으로 적어서 이를 단어로 다시 잘랐다. 선생님은 다음 활동을 전개한다.

● 동시를 읽는다.
● 문장 띠지를 순서대로 배열한다.
● 단어 띠지를 문장 구조에 맞게 배열한다.
● 새, 꿀벌, 돼지, 오리, 거위, 병아리를 시각 단어로 읽는다.

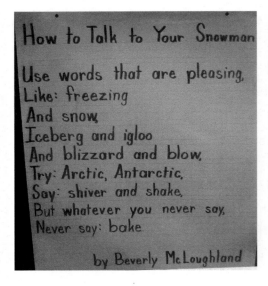

▲ 맥키 선생님은 차트지에 동시를 적고 문장으로 띠지를 오려서 유아가 순서대로 배열하게 하였다.

경험을 적는 차트지에는 영어를 학교에서 배우는 유아의 가정 언어로 적을 수도 있다. 이는 같은 언어를 사용하는 성인의 도움을 받아서 적는다. 이는 다문화 가정 유아가 자신의 가정 언어와 학교 언어인 영어가 어떻게 관계되는지를 배우게 한다.

언어경험 접근 활동에 필요한 자료는 차트지, 마커, 색지, 색인카드, 가위, 스테이플러, 연필, 크레용으로 싸고 쉽게 구할 수 있는 것이다. 교사가 조금만 신경을 쓰면 실제 삶에서 경험한 것과 관련 있고 의미 있는 단어, 문장과 그림을 연결하게 되므로 귀중한 활동이다. 따라서 언어경험 접근 활동은 조기 문해 교육에서 보충 활동이 아니라 주요 활동이 되어야 한다.

맥락과 그림을 통해 글자 읽기

그림책을 읽으면, 이야기를 통해 내용을 추측할 수 있고 그림을 보며 글자를 맞추어볼 수 있다. 그림책 읽기는 대집단, 소집단, 일대일의 형식으로 생각하며 듣고 읽기, 함께 읽기, 반복 읽기의 활동을 할 수 있다. 글과 그림이 잘 연계되어 있고 내용을 쉽게 예측할 수 있는 그림책을 골라서 읽어주기 전 유아에게 그림을 먼저 보여주며 글자가 무엇인지 예측해보도록 한다. 이후 책을 읽어주면 그림은 글과 관계있으며 그림에도 많은 정보가 있음을 경험하게 된다.

문장의 구문 혹은 의미적 특징은 글자를 예측하는 데 도움이 된다. 문장이 반복되는 이야기책을 읽다가 특정 단어에서 읽기를 멈추고 유아가 이 단어를 맞추어보도록 한다. 예를 들어, 「아기 돼지 삼형제」(Brenner, 1972)를 읽을 때 처음에는 반복되는 문장을 다 읽어주다가 이후 유아가 해당하는 단어를 예측하도록 한다.

"아기 돼지야, 아기 돼지야, 문 열어줘."하고 늑대가 말했어요. "내 턱의 털끝만치도 안 돼."라고 첫째 돼지가 말했어요. "그러면 내가 너의 집을 후 하고 불어서 날려 보낼 테다."라고 늑대가 말했어요. "아기 돼지야, 아기 _____, 문 좀 열어줘." "내 _____의 털끝만치도 안 돼. "그러면 내가 너의 집을 ___ 하고 불어서 _____ 보낼 테다."

빅북은 글자가 크게 잘 보이므로 교사가 소리 내어 읽어주면서 유아가 예측하도록 할 수 있어 효과적이다. 유아가 이 활동에 익숙해지면 추측하는 단어 혹은 문장 수준을 어렵게 한다. 또한 차트지에 예측 가능한 문장을 적어서 유아가 다음 글자를 예측하는 데 이때 문장 구문 혹은 의미적 단서를 활용하도록 한다.

문장의 맥락 혹은 의미를 단서로 하여 글자를 읽는 활동의 예를 들면 다음과 같다.

The King and _____ lived in the castle together. (왕과 ___ 둘이서 성에서 살았어요.)

위의 문장에서 빈자리에는 Queen(여왕)이 들어갈 수 있다. 교사는 문장의 의미론적 맥락 혹은 단서를 활용하여 글자를 읽는 법을 유아에게 시범을 보이도록 한다. 다음은 예측해야 하는 단어의 일부 철자가 소개되어 있는 경우이다.

My favorite kinds of fruit are apples, b_____[3], pears and oranges. (내가 좋아하는 과일은 사과, _____, 배, 오렌지이다.)

다음은 철자 맞추기 게임의 형식이지만 문장의 의미론적 맥락을 이용하여 글자를 읽을 수 있는 예이다.

I am always on time, but my sister always _____ (alte). (나는 정시에 도착하지만 내 동생은 항상_____.)

그림 혹은 문장의 의미적 맥락을 활용해 글자를 읽을때 명사, 동사, 혹은 여러 기능어를 다 할 수 있다. 이를 **빈칸 메우기 활동**이라고 하는데, 유아가 암시를 활용하여 글자를 읽도록 도움을 준다.

음운 인식과 음소 인식

음운 인식(phonological awareness)과 음소 인식(phonemic awareness)은 유아가 독립적으로 읽는 데 필요한 기초 기술이다. 이 기술은 시각 글자, 맥락과 그림이 나타내는 의미를 추론하는 기술 등과 함께 가르쳐야 한다. 유아는 처음 보는 글자를 해독하는 법을 배움과 동시에 읽기와 책의 총체적 의미에 대하여도 알아야 한다. **음운 인식**이란 언어의 소리 구조에 대한 지식으로서 말소리의 단어, 음절 혹은 at, an과 같은 자모음의 묶음을 알아보고 조작할 수 있는 능력을 말한다. 말의 분절, 혼합, 다른 말소리로 대체하

---

3) 역주: bananas (바나나)

는 기술은 읽기에 중요한 기술이다. **음소 인식**이란 단어를 구성하는 말소리의 최소 단위를 아는 지식이다(Burns, Snow, & Griffin, 1999; Soderman & Farrell, 2008; Strickland & Schickedanz, 2009; Tompkins, 2003). 예를 들어서 hat와 chat는 '음소'라고 하는 말소리 세 개로 구성되어 있다. 음소는 단순히 글자가 아니라 말소리이다. 이는 글자와 말소리의 관계에 대한 지식인 **발음지식**(phonics)과는 다르다.

　　음운 인식은 소리와 글자의 관계에 대한 포괄적인 용어이며 **음소 인식**은 이의 하위 개념이다. 음소 인식과 음절인식은 발음지식을 갖는 데 기초 지식이다. 따라서 이들은 독서 능력 발달에 필수이지만 이는 종합적인 읽기 혹은 독서 교육의 일부이다(National Reading Panel Report, 2000). 유창한 독서자는 다양한 단어 학습 기술을 동시적으로 사용하기 때문이다(Reutzel & Cooter, 2009). 국가읽기패널 보고에 의하면 유치부 1년 동안 음운과 음소 인식을 가르치는 데 총 18시간이 필요하다고 하였다. 1년간 180일의 학사일정을 고려하면 하루에 약 6분인 셈이다.

음운 인식과 음소 인식 가르치기

음운 인식과 음소 인식을 가르치는 방법은 교사가 책 읽어주기, 이야기 들려주기, 말놀이, 말 수수께끼, 운율 사용하기와 같이 재미있게 해야 한다. 그렇다고 이를 우연히 배우게 해서는 안 되며 사전에 계획되어야 하며 목표가 분명해야 한다. 과거에는 이런 기술을 가르치는 것을 우연에 맡겼다. 현재도 물론 이러한 기술을 가르칠 만한 상황이 되었을 때 가르치지만 이는 매일의 일과에 체계적으로 계획되어야 한다. 이 학습은 단순히 기술을 반복하는 것이 아니라 의미 있고 목적 있는 경험이어야 한다(Adams, 2001; Cunningham, 2009; Gambrell, Morrow, & Pressley, 2007).

　　어린 유아에게는 의미 있는 짧은 말로 시작한다. 음소 인식을 하도록 하는 가장 쉬운 활동은 동요로 시작하는 것이다. 영아부, 유아부에서는 동요를 반복하다 보면 음소 인식이 생긴다. 다음으로 말소리를 들으면서 이를 음절로 분해하는 활동을 한다. 가장 쉬운 활동은 유아 자신의 이름을 음절마다 박수를 치는 것이다. 그 다음으로 어려운 활동은 첫소리와 끝소리를 찾아내고 묶는 것이다. 첫소리(onset)는 단어에서 시작하는 소리이며 끝소리(rime)는 단어의 끝소리이다. 예를 들어서 cat의 첫소리는 c이며 끝소리 at와 묶으면 cat가 된다(Yopp & Yopp, 2000). 같은 소리 찾기, 소리 분해하기, 소리 대체하기나 삭제하기 활동은 운율, 분절, 묶기를 가르치는 것이다. 이 활동을 통해 유아는 말을 구성하는 소리에 민감해진다. 음소 인식은 소리를 내면서 획득하는 것이지 이를 글자와 대응시키는 것은 아님을 기억해야 한다. 다음 활동은 같은 소리 찾기, 분해하기, 대체하기와 삭제하기 활동의 예이다.

　　같은 소리 찾기: 다음 중 같은 소리로 시작하는 단어들은 어느 것일까요?
big/boy 혹은 house/go

　　분해하기: pen의 첫소리는 무엇일까요? (이는 알파벳 철자를 묻는 것이 아니라 소리

를 묻는 것임을 기억해야 한다.)

대체하기: bat은 첫 소리가 /buh/이죠. 자 /buh/, bat라고 해 보세요. 이번에는 at 앞에 /m/을 넣으면 어떤 소리가 날까? 자 모두 mmmmmmat 아주 잘했어요. 우리가 만든 말은 뭐였죠? mat!

삭제하기: snowman에서 man을 빼면 어떤 말이 남지요? 밖에 비가 옵니다. 우리는 raincoat를 입지요. 이 말에서 rain을 빼면 어떤 말이 남나요? 네, coat죠. pan에서 /puh/를 빼면 어떤 소리가 남죠? 그렇죠. an입니다.

운율이 있는 노래를 하거나 동시를 낭송하면 음소 인식에 도움이 된다. 「파란 달걀과 햄(Green Eggs and Ham)」(Seuss, 1960), 「잘 자요 달님(Goodnight Moon)」(Brown, 1947)은 음소 인식에 도움이 되는 책이다. 이 책을 읽어줄 때 운율이 맞는 단어와 그렇지 않은 단어를 묶음으로 읽어주어 차이를 알게 한다. 이외에 운율을 이용한 활동은 다음과 같다.

선생님의 이름은 Ann이지. 내 이름은 fan과 운율이 맞아요. 여러분의 이름과 운율이 맞는 말은 어떤 것이 있을까요?

Hickory Dickory Dock 노래를 하면서 운율이 맞는 말을 찾아낸다.

유명한 동요 중 하나인 'Jack and Jill'을 시연하면서 운율을 찾는다.

「파리를 꿀떡 삼킨 할머니(I Know an Old Lady)」를 읽고 난 후 할머니가 삼킬 수 있는 다른 것을 생각해보고 그렇다면 할머니는 어떻게 되었을까를 이야기해 보는 것이다. 예를 들어서, "I know an old lady who swallowed a frog; she began to jog when she swallowed a frog(개구리를 꿀떡 삼킨 할머니가 있었어요. 할머니는 개구리를 삼키고는 폴짝 폴짝 뛰었어요)."로 해 본다.

일과를 운영하면서 운율이 있는 노래를 반복적으로 하면서 유아가 같은 소리를 찾거나 다른 소리로 대체하는 활동을 하는 것도 좋다. 다음 예를 보자.

Let's Make a Rhyme (운율을 만들자)

When it's cold outside, and you want to play, (놀고 싶은데, 바깥 날씨가 추우면)
Let's make a rhyme, my teacher would say. (우리 선생님은 말씀하시죠, 운율을 만들자.)
　　Did you ever see a dog (통나무를 밀고 있는 개를 본 적이 있니?)
　　Pushing a log
On a cold and winter's day? (이 추운 겨울날에?)
When it's cold outside, and you want to play, (놀고 싶은데, 바깥 날씨가 추우면)
Let's make a rhyme, my teacher would say. (우리 선생님은 말씀하시죠, 운율을 만들

자.)

Did you ever see a moose (거위를 밀고 있는 사슴을 본 적이 있니?)

Pushing a goose

On a cold and winter's day? (이 추운 겨울날에?)

그 다음으로 유아 각자가 운율이 될 만한 동물의 이름을 생각하게 한다.

Did you ever see a cow (멍멍 짖는 소를 본 적이 있니?)

Saying bow-bow

On a cold and winter's day? (이 추운 겨울날에?)

운율이 맞는 말을 찾기보다 분해하기가 더 어렵다. 먼저 첫소리를 분해해보고 끝소리를 분해하는 것이 쉽다. 예를 들어 man에서 첫소리 /m/으로 먼저 mmmm을 해 보고 다음으로 annn을 해 본다.

소리 분해에는 음절 분리도 있다. 유아 자신의 이름과 친구의 이름을 음절 수만큼 박수 치는 활동을 한다. Tim은 박수를 한 번 치고 Janet은 두 번, Carolyn은 세 번을 친다.

Syllable Name Chant (이름 음절에 맞추어 노래하기)

If your name has a beat and the beat is one,

Say and clap your name, and then run, run, run.

If your name has a beat and the beat is two,

Say and clap your name, and then hop like a kangaroo.

If your name has a beat and the beat is three,

Say and clap your name, and then buzz like a bee.

If your name has a beat and the beat is four,

Say and clap your name and then stamp on the floor.

당신 이름에 박자가 있고 한 박자라면,

이름을 말하고 박수를 치고, 달리세요.

당신 이름에 박자가 있고 두 박자라면,

이름을 말하고 박수를 치고, 캥거루처럼 깡총깡총 뛰세요.

당신 이름에 박자가 있고 세 박자라면,

이름을 말하고 박수를 치고, 벌처럼 윙윙 대세요.

당신 이름에 박자가 있고 네 박자라면,

이름을 말하고 박수를 치고, 바닥을 꽝꽝 밟으세요.

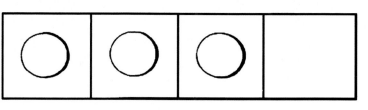

그림 5.3   소리를 분해하고 다시 묶는 활동의 예

지시사항: 한 단어에 소리가 몇 개 있는지 맞춰보세요. B-E-LL이예요.
각 소리에 칩 하나씩 놓으세요.
몇 개의 칩을 사용했나요?
BELL에는 몇 개의 글자가 있나요?
단어의 소리 개수와 글자의 개수는 다르답니다.

말소리를 분해한 뒤에 다시 묶어보는 활동도 한다. 이 활동의 목표는 말을 구성하는 소리를 구분하고 이것의 개수를 알게 하는 데 있다. 말소리의 소리를 분해해서 마치 고무줄을 늘이듯이 길게 소리 내보기도 하고 고무줄이 다시 제자리로 돌아가듯이 빠르게 소리를 짧게 내본다. 다음에 말소리의 분해와 묶는 활동의 예가 제시되어 있다.

Bingo 노래를 하며 반복해서 나오는 말을 대체해서 느리게 길게 말하다가 짧게 말하는 것을 해 본다. 즉 "There was a farmer had a dog and Bingo was his name(박첨지네 개 있어. 개 이름은 빙고라지요)"을 "There is a pretty girl that I know and Jenny is her name-o, J-e-n-n-y, J-e-n-n-y, J-e-n-n-y, and Jenny is her name-o(예쁜 여자아이 나 알아. 그 이름은 J-e-n-n-y, J-e-n-n-y, J-e-n-n-y, Jenny)."

그림 5.3에 소리 분해와 묶는 활동이 제시되어 있다.

종이에 단어를 적는다. 활동지에 네모 칸을 몇 개 그린다. 유아에게 칩을 준다. 종이에 적힌 말, 예를 들어 duck을 말하고 이 말을 구성하는 소리의 숫자만큼 네모 칸에 칩을 넣도록 한다. duck에는 소리가 세 개 있고 글자는 네 개 있다(Fitzpatrick, 1997; Invernizzi, 2003; Johns, Lenski & Elish-Piper, 1999).

알파벳 글자 배우기

알파벳을 다 몰라도 글을 읽는 아이들이 있다. 이들은 환경 글자, 교실에 붙여진 이름표 혹은 나만의 글자 목록을 통해 알게 된 시각 글자를 읽는 것이다. 이들은 또한 그림책을 반복해 읽으면서 시각 글자를 읽게 된다. 어린 유아가 글을 읽으면서 알파벳의 글자 하

나 하나를 해독하면서 읽을 필요는 없다. 오히려 이들은 말소리로 익숙해진 표현을 통해 글자로 읽는 것이 더 쉽다. 즉 알파벳 글자 하나는 유아에게 아무런 의미가 없으나 일상의 삶을 통해 의미를 알게 된 것을 읽는 것이 더 쉽다.

그러나 궁극적으로 유아가 유창하게 읽기 위해서는 알파벳 글자를 읽어야 한다. 전통적으로 부모들은 자녀에게 알파벳 글자를 먼저 가르쳤고 또한 유아부와 유치부에서는 읽기 준비도 개념으로 교육과정을 구성하였다.

알파벳의 교수-학습

알파벳 글자는 체계적으로 가르쳐야 한다. 대개 한 주에 한 글자씩 가르친다. 이 주의 알파벳이 B라면 다양한 활동을 할 수 있다. 먼저 대문자와 소문자 모양으로 글자를 소개한다. 다음, 종이에 대문자와 소문자로 쓰인 B를 구분하는 활동지를 할 수 있다. 또한 B 모양의 쿠키를 만들어서 구을 수도 있다. 한 주에 한 글자씩 가르치는 방법은 낱개의 글자는 유아의 삶과 크게 관계가 없고 또한 영어 알파벳 26개를 가르치는 데 26주가 걸린다고 비판받아 왔다. 이에 대한 대안으로 하루에 한 글자씩 혹은 한 주에 2, 3개의 글자를 배우고 다시 처음부터 글자를 반복하여 배우는 것이 제안되었다(Levin et al., 2006). Reutzel과 Cooter(2009)는 이 주의 글자(a Letter of the Week)와 오늘의 글자(a Letter of the Day)로 글자를 가르치는 것을 비교하였다. 그 결과 이 주의 글자로 배운 집단보다 오늘의 글자로 배운 집단의 아이들이 글자를 더 잘 배웠다. 이는 1년 동안 같은 글자를 여러 번 배울 수 있기 때문인 것으로 해석되었다.

많은 아이들이 자신의 이름에 있는 알파벳을 읽는 것으로 시작하는데 아마 이것이 가장 효과적인 방법인 것 같다. 주제 학습을 할 때 주제와 관련 있는 몇 개의 글자를 선택한다. 예를 들어 교통기관 주제에서 boat의 b, train의 t, plane의 p, car의 c를 선택한다. 먼저 각 글자를 유아가 아는지 모르는지 확인하기 위해 카드에 글자를 써서 읽어보도록 한다.

많은 글자들 중 유아가 쉽게 배우는 글자는 b, p, d처럼 이름과 소리가 비슷하거나 r, t, n처럼 환경 글자에서 자주 보이는 것들이다. 또한 글자의 모양과 이름을 눈으로 익히면서 같이 써볼 때 더 잘 배운다. y, w, h처럼 이름과 소리가 일치하지 않거나 q, x, z처럼 환경 글자에서 자주 보이지 않는 글자는 쉽게 배울 수 있는 것을 배운 뒤에 가르친다. m, n, w; p, b, d, q; l, n, h; r, w, m, x, k, y; t, f는 비슷하게 생겨서 유아가 어려워하므로 나중에 가르친다(McGee, 2007; Treiman & Kessler, 2003). 배우기가 어려운 글자는 더 오랜 시간을 들여 가르친다.

글자를 가르치는 순서에 대하여 연구자마다 의견이 다르다. 가장 많이 사용되는 글자를 먼저 가르칠 것을 제안하는 연구자가 있는가 하면 유아의 이름처럼 아이에게 친숙한 글자를 먼저 가르칠 것을 제안하는 연구자, 혹은 주제 학습과 관련된 글자를 먼저 가르칠 것을 제안하는 연구자도 있다. 내 생각에는 다양한 방식을 취하는 것이 좋다. 이는 글자를 배우려면 같은 글자에 대하여 다양한 방식으로 반복적으로 경험해야 하기 때문이다(Cepda et al., 2008; Justice et al., 2006; Morrow, 2012).

알파벳 글자 익히기 활동

알파벳 글자는 구체적으로 가르쳐야 한다. 교사는 유아에게 배울 글자의 이름, 대문자와 소문자 모양을 다 배울 것임을 알린다. 교사는 보드에 N을 쓰고, 아이들에게 이것의 이름을 묻는다. 그 다음에 소문자 n을 쓰고 "이것은 소문자 n입니다. 이 글자가 무엇이라고요?"라고 물으면 유아는 "소문자 n"이라고 답한다. 다시 대문자 N을 가리키며 질문하고 소문자 n에 대하여도 질문한다. 순서를 바꾸어서도 질문하여 최소한 각 글자에 세 번의 질문을 한다. 또한 일과 중 유아가 독립적, 자발적으로 글자의 이름과 모양에 대하여 탐색할 기회를 준다. 다음에는 이를 위한 몇 가지 활동이 제시되어 있다.

- 알파벳 퍼즐
- 자석 글자와 자석판
- 나무 조각으로 만든 글자
- 사포 등으로 만든 감각 글자
- 알파벳 보드 게임
- 융판과 부직포 글자
- 스텐실 글자
- 알파벳 카드
- 알파벳 포스터
- 알파벳 책
- 알파벳 노래
- 유아 이름을 대문자로 쓴 카드
- 유아 이름을 소문자로 쓴 카드
- 글자를 자발적으로 써보게 하는 칠판과 분필
- 화이트보드와 마커
- 글자 게임을 할 수 있는 전자 칠판
- 컴퓨터의 키보드
- 글자 게임을 할 수 있는 컴퓨터 프로그램
- 핑거 페인팅으로 글자 쓰기
- 글자 그림 그리기
- 글자 점토 놀이
- 글자 수프, 글자 쿠키, 글자 프레첼[4)]
- 손가락으로 글자 쓰기

---

4) 역주: 매듭 · 막대 혹은 리본 모양의 짭짤한 비스킷

- 몸으로 글자 쓰기
- 사물함에 유아 이름 스티커 붙이기
- 테이블에 유아 이름 스티커 붙이기
- 교실 사물에 이름 스티커 붙이고 적절한 때마다 글자에 대하여 언급하기: "누구의 이름이 D로 시작하죠?" 대니얼과 데보라가 손을 들고 레오나드는 말하기를, "내 이름은 D로 끝나요.")
- 맥도날드 햄버거, 버거킹 햄버거 같은 환경 글자를 교실에 게시하기

다음에 유치부 담임교사 맨델의 알파벳 글자 활동이 소개되어 있다.

교실 실제

알파벳 글자 가르치기

우리 교실에는 알파벳 글자 책이 여러 개 있어요. 나는 이 책을 1년 동안 아이들에게 읽어주면서 책에 있는 활동도 하지요. 내가 좋아하는 책 중의 하나가 「치카치카붐붐(Chicka-Chicka-Boom-Boom)」(Archambault & Martin, 1989)인데 이 책에는 알파벳 글자가 두 번씩 언급됩니다. 유아들은 하나의 글자를 맡아서 카드에 대문자와 소문자를 쓰고 이를 목에 두르지요. 내가 책을 읽을 때 글자가 나오면 해당되는 유아가 일어납니다. 두 번째 읽을 때는 유아들 간에 카드를 바꾸지요. 이 활동을 비디오로 녹화해서 웹사이트에 올려놓으면 부모들이 볼 수 있습니다.

알파벳 글자를 배우면서 재미있게 활동할 수 있는 책의 목록을 더 소개할게요.

「손으로 만드는 알파벳(The Handmade Alphabet)」(Rankin, 1991): 각 장에 알파벳이 나오고 이에 대한 수화가 그려져 있어요.

「포트락(Potluck)」(Shelby & Travis, 1991): 아이들이 각자 음식을 준비해서 소풍을 가는 이야기인데 아이의 이름과 음식 이름이 A~Z로 배열되어 있어요. 예를 들어서 Acton은 asparagus 수프를 가져오고, Ben은 bagel을 가져옵니다. Yolanda는 yam과 yogurt를, Zeke와 Zelda는 zucchini 찜을 가져옵니다.

루스 맨델(유치부 교사)

국제읽기협회(International Reading Associaiotn; IRA)와 영어교사협회(National Council of Teachers of English; NCTE)는 알파벳 글자를 가르치는 다양한 활동을 게시한 웹사이트를 운영하고 있다.

1. A~Z: 알파벳 글자책에 대한 학습: http://www.readwritethink.org/classroom-resources/lesson-plans/learning-about-alphabet-book-982.html
2. A는 Apple의 A이다: 알파벳 글자 학습: http://www.readwritethink.org/class-

room-resources/lesson-plans/apple-builing-letterrecognition-132.html

3. *재미있는 ABC 책*: http://www.readwritethink.org/parent-after-school-resources/printouts/amazing-book-30252.htm.

읽기에 대한 주 기준에 의하면 유아부 아이들은 유치원에 가기 전 알파벳 글자의 반을 알도록 되어 있다. 유치부 아이들은 1학년 전까지 알파벳 글자를 다 알아야 한다. 따라서 교사들은 반 아이들의 알파벳 글자에 대한 지식을 체크하여서 필요한 경우에는 소집단 혹은 일대일의 형식으로 구체적으로 가르쳐야 한다. 아이들은 매일, 다양한 맥락에서 알파벳 글자를 경험할 기회가 있어야 한다. 그림 5.4는 유아의 알파벳 글자 지식을 평가하여 기록하는 양식이다. 교사가 글자 하나를 가리키고 유아가 이름을 정확하게 말하는지 체크한다.

발음중심 교수법

발음중심 교수법은 가장 효과적인 단어 학습법으로 알려져 있다. 발음중심(phonics)이란 기호와 소리의 연결을 의미한다. 이는 알파벳 글자의 모양과 낱자, 낱자 덩어리가 내는 소리를 연결시키는 것을 말한다. 영어 알파벳에는 26개의 글자가 있으나 44개의 소리가 있다. 영어의 기호와 소리의 관계는 일정하지 않아 예외가 있고 불규칙적이어서 유아가 쉽게 학습할 수 없다. 따라서 먼저 시각 글자로 소리를 내보는 경험이 필요하며 다양한 방식으로 단어의 소리를 분해하고 통합할 수 있게 한다.

자음

첫소리로 가장 많이 사용되는 글자가 f, m, s, t, h이므로 이 글자들로 먼저 시작한다. 그다음 이 글자로 끝나는 단어를 한다. 그 다음으로 가르치는 자음은 첫소리와 끝소리인 l, d, c, n, g, w, p, r, k, 그 다음 j, q, v, y, z을 가르치고 마지막으로 **x**로 한다. 대부분의 자음은 발음이 규칙적이나 g는 두 가지 발음을 한다. go나 girl의 g는 딱딱한 소리 g이고, George, giraffe와 gentleman의 g는 부드러운 소리 g이다. 또 cookie, cut, cost의 c는 딱딱한 소리 c이고, circus, celebrate, ceremony의 c는 부드러운 소리 c이다. x는 xylophone에서는 z 소리를 내나 next에서는 x 소리를 낸다. **w**와 **y**는 was, yellow에서처럼 단어의 첫 글자이면 /wuh/와 /yuh/로 자음으로 한 가지 소리를 내나 today 혹은 blow에서처럼 단어의 중간 혹은 끝 글자이면 모음 소리를 낸다. 이러한 것에 대한 학습은 유아부에서는 거의 하지 않고 주로 유치부에서 하다가 초등학교 1학년 때 완전히 배우도록 한다.

그림 5.4   알파벳 글자 평가 기록지

글자 지식 점수표

유아 이름: _____   나이: _____   날짜: _____

기록자: _____   생일: _____

	A	IR		A	IR
A			a		
F			f		
K			k		
P			p		
W			w		
Z			z		
B			b		
H			h		
O			o		
J			j		
U			u		
C			c		
Y			y		
L			l		
Q			q		
M			m		
D			d		
N			n		
S			s		
X			x		
I			i		
E			e		
G			g		
R			r		
V			v		
T			t		

헷갈리는 글자:

모르는 글자:

코멘트:

A=맞은 것에 (✔),   IR=틀리게 말한 것을 적음

총점: ☐

▲ 손으로 조작할 수 있는 구체물을 가지고 단어의 소리를 합성하기도 하고 분해하기도 한다.

자음 글자 두 개가 합하여 소리를 낼 때 각 자음의 소리를 유지하면서 소리를 내는 blue, true, flew가 있으며 반면 두 개의 자음이 합하여 새로운 소리를 내는 three, shoes, chair, photograph, enough가 있다. 후자의 경우를 이중글자(digraph)라고 한다.

모음

자음을 가르친 후 모음을 가르치는데 유치부 끝날 때 시작하여 초등학교 1학년까지 계속한다. a, e, i , o, u가 모음이며 cat, bed, hit, hot, cut의 단모음부터 가르친다. 그 다음 hate, feet, kite, boat, cute의 장모음을 가르친다. 앞에서 말했듯이 w와 y는 단어의 중간과 끝에서는 모음 소리를 낸다. y가 baby처럼 단어의 끝에 있으면 긴 e 소리를 내고 cry와 try와 같이 한 개의 음절로 된 글자의 끝에 놓이면 긴 i 소리를 낸다.

모음이 car, for에서처럼 r과 만나면 길지도 짧지도 않은 소리가 된다. 자음처럼 두 개의 모음이 합쳐서 새로운 소리를 내는 sea의 **ea**도 가르친다. 모음 두 개가 합쳐지면서 미끄러지는 소리가 나는 toy의 **oy**, oil의 **oi** 같은 이중모음(diphthong)도 가르친다. 모음은 하나로서도 내는 소리가 다양하고 두 개가 합쳐져서도 다른 소리를 내므로 배우기 어렵다.

매 학년마다 교사는 그동안 배운 글자의 소리를 다시 검토하고 중간 자음(medial consonant), 다양한 자음 소리, 합성에 대하여 가르친다. 다음 절에서는 합성어(compound word), 음절화(syllabication), 축약(contraction), 앞소리(prefix)와 끝소리(suffix)에 대하여 기술하고 있다. 마지막으로 유아는 동의어, 반의어, 동음이의어 등에 대하여 배운다.

낱자 하나의 발음을 배우는 것보다 반복되는 유형을 배울 때 쉽게 배운다. 단어 패턴은 묶여 있으므로 이를 배우면 글을 읽기가 쉬워진다. 이를 운율*(rime)*, 음표*(phonogram)*, 단어군*(word family)* 혹은 덩어리*(chunk)*라고 한다. 자주 사용되는 운율의 목록이 그림 5.5에 제시되어 있다.

발음에는 규칙이 있는데 다음에 가장 빈번한 규칙 네 개를 제시하였다.

1. 한 음절로 된 단어이며 가운데 소리가 모음이고 앞뒤로 자음이 있을 때(CVC 형), 모음은 짧게 소리를 낸다; hot, cut, bet.

그림 5.5

조기 읽기 교육에 자주 사용되는 운율

ack	al	ain	ake	ale	ame	an	ank	up	ush
at	ate	aw	ay	ell	eat	est	ice	ick	ight
id	ill	in	ine	ing	ink	ip	ir	ock	oke
op	ore	or	uck	ug	ump	unk			

2. 한 음절로 된 단어이며 모음이 두 개 있으나 그 중 하나의 모음이 단어 뒤에 오는 e이면(CVCe 형), 처음 자음은 길게 내고 e는 소리를 내지 않는다; plate, cute, bone.

3. 먼저 자음이 오고 뒤에 모음이 따라오면(CV 형), 모음은 길게 소리를 낸다; be, go, because.

4. 두 개의 모음이 같이 있으면(CVVC 형), 처음 모음을 길게 소리 내고 두 번째는 소리를 내지 않는다. 이를 어떤 사람들은 "두 개의 모음이 함께 산책을 하면, 처음의 것만 이야기를 한다"라고 표현한다; meat, boat, rain.

이 장의 머리말에서 말했듯이 발음은 구문적 암시, 의미적 암시, 모양 등의 단서를 이용하여 통합적으로, 분석적으로 의미가 있는 맥락에서 체계적이고 직접적인 방법으로 배워야 함을 강조하였다. 이쯤에서 강조하고 싶은 것은 유아는 소리와 모양의 관계에 대하여 계속 배워야 한다는 점이다. 한 번 가르치는 것으로 충분하지 않으므로 교사는 글자가 내는 소리에 대하여 다양한 방식으로 유아가 경험할 수 있도록 제시하고 이를 자주 검토해보는 기회를 주어야 한다.

발음중심 교수 전략

명시적 발음 교수법

명시적 교수(explicit instruction)란 미리 계획된 발음 교육 혹은 학년이 진행되는 1년 동안 구체적 기술을 가르치는 데 일과가 정해져 있다는 뜻일 수도 있다. 명시적 발음중심 교수 활동은 다음과 같다.

발음 기술: F의 소리를 아는 것
교구 혹은 자료: fan(부채), feet(다리), fox(여우), fish(물고기), hat(모자), bat(야구 방망이)의 그림 카드

교사: /f/ 발음을 하고 아이들도 따라 하게 한다. face가 /f/ 발음으로 시작함을 설명한다. 아이들이 얼굴을 손으로 가리키며 /f/를 발음하게 하며 다음과 같은 문장에서 /f/가 들릴 때마다 /f/를 발음하게 한다: The funny fish has fins(장난꾸러기 물고기는 지느러미가 있어요).

대문자와 소문자 F f를 게시판에 적고 모두 같은 f임을 설명한다. 다시 /f/를 발음하게 하고 이를 발음할 때 입술과 입 모양이 어떻게 되는지 아이들에게 물어본다.(입을 조금 벌리고 윗니를 아랫입술에 살짝 얹어 /f/ 발음을 한다.)

그림카드를 아이들에게 보여주며 단어의 이름을 말하게 하고 다시 /f/ 발음을 하게 한다.

대문자와 소문자 F f를 따라 쓸 수 있는 작업지를 유아에게 주고 /f/소리를 내며 따라쓰게 한다. 예시로 그린 fox 그림에는 웃는 눈과 입이 그려진 동그라미가 있다. 그 아래 그림에는 fan, bus, cat, fence, fish 그림이 그려져 있고 그림 아래에는 빈 동그라미가 있다. 유아는 /f/로 시작하는 단어이면 그림 아래 있는 동그라미 안에 웃는 눈과 얼굴을 그리고 /f/로 시작하지 않는 단어는 빈칸으로 남겨둔다.

같은 활동을 반복할 수 있는 작업지가 있으며, 유아는 이 작업지에 같은 방식으로 반복한다. 그림의 단어가 /f/로 시작하면 대문자와 소문자 F f를 적고 그렇지 않으면 빈칸으로 남겨둔다.

이러한 명시적이고 구체적인 발음 학습이 많이 쓰이지만 이것만으로 발음교육을 하는 것은 충분하지 않다. 의미와 관련된 발음교육도 시행한다.

발음 분석과 통합 교수법

발음 분석과 통합 교수법은 다음과 같다.

발음 기술: S s의 소리를 아는 것
교구 혹은 자료: sun(태양), sand(모래), salad(샐러드), seal(봉인) 그림 카드, 「눈 오는 날(The Snowy Day)」(Keats, 1996); 알파벳 글자 책, 반 아이들 각자에게 돌아갈 수 있는 S s 자석 글자

교사는 프로젝터로 그림 카드를 보여준다. 아이들에게 그림의 이름을 말하도록 한다. 그러고 나서 "이 단어들에서 무엇이 같은가요?" 사만타가 손을 들고 말하기를, "모두 S s로 시작해요. 내 이름도 S로 시작해서 내가 잘 알아요." "사만타, 아주 잘했어요!" 교사는 대문자 S와 소문자 s를 가리킨다. s로 시작하는 단어를 말하게 하고 s를 소리 낼 때 혀, 이, 입의 모양이 어떠한지 말하게 한다. 몇몇 아이를 지목해서 s로 시작하는 단어를 더 말하게 한다.

교사는 아이들에게 반을 둘러보게 하고 s로 시작하는 무언가를 찾아보게 한다. 아이들은 짝과 함께 교실을 다니면서 해당하는 것을 찾으면 그 앞에 선다. 제임스는 자신의 이름이 s로 끝나므로 자신의 이름이 적힌 게시판 앞에 서있다. 반 아이들이 그의 이름을 보며 소리 내어 말한다. 다른 아이는 sink 앞에 서있고, 한 아이는 summer라고 쓰인 포스터 앞에 서있다. 교통표지판 포스터 중 Stop이라고 쓰인 것 앞에 한 아이가 서있다. 어떤 아이는 Lionni(1987)의 「Swimmy(으뜸헤엄이)」 책을 찾았다. 교사는 아이들을 한 자리에 모아서 Keats(1996)의 「The Snowy Day (눈 오는 날)」을 읽어주면서 내용 중 s 소리가 나는 것을 주의해서 듣도록 한다. 책읽기가 다

끝난 후 아이들이 책에서 나온 s 소리가 나는 단어인 snow(눈), snowy(눈이 오는), snowsuit(눈옷), snowman(눈사람), snowball(눈덩이), stick(막대기) 등을 이야기하면 교사는 이를 종이에 받아 적는다. 유아는 자신의 자리로 돌아가서 작업지의 s 쪽을 펴고는 대문자와 소문자 S와 s를 적는다. s 글자만 쓰는 아이가 있는가 하면 sun, seal, snow 그림을 그리는 아이도 있고, s가 들어가는 단어로 문장을 적는 아이도 있다. 간식으로 sandwich 과자를 먹었다.

의미에 기초한 교수법

English Language Learners

의미 있는 맥락에서 자음, 모음의 소리와 글자를 연결할 수 있도록 어떻게 도우는가? 주제 중심 탐구를 하면서 이는 충분히 가능하다. 예를 들어 동물 주제를 하면서 pet(애완동물)의 글자인 p에 대하여 학습할 수 있다. 다음에 활동이 제시되어 있다.

1. Keats(1974)의 「애완동물 쇼(Pet Show)」와 Potter(1902)의 「피터 래빗 이야기 (The Tale of Peter Rabbit)」를 읽어주면서 p로 시작하는 단어에 주목하게 한다.
2. 책에서 찾은 p로 시작하는 단어를 모아 차트에 적는다.
3. 동물원 견학을 갈 때 peanut(땅콩)을 가져가서 동물을 먹인다.
4. peacock(공작새), panda(팬다곰), pig(돼지)처럼 p로 시작하는 동물 이름을 모아 본다.
5. 동물과 관계된 것으로 오감각을 통해 p를 경험할 수 있도록 한다: Puppy Chow[5] 의 냄새를 맡아보고 peanut을 먹어보고, peacock plume(공작새의 깃털)을 만져보고, purring kitten(그르릉대는 고양이)의 소리를 들어보고 Duvoisin(2002)의 「말괄량이 거위 페투니아(Petunia)」를 읽어본다.
6. 동물 주제와 관련하여 p로 시작하는 단어를 모은다.
7. 동물 주제 관련 활동을 목록화하면서 p가 나올 때 밑줄을 긋는다.
8. 동물 주제와 관련하여 유아가 좋아하는 p로 시작하는 단어를 찾아서 나만의 단어 (Very Own Words) 목록에 보관한다.
9. 동물 주제를 탐구하면서 만든 콜라주 중 p로 시작하는 단어에 표시를 한다.
10. '피터 래빗의 꼬리' 노래를 하며 p가 나올 때마다 표시를 한다.
11. p가 들어가는 단어로 말놀이를 해 본다.

> My name is Penelope Pig. (내 이름은 페넬롭 피그예요.)
> I pick petals off of petunias. (피튜니아 꽃잎을 따요.)
> I play patty-cake (나는 짝짜꿍놀이를 하고)
> and eat pretzels with pink punch. (분홍색 음료수와 함께 프레첼을 먹어요.)

---

5) 역주: 강아지 밥의 일종

12. 「우리의 빅북: 글자, 소리, 단어」라고 이름을 붙인 빅북에 p로 시작하는 단어와 그림을 그린다.

13. pig, popcorn과 같이 p로 시작하는 단어를 써놓은 것을 따라 쓰고 단어가 가리키는 그림을 선택하는 학습지 활동을 한다.

14. 동물 주제를 탐구하면서 경험한 활동, 예를 들어서 동물원 견학, 읽은 책, 배운 노래에 관한 글을 쓴다. 이때 p로 시작하는 단어를 사용하게 하고, 관례적으로 쓰지 못하는 유아는 창안한 모양으로 글을 쓰게 한다. 글을 쓰면서 유아는 말을 글로 옮기는 것의 어려움과 문제를 발견하며 이는 자연스럽게 말의 구조를 깨닫도록 한다. 쓰면 쓸수록 아이들은 말을 소리로 분절하는 연습을 하게 된다. 저스틴은 동물원에서 판다곰을 본 것을 다음과 같이 적었다. "I saw a prete panda ber pik up her babi panda at the zoo. (나는 동물원에서 예쁜 판다 곰이 아기 판다를 안아주는 것을 보았다.)

주제 탐구 학습을 할 때 아동 도서는 알파벳 글자를 배우기에 아주 좋은 자료이다. 이때 글자에 집중하느라 이야기를 놓치는 것은 주의해야 하나 자연스러운 기회를 무시할 필요는 없다. 1학년 담임인 피노 선생님은 음식 주제를 하면서 b 글자를 가르치기 위해 「샬의 블루베리(Bluberries for Sal)」(McClosky, 1948), 「프랜스의 빵과 잼(Bread and Jam for Frances)」(Hoban, 1964), 「번스타인 곰(The Berenstain Bears and Too Much Birthday)」(Berenstain & Berenstain, 1987)을 이용하였다.

주제 탐구를 하면서 집중하여 배우고 있는 글자가 언어 경험 차트 혹은 아동 문학에 나오면 아이들을 이에 주목하게 한다. 알파벳 글자 책은 이야기를 들려주면서 알파벳 순서대로 각 글자로 시작하는 단어를 소개하므로 좋은 활동 자료가 된다(부록에 소리와 기호를 연결시키는 데 활용할 수 있는 아동 도서 목록이 있다).

우리는 글을 읽을 때 여러 가지 방법으로 글자를 해독하고 의미를 해석한다. 따라서 유아들도 이러한 기술을 사용할 수 있도록 가르친다. 즉 맥락에서 얻을 수 있는 의미적 암시뿐만 아니라 발음적 단서를 동시에 활용하여 글을 읽도록 한다. "The b____ flew up to the tree and landed on a branch." 같은 문장에서 빈 곳을 채우기 위해 발음지식, 맥락지식, 구문론과 의미지식을 다 활용할 수 있어야 한다.

다음과 같이 자연스러운 상황에서 글자와 소리의 관계를 가르치도록 노력하라.

1학년인 크리스토퍼는 지금 막 그린 그림에 자신의 이름을 적고는 큰 소리로 말하였다. "우오, stop이 바로 내 이름 중간에 있네. 봐 Christopher." 자신 이름 중간에 있는 stop을 가리키며 "그런데 이러면 말이 안 되는데. 내 이름은 Chri-STOP-her로 읽어야 하잖아." 이를 가만히 옆에서 듣고 있던 교사는 이 순간을 ph 이중 글자를 설명할 기회로 삼았다. Christopher 이름에 분명 STOP가 있으나 p와 h가 만나면 f 소리가 나서 Christhopher로 발음되는 것이라고 크리스토퍼에게 말해주었다. 비슷한 예의 단어가 photograph와 phantom이라고 설명해주었다.

효과 있음이 검증된 발음 가르치기 전략

뇌는 이미 알고 있는 것에 기초하여 새로운 것을 받아들인다. 유아의 뇌는 익숙한 패턴을 찾는다. 새로운 말이나 글자를 보면 유아는 친숙한 말소리를 적용해본다. 따라서 글자 덩어리 혹은 패턴은 해독을 쉽게 한다. 발음중심접근법에서는 이러한 것을 두운과 각운이라고 한다. 두운(onset)은 자음, 이중자음, 모음으로 시작하는 소리를 뜻한다. 각운(rime)은 끝소리가 같은 것으로, 예를 들어 **ake**를 끝소리로 하면 bake, cake는 각운이 같은 단어이다. 두운과 각운을 공부하게 되면 소리를 덩어리로 분해할 수 있으므로 처음 보는 단어도 읽을 수 있을 뿐만 아니라 영어의 철자체계에도 익숙해지므로 처음 듣는 단어도 적을 수 있게 된다(Strickland & Snow, 2002).

다음에 두운과 각운에 대한 지식을 활용하여 글자를 분해하고 합성하고 분류하고 새로운 단어를 만들어볼 수 있는 활동이 제시되어 있다. 이러한 활동은 글자의 패턴을 찾게 할 뿐만 아니라 구체물을 조작하므로 유아에게 효과적이고 흥미를 준다. 구체적 사물을 조작하면서 단어 학습을 하더라도 유아가 단어를 종이에 적게 하는 과정이 있어야 하는데 이를 통해 교사는 유아의 수행을 평가할 수 있다.

단어 만들기. 이는 글자를 조작하면서 단어를 만드는 활동이다. 자석 글자, 나무 글자, 부직포 글자, 타일 글자 혹은 하드보드지 글자를 사용하여 두 글자, 세 글자, 네 글자로 된 단어를 만들어본다. 교사는, 예를 들어 Thanksgiving(추수감사절)처럼 긴 단어에서 만들 수 있는 단어를 짝과 함께 조작 글자를 사용하여 만들어보게 한다. 아이들이 만든 단어를 보고 어떤 아이들이 단어를 더 많이 정확하게 만들고 어떤 아이들이 그렇지 않은가를 파악할 수 있다. 추수감사절이라고 제목이 적힌 포스터용지에 두 글자, 세 글자, 네 글자라고 적혀진 줄에 아이들이 an, it, hi; Nat, hat, nag; thin, than, hang을 적었다.

다른 단어 만들기 활동 중 하나는 두운과 각운을 이용한 것이다. 유아들도 잘 아는 각운인 at, an, in을 주고 이 각운의 앞에 자음을 넣어서 단어를 만들어보게 한다. 유아는 다음과 같은 단어를 만들었다; **cat, sat, mat, rat, hat, fat, vat, pat, bat.**

단어 만들기 활동으로 **a, d, n, s, t**를 주고 다음 지시문을 준다.

at을 만들려면 어떤 글자가 필요한가요?

sat을 만들려면 at에 무엇을 더해야 할까요?

at을 만들려면 어느 글자를 빼야 할까요?

an을 만들려면 어느 글자가 필요한가요?

Dan을 만들려면 어느 글자를 더해야 할까요?

tan을 만들려면 어느 글자가 필요한가요?

an을 만들려면 어느 글자를 빼야 할까요?

and를 만들려면 어느 글자를 더해야 할까요?

sand를 만들려면 어느 글자를 더해야 할까요? (Cunningham, 2009)

단어 분류하기. 자음과 모음의 소리, 글자 덩어리의 소리 혹은 단어의 소리에 따라서 글

그림 5.6

단어 학습 가이드

- 오늘의 단어는 Hat 입니다.
- 이 단어를 길게 발음하면 이렇게 들립니다. ＿＿＿＿＿ .
- 이 단어에는 ＿＿＿＿＿＿＿개의 글자가 있습니다.
- 이 단어에는 ＿＿＿＿＿＿＿개의 소리가 들립니다.
- 이 단어의 철자 패턴은 ＿＿＿＿＿＿입니다.
- 이 단어의 모음은 ＿＿＿＿＿＿입니다.
- 이 단어와 각운이 같은 단어는 ＿＿＿＿＿＿입니다.

자 혹은 단어를 분류하는 활동이다. 예를 들어서 sock(양말)의 단모음과 cake의 장모음을 분류하는 활동을 한다면, 카드에 각 단어의 그림과 글을 적은 것을 주어 분류하게 한다.

Thanksgiving(추수감사절) 같은 긴 단어에서 짧은 단어를 먼저 만들게 한다. 아이들은 **thanks, giving, sing, sang, hang, king, thanking, having**을 생각하였다. 다음과 같은 지시문을 가지고 단어를 분류할 수 있다.

-ing 로 끝나는 단어를 모으세요.
각운으로 운율이 같은 단어를 모으세요.
자음 **g**로 끝나는 단어를 모으세요.
자음 **s**로 시작하는 단어를 모으세요.

단어 분류는 이외에도 이중 소리, 음절 숫자 등 글자 혹은 소리의 공통 특징을 기준으로 해서 분류할 수 있다. 단어는 의미적 특징, 예를 들어서 색깔, 음식의 종류 등을 기준으로 분류할 수 있다. 이외에도 자음 **Tt**로 시작하여 **ap, on, in**으로 끝나는 단어 즉 **tap**(가볍게 두들기다), **ton**(무게의 단위), **tin**(주석)을 단어 카드에서 분류하거나 다른 자음인 **Ss**로 시작하여 각운이 되는 단어 **sap**(수액), **son**(아들), **sin**(죄)을 분류할 수 있다. 이를 빙고 혹은 로또 게임으로 진행할 수도 있다.

단어의 요소 분류하기. 그림 5.6에서 제시된 단어의 요소를 분류하면서 단어의 소리를 공부하면 더 효과적이다. 새로운 어휘를 소개할 때 이 형식을 사용해보라.

단어 학습 영역

English Language Learners

유아교실에는 단어 학습을 위한 영역이 있는 것이 좋다. 앞에서 소개한 단어 만들기, 단어 분류하기를 게임처럼 할 수 있도록 자석 글자, 나무 글자, 고무 글자, 단어 카드, 단어 보드 등 조작교구를 이 영역에 비치한다. 단어를 적을 때 두운과 각운은 다른 색깔로 적어 테이블에서 혹은 주머니 차트에 카드를 조작하며 활동할 수 있게 한다. 단어 도장, 작은 화이트보드에 수성 펜으로 적고 쉽게 지을 수 있는 교구도 좋다. 단어 게임 판, 빙고 판, 로또 게임도 좋은 교구가 된다. 그림 5.9부터 5.17까지는 단어 학습을 위한 교구 제작법이 제시되어 있으므로 참고하라. 교사는 교구를 직접 만들 수도 있고, 미리 만들어진 교구를 구입할 수도 있다. 교구를 제작할 때에는 부모, 보조교사 혹은 고학년 아동의 도움을 활용한다. 다음은 단어 학습에 필요한 도움을 받을 수 있는 참고자료이다.

Bear, D. R., Invernizzi, M., Templeton, S., & Johnston, D. (2008). *Words their way* (4th ed.). Upper Saddle River, NJ: Prentice Hall.

Cunningham, P. (2009). *Phonics they use* (5th ed.). Boston: Pearson.

Cunningham, P., & Hall, D. (2001). *Making words.* Torrance, CA: Good Apple.

Hill, S. (1997). *Reading manipulatives.* Cypress, CA: Creative Teaching Press.

Marriott, D. (1997). *What are the other kids doing?* Cypress, CA: Creative Teaching Press.

Morrow, L. M. (2002). *The literacy center: Contexts for reading and writing* (2nd ed.). Portland, ME: Stenhouse.

Rosencrans, G. (1998). *The spelling book: Teaching children how to spell, not what to spell.* Newark, DE: International Reading Association.

단어 학습 영역 활용의 실제. 로젠 선생님은 반 아이들에게 단어 학습 교재를 설명한 후 자신이 소집단으로 안내된 읽기 지도를 하는 동안 나머지 아이들은 단어 학습을 하도록 하였다. 네 명의 아이들이 Thanksgiving(추수감사절)으로 단어 만들기를 하였다. Thanksgiving을 글자 하나씩 하드보드지에 적어서 비닐 봉투에 담아놓았다. 아이들은 글자 카드를 꺼내어 새로운 짧은 단어를 구성하고 단어를 작업지에 기록하였다.

몇몇의 다른 아이들은 자석 글자를 가지고 글자판에 한 개, 두 개, 세 개 등 글자의 수를 하나씩 증가시키는 사다리 게임을 하였다. 아이들은 글자를 손으로 조작하며 만들면서 다시 작업지에 글자를 적었다. 이는 짝이 서로 확인해준다.

다른 아이들은 로젠 선생님이 만들어놓은 단어 보드 게임을 하였다(단어 보드 게임은 그림 5.14 참조). 원 모양의 하드보드지를 두 개로 겹치고 중간을 핀으로 연결하여 윗면의 종이가 돌아가도록 한다. 윗면 가운데에는 자주 쓰이는 각운을 적고 아랫면에는 단어의 앞에 나올 수 있는 자음을 적어서 유아들이 윗면을 돌리면서 만들어지는 단어를 읽어보게 하는 활동이다.

또 다른 아이들은 글자 혹은 단어 도장을 이용하여 단어 혹은 문장을 만들었다.

단어 학습을 위한 교구는 모두 아이들이 손으로 조작하며 글자, 단어, 단어의 첫소리, 끝소리, 단어 만들기, 단어 분류하기, 문장 구성하기를 연습할 수 있는 것들이다. 또한 이 활동은 친구들과 협력하여 각자의 활동을 체크하고 도울 수 있다. 또한 교구를 조작하면서도 연필을 사용하여 종이에 글자를 적게 한다. 이는 유아가 단어 학습에 책임감을 갖고 참여하도록 하며 교사에게는 유아의 활동을 평가할 수 있는 재료가 된다. 학습지는 대체로 유아기 교육에 적절하지 않은 것으로 간주되나 다양한 방법으로 교구를 경험하고 조작할 기회가 주어질 때 학습지를 병행하면 학습을 강화시킬 수 있다. 위에서 제시한 것 이외에 다른 아이디어는 다음 웹사이트를 참고하라.

- www.starfall.com
  많은 동영상 자료가 있으며 학습 활동이 학습자의 수준에 따라 구분되어 있다.
- http://teacher.scholastic.com/clifford1
  유명한 강아지 캐릭터인 클리포드와 함께 발음 게임을 할 수 있다. 동영상, 함께 따라 읽기를 할 수 있으며 스페인어로 된 자료도 있다.
- www.netrover.com/~kingskid/phonics/phonics_main.htm
  학습자가 단어를 쓰면 그것의 소리를 들려주며 학습자와 프로그램이 상호작용할 수 있다.

단어 학습에서의 소리 내어 읽기

교사들은 반 아이들이 소리 내어 글을 읽도록 요구하는데 이유는 이를 통해서 유아의 읽기 수준, 유창성, 해독에 사용하는 전략, 이해도 수준 혹은 오류의 유형을 파악할 수 있기 때문이다. 유아의 읽기 수준은 사용할 교재의 수준과 교수 전략을 계획하는 데 근거가 된다. 또한 유아가 소리 내어 읽으면서 오류를 보일 때 자기 수정을 하는지 혹은 모르는 단어를 읽기 위해 문맥의 단서를 활용하는지 등을 파악할 수 있다. 다음은 글자나 단어를 읽기 어려울 때 활용할 수 있는 전략이다(Fountas & Pinnell, 1996).

정보를 활용하도록 하는 전략

그림을 보세요.

그림은 무엇을 이야기하고 있나요?

단어의 소리는 맞나요?

잘못된 것은 무엇인가요?(유아가 발음한 것을 따라 한다.)

다른 단어를 다시 한번 더 생각해보세요.

이 글자로 시작되는 단어를 아나요?

이 글자로 끝나는 단어를 아나요?

자기 모니터링 전략

바르게 읽었나요?

왜 멈추었지요?

_____ 이 여기에 맞나요?

_____ 이 뜻이 통하나요?

발음이 맞는가요?

잘못된 것을 찾아보세요.

다시 해 보세요.

자기 수정 전략

그 방법은 좋았어요.

틀린 곳을 찾아보세요.

거의 맞았어요. 다시 해 보세요.

맞는 단어를 찾기 위해 무엇을 해야 할까요?

유창하게 읽도록 하는 전략

이것을 빠르게 읽어볼래요?

말하는 것처럼 읽어 보세요.

출처: Fountas & Pinnell(1996). *Guided Reading: Good First Teaching for All Children*.

단어 학습에 관한 이슈

단어 학습은 유아가 유창하게 독립적으로 읽도록 하는 기술을 가르친다. 이 기술은 초등학교 3학년까지는 습득되어서 이후에는 독해 능력 향상에 집중해야 한다. 이 절에서는 단어 학습을 가르치는 것에 관련하여 자주 제기되는 질문과 이에 대한 답을 다룬다.

a. 하루 일과 중 언제 단어 학습을 가르쳐야 하는가?

b. 단어 학습에 얼마의 시간을 소비하여야 하는가?

c. 유아 개인차를 단어 학습에서는 어떻게 반영하여야 하는가?

읽기 교육 기준과 학교 교육과정에 근거하여 학급의 모든 유아를 위한 단어 학습이 매일 안배되어야 한다. 단어 학습 기술을 가르쳐야 할 순간을 포착하라. 과학, 사회, 수학, 놀이, 음악, 미술 수업에 단어 학습을 통합시켜라. 예를 들어 과학 과목에서 사계절의 기온(temperature)에 대하여 공부할 때, 발음 학습 시간에 공부한 *t*가 temperature의 첫 소리임을 상기시킨다.

개인차는 소집단 학습에서 고려한다. 소집단 학습에서 교사는 개인차를 파악할 수 있다. 또한 개인차를 반영한 교재와 난이도 조절이 소집단에서는 쉽다. 동일한 수준의 아이들을 소집단으로 구성하여 동일한 학습 목표를 가지면서도 능력에 따라 좀 더 어려운 활동이나 쉬운 활동으로 조절한다.

하루 일과 중 미리 계획하여 대집단으로 단어 학습을 할 수도 있고 개인의 능력차를 고려하여 계획적으로 소집단 활동을 할 수도 있고 내용교과를 하면서 자연스럽게 단어 학습을 할 수도 있다. 학습시간은 어린 유아는 짧게, 나이가 있는 유아는 길게 한다. 학습 교재는 유아에게 흥미를 불러일으킬 정도로 도전이 되어야 하나 너무 어려우면 안 된다. 소집단 활동은 영어를 학교에서 배우는 유아에게 효과적이다.

발음과 단어 지식에 대한 평가

앞에서는 단어 지식을 향상시키는 다양한 단어 학습 활동, 전략이 소개되었다. 평가는 다양한 방법과 형식으로 이루어져야 하며 교사가 학습을 계획하는 데 기초자료로 사용되어야 한다. 유아부와 유치부 유아의 책과 글자에 대한 개념은 그림 5.7의 형식을 사용하여 평가한다.

발음지식의 가장 기초 지식인 음소 인식은 글자 해독의 가장 기초이다. 단어의 음소를 찾아내고 분해된 음소를 결합하여 단어를 만드는 능력을 평가한다. 또한 음소 인식과 음운 인식은 글자에 대한 지식이 아니라 말소리에 대한 지식이므로 이를 평가한다. 소리의 분해와 결합뿐만 아니라 소리의 두운과 각운을 구별하여야 하며 단어의 첫소리나 끝소리를 다른 글자나 소리로 대체하는 지식도 평가한다. 그림 5.5에 유아기에 친숙하게 경험하는 운율이 제시되어 있다. 운율에 대한 지식을 평가할 때에는 각운인 **ake**를 제시하고 첫소리인 **m, t, b**를 이용하여 **make**(만든다), **take**(가지다), **bake**(굽다)를 만드는 능력을 본다. 그림 5.8에 유아의 음소 인식 평가지를 제시하였다.

그림 5.8의 음소 인식 평가지는 소리를 분해하고 합성하고 대체하는 음운 인식 능력을 평가하는데, 유아가 글자 혹은 글자의 묶음을 보고 소리를 섞고 분해하고 분리시키고 대체하게 하면 이는 소리와 기호의 관계 혹은 발음(phonics)에 대한 평가가 된다. 따라서 교사는 말소리만을 듣고 답하게 할 수도 있고 글자를 보며 답하게도 할 수 있다.

알파벳에 대한 평가는 그림 5.4의 양식을 활용하여 알파벳의 대문자와 소문자를 보고 유아가 응답하도록 한다. 시각 글자에 대한 평가는 그림 5.2를 활용하면 된다. 일과 중 유아가 작성한 작업지를 모으고 관찰 기록도 한다. 그림 5.9의 양식에 있듯이 **boat, girl, lamp, queen, van, zebra, circle** 등의 단어를 유아에게 말해주고 단어의 시작 자음을 말해보게 한다. 그리고 평가지 아래 부분의 공간에 유아가 답하지 못한 자음을 적는다. 그림 5.10에는 장모음과 단모음 단어가 제시되어 있다. **ape, overalls, apple, octopus, eagle, unicorn, eggs, umbrella, ice, iguana**와 같이 장모음과 단모음이 나오는 단어를 말해준다. 이때 유아는 그림과 글을 눈으로 볼 수 있다. 유아가 들은 단어가 장모음인지 단모음인지 답하도록 한다. 양식지에 맞게 답한 모음과 틀리게 답한 모음을 적는다.

그림 5.7

책과 인쇄물에 대한 개념 체크리스트

유아 이름:_____ 날짜:_____

방법: 굵은 글씨로 된 것은 유아가 알아야 할 내용이다. 나머지는 교사가 유아에게 제시하는 질문이다. 이 평가는 먼저 교사가 유아에게 책을 읽어준 후에 유아에게 책을 보여주면서 질문한다. 레벨은 난이도를 표시한다.

유아에게 다음의 것을 질문하고 맞게 답하면 맞음에, 틀리게 답하면 틀림에 표시한다.

레벨 1: 책에 대한 개념

	C	IC
앞표지: 책의 제일 앞은 어디일까?		
뒤표지: 책의 제일 뒤는 어디일까?		
제목: 책 제목은 어디 있지?		
제목 표지: 제목의 표지는 어디 있지?		
첫 장: 책을 읽을 때 어디부터 읽지?		

레벨 2: 인쇄물에 대한 지식

	C	IC
글자는 뜻이 있다: 무엇으로 이야기를 읽지?		
텍스트의 시작: 이야기를 읽을 때 어디에서 시작하지?		
왼쪽에서 오른쪽: 글자는 어느 방향으로 읽지?		
위에서 아래: 여기에서 다음을 읽으려면 어디로 가야지?		
줄 바꿈: 이 줄 다음으로 어디를 읽어야지?		

레벨 3: 글자와 단어에 대한 지식

	C	IC
일대일대응: 선생님이 읽고 있는 단어를 가리켜볼래?		
단어의 경계: 단어 하나를 가리켜볼래?		
첫 글자: 이 장에서 첫 글자를 가리켜볼래?		
마지막 글자: 이 장에서 마지막 글자를 가리켜볼래?		
글자 개념: 글자 하나를 가리켜볼래?		
대문자: 대문자를 가리켜볼래?		
소문자: 소문자를 가리켜볼래?		

레벨 4: 구두점에 대한 지식

	C	IC
마침표: 마침표는 어느 것이지? 이것은 왜 있지?		
물음표: 물음표는 어느 것이지? 이것은 왜 있지?		
인용표: 인용표는 어느 것이지? 이것은 왜 있지?		
쉼표: 쉼표는 어느 것이지? 이것은 왜 있지?		

발음중심 교수법의 문제

발음중심적 교수에는 몇 가지 문제가 있는데 그중 가장 큰 것은 영어에는 너무 많은 예외가 있다는 점이다. 예를 들어서 유아가 잘 아는 단어인 **kite**의 k는 /k/로 발음하나 k 뒤에 n이 오는 **know, knock**에서 k는 묵음이다. 따라서 규칙을 적용하는 능력에 제한이 있는 유아에게 규칙을 많이 가르치는 것보다 될수록 규칙을 적게 가르치는 것이 맞다고 생각한다. 예외적인 것은 경험할 때마다 가르치면 되고 자주 접하지 않는 것은 시각 글자로 가르치면 된다. 즉 유아기의 발음 교육은 예외가 없는 발음에 대하여 집중하는 것이 좋다.

그림 5.8

음소 인식 평가지

유아 이름: _____   날짜: _____

교사: _____   학년: _____

말의 단위에 대한 개념

유아에게 칩을 가지고 말놀이 게임을 한다고 이야기한다. 먼저 "Joey likes cake(죠이는 케이크를 좋아해요.)"를 말하면서 단어마다 칩 하나를 앞으로 밀어낸다. 유아가 똑같이 해 보도록 한다. 유아가 게임방법을 이해한 것이 확인되면 교사는 다음 문장을 읽어준다. 다시 유아가 이 문장을 반복하며 단어를 말할 때마다 칩을 밀어내도록 한다.

1. Tom ran home. (3) ____ (톰은 집으로 뛰어갔다.)
2. I have two pets. (4) ____ (나는 두 마리의 애완동물이 있다.)
3. What are you doing? (4) ____ (당신은 무엇을 하고 계세요?)
4. Terry loves to play soccer. (5) ____ (테리는 축구를 매우 즐긴다.)

　　총점 ____

운율 인식

hat, sat는 두 개의 단어 끝소리가 같다고 이야기해주고 이를 운율이라고 설명해준다. 유아에게 sit과 bit가 운율이냐고 묻는다. 유아가 네라고 답하면 chair와 boy가 운율이냐고 묻는다. 유아가 아니오라고 답하면 다음의 단어 짝을 가지고 평가한다. 맞게 답하면 체크한다.

1. bed-fed (네) ____
2. run-soap (아니오) ____
3. funny-bunny (네) ____
4. girl-giant (아니오) ____

　　총점 ____

운율 산출

선생님이 한 단어를 말하면 유아가 이것과 운율이 되는 단어를 말하게 한다. 이 단어는 실제 사용하는 단어도 되고 유아가 만든 것도 가능하다고 말해준다. sit과 운율이 되는 단어를 말하게 한다. 가능한 답은 bit, fit, mit, pit, dit, jit이다. 유아가 말한 단어를 받아 적고 운율이 되면 정답으로 체크한다.

1. pain _____ ____
2. cake _____ ____
3. candy _____ ____
4. dark _____ ____

　　총점 ____

출처: Robertson, C., & Salter, W. (2007). *The Phonological Awareness Test 2*. E. Moline, Il: LinguiSystems, Inc.

발음중심적 교수의 또 다른 문제는 방언과 관계되어 있다. 뉴욕 출신의 교사가 사우스 캐롤라이나 혹은 조지아에서 가르친다면 장모음과 단모음을 남쪽 출신 교사와는 다르게 가르친다. 또한 학교에서 영어를 배우기 시작하는 유아들의 소리에 대한 감각은 영어와 다르다. 학습 양식에 있어서도 청각 학습자가 있고 시각 학습자가 있는데 청각 학습에 약한 유아는 발음 관련 지식을 쉽게 취득하기 어려우므로 이들의 강점을 살려서 배울 수 있도록 해야 한다. 유창하게 읽기 위해 발음지식은 필수이나 이는 문해 발달에 필요한 지식의 일부이므로 이를 과대하게 강조할 필요는 없다.

그림 5.8

음소 인식 평가지(계속)

음절 합성

선생님이 단어를 이상하게 말하면 유아가 이를 단어로 만들어 말하는 것이라고 말해준다. out -side(outside), ro-bot(robot)으로 말해준다. 유아가 이 예시 단어를 제대로 발음하는가를 확인한다. 그 다음 아래 단어로 평가한다.

1. pen-cil _____
2. rain-bow _____
3. pop-corn _____
4. pa-per _____

　총점 _____

음절 분해

선생님이 단어를 말해주면 이를 부분 혹은 음절로 분해하는 것이라고 말해준다. rainbow를 평상시처럼 말하면서 음절마다 박수를 친다. 그리고 음절마다 칩을 앞으로 내민다. 유아에게 다음 단어를 말해주면 유아가 음절마다 칩을 밀도록 한다. 교사가 예시에서 박수를 치는 것은 유아의 이해를 돕기 위한 것이므로 유아가 이해하였다면 반복하지 않아도 된다. 음절 수에 맞게 칩을 내놓으면 체크한다.

1. sometime (2) _____
2. basket (2) _____
3. fantastic (3) _____
4. helicopter (4) _____

　총점 _____

첫소리 음소 분리

선생님이 단어를 말하면 이것의 첫소리를 말하는 것이라고 소개한다. top의 첫소리가 무엇이냐고 묻고 유아가 /t/라고 답해야 한다. 이후 다음 단어를 유아에게 들려주고 반응을 체크한다.

1. big /b/ _____
2. farm /f/ _____
3. apple /a/ _____
4. ship /sh/ _____

　총점 _____

음소 합성

선생님이 단어의 모든 소리를 따로 따로 말하면 유아가 이를 합해서 단어로 말해야 한다고 소개한다. /s/ /i/ /t/를 말하면 유아가 sit 라고 답하고 /s/ /t/ /o/ /p/을 말하면 stop으로 답해야 한다. 다음 단어를 한 소리씩 읽어주고 반응을 체크한다.

1. /m/ /e/ me _____
2. /b/ /e/ /d/ bed _____
3. /sh/ /o/ /p/ shop _____
4. /p/ /l/ /a/ /n/ /t/ plant _____

　총점 _____

그림 5.8

음소 인식 평가지(계속)

음소 수 분리

선생님과 함께 단어에 있는 소리를 맞추는 게임을 할 것이라고 말한다. 먼저 dime을 말하면서 /d/ /i/ /m/을 말할 때 칩을 앞으로 내민다. 유아가 hat로 연습할 기회를 준다. 다음 단어로 답하게 하고 반응을 체크한다.

1. in (2) ___
2. name (3) ___
3. ship (3) ___
4. sock (3) ___

　총점 _____

음소 대체

선생님이 단어의 소리로 아주 다른 게임을 할 것이라고 말한다. 단어의 첫소리를 다른 소리로 대체하는 것이다. 먼저 pail을 /m/으로 대체하면 mail이 된다고 예시를 보여준다. 유아가 top의 첫소리를 /h/로 대체하게 하고 hop으로 대답하면 다음 평가를 진행한다.

1. man을 /k/로 대체한다. can ___
2. pig를 /d/로 대체한다. dig ___
3. bed를 /r/로 대체한다. red ___
4. shop를 /ch/로 대체한다. chop ___

　총점 _____

상용화된 문해 교육 자료

상용화된 문해 교육 자료는 꽤 오래전부터 사용되었다. 대표적으로 「독서 기초 교재(basal readers)」, 「독서 선집(anthology)」이 있는데 수업 계획안, 교재가 함께 제공되므로 많은 교육청에서 이를 사용한다. 상용화된 문해 교육 자료를 선택할 때에는 다음 사항이 고려되어야 한다.

1. 프로그램의 목표를 검토하고 조기 문해 교육에 관한 최신 정보를 반영하고 있는지를 확인한다.
2. 주 정부 혹은 교육청에서 제시한 기준을 만족시킬 수 있는 것인지 확인한다.
3. 교육청에서 지지하는 발달적 적합성이 프로그램에 구현되어 있는지 확인한다.
4. 내가 가르치는 유아의 필요를 충족시키는 프로그램과 자료인지 확인한다.
5. 도시와 농촌 지역에 따라 유아의 필요가 다르며 영어를 학교에서 배우기 시작하는 유아의 필요가 다르다. 프로그램이 이러한 특징을 반영한 것인지를 고려한다.
6. 유아에게도 매력적이며 견고한지를 확인한다.
7. 교사용 지도서에 수업 계획안, 내용 등이 명확하게 제시되어 있으며 교사에 따라

서 융통성이 있는지를 확인한다. 또한 교사가 교재를 융통성 있게 사용할 수 있도록 되어 있는지를 확인한다. 교재가 모든 것을 규정하고 있는 것은 피한다.

8. 학년 혹은 성취 수준에 따라 레벨이 잘 나누어져 있는지를 확인한다.

이외에도 다음과 같은 것을 확인한다.

1. CD 혹은 비디오 같은 공학 요소가 있는가?
2. 연습용 자료가 있는가?
3. 다문화 요소를 반영하고 있는가?
4. 옛이야기, 동시, 우화, 생활 동화, 정보 글 등 다양한 장르의 글이 제시되는가?
5. 자료의 텍스트가 내용교과와 연결되는가?
6. 유아 스스로 하는 활동 혹은 조작 교구가 있는가?
7. 평가가 교육청의 목표와 일치하는가?
8. 프로그램을 조직하고 운영하는 것이 체계적인가?
9. 교사는 일정한 방식을 따라야만 하는가, 아니면 학생의 특징에 따라서 교재를 수정할 수 있는가?
10. 읽기가 서툰 유아를 위한 중재 프로그램이 있는가?
11. 출판사는 교사연수 기회를 제공하는가?

상용화된 문해 교육 자료의 수준이 높아져서 실제 문학 자료로 구성되어 있다. 물론 말과 글의 소리 분해를 가르치는 교재들은 실제 문학 자료보다는 의미적 경험을 제공할 가능성이 낮다. 그러나 이들 자료는 어휘를 반복적으로 제시하고 발음적 요소를 알 수 있는 요소, 그림의 암시 등을 통해 유아가 글 읽기를 배울 수 있도록 돕는다.

「독서 기초 교재(basal readers)」는 학년으로 구분되어 있다. 교실에는 자신의 학년 이상의 레벨 혹은 그 이하의 레벨로 배워야 하는 아이들이 항상 있다. 교사는 교재의 난이도 수준을 파악할 수 있으므로 학급의 소집단에 적절하게 난이도 수준을 결정하여 교재를 선택한다. 출판사들은 학년으로 구분하기도 하고 A, B, C 수준으로 난이도를 구분하여 유아의 읽기 수준에 적절한 교재를 선택할 수 있도록 돕는다. 교재의 난이도는 다음과 같은 기준으로 구분된다(Fountas & Pinnell, 1996).

책의 쪽수, 단어 수
글자의 크기와 모양
글자의 반복, 패턴, 언어구조
장르
단어의 소리 특징
그림과 글의 관계

교사들은 동료교사와 협력하여 자신이 가지고 있는 책을 위의 기준으로 난이도를 구분하기도 하고 유아에게 읽어보게 하여 너무 어려운지 쉬운지를 판단하기도 한다. 교

그림 5.9

자음 첫소리 그림 카드
사용법: 아래의 그림카드를 알맞은 크기로 확대 복사하여 코팅한다. 첫소리 알파벳 순서로 카드 배열하기, 같은 자음으로 시작하는 단어 분류하기, 첫 자음 소리 내보기, 각 단어의 음절 수 찾아보기 활동을 하거나 이런 능력을 평가하는 데 사용한다.
boat를 읽어주고 단어의 시작 자음을 말해보게 한 후 girl, lamp, queen, van, zebra, circle 등의 단어를 말해주고 같은 자음으로 시작하는 단어를 카드를 보고 선택하게 한다. 그리고 평가지 아래 공간에 아동이 답하지 못한 자음을 적는다.

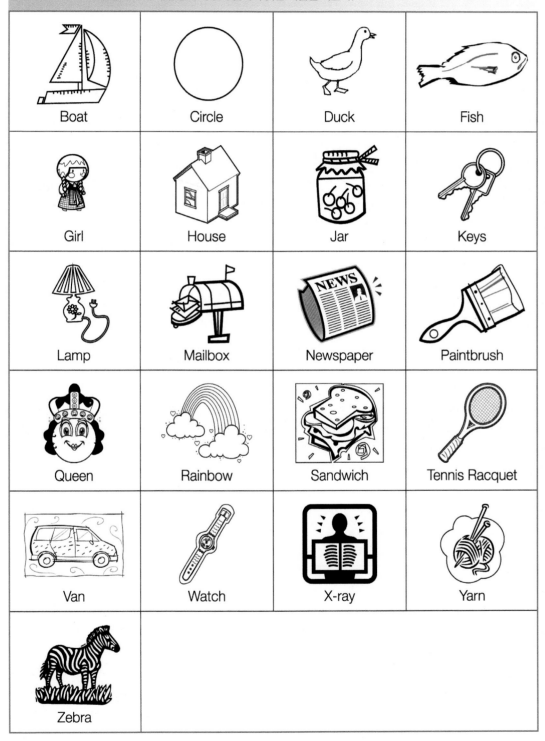

그림 5.10   모음 그림 카드

사용법: 아래의 그림카드를 알맞은 크기로 확대 복사하여 코팅한다. 카드의 단어를 소리 내어 읽고 음소 수를 세거나 운율이 맞는 단어를 짝지어보거나 소리를 분해, 합성하는 활동을 한다. 모음 소리를 찾고 이것이 장모음인지 단모음인지도 말해본다.

　　ape를 유아에게 말해주고 모음을 찾고 이것이 장모음인지 단모음인지 구분하게 한다. 아래 그림카드에서 ape, overall, apple, octopus 순서로 말해주고 장모음과 단모음 단어를 소리만 듣고 구분하는 능력을 평가한다.

장모음 그림 카드

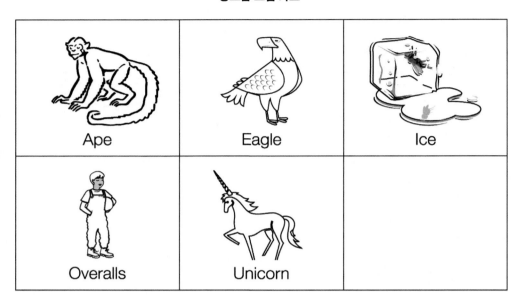

Ape	Eagle	Ice
Overalls	Unicorn	

단모음 그림 카드

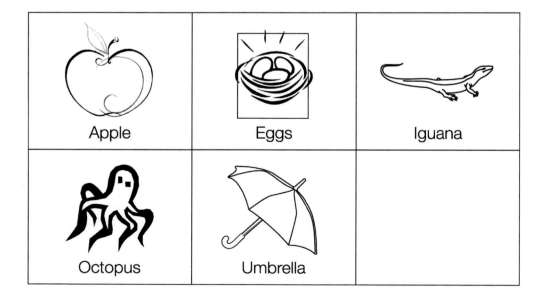

Apple	Eggs	Iguana
Octopus	Umbrella	

그림 5.11 **알파벳 카드**
사용법: 아래의 그림카드를 알맞은 크기로 확대 복사하여 코팅한다. 알파벳 순서대로 놓아보는 활동을 하거나 대문자와 소문자를 짝짓는 활동을 한다. 또한 각 알파벳으로 시작하는 단어와 짝짓는 활동을 한다.

대문자

A	B	C	D	E	F	G
H	I	J	K	L	M	N
O	P	Q	R	S	T	U
V	W	X	Y	Z		

소문자

a	b	c	d	e	f	g
h	i	j	k	l	m	n
o	p	q	r	s	t	u
v	w	x	y	z		

그림 5.12   단어 만들기

사용법: 아래의 그림카드를 알맞은 크기로 확대 복사하여 코팅한다.

두운과 각운: 위의 자음 카드와 아래의 카드를 연결하여 운율이 맞는 단어를 만든다.

b	c	d	f	g	h	j
k	l	m	n	p	q	r
s	t	v	w	x	y	z

운율

are	ate	ake	ame
ave	ase	ain	ap
ail	ang	ear	eat
ell	end	ent	ive
est	ine	ike	ice
ime	it	ink	ing
ip	ile	in	ot
ock	oke	op	un
unk	ump	ug	uck

그림 5.13   **단어 분류하기**
사용법: 아래의 그림카드를 알맞은 크기로 확대 복사하여 코팅한다. * 표시된 단어를 맨 윗줄에 놓고 각운이 맞는 카드를 모은다.

Pot*	Kit*	Fat*
Cat	Hot	Sit
Bit	Not	Hit
Sat	Lot	Hat
Cot	Wit	Mat
Fit	Rot	Bat

그림 5.14

단어 풍차

사용법: 아래의 그림카드를 알맞은 크기로 확대 복사하여 코팅한다. 위에 있는 첫소리 카드 판위에 아래의 각운이 적힌 판을 겹치고 가운데를 핀으로 조정하여 풍차처럼 돌리며 단어를 소리 낸다. 단어를 종이에 적는다.

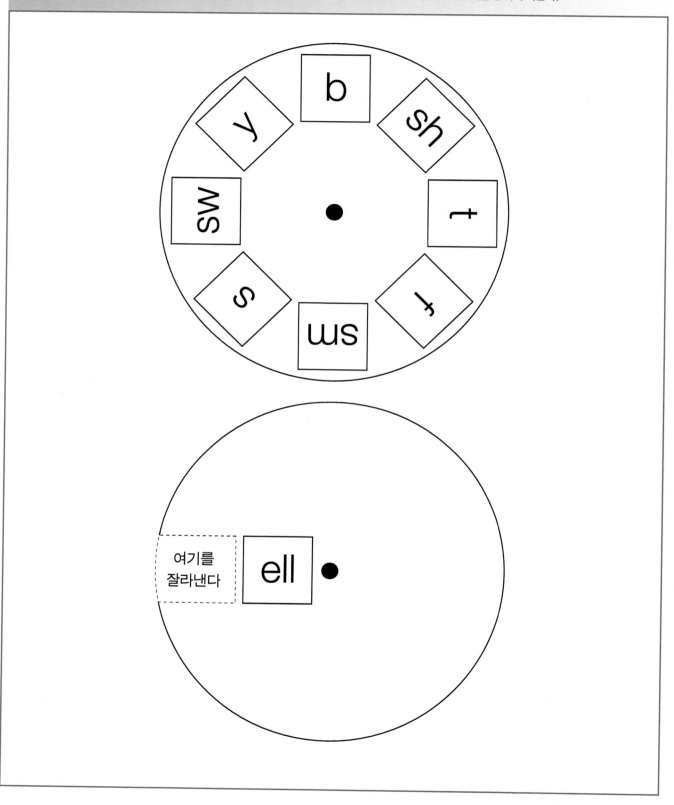

여기를 잘라낸다

그림 5.15

단어 풍차를 만드는 법
사용법: 아래의 그림카드를 알맞은 크기로 확대 복사하여 코팅한다. 아래의 것을 이용해 새로운 단어 풍차를 만들 수 있다.

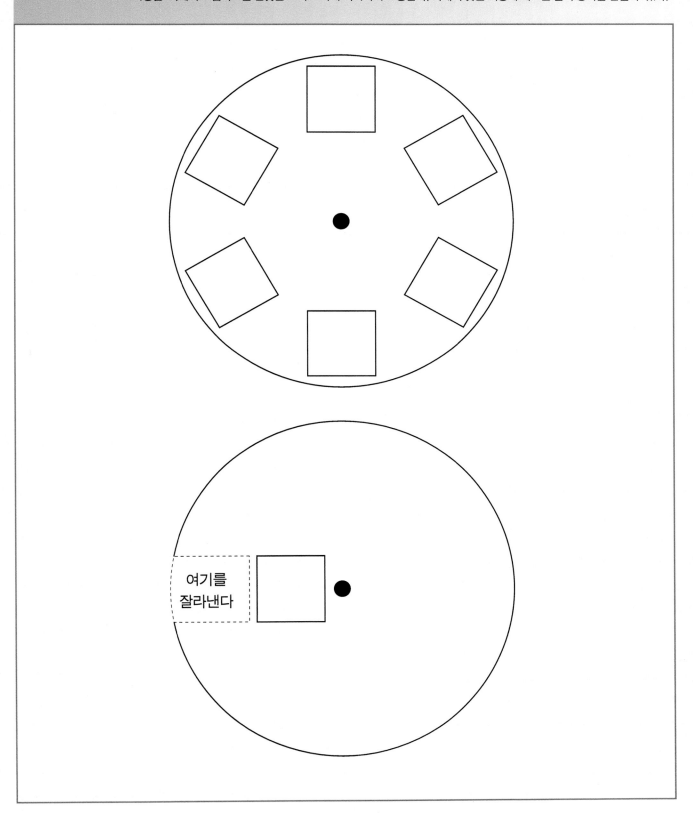

여기를
잘라낸다

그림 5.16

분류 보드
사용법: 알맞은 크기로 확대 복사하여 코팅한다. 이 보드는 그림 5.9부터 그림 5.13까지에 제시된 카드 분류 활동을 하거나 유아를 평가할 때 카드 분류 보드로 사용한다. 알파벳순으로 분류하기, 단어의 첫소리를 알파벳으로 맞추기, 단어의 시작과 끝이 운율이 맞는 단어 만들기, 길고 짧은 모음으로 분류하기 등을 할 수 있다.

그림 5.17 **퍼즐 조각 맞추기**
사용법: 아래의 카드를 알맞은 크기로 확대 복사하여 코팅한다. 퍼즐 조각에 대문자와 소문자 맞추기, 운율이 맞는 단어 혹은 첫소리와 단어를 조각으로 맞추기 활동을 한다.

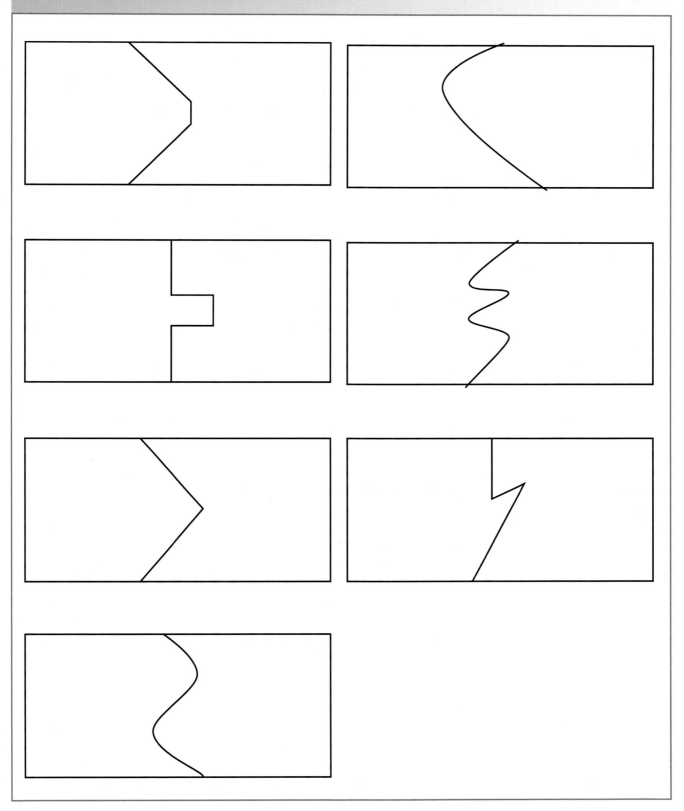

실에 보관할 때에도 난이도가 구분된 도서를 가장 가운데 두어 필요할 때 사용하기 쉽게 한다.

출판사들도 책의 난이도를 구분하여 출판하여 구매하기 쉽게한다. 출판사들이 구분하는 레벨은 다양한 기준을 사용하는데, 예를 들어서 반복된 어휘, 특정한 말소리의 음운적 요소로 구분하기도 한다.

특정한 난이도의 교재와 도서를 선택할 때 평가에 관한 장인 2장에서 기술한 연속기록을 활용할 수 있다. 유아가 90에서 95%의 정확도를 가지고 읽으면 적절한 레벨로 판단한다. 95% 이상의 정확도를 보이면 유아 혼자서 읽어도 되는 레벨이고 90% 이하의 정확도를 보이면 이 유아에게는 너무 어려운 레벨이다.

교사는 상용화된 교재를 사용할 것인가 아닌가를 결정해야 하는 중요한 위치에 있다. 상용화된 교재를 사용할 때 교사는 교재에 있는 그대로를 따라 할 필요가 없다. 즉 교재에 나온 대로의 순서를 처음부터 끝까지 그대로 따라 하는 것이 아니라 학급 유아의 수준, 필요, 특징에 맞추어서 사용해야 한다. 필요가 없는 부분은 과감하게 생략하고 필요하다면 여러 번 반복한다. 어느 하나의 프로그램이 모든 유아에게 다 효과가 있거나 다 없는 경우는 없다. 효과가 있다고 증명되는 것은 교사가 이 프로그램을 어떻게 사용하느냐에 달려있다.

활동과 질문

1. 이 장의 맨 앞에 있는 핵심 질문에 답하라.

2. 유아교실의 환경 글자를 관찰하라. 교실의 것 이외에 바깥세상의 환경 글자를 게시할 것을 제안하라.

3. 유아부, 유치부, 초등학교 2학년 아동의 구어 발달, 이해도 발달, 글자에 대한 지식 등을 평가하라. 연령에 따라 어떤 차이가 있는지를 관찰하고 결론을 제안하라.

4. 유아의 경험을 듣고 경험 차트를 만들어보라. 유아가 가까이 없으면 대학 친구의 경험에 근거하여 차트를 만든다. 만들어진 차트의 디자인, 글자 모양 등에 대하여 자기 평가를 해 보라.

5. 유아들이 나만의 단어(Very Own Words) 목록을 만들고 이를 「독서 기초 교재(basal readers)」에 나오는 단어와 비교한다. 어느 단어 목록이 더 어려운가 혹은 더 쉬운가?

6. 자음 낱자 세 개를 고른다. 탐구 주제에 따른 교육과정을 운영하면서 이 낱자로 시작하는 단어를 찾아본다. 특정 낱자로 시작하는 단어 혹은 소리를 가르치는 방법으로 전통적인 방법과 유아의 경험에 의미가 있는 방법을 생각해보라.

7. 단어벽을 활용하여 자주 쓰이는 단어를 가르치는 수업을 구성하라.

8. 모닝 메시지에서 발음을 가르치는 수업을 구성하라. 교수매체로 전자칠판이나 컴퓨터 소프트웨어를 사용하는 것도 고려하라.

9. 이 장에 소개된 발음 학습법의 실제를 교실에서 실행해보라.

핵심 질문

● 책에 대한 개념을 향상시킬 수 있는 경험에는 어떤 것이 있는가?

● 텍스트 이해 혹은 독해에 대하여 정의하라.

● 책 읽어주기의 유형을 기술하라. 이것이 어떻게 유아의 독해 능력을 향상시키는가?

● 독해 능력을 발달시키는 데 도움이 되는 도표 조직지나 요약 같은 전략에 대하여 기술하라.

● 잘 쓰인 이야기 텍스트를 정의하고 구조적 요소를 열거하라.

● 잘 쓰인 설명적 텍스트를 정의하고 구조적 요소를 열거하라.

● 텍스트에 대하여 토의할 때 심미적 관점과 정보추출적 관점에 대하여 설명하라.

● 전략적 독서자의 특징을 기술하라.

핵심 용어

도표 조직지(웹, 지도 등)	목적적 듣기와 사고 활동(DLTA)	목적적 읽기와 사고 활동(DRTA)
문학 동아리	버디 읽기	상호 교수
설명적 텍스트	소리 내며 생각하기	생각, 짝, 공유
심상	유창성	이야기 텍스트
짝	짝 읽기	초인지
텍스트 이해	함께 책 읽기	

6

텍스트 이해와
책에 대한 개념 발달

책 읽는 것을 스스로 좋아하게 되는 아이는 없다.
아이가 놀랍고 멋진 글의 세계로 들어가도록 누군가가 유혹하고 안내하여야 한다.
−오빌 프레스콧
(책 읽어주는 아버지, 1965)

1학년 담임인 윈 선생님은 그동안 여러 명의 그림책 작가와 일러스트레이터에 대하여 아이들과 토론을 해왔다. 교실 게시판에는 아이들이 뽑은 좋아하는 작가와 일러스트레이터의 목록이 적혀있다. 새 작가와 일러스트레이터가 쓴 그림책을 읽은 후 좋아하는 작가 목록에 이들의 이름을 첨가할 것인가를 아이들에게 물었다. 게시판에 좋아하는 작가 목록에는 에즈라 잭 키즈, 토미 드파올라, 레오 리오니, 아놀드 로벨이 있고, 좋아하는 일러스트레이터 목록에는 닥터 수으스, 에릭 칼, 모리스 센닥이 있다. 제이미가 손을 들고 말하기를, "나 지금 방금 이상한 것을 발견했어요. 작가들은 일러스트레이터이기도 하고, 일러스트레이터는 역시 작가이기도 해요." 크리스토퍼도 손을 들고 말하기를, "그건 이상한 것이 아니야. 나는 작가이면서도 동시에 일러스트레이터인 사람들을 많이 알고 있어. 나, 조시, 제니퍼, 패트릭이잖아." 크리스토퍼는 일어나서 교실을 죽 훑으며 급우들의 이름을 하나하나 말하였다. 급우들의 이름을 다 말하자 크리스토퍼는 "우리 모두 작가이면서 일러스트레이터야. 우리 모두 책을 쓰고 그림도 그리잖아. 그리고 그 책을 인쇄해서 학급문고에 비치해놨어. 우리가 어떻게 이것을 잊고 있었지?"

윈 선생님은 화이트보드에 T-차트 모양으로 다음과 같이 썼다(그림 6.1). 한쪽에는 "닥터 수으스"라고 쓰고 다른 쪽에는 "에즈라 잭 키즈"라고 적었다. T-차트는 정보를 조직하고 이해하기 쉽게 하는 조직표라고 아이들에게 설명하고, T-차트를 사용하면 공통점과 차이점을 비교하기 쉽다고 말하였다. 동시에 어떻게 T-차트를 만드는지를 아이들 앞에서 시범을 보였다. 먼저 각 작가의 삽화 특징을 나열하고 그 다음 이야기의 특징을 나열하며 적었다. 이것을 끝내자, 공통점과 차이점을 구분하기가 쉬웠다.

다음 날, 전날과 같은 활동을 다른 작가-일러스트레이터를 가지고 반복하였다. 아이들을 두 명씩 짝짓고 윈 선생님이 아이들의 활동에 도움을 주면서, 작가-일러스트레이터에 대한 T-차트를 작성하게 하였다. 마지막으로 아이들은 선택활동시간에 교사의 도움 없이 T-차트 활동을 하였다. 물론 이 활동을 할 때에 아이들은 자신이 분석하고 있는 작가-일러스트레이터의 작품을 보면서 특징을 목록으로 작성하였다.

위 활동의 순서는 다음과 같다: (1) 제일 먼저 전략을 소개하며 이 전략이 하는 기능에 대하여 설명하였다. (2) 다음에 이러한 전략을 직접 사용하는 시범을 보여주었고, (3) 다음 단계에서는 교사의 도움을 받아 이러한 전략을 연습해보도록 하였다. (4) 마지막 단계에서는 교사의 도움 없이 유아 스스로 혹은 짝과 함께 이 전략을 사용하여 작가

그림 6.1

T-차트

작가		일러스트레이터	
닥터 수으수	**에즈라 잭 키즈**	**닥터 수으수**	**에즈라 잭 키즈**
운율이 있다	운율이 없다	선명한 색채	밝은 색채
환상적 인물	실제 사람과 동물	수채화	콜라주
상상적	실제 이야기	만화	사실적
말장난	실제 말		

와 이야기의 특성을 분석하고 비교하게 하였다. 이는 궁극적으로 유아가 이야기를 잘 이해할 수 있도록 해준다.

책에 대한 개념

교사는 어린 아이들에게 책을 어떻게 다루는 것인지, 책의 물리적 구조와 그림과 글의 차이에 대하여 설명해준다. 어린 시절부터 책을 다루어보고 경험한 아이들은 책과 관련된 지식과 개념이 있다. 책에 대한 지식과 개념은 문해자가 되어 가는 여정의 첫 출발로 중요한 의미를 갖는다.

책에 대한 개념을 발달시키는 목적
책에 대한 개념을 획득한 유아는 다음을 할 수 있다.

> 1. 책이란 읽기 위한 것임을 안다.
> 2. 책의 앞과 뒤, 위와 아래를 구분할 수 있다.
> 3. 이야기가 진행되는 방향으로 책장을 넘길 수 있다.
> 4. 글과 그림의 차이를 안다.
> 5. 그림은 글과 관계있음을 안다.
> 6. 페이지의 어느 부분에서부터 읽기 시작하는 것인지를 안다.
> 7. 책의 제목을 안다.
> 8. 작가를 안다.
> 9. 일러스트레이터를 안다.

책에 대한 개념을 발달시키는 데 도움이 되는 활동

English Language Learners

성인은 위에서 언급한 책에 대한 개념 및 지식을 유아가 당연히 갖고 있다고 단정하는 경향이 있다. 그러나 2세부터 6세 유아에게 이러한 지식은 쉽게 얻어지는 것이 아니다. 유치원에 입학하기 전 약 1,000권의 책을 경험해야 책에 대한 지식과 개념을 획득하며 이 지식은 읽고 쓰기를 배우는 데 기초가 된다. 유아가 이 개념을 획득할 수 있도록 도우려면 책을 읽어줄 때마다 이러한 개념과 특징에 유아를 주목시킨다. 이야기를 읽어 주면서 다음과 같이 이야기하는 것이 적절하다.

"지금부터 선생님이 읽어주려고 하는 이야기의 제목은 "「해리엇, 너는 엄마를 힘들게 하
는구나(Harriet, You' ll Drive Me Wild)」(Fox, 2000)란다. 책의 앞에 적혀있는 것은 제목
이란다. 이 책을 쓴 사람의 이름은, 이를 작가라고도 하는데, 멤 팍스란다. 여기에 이름이
적혀있구나. 그림을 그린 사람의 이름은, 이를 일러스트레이터라고 하는데, 말라 프란지
란다. 여기에 이름이 적혀있구나. 모든 책에는 제목, 작가 그리고 그림을 그린 일러스트
레이터가 있지. 다음부터 책을 볼 때에는 제목을 찾아보거라. 제목은 항상 맨 앞 장에 있
어. 그리고 저자와 일러스트레이터의 이름도 찾아보거라. 「안 돼, 데이빗」(No David,
1998)은 책을 쓴 사람이 그림도 같이 그렸는데, 그 이름은 데이빗 샤논이란다."

위와 같은 대화는 책에 대한 개념을 얻게 한다. 책을 읽어줄 때 그림을 가리키고, 그
다음에 글을 가리키면서 "우리가 읽고 있는 것은 그림이니 글이니?"와 같은 질문도 해
본다. 책을 읽어주기 전, 책의 맨 위와 아래가 어디인지 유아들에게 물어보거나 어디부
터 읽기 시작해야 하는지를 물어보라. 이런 활동은 유아들에게 책에 대한 개념을 알려
줄 기회가 될 뿐만 아니라 반의 유아 중에 이런 지식을 가지고 있는 유아와 갖고 있지
않은 유아를 구분할 수 있다. 이러한 상호작용은 소집단 혹은 개별로 책을 읽어줄 때 모
두 가능하다. 교사의 이런 상호작용은 유아가 독립적으로 책을 볼 때 스스로 확인해볼
기회를 주어 책에 대한 개념이 내면화될 것이다. 아래에는 이러한 구체적인 예가 제시
되어 있다.

4세 유아에게 「내 토끼 어딨어(Knuffle Bunny)」(Willems, 2004)를 읽어주었더니, 그 아
이가 내게 질문하기를, "트릭시가 에글 프래글 크래블에게 한 말이 어디 있나요? 책에 있
는 그 곳을 보고 싶어요." 내가 아이에게 단어를 짚어주자, 손가락으로 단어를 가리키면
서 따라하더니 같은 내용이 있는 다른 곳을 가리켜 달라고 요구하였다. 책 끝까지 이를
계속 반복하더니, 결국 스스로 "에글 프래글 크래블"을 찾으려고 하였다.

빅북은 문해 교수를 위한 좋은 매체이다. 빅북의 큰 글자와 그림은 책과 인쇄물의 개
념과 지식을 갖도록 도와준다. 빅북은 유아기 때부터 초등학교 3학년까지 사용할 수 있
다. 소집단과 대집단으로 책을 읽을 때 유아의 적극적인 참여를 격려한다. 손으로 잡고
읽어주기에는 책이 너무 크므로 이젤과 같은 버팀목에 올려놓고 읽어준다. 빅북을 구매
하여 사용할 수도 있지만 교실에서 빅북을 만들어 사용하면 책에 대한 개념 형성에 도
움이 많이 된다. 그림 6.2는 빅북 제작에 필요한 정보를 제시하고 있다.

글과 그림이 크게 표현되어 있는 빅북은 교사가 책을 읽어주면서 왼쪽에서 오른
쪽 방향으로 글을 읽어가는 것이 유아들에게 잘 인지될 수 있으며 책이란 읽기 위한
것이고 위에서 아래 방향으로 읽어 나간다는 것이 분명하게 드러난다. 그림과 글의
차이와 관계에 대한 이해가 쉽고, 책장을 넘기는 방법도 유아들에게 잘 보인다. 책의
제목과 작가, 일러스트레이터의 이름도 첫 장에 크게 보이므로 유아들이 이를 찾기
쉽다.

윈 선생님이 담임을 맡고 있는 1학년 교실에서는 책을 읽기 전 먼저 책의 제목과 작

그림 6.2

빅북 제작법

재료:

● 앞, 뒤 커버용 부직포 혹은 하드보드지 2장
● 내용을 적을 도톰한 종이 10장
● 링 6개
● 구멍뚫이게

방법:

● 앞장과 뒷장 커버지와 속지 위, 중간, 아래에 구멍을 두 개씩 뚫는다.
● 링을 구멍에 끼운다.
● 빅북의 속지는 최소 10쪽이 되도록 한다.
● 글자 크기는 높이가 최소 3에서 5센티미터가 되도록 한다.

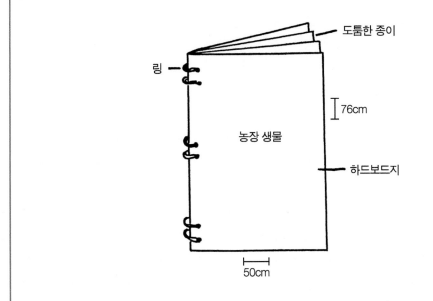

가 이름과 일러스트레이터 이름을 찾아보기를 항상 하였다. 어느 날 유아가 독립적으로 읽고 쓰기 활동을 하는 시간에 데미안은 「**다 어디 갔지? 동물 알파벳**(Where is Everybody? An Animal Alphabet)」(Merriam & Degroat, 1989) 빅북을 이젤에 올리고, 세 명의 친구를 그 앞에 앉혀 놓고 책을 읽어주기 시작하였다. "내가 읽으려고 하는 책의 제목은 **다 어디 갔지? 동물 알파벳**." 하며 첫 장을 넘기고 글을 읽기 시작하였다. 이때 패트릭이 끼어들면서 "데미안, 작가와 일러스트레이터의 이름을 먼저 말하고 책을 읽는 거야."라고 말하였다. 그러자 데미안은 주먹으로 이마를 치며 말하기를, "아차, 그렇지. 자, 보자. 여기에 작가 이름이 있는데, 이것이 작가 이름이고 이것이 일러스트레이터이겠구나. 윈 선생님, 이름을 읽어주실래요?"라고 물었다. 윈 선생님이 와서 "작가 이름은 이브 미리암, 일러스트레이터 이름은 다이엔 드그롯이구나."라고 읽어주었다.

텍스트 이해에 대한 이론 및 연구

독해란 텍스트를 읽을 때 이해하는 능력이다. 해독은 독립적 읽기를 위해 필요한 능력이나 해독이 유창하더라도 해독한 텍스트를 이해해야만 능숙한 독서자라고 할 수 있다. Almasi(2003)는 독해에 능한 독서자의 특징을 기술하였는데, 이것이 우리가 성취하고자 하는 독서자의 모습일 것이다.

- 능숙한 독해자는 처음부터 끝까지 읽으면서도 이해에 도움이 될 정보를 찾아 건너뛰기도 한다.
- 능숙한 독해자는 기억해야 할 정보를 읽을 때는 천천히 읽는다.
- 능숙한 독해자는 읽고 있는 자료와 관련된 사전 지식을 활성화시켜 앞으로 읽을 자료의 내용을 예측한다.
- 능숙한 독해자는 읽은 것을 요약하고 핵심 아이디어를 떠올린다.
- 능숙한 독해자는 문제가 될 만한 이슈와 관련 정보를 텍스트에서 찾아낸다.
- 능숙한 독해자는 자신이 사용한 전략을 설명할 수 있다.

독해는 적극적 과정이다. 적극적 과정이란 자신이 읽고 있는 내용과 관련된 사전 지식을 상기하여 현재의 것을 해석하여 의미를 구성하는 것으로 현재의 것과 과거의 것을 연결시키는 것을 말한다(Applegate, Applegate, & Modla, 2009; Pressley & Hilden, 2002). 이러한 독해에 대한 정의와 개념은 스키마 이론에 근거하는데, 우리는 경험을 할 때 특정 정보와 주제에 대한 배경 지식 즉 스키마를 형성한다. 우리는 항상 경험하고 배우고 있기 때문에 스키마는 절대 완벽할 수 없다. 예를 들어서, 누군가가 우리에게 서커스에 대하여 이야기를 해주어서 서커스에 대한 정보를 갖게 되었다고 하자. 서커스 사진을 보면 서커스에 대한 정보가 추가되고 서커스를 실제 관람하면 서커스에 대하여 더 많이 알게 된다. 그 후 서커스에 관한 이야기를 읽거나 듣게 되면 새로운 정보가 추가되어 우리가 이미 알고 있는 서커스에 대한 정보가 더 정교해진다. 마찬가지로 무엇인가에 대하여 듣거나 읽은 유아는 그것과 관련된 사전 정보와 지식을 통합하여 새로운 지식을 창안하게 되는데 이것이 독해의 과정이다(Pressley & Hilden, 2002).

▼ 독해는 독서자가 읽는 내용의 의미를 해석하고 구성하는 적극적 과정이다.

독해는 읽고 쓸 때 다른 사람과의 사회적 상호작용을 통하여 향상된다(Rand Reading Study Group, 2002). 예를 들어서, 유아는 성인이 책을 읽어주는 것을 경험하면서 다양한 문제 해결을 시도하는 경험을 한다. 성인은 유아에게 질문을 하고, 또한 유아가 답할 수 있도록 도와준다. 이 과정에서 텍스트와 관련된 사전 정보와 경험을 관계시키며, 의미를 구성한다.

읽고 있는 자료가 독서자의 능력에 적절한 정도에 따라 독해는 영향을 받는다. 그러므로 유아에게 책을 읽어주거나 혹은 스스로 책을 읽을 때, 다음과 같은 텍스트의 특징이 독해의 성패에 영향을 줄 수 있음을 항상 기억해야 한다.

- 텍스트 내용과의 친숙도
- 텍스트와 관련된 사전 경험
- 글의 질적 수준
- 주제의 흥미도
- 구문적 복잡도
- 어휘의 난이도
- 읽어야 할 양 (Graves, Juel, & Graves, 1998)

독해는 상위인지의 도움을 받는다. **상위인지**는 자신의 학습 과정에 대하여 스스로 인지하는 것을 뜻한다. 독해와 관련한 상위인지란 읽고 있는 내용을 자신이 이해하고 있는지를 스스로 판단하며 이해에 어려움이 있을 때 이를 자각하고 문제를 해결하려고 시도하는 정신작용이다. 이것은 일종의 자기 감시인데 독해에 적절한 전략을 선택하고 필요할 때 확인, 조정, 수정하는 과정이 포함된다(Dewitz, Joines, & Leahy, 2009; Gunning, 2003).

Durkin(1978~1979)은 다소 오래전, 유아와 초등 저학년에게는 독해를 위한 전략 혹은 상위인지 과정에 대하여 직접적으로 가르치지 않는다고 보고하였다. 1980년대에 일리노이 어바나대학교의 읽기연구소(Center for the Study of Reading)와 그 외의 곳에서 독해에 대한 많은 연구가 진행되었다. Rand Reading Study Group(2002)이 진행한 **이해를 위한 연구: 독해 연구 및 프로그램 개발**이라는 연구를 미국 교육부에서 출판하였고, 미국 독서위원회 보고서(2000)에는 독해를 위한 전략이 소개되어 있고 이것을 유아에게 어떻게 가르쳐야 하는지가 제시되어 있다. 이상의 보고서들은 독해 능력의 향상에 대한 연구들에 기초한 것이다. 보편 핵심 기준(Common Core State Standards)에서는 독해에 대하여 크게 강조하고 있다. Almasi와 Hart(2011)는 전략을 사용하는 방법에 대하여 가르치기는 하나 전략적 독서자가 되는 것에 대하여는 가르치지 않는다고 지적하였다. 전략적 독서자란 적절한 전략을 선택하여 사용할 줄 알며 필요하면 여러 전략을 함께 사용할 수 있다. 이 장에서 언급되는 독해의 목표와 전략은 이상의 연구와 보고서에 기초하고 있다.

독해의 목표와 독해 능력 향상을 위한 기준

독서를 연구하는 기관뿐만 아니라 개인 연구자들은 독해 능력 향상과 관련된 기준을 제시하고 있다. 텍스트를 읽는 것의 궁극적 목표는 의미를 도출하는 것이다. 텍스트에서 의미를 도출하려면 자기 감시 및 자기 교정 전략 사용에 능숙해야 한다. 유아가 독서에 대하여 스스로 감시하고 교정한다는 것은 모르는 단어가 나오면 문장의 맥락 안에서 의미를 추측하는 것이다. 또한 저자가 무엇을 말하고자 하는지에 대하여 스스로에게 질문을 한다. 유아가 독해를 잘 한다는 것은 다음과 같은 것이다.

- 독해력이 있는 유아는 주요 플롯뿐만 아니라 하위 플롯을 이해할 수 있다.
- 독해력이 있는 유아는 복잡한 문장으로 이루어져 있고 종속 및 보완 단락 구조를 갖는 논픽션 글도 이해할 수 있다.
- 독해력이 있는 유아는 직유, 은유 같은 비유적 언어의 의미를 이해할 수 있다.
- 독해력이 있는 유아는 현재 읽고 있는 자료와 전에 읽었던 비슷한 자료를 비교할 수 있다.
- 독해력이 있는 유아는 이야기 장르에 나오는 인물의 동기를 설명할 수 있다. (국가 교육경제 센터와 피츠버그대학교 학습 연구 및 발달 센터, 1999)

박스 6.1에 유아부부터 초등학교 3학년까지의 독해 발달 목표가 제시되어 있다.

박스 6.1

이야기 및 정보 장르의
독해 목표

1. 익숙한 이야기책을 읽고 이를 잘 조직된 이야기로 재화할 수 있다.
2. 교사가 여러 번 읽어준 책을 읽어줄 때 아는 단어를 따라 읽거나 이야기를 말할 수 있다.
3. 텍스트를 이해하기 위한 공동 활동에 참여할 수 있다.
4. 아래와 같은 질문에 답하고 토론에 참여한다.
   a. 누가, 무엇을, 언제, 어디서와 같은 질문에 답할 수 있고 이야기를 순서대로 나열하며 중심 아이디어를 찾는다.
   b. 다음 이야기를 예측하거나 인물의 동기와 목적에 대하여 해석할 수 있고, 자신의 배경 지식을 상기하거나 경험과 연계시키고, 텍스트의 세계와 실제 세계 간의 관계를 지을 수 있으며 지금 읽고 있는 텍스트와 다른 텍스트를 연계시키고, 사건의 원인과 결과를 추론하며 평가하고, 공통점과 차이점을 비교한다.
5. 유아는 질문하고 토론하며 다음과 같은 활동을 할 수 있다.
   a. 누가, 무엇을, 언제, 어디서에 대한 생각을 하고 사건을 순서대로 나열한다.
   b. 다음에 일어날 것에 대하여 예측하고, 인물의 동기와 목적에 대하여 해석하며, 자신의 배경 지식을 상기하고, 텍스트와 실제 삶을 연계시키며 원인과 결과를 추론하며 평가하고 공통점과 차이점을 비교하고, 정보를 이용하여 문제를 해결한다.
6. 다음과 같은 도표 조직지를 사용할 수 있다.
   a. 지도
   b. 웹
   c. KWL (what we Know, what we Want to know, what we Learned)
   d. T-차트
   e. 벤다이어그램
   f. 그래프
   g. 차트
7. 다음과 같은 설명적 텍스트의 특징과 구조를 인지하고 이해할 수 있다.
   a. 설명적 텍스트의 특징
   - 목차
   - 말머리
   - 참고문헌
   - 색인

- 도표
 b. 설명적 텍스트의 구조
  - 묘사: 주제 관련 정보의 제시
  - 순서: 결과에 이르기까지의 절차 및 순서
  - 비교와 대조: 비슷한 종류에 속하는 개별 아이템의 비슷한 점과 차이점을 비교하거나 대조하는 것
  - 원인과 결과: 특정한 결과가 나오게 된 원인
  - 문제해결: 문제가 제시되고 이에 대한 해결이 뒤따름. 순서상으로 문제가 나오고 해결이 나중에 나옴.
  - 예시: 주요 아이디어는 구체적인 정보에 의하여 지지됨(Vukelich, Evans, Et Albertson, 2003).

8. 다음과 같은 이야기 텍스트의 특징과 구조를 인지하고 이해할 수 있다.
 a. 배경: 도입, 때, 장소, 인물
 b. 주제: 주인공의 문제와 목표
 c. 플롯: 주인공의 문제를 해결하거나 목표를 성취하는 데 기여하는 사건
 d. 해결: 문제 해결, 목표 성취, 결말

9. 요약을 할 수 있다.
 a. 재화
 b. 결론 도출

10. 심상을 형성할 수 있다.

11. 다음과 같은 협동 활동에 참여할 수 있다.
 a. 협동 반응 집단
 b. 생각하고-짝과 함께-발표하기
 c. 소리 내어 생각하기
 d. 문학 서클
 e. 버디 독서
 f. 짝 독서

12. 필요할 때는 여러 개의 전략을 사용할 수 있다.

13. 자신의 이해와 독해 과정을 감시할 수 있다(상위인지).

  자신의 생각에 대하여 생각해본다.
  자신이 이해한 것을 알고 있다.
  자신이 이해하지 못한 것을 알고 있다.
  자신이 이해하지 못한 것을 이해하기 위하여 여러 전략을 사용할 수 있다.

14. 참고문헌을 활용하고 다음과 같은 학습 기술을 활용할 수 있다.
 a. 사전
 b. 인터넷 검색
 c. 조사하고, 질문하고, 읽고, 인용하고, 검토하기(SQ3R)

15. 유창하게 읽을 수 있다.
 a. 뒤따라 읽기
 b. 한 목소리로 읽기
 c. 녹음 테이프의 도움을 받아 읽기
 d. 번갈아 읽기
 e. 짝지어 읽기
 f. 독자 극장
 g. 반복 읽기

16. 디지털 문해 기술을 사용할 수 있다.

독해 전략 가르치기

유아가 문학에 반응하는 독해 전략을 가르칠 때는 그들이 적극적인 역할을 하도록 해야 한다. 이야기 텍스트 혹은 정보 텍스트를 선택할 때 유아의 실제 삶과 관계있고 잘 구조화된 텍스트를 선택해야 한다. 잘 구조화된 이야기 텍스트에는 배경, 주제, 에피소드와 해결이 있다. 잘 쓰인 정보 텍스트는 묘사, 순서, 비교와 대조, 원인과 결과, 문제 해결, 예시 같은 요소가 있으며 특정 주제에 대하여 실제적 정보를 준다.

효과적인 독해 전략 교수는 유아가 협력적으로 배울 기회를 반드시 포함하고 있다. 유아는 토의를 통해서 서로에게 배운다. 다음과 같은 절차로 이루어지는 독해 전략에 관한 교육이 효과적인 것으로 알려져 있다.

설명: 교사는 독해에 필요한 전략이 왜 중요한지, 언제 쓰이는 것이 효과적인지 등을 설명한다.

모델링: 교사는 유아 앞에서 필요한 전략을 사용하는 법을 모델링한다.

안내된 연습: 교사는 유아가 필요한 전략을 사용할 수 있는 기회를 준다. 교사는 언제 어떻게 그 전략을 사용하는지에 대하여 지도한다. 안내된 연습은 유아들끼리 서로 돕는 데에도 효과적이다.

독립적 적용: 교사는 필요한 전략을 유아가 교사의 도움 없이 스스로 연습하고 활용할 기회를 준다(CIERA, 2001).

반성 혹은 평가: 유아는 다른 맥락과 상황에서 동일한 전략이 어떻게 사용될 수 있는지에 대하여 스스로 생각한다. 또한 자신이 그 전략을 얼마나 능숙하게 사용할 수 있는지에 대하여도 생각한다(McLaughlin, 2003).

▼ 유아는 조용한 곳에서 짝과 함께 읽을 때 독해 전략을 사용한다.

이 장의 맨 앞에서 소개한 윈 선생님은 작가와 일러스트레이터의 공통점과 차이점을 비교하는 것을 유아에게 가르치기 위하여 T-차트 사용법을 일정기간 동안 반복적으로 모델링하고, 연습할 때 안내하며, 유아 스스로 사용할 기회를 주면서 스스로가 전략의 적용에 대하여 생각할 기회를 주었다.

독해 전략

이 절에서는 책에 대한 개념을 획득하도록 돕는 전략과 독해 능력을 향상시키는 전략에 대하여 기술할 것이다. 모든 전략은 대집단으로 소개될 수 있고 여러 번 반복 사용될 수 있다. 또한 소집단에서는 직접적으로 전략에 대하여 가르칠 수 있다. 다양한 전략 중 유아에게 필요한 것을 상황에 맞게 가르치면 된다. 또한 전략은 유아부터 초등 3학년 아동에 이르기까지 활용될 수 있는데 연령에 맞게 약간의 수정이 필요하다.

목적적 듣기와 사고 활동(DLTA) 혹은 목적적 읽기와 사고 활동(DRTA)

유아 스스로 읽거나 혹은 성인이 읽어주는 것을 들을 때 모두 왜 듣는가 혹은 왜 읽는가에 대한 목표가 있어야 한다. **목적적 듣기와 사고 활동(DLTA)** 그리고 **목적적 읽기와 사고 활동(DRTA)**은 독서의 목표에 대하여 생각하며 듣거나 읽는 것이므로 사고의 방향을 안내한다. 이 전략이 교사에 의하여 반복적으로 사용되어 유아가 이를 내면화하면, 새로운 자료를 읽거나 누군가가 읽어주는 것을 듣게 될 때 유아는 이를 스스로 사용한다(Morrow & Gambrell, 2004; Roskos, Tabor, & Lenhart, 2004). 목적적 듣기와 사고 활동 그리고 목적적 읽기와 사고 활동은 텍스트를 읽을 때 정보를 조직하고 상기하는 데 도움이 되는 틀을 제공한다. 아래는 「꼬꼬닭 빨강이를 누가 도와줄래(The Little Red Hen」(Izawa, 1968)를 읽을 때의 목적적 듣기와 사고 활동 그리고 목적적 읽기와 사고 활동을 제시하였다.

1. 이야기의 사건을 순서적으로 배열한다.
2. 이야기를 들으면서 추론하고 판단한다.

이야기를 들을 때는 목적적 듣기와 사고 활동을, 이야기를 읽을 때는 목적적 읽기와 사고 활동을 사용하는 예를 아래에 기술하였다. 독자들이 이해하기 쉽도록 잘 알려진 이야기인 「꼬꼬닭 빨강이를 누가 도와줄래」를 가지고 기술하였다.

사전 질문과 토론으로 듣기 혹은 읽기 준비하기. 이야기를 읽어주기 전 소개 발언을 한다: "오늘 「꼬꼬닭 빨강이를 누가 도와줄래」를 읽으려고 해요. 그림을 보고 어떤 이야기일지 생각해보세요." 책장을 넘기면서 유아가 반응할 수 있도록 격려한다. 유아가 반응을 한 이후에 교사는 "이 이야기는 빵을 구우려는 꼬꼬닭이 친구들의 도움을 구하는 이야기예요."라고 말해줄 수 있다. 이런 활동을 책과의 산책(book walk)이라고 한다.

이외에도 이야기를 들으면서 혹은 읽으면서 기초가 될 만한 질문을 한다. 그 중의 하나가 이야기와 관계된 유아의 실제 삶의 경험에 대한 것이다: "주위 사람들에게 도움을

▲ 목적적 듣기와 사고 활동 혹은 목적적 읽기와 사고 활동은 이야기를 듣거나 읽으면서 생각을 집중해야 할 방향을 알려준다.

청한 적이 있나요? 어떤 도움을 구했나요? 그들이 여러분을 도와주었나요? 다른 사람이 여러분에게 도움을 청한 적이 있나요? 어떤 도움을 구하였나요? 그 사람을 도와주었나요? 어떻게 도와주었나요? 이것은 빵을 구우려는 닭이 주위 친구들에게 도움을 구하는 이야기예요. 선생님이 이야기를 읽어줄 때, 꼬꼬닭이 빵을 가지고 한 일이 옳은 일이었는가에 대하여 생각하며 들어보세요. 또한 닭이 옳았다 아니면 틀렸다라고 생각하면 그 이유에 대하여도 생각해보세요. 또한 선생님이 읽어주는 동안 제일 처음 어떤 일이 있었고, 그 다음, 그 다음 일어난 일, 그리고 마지막에 일어난 일에 대하여 생각해보세요."

　　이상의 사전 질문 활동이 반복되어 익숙해지면 다음과 같은 질문을 한다: "자 이제까지 선생님이 이야기를 대략적으로 말해주었으니, 어떤 것을 생각해보고 기억해야 할 것인가를 스스로 생각해보세요."

이야기 읽기.　이야기를 읽어줄 때, 유아가 그림을 볼 수 있도록 배려해야 한다. 또한 유아가 반응, 코멘트, 질문을 할 수 있도록 한두 번은 읽기를 중단한다. 그렇다고 이야기 진행을 방해할 정도의 긴 토론 같은 중지는 좋지 않다. 토론은 이야기를 다 읽은 후 진행한다. 유아 스스로가 이야기를 읽을 때는 항상 그림을 보고 의미를 도출하도록 상기시킨다. 교사는 목적적 듣기와 사고 활동-목적적 읽기와 사고 활동의 기능을 항상 염두에 두고 유아들에게 이 활동의 모델이 되어야 하며 그들의 반응을 스캐폴딩한다: "꼬꼬닭 빨강이가 지금까지 구한 도움을 기억할 수 있나요?" "꼬꼬닭을 돕기 위하여 친구들이 한 행동은 무엇인가요?" 만약 유아들이 대답을 하지 않으면 질문을 대답의 형식으로 바꾸어서 교사가 멘트를 한다: "동물 친구들이 꼬꼬닭을 잘 도와주지 않는군요. 꼬꼬닭이 도움을 구할 때마다 동물 친구들은 '나 말고'라고 하는군요." 또한 다음에는 어떠한 일이 일어날지 유아가 예측해보게 한다.

읽고 난 이후의 토론.　사후 활동인 토론은 사전에 제기되었던 듣기 혹은 읽기의 목적에 준하여 진행한다: "꼬꼬닭 빨강이가 제일 먼저 도움을 구했던 것은 무엇이었죠? 두 번째는요?"와 같은 식이다. 또한 유아가 이야기를 다시 해 보도록 한다. 이야기를 다시 하는 것은 사건이 일어난 순서에 대한 지식을 드러낸다. 이때 그림을 참고하여 이야기를 다시 해 보도록 한다. 마지막으로 추론 혹은 판단과 관계된 토론을 한다: "여러분이 만약 꼬꼬닭이었다면 어떻게 할 것인가요? 꼬꼬닭이 빵으로 한 일은 옳은 일이었나요? 그렇다면 그 이유는 무엇인가요?" "이 이야기를 통해 배울 것은 무엇인가요?"

　　목적적 듣기와 사고 활동-목적적 읽기와 사고 활동의 목적은 다양하다. 그러나 이 활동이 기본적으로 전제하고 있는 것은 (1) 사전 질문을 통하여 듣기와 읽기에 준비시킨다, (2) 읽는 중간에 중지를 최소화한다, (3) 사후 토론을 한다이다. 목적적 듣기와 사고 활동-목적적 읽기와 사고 활동은 본문 내용에 대한 표면적 반응(사실에 대한 상기와 사건의 순서 등), 추론적 반응(등장인물의 감정 해석하기, 결과 예측하기, 이야기와 실제 삶 연관시키기 등), 비평적 반응(평가, 문제 해결, 판단하기 등) 중 모두 혹은 하나의 목표에만 초점을 맞출 수 있다. 또한 이야기 텍스트 혹은 설명적 텍스트의 요소를 인식하는 데 초점을 맞출 수 있다. 이 독해 전략은 어린 독자들이 글에서 의미를 추출하는 데 도움을 준다. McGee와 Morrow(2005)는 목적적 듣기와 사고 활동이 어린 독자들의 이해 수준을 향상시켰음을 보고하였고, 목적적 읽기와 사고 활동 역시 어린 독자들의 이해 수준을 향상시켰음을 보고하였다(Baumann, 1992; Pearson, Roehler, Dole, & Duffy, 1992).

함께 소리 내어 읽기

English Language Learners

함께 소리 내어 읽기는 대집단과 소집단 모두에서 가능하다. 이 활동을 통해 교사는 유아에게 유창하고도 정확하게 읽는 것의 모델을 보여준다. 이 활동은 어떤 형식으로든 유아가 참여해야 하기 때문에 듣기 기술 향상에 도움이 된다.

함께 읽기는 글과 그림이 모든 유아에게 잘 보여야 하기 때문에 대개 빅북으로 활동한다. 처음 읽는 책인 경우, 유아는 조용히 교사가 읽어주는 것을 듣는 것으로 시작한다. 두 번째로 읽거나 유아에게 충분히 익숙한 책이라면 유아는 읽기 과정에 참여한다. 이때 교사는 막대기와 같은 포인터를 사용하여 왼쪽에서 오른쪽으로 읽어야 할 방향성을 보여주며 글의 모양과 소리의 관계에 대하여 직접적으로 보여줄 수 있다(Morrison & Wlodarczuk, 2009).

유아는 반복되는 표현을 함께 큰 소리로 읽을 수도 있고, 교사가 특정 단어나 구에서 읽기를 멈추면 유아가 대신 읽는다. 혹은 교사가 한 줄 읽으면 유아가 그대로 따라 읽는 반향읽기(echo reading)도 가능하다. 같은 이야기가 빅북과 일반 크기의 그림책으로 준비되어 있다면 교사와 함께 소리 내어 읽기를 한 이후에 유아 혼자 일반 그림책으로 읽기를 할 수 있도록 한다.

함께 읽은 것을 녹음하여 듣기 영역에 비치하면 유아는 이를 들으면서 적절한 억양, 읽기 속도, 발음을 따라 할 수 있다. 함께 읽기 활동을 목적적 듣기와 사고 활동과 연계하면 유아가 읽기 내용에 대하여 목적을 가지고 생각을 하여 독해 수준을 향상시킬 수 있다.

함께 소리 내어 읽기는 유아의 읽기와 쓰기 능력 향상에 도움이 됨이 많은 연구에 의하여 지지되고 있다. 함께 소리 내어 읽기는 유아가 읽기 내용에 대한 배경 정보를 갖게 하고 이야기 구조에 대한 지식을 얻게 하고 책에서 사용하는 언어에 친숙해지도록 한다(Beauchat, Blamey, & Walpole, 2009; Bus, 2001; Cullinan, 1992; Morrow, 1985). 구성이 잘 된 이야기는 다음과 같은 특징이 있다.

1. 배경(도입, 시간, 장소, 인물의 소개 등)

2. 주제(주인공의 문제 혹은 목표)

3. 플롯(주인공이 문제를 해결하는 과정에서 일어나는 일련의 사건)

4, 해결(문제 해결과 결말)의 요소가 있다.

잘 구성된 이야기를 반복해서 들으면 다음에 대한 예측이 정확하다. 또한 자신의 이야기를 만들거나 글을 쓸 때에도 잘 짜인 이야기를 만들 수 있다. 구어와 다른 표현과 구조를 갖는 책 언어는 함께 소리 내어 읽기를 통해 유아에게 쓰기와 말하기의 모델을 제공한다. 아래에 제시된 문장은 유명한 그림책에서 가져온 것인데, 이를 분명하게 보여준다.

어느 흐린 날, 무섭고, 빠르고, 몹시 배고픈 참치가 쏜살처럼 파도를 뚫고 왔어요. (으뜸 헤엄이; Lionni, 1963)

괴물들은 이를 갈며 무시무시한 눈을 굴리며 무섭게 울부짖었어요. (괴물들이 사는 나라; Sendak, 1963)

사건의 전개가 반복되거나 특정한 단어나 구가 반복되는 책이 함께 읽기 활동에 적절한데, 이유는 다음에 일어날 것에 대한 예측이 쉬워서 유아가 참여하기 쉽기 때문이다. 예측이 가능한 것은 다양한 양태를 보이는데, 「꼬꼬닭 빨강이를 누가 도와줄래」에 나오는 "'나 말고'라고 개가 말했어요" "'나 말고'라고 고양이가 말했어요" 등은 유아가 함께 소리 내어 읽을 수 있게 한다. 「파란 계란과 햄(Green Eggs and Ham)」(Seuss, 1960)에는 운율이 반복되어 나오므로 다음에 나올 단어를 예측하기 쉬워 유아의 참여가 쉽다. 「아줌마가 내 엄마인가요?(Are you my mother?)」(Eastman, 1960)처럼 "아줌마가 내 엄마인가요?"라는 말이 반복되고 비슷한 사건이 진행되는 누적적 패턴 양식을 갖는 이야기는 유아가 소리 내어 읽기를 할 수 있다. 「세 마리의 아기염소(The Three Billy Goats Gruff)」(Brwon, 1957)나 「세 마리의 아기돼지(The Three Little Pigs)」(Brenner, 1972)는 등장인물 간의 대화가 반복되어 다음 대화를 예측하기 쉽게 한다.

요일, 달, 글자, 수 같은 일상생활 속에서 익숙한 패턴과 순서를 보이는 것을 소재로 한 이야기, 예를 들어서 「배고픈 애벌레(The Very Hungry Caterpillar)」(Carle, 1969)는 좋은 읽기 자료가 된다. 그림이 텍스트와 정확하게 일치하는 것도 유아에게는 예측을 쉽게 한다. 이런 종류의 자료를 사용할 때는 그림과 글이 모든 유아에게 잘 보일 수 있도록 하는 것이 중요하다.

예측이 쉬운 책은 읽기 지식이 이제 나타나기 시작한 유아나 스스로 읽기 시작한 유아 모두에게 좋은 읽기 자료가 된다. 이러한 자료는 읽기 과정이 쉽고 즐거운 것이라는 경험을 초기 독서자들에게 주며, 이러한 경험은 초기 독서자가 읽기 활동에 계속 적극적으로 몰입할 수 있도록 한다. 부록에 예측이 쉽도록 패턴이 있는 그림책 목록이 제시되어 있다.

성인은 유아가 스스로 읽기 시작하면 책 읽어주기를 그만두는 경향이 있다. 그러나 이들이 스스로 읽을 수 있다 할지라도 함께 읽는 경험을 지속하는 것은 아주 중요하다. 이를 통해 유아는 이미 습득한 지식과 기술을 굳게 다지며 읽기에 대한 동기와 흥미를 지속할 수 있다.

반복 읽기

유아는 반복하는 것을 즐긴다. 같은 노래를 반복하면 그것에 익숙해지므로 편안함을 느낀다. 익숙한 것에 편안함을 느끼는 것과 같이, 같은 이야기를 반복해서 듣고 읽으면 말, 글, 책에 대한 지식을 얻게 된다. 4세 유아를 대상으로 한 실험에서 한 집단에는 같은 이야기를 세 번 반복해서 들려주고, 다른 집단에는 세 개의 다른 이야기를 들려주었다. 매번 이야기를 들은 후 토론을 하였는데, 반복 읽기를 한 집단의 유아들이 질문도 많이 하고 반응의 종류도 다양하였다. 다른 이야기를 매번 들은 집단에 비하여 반복 읽기를 한 집단은 표면적 의미에 대한 반응보다는 해석적 반응이 많아지고, 결과를 예측하며 경험과 이야기를 연결시키고, 정교한 평가와 발언을 하였다(Morrow, 1987; Sipe, 2008). 또한 교사가 읽어줄 때 같이 읽기를 하기도 하고, 글자를 주시하면서 글자와 소리가 어떻게 연결되는지에 대하여도 질문하였다. Ivey(2002)의 연구에서는 읽기 능력이 평균 이하인 집단이 한 번 읽기보다는 반복 읽기를 할 때 더 많은 반응을 보였다.

반복 읽기는 유아가 읽기 과정에 참여할 수 있으므로 읽기 발달에 중요한 역할을 한다. 스스로 읽을 수 있는 유아 혹은 관례적으로 읽지는 못하나 읽기를 흉내 내는 유아는 익숙한 책을 선택하여 반복하여 읽는다. 따라서 교사는 같은 책을 여러 번 반복하여 읽어주고 유아가 여러 번 읽도록 격려해야 한다. 또한 여러 번 읽고 토론한 책에 대하여 다시 읽고 토론을 반복한다.

아래의 대화는 「꼬꼬닭 빨강이를 누가 도와줄래」를 세 번 읽고 난 후 유아의 코멘트와 질문, 교사의 반응을 전사한 것이다.

교사: 오늘 선생님이 「꼬꼬닭 빨강이를 누가 도와줄래」를 읽어줄게요. 이것은 빵을 굽는데 친구의 도움을 얻으려는 닭에 대한 이야기예요. (교사가 책을 읽기 시작한다.) 밀을 자르는 것을 누가 도와줄래?

멜로니: "나 말고"라고 고양이가 말했어요. "나 말고"라고 개가 말했어요. "나 말고"라고 쥐가 말했어요.

교사: 멜로니가 잘하는구나. 멜로니가 글을 읽을 수 있구나. (교사는 책 읽기를 계속한다.) 누가 이 밀을 방앗간에 가져가서 가루로 갈아줄래?

멜로니: "나 말고"라고 고양이가 말했어요. "나 말고"라고 개가 말했어요. "나 말고"라고 수염 있는 쥐가 말했어요.

교사: 멜로니, 아주 잘했어요. (교사는 읽기를 계속한다.)

멜로니: 거기를 내가 읽고 싶은데, 어떻게 읽어야 할지 모르겠어요.

교사: 한번 해 보거라. 할 수 있을 거야. 선생님이 도와줄게: 고양이가 냄새를 맡았어요.

멜로니: 고양이가 냄새를 맡았어요. 그리고 음음음 하고 말했어요. 냄새가 좋은데. 그리고 쥐가 냄새를 맡았어요. 냄새가 좋았어요.

교사: (교사는 읽기를 계속한다.) 누가 이 빵을 먹을래?

멜로니: 쥐, 개 그리고 고양이가!

교사: 멜로니, 그래 맞아. (교사는 이야기 끝 부분을 읽는다.) 이야기에 대하여 하고 싶은 말 있니?

멜로니: 나쁘게 굴어서 빵을 먹을 수 없었어요. (책장을 뒤적이며 그 부분을 찾는다.) 그게 잘못된 거예요.

교사: 멜로니, 네가 말하는 부분을 찾아줄래?

멜로니: 여기, 책의 끝 부분이예요. 닭이 누가 나를 대신해 빵을 구워줄 것인가라고 말하려고 했어요. 그래서 고양이가 말하기를, "나 말고" 개가 말하기를 "나 말고" 쥐가 말하기를 "나 말고" 했어요. 닭이 빵을 굽고 있을 때 좋은 냄새가 나서 동물 친구들이 먹고 싶었어요. 그런데 친구들은 밀을 심지 않아서 조금도 먹을 수 없었어요.

교사: 멜로니 말이 맞아. 닭이 빵 굽는 것을 돕지 않아서 동물 친구들은 빵을 못 먹었어.

멜로니: "나 말고"라는 말이 어디 있는지 가르쳐 주세요.

교사: 여기란다. 다른 곳에 있는 것을 찾아볼 수 있겠니?

멜로니: (책장을 넘긴다.) 닭이 빵을 굽는 곳을 찾고 있어요. 여기 있네요. 맞아요. 냄새를 맡고, 또 다른 동물이 냄새를 맡고, 쥐도 냄새를 맡아요. (책장을 넘긴다.) 부엌으로 들어가요. 닭이 말하기를 "나 혼자 밀을 잘랐어. 나 혼자 방앗간에 가서 밀가루를 만들었어. 나 혼자 빵을 구웠어. 나 혼자 빵을 먹을래."

교사: 정말 잘하는구나. 그게 바로 꼬꼬닭이 말한 것이지.

멜로니: (개를 가리킨다) 개가 기분이 안 좋아요. 개가 말한 것은 어디 있어요?

교사: 맞아. 개는 기분이 안 좋아. 이것이 개가 말한 것이야.(손가락으로 가리킨다)

멜로니: 이곳에 개, 개, 개란 말이 있구나. 개는 어떤 모습이예요?

교사: 빵을 조금도 못 먹어서 배고프고 화난 모습이야.

멜로니: 선생님 말이 맞아요. 그런데 그건 자신 때문이예요. 개는 돕지 않았어요. 그리고 끝이예요. (Morrow, 1987)

이상에서 보여준 유아의 반응은 상당히 정교한데 이는 같은 이야기를 반복해서 여러 번 들었기 때문이다.

성인은 같은 책을 여러 번 읽는 것을 지루하게 여기나 유아는 그렇지 않다. 따라서 반복하여 읽는 것의 긍정적 효과를 인정하여야 한다. 가정과 학교에서는 반복적으로 읽어주기에 적절한 책에 대한 목록을 가지고 활용해야 한다. Sulzby(1985a)는 2세에서 6세의 유아가 읽기 좋아하는 그림책을 관찰하였다. 어린 유아들도 읽기 과정에 참여하기를 좋아하였다. 관례적 관점에서 그들은 독자는 아니지만, "책을 한번 읽어줄래"와 같은 연구자의 요청에 유아들의 읽기 행동은 일상적인 구어적 의사소통과는 다른 억양, 구조로 책을 읽어주었다. Sulzby는 이러한 읽기 시도에는 발달 단계가 있다고 하였다.

유아들이 보여주는 읽기 시도 행동을 기초로 읽기 행동의 특징을 구분할 수 있다. 읽기 행동은 발달 단계를 보이고 문해 능력 발달에 기초가 되므로 교사는 유아가 읽기 시도를 할 수 있도록 격려해야 한다. 그림 6.3에 유아의 읽기 시도 수준을 평가할 수 있는 지표가 제시되어 있다.

그림 6.3

유아의 시도된 읽기 발달
단계(Sulzby)

---

1. 그림에 주목하나 이야기는 만들어지지 않음. 주로 그림에 이름을 붙이거나 코멘트를 하나 이야기로 연결하지 못함.

   네 □   아니오 □

2. 그림에 주목하고 이야기를 만듦. 그림을 따라가며 읽는데 단어, 억양이 마치 책을 읽는 듯 함. 그러나 유아가 만든 이야기를 이해하기 위해서는 그림을 함께 보아야 함.

   네 □   아니오 □

3. 그림, 읽기, 이야기 구술이 혼재되어 있음. 유아는 그림을 보기도 하는데 주로 말로 하는 이야기와 독자가 글을 읽는 것 두 가지를 다 보여줌.

   네 □   아니오 □

4. 그림을 보지만 문어와 같은 특징을 나타내는 이야기를 지음. 유아는 그림을 보며 이야기를 하나, 단어 표현과 억양과 같은 말투는 문어적 특징을 보임. 청자는 이야기를 이해하기 위하여 그림을 볼 필요가 없음. 청자가 눈을 감고 있으면 유아가 실제 글을 읽어주고 있다고 느껴짐. 쓰여있는 그대로 읽어주는 것처럼 함. 그리고 실제 글을 읽기도 함.

   네 □   아니오 □

5. 글을 보며 읽음. 두 종류가 있음.
   a. 대부분 글을 읽으나 가끔 그림을 보기도 하고, 구어적 특징도 있음.
   b. 유아는 관례적으로 읽음.

   a □   b □

소집단 혹은 일대일 읽기

English Language Learners

소집단 혹은 일대일 상호작용을 통한 읽기의 중요성과 긍정적 효과는 절대 무시되어서는 안 된다. 학교가 처한 여건에서 소집단과 일대일 읽기는 현실적으로 불가능한 것이라고 간주되는 경향이 있으나, 이 활동의 효과는 너무 크므로 학교 교육과정에서 꼭 실천되어야 한다. 가정에서 주로 이루어지는 일대일 읽기는 무릎 읽기(lap technique)라고도 하는데 상호작용이 빈번하고 유아의 경험과 지식에 맞출 수 있다는 장점이 있다. 또한 유아가 얼마나 알고 있으며 무엇을 알고자 하는지에 대한 정보를 성인에게 정확하게 전달하는 장점이 있다. 어린 유아들은 소집단과 일대일 읽기에서 큰 효과를 볼 수 있는데, 이유는 어린 유아에게 필요한 개별적 관심을 제공하기 때문이다.

Morrow(1988)의 연구에서 읽기 경험이 전혀 없거나 성인과의 상호작용을 통한 읽기 경험이 거의 없는 사회경제적 지위가 낮은 출신의 어린 유아에게 일대일 읽기 경험을 제공하였더니 긍정적인 효과가 있음이 확인되었다. 이 연구에서 교사는 가정에서 일대일 읽기를 할 때의 상호작용 행동을 유아에게 실행하였다(Applebee & Langer, 1983; Cochran-Smith, 1984; Roser & Martinez, 1985). 또한 교사는 읽기를 시작하기 전에 관련 정보를 많이 제시하여 이야기에 대한 소개를 하였다.

다음의 가이드라인에 따라 교사가 책을 자주 읽어주면 유아의 반응이 많아지고 깊이가 있다. 유아들은 뜻과 의미를 알기 위한 질문과 코멘트를 많이 한다. 우선은 그림의 이름을 이야기하였고, 후에는 세부적인 것에 주목하여 코멘트와 질문이 해석적이고 예

가이드라인 · **책을 읽어줄 때 교사의 행동**

1. 운영
- 이야기를 소개하기
- 배경 정보를 제시하기
- 관계없는 토론을 원래의 이야기로 전환하기

2. 반응의 촉진
- 유아의 질문 혹은 코멘트가 필요한 곳에서 유아의 반응을 격려하기
- 유아가 반응을 보이지 않을 때는 교사가 모델링하기: "동물 친구들이 착하지 않구나. 꼬꼬닭을 도와주려고 하지 않는구나."
- 일상의 경험을 연결시키는 반응을 격려하기: "선생님이 친구들을 초대할 때 도움이 필요했어요. 그래서 선생님의 가족이 도와주었어요. 여러분 중 친구의 도움을 구했는데 아무도 도와주지 않은 적이 있나요? 무슨 일이 있었던 거죠?"
- 유아들이 반응을 하지 않을 때, 네 혹은 아니오 이상의 답을 요구하는 질문을 하기: "여러분이 꼬꼬닭인데 아무도 도와주지 않는다면 어떻게 하겠어요?"

3. 지지와 정보 제공
- 유아의 질문에 답하기
- 코멘트에 반응하기
- 교사 자신의 실제 경험으로 반응하기
- 유아의 반응에 긍정적인 강화를 제공하기

측적이었으며 자신의 경험과 관계를 짓는다. 또한 교사가 텍스트를 읽을 때 함께 따라 읽는다. 프로그램이 진행되면서 제목, 배경, 인물과 같은 이야기의 구조적 요소에 주목한다. 읽기를 많이 할수록, 유아들은 글자에 관심을 보이고 단어를 읽고 낱자의 이름과 소리를 내보기도 하였다(Barone & Morrow, 2003; Morrow, 1987a; Xu & Rutledge, 2003). 일대일 읽기보다는 소집단 읽기에서 유아들은 더 많이 반응하고 빨리 반응하는 경향이 있었다. 친구의 코멘트를 따라 하거나 친구의 발언에 반응하거나 이를 더욱 정교화하는 경향이 있었다.

아래의 전사 자료는 소집단 읽기 활동에서 교사가 관련 정보와 지식을 제공하거나 유아들의 반응을 존중하는 활동에 참가한 유아들이 제시한 질문과 코멘트를 보여준다. 이 자료는 유아들의 지식과 흥미를 보여주는데 이를 통해 교사는 교수-학습 계획을 할 수 있다.

> **이야기:** 「배고픈 애벌레」(Carle, 1969)
> (유아가 책 개념에 대한 질문을 하고 있다.)
> **제리:** (책 표지에 있는 그림을 가리킨다.) 이게 왜 여기 있어요?
> **교사:** 책 표지에 있는 그림은 이야기가 무엇에 관한 것인지 알려주지. 자, 그림을 보세요. 무슨 이야기가 나올까요?

제리: 음. 애벌레가 있는데. 애벌레에 관한 이야기?

교사: 맞아요, 아주 잘했어요. 이 책은 애벌레에 관한 이야기고, 책 제목은 배고픈 애벌레예요. 책의 그림은 글자가 무엇을 뜻하는지 알 수 있도록 해주어요.

이야기:「모자장수(Caps for Sale)」(Slobodkina, 1947)

교사: 지금부터 모자장수라는 책을 읽어줄 거예요.

(유아가 글자(cap)의 뜻에 대하여 질문한다.)

제이미: 모자(cap)가 뭐예요?

교사: 모자는 머리에 쓰는 작은 모자(hat)를 말해요. 여기 그림에 있는 것이 모자에요.

제이미: 그렇구나. 나는 작은 모자(hat)는 알고 있었지만, 이런 모자(cap)는 오늘 처음 알았어요.

이야기:「치킨 수프(Chicken Soup with Rice)」(Sendak, 1962)

(유아가 글에 주목하고 있다)

크리스: 잠깐만, 멈추어 보세요. 이것 다시 볼래요. (6월에 대하여 말하고 있는 쪽으로 책장을 넘긴다.) (6월(June)과 7월(July) 글자를 가리키며) 어떻게 이 글자가 똑같아요?

교사: 뭐라고요?

크리스: 글자를 보세요, J-U, J-U. 똑같아요.

교사: 아 글자를 끝까지 자세히 보세요. 그래도 똑같은가요?

크리스: 아, 아니네요.... 앞 글자만 같아요.

이야기:「모자장수(Caps for Sale)」(Slobodkina, 1947)

(유아가 이야기에 대하여 예측하고 있다.)

콜린: 원숭이들이 왜 모자를 가져갔을까요?

교사: 선생님도 모르겠는데. 너는 왜라고 생각하니?

콜린: 글쎄요, 모자장수는 자고 있었고, 원숭이들이 모자를 보았는데 아마 모자가 자기네 것이라고 생각했나보죠. 아니면 아, 알았다! 원숭이들이 추워서 모자가 필요했나봐요.

교사: 콜린, 좋은 생각이구나.

이야기:「메들린을 구조하라(Madeline's Rescue)」(Bemelmans, 1953)

(유아가 자신의 경험과 이야기를 연결시키고 있다)

제이미: 경찰이 어떻게 할까요?

교사: 메들린을 도우려고 하는 거야. 경찰들은 친절해. 우리를 항상 도와주지.

제이미: 경찰은 친절하지 않아요. 전에 우리 아빠가 도미닉을 때려서 경찰이 왔는데 우리 아빠를 아무 이유도 없이 감옥에 가두었어요. 그래서 우리 아빠가 울었어요. 나는 경찰이 싫어요. 나는 경찰이 친절하다고 생각하지 않아요.

▲ 소집단으로 책을 읽어주면 유아는 흥미롭고 정교한 반응을 할 수 있다.

유아들은 사실 그대로에 대하여, 해석을 위하여 혹은 자신의 삶과 관계된 민감한 문제에 대하여 질문과 코멘트를 하였고, 다음에 어떤 일이 일어날지 예측을 하였으며, 인물의 행동에 대하여 평가를 하였다. 유아들의 질문과 코멘트는 낱자의 이름, 단어의 소리와 같은 글자와 관련된 것도 있었다. 비슷한 유형의 질문과 코멘트는 교사 없이 또래끼리 소집단으로 읽을 때도 나타났다. 소집단 혹은 일대일 읽기 과정을 녹음하여 분석하면 유아가 알고 있는 것과 알고 싶어 하는 것에 대한 정보를 얻을 수 있다(Morrow, 1987). 그림 6.4에 제시된 코딩 양식을 활용하면 분석에 도움이 된다.

시간의 제약과 유아의 수 때문에 소집단 혹은 일대일 읽기 활동을 제공하는 것이 쉬운 것은 아니다. 보조교사, 자원봉사 혹은 상급 학생들을 활용하여 유아에게 소집단 혹은 일대일 읽기 경험을 제공하기 위하여 노력해야 한다.

토론 활동

성인이 유아에게 책을 읽어주면 상호작용에 따라서 많은 유익이 있다. 유아교실에 대한 현장연구에 따르면, 문해 사건을 적극적으로 경험하는 것은 이해 능력을 향상시키며 텍스트 구조에 대한 개념을 얻게 한다(Morrow, 1985; Pellegrini & Galda, 1982).

유아가 텍스트에 대하여 다른 사람과 토론할 기회를 가지면, 처음에는 그림에 관심을 보이고 이름을 붙이며 책 읽어주는 사람의 말을 따라 한다(Bowman, Donovan, & Burns, 2000). 이러한 상호작용을 통해 유아는 질문과 코멘트를 하고 시간이 흐르면서 반응이 정교해지며 인쇄물에 대한 이해 수준이 깊어진다. 즉 텍스트에 대한 유아의 발언은 그들의 해석하는 능력, 관계시키는 능력, 예측하는 능력, 정교하게 하는 능력을 보여준다. 유아의 발언은 제목, 배경, 인물, 사건에 집중하기도 하고(Morrow, 1988; Roskos, Christie, & Richgels, 2003), 낱자의 이름, 글자를 읽는 소리 등과 같은 인쇄물의 특성에 집중하기도 한다. 교사는 아래와 같이 유아들과 토론하고 그들이 반응할 수 있도록 도울 수 있다.

1. 유아가 반응할 수 있도록 자극한다.
2. 유아가 반응을 하지 않을 때에 교사는 반응을 모델링한다.
3. 실제 경험과 관련되도록 반응을 유도한다.
4. 유아의 질문에 답한다.
5. 질문한다.
6. 유아의 반응에 긍정적으로 강화한다.

질문하기. 좋은 질문은 토론을 촉진한다. 토론이란 몇몇 단어로만 이루어지는 것이 아니다. 이는 뜻과 생각을 명료화하기 위한 질문, 설명을 위한 질문, 예측을 위한 질문과 생

그림 6.4

책 읽기에 대한 유아의
반응을 코딩하기

유아 이름: _____   날짜: _____

책제목: _____

(한 명의 유아에게 혹은 소집단으로 책을 읽어준다. 유아가 질문과 코멘트를 하도록 격려한다.
활동을 녹음한다. 녹음 내용을 듣고 전사하여 아래의 유형에 해당하는 것에 체크한다. 한 유형에
두 개 이상이 체크될 수 있다. 또한 같은 반응은 두 개 이상의 유형에 해당될 수 있다. 각 유형의 전
체 반응 수를 계산한다.)

1. 이야기 구조에 주목하기 _____

• 배경(시간, 장소) _____
• 인물 _____
• 주제(문제 혹은 목표) _____
• 플롯(문제 해결 혹은 목표 성취를 향한 사건의 연속) _____
• 해결 _____

2. 의미에 주목하기 _____

• 그림에 이름 붙이기 _____
• 세부사항에 주목 _____
• 해석(관계, 정교화) _____
• 예측 _____
• 개인의 경험 연상하기 _____
• 말뜻에 주목하기 _____
• 나레이팅 행동(교사를 따라서 텍스트를 낭독) _____

3. 글자에 주목하기 _____

• 낱자에 대한 질문 혹은 주목 _____
• 소리에 대한 질문 혹은 주목 _____
• 단어에 대한 질문 혹은 주목 _____
• 단어 읽기 _____
• 문장 읽기 _____

4. 그림에 주목하기 _____

• 그림에 관한 반응과 질문 _____
  전체 _____

각과 해석을 타당화하기 위한 질문으로 촉진된다. 다음은 토론을 촉진하는 질문의 목록
이다.

1. 사실적 질문: 누가, 무엇을, 언제, 어디서 등을 확인하거나 자세하게 규정하는 질
   문이며 이를 통해
   ● 아이디어를 분류할 수 있다.
   ● 텍스트를 순서 지을 수 있다.
   ● 주요한 아이디어를 찾을 수 있다.
2. 추론적, 비평적 질문으로 이를 통해
   ● 배경 지식과 정보를 관계 지을 수 있다.

- 텍스트를 생활과 관계 짓거나, 세상과 관계 짓거나, 다른 텍스트와 관계지을 수 있다.
- 결과를 예측할 수 있다. (다음에 어떤 일이 일어날까?)
- 텍스트를 해석할 수 있다. (인물의 입장에서 생각해본다.)
- 비교하고 대조할 수 있다.
- 원인과 결과를 생각할 수 있다.
- 정보를 응용할 수 있다.
- 문제를 해결할 수 있다.

질문은 유아의 흥미를 반영하여야 하며 하나의 답만을 요구하는 것이 아니어야 한다. 필요한 경우, 유일한 답이 요구되는 질문을 할 수 있으나 대부분은 유아가 읽은 것에 대하여 개별적인 느낌과 생각을 묻는 질문이어야 한다. 이러한 질문은 심미적 반응을 요구하는 것인데, 이는 생각, 감각, 느낌, 심상을 연합시키기 때문이다. 교사의 질문은 이후 유아 스스로가 질문을 할 때 모델이 되어야 한다. 아래의 질문들은 유아들의 심미적 반응을 촉진하도록 한다. 마지막 질문은 텍스트와 생활과 관계짓는 질문이다.

- 이야기에 대한 느낌이 어떠했나요?
- 이야기는 어떤 뜻일까요?
- 이야기에 대하여 무엇을 묻고 싶은가요?
- 무엇을 배웠나요?
- 친구에게 유익한 것은 무엇인가요?
- 인물의 행동이 마음에 드나요? 왜 그런가요? 아니면 왜 아닌가요?
- 이야기와 친구의 실제 생활과 비슷한 것은 무엇인가요?

특정 주제에 관한 정보를 주는 설명적 텍스트를 읽을 때는 정보추출적 관점이 적당하다. 정보추출적 반응을 요구하는 질문은 학생들이 읽은 것의 내용을 기억하고 분석하고 묘사하고 순서 짓고 원인과 결과에 대하여 생각하도록 한다. 아래의 질문들이 정보추출적 반응을 촉진하는 질문이며, 마지막 질문 두 개는 책과 실제 세상과 관계 짓는 것과 텍스트와 다른 텍스트와 연결하는 것에 대한 질문이다(Gunning, 2003; Rosenblatt, 1988).

- 저자가 가장 중요하다고 말하려고 하는 것은 무엇일까요?
- 중요한 생각을 설명하기 위하여 사용한 정보, 예시, 사건은 무엇인가요?
- 이 중에 가장 흥미로운 것이 무엇이었나요?
- 처음 알게 된 것은 무엇이었나요?
- 이러한 것들에 대하여 어떻게 하면 더 알게 될까요?
- 저자가 내 앞에 있다면, 무엇에 대하여 물어보고 싶나요?
- 이 책에 있는 정보와 비슷한 것에 대하여 이야기해 줄 수 있나요?
- 이 책과 비슷한 다른 책을 읽어본 적이 있나요?

그림 6.5

이야기 혹은 설명적
텍스트를 읽은 후 이해를
확인하는 질문

유아 이름: _____

책 제목: _____

날짜: _____

이야기 혹은 설명적 텍스트를 읽은 후 다음과 같은 질문을 할 수 있다. 다음 질문은 이야기 혹은 설명적 텍스트에 적절한 질문이므로 각 책의 내용에 맞도록 질문을 수정하여 사용한다. 답을 질문 옆에 표기한다.

1. 누가, 무엇, 언제, 어디를 확인하는 책 내용에 대한 질문

    a. 누가, 무엇, 언제, 어디
    b. 아이디어의 분류
    c. 사건의 순서
    d. 주요 아이디어

2. 추론적 혹은 비평적 질문

    a. 유아의 배경지식과 연결하기
    b. 텍스트와 삶, 텍스트와 세상, 텍스트와 다른 텍스트의 연결
    c. 결과의 예측
    d. 결과의 해석
    e. 비교와 대조
    f. 원인과 결과
    g. 읽은 것에 대하여 질문하고 싶은 것은?
    h. 배운 것은?
    i. 무엇이 가장 재미있었는가?
    j. 저자에게 가장 궁금한 것은?
    k. 지금 읽은 것과 비슷한 책은?

이와 같은 질문에 대하여 유아가 대답을 못할 때에는 책을 다시 보도록 한다. 즉 질문에 대한 답은 책에 있으므로 책에서 답을 찾는 방법을 구체적으로 가르쳐야 한다. 질문에 대한 답이 책에 직접적으로 제시되어 있지 않을지라도 몇 개의 문장을 읽으면서 답을 찾을 수 있어야 한다. 유아는 궁극에는 긴 답을 요구하는 질문에 답할 수 있어야 하는데, 이러한 답은 유아의 배경지식으로부터 얻을 수 있을 것이다(CIERA, 2001).

도표 조직지

도표 조직지란 이야기 텍스트 혹은 설명적 텍스트의 사건 간의 관계와 개념을 한눈에 볼 수 있도록 텍스트 정보에 대한 그림 혹은 시각적 표상이다. 도표 조직지를 활용하면 어휘, 원인과 결과, 문제 해결 등과 같이 독해에 필요한 것을 쉽게 배울 수 있다. 아래에 자주 이용되는 도표 조직지 유형을 열거하였다. 도표 조직지의 예는 잘 알려진 책을 사용하여 제시하였다.

지도와 웹. 지도와 웹은 정보를 분류하고 조직하는 도표의 일종이다. 이 도표는 어휘 혹은 아이디어 간의 관계를 눈으로 볼 수 있게 한다. 웹은 거미줄이 서로 연결된 모습이

그림 6.6

어휘를 확장하는 웹

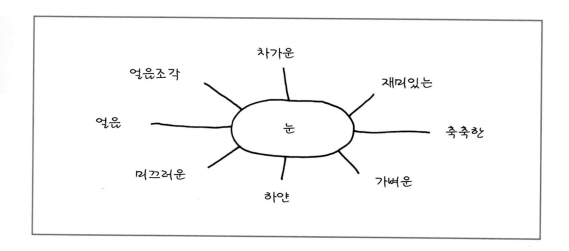

고, 지도는 이름이 적힌 박스가 연결된 것이다. 웹과 지도는 유아의 사전 지식에 근거하여 작성된다. 즉 유아는 주제 관련하여 자신이 이미 알고 있는 정보를 상기하여 텍스트를 읽거나 듣는 데 사용한다. 연구에 의하면 웹과 지도는 어휘와 독해 향상에 효과가 있다. 또한 읽기에 어려움이 있거나, 영어가 제1모국어가 아닌 다문화가정 유아, 이중 언어 유아에게 효과가 있다(Pittleman, Levin, & Johnson, 1985; Pittleman, Heimlich, Benglund, & French, 1991).

어휘의 개념과 정의를 배우기 위하여 웹과 지도를 활용하려면, 해당 어휘를 게시판에 적는다. 그리고 어휘와 관계된 아이디어를 브레인스토밍한다. 예를 들어서, 「눈 오는 날(The Snowy Day)」(Keats, 1962)을 읽고 난 후에 유아에게 눈의 특징을 나타내는

그림 6.7

생각을 확장하는 웹

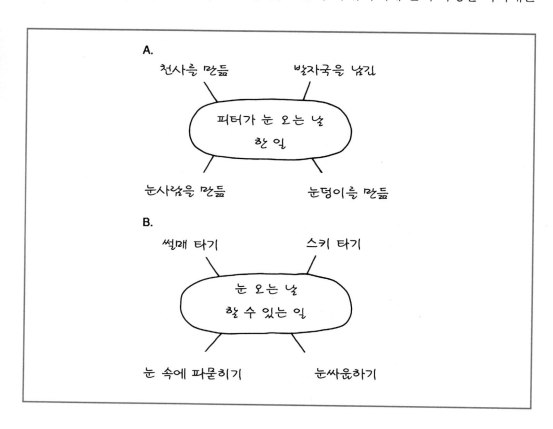

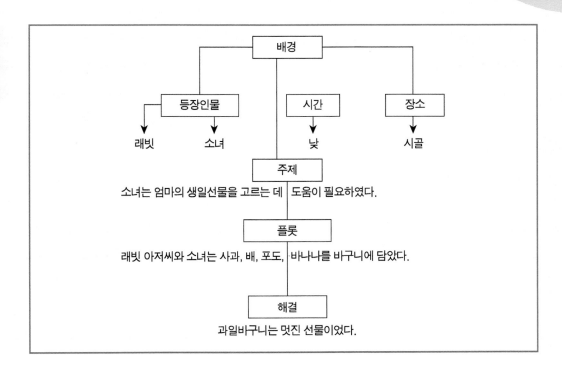

그림 6.8

이야기 구조 지도

단어를 제시해보라고 한다. 눈이라는 단어를 게시판의 중간에 쓰고, 유아들이 제시하는 단어를 연결시킨다. 유치원 교실에서 실제 제작한 눈과 관련된 웹이 그림 6.6에 제시되어 있다. 이외에도 눈 오는 날 하는 활동에 대한 웹도 작성해볼 수 있다. 그림 6.7에는 눈 오는 날의 주인공 피터가 한 일과 유아 자신들이 하는 활동이 적혀있다.

지도는 웹보다 복잡하게 내용을 표상하는 도표이다. 박스마다 아이디어를 적는다. 텍스트의 구조 요소를 잘 이해하기 위하여 지도를 활용할 수 있다. 사건이 일어난 순서 혹은 인물의 특성 등을 지도로 나타낸다. 그림 6.7은 「엄마의 선물(Mr. Rabbit and Lovely Presents)」의 이야기 구조를 나타낸 지도이다.

K-W-L. 독해에 도움이 되는 전략인 K-W-L은 주로 설명적 텍스트를 읽을 때 사용되나 이야기 텍스트에도 사용될 수 있다. 이는 앞에서 소개한 목적적 듣기와 사고 활동(DLTA) 그리고 목적적 읽기와 사고 활동(DRTA)과 비슷한 점이 있다. K-W-L은 알고 있는 것(What We **K**now), 알고 싶은 것(What We **W**ant to Know), 배운 것(What We **L**earned)을 의미한다(Ogle, 1986). 이 전략은 읽기가 시작되기 전 선행 지식을 활용하여 흥미를 촉진한다. 또한 읽어서 얻고자 하는 것의 목표를 정하므로 사고의 방향을 잡아주며 아이디어의 공유를 활성화한다. 그림 6.9의 K-W-L 도표는 특정 주제에 대한 자료를 읽을 때 유익하다(Sampson, 2002).

아래에 이 전략을 사용하는 절차가 소개되어 있다.

1. 설명적 텍스트를 읽기 전, 주제와 관련하여 알고 있는 것을 브레인스토밍한다. 예를 들어 「화산(Volcanoes)」(Branley, 1985)을 읽는다면, 먼저 화산에 대하여 **알고 있는 것**에 대하여 열거한다.

그림 6.9

K-W-L 도표

주제 : 화산

알고 있는 것	알고자 하는 것	배운 것
생김새 있는 장소 위험하다	왜 폭발하는가? 화산이 있는 곳 폭발을 멈출 수 있는가?	다른 화산이 있는 곳 폭발하는 이유 용암이 뜨거운 정도

2. 책을 읽기 전 화산에 대하여 알고 싶은 것의 목록을 작성한다.
3. 책을 다 읽고 난 후, 화산에 대하여 배운 것의 목록을 작성한다.

책을 다 읽은 후 이미 알고 있었던 것과 책에서 배운 정보를 비교한다. 즉 책을 통해서 배운 것을 정리하고, 마지막으로 배우고 싶었으나 책에 정보가 없어서 여전히 알지 못하는 것이 무엇인지 살펴본다.

벤 다이어그램. 벤 다이어그램은 두 개의 원을 겹쳐서 그린 도표로 개념 혹은 아이디어 간의 관계를 보여준다. 벤 다이어그램은 텍스트에 제시된 두 개 혹은 세 개의 개념을 비교할 수 있게 한다(Nagy, 1988). 먼저 각 개념의 특징을 원에 적는데, 두 개념 간의 공통점은 원이 겹치는 부분에 적고 나머지 특징은 원이 겹치지 않는 곳에 적는다. 벤 다이어그램은 이야기 텍스트나 설명적 텍스트 모두에서 사용될 수 있다(그림 6.10).

캐논 선생님은 「개구리, 두꺼비와 올챙이(Frogs and Toads and Tadpoles, Too)」(Fowler, 1992)를 아이들에게 읽어주었다. 이 정보책은 개구리와 두꺼비의 공통점과 차이점에 대한 것이다. 캐논 선생님은 게시판에 두 개의 원을 일부분 겹치게 그려놓고 한

그림 6.10

벤 다이어그램

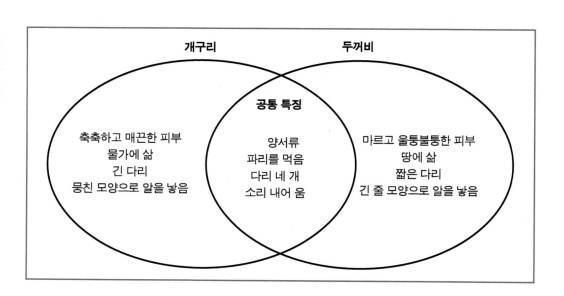

개구리	공통 특징	두꺼비
축축하고 매끈한 피부 물가에 삶 긴 다리 뭉친 모양으로 알을 낳음	양서류 파리를 먹음 다리 네 개 소리 내어 움	마르고 울퉁불퉁한 피부 땅에 삶 짧은 다리 긴 줄 모양으로 알을 낳음

원에는 "개구리", 다른 원에는 "두꺼비"라고 적었다. 그리고 원이 겹치는 부분은 "공통 특징"이라고 적었다. 그리고 유아들에게 책에서 읽은 개구리와 두꺼비의 특징을 말해 보게 하였다. 유아들이 열거하는 동안 교사는 내용을 적어넣었다. 그리고 나서 공통 적인 것을 분류하게 하였다. 유아들이 공통인 것이라고 명명한 것을 "공통 특징"이라고 이름 붙인 공간에 적어넣었다. 캐논 선생님은 유아들과 함께 다시 책을 읽으면서 개구리와 두꺼비의 특징을 묘사하는 데 사용된 용어 등을 살펴보았다. 예를 들어, 비슷하게, 마찬가지로, ~와 같이, 그럼에도 불구하고는 같은 것을 의미하고, ~에도, 여전히, 그러나, ~할지라도, 그러나, ~대신에 등은 차이를 나타내는 의미임을 알 수 있었다 (Vukelich, Evans, & Albertson, 2003). 확장 활동으로 유아들은 또래와 함께 다른 정보 책을 읽으면서 개념 혹은 대상의 차이점과 공통점을 비교하거나 대조하는 것을 벤 다이어그램으로 표현해보는 활동을 하였다.

설명적 텍스트에 사용되는 도표 조직지. 도표 조직지는 텍스트의 구조를 이해하기 쉽게 한다. 유아는 이야기 텍스트뿐만 아니라 설명적 텍스트의 구조를 요약하여 이해할 필요가 있다. 유아들이 설명적 텍스트 구조를 쉽게 이해할 수 있도록 다음과 같은 문장 패턴을 사용할 수 있다.

- **묘사:** _____는 _____ 것의 한 종류이다.
  사과는 **빨갛고 새콤한 과일**의 한 종류이다.
- **비교와 대조:** X는 _____하고 Y는 _____하다는 점에서 비슷하나, _____ X는 _____한 반면, Y는 _____하다.
  비와 눈은 **하늘에서 내리고 축축하다**는 점에서 비슷하나, **비는 땅에 쌓이지 않고 색이 없는** 반면, **눈**은 **땅에 쌓이고 하얀색**이다.
- **순서:** _____은 _____로 시작해서, _____하다가 마지막으로 _____로 끝난다.
  꽃은 **씨**로 시작해서, **우리가 물을 주면 계속 자란다**; 가지와 잎을 내며 자라다가 마지막으로 **꽃**으로 끝난다.
- **문제 해결:** _____은 하고 싶었다. 그러나 _____하였다. 그래서 _____하였다.
  아이들이 바깥놀이를 하고 싶었다. 그러나 **비가 와서 할 수 없었다.** 그래서 **대신 실내 운동장에서 놀았다.**
- **원인과 결과:** _____이었다. 왜냐하면 _____이기 때문이다.
  자동차가 멈추었다. 왜냐하면 **휘발유가 다 떨어졌기** 때문이다.

그림 6.11과 6.12는 설명적 텍스트의 구조 중 하나인 순서와 원인과 결과를 보여주는 도표 조직지이다. Duke(2000), Duke와 Kays(1998)에 의하면 유아교실에는 논픽션 텍스트 혹은 설명적 텍스트가 너무 없어서 정보 관련 텍스트에 대한 경험이 거의 없다고 하였다. 그러나 성인기에는 이야기 텍스트보다는 정보 텍스트를 더 많이 다루어야 한다. 따라서 정보 텍스트를 이해하는 방법을 가르쳐야 한다.

그림 6.11

순서에 관한 도표 조직지

이름: _____   날짜: _____

주제: 식물이 자라는 과정

순서

씨를 구한다. 1	양지바른 곳을 찾는다. 2	땅에 구멍을 파고 씨를 심는다. 3
물을 준다. 4	풀을 뽑아준다. 5	싹이 나면 관찰한다. 6

그림 6.12

원인과 결과에 관한 도표 조직지

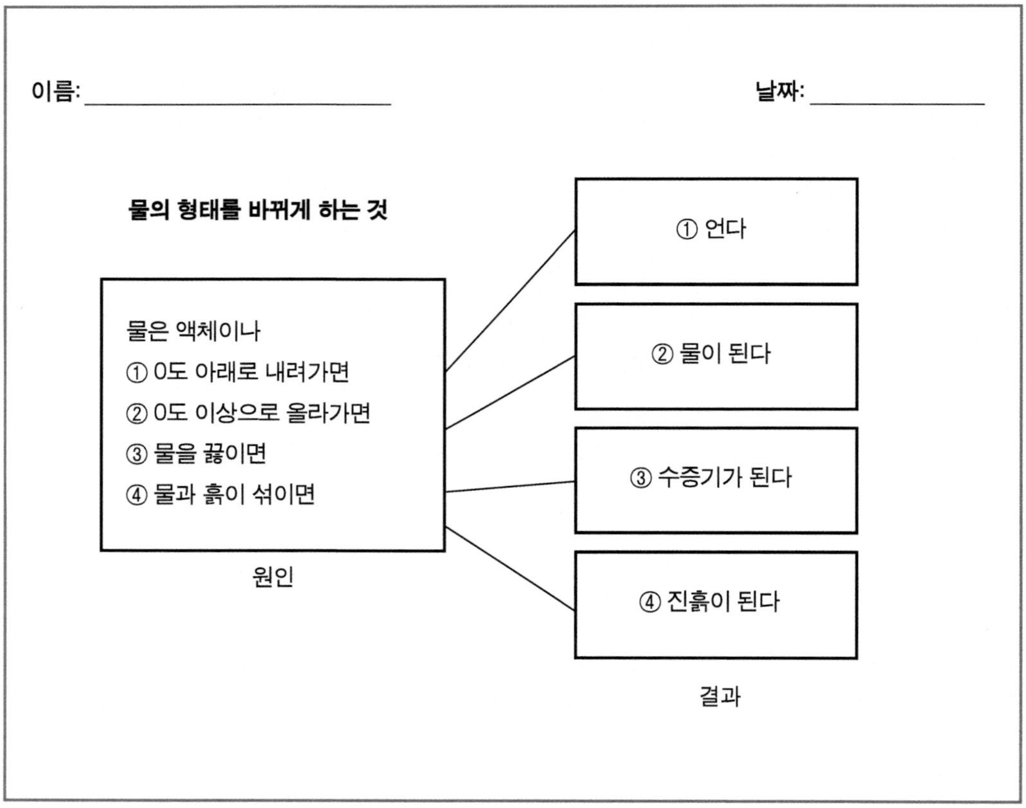

이름: _____   날짜: _____

물의 형태를 바뀌게 하는 것

물은 액체이나
① 0도 아래로 내려가면
② 0도 이상으로 올라가면
③ 물을 끓이면
④ 물과 흙이 섞이면

원인

① 언다

② 물이 된다

③ 수증기가 된다

④ 진흙이 된다

결과

요약 전략: 이야기 재화 혹은 다시 쓰기

이야기를 듣고 다시 말하기 혹은 읽고 다시 쓰기 활동은 언어의 특징과 이야기 구조에 대한 이해를 향상시키는 적극적 문해 경험이다(Paris & Paris, 2007). 말로 혹은 글로 이야기를 다시 하면 이야기 전체에 대한 이해를 향상시킬 뿐만 아니라 생각을 구조화한다. 뿐만 아니라 재화 과정에서 유아는 자신의 일상 경험과 이야기를 혼합하므로 독창적 생각을 낳기도 한다. 재화를 하면서 이야기 혹은 설명적 텍스트 구조에 대한 지식과 개념을 획득한다. 즉 이야기는 도입과 배경 요소로 시작한다. 또한 주제, 플롯, 해결의 요소도 포함시킨다. 재화에는 이들이 이해하는 사건의 순서, 세밀한 부분 등이 포함되어 유아의 이해 수준을 드러낸다. 이때 인물의 소리와 표현 등의 감정도 나타낸다. 설명적 텍스트를 다시 말하기 할 때에는 알게 된 것을 다시 돌아보며 주요한 아이디어와 이를 지지하는 구체적 사실을 구분할 수 있다.

유아에게 재화는 쉬운 과제가 아니지만 연습을 통해 쉬운 과제가 될 수 있다. 이야기를 듣거나 읽기 전에 먼저 다 읽은 후에 이야기를 다시 하게 될 것이라고 말해주면 이들의 재화 능력을 향상시킬 수 있다(Morrow, 1996). 재화에 대하여 가르치는 방법은 재화시키려는 교사의 구체적 목적에 따라 결정된다. 예를 들어 이야기 순서에 대하여 가르치려 한다면, 유아가 첫 번째 일어난 일, 두 번째 일어난 일 등에 집중하여 이야기를 듣거나 읽도록 가르치면 된다. 혹은 정보를 통합하는 능력이나 추론하는 능력을 가르치려 한다면, 책에서 일어난 일이 실제 유아에게 일어났던 경우를 생각해보도록 한다. 부직포로 만든 인물 인형 혹은 그림 같은 소품은 유아들이 재화를 쉽게 하도록 돕는다. 읽기 사전과 사후 활동은 재화 능력을 향상시키며 교사가 재화하는 것을 보여주는 것도 유아의 재화 능력을 향상시킨다.

이야기 재화에 대한 평가

재화는 독해 능력을 향상시키므로 이를 통해 유아의 독해 능력 향상의 정도를 평가할 수 있다. 재화를 평가하려면, 책을 읽어주기 전 유아에게 읽기가 다 끝나면 다시 말하기를 할 것이라고 미리 이야기한다. 유아가 재화를 하는 동안에는 "그래서, 그 다음에는?" 혹은 "다른 것 더 이야기하고 싶은 것 없니?"와 같은 일반적 말 이외에는 하지 않아야 한다. 이야기 텍스트에 대한 재화는 유아의 이야기 구조에 대한 지식, 이야기의 표면적 정보에 대한 이해뿐만 아니라 유아의 추론과 비평적 사고 능력을 드러낸다. 이야기 구조에 대한 지식을 평가하기 위해서 먼저 도입, 주제, 플롯과 해결로 구분한다. 그림 6.13의 평가표를 사용하여 유아가 재화한 이야기의 구조와 요소를 평가한다. 이야기의 일부만을 재화하거나 한 사건의 골자만을 언급하여도 유아의 성취를 인정해야 한다(Wasik & Bond, 2001; Whitehurst & Lonigan, 2001). 유아의 순서에 대한 이해도를 알려면 배경, 주제, 플롯, 해결이 적절한 순서로 배열되었는가를 본다. 이 평가표를 활용하면 유아가 재화하면서 생략하거나 포함한 것을 보여주고, 순서에 대한 인식이 정확한가를 드러내므로 다음 교수 활동에서 무엇에 집중하여야 하는지를 알게 된다. 이 평가표를 이용하여 일정기간 재화를 평가하면 향상의 정도를 알 수 있다.

다음은 「제니가 배운 것(Jenny Learns a Lesson)」(Fujikawa, 1980)을 예로 들어서 구조를 나누었고 이어서 유아가 시간을 두고 재화한 것을 전사한 것이다. 그림 6.13은 베스가 재화한 것을 재화 평가표로 평가한 것을 나타낸다.

그림 6.13

이야기 재화 평가표

이름: 베스   나이: 5

이야기의 제목: 제니가 배운 것   날짜:

평정법:

- 사건이 언급될 때마다 1점
- 인물이 언급될 때마다 1점, 소녀, 소년, 개 등도 각각 1점
- 인물을 언급하면서 복수로 하면 2점

이야기 구조

배경

a. 시간, 장소, 혹은 인물을 언급하는 것으로 이야기를 시작한다.   1
b 주인공의 이름을 언급한다.   1
c. 주인공 이외 언급된 인물의 수   2
d. 실제 인물의 수   4
e. 언급된 "다른 인물"의 점수 (c/d)   5
f. 시간 혹은 장소에 대한 언급이 있다.   1

주제

주인공의 최우선 목표 혹은 문제에 대하여 언급한다.   1

플롯

a. 언급된 에피소드의 수   4
b. 이야기의 에피소드의 수   5
c. "에피소드" 점수 (a/b)   8

해결

a. 문제 해결 혹은 목표가 성취되었음을 언급한다.   1
b. 이야기를 끝맺는다.   1

순서

이야기를 배경, 주제, 플롯, 해결의 구조로 재화한다.(맞으면 2점, 부분적으로 맞으면 1점, 순서가 없으면 1점)   1

가능 총점: 10

유아의 획득 점수: 83

「제니가 배운 것(Jenny Learns a Lesson)」(Fujikawa, 1980) 이야기 분석

배경
1. 옛날에 가장놀이를 좋아하는 여자아이가 있었다.
2. 인물: 제니(주인공), 니콜라스, 샘, 메이 수, 새그, 강아지

주제
제니는 친구들과 놀 때 항상 대장을 한다.

플롯
첫 번째 에피소드: 제니는 여왕놀이를 하고 싶었다. 친구들에게 전화를 했다. 친구들이 와서 놀았다. 제니는 친구들에게 이거 해라, 저거 해라 하고 대장노릇을 하였다. 친구들이 화나서 가버렸다.

두 번째 에피소드: 제니는 댄서놀이를 하고 싶었다. 친구들에게 전화를 했다. 친구들이 와서 놀았다. 제니는 친구들에게 이거 해라, 저거 해라 하고 대장노릇을 하였다. 친구들이 화나서 가버렸다.

세 번째 에피소드: 제니는 해적놀이를 하고 싶었다. 친구들이 와서 놀았다. 제니는 친구들에게 이거 해라, 저거 해라 하고 대장노릇을 하였다. 친구들이 화나서 가버렸다.

네 번째 에피소드: 제니는 여자 공작놀이를 하고 싶었다. 친구들이 와서 놀았다. 제니는 친구들에게 이거 해라, 저거 해라 하고 대장노릇을 하였다. 친구들이 화나서 가버렸다.

다섯 번째 에피소드: 친구들이 제니와 더 이상 놀지 않으려고 했다. 제니가 대장노릇을 하기 때문이다. 제니는 혼자 있는 것이 외로워서 친구들에게 사과를 하였다.

해결
1. 친구들이 모두 함께 놀았다. 친구들 각자는 자신이 하고 싶은 것을 하였다.
2. 친구들 모두 너무 재미있게 지냈다. 피곤하여 모두 잠이 들었다.

전사 자료

(베스, 5세) 옛날에 제니라고 하는 여자아이가 있었어요. 그리고 친구들에게 전화를 했어요. 그리고 여왕놀이를 했어요. 그리고 궁전에 갔어요. 친구들은 그녀가 말하는 것을 해야만 했고 친구들은 그것이 싫었어요. 그래서 그들은 집에 갔고 그리고 재미없었다고 말했어요. 여왕놀이는 재미없고 여왕이 하라고 하는 것을 하는 것도 재미없어요. 그래서 그들은 7일 동안 그녀와 놀지 않았고, 그리고 그녀는 자신이 이기적이었다고 생각했고, 그래서 친구들을 찾아갔어요. 그리고 말하기를, 내가 못되게 굴어서 미안해라고 했어요. 그리고 해적놀이를 하자고 했어요. 그리고 그들은 해적놀이를 하였고 그리고 밧줄에 올라탔어요. 그리고 나서 그들은 소꿉놀이를 하였어요. 그리고 차를 마셨어요. 그리고 그들은 자신이 하고 싶은 것을 하며 놀았고 그리고 모두 행복했어요. 끝.

위의 것은 베스가 유치원 입학 초에 재화한 것을 전사한 것이다. 그러나 유치원을 졸업할 무렵 베스가 재화한 것을 보면 재화란 연습을 하고 시간이 흐르면 향상되는 것임을 분명히 보여준다. 「레몬나무 아래에서(Under the Lemon Tree)」(Hurd, 1980)는 농장의 레몬나무 아래에서 사는 당나귀가 다른 동물들을 보호하는 것에 관한 이야기이다. 여우가 밤에 닭이나 오리를 잡아먹으려고 오면 당나귀가 히이힝 하고 크게 울어서 농장의 동물을 지킨다. 당나귀는 여우를 쫓아 보내지만, 그 소리에 잠을 깬 농부와 그의 부인은 여우를 보지 못하였다. 같은 일이 몇 번 반복되자, 농부는 당나귀를 헛간에서 멀리 떨어진 곳으로 옮겨놓았고 당나귀는 기분이 안 좋았다. 여우가 다시 와서 농부의 씨수탉을 잡아먹었다. 다른 동물들이 꽥꽥 하며 소리를 내어 울자 이 소리에 잠을 깬 농부가 여우를 뒤쫓아갔다. 여우가 당나귀 앞을 지나갈 때 당나귀가 다시 큰 소리로 히이힝 하고 외치자 여우가 깜짝 놀라 수탉을 떨어뜨리게 된다. 농부는 마침내 당나귀가 농장의 동물을 보호하고 있었다는 것을 알게 되어 당나귀를 다시 레몬나무 아래에 갖다놓았고 당나귀는 행복해하였다. 아래는 5세 베스가 「레몬나무 아래에서」를 재화한 것을 전사한 것이다.

옛날에 당나귀가 있었고, 그리고 그는 농장에 있었어요. 그는 농장의 동물과 가까운 레몬나무 아래에 살았어요. 아침에는 벌들이 레몬나무 꽃에서 윙윙대었어요. 그는 오리, 암탉, 수탉 옆에 있었어요. 저녁이었어요. 빨간 여우가 농장에 와서 동물을 잡아먹으려고 했어요. 당나귀가 "히 히 힝" 하였고 그리고 암탉이 "꼬꼬댁" 하였고, 그리고 오리는 "꽥꽥" 하였어요. 그러자 농부와 그의 부인이 잠에서 깨어 창밖을 내다보았고 그리고 아무것도 못 보았어요. 그들은 그날 밤 농장에 누가 왔는지 몰랐어요. 그들이 말하기를 "저 당나귀는 너무 시끄러워. 어두워지면 멀리 갖다 놔야겠다." 그래서 어두워졌을 때 당나귀를 무화과나무 아래로 데려갔어요. 그리고 당나귀는 그곳에 있어야 했어요. 그는 혼자 잠을 잘 수 없었어요. 그날 밤, 빨간 여우가 농장에 다시 와서 동물을 잡아먹으려고 했어요. 모든 오리들이 꽥꽥대고, 칠면조는 골골대었어요. 농부와 부인이 깨어나서 말하기를, "저 시끄러운 당나귀가 다시 돌아왔어?" 그들은 창가로 달려가서 여우가 수탉을 입에 물고 있는 것을 보았어요 그리고 소리치기를, "멈춰라 도둑아, 돌아와." 여우는 당나귀 앞을 지났고, 그리고 "히이힝 히이힝" 하고 소리쳤어요. 빨간 여우가 그 소리를 듣자 수탉을 떨어뜨리고 도망갔어요. 농부와 그의 부인이 말하기를 "저 당나귀가 우리에게 좋은 일을 했어." 그리고 그들은 수탉을 집어 올리고 한손에는 당나귀를 잡고 그리고 함께 집으로 갔고 그리고 당나귀를 레몬나무 아래 다시 묶어 놓았어요.

다시 말하기를 통해 여러 종류의 독해 능력을 평가할 수 있다. 다시 말하기 과제를 유아에게 주기 전에 평가내용과 일치하게 사전에 요구하여야 한다. 즉 순서에 대한 지식을 측정하고자 하면 유아에게 이런 측면에 초점을 맞추어 재화할 수 있도록 사전 안내가 필요하다. 그림 6.14에는 점수가 아닌 체크로 다시 말한 내용 혹은 다시 쓴 것을 평가하는 양식이 제시되어 있다. 또한 해석과 비평적 반응을 질적으로 평가하는 문항도 있다. 그림 6.14의 평가지는 문항을 수정하여 자신의 재화를 스스로 평가하는 데 사용할 수도 있다. 예를 들어, 배경에서 "나는 시간, 장소, 혹은 인물을 언급하는 것으로 이

그림 6.14

이야기 다시 말하기 혹은 다시 쓰기에 대한 평가 양식

	네	아니오

유아 이름: _____ 날짜: _____

이야기 제목: _____

배경

	네	아니오
a. 시간, 장소, 혹은 인물을 언급하는 것으로 이야기를 시작한다.	☐	☐
b. 주인공의 이름을 언급한다.	☐	☐
c. 주인공 이외 언급된 인물의 이름:_____		
d. 시간 혹은 장소에 대한 언급이 있다.	☐	☐

주제

	네	아니오
주인공의 최우선 목표 혹은 문제에 대하여 언급한다. _____	☐	☐

플롯

	네	아니오
a. 에피소드를 언급한다. _____	☐	☐
b. 언급된 에피소드의 목록_____	☐	☐

해결

	네	아니오
a. 문제 해결 혹은 목표가 성취되었음을 언급한다. _____	☐	☐
b. 이야기를 끝맺는다. _____	☐	☐

순서

	네	아니오
a. 이야기를 순서에 맞게 재화한다. _____	☐	☐

해석과 비평적 코멘트: 유아가 재화한 내용을 검토하면서 해석적이고 비평적 성격을 띤 코멘트를 찾는다.

야기를 시작한다" 혹은 "나는 주인공의 이름을 언급한다."를 사용한다. 교사 혹은 또래와 함께 혹은 혼자 스스로 평가하는 것은 학습의 중요한 과정이다.

협동 반응 집단

English Language Learners

지금까지 논의된 독해를 도와주는 전략은 대집단, 소집단, 일대일 상호작용에서 교사의 주도하에 이루어지는 것이었다. 지금부터는 교사의 지도 없이 유아들이 또래 간 협력하는 독해 전략을 소개할 것이다. 미국독서위원회(National Reading Panel, 2000)에서는 협동은 독해 능력 향상에 필요한 전략이라고 하였다. 이 전략은 반응 집단이라고도 하는데, 이유는 텍스트에 대하여 생산적이고 개인적인 대화를 가능하게 하기 때문이다. 반응 집단은 아이디어를 교환하며 서로를 경청하며 아이디어를 조정하며 읽은 것이나 들은 것에 대하여 비평적으로 생각할 수 있게 한다. 유아가 또래와 함께 반응 집단에 참여하려면 먼저 교사의 모델이 필요하므로, 우선은 교사가 주도하는 반응 집단을 경험하게 한다. 다양한 반응 집단의 유형을 아래에 소개하였다.

문학 동아리. 문학 동아리는 같은 책을 읽은 유아가 모여 교사의 참관 없이 토의를 한다. 물론 교사의 도움 없이 토론이 진행되기 전에 이 활동에 대한 교사의 모델이 먼저 제시되어야 한다. 문학 동아리의 조직은 다음과 같다.

1. 소집단으로 교실에 구비된 책 혹은 교사가 제시하는 책 중 하나를 읽고 함께 토론한다. 이들은 정기적인 토론에 참여한다.
2. 책에 대한 토론을 촉진하고 활성화하기 위하여 교사는 토론을 촉진하는 전략을 사용하여 토론을 도와줄 수 있다.
3. 유아는 다음 역할을 맡는다.

- 토의 리더: 토의의 시작과 끝을 알리는 말을 하며 팀원의 주장을 지지하는 부분을 책에서 찾아 상기시키며 모든 팀원이 참여할 수 있도록 노력한다. 또한 토의할 질문도 제기한다.
- 토의 권위자: 집단 토론에서 주시할 만한 재미있거나 슬프거나 흥미로운 것을 책에서 찾아 낭독한다.
- 일러스트레이터: 읽기와 관계된 것을 그린다.
- 창의적 연결자: 책과 실제 삶과 관계짓는 역할을 한다. 관계지을 대상은 유아 개인, 책, 교실, 가족, 친구 모두가 될 수 있다.
- 어휘 탐색자: 책에서 중요한 핵심 어휘 혹은 새 어휘를 찾는다.
- 요약자: 읽은 내용을 요약한다. 요약은 간단명료해야 한다.
- 조사자: 읽은 내용과 관련된 정보를 더 찾는다.

나이가 어린 유치원 혹은 초등 1학년의 교사는 문학 동아리의 토론 리더 역할을 하며 다음과 같은 질문을 할 수 있다.

- 가장 좋아했던 부분을 이야기해 주세요.
- 재미없는 부분을 이야기해 주세요.
- 여러분이 작가라면 이야기를 어떻게 끝마칠 것 같나요?

책을 읽으면서 문학 동아리에서 함께 토론하고 싶은 부분이 나오면 포스트잇으로 표시하도록 가르친다. 토론 시간에 팀원들에게 그 부분을 펼치도록 한다. 팀원들은 그 부분에 대하여 자신의 생각을 말하고, 질문을 하기도 하며, 이해가 되지 않는다면 설명을 요구할 수도 있다. 이러한 전략은 교사의 안내가 선행되고 유아 자신이 반복적으로 참여하여 경험해야 사용할 수 있다.

버디 읽기. 상급 학년이 어린 반의 유아와 짝지어 읽기를 하는 것이다. 상급 학년 유아는 먼저 동생에게 읽어주는 방법 등에 대하여 교육을 받는다. 정해진 시간에 버디가 만나서 함께 책을 읽고 토론한다.

짝 읽기. 동일한 연령의 유아들이 함께 읽는 것이다. 단순하게는 두 명의 유아가 순서를 바꾸어가며 읽는 것에서부터 옆에 함께 앉아서 책을 같이 보는 것도 포함된다. 짝이 함께 읽은 후, 교사는 문학 동아리에서처럼 이들이 토론할 것을 제시하거나 상호작용을 구조화할 수 있다.

그림 6.15 토의 리더

친구는 책 읽기 모임의 토의를 이끌어갈 사람이에요. 아래에 누구에게 먼저 질문을 할지 순서대로 적으세요. 각 구성원의 역할과 주제에 대해서 소개할 준비를 하세요.

1.＿＿＿＿＿＿＿＿＿＿＿＿＿＿＿＿＿＿＿＿＿＿＿＿＿＿＿＿＿＿

2.＿＿＿＿＿＿＿＿＿＿＿＿＿＿＿＿＿＿＿＿＿＿＿＿＿＿＿＿＿＿

3.＿＿＿＿＿＿＿＿＿＿＿＿＿＿＿＿＿＿＿＿＿＿＿＿＿＿＿＿＿＿

4.＿＿＿＿＿＿＿＿＿＿＿＿＿＿＿＿＿＿＿＿＿＿＿＿＿＿＿＿＿＿

5.＿＿＿＿＿＿＿＿＿＿＿＿＿＿＿＿＿＿＿＿＿＿＿＿＿＿＿＿＿＿

6.＿＿＿＿＿＿＿＿＿＿＿＿＿＿＿＿＿＿＿＿＿＿＿＿＿＿＿＿＿＿

7.＿＿＿＿＿＿＿＿＿＿＿＿＿＿＿＿＿＿＿＿＿＿＿＿＿＿＿＿＿＿

그림 6.16   어휘 탐색자

책에서 나온 단어 중에서 어렵고 흥미로운 단어를 정하여 모임 친구들에게 소개하고 설명해주세요.

단어: _____

뜻: _____
_____
_____

단어: _____

뜻: _____
_____
_____

단어: _____

뜻: _____
_____
_____

단어: _____

뜻: _____
_____
_____

그림 6.17 일러스트레이터

책에서 좋아했던 부분의 그림을 그리고 읽기 모임 친구들과 이야기를 나누어보세요. 친구의 그림이 무엇인지 설명해주는 문장 몇 줄을 쓰세요.

그림 6.18   요약자

요약하는 사람은 이야기를 간결하게 다시 말해주는 사람이예요. 아래에 있는 각 네모 안에 주제와 주요 사건에 대해 쓰되 결말도 쓰세요.

1.	2.
3.	4.

생각하고-짝과 함께-발표하기. 이 전략은 교사가 질문을 제시하면 유아는 답하기 전에 먼저 생각을 한다. 다음, 짝을 지어서 질문에 대한 답을 서로 토의한다. 그리고 나서 대집단으로 모여 짝과 함께 토의한 내용을 보고한다.

심상과 소리 내며 생각하기. 이 전략은 유아 개인 혹은 짝과 함께 그리고 교사와 함께 혹은 교사 없이 등 여러 형태로 진행될 수 있다. 심상은 교사가 읽어준 것을 들은 후에 아니면 스스로 읽은 후에 연상되는 모양, 장면 등을 마음으로 그려보는 것이다. "지금 들은 것 혹은 읽은 것을 마음속에 그림으로 그려보세요. 이것은 여러분의 기억과 이해를 도와줍니다"라고 지도한다. 그 다음 그림을 친구 혹은 교사에게 말로 표현해보게 하는데 이것이 "소리 내며 생각하기"이다. 또한 들은 것 혹은 읽은 것이 이해되지 않거나 잘 기억나지 않으면 유아 스스로 질문을 해 보라고 하거나 책을 다시 읽어보라고 한다. 책의 인물이 경험한 비슷한 상황을 경험한 적이 있는지 기억해보고, 그때 자신은 무엇을 하였는지도 생각해보게 한다. 생각을 마음속에 그림으로 그리고 이를 말로 표현하게 되면, 기억해야 할 정보가 분명해지고 이해가 향상된다(Gambrell & Koskinen, 2002). 아래에 심상 형성에 대한 교실 활동이 제시되어 있다.

교실 실제

심상 형성

케이시 교사의 심상 형성 활동은 독해에 상당히 효과가 있다. 이야기 텍스트 혹은 설명적 텍스트 중 매우 구체적이고 분명하게 묘사된 단락 혹은 텍스트 전체를 선택한다. 학생들을 바닥에 동그랗게 앉힌다. 칠판에 심상 형성이란 단어를 적는 것으로 시작한다. 학생들이 이 단어에 대하여 아는 것을 말하게 하거나 종이에 적도록 한다. 심상 형성이란 듣거나 읽은 단어와 관계된 것을 마음에 그림으로 연상하는 것이라고 설명한다. 교사 자신이 무엇인가를 이해하고 기억하기 쉽도록 하기 위하여 심상을 형성한 경험을 들려주고, 학생들 중에서도 비슷한 경험이 있는지를 묻는다. 다음, 준비한 단락을 읽어주는데, 이때 그림은 보여주지 않는다. 읽어줄 때 학생들이 집중해서 듣도록 지도하고 듣는 내용에 대하여 마음에 그림을 그리도록 지도한다. 도움이 된다면 눈을 감고 해도 된다. 다 듣고 난 뒤에 학생들은 자신의 자리로 돌아가서 "마음속에 그린 그림" 혹은 텍스트의 해석을 종이에 그림으로 그려보도록 한다. 이후 학생들은 자신의 그림 혹은 해석을 친구들 앞에서 발표한다. 교사는 학생들 해석의 공통점과 차이점에 대한 토의를 이끈다. 또한 학생들이 그린 그림과 함께 읽은 단락의 실제 그림을 비교해본다.

헤더 케이시(3학년 담임)

유창하게 읽기

문해 교육에서 관심을 가지고 강조되어야 할 부분이 유창하게 읽기이다. 미국독서위원회 보고서(National Reading Panel Report)에는 유창하게 읽는 능력은 문해 발달의 필수 요건이라고 강조되어 있다. 유창하게 읽는다는 것에는 정확성, 자동성과 운율이 포함된다. 유아가 텍스트를 자동적으로 그리고 정확하게 해독할 때 이를 유창하게 읽는다고 한다. 즉 글자 하나하나 읽는 데 너무 많은 노력을 기울이지 않는다. 또한 적절한 속도와 쉼과 마침 같은 운율적 표현을 한다. 운율적 표현은 독자가 텍스트를 이해하고 있다는 증거가 된다(Kuhn & Stahl, 2003). 읽기 교육의 궁극적 목표는 유창하게 읽는 것에 있다. 아래에 소개되어 있는 전략들이 유창하게 읽을 수 있도록 도와줌이 연구에 의하여 증명되었다.

English Language Learners

메아리 읽기. 메아리 읽기는 교사 혹은 유창하게 읽는 독자가 텍스트 한 줄을 읽으면 같은 줄을 따라 읽는다. 유아의 읽기 실력이 향상되면 한 번에 읽는 텍스트의 양을 늘린다. 먼저 읽는 사람은 정확한 발음과 속도, 운율적 표현을 잘 하여야 하며 유아는 그냥 듣고 따라 하는 것이 아니라 읽고 있는 단어를 보며 읽어야 한다. 메아리 읽기는 한 주에 여러 번 읽는 것을 원칙으로 한다.

한 목소리로 읽기. 한 목소리로 읽기란 대집단 혹은 소집단으로 한 단락 정도를 교사와 함께 큰 소리로 읽는 것이다. 교사는 읽는 속도와 표현의 모델이 됨을 명심해야 한다. 짧은 단락이나 시는 한 목소리로 읽기에 좋다. 한 목소리로 읽을 때 유아는 적절한 속도와 표현을 감각으로 느낄 수 있다. 일주일에 여러 번 읽는 것을 원칙으로 한다.

짝 읽기. 짝 읽기란 나이가 더 든 유아나 같은 반 또래 중 유창하게 읽는 유아가 그렇지 않은 유아에게 읽기 모델이 되는 것이다. 함께 읽으면서 능숙한 짝이 튜터 역할을 한다. 읽는 재료는 읽기가 덜 능숙한 유아의 수준에 맞는 것으로 선택한다. 짝으로 읽을 때는 순서를 정해서 읽는다. 능숙한 짝이 한쪽을 먼저 읽고, 덜 능숙한 짝이 같은 쪽을 반복해서 읽는다. 먼저 읽는 순서는 쪽에 따라 바꿔서 할 수 있다. 튜터는 읽기가 덜 능숙한 짝이 정확하게 해독하며, 적절한 속도를 내며, 쉼과 마침 등의 표현을 할 수 있도록 돕는다.

독자 극장. 독자 극장이란 짧은 연극 대본을 소리 내어 읽는 것이다. 유아에게 역할을 주고 각 역할의 대사를 연습시킨다. 이를 통해 유아는 유창하게 읽고 표현하는 것을 연습할 수 있다. 독자 극장에 부모를 초청하여 관람하게 하면 이들이 유창하게 읽는다는 것의 개념을 갖게 된다. 부모들이 독자 극장에 참여하도록 배려할 수도 있다. 이 활동은 많은 시간을 들이지 않고 효과를 얻을 수 있다. 그림 6.19와 6.20에 소개된 독자 극장의 대본과 인형 모양을 활용하라. 인형을 활용하여 독자 극장을 하면 효과적이다(Young & Rasinski, 2009).

번갈아 읽기. 번갈아 읽기는 한 교실의 유아를 몇 개의 집단으로 나누어 집단 간에 번갈

그림 6.19 **유창성을 위한 독자 극장: 꼬꼬닭 빨강이를 누가 도와줄래**
교사는 유아에게 역할을 맡긴다. 연습을 하고 난 뒤 공연할 때에는 얼굴 인형을 사용하여 동물의 역할을 한다.

등장인물: 내레이터, 꼬꼬닭 빨강이, 소, 돼지, 강아지

내레이터: 꼬꼬닭은 밀 씨앗이 담긴 주머니를 발견하고 친구들에게 알려주기 위해 달려갔어요. 어쩌면 친구들이 씨앗 심는 것을 도와줄 수도 있거든요.

꼬꼬닭: 소야, 혹시 내가 씨앗 심는 것을 도와줄 수 있니?

소: 아, 아니 난 못해. 그런 일을 하기엔 날씨가 너무 더워.

꼬꼬닭: 돼지야, 혹시 내가 씨앗 심는 것을 도와줄 수 있니?

돼지: 아, 아니 난 못해. 그런 일을 하기엔 날씨가 너무 더워.

꼬꼬닭: 강아지야, 혹시 내가 씨앗 심는 것을 도와줄 수 있니?

강아지: 아, 아니 난 못해. 그런 일을 하기엔 날씨가 너무 더워.

내레이터: 그래서 꼬꼬닭은 모든 일을 자신의 힘으로 했어요. 몇 주가 흘렀고 씨들은 자라기 시작하였어요. 꼬꼬닭은 친구들에게 자신이 가꾼 정원을 돌보아주고 잡초를 뽑아달라고 부탁하기로 했어요.

꼬꼬닭: 소야, 혹시 내 정원 돌보는 일을 도와줄 수 있니?

소: 아, 아니 난 못해. 그늘이 너무 시원해서 그늘 밖으로 나가기 싫어.

꼬꼬닭: 돼지야, 혹시 내 정원 돌보는 일을 도와줄 수 있니?

돼지: 아, 아니 난 못해. 진흙 웅덩이가 너무 시원해서 웅덩이 밖으로 나가기 싫어.

꼬꼬닭: 강아지야, 혹시 내 정원 돌보는 일을 도와줄 수 있니?

강아지: 아, 아니 난 못해. 개집이 너무 시원해서 집 밖으로 나가기 싫어.

내레이터: 그래서 꼬꼬닭은 혼자 힘으로 잡초를 뽑고 정원을 돌보았어요. 시간이 지나갔고, 태양은 밀이 자라게 했어요. 꼬꼬닭은 친구들에게 밀을 수확하는 것을 도와달라고 부탁하기로 했어요.

꼬꼬닭: 소야, 밀 추수하는 것을 도와줄 수 있니?

소: 아, 아니 난 못해. 오늘은 날이 너무 더워.

꼬꼬닭: 돼지야, 밀 추수하는 것을 도와줄 수 있니?

돼지: 아, 아니 난 못해. 오늘은 날이 너무 더워

꼬꼬닭: 강아지야, 밀 추수하는 것을 도와줄 수 있니?

강아지: 아, 아니 난 못해. 오늘은 날이 너무 더워.

내레이터: 다시 한 번 꼬꼬닭은 모든 일을 혼자 해야 했어요. 꼬꼬닭은 밀의 추수를 끝내고 밀을 밀가루로 빻는 것을 친구들에게 도와달라고 부탁했어요.

꼬꼬닭: 소야, 밀을 밀가루로 빻는 것을 도와줄 수 있니?

소: 아, 아니 난 못해. 곧 있으면 우유 짜는 시간이야.

꼬꼬닭: 돼지야, 밀을 밀가루로 빻는 것을 도와줄 수 있니?

돼지: 아, 아니 난 못해. 곧 있으면 점심 먹을 시간이야.

| 그림 6.19 | 유창성을 위한 독자 극장: 꼬꼬닭 빨강이를 누가 도와줄래 (계속) |

> **꼬꼬닭:** 강아지야, 밀을 밀가루로 빻는 것을 도와줄 수 있니?
>
> **강아지:** 아, 아니 난 못해. 곧 있으면 점심 먹는 시간이야.
>
> **내레이터:** 그래서 꼬꼬닭은 혼자서 밀을 밀가루로 빻았어요. 그리고 꼬꼬닭은 밀가루를 빵으로 굽기로 결심하고, 친구들에게 도울 기회를 한 번 더 주기로 했어요.
>
> **꼬꼬닭:** 소야, 밀가루로 빵을 굽는 것을 도와줄 수 있니?
>
> **소:** 아, 아니 난 못해. 빵을 구울 때는 너무 뜨거워.
>
> **꼬꼬닭:** 돼지야, 밀가루로 빵을 굽는 것을 도와줄 수 있니?
>
> **돼지:** 아, 아니 난 못해. 빵을 구울 때는 너무 뜨거워.
>
> **꼬꼬닭:** 강아지야, 밀가루로 빵을 굽는 것을 도와줄 수 있니?
>
> **강아지:** 아, 아니 난 못해. 빵을 구울 때는 너무 뜨거워.
>
> **내레이터:** 꼬꼬닭은 혼자서 빵을 구웠어요. 빵을 구운 뒤에 빵이 식도록 잠시 놔두었어요. 어느새 빵을 자르고 먹을 시간이 되었어요. 주위를 둘러보자 아무도 보이지 않았어요.
>
> **꼬꼬닭:** 흠.. 누가 이 빵을 먹는 것을 도와줄 수 있을까?
>
> **소:** (달려오며) 저요!
>
> **돼지:** (달려오며) 저요!
>
> **강아지:** (달려오며) 저요!
>
> **꼬꼬닭:** 안 돼. 너희들은 씨앗 심는 것을 도와주지 않았고, 물을 주는 것도 도와주지 않았고, 잡초 뽑는 것도, 탈곡하는 것도, 굽는 것도 도와주지 않았어. 그러니 너희들은 빵 먹는 것도 도와줄 필요 없어. 이것도 나 혼자 할 거야!
>
> **내레이터:** 그리고 꼬꼬닭 빨강이는 그렇게 했답니다!

아서 읽는 것이다. 대화가 있는 동시가 이 활동에 적절한데, 전체 집단을 두 개, 세 개의 집단으로 나누어서 각 집단이 맡은 부분을 팀원이 함께 읽는다. 그 뒤에 모두 모여 각 집단이 맡은 부분을 번갈아 읽는다.

녹음을 들으며 읽기. 유창하게 읽는 사람의 목소리가 녹음된 것을 듣고 따라 하는 것은 유아에게 유창하게 읽을 수 있는 좋은 기회를 제공한다. 녹음은 교사, 부모 혹은 유창하게 읽는 또래의 목소리를 해도 되고, 구입하여 사용할 수도 있다.

반복 읽기. 한 주에 같은 책을 세 번 혹은 네 번 반복해서 읽는다. 반복해서 읽으면 내용에 친숙해져 자연스럽게 유창하게 읽게 된다. 유아가 유창하게 읽게 되면 말소리에 대한 감각을 갖게 된다. 첫 날에는 텍스트를 유아에게 읽어주고, 둘째 날에는 메아리 읽기를 한다. 셋째 날에는 한 목소리로 읽기를 하고 넷째 날에는 짝 읽기를 한다. 교사가 이 활동에 참여하므로 많은 어휘가 있는 높은 수준의 책을 선택해도 된다.

그림 6.20　**꼬꼬닭 빨강이 얼굴 인형**
아래 그림을 단단한 색지 위에 확대, 복사하세요. 그림을 막대에 붙인 뒤에 연극에
사용하세요.

▲ 짝 읽기, 번갈아 읽기 같은 협동적 반응 활동은 읽기 이해 능력을 향상시킨다.

유아는 매일 유창하게 읽을 기회를 가져야 한다. 유창하게 읽기 위한 활동은 유아들이 하기도 쉽고 시간도 많이 들지 않으며 재미도 있다. 유창하게 읽기 활동은 어린 유아부터 초등학교 3학년까지 가능하다. 어린 유아도 유창하게 읽기 활동이 가능하나 이들 연령에서는 읽기보다는 듣기에 초점이 맞추어져야 한다. 들으면서 리듬, 속도와 운율적 표현에 노출된다. 어린 유아는 메아리 읽기 대신에 메아리 말하기를 하면 된다. 또한 한 목소리로 읽기는 외워서 하면 된다. 또한 나이가 많은 유아와 함께 짝 읽기도 할 수 있으며 테이프에서 나오는 이야기를 듣고 반복해서 읽기를 연습할 수 있다.

유창하게 읽기 연습을 위한 자료. 연령에 적절하도록 수준이 구분된 독본 혹은 레벨북이 유창성을 기르는 데 적절하다. 새 텍스트를 소개할 때에는 메아리 읽기 혹은 한 목소리로 읽기를 한다. 등장인물의 대화가 있는 이야기책은 독자 극장에 적절하다. 짧은 단락, 동시는 한 목소리로 읽기, 메아리 읽기, 반복 읽기와 짝 읽기에 적당하다. 동시 모음집 「네가 읽고 내가 읽고(You read to me, I'll read to you)」(Hoberman, 2001)는 두 명 이상의 인물이 서로 이야기를 주고받는 것이라서 훌륭한 자료가 된다. 또한 인물의 대화는 다른 색으로 적혀있다. 이 책은 독자 극장, 메아리 읽기, 한 목소리로 읽기, 번갈아 읽기, 짝 읽기, 반복 읽기에 사용될 수 있다. "내가 좋아하는 것"이라는 제목의 동시는 인물에 따라 보라, 분홍으로 적혀있으며, 함께 읽어야 하는 부분은 파랑으로 적혀있다.

> 나는 콜라가 좋아.　　나는 우유가 좋아.
> 나는 새틴이 좋아.　　나는 실크가 좋아.
> 나는 강아지가 좋아.　나는 고양이가 좋아.
> 나는 장갑이 좋아.　　나는 벙어리장갑이 좋아.
> 나는 미끄럼틀 타는 것이 좋아.　나는 그네 타는 것이 좋아.
> **우리는 같이 좋아하는 것이 하나도 없어.**

유창하게 읽기에 대한 평가. 유아가 독자적으로 읽는 것을 듣는다. 직접 들으면서 평가할 수도 있고 녹음하여 나중에 평가할 수도 있다.

1. 일 분간 읽은 단어의 수를 연령별 평균과 비교한다.
2. 틀리게 읽은 것을 분석하는 오류 분석을 하거나, 연속 기록을 통해 오류를 평가한다.
3. 다음과 같은 비형식적 평가도 할 수 있다.
    - 또박또박 읽는다.
    - 단어와 단어 사이에 긴 쉼이 있다.

- 단어를 건너뛰어 읽는다.
- 쉼, 물음, 마침 같은 표현 없이 읽거나 뜻을 이해하고 읽는 것 같지 않다.
- 읽는 속도가 느리며 무척 애를 쓴다.

아래에 1, 2, 3학년에 적절한 읽기 속도가 제시되어 있다.

- 1학년이 일 분간 읽은 평균 단어 수: 1학기 말에 54개, 2학기 초에 66개, 2학기 말에 79개
- 2학년이 일 분간 읽은 평균 단어 수: 1학기 초 53개, 1학기 말 78개, 2학기 중간 94개
- 3학년이 일 분간 읽은 평균 단어 수: 1학기 초 79개, 1학기 말 93개, 2학기 중간 114개

학령기 아동은 일 년에 두세 번 유창하게 읽기를 자기 평가해보도록 한다. 자신의 읽는 소리를 녹음하여 다음과 같은 기준으로 평가한다.

- 보통: 단어 하나하나를 천천히 읽고 읽는 속도 등이 고르지 않으며 몇 개의 단어는 건너뛰고 읽으며 텍스트를 이해하고 읽는다고 보기에는 표현이 충분하지 않다.
- 양호: 읽기 속도는 느리나 일정하다. 대부분의 단어를 바르게 읽고 텍스트를 이해하고 있는 표시가 날 만큼 표현이 충분하다.
- 우수: 읽기 속도가 적절하며 부드럽다. 빠뜨리고 읽는 단어는 없으며 이해를 하고 있다는 증거가 될 만큼 표현이 충분히 나타난다.

책에 대한 개념과 독해 능력의 평가

이 장에 소개된 전략은 설명적 텍스트와 이야기 텍스트를 사용하여 책에 대한 지식을 얻고 읽기 이해 능력 향상에 도움이 될 수 있는 것들이다. 아래에 소개된 체크리스트는 다양한 맥락에서 사용되는 전략을 평가할 수 있다. 책의 앞, 뒤, 위, 아래와 같은 책에 대한 개념뿐만 아니라 글과 그림의 구분, 책장을 넘기는 방향, 읽기를 시작하는 곳, 책의 제목, 작가와 삽화가에 대한 유아의 인식은 유아가 책을 다루는 모습을 관찰하거나 일대일 면담을 통해 알 수 있다. 혹은 대집단 활동, 소집단 활동, 일대일 상호작용 중 질문을 하여 유아의 반응을 촉진하여 평가할 수도 있다.

유아의 반응은 표면적 의미 그대로의 반응, 해석적 반응, 비평적 반응으로 구분할 수 있다. 이 반응으로 제시된 사실과 정보를 단순하게 암기한 것이거나 아니면 자세한 사항을 기억하거나 순서, 관계, 예측, 평가 등에 대한 이해 정도를 평가할 수 있다. 독해

체크리스트 | 책에 대한 개념과 독해 능력

이름:_____ 날짜:_____

책에 대한 개념	항상 그렇다	가끔 그렇다	전혀 그렇지 않다	비고
책은 읽기를 위한 것임을 안다.				
책의 앞, 뒤, 위와 아래를 구분할 수 있다.				
책장을 바른 방향으로 넘긴다.				
글과 그림의 차이를 안다.				
글이 그림에 대한 설명인지를 안다.				
읽기를 어디서부터 시작해야 하는지를 안다.				
책의 제목을 안다.				
작가가 무엇인지를 안다.				
삽화가가 무엇인지를 안다.				

독해 능력				
글을 읽는 것은 아니지만 이야기를 꾸밀 수 있다.				
교사가 읽는 것을 따라 읽을 수 있다.				
이야기를 다시 말할 수 있다.				
이야기의 구조 요소를 포함한 이야기를 만들 수 있다.				
배경				
주제				
플롯				
해결				
책을 들은 후 혹은 책 읽기를 끝낸 후 이야기 표면에 드러난 것들에 대한 질문과 코멘트를 한다.				
이야기를 요약할 수 있다.				
책을 들은 후 혹은 책 읽기를 끝낸 후 해석적 코멘트와 질문을 할 수 있다.				
책을 들은 후 혹은 책 읽기를 끝낸 후 비평적 코멘트와 질문을 할 수 있다.				
이야기 표면에 드러난 것, 의도적인 것, 비평적인 것에 대한 질문을 할 수 있다.				

체크리스트 │ 책에 대한 개념과 독해 능력 (계속)

다음과 같은 읽기 상황에서 몰입하고 반응한다.	항상 그렇다	가끔 그렇다	전혀 그렇지 않다	비고
도표 조직지 활용				
짝 읽기				
버디 읽기				
문학 동아리				
심상 형성				
소리 내어 생각하기				
토론				
생각하고-짝과 함께-발표하기				

어휘 발달				
매일 새로운 어휘를 사용한다.				
쓰기에서 새로운 어휘를 사용한다.				
설명적 텍스트의 특성과 구조를 인지하고 이해한다:				
표 목차				
참고문헌				
인덱스				
도표				
기술, 순서, 비교와 대조, 원인과 결과, 예시				

교사의 코멘트:

능력에 대한 평가는 다시 말하기, 이야기 다시 쓰기, 읽기 시도하기, 역할 놀이, 그림 순서 짓기, 인형과 부직포 인형을 이용하여 이야기 만들기, 질문과 코멘트 등을 통해 할 수 있다. 또한 일정한 기간 동안 두 번 정도를 하여 시간에 따른 독해 능력의 향상 과정을 평가할 수 있다.

이 장 전체를 통해 유아의 책에 대한 개념 및 독해 능력을 평가하는 도구들이 소개되어 있다. 다양한 도구를 사용한 평가는 유아의 포트폴리오에 수집되어 보관된다. 학기 초에는 유아에 대한 기저 자료를 먼저 수집하고 매 6~8주에 한 번씩 평가 자료를 수집한다.

독해 능력을 향상시키는 교수 전략과 관계된 이슈: 일과, 시간, 수준별 수업

독해 능력 향상을 위한 학습은 어린 유아기부터 대학생 때까지 계속된다. 이러한 학습은 각 연령에 습득해야 하는 기준과 교육과정에 기초하여 매일 진행되어야 한다. 또한 독해 능력 향상을 위한 학습은 형식적인 교수-학습 시간뿐만 아니라 일과 중 읽기 이해 기술을 학습하는 것이 적절하다고 판단되는 순간에도 비형식적으로 진행되어야 한다. 즉 과학탐구, 사회생활, 수학탐구, 놀이, 음악, 조형 활동 등과 같은 활동 중에도 독해 전략 기술이 통합되어 사용되도록 한다. 예를 들어 날씨 주제 안에서 비에 대한 책을 읽고 있을 때, 유아가 일상생활에서 비에 관하여 경험한 것, 재미있었던 것 혹은 무서웠던 것과 같은 자신의 경험 등에 대하여 상기하여 책의 내용과 유아의 삶을 연계시킬 수 있는 기회를 가져야 한다.

소집단 활동은 각 유아의 개별적 필요와 발달 수준을 쉽게 드러내므로 중요하다. 소집단 활동을 통해 유아가 학습한 것, 앞으로 배워야 할 것 등에 대한 정보를 얻을 수 있다. 소집단에서는 유아의 수준에 따라 활동을 차별화하도록 한다. 차별화 수업 혹은 수준별 수업이란 수준을 높게도 하고 낮게도 하는 것이나 목표는 비슷한 것이다. 소집단은 동일한 능력 수준을 보이는 유아들끼리 구성한다. 독해 능력이 높은 유아 집단에서는 해석적이고 비평적 이해를 더 끌어낼 수 있는 활동과 토론을 하고, 독해 능력이 낮은 집단에서는 이런 활동의 정도를 낮춘다.

하루 일과 중 독해 기술을 학습할 수 있는 기회로는 대집단 유형으로 구체적으로 독해 기술을 수업하는 시간과, 과학, 수학, 사회 같은 교과 수업 중 진행되는 비형식적 시간이 있다. 소집단으로도 독해 기술을 직접 배울 수 있으며, 이 시간에는 위에서 말한 대로 유아의 능력 수준에 따라 구성하여 수업을 진행한다. 형식적 수업을 진행하는 시간은 유아의 연령에 따라 차이가 있어서 어린 유아의 경우 짧게, 나이 든 유아의 경우 길게 한다. 독해 기술 향상을 위한 수업은 도전하는 수준의 난이도와 성취감을 느낄 수 있는 쉬운 난이도를 동시에 경험할 수 있도록 해야 한다. 텍스트를 실제 자신의 삶과 연결시키는 것을 연습해야 할 필요가 있는 유아는 소집단에서 활동하고, 다시 말하기 능력이 떨어지는 유아도 소집단에서 활동한다. 수준별 수업은 전체 반이 목표로 하고 있는 수준보다 아주 높거나 떨어지는 유아들을 위하여 소집단으로 진행하는 것이 적절하다.

활동과 질문

1. 이 장 맨 앞에 있는 핵심 질문에 답하라.
2. 2세, 4세, 6세 유아에게 자신이 좋아하는 책을 읽어보게 하라. 그들이 보여주는 읽기 행동을 기술하라. 연령 간 행동에 차이가 있는가?
3. 3세부터 8세 사이의 유아를 만나라. 만날 때마다 이야기 재화를 하게 하고 이를 녹음하여 전사하라. 그림 6.3과 6.4의 양식을 이용하여, 이야기 구조, 세부사항, 순서 요소에 대하여 분석하라. 시간이 흐르면서 처음보다 나중에 한 것에 향상이 보이는가?
4. 정보 텍스트와 이야기 텍스트의 한 단락을 준비하라. 각 텍스트에 맞게 표면에 드러난 것에 대하여 묻는 질문, 해석적 질문과 비평적 질문을 준비하라. 또한 역할놀이나 융판 동화로 바꾸어서 유아가 이를 통해 보여주는 독해 수준을 평가해 보라.
5. 목적적 듣기와 사고 활동 그리고 목적적 읽기와 사고 활동을 준비하는 데 사전 및 사후 토론을 계획하라. 활동 계획에는 활동 목표가 분명하게 진술되게 하고 이후 소집단 유아들과 활동하라.
6. 이야기 텍스트와 설명적 텍스트를 도표 조직지를 활용하여 읽어보는 활동을 계획하라.
7. 유창하게 읽는 데 도움이 되는 전략을 연습하는 활동 계획을 작성하라.
8. 책에 대한 개념과 독해 능력의 평가를 위하여 관찰, 체크리스트 등을 사용하여 유아의 포트폴리오를 구성하라.
9. 그림 6.19를 이용하여 독자 극장 활동을 해 보라.
10. 아래에 세 명의 1학년 담임교사가 독해 능력 향상을 위하여 소집단 활동에서 사용한 전략을 제시하였다. 각 교사의 활동을 읽으며 다음에 제시된 문제를 생각하라.

   a. 교사는 사실적 혹은 해석적 사고를 촉진하는 질문을 하는가?
   b. 교사의 질문은 세부적 사실을 강조하는가 아니면 이해를 강조하는가?
   c. 교수 계획은 융통성이 있는가 아니면 미리 다 결정되어 있는가?
   d. 또래와 상호작용하며 문제를 해결할 기회가 있는가?
   e. 학습 분위기가 제한적인가, 통제적인가, 지지적인가, 따뜻한가 아니면 보상이 있는가?
   f. 유아가 질문할 기회가 있는가?
   g. 유아에게 예측하고 분석할 기회를 주는가?
   h. 높은 수준의 사고를 촉진하는가 아니면 표면적 수준의 사고를 촉진하는가?

   먼저 교사 A와 B를 읽고 위의 질문에 답하라. 두 명의 교사 중 누구를 모델로 삼고 싶은가, 그리고 그 이유는 무엇인가? 또한 교사 C를 읽고 다시 위의 질문에 답하라.

교사 A

교사는 소집단의 유아들과 함께 책을 읽기 전 「금발 머리 소녀와 세 마리의 곰 (Goldilocks and the Three Bears)」(Daley & Russell, 1999)을 읽을 것임을 말해 준다. 교사는 그들이 읽을 책의 그림을 먼저 보여주며 무슨 일이 일어나고 있는 지 코멘트 등을 하여 유아가 책과 친숙해질 기회를 준다. 또한 교사는 유아에게 책 읽기가 시작되기 전 주인공, 이야기가 일어난 곳, 제일 먼저 일어난 일, 두 번째 일어난 일, 이야기가 어떻게 끝났는지와 같은 것을 기억하며 책 읽기를 할 것을 강조한다. 이러한 내용은 게시판에 적어 놓는다.

다음, 교사는 모든 아이들이 한 목소리로 책을 읽도록 한다. 그 다음 유아 각 자가 책을 한번 살펴보는 시간을 준다. 유아의 이해를 확인하기 위하여 책에 드 러난 사실과 사건에 대한 질문을 한다. 예를 들어 "주인공이 누구죠?" "금발 머 리 소녀가 곰의 집에 들어가서 제일 먼저 한 일은 무엇이죠?" 같은 질문이다.

토론이 끝난 후, 각 유아는 작업지에 자신의 과제를 한다. 과제의 주요한 목적 은 이야기의 사실 등을 잘 기억하고 있는지를 확인하는 것과 어휘 능력을 향상 시키는 데 있다. 즉 옳은 답에 동그라미를 치는 것으로 작업지 활동이 끝나면 읽기 활동이 끝난다.

교사 B

B 교사는 책을 읽기 전, 유아들이 잘못된 것인 줄 알면서도 자꾸 한 경험이 있 는지를 질문한다. 유아들의 반응이 끝나면, 교사는 왜 그런 일을 하였는지를 다 시 질문한다. 그 다음 교사는 「금발 머리 소녀와 세 마리의 곰」을 읽을 것이라 고 알려준다. 본격적으로 책을 읽기 전에 유아들이 책의 그림을 보며 어떤 일이 일어나고 있는지를 살펴볼 수 있는 기회를 준다. 이 과정에서 무슨 일이 일어나 는지 유아가 예측해보도록 하며 어떤 이야기인지도 추측해보게 한다. 또한 잘 못한 등장인물이 누구인지도 생각해보도록 한다. 이제 모든 아이들이 한 목소 리로 처음부터 끝까지 책을 읽는다. 이후에 교사가 하는 질문은 주로 "이야기에 서 일어난 일은 무엇인가?" "누가 착한 일을 하였고, 누가 나쁜 짓을 하였는가, 그리고 그 이유는 무엇인가?" "금발 머리 소녀가 곰 가족의 허락 없이 집에 들 어간 것은 잘한 일인가? 그 이유는 무엇인가?" 등과 같은 주제 관련 질문을 한 다. 유아 각자가 이야기 중 좋아하는 부분에 대하여 친구들 앞에서 발표할 기회 도 갖는다. 또한 그림에 대한 토론도 이어져서 그림 장면 중 가장 중요한 부분 혹은 그 장면이 이야기를 암시하고 있는가 등에 대하여 유아들과 이야기를 나 눈다.

교사는 사후 활동으로 세 가지 중 하나를 선택하도록 한다. 예를 들어, 책에 대한 그림을 그리든가, 역할극을 하거나 인형극을 해 보는 것 등이다. 유아들은 그림을 그려서 학급 책을 만들기로 하였다. 각 유아가 그려야 할 장면이 다르며 그림을 그리고 그 아래 장면에 대한 글도 적었다. 유아들의 그림은 한꺼번에 묶어서 도서 영역에 비치하여 유아들이 읽어볼 수 있도록 하였다.

교사 C

C 교사는 책을 읽기 전, 자신들이 집에 갖고 있는 것 중 가장 좋아하는 것이 무엇인지에 대하여 질문을 한다. 그런데 누군가가 와서 허락 없이 이를 만져서 고장을 내거나 망쳐놓는다면 기분이 어떨 것인지를 묻는다. 그리고 「금발 머리 소녀와 세 마리의 곰」을 보이며 그림 장면에서 물건들이 어떻게 사용되고 고장 나는가를 살펴보게 한다. 책을 본격적으로 읽기 전, 곰 가족 집에서 귀하게 여기는 것들이 무엇이며 어떻게 망가지게 되는지를 살피게 한다. 그 다음 유아와 함께 큰 소리로 책을 읽는다. 교사는 곰 가족이 집에 돌아온 장면에서 누군가가 자신의 집에 왔음을 알았을 때 기분이 어떠했을지를 생각해보게 한다. 이때 유아들의 반응은 다 존중된다.

교사는 금발 머리 소녀에 대하여 이야기를 새롭게 꾸며볼 것을 제안한다. 또한 이 과정에서 함께 활동할 짝을 원하는 대로 선택할 수 있게 한다. 짝과 함께 이야기에 대하여 브레인스토밍을 하고 그림을 그리고 글도 쓴다. 새롭게 만든 이야기를 친구들 앞에서 발표하게 한다.

핵심 질문

- 조기 쓰기 발달에 관한 이론을 기술하라.

- 쓰기에 대한 초기 시도의 유형을 기술하고 이를 맞춤법 발달 단계와 비교하라.

- 유아기 쓰기 발달을 촉진할 수 있는 목표는 무엇인가?

- 출생부터 2세가 되기까지 쓰기 발달과 관련된 전략은 무엇인가?

- 유아기부터 초등 3학년까지 쓰기 발달과 관련된 전략은 무엇인가?

- 과정적 글쓰기 접근에는 어떤 단계가 있는가?

- 쓰기는 어떻게 평가하여야 하는가?

- 유아기에 배워야 할 쓰기의 기술적 요소는 무엇인가?

- 맞춤법을 항상시키는 전략은 무엇인가?

핵심 용어

구성주의 관점	과정적 글쓰기 접근법	균형적 접근
기능적 글쓰기	도식	동시 쓰기
묘사적 글쓰기	설득하는 글쓰기	설명적 글쓰기
쓰기 워크숍	이야기 글쓰기	저널 쓰기

7

쓰기와 맞춤법, 문해 발달

아이들은 글을 쓰고 싶어한다. 아이들이 입학 첫날의 경험에 대하여 쓰고 싶어하는 것은 우연이 아니다. 학교에 입학하기 전 아이들은 이미 벽에, 길가에, 신문에 크레용, 분필, 연필 등 그릴 수 있는 모든 것을 활용하여 무언가 표시를 한다. 이들이 표시한 것은 "나는 존재한다"이다.

–도날드 그레이브즈
(글쓰기: 교사와 아동의 협력)

상호적 글쓰기 수업을 시작하기 전 브라이스 선생님은 「파리를 꿀떡 삼킨 할머니(I Know an Old Lady)」를 읽어주었다. 이 이야기는 특징적인 주제 없이 운율이 있고 반복되어 다음의 것을 예측할 수 있는 우스개 이야기로, 노래로 부를 수도 있다. 이 활동의 목표는 유아가 문제해결 사고를 하고 어휘를 습득하며 운율을 느끼며 확산적 반응을 하게 하는 데 있다. 아래에 이야기의 일부가 제시되어 있다.

> 파리를 꿀떡 삼킨 할머니가 있었어요.
> 왜 할머니가 파리를 꿀떡 삼켰는지 알 수 없지만,
> 할머니는 죽을지도 몰라요.
> 거미를 꿀떡 삼킨 할머니가 있었어요.
> 거미는 할머니 뱃속에서 꼼지락, 꿈틀, 톡탁 하고 움직였어요.
> 할머니는 파리를 잡으려고 거미를 삼켰어요.
> 왜 할머니가 파리를 꿀떡 삼켰는지 알 수 없지만,
> 할머니는 죽을지도 몰라요.
> 새를 꿀떡 삼킨 할머니가 있었어요.
> 새를 꿀떡 삼키다니 너무 이상하지요.
> 새를 꿀떡 삼키다니 너무 이상하지요.
> 고양이를 꿀떡 삼킨 할머니가 있었어요.
> 왜 할머니가 고양이를 꿀떡 삼켰는지 궁금해요.
> 왜 할머니가 고양이를 꿀떡 삼켰는지 궁금해요.
> 강아지를 꿀떡 삼킨 할머니가 있었어요.
> 강아지를 꿀떡 삼키다니 할머니는 돼지인가 봐요.
> 강아지를 꿀떡 삼키다니 할머니는 돼지인가 봐요.

이 이야기를 읽어준 후 2학년 담임인 브라이스 선생님은 할머니가 다음에는 무엇을 꿀떡 삼킬 것인지 생각해보고 할머니가 무어라고 말할지 혹은 무슨 행동을 할지 생각해보도록 하였다.

타샤가 말하기를, "아 나 하나 있어요. 뱀을 꿀떡 삼킨 할머니가 있었어요. 음... 음... 뱀을 삼켜서 너무나 배가 아팠어요." 선생님은 타샤가 한 말을 차트에 쓰겠다고 하였다. 선생님이 이를 쓰자, 제이슨이 말하기를, "내 생각에는요, 뱀을 삼키다니 큰 실수군요라고 말하는 것이 더 낳을 것 같아요." 브라이스 선생님은 타샤의 것과 제이슨의 것 중 어느 것이 더 좋으냐고 반 아이들에게 물었다. 그들 모두 제이슨의 것이 더 마음에 든다고 하였다. 그러자 선생님은 타샤에게 수정 테이프를 주어 차트에 적힌 부분을 하얗게 덧칠하게 하고 반 아이들이 선택한 내용을 그 위에 다시 적었다.

크리스토퍼가 손을 들며 말하기를, "개구리를 꿀떡 삼킨 할머니가 있었어요. 개구리를 꿀떡 삼키다니, 할머니는 돼지인가 봐요.."라고 하였다. 몰리는 "그렇게 해서는 안 돼. 원래 이야기에는 강아지를 꿀떡 삼키다니 할머니는 돼지인가 봐요라고 되어 있어." 라고 말하였다. 그러자 크리스토퍼가 잠시 생각하더니, "음, 음. 개구리를 꿀떡 삼킨 할머니가 있었어요. 그러자 할머니가 펄쩍펄쩍 뛰기 시작했어요."라고 하였다. "그거 정말 멋있다."라고 몰리가 말했다. 브라이스 선생님은 크리스토퍼가 앞으로 나와서 생각한 시구를 차트에 적도록 하였다.

이 반 많은 아동들이 아이디어를 내었고 이를 차트에 적었다. 몇 개의 아이디어는 함께 이야기하면서 더 좋은 표현이 되었다. 새로운 단어가 터져 나왔고 그 단어의 정확한 맞춤법과 의미에 대하여 토론도 벌였다. 아이들은 협동하여 최종적으로 열 줄의 시를 만들었다. 각 아동은 각자의 클립보드 메모장에 함께 만든 동시를 적었다. 그러고 나서 차트에 적힌 동시를 한 목소리로 읽었다. 마이클이 말하기를, "우리가 지은 것이 원래의 것보다 더 멋있는 것 같아."라고 하자 모든 아이들이 고개를 끄덕였다.

쓰기에 대한 이론과 연구

읽기와 쓰기의 관계

읽기와 쓰기의 목적은 근본적으로 유사하다. 우리는 의미를 구성하기 위하여 읽거나 쓴다. 독자는 읽으며 의미를 구성한다. 저자는 글을 쓰면서 의미를 나타낸다(Bromley, 2011). 읽거나 쓰기는 다음 활동을 수반한다.

- 아이디어를 조직한다.
- 아이디어를 생산한다.
- 자신의 생각을 모니터링한다.
- 문제를 해결한다.
- 아이디어에 대한 생각을 계속 수정한다.

유아가 쓰기를 배우는 과정은 읽기를 배우는 과정과 유사하다. 읽고 쓰는 것에 대하여 탐색하거나 읽고 쓰는 척하는 행동을 보이며 읽고 쓰는 것에 관계된 기술을 학습하는 과정에서 여러 번의 시행착오를 나타낸다. 그들이 읽고 쓰기를 배우는 과정은 창의적이다; 기호, 상징 혹은 글자를 꾸민다; 글과 그림을 혼합한다; 여러 가지 모양과 형태에 의미를 담는다(그림 7.1 참조). 읽을 때도 그림을 보며 의미나 글이 뜻하는 바를 창의적으로 해석한다; 등장인물의 성격과 행동을 창의적으로 해석하고 이야기의 결말을 예측하며 스스로 결말을 새롭게 창조하기도 한다. 우리는 유아에게 글자와 소리의 관계를 가르쳐서 이들이 독립적으로 글을 읽도록 돕는다. 글을 쓰려면 글자와 소리의 관계를 이용하여 써야 한다. 따라서 읽기와 쓰기는 서로 유사한 기술과 과정이고 유아가 매일 이 활동을 하도록 하는 것이 중요하다. 유아는 읽으면서 쓰기 능력을 강화하고 쓰기를 하면서 읽기 능력을 강화한다.

그림 7.1

5세 맥스는 그림을 장식하기 위하여 글을 사용한 것으로 보인다.

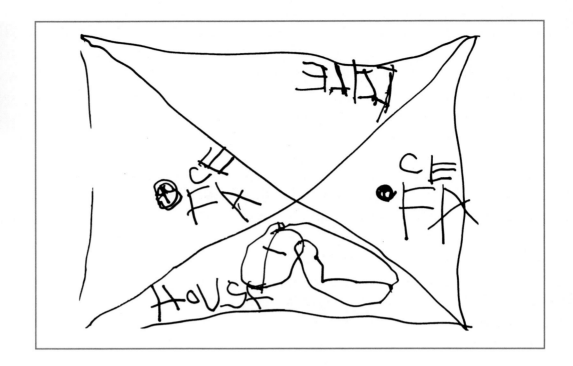

조기 쓰기 능력의 습득

조기 문해 경험은 가정과 지역사회에서 경험하는 실제 삶과 관련된 일상적 경험을 통해 이루어진다(Ritchie, James-Szanton, & Howes, 2003). 사실, 이러한 문해 경험은 너무나 자연스럽고 일상적이어서 이에 대하여 직접적이고 구체적으로 주목하지 않으면 많은 부모들은 의식조차 못한다(Schickendanz & Casbergue, 2004; Soderman & Farrell, 2008; Taylor, 1983). 가족 간에 이루어지는 일상의 많은 부분에는 문해 활동이 포함되어 있다. 가족 간에는 수시로 메모를 남기고 목록을 작성하며 카드를 보내고 지시사항을 적는다.

글쓰기 행동은 초기에는 놀이삼아 표시를 하는 것으로 시작되어 종이를 이용하여 메시지를 전달하는 것으로 변하다가 후에는 텍스트를 창조하는 것으로 변한다. 유아는 처음에는 자신의 손 움직임 때문에 결과물에 별 신경을 쓰지 않으며 결과물에 대한 관심은 금방 사라진다. 그러나 자신이 표시한 기호 혹은 표시에 의미가 있고 이를 생산하는 것이 즐겁다는 것을 깨달으면 바로 글쓰기를 배우려 한다(Tompkins, 2000).

유아는 글의 형식에 대한 것보다는 글의 사용이나 기능을 먼저 배운다(Bromley, 2007; Gundlach, McLane, Scott & McNamee, 1985). 유아가 긁적인 것이나 초기에 창안한 '글'을 관찰한 연구자들은 글을 바른 형태로 쓰는 것을 배우기 전 이미 글이 사용되는 목적과 기능을 먼저 이해한다는 것을 관찰하였다. 친구나 친척에게 보내는 편지,

그림 7.2

5세 제이는 친구
피터에게 이와 같은
편지를 보냈다.

축하 카드, 창작한 사인은 관례적 형태를 띠지 않는다. 그러나 글의 기능에 대하여 이미 알고 있기 때문에 무언가 표시를 하는 것이 분명하다(그림 7.2 참조).

유아의 그림은 조기 문해 발달을 이해하는 데 중요한 역할을 하는 것 외에도 유아의 창조적 표현, 목소리 그리고 실제와 상상을 나타내는 역할을 한다. Wright(2010)는 다중 표현성 혹은 다중 의사표현 혹은 새로운 텍스트로서 그림을 제시하여 많은 논쟁을 촉발하였다. 그림을 텍스트로 보는 것은 문해 개념 혹은 문해 행동에 대한 관점을 확대시킨다. 대부분의 유아는 그림 그리는 행위를 즐긴다. 그러나 현 시점의 유아교실에서 그림에 대한 경험은 축소되는 경향이 있다. 유아에게 그림으로 자신을 표현할 기회를 많이 주는 것은 글자로 자신을 표현하는 문해 발달에 한 걸음 전진하게 하며 또한 시각 문해 발달을 촉진한다. 교사는 유아가 그린 것을 주의해 보고 여기에 나타난 그들의 생각과 초인지에 주목해야 한다.

유아는 계속적으로 글의 형태를 변형하고 변형한 것을 다시 변형하며 글의 형태와 형식을 습득한다(Calkins, 1994; Dyson, 1986; Graves, 1994; Spandel, 2008). 유아는 낱자와 글을 초보적 형태에서 관례적 형태와 유사하게 근접하며 글쓰기 방식을 창안한다(Hansen, 1987; Jalongo, 2007). 따라서 유아의 부모와 교사는 어린 유아들이 시도하는 글을 수용하고 이들의 성취를 지원해야 한다. 유아들은 글의 모양과 형식을 환경 글자를 관찰하며 모방하며 배우고 그들 앞에서 글을 쓰는 사람과 상호작용하며 글자의 모양을 창안한다.

유아는 교사가 글쓰기에 대한 기술을 직접적으로 가르쳐줄 때 배우며 또한 다른 사람들이 글을 쓰는 것을 관찰하면서 배운다. 유아에게는 글쓰기를 안내하고 가르쳐줄 지원자가 필요하며 성인이 글쓰기를 하는 것을 관찰할 기회가 있어야 한다. 글을 잘 쓰는 사람은 유아의 글쓰기 발달에서 아주 중요한 역할 모델이 된다(Jalongo, 2007; Temple, Nathan, Burris, & Temple, 1988; Tompkins, 2007).

유아는 독립적으로 글을 쓸 기회가 있어야 한다. 유아가 독립적으로 글을 쓰면 글자의 모양과 형태, 글과 그림의 차이와 공통점, 맞춤법, 구두점 등을 직접 써보고 숙고하게 된다. 즉 글을 독립적으로 쓰게 되면서 자신이 알고 있는 지식과 기술에 대하여 더 의식하게 된다(그림 7.3과 7.4 참조).

　유아는 사회적 맥락에서 써야 한다. 유아가 또래 혹은 교사와 같이 문해 능력이 있는 사람과 함께 쓸 때, 자신이 쓴 것에 대하여 더 많이 이야기하고 서로의 글에 대한 의견

그림 7.3

3.5세 제니퍼는 왼쪽에서 오른쪽 방향으로 비슷한 형태의 글자를 반복해서 연습하고 있다.

그림 7.4

3세인 로버트는 그림과 글을 각각의 원으로 분리하여 글을 그림과 차별하고 있다.

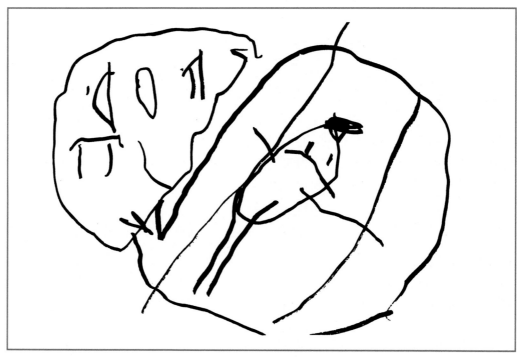

을 나누며 문해 능력이 더 앞선 사람의 것을 모방한다. 글쓰기를 배우는 데 사회적 상호 작용은 필수다.

대부분의 유아에게 문해 발달은 계속적이고 점진적 과정이다. 일반적 환경이라면 문해 발달은 처음 의사소통을 배우면서 시작되어 초기에는 비언어적으로, 그 다음 말하기로, 그 다음 상징 놀이로, 마지막으로 그리기로 발달한다. 각 단계는 그 전 단계에 기초하고 새로운 의사소통 자원을 새로운 방식으로 연결한다.

문해 학습은 가족 구성원과의 상호작용과 지역 사회에서의 삶과 함께 시작된다. 처음에 언어는 조작하는 놀이의 대상에서 시작하여 의사소통으로 변화한다. 그 과정에서 유아는 모양과 형태를 창안하고 재창안한다. 유아는 문자 언어의 상징체계인 알파벳에 대한 지식이 전혀 없이 종이에 무언가 표시를 하면서 시작한다. 차츰 글자는 실재하는 사람 혹은 사물을 뜻한다는 것을 깨닫게 된다. 글이 언어를 나타내는 것임을 깨닫는 것은 이후 한참 지나서이다(Spandel, 2001).

쓰기 능력의 발달

유아는 놀이하면서 문해에 대하여 많은 것을 배우는데, 특히 성인 모델을 모방하여 종이에 어떤 표시를 하게 되면서 문해 행동이 시작된다. 이 표시는 곧 유아 자신에게 특별한 의미가 있거나 다른 사람에게도 의미를 전달하는 메시지가 된다. 그림과 쓰기가 혼재된 놀이에서 글자로 무언가 의미를 전달하려는 의도로 표시하다가 결국은 이야기 혹은 설명적 텍스트를 생산하게 된다. 이것이 초기 쓰기 발달과정에 대한 많은 연구자의 의견이다(Dyson, 1993; Halliday, 1975; Schickedanz & Casbergue, 2004; Turbill & Bean, 2006).

많은 연구자들이 유아기에 나타나는 쓰기 발달의 다양한 모습을 보고하고 있다 (Dyson, 1985; Soderman & Farrell, 2008; Sulzby, 1986b; Teale, 1986; Tompkins, 2007). 연구자들은 쓰기 발달에 단계가 있다 하더라도 이를 명확하게 규정하기 어려우며 반드시 순서적이지 않음에 동의하고 있다. Dyson(1986)은 유아의 쓰기 발달은 크게 두 개의 단계로 구분된다고 하였다. 출생부터 약 3세까지는 끄적이는 것으로 글자의 모양을 탐색한다. 3세부터 6세 사이에는 끄적이기가 점점 통제되어 이름을 붙일 수 있도록 특정 모양으로 발달하다가 점차 줄에 맞추어 표시를 하거나 글자와 같은 모양과 배열을 나타내는 것으로 변화한다.

Sulzby(1985)는 유아들의 쓰기에 나타나는 여섯 가지 유형을 구분하였는데, 이것이 반드시 발달적 순서를 나타내는 것은 아니라고 하였다.

1. **그림으로 글쓰기**: 그림으로 글쓰기를 나타내려고 한다. 이 유아는 그림과 글의 관

그림 7.5

2.5세 제임스에게 무언가 써보라고 하였더니 사람 그림과 제임스의 J를 적었다.

계를 탐색하며 그림과 글 모두 특정한 의미가 담겨 있는 메시지라고 생각한다. 그림을 통해서 글쓰기를 하는 유아는 자신이 그린 것에 마치 의미가 있는 것처럼 읽는다(그림 7.5 참조).

2. **긁적이기로 글쓰기**: 유아는 긁적이지만 이것을 글이라고 생각한다. 왼쪽에서 오른쪽 방향과 수평선을 유지하면서 긁적이므로 마치 글을 쓰는 것과 같다. 유아가 연필을 움직이는 모양은 성인과 유사하며 글을 쓰는 듯한 소리가 난다(그림 7.6 참조).

그림 7.6

긁적이기를 통한 글쓰기. 3세 케이티에게 무언가 적어보라고 하였더니, 무작위로 긁적이다가 결국은 왼쪽에서 오른쪽으로 긁적이면서 문장이 끝났음을 나타내는 마침표를 표시하였다.

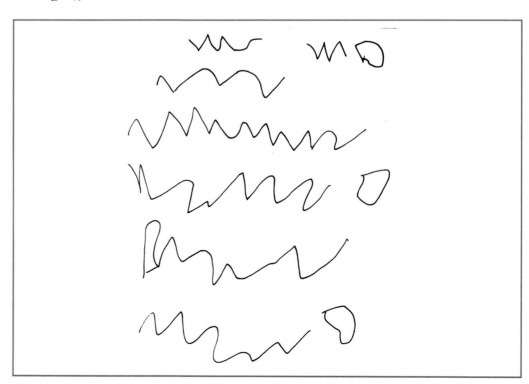

그림 7.7

글자 비슷한 형태로 쓰기. 4세 올리비아는 왼쪽에서 오른쪽의 방향으로 글자 비슷한 것을 적었다.

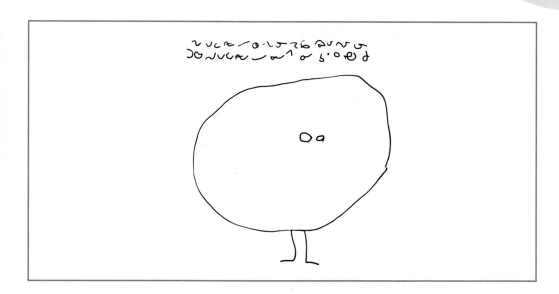

3. **글자 비슷한 형태로 쓰기**: 얼핏 보면 낱자를 써놓은 듯하다. 그러나 자세히 보면 글자 모양을 흉내 낸 것임을 알 수 있다. 이는 유아가 형태를 창안한 것이지 그저 낱자를 잘못 쓴 것이 아니다(그림 7.7 참조).

4. **낱자를 모아놓은 군집 형태와 단어 모양처럼 쓰기**: 자신의 이름을 통해서 알게 된 낱자를 반복적으로 연결해서 쓴다. 낱자를 쓰는 순서를 바꾸기도 하고 같은 글자를 다양한 방법으로 쓰며 한 줄로 길게 쓰거나 무작위 순서로 쓰기도 한다(그림 7.8 참조).

5. **창안적 글자로 쓰기**: 유아는 다양하고도 독특한 방식으로 맞춤법과 글자를 창안한다. 한 개의 낱자로 단어를 표시하기도 하고 글자 여러 개를 겹쳐 쓰기도 한다. 점차 글자가 관례적 형태를 띠어서 창안적 글자 혹은 단어 중 하나의 낱자를 생략

그림 7.8

4세 브라이언은 꽤 비슷하게 낱자를 왼쪽에서 오른쪽 방향으로 적었다.

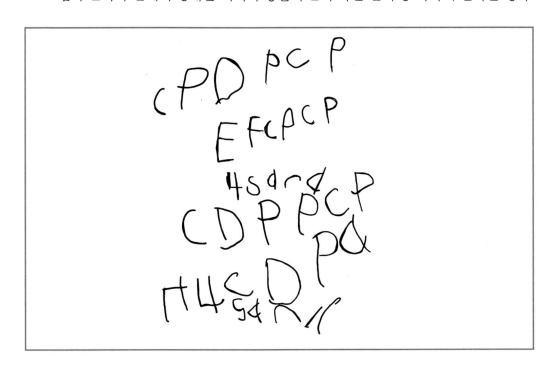

▲ 5세 아이리스가 쓴 글: "안녕, 빨강 모둠아. 오늘은 수요일이야. 우리는 학교에 오면 엄마가 보고 싶지."

하는 것과 같은 것은 감소한다.

6. **관례적 글쓰기**: 성인이 쓰는 것과 같이 관례적 형태를 띤다(그림 7.9 참조).

위에 기술한 초기 글쓰기 특징은 부모와 교사가 유아들이 보여주는 글쓰기 행동을 이해하는 데 도움이 된다. 그러나 이러한 유형은 반드시 순서적으로 발달하는 것이 아님을 기억해야 한다.

쓰기 발달 촉진을 위한 목표

쓰기 발달에 대한 이해와 관념은 1970년 이후로 크게 변하였다. 과거에는 글을 쓰기 위한 준비과정으로 크레용과 종이를 사용해서 소근육 조절력을 먼저 키우는 데 집중하여서 글쓰기란 의미를 전달하는 것이라는 생각을 크게 하지 않았다. 그러나 아주 어린 아기부터 걸음마장이, 유아부, 유치부, 초등 1학년에 이르기까지 학교 일과 중 쓰기를 통합하려고 노력하고 있다. 어린 아기가 종이에 표시한 것이 아무 의미가 없는 것이라기보다는 무언가 의미가 담긴 쓰기의 시도라고 해석한다. 이러한 관점이 유아기 문해 발달 프로그램 구성과 운영의 기초가 되고 있다.

유아의 언어와 문해 발달을 도와주는 최선의 방법은 의미 있는 맥락과 학습을 제공하는 것이다. 이 원칙은 가정, 어린이집, 유아부, 유치원, 초등 저학년에서도 동일하다.

그림 7.9

초등 3학년 케빈이 쓴 글. 성인이 쓴 것처럼 맞춤법과 구두점 등이 잘 지켜져 있다.

> Little Red Riding hood
>
> Once upon a time there was a little girl named little red riding hood.
> No one knew why she always walked, she should be riding something. The next morning Mrs. Shobert asked little Red riding hood why are you always walking? Then she walked away and she was thinking "hmm" that gave her an idea to buy something. She went to a toyota deler, she didn't like anything. Then she went to a bike place and said, "I think I like that one." Now Red riding hood rides.

아래에 제시된 쓰기 발달을 위한 목표의 근본 관점은 유아가 놀이를 하는 중에 혹은 의사소통을 위하여 말을 사용하고 글을 읽고 쓰게 될 때 가장 잘 배울 수 있다는 것이다.

쓰기 발달을 위한 목표

1. 유아는 다양한 종류의 인쇄물이 구비된 환경을 정규적으로 경험해야 한다.
2. 인쇄물을 즐거움과 재미의 자원으로 경험해야 한다.
3. 유아는 성인이 일이나 쉼을 위하여 글을 쓰는 것을 정규적으로 관찰해야 한다.
4. 유아에게 글쓰기를 위한 자료와 기회를 제공해야 한다.
5. 무엇을 쓸 것인지를 결정하는 데 도움을 줄 수 있으나, 유아가 스스로 결정하도록 격려한다.
6. 유아가 표시한 것이 어떤 형태를 띠든 이것은 의미 있는 의사소통의 시도로 존중되어야 한다(예, 긁적이기, 낱자 비슷한 모양, 의미가 안 되는 낱자의 조합, 창안적 글자 등)
7. 유아가 글을 쓰는 목적은 이야기를 짓거나 정보를 전달하는 글, 설득하는 글, 묘사하는 글, 일기, 목록, 편지, 사인, 안내와 같이 다양할 수 있음을 알고 이러한 글을 쓰도록 격려받는다.
8. 이야기 텍스트, 설명적 텍스트 같은 다양한 구조의 글에 대하여 배우며 이러한 글의 장르를 써보는 기회를 갖는다.
9. 글쓰기는 전 교육과정에 통합된다.
10. 글쓰기에 필요한 기술을 직접적으로 배우더라도 이는 구성적 활동으로 경험해야 한다.
11. 교사는 유아의 글쓰기를 평가하고 유아도 자신의 결과물을 평가하는 데 참여한다.
12. 완성된 원고를 준비하는 과정에서 흘림체 글씨 혹은 연습 글에 대하여 배운다.
13. 구어가 글자로 전환될 때 소리와 형태, 상징에 대한 학습은 글쓰기 과정을 통해서 이루어진다.
14. 유아는 마침표, 쉼표, 인용부호 같은 구두점에 주목하고 이의 사용법을 배운다.
15. 유아가 창안한 맞춤법은 관례적 형태의 글쓰기로 나아가는 과정의 일부로 수용된다.
16. 교사는 맞춤법을 가르친다.
17. 컴퓨터의 키보드를 사용하는 기회를 갖는다.
18. 협동하여 글을 써보는 기회를 갖는다.
19. 또래의 글을 읽고 피드백을 제공하는 기회를 갖는다.
20. 글 쓰는 과정에서의 피드백과 완성된 글에 대한 피드백을 받아야 한다.
21. 위키디피아, 블로그 등 디지털 리터러시에 대하여도 경험할 기회를 갖는다.

유아기 쓰기 발달의 기준

정책 입안자, 교육자 그리고 많은 사람들은 각 연령에 성취해야 할 쓰기 능력에 많은 관심이 있다. 국제읽기협회(International Reading Association)와 영어교사협의회(National Council of Teachers of English)는 1996년에 공동으로 영어 교육의 기준을 작성하여 모든 학년에 해당하는 일반 기준을 제시하였다.

> 학생은 다양한 목적에 따른 다양한 독자와 적절하게 의사소통하기 위하여 여러 종류의 전략을 사용하고 쓰기 요소를 활용한다.

> 학생은 다양한 목적과 다양한 독자와 효율적으로 의사소통하는 데 필요한 언어의 구조와 관례를 사용할 줄 안다. (p. 3)

주 혹은 국가 기관은 읽기와 마찬가지로 쓰기 발달에 대한 기준을 가지고 있다. 국립교육 및 경제센터(National Center on Education and the Economy)와 피츠버그대학교 학습 연구 및 발달 센터(Learning Research and Development Center at the University of Pittsburgh)가 공동으로 제시한 유치부에서 초등학교 3학년까지의 문해 기준은 다음과 같다(1999). 첫째, 유치부부터 초등학교 3학년까지 매일 쓰기를 해야 한다. 이에는 쓰기에 대한 습관 형성과 과정(Writing Habits and Processes)을 강조하여 유아가 시행착오를 통한 탐구를 하도록 되어있다. 또한 이 시기에는 규칙적으로 쓰고자 하는 열정과 필요를 발달시키는 것도 포함된다. 유아는 쓰고 싶은 주제를 스스로 결정할 기회와 쓰기에 대하여 탐색할 기회를 가져야 한다. 둘째 기준에는 쓰기, 목적, 장르(Writing, Purposes and Resulting Genres)가 있다. 이것에는 쓰기의 목적으로 이야기 쓰기, 지식과 정보를 전하는 쓰기, 문학에 반응하는 쓰기 등이 포함된다. 셋째 기준에는 언어 사용과 관례(Language Use and Conventions)가 있다. 이는 글쓰기 스타일과 문법, 어휘, 맞춤법, 구두점과 같은 글쓰기 관례에 대한 것이다.

보편 핵심 기준(The new Common Core State Standards, 2010)에는 유치부부터 초등학교 3학년까지 학년별 쓰기에 대한 기준이 제시되어 있다.

- 글쓰기의 다양한 종류와 목적
- 성인의 안내, 협력과 디지털 매체를 통한 글쓰기 경험
- 지식을 얻고 제시하는 매개로서의 글쓰기

이러한 표준을 성취하기 위해서 직접적이고 체계적인 교수를 제안한다. 아래에 이러한 목표를 성취하는 데 필요한 전략을 제시하였다.

쓰기 영역

가정, 어린이집, 유아원 등 초등학교 이하의 유아교육기관에는 푹신한 카펫, 유아 키 높이에 맞는 테이블과 의자, 쓰기에 필요한 자료를 구비한 쓰기 영역이 구비되어야 한다.

쓰기 자료에는 크레용, 연필, 분필과 사인펜도 포함된다. 또한 줄이 없는 종이, 신문지, 칠판 등도 있어야 한다. 쓰기 자료는 일정한 장소에 보관되어 유아가 스스로 자료를 꺼내 글쓰기를 할 수 있도록 한다.

교실 문해 영역에도 글쓰기를 위한 공간이 확보되어야 한다. 이 공간은 접근이 쉬우며 매력적이어서 유아가 참여하고 싶은 마음을 유발하도록 디자인한다. 글쓰기 영역은 도서 영역의 일부로 하여도 좋다. 테이블, 의자, 부분 카펫을 깔아서 어린 유아가 눕거나 바닥에 앉아서 글쓰기를 하도록 한다. 크레용, 사인펜, 색연필, 연필을 구비하고 분필과 작은 칠판도 준비한다. 색지, 신문지, 흰 종이, 줄이 없는 것 등 종이는 다양하게 준비한다. 쓰기 영역에는 컴퓨터가 설치되어 디지털 텍스트를 만들어 보도록 한다 (Sylvester & Greenidge, 2009-2010).

카드에 적은 나만의 단어(Very Own Words)를 유아의 폴더에 모으고 이를 쓰기 영역에 보관한다. 모든 유아는 각자 폴더가 있어서 쓰기물을 보관한다. 워드프로세싱을 위해 컴퓨터가 있어야 하고 책 만드는 데 필요한 자료인 다양한 색의 하드보드지, 흰 종이, 스테이플러, 가위 등을 준비한다. 교사가 책 모양으로 제본하고 그 속에 5~6쪽 정도의 흰 종이를 스테이플러로 찍어 놓아 유아들이 그 안에 이야기, 동시, 지난 이야기 혹은 친구나 가족에게 보내는 안부 인사 등을 적을 수 있도록 한다(그림 7.10, 7.11, 7.12에 있는 책 제본에 관한 사항 참고). 특별한 프로젝트가 진행되고 있을 때 내용이 없는 빈 종이를 제본해두면 유아의 글쓰기를 격려할 수 있다. 혹은 대학교 마크가 찍혀 있는 작은 공책 등을 준비해두면 유아가 자부심을 느끼며 그 안에 내용을 적을 수 있다. 또한 흥미 있는 그림, 포스터, 잡지, 신문 자료를 비치해두면 유아들이 글을 쓰면서 장식하거나 꾸미는 데 이것들을 사용할 수 있다.

알파벳 차트는 낱자의 모양을 유아가 쉽게 알아보고 따라 쓸 수 있으므로 유익하다. 플라스틱, 자석, 나무 혹은 부직포로 된 글자나 글자 교구 등은 유아가 글자를 조작하면서 낱자의 모양을 익힐 수 있도록 돕는다. 유아는 교구를 조작하면서 눈과 손의 협응을 키우며 글자의 모양을 익힐 수 있다. 작은 크기의 화이트보드는 새로 배운 단어와 문장을 쓰는 데 활용할 수 있다. 또한 유아의 쓰기물을 게시할 수 있는 게시판도 필요하다.

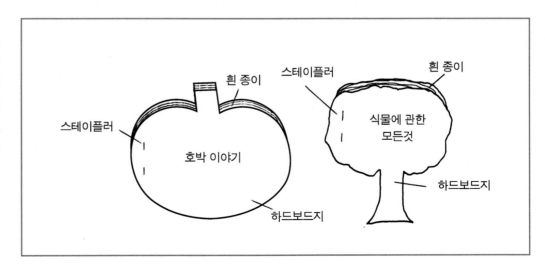

그림 7.10

스테이플러로 제본한 책. 하드보드 색지를 특정한 모양으로 자르고 그 안에 흰 종이를 넣어 스테이플러로 고정시킨다.

그림 7.11

접거나 묶거나 풀로
제본한 책

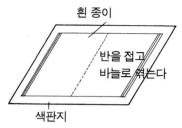

a. 색판지를 아래 놓고 그 위에 흰 종이를 반으로 접어 바늘로 엮는다

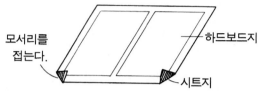

b. 밑에 시트지를 깔고 위에 하드보드지를 붙이고 네 모서리를 접는다.

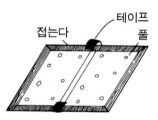

c. 시트지 사면을 접고 하드보드지 위에 풀칠을 한다.

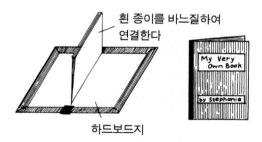

d. 제일 처음 만든 색판지와 흰 종이 묶음을 c에 붙인다.

또한 사적인 정보를 주고받을 수 있는 '우체통' 혹은 '메일박스' 등을 준비해주면 유아
들끼리 편지를 주고받는다. 쓰기 영역에 '작가의 자리' 혹은 유아들이 뽑은 작가 등의
이름을 게시하거나 사인을 붙인다.

　쓰기에 필요한 기본 자료는 교실의 모든 학습 영역에 비치하는 것이 좋다. 자료를 쉽
게 사용할 수 있는 여건에서는 글쓰기가 빈번하게 일어난다(Bromley, 2003). 과학 영역
에서는 실외 온도를 차트에 기록하게 하거나 하드보드지에 '만지지 마세요' 같은 표시
를 하기도 하고, 사회 영역 혹은 과학 영역에도 '중요한 단어'를 기록하는 카드를 준비
해 놓는다. 역할놀이 영역에서 치과의사 놀이를 할 때에는 예약 카드, 환자 기록 카드,

그림 7.12

실로 묶어 제본한 책

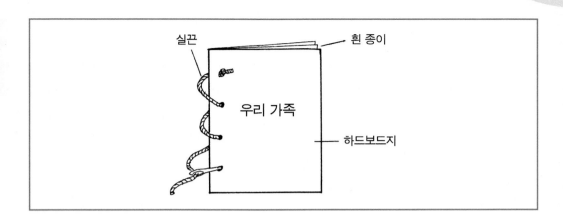

▶ 캐이틸린이 쓰기 영역에서 학급 책에 자신의 글을 적고 있다.

진료 장부 및 처방 장부 등을 구비해 놓고 예약 장부에 환자 이름, 날짜, 시간을 적게 한다.

쓰기 영역에서 경험할 수 있는 활동과 자료는 모든 유아에게 소개되고 안내되어야 한다. 쓰기 영역은 교사가 주도하는 쓰기 워크숍 활동 시 활용되는 공간이거나 자유놀이 시간 중 자발적으로 선택해 참여하는 활동 영역이 될 수 있다. 따라서 유아가 스스로 활동할 수 있도록 교사는 자료 사용법을 시범 보인다. 환경이 조성되고 교사의 안내 등으로 쓰기 여건이 마련되면 유아는 주위 사람과 의사소통하기 위하여 쓰기 영역에 참여하게 된다.

출생부터 2세까지의 쓰기 발달을 위한 전략

English Language Learners

앞 장까지는 부모가 자녀의 구어 발달과 초기 읽기 발달을 도와주는 전략에 대하여 기술하였다. 이중의 몇몇 전략은 유아의 초기 쓰기 발달에도 직접 활용될 수 있고 어떤 것은 약간의 수정을 가하여 활용할 수 있고 어떤 전략은 쓰기 발달에만 적용될 수 있다. 그러나 말하기, 읽기, 쓰기는 역동적인 관계임을 명심해야 한다. 유아의 말하기 발달을 도와주고 있다 하더라도 이는 언어 경험을 제공하는 것이므로 간접적으로 문해 발달을 도와주고 있는 것이다. 마찬가지로 읽기 발달은 말하기와 쓰기 발달에 기여하고, 쓰기 발달은 말하기와 읽기 발달에 기여한다. 따라서 언어 발달은 통합적 관점을 견지하는 것이다.

나는 손자가 문해 세계로의 모험을 시작하는 것과 그 여정을 관찰해 왔다. 우리 집에는 큰 신문지와 굵은 크레용이 항상 같은 자리에 준비되어 있었다. 15개월이 된 손자는 종이에 무언가 표시를 하기 시작하였다. 긁적이기 시작하면서 온 종이 전면으로 표시가 뻗어나가기 시작하였다. 20개월에는 긁적인 선, 점, 곡선이 좀 더 통제된 듯한 모양을 띠기 시작하였다. 손자는 부모가 쓰는 것을 자주 관찰하여서 23개월에는 곡선 형태의 쓰기가 나타났다. 2세가 될 무렵 쓰기에 몰두하는 시간이 점점 늘어 약 10분간 쓰기에 집중하였다. 또한 손자는 쓰면서 자신만의 특유한 소리를 웅얼거렸는데 마치 자신이 쓰는 것에 대한 이야기를 하는 것 같았다. 그 다음에는 맥도날드 햄버거의 M, 엄마(Mommy)의 M과 비슷한 글자를 쓰려고 하였다. 한 유아의 문해 발달과정을 관찰하는 것은 부모, 보육교사, 유치원 교사가 유념해야 할 일이다.

약 2세경부터 유아의 이러한 행동을 주의 깊게 관찰하고 이에 반응하고 상호작용하는 것은 바로 이들의 문해 발달을 지원하는 것이다. 이들은 긁적이며 환경에서 배운 글자를 하나 혹은 두 개씩 따라 쓰기 시작한다. 어떤 유아들은 18개월 혹은 24개월에 글자 흉내 내기를 하나 대부분의 유아들은 3세가 가까워야 이러한 행동을 보인다.

유아가 종이에 무언가 표시하려는 최초의 시도를 성인은 도울 수 있다. 18개월경 긁적이기 시작하면 대개 쓰기 도구를 가지고 종이를 탕탕 치기도 한다. 점차 익숙해지면 무언가 표시를 남기기 위하여 좀 더 부드럽게, 의도적으로 손 움직임을 조정한다. 유아가 처음으로 긁적이기 시작하면 성인은 크레용이나 사인펜 쥐는 방법을 보여주기도 한다. 혹은 종이 위에 손을 자리잡도록 도와주거나 종이는 무엇인가를 쓰는 공간이라는 것을 유아가 깨달을 수 있도록 성인이 시범을 보이기도 한다.

유아의 초기 긁적이는 행동에 대한 성인의 반응은 중요하다. 무엇인가 특정한 것을 쓰도록 강요하지 않는 것이 중요하다. 그들 스스로가 표시를 만들어야 하고 무언가를 나타내기 위한 표시를 하도록 결정하게 하는 것이 중요하다. 또한 그들이 표시한 것이 무엇인지 우리에게 말하도록 압박하지 않아야 한다. "무어라고 쓴 거야?" 대신에 "와 멋지구나."라고 하는 것이 좋다. "더 적을 수 있겠니?"라고 질문하는 것은 좋으나 유아가 "싫다."라고 하면 더 이상 강요하지 않는다. 유아가 표시한 것이 글자 모양을 나타내든 그렇지 않든 이것에 진정한 관심을 보여주어야 한다. 이러한 긍정적 반응은 유아가 계속 쓰기 활동을 탐색할 수 있도록 격려한다. 이들은 일상의 문해 사건을 통해 배운 글자에 대한 이해와 지식을 이러한 '쓰기' 시도에 나타내기도 하며 또한 시도를 통하여 자신의 지식을 공고히 한다.

유아의 글쓰기 시도에 긍정적으로 반응하는 것 외에도 우리는 글쓰기의 모델이 되어야 한다. 성인은 편지, 목록, 노트, 양식을 작성하는 모델이 되고 우리가 하고 있는 것에 대하여 유아와 상호작용한다. 예를 들어서 "선생님이 네 부모님을 초대하려고 편지를 쓰고 있어요. 뭐라고 쓸까? 아이디어를 주겠니? 너도 종이에 무언가를 적어 보겠니?" 그러면서 유아를 옆에 앉혀서 교사가 하는 것을 가까이 관찰하게 하며 질문도 하고 자

▲ 18개월에서 24개월이 되면 긁적이는 것으로 쓰기를 시작한다.

신이 스스로 써볼 수 있도록 한다. 이를 통해 유아는 성인이 글쓰기를 어떻게 하는지 보고 성인이 표시한 것에 무언가 의미가 있다는 것을 이해하게 된다.

또한 TV, 음식물 용기와 상자, 사인, 가게이름, 컴퓨터와 같이 환경에서 관찰할 수 있는 글자에 관심을 갖게 하여 유아의 쓰기 발달을 도울 수 있다. 유아에게 주위 환경에 있는 글자에 대하여 언급해 주거나 질문을 하거나 유아가 환경에 있는 사인, 편지, 가게 이름의 글자를 찾아보게 하고 기억해보도록 한다.

집에 배달되는 광고 전단지 역시 쓰기에 대한 관심을 자극하는 좋은 자료이다. 유아는 전단지, 브로슈어, 광고지 등 잡다한 우편물에 쓰는 것을 좋아한다. 글자 위에 덧쓰거나 빈 공간에도 쓴다. 이런 종류의 인쇄물에서 볼 수 있는 글자의 모양과 배치는 유아로 하여금 자신의 표시를 창안하는 데 모델이 되고 영감을 준다.

반복적 운율과 노래도 유아의 초기 쓰기 발달에 기여한다. 손 인형, 장난감, 퍼즐을 조립하거나 분류하는 것도 쓰기 발달에 기여한다. 즉 조작하며 노는 장난감은 유아의 운동 능력과 섬세한 손 움직임을 자극하므로 유아가 글자 모양을 따라 그리는 데 도움이 된다. 찰흙, 고무 찰흙, 손가락 물감, 그림 그리기 등도 운동 협응에 도움이 된다. 물론, 책을 읽어주는 것이 말하기와 읽기 발달에 도움이 되듯이 이는 글쓰기를 따라 하게 하거나 혼자 책을 만드는 시도를 하게 한다. 부모와 어린 유아의 보육교사는 유아의 쓰기물을 벽, 문, 교구장 등에 게시하여 모두가 보고 즐기고 존중할 수 있도록 한다.

교실에서의 쓰기

유아부와 유치부 교실

2세부터 8세까지 유아의 쓰기 발달은 괄목할 만하다. 이 시기는 긁적이다가 마구잡이로 낱자를 배열하다가 창안적 맞춤법으로 쓰다가 관례적 모양으로 글을 쓰게 되는 시기이다. 또한 단어와 단어 사이에 적절한 공간을 띄기도 하고 가끔 구두점도 사용하게 된다. 쓰기물의 길이도 길어지고 다양한 목적과 형식을 갖추게 된다. 이때는 쓰기와 읽기 활동이 번갈아가며 폭발적으로 일어난다. 따라서 교사는 유아의 쓰기에 대한 욕구와 관심을 인지하고 그들의 노력, 배움과 성장을 지원하는 데 적절한 상호작용을 알고 있어야 한다.

초등학교에 입학하기 전 유아들은 글쓰기의 결과물보다 과정에 더 흥미를 느끼고 즐거워한다. 쓰기 행동 자체에 관심을 갖다가 차츰 결과물에 대한 관심으로 옮겨간다.

예를 들어서 식당놀이를 하면서 그들이 '주문'을 받을 때 다른 사람이 이것을 '읽을 것'이라는 것에 관심을 갖는다. 친구나 친척에게 메모나 축하 카드를 보낼 때도 마찬가지다. 유아는 자신이 쓴 메시지를 수신자가 읽을 수 있게 하는 것에 관심을 가지는데 이는 수신자가 답장을 할지도 모른다는 의식을 반영한다. 무엇인가 쓰는 척하는 경험을 별로 안 해 본 유아는 유치원에 다닐 나이가 되어도 종이에 표시를 하는 것을 꺼리기도 하는데 이는 자신이 표시한 것이 관례적 형태를 띠지 않아 다른 사람에게 수용되지 못할 것이라는 의식 때문일 수도 있다. 따라서 관례적이지 않은 형태의 글도 수용된다는 믿음을 갖도록 하는 것이 중요하다. 어떤 유아는 맞춤법에 대하여 질문하고 정확하게 쓰지 못하면 전혀 쓰지 않으려고 하기도 한다. 그들의 요구에 교사는 응해야 한다.

유아가 쓰려고 하는 것이 무엇인지 혹은 쓰는 것에 접근하는 방식이 무엇인지에 대한 관심은 맞춤법, 바르게 쓰기, 구두점 혹은 띄어쓰기 등에 대한 것에 선행해야 한다. 글쓰기란 의미를 담는 텍스트를 구성하는 것을 배우는 데 있다. 글쓰기에 대한 경험이 증가하면서 연습과 직접적 교수를 통하여 글쓰기에 필요한 기술과 관례를 배우게 될 것이다.

유아가 맞춤법을 창안하여 쓰는 것처럼 비관례적 쓰기를 맘껏 시도하게 되면 음운 인식에 대한 지식이 증가하여 결국은 음소-상징의 관계를 깨닫게 된다. 글을 쓴다는 것은 말소리를 글로 전환하는 것이므로 이를 통해 말의 구조가 어떻게 글과 연계되는지를 이해하게 된다. 쓰기를 많이 하면 할수록, 소리를 분절하거나 단어를 구성하는 데 능숙해져 스스로 글을 쓰는 능력뿐만 아니라 스스로 글을 읽는 능력도 발달하게 된다.

글을 써야 하는 목적이 자신에게 의미가 있어야 유아는 쓰게 된다. 우리가 써야 하는 것이라고 선택한 것을 유아에게 쓰도록 강요하면 유아에게 유익하지 않다. 따라서 지금까지 기술한 것을 마음에 두어 유아의 쓰기 발달에 필요한 전략을 창안하고 적절한 환경을 제공해야 한다. 그 중 한 전략이 받아 적기다.

받아 적기. 초등학교 입학 전의 유아는 할 말이 많다. 그러나 하고 싶은 말만큼 잘 쓰지 못하므로 성인이 이를 받아 적는다. 받아 적기는 유아가 관례적으로 쓰지 못할지라도 나름 쓸 수 있고 또한 쓰는 것을 경험해야 한다는 시각이 일반화되기 전부터 사용되던 전략이다. 즉 받아 적기는 쓰기 발달에 매우 중요한 역할을 한다. 우리는 유아 스스로가 읽기 전부터 책을 읽어준다. 마찬가지로 이들이 하는 말을 받아 적어 이들에게 쓰기 모델을 제공해야 한다. 유아는 성인 모델을 관찰함으로써 쓰기 능력 발달이 가속화된다. 아래는 교사가 받아 적기를 할 때 필요한 사항이다.

1. 아이디어가 많이 나올 수 있도록 토론을 먼저 한다.
2. 유아가 말한 것을 맞춤법을 잘 지켜서 그대로 써준다.
3. 교사가 쓰는 동안 반드시 유아가 볼 수 있도록 한다.
4. 알아볼 수 있도록 쓴다.
5. 다 받아 적은 후, 글자를 손으로 짚어가며 유아에게 다시 읽어준다.
6. 유아가 다른 친구 혹은 교사 앞에서 내용을 읽도록 격려한다.

받아 적기를 해주되 유아가 교사, 보조교사, 부모에게 너무 의존하지 않도록 한 글자라도 스스로 적도록 격려한다.

초등 1학년부터 3학년 교실

앞에 기술한 쓰기 발달에 도움이 될 전략은 초등학교 입학 전 유아에게 적절한 것이나 초등학교 1학년부터 3학년에게도 적용할 수 있다. 교사는 유아의 쓰기 발달이 비관례적 단계에서 어떻게 관례적 단계로 전이하는지에 대하여 많이 궁금하다. 이는 유아마다 독특하지만 어떤 특정 경향이 있다고 볼 수 있다. 제일 먼저, 유아가 쓸 수 있는 환경과 분위기를 제공해야 한다. 쓸 줄 모른다고 생각하여 잘 쓰려고 하지 않는 유아는 또래가 써 놓은 것을 보게 하여 관례적으로 쓰지 않아도 수용된다는 느낌을 갖도록 한다. 편안한 분위기를 유지하여 유아가 쓰기를 시도하도록 돕는다. 유아가 소리와 글자의 관계에 대한 지식이 쌓일수록 창안적 글쓰기는 틀린 것이라는 것을 깨닫기 시작한다. 이때가 관례적으로 글을 쓰는 단계로 이동하는 것이며 유아는 정확한 맞춤법을 묻기도 한다. 따라서 그전처럼 자유롭게 쓰려고 하는 빈도가 줄어서 표면적으로는 능력이 후퇴한 것으로 보이기도 한다. 이는 정확하게 써야 한다는 인식 때문이다. 이러한 현상은 맞춤법에 맞추어 쓸 수 있는 단어가 증가하면서 사라지기 시작하고 유아는 사전을 보거나 친구나 교사에게 도움을 구하여 쓴다. 따라서 관례적 쓰기는 비관례적 쓰기 단계로 왔다 갔다 하면서 점차적으로 완성되며, 어느 정도 관례적으로 쓰는 능력이 유창하게 확보될 때까지 이것이 반복된다.

초등학교 1학년부터 3학년까지의 쓰기 경험이 학령 전 유아의 것과 비슷한 점이 있다 하더라도 이들은 좀 더 직접적이고 목적 지향적인 학습을 해야 한다. 따라서 이 시기의 아동을 가르치는 교사는 쓰기에 대한 정의를 다음과 같이 내려야 한다. 쓰기란 아이디어를 구조화하여 남들이 이해할 수 있도록 특정한 목적과 의미를 전달하는 텍스트로 만드는 것이다. 또한 쓰기는 타인이 읽는 것을 전제로 하므로 사회적 활동이다. 교사가 가르쳐야 할 것을 아래에 정리하였다.

- 글을 잘 쓰는 사람은 자신이 아는 것에 대하여 쓴다.
- 글을 잘 쓰는 사람은 자신이 관심이 있는 것에 대하여 쓴다.
- 글을 잘 쓴다는 것은 독자를 고려하는 것이다.
- 글을 잘 쓰려면 목적이 있어야 한다.
- 글을 잘 쓰는 사람은 많은 단어보다 적은 수의 단어를 활용하여 쓴다.
- 글을 잘 쓴다는 것은 다양하고 흥미로운 어휘를 사용하며 다양한 문장 구조로 나타내는 것이다.
- 글을 잘 쓴다는 것은 단락을 잘 구분하는 것이다.
- 글을 잘 쓰는 사람은 논리적 순서로 사건을 제시한다.
- 잘 쓴 글은 시작, 중간, 끝이 분명하다.

- 글을 잘 쓴다는 것은 독자에게 글의 진실성에 대한 믿음을 준다.
- 잘 쓴 글은 여러 번의 수정을 거친 것이다.
- 잘 쓴 글은 맞춤법, 구두점, 문법, 글씨 모양이 잘 되어 있는 것이다.

교사가 직접 가르치고 예시를 보여주고 안내된 쓰기, 같이 쓰기, 상호작용적 쓰기, 독립적 쓰기 등의 다양한 전략과 경험을 통해 아동도 위에서 제시한 대로 글을 잘 쓰는 사람 혹은 잘 쓴 글의 모습을 보일 수 있다. 아래에는 이를 달성하기 위한 전략이 소개되어 있다.

글쓰기 워크숍

글쓰기 워크숍은 독립적으로 쓰기, 상호작용하면서 쓰기, 저널 쓰기 같은 글쓰기 교수를 위한 시간을 뜻한다. 글쓰기 워크숍에는 교사가 미니 레슨을 하고 글을 쓰고 발표하는 시간이 포함된다. 매일 최소 30분은 글쓰기 워크숍 시간으로 할당되어야 한다. 아이의 연령이 높아지면 이 시간은 연장된다. 글쓰기 워크숍 운영에는 목표, 미니 레슨, 글쓰는 시간, 발표시간이 꼭 포함된다. 나중에 다시 글을 읽어 보는 시간도 가질 수 있다.

목표. 워크숍에는 성취하고자 하는 목표와 글의 독자가 정해져야 한다. 이는 유아들에게 의미 있고 유아와 관련된 것이어야 한다.

미니 레슨. 교사가 직접적으로 낱자 쓰기 혹은 설명적 텍스트 쓰기 등에 대하여 가르친다. 레슨은 5분에서 10분 정도 소요된다. 글쓰기에 관련된 구체적 기술을 가르치고 유아는 이에 따라 글을 쓴다. 미니 레슨에서 교사와 유아 간의 상호작용적 쓰기를 할 수도 있다. 미니 레슨을 '안내된 글쓰기'라고도 할 수 있는데 이유는 구체적인 쓰기 기술을 직접적으로 가르치기 때문이다. 이 레슨은 대집단 혹은 소집단 모두 가능하다. 반 유아 모두가 배워야 하는 기술을 가르칠 때는 대집단으로 하고, 몇몇 유아들에게만 필요한 기술을 가르칠 때는 소집단으로 한다.

감각적 표현과 비유적 표현. 잘 쓴 글은 독자가 상황을 눈으로 보듯이 혹은 감각적으로 느끼게 한다. 어린 시기부터 글을 쓸 때 감각적이고 비유적 표현을 사용하는 것을 가르친다.

감각적 혹은 비유적 표현에 대한 활동. 가정에서 쉽게 구할 수 있는 열쇠, 스테이플러, 연필, 봉제 인형, 페이퍼 클립, 솔 등과 같은 사물을 통에 담아 준비한다. 준비된 사물의 이름을 칠판에 적고 사물을 반 아이들이 만져보고 탐색할 수 있도록 한다. 그 다음 이 사물의 특성을 말로 혹은 글로 적게 한다. 예를 들어서 페이퍼 클립을 탐색한 이후 한 아이가 "꾸불꾸불한 것이 마치 스파게티 국수 같아요." 혹은 "유리처럼 반짝거려요."라고 말하였다. 이런 활동을 통해 은유와 직유 같은 비유적 표현에 대하여 배운다. 사람마다 느끼는 것이 다르기 때문에 동일한 비유적 표현은 드물다. 높은 연령의 아이는 마음에 드는 감각적 이미지 혹은 비유적 표현을 평소에 기록해 놓았다가 글쓰기에 활용하도록 한다.

비유적 표현으로 게임하기. '＿＿ 처럼 차가운' '＿＿ 처럼 밝은' '＿＿ 처럼 딱딱한' 같은 표현을 아이들에게 제시하고 '＿＿'에 해당되는 표현을 하도록 한다. 처음에는 아이들이 '얼음처럼 차가운' 같은 평범한 표현을 제시한다. 그러나 차츰 아이들이 제시하는 표현은 기발하고 창의적이다. 예를 들어서 '무섭게 생긴 사람처럼 차가운' '북극의 이글루처럼 차가운' 등을 제시한다. 구어 표현을 기록해 두었다가 이후 글쓰기에 활용하도록 한다.

다양한 관점에서 글쓰기. 글쓰기는 다양한 관점에서 전개될 수 있다. 작가는 강아지, 나무, 사물의 관점에서 글을 쓸 수 있다. 또한 이야기를 늑대의 관점에서 들려주는 「늑대가 들려주는 아기 삼형제 이야기(The True Story of the Three Little Pigs)」(Schieszka, 1996)를 읽고 이처럼 잘 알려진 이야기, 동시를 다른 관점에서 적도록 한다. 또한 신데렐라, 마녀, 의사, 우체부, 강아지, 고양이, 뱀, 닭, 거북이, 카펫, 컴퓨터 등을 적은 쪽지를 준비하고, 아이들에게 쪽지를 뽑게 한다. 그리고 쪽지에 적힌 것의 관점에서 이야기를 만들어보게 한다. 예를 들어서 "내 주변에는 매일 지독한 냄새가 나는 발이 수두룩하다."라는 표현을 하면 아이들이 이에 해당하는 대상을 이야기한다. 순서대로 이 활동을 반복한다.

글쓰기에 필요한 정보 수집. '해변가에서의 하루'라는 제목으로 글을 쓴다고 하자. 칠판에 장면, 소리, 냄새, 맛과 촉감을 적는다. 아이들에게 눈을 감고 해변에 있다는 상상을 하게 한다. 그리고 그곳에서 보고, 듣고, 냄새 맡고, 맛보고, 느끼는 것을 상상하게 한다. 그리고 눈을 뜨고 느낌을 되도록 자세하게 표현하게 한다. 한 아이가 "모래요."라고 한다면 "모래의 색은 어떠니? 발밑에 느껴지는 모래의 느낌은?" 등의 질문을 하여 자세히 표현하도록 격려한다. 해변에 관한 책도 준비하여 아이들이 참고할 수 있도록 한다(Blau, Elbow, Killgallon, & Caplan, 1998). 아래에 두 명의 아이가 적은 것이 있다.

> 해변에는 모래가 있어요. 모래는 부드럽고, 갈색이고, 내 발가락을 간질여요. 모래에 물을 부으면 밝은 갈색에서 어두운 갈색으로 변하고 부드러운 것에서 찰흙처럼 딱딱해져서 모양을 만들 수 있어요.

> 해변에는 바다가 있어요. 바다는 진한 초록색으로 거의 검정색으로 보여요. 바닷물은 철썩하는 소리를 내며 해변에 부딪히며 크고 작은 파도가 몰려와요. 물은 차갑고 짜요. 물 아래에는 조개, 해초가 있어요. 바다에서는 생선 비린내와 짭짤한 냄새가 나요.

미니 레슨이 흥미롭고 아이들의 경험과 느낌을 충분히 반영했다면 아이들은 글쓰기에 몰입한다. 미니 레슨 시간에는 이야기 글뿐만 아니라 편지글, 정보글 같은 다양한 장르에 대해서도 가르치고 구두점, 필체 등에 대해서도 가르친다(Corgill, 2008).

쓰기 시간. 미니 레슨 이후 자신의 글을 쓴다. 몇몇 친구들과 소집단으로 혹은 짝과 같이 무엇을 쓸 것인가에 대하여 의논하고 실제 쓰는 것도 같이 한다. 유아가 글쓰기에 집중하고 있는 동안 교사는 돌아다니면서 가르쳤던 기술을 다시 확인하거나 글의 내용에 대하여 협의한다. 짝으로 함께 글을 쓸 때에 짝과 협의할 것을 격려한다. 글을 쓰는 데에는 시간이 필요하다는 것을 유념해야 한다.

발표 시간. 글쓰기 워크숍은 혼자 혹은 짝과 함께 쓴 글의 결과물을 모두 앞에서 발표하는 것으로 마무리한다. 발표를 듣는 또래들은 생산적인 코멘트를 하도록 한다. 예를 들어서 "네 이야기에 나오는 ___ 표현이 마음에 들어. 마치 눈으로 보는 것 같아." 또한 미니 레슨에서 배웠던 기술과 관련하여 코멘트를 한다. 앞의 예는 미니 레슨에서 배운 표현에 대한 것을 적용한 코멘트다.

다시 쓰기. 때로는 글쓰기 워크숍 중 글을 완성하지 못하기도 하므로 다음 시간에 다시 글을 읽고 완성한다. 글쓰기 워크숍을 통해 글이 완성되는 경우도 있으나 그렇지 않은 경우도 있다(Routman, 2005).

유아마다 글쓰기의 수준 발달에 차이가 있으므로 글쓰기 워크숍은 비슷한 능력을 가진 아이들을 한 집단으로 하여 진행하는 것이 효과적이다. 이는 9장에서 언급한 안내된 읽기 레슨과 비슷하다(Fletcher & Portalupi, 2001).

쓰기에 대한 과정적 접근

쓰기에 대한 과정적 접근은 쓰기란 생각하고, 조직하고, 다시 수정하여 글을 완성하는 것이라는 인식을 하게 한다. 이를 통해 처음에 쓴 글이 완성된 결과물이 아니라는 것을 깨닫게 된다. 과정적 글쓰기의 전형적인 단계에는 사전 글쓰기, 원고 쓰기, 협의하기, 수정하기, 편집하기가 있다(Calkins, 1986; Fletcher & Portalupi, 2001; Tompkins, 2007; Turbill & Bean, 2006).

사전 글쓰기. 사전 글쓰기는 글쓰기 전체 과정에서 가장 중요한 단계로서, 무엇을 쓸 것인지, 글이 목표하는 것이 무엇인지, 누구를 위하여 쓰는 것인지를 정하는 단계이다. 사전 글쓰기에서 시, 편지 혹은 이야기 중 어떤 형식의 글을 쓸 것인지도 정한다. 또한 사전 글쓰기는 글을 쓰는 데 필요한 정보를 수집하고 조직하는 단계이다(Tompkins, 2003). 이 단계에서 주제와 관련하여 브레인스토밍을 하고, 아이디어에 대한 웹을 작성하여 개요를 그린다. 사전 글쓰기는 대집단 혹은 친구, 교사와 함께 하거나 혼자서도 할 수 있다.

원고 쓰기. 둘째 단계인 원고 쓰기는 종이에 글을 쓰는 것이다. 사전 글쓰기에서 준비된 목록 혹은 웹이 이 단계의 안내자가 된다. 원고 쓰기에서는 맞춤법, 구두점, 문법보다는 아이디어를 글로 표현하는 것이 더 중요하다. 손으로 쓰거나 컴퓨터에 대략적인 원고를 작성한다. 종이에 쓸 경우에는 한 줄씩 건너 써야 나중에 편집할 공간이 마련된다.

협의하기. 협의는 교사 혹은 친구와 함께 한다. 이 단계는 써놓은 것을 읽으며 무엇을 고쳐야 할 것인지를 생각하는 단계이다. 협의는 주로 내용과 관련된 것을 중점으로 한다. 교사는 협의하면서 다음과 같은 이야기를 나눌 수 있다.

- 글을 쓰게 된 과정을 설명해 주겠니?
- 다음에는 무엇을 쓸 것이니?
- 이 인물에 대하여 다르게 표현할 방법을 생각해 보겠니?
- 네가 표현한 인물은 참 재미있구나. 혹 그가 얼마나 재미있는지에 대한 예를 더 쓸 수 있겠니?

자신이 쓴 글 혹은 친구가 쓴 글을 읽으며 생각하는 시간이 협의 시간이므로 위의 질문을 이용하여 자신에게 혹은 서로에게 질문을 하도록 가르친다.

수정하기. 이 단계에서는 더 과감하게 아이디어를 고쳐서 글의 표현과 전달하고자 하는 정보를 잘 전달하도록 글을 수정한다. 즉 더 좋은 글이 되기 위하여 수정한다. 친구 혹은 또래에게 읽어주거나 여러 번 반복하여 읽으며 수정한다.

편집하기. 이 단계는 구두점, 맞춤법, 문법 혹은 글씨 모양 등의 형식을 수정한다.

발표 혹은 발행하기. 자신이 쓴 글을 다른 사람에게 보일 것을 미리 예상하고 글을 쓰게 되면 이 자체가 목적이 되어 글쓰기에 영향을 준다. 모든 글을 발행할 필요는 없으나 학급 웹에 올릴 수도 있고 친구와 교사 앞에서 발표하는 형식을 취할 수 있다(Tompkins, 2007).

그림 7.13

사전 글쓰기 안내지

저자 _____

이 글의 독자는 누구인가?

나는 이 글을 왜 쓰는가?

무엇을 설명하고 있는가?

무슨 일이 일어났는가?
- 첫째
- 둘째
- 셋째
- 그리고
- 결말

출처: Gunning, *Creating Literacy Instruction for All Children,* 4th edition. ⓒ 2003. Adapted by perimission of Pearson Education.

그림 7.14

수정하기 안내지

저자 _____

이 글에서 **좋은 점**은 무엇인가?

● 그 이유는 무엇인가?

설명하고자 하는 것을 설명하였는가?

● 고쳐야 할 부분을 고쳤는가?

● 무엇을 고쳤는가?

출처: Gunning, *Creating Literacy Instruction for All Children*, 4th edition. ⓒ 2003. Adapted by perimission of Pearson Education.

초등 1학년 이상 수준의 아동이 과정적 글쓰기를 할 때 사전 글쓰기와 수정하기 단계에서 스스로 확인하면서 글쓰기를 할 수 있도록 그림 7.13과 7.14에 안내지를 제시하였다.

과정적 글쓰기에 대하여 생각해볼 것. 과정적 글쓰기는 유아기에는 가끔 사용되는 것이 좋다. 사전 글쓰기 단계는 토론이나 단어 목록을 수집하는 것으로 대치해도 된다. 사전 글쓰기에서는 글의 주제를 결정하는데, 이는 유아 스스로가 정하도록 하는 것이 좋으나 많은 유아들이 이런 선택을 어려워한다. 이때 글을 쓰는 목표를 생각하면 주제를 쉽게 선정할 수 있다. 예를 들어서 두운이 맞도록 동시를 쓰거나, 설명적 글을 쓰는 것 같은 목표를 정하면 주제 선정이 쉬워진다. 이것도 별 도움이 되지 않는다면 교실에서 현재 탐구하고 있는 프로젝트나 주제, 예를 들어서 열대 우림 같은 일반 주제를 정할 수도 있다. 그러면 자신에게 맞는 구체적인 주제를 쉽게 정하게 되기도 한다. 이러한 지원을 통해 유아는 스스로 주제를 선정하는 능력을 기르게 된다.

원고 쓰기는 어린 유아부터 초등학교 전 학년에서 할 수 있으나 원고의 결과물은 발달 수준에 따라 차이가 크다. 원고는 문장으로 쓴 것 혹은 낱자를 연이어 반복해서 써 놓은 것일 수도 있다. 협의하기도 모든 연령의 유아에게 적용이 가능한데, 나이가 든 유아에게는 더 좋은 글을 만들기 위하여 무엇을 고칠 것인가에 대하여 물어볼 수 있으나 어린 유아에게는 수정에 대한 요구를 하지 않는 것이 좋다. 각 유아의 쓰기 발달 수준에 대한 이해는 담임교사에게 달려있다. 어떤 유아는 수정과 편집 때문에 당황할 수 있다. 따라서 과정적 글쓰기를 적용할 대상 유아는 신중하게 결정해야 한다. 그리고 모든 과정을 다 적용할 필요 없이 몇 개만 적용하는 것도 좋다. 유아의 능력이 확장되면 과정적 글쓰기 단계도 확장한다.

교사와 유아 간의 협의시간은 쓴 것에 대하여 유아를 격려하는 시간이며 유아의 결과물을 폴더에 보관하여 글쓰기 발달 과정을 평가하는 시간이다. 이 시간에 교사는 유아가 하는 말을 받아 적기도 하고 단어 선택, 구두점, 그림, 제본에 필요한 사항 등에 대하여 도움을 준다. 이 시간에 교사는 유아가 과정적 글쓰기에 익숙해질 수 있도록 도울 수 있으며 글쓰기를 꺼리는 유아를 도울 수 있다.

　글쓰기 프로그램은 학기 초에 유아에게 소개되어야 한다. 교사는 유아를 작가로 칭하여 유아 스스로가 자신의 이미지를 긍정적으로 갖도록 돕는다. 교사는 메시지 판, 가정통신문, 감사 메모 혹은 이야기 나누기 시간 등에 글을 적어서 작가의 모델 역할을 한다. 교사는 어린 작가를 지원해야 한다. 글쓰기를 싫어하는 유아에게는 '자신의 방식'으로 글을 쓰도록 허용해야 한다(Bromley, 2003; Martinez & Teale, 1987; Sulzby, 1986b). 유아 스스로가 자신의 글이 어른의 글과 같을 필요가 없다는 것을 인식하도록 돕는다. 또래가 그린 그림, 긁적인 것, 낱자를 반복해서 쓴 것을 보여주어 이렇게 써도 된다는 것을 알도록 한다. 또한 교사는 유아가 말하는 것을 받아 적어서 스스로는 글을 못 적어도 자신의 이야기가 글로 표현된 것을 보도록 해야 한다. 또한 유아들이 맞춤법 등에 대하여 질문하면 답해준다. 다른 영역의 언어와 마찬가지로, 쓰기도 사회적 상호작용을 통하여 발달한다. 따라서 교사는 유아에게 긍정적인 피드백을 주며 격려한다.

　제이미는 글쓰기를 싫어하는 아이지만 자신의 관심 주제와 관련해 글을 쓰게 하거나 친구나 교사와 이에 대하여 이야기 나눌 기회가 주어지면 글을 쓰는 데 관심을 보인다. 제이미가 글쓰기는 바보 같은 것이라고 말하는 것을 여러 번 들은 교사는 바보 같은 것에 해당되는 목록을 만들어 보았다(Lassonde, 2006). 이는 제이미가 부정적 감정으로 이런 언급을 하여 주위 사람들에게도 안 좋은 영향을 끼치게 하는 것보다는 부정적 감정을 구체적으로 표현할 기회를 주는 것이 더 나을 것이라고 생각하였기 때문이다. 벽에 게시된 종이에 '바보 같은 것'이라는 제목을 적고 제이미가 글을 써야 할 때 바보 같은 느낌과 행동이라고 생각되는 것이 있을 때마다 종이에 적도록 하였다. 이는 제이미가 글쓰기에 대하여 갖고 있는 부정적 감정을 적도록 하여 자연스럽게 글쓰기를 유도하기 위함이다. 제이미는 자신의 생각을 적고 이에 대하여 교사와 이야기를 나눌 수 있었다. 그 결과 글쓰기를 싫어하는 제이미가 자연스럽게 글쓰기에 참여하게 되었다. 글 쓰는 것을 어려워하거나 글쓰기를 싫어하는 학생의 교사는 이들의 관심과 의견을 존중하여 이것을 글로 표현해보는 기회를 주어야 한다. 놀랄 것도 없이 제이미의 바보 같은 것에 대한 목록은 시간이 지나면서 점점 줄었다. 결국 제이미는 친구에게 "글은 나만의 비밀, 감정, 생각을 쓸 수 있고 이것이 다른 사람들에게는 재미없는 것이라도 쓸 수 있으므로 글쓰기는 아주 재미있는 것이야."라고 말하였다(Lassonde, 2006, p. 5).

상호작용적 글쓰기. 상호작용적 글쓰기는 글쓰기에 대한 모델을 제시한다. 상호작용적 글쓰기란 교사와 유아가 함께 글을 쓰는 공동의 노력을 의미한다. 교사는 대집단이나 소집단으로 차트 종이에 내용을 적는다. 때로는 유아 스스로 공책이나 화이트보드에 적는다. 화이트보드는 쓰면서 수정이 가능하므로 상호작용적 글쓰기 활동에 적절하다. 편지, 이야기, 정보를 전달하는 글 등 모든 종류의 글쓰기에 상호작용적 글쓰기를 적용할 수 있다(McCarrier, Pinnell, & Fountas, 2000). 상호작용적 글쓰기는 명시적인 교수법이며 목표는 내용과 형식에 맞는 잘 쓴 글을 산출하는 데 있다.

글쓰기 주제는 유아의 의견을 반영하여 교사가 결정한다. 주제는 학급에서 탐구하고 있는 것, 예를 들어서 '물'이라면 탐구가 끝날 즈음에 물의 활용에 대한 목록을 적는 것이 될 수 있다. 이는 유아들이 학습한 것을 정리하는 것뿐만 아니라 목록을 작성하는 것에 대하여도 학습하도록 한다.

누구든 이 목록을 시작할 수 있다. 아이디어를 제공한 유아가 차트에 적고 이후에 학급의 유아들이 이에 대하여 토의한다. 이때 맞춤법, 아이디어를 적절하게 표현하는 것 등에 대하여 도움이 필요하면 교사가 도와주는데, 교사만 하는 것이 아니라 학급 유아 전체가 참여하여 자신의 생각을 표현하여 글이 더 좋아지도록 하는 데 기여한다. 오류를 수정할 때는 X표를 사용하기보다는 수정테이프를 이용한다. 유아가 오류를 발견하면, 유아 스스로가 수정테이프를 사용할 수 있도록 한다. 이 장 처음에 있는 브라이스 선생님의 「파리를 꿀떡 삼킨 할머니(I Know an Old Lady)」 활동은 상호작용적 글쓰기의 예이다. 아래에는 젠킨스 선생님의 수업 실제가 제시되어 있다.

1학년 담임인 젠킨스 선생님은 학급 유아들에게 감사 카드를 통해 예절을 가르치고자 하였다. 감사 카드에 들어갈 내용과 형식도 가르치려고 한다. 건강한 습관에 대하여 공부할 때 반 유아의 학부모인 간호사가 방문하여 유아들과 이야기를 나누었다. 젠킨스 선생님은 이를 계기로 반 유아들 모두와 함께 상호작용적 글쓰기 활동으로 이 간호사에게 감사 편지를 보내기로 하였다. 편지를 쓰면서 단락의 첫 문장을 들여 쓰는 것에 대하여 토론하였다. 감사하다는 말 외에 편지에 들어갈 내용에 대하여도 토의하였다. 그 결과 간호사가 이야기해 준 것이 좋았고 한 번 더 방문해줄 수 있겠느냐는 말을 쓰기로 하였다. '사랑해요'와 '진심으로' 중 어떤 것으로 편지를 마무리하느냐에 대하여도 토론하였다. 이 활동을 통해 감사를 표시하는 예의에 대하여 배웠고 감사 편지를 쓸 때 들어갈 내용과 형식에 대하여도 학습하였다.

다양한 장르의 글쓰기 가르치기

글쓰기 교육의 목표 중 하나는 목적에 맞게 글을 쓰게 하는 것이다. 아래에는 다양한 장르의 글쓰기에 대한 교수-학습 내용이 기술되어 있다.

이야기 글쓰기. 픽션 장르로서 유아 스스로 새로운 이야기를 쓰거나 그림책에서 읽은 것을 다시 재화하여 쓰는 것이다. 이야기 글쓰기는 유아의 삶에서 일어난 사건에 대한 것을 쓰는 것도 가능하다. 잘 꾸며진 이야기는 시작, 중간, 끝의 구조로 되어 있다. 자세한 구조는 아래와 같다.

1. 이야기 시작부분인 배경에서 인물, 시간, 장소를 소개한다.
2. 주인공의 문제 혹은 목표인 주제가 있다.

3. 주인공이 자신의 문제를 푸는 과정이나 목표를 성취하는 과정에서 일어나는 일련의 사건인 플롯이 있다.

4. 문제가 해결되거나 목표가 성취되는 해결이 있고 이는 이야기의 결말로 이어진다.

이야기 글쓰기 학습에 도움이 되는 활동은 다음과 같다.

1. 자신의 이야기 글을 쓰기 전에 글을 구성하는 데 도움이 되도록 도표 조직지를 제공한다. 도표 조직지는 이야기가 다 완성된 후 모든 요소가 포함되었는지를 체크하는 데 활용한다.

2. 읽은 이야기를 재화하여 쓰는 경우 이야기 구조는 도표 조직지를 활용하여 검토한다.

3. 함께 글쓰기를 할 때에는 토론을 먼저 하고 시작한다. 아이디어가 다 제시된 후 각 유아는 이야기의 요소 한 부분에 대하여 완성하도록 한다. 이야기가 완성된 후 발표하는 시간을 갖고 청중 유아는 건설적인 피드백을 주도록 한다.

4. 이미 잘 알려진 이야기 중 배경, 주제, 사건 혹은 해결 중의 한 요소만 다르게 지어 본다.

묘사적 글쓰기. 이는 상세하게 무엇인가를 기술하는 것을 말한다. 이러한 종류의 글쓰기를 위해서 다섯 가지 감각에 주목하도록 돕는다. 듣기, 보기, 냄새 맡기, 만져보기와 맛보기 등을 경험한 후 이를 묘사하도록 하거나 같은 사물에 대하여 다른 어휘를 사용하여 표현하도록 한다. 꽃을 묘사하게 하거나 두 가지 사물을 비교하는 것은 묘사적 글쓰기를 하는 데 도움이 된다.

설득하는 글쓰기. 이는 독자가 저자의 관점을 공유하도록 하는 글이다. 다른 사람을 설득하고자 할 때 우리는 감성에 호소하거나 객관적 사실을 사용하기도 한다. 예를 들어서, 서평은 설득하는 글의 한 종류인데 이는 누군가가 특정한 책을 읽도록 하고자 의도된 글이다. 광고나 포스터, 영화평론이 이러한 종류의 글이다.

설명적 글쓰기. 이는 논픽션으로 사회 혹은 과학과 같은 내용교과에 관한 정보를 다룬다. 이 유형의 글을 쓰기 위해서는 정보를 수집하고 요약해야 한다. 이는 개인적 관점이 아닌 사실적 내용을 다룬다. 이러한 종류의 글에는 어떤 과제를 완성하는 데 필요한 절차와 방법, 특정 사건, 현상에 대한 원인과 결과를 묘사하는 글이 있다. 이 글에는 사람을 면담하거나 정보를 전달하는 보고서를 쓰거나 한 주제 학습을 요약하거나 전기(biography)를 쓰는 것도 포함된다. 설명적 텍스트 구조에 대해서는 6장에 기술되어 있다. 아래에는 이러한 종류의 글을 쓰기 위해 알아야 할 내용을 기술하였다.

- **묘사**: 관찰을 통하여 얻은 정보를 마치 그림을 그리듯이 자세히 묘사한다.
- **순서**: 특정한 결과물이 나오기까지의 과정과 절차를 설명한다.
- **비교**: 비슷한 종류의 두 가지 대상을 비교, 대조한다. 비교를 통하여 비슷한 점을

생각하고 다음으로 다른 점을 대비한다.
- **원인과 결과:** 특정한 사건이 어떻게 발생하였는지에 대한 정보를 준다.
- **문제 해결:** 문제를 제기하고 그 다음 해결이 제시된다. 순서에 대한 이해가 중요하다.
- **예시:** 핵심 아이디어를 제시하고 세부사항으로 핵심 아이디어를 지지한다 (Vukelich, Evans, & Albertson, 2003).

초등학교 1학년 아동에게 설명적 텍스트 글쓰기를 가르치기 위하여 교사는 네 명의 소집단으로 네 쪽 분량의 책을 만들게 하였다. 첫 쪽은 '강아지의 종류'로 네 개의 사각형이 있고 각 사각형 바로 아래에는 줄 두 개가 그어져 있다. 아동은 네 종류의 강아지를 찾아서 사각형 하나에 한 종류의 강아지를 쓰고 그에 대한 그림을 그린다. 둘째 쪽은 '강아지 몸의 기관'으로 강아지 한 마리의 그림이 그려져 있다. 아동은 강아지 몸의 기관에 대하여 토론하고 기관의 이름을 적어 넣는다. 셋째 쪽은 '강아지 돌보는 법'으로 네 개의 사각형과 줄이 그어져 있다. 이곳에는 아동들이 의논하여 그림과 내용을 적는다. 마지막 쪽은 '강아지를 산책시키는 법'으로 이 역시 아동이 의논하여 그림을 그리고 글을 적는다. 교사는 책의 목차를 준비하였다. 아래는 아동이 꾸민 이야기이다.

강아지에 대한 모든 것
목차

1장 강아지의 종류
2장 강아지 몸의 기관
3장 강아지 돌보는 법
4장 강아지 산책시키는 법

1장: 강아지의 종류

우리가 아는 강아지의 종류는 곱슬곱슬한 털을 가진 푸들, 짧고 거친 털을 가진 테리어, 검은 점과 하얀 점을 가진 달마시안, 여러 종이 혼합된 잡종이다.

2장: 강아지 몸의 기관

강아지는 다음과 같은 몸의 기관을 갖는다. 머리, 귀, 눈, 코, 이, 주둥이, 다리, 발, 엉덩이, 꼬리 등이다.

3장: 강아지 돌보는 법

강아지를 건강하게 하려면 잘 보살펴야 한다. 강아지에게는 깨끗하고 신선한 물을 제공해야 한다. 편안하게 잘 수 있는 잠자리를 제공해야 한다. 영양이 좋은 먹이를 제공하고 사탕을 주면 안 된다. 그리고 정기적으로 동물병원에 데려가서 예방주사를 맞힌다.

4장: 강아지 산책시키는 법

강아지는 산책이 필요하다. 강아지와 함께 산책하려면 목줄을 채워야 한다. 바깥 날

씨가 많이 추우면 겉옷을 입힌다. 강아지를 데리고 산책할 때는 강아지가 하고 싶은 것을 할 수 있도록 해야 한다. 산책이 끝나고 나서는 강아지가 좋아하는 간식을 준다.

요리법, 자전거 타는 법, 수영하는 법과 같이 '~하는 법'에 대한 글쓰기도 글의 구조를 이해하면 가능하다. 그림 7.15는 이런 종류의 글을 쓰는 데 도움이 된다. 장르의 특성을 반영한 구조를 구체적으로 제시하면 해당 장르의 글을 쓰는 데 많은 도움이 된다 (Calkins, 1994).

English Language Learners

정보 텍스트 쓰기

글과 장르가 갖는 스타일과 목적을 알게 하는 가장 좋은 방법 중 하나는 같은 종류의 글을 읽어보는 것입니다. 또한 다양한 장르의 글을 써보는 것도 도움이 되죠. 담임을 맡고 있는 2학년 교실에서 애벌레를 관찰하며 변태에 대하여 공부하고 있었어요. 나는 반 아이들에게 애벌레와 변태에 대한 정보글로 쓰인 논픽션 책을 읽어주었습니다. 반 아이들은 논픽션 텍스트에서 발견되는 스타일과 내용에 대하여 브레인스토밍을 하였습니다. 논픽션 텍스트는 영어를 학교에서 배우기 시작하는 아이들에게 쉬운데, 이유는 이러한 글에는 문화적으로 특수한 표현이나 관용어가 많지 않기 때문이죠. 또한 변태나 번데기 같은 말은 특징이 분명해서 기억하기 쉽습니다. 매일 아이들이 애벌레를 관찰하면서 과학일지에 기록을 하도록 하였어요. 이때 자신이 관찰하고 발견한 것을 마치 '과학자가 하듯이' 자세하게 기록하도록 하였지요. 아이들이 "페드로[1]가 잠을 자고 있었다. 페드로는 행복했다."와 같이 쓴 경우, 과학자는 애벌레의 이름을 사용하지 않고 그냥 애벌레라고 부르며 그들은 자신이 관찰한 사실만 쓰지 해석은 쓰지 않는다고 설명해주었어요. "우리는 애벌레가 행복한지 알 수 없지요. 관찰을 통해서 확실하게 알게 된 것만 쓰도록 해요."라고 말해줍니다. 이러한 설명은 다양한 장르의 특징과 글쓰기 스타일에 민감해지도록 도와주며 장르의 목적과 특징에 맞게 글을 쓸 수 있도록 도와준다고 믿습니다.

죠앤 제이콥슨(2학년 담임)

---

1) 역주: 이 학급에서 붙인 애벌레 이름

그림 7.15

소책자 만드는 법
과일 샐러드 혹은 비행기 접는 법과 같이 무언가를 만드는 방법에 대해 쓰시오. 3쪽에는 재료를, 4쪽에는 만드는 순서를 쓰시오. 5쪽에는 무엇을 만들고 있는지 그리시오. 6쪽에는 새로운 단어들의 뜻을 쓰시오. 그리고 2쪽으로 돌아와서 목차를 채워 넣으시오. 필요하면 확대하여 사용하시오.

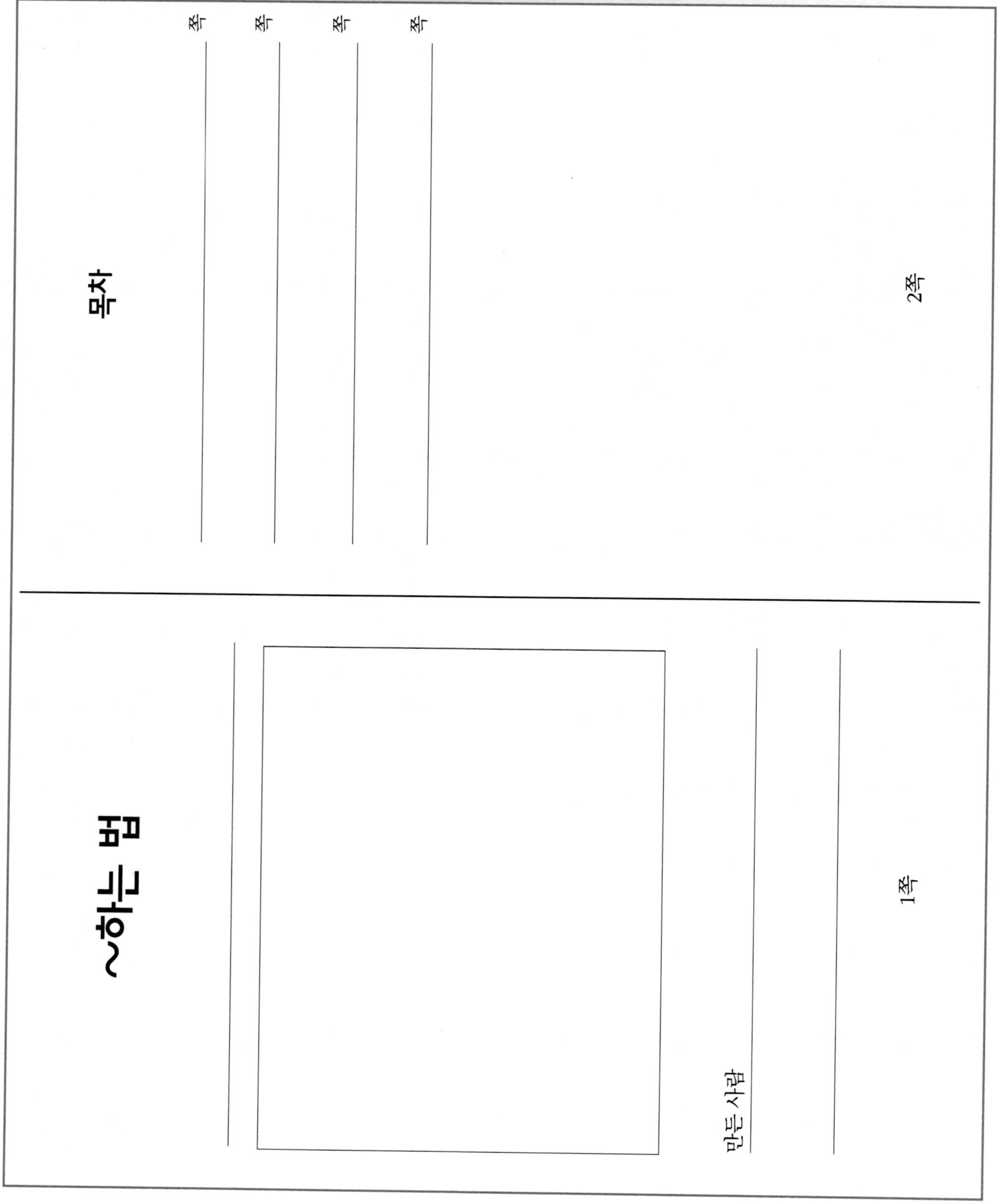

목차

___쪽

___쪽

___쪽

___쪽

2쪽

~하는 법

만든 사람 _____

1쪽

그림 7.15   소책자 만드는 법 (계속)

각 단계

~하는 법에 대한 순서와 설명을 쓰세요.

순서	설명

4쪽

재료

~하는 법에 필요한 재료를 쓰세요.

3쪽

그림 7.15 소책자 만드는 법 (계속)

용어 해설

말 :
뜻 :

말 :
뜻 :

말 :
뜻 :

말 :
뜻 :

말 :
뜻 :

6쪽

그림

그림을 그리세요.

5쪽

기능적 글쓰기. 이는 실제 삶과 관련된 글이다. 학급에서 쓸 수 있는 기능적 글쓰기의 대표적인 예는 생일, 명절인사장 등이다. 교육지원을 위하여 방문하는 인사, 견학 후 도움을 준 분에게 감사 카드를 쓰게 한다. 혹은 학급 파티, 행사 등을 준비하며 필요한 사항에 대한 목록 작성도 기능적 글쓰기이다. 학급 친구들의 주소와 전화번호 책을 작성하는 것도 기능적 글쓰기이다. 학급에서 활동했던 특별활동에 관하여 부모에게 알리는 글을 쓰도록 아이들을 격려한다. 나만의 단어를 수집하여 적는 것도 기능적 글쓰기이다. 또한 교실 환경에 게시되어 있는 글자를 따라서 쓰는 것도 글쓰기 활동이 된다. 단어 벽에 있는 글자는 유아가 그대로 따라 쓰기 쉽다. 유아, 유치부 교실뿐만 아니라 초등교실에서도 우편서비스와 펜팔 프로그램을 운영할 수 있다(Edwards, Maloy, & Verock-O' Loughlin, 2003; Teale & Gambrell, 2007). 일주일에 한 번 정도 정규적으로 펜팔에게 글쓰기를 한다. 교사 혹은 보조교사의 도움을 받아 편지를 쓰거나 아니면 유아가 말하는 것을 교사가 받아 적어도 된다. 유아가 관례적 글쓰기를 못하더라도 갖고 있는 능력을 발휘하도록 격려한다. 또한 펜팔이 보낸 편지를 혼자 읽지 못하는 유아를 위하여 교사가 학급 전체에서 읽어준다.

자판 친구(key pals)라고도 하는 이메일을 이용한 펜팔은 다른 사람과 의사소통할 수 있는 활동이다. 이메일을 통해 세상 저편에 있는 친구들과 통신하며 서신을 주고받는 것이 실시간으로 이루어질 수 있다.

교실 실제

어린 유아와 1학년의 펜팔

담임을 맡고 있는 1학년 학생들에게 학교 가까이에 있는 어린이집 유아들이 초등학교 생활에 대한 문의편지를 보내왔어요. 우리 반에서는 그들의 질문에 답하는 편지를 사진과 함께 보냈지요. 한 주가 지난 뒤 답장이 왔어요. 그래서 어린이집 유아와 우리 반 아이들 사이에 편지 주고받기가 계속되었지요. 우리 반 아이들은 돌아가며 차트에 자신이 맡은 부분을 적어요. 브레인스토밍, 수정, 편집, 다시 쓰기의 순서로 함께 이 활동을 진행하고 있어요. 세 명의 아이들이 받아 적는 역할을 하고 나머지 아이들은 편지의 내용을 담당해요. 이후 세 명의 아이들이 수정하고 편집하는 역할을 합니다. 마지막으로 세 명의 아이들이 편지를 재점검하며 다시 쓰지요. 유아의 답장을 빨리 받아야 하는 경우에는 E-메일을 사용해요. 펜팔 활동은 이제 우리 학급 쓰기 활동의 일부가 되었어요. 유아들을 간식 시간에 초대하여 두 명이 짝지어 읽기도 하였고 학년 말에 하는 연극에도 이들을 초대하였어요. 유아들은 어린이집 소풍에 우리를 초대하였죠. 우리는 어린 아이들과 우정을 맺었고 또한 우리 반 아이들은 편지를 쓰는 목적도 배우고 매우 만족하였답니다. 또한 유아들은 학교에 익숙해져 학교에 입학하는 것을 미리 준비하는 효과도 있었죠.

도나 M. 웅가이(1학년 담임)

알림판(notice board)은 메시지를 주고받는 공간을 제공하므로 역시 기능적 글쓰기를 할 수 있다(McGee & Morrow, 2005; Newman, 1984). 교사가 먼저 한 명의 유아 혹은 반 전체 유아에게 메시지를 남겨 알림판 사용의 모델을 보여준다. 또한 학급 행사나 학교 행사를 알릴 수도 있다. 학급 전체나 개인에게 메시지를 게시한 후에는 유아들이 알림판에 주목할 수 있도록 도와주고 점차 스스로 알림판을 살피는 것이 습관이 되도록 해야 한다. 이외에도 사적인 메시지를 위한 공간도 필요하다. 이는 봉투 안에 메시지를 적어 게시하거나 유아의 개인 사물함에 넣어두는 방법을 쓴다. 어떤 교사는 샌드위치를 담는 봉투처럼 불투명한 봉투에 메시지를 적은 종이를 넣고 봉하여 책상 위에 놓아두어 유아가 이를 받도록 한다. 교사는 유아들이 알림판의 메시지를 게시하는지 확인해야 한다. 그림 7.16에 1학년 여자아이 아시아가 같은 학년의 남자아이 안드레아에게 보낸 편지가 제시되어 있다.

저널 쓰기. 저널 쓰기는 매일 혹은 일주일에 서너 번 적는 것으로 유아 교실에서도 할 수 있다. 저널은 공책 혹은 스테이플러로 찍어 만든 책에 적는다. 유아 스스로가 쓸 수 있는 만큼 적도록 한다. 따라서 어떤 유아의 저널에는 글 없이 그림만 있거나, 긁적인 것 혹은 글자 몇 개, 창안 글자 등이 있을 수 있다. 교사는 "오늘은 정말 기대가 되는 날이야. 내 딸이 저녁에 연극을 할 것이고 나는 우리 딸애를 보러 갈 거야."와 같은 자신의 이야기를 적어 저널 쓰기의 모델이 된다. 이를 통해 유아는 저널에 써야 할 것에 대한 아이디어를 얻는다. 어떤 유아는 그림을 그리거나 이야기를 적기도 하고 어떤 유아는 체험한 것을 적기도 하고 학습한 것에 대하여 적는 유아도 있다. 저널에는 화분에 심은 씨앗의 성장 혹은 오늘의 기온 기록 등 학급에서 탐구하는 주제에 대하여 적을 수도 있고 읽은 책에 대한 감상을 적을 수도 있다. 유아가 적은 저널에 대하여 교사가 코멘트를 적는 대화 형식의 저널이 될 수도 있다. 유아가 "소풍을 갔어요."라고 적었다면 "재미있었겠구나. 무엇을 먹었니?"라고 적는다. 1년간 저널 쓰기를 꾸준하게 진행하면 글의 길이와 유창성이 상당히 향상된다(Gunning, 2003).

저널 쓰기의 핵심은 글 쓰는 이가 쓰기와 관련된 형식의 정확성에 신경 쓰지 않고 자신의 아이디어를 적어보는 것에 있다. 아래에 저널 쓰기의 다양한 유형이 제시되어 있다.

▲ 건강 주제를 탐구할 때 병원놀이가 역할놀이 영역에 꾸며졌다. 메리사는 간호사 역할을 하면서 환자 예약을 받아 적고 있다.

일기. 유아 자신의 사적인 것이나 특별히 관심을 갖는 것에 대하여 쓰는 것이다. 이는 유아가 다른 사람에게 공개하고 싶을 때만 공개한다. 이런 종류의 글은 맞춤법, 구두점 등을 수정하지 않는다.

대화 저널. 어떠한 주제라도 쓸 거리가 될 수 있으며 또래 간에 혹은 교사와 함께 쓰는

그림 7.16

1학년 여자아이가 같은 학년 남자아이에게 보낸 편지

Dear Andra look I am triing to make this relashtoin ship work. I no that you are mad at me but I did not do anything to you. All I did was trie to take the paper away from you and you ript it and you no that you did. And if you did thn wi did you. blame it all an me. Love Asia

앤드레아에게

너와 잘 지내기를 바란다는 것을 알아주길 바래.

네가 나 때문에 화가 났다는 것을 알아.

그러나 나는 너에게 나쁜짓을 안 했어. 나는 그저 네가 가지고 있던 종이를 가지려 했을 뿐인데 네가 그것을 찢었잖니.

그리고 네가 한 것을 가지고 왜 나에게 <u>뭐라 하니.</u>

사랑하는 애시아가

▲ 대화 저널은 한 유아가 적은 것에 대하여 다른 유아가 답하는 것으로 아동 간의 대화를 적는 것이다.

것이다. 이는 글로 쓴다는 것에 차이가 있을 뿐 말로 하는 대화와 같다. 저널 쓰기에 참여하는 사람들이 돌려가며 적는다. 자신이 쓴 글에 대한 답을 보면서 자신의 생각에 대한 다른 사람의 반응을 알 수 있다.

독서 저널. 이야기글이나 정보글을 읽고 이에 대한 반응을 기록하는 것이다. 이야기나 정보에 대하여 느낀 점 등을 쓴다. 교사도 독서 저널을 쓰고 학생들이 쓴 것을 읽어본다.

학습 기록. 사회 혹은 과학 과목과 같은 내용교과에서 배운 것을 기록하는 것이다. 내용교과에 대하여 배우는 비중이 커질수록 학습 기록장에 기록하는 빈도가 늘어난다. 이런 종류의 글은 요약, 목록, 관찰 과정 등에 대하여 적는 것이다.

이외에도 가족 저널, 주제 저널 등 다양한 저널이 있다. 저널 쓰기를 통해 글쓰기에 능숙해지고 주제가 다양해지며 아이디어에 대하여 생각하며 이를 명료화하는 데 도움이 되며 맞춤법, 구두점과 관련된 글쓰기 기술이 발달한다. 저널 명칭이 무엇이든 간에 저널 쓰기에는 개인의 삶에 대한 사적 기록, 교사나 또래가 적은 글에 대한 답글, 문학에 대한 느낌이나 생각을 적는 것 혹은 학습한 정보를 정리하는 것이 다 포함된다.

아동 문학과 쓰기

English Language Learners

아동 문학은 글쓰기를 격려한다. 아동 문학은 말하기와 읽기를 격려하는 것뿐만 아니라 글쓰기를 자극하는 매체이다(Tompkins, 2000; Vukelich, Evans, & Albertson, 2003). 같은 작가의 다른 책을 읽고 난 후 반 아이들은 저자에게 어떻게 글을 쓰게 되었는지 물어보는 편지를 쓰거나 삽화가가 사용한 미술 재료에 대하여 묻는 편지를 쓸 수 있다. 이때 답신을 잘 해주는 작가를 선택하여 편지를 쓰는 것이 좋다.

「매들린(Madeline)」(Bemelmans, 1939), 「호기심 많은 조지(Curious Geroge)」(Rey, 1941)와 「해롤드와 보라색 크레용(Harold and the Purple Crayon)」(Johnson, 1981)은 유아 혼자 혹은 학급 유아가 함께 책을 만들어볼 수 있는 좋은 책이다. 「으뜸헤엄이(Swimmy)」(Lionni, 1963)와 「알렉산더의 매우 운 나쁜 날(Alexander and the Terrible, Horrible, No Good, Very Bad Day)」(Viorst, 1972)은 주인공이 겪게 되는 여러 개의 사건과 모험에 대한 책이다. 따라서 유아는 주인공이 경험할 수 있는 사건과 모험에 대하여 이야기를 지어본다. 이러한 이야기에는 자신의 경험이 녹아 들어간다(그림 7.17 참조).

6장에서 기술하고 있는 함께 책 읽기와 소집단 읽기 활동은 쓰기 활동으로 이어질 수 있다. 「파리를 꿀떡 삼킨 할머니(I Know an Old Lady)」(Wescott, 1980)처럼 패턴이 반복되는 책을 읽고 난 후 유아는 이를 흉내 내어 이야기를 지어 글쓰기를 하거나 「당신이 내 엄마인가요?(Are you my mother?)」(Eastman, 1960)와 「배고픈 애벌레(The Very Hungry Caterpillar)」(Carle, 1969)와 같이 특정한 표현이 반복되는 이야기를 읽고 난 후 이런 형식을 따라 자신들의 이야기를 짓고 글을 쓸 수 있다. 「내 잠자리가 없다고요!(What Cried Granny: An Almost Bedtime Story)」(Lum & Johnson, 1998)를 읽고 난 후 책에 나오는 기발한 문구를 사용하여 글쓰기를 할 수 있다.

헤더, 킴, 티나는 좋아하는 야구 스타에 대한 이야기를 쓰기로 하였다. 잡지에서 얻은 정보가 충분하지 않다고 생각한 헤더는 사전을 보자고 제안하였다. 킴이 사전은 단어의 뜻과 철자를 알고자 할 때 보는 것이고 백과사전이 정보를 얻는 곳이라고 헤더에게 말하였다. 소녀들은 백과사전을 찾아서 필요한 정보를 베끼고 글쓰기를 하였다. 이 소녀들은 필요한 정보를 얻어 조직하고 요약하였다. 이에 필요한 기술은 설명적 텍스트 쓰기에서 배운 것이다.

▼ 초기 저널 쓰기는 유아가 말하는 것을 교사가 받아 적는 것으로 시작한다. 결국은 유아 스스로가 저널을 쓰게 된다.

그림 7.17

그림책을 읽고 난 후
유아가 지은 이야기글

아동 문학은 청중이나 독자를 염두에 두고 글쓰기를 하도록 한다. 글은 독자를 염두에 두고 써야 한다. 자신이 쓴 글이 친구에게 읽혀진다는 것을 알게 되면 글을 쓰는 목적과 동기는 더욱 분명해진다. 하루 일과를 평가하는 시간에 하는 '오늘의 작가(Author of the Day)' 활동은 자신이 쓴 것을 친구들에게 읽어주는 것이다(Graves & Hansen, 1983; Rog, 2007; Routman, 2005). 오늘의 작가는 꼭 한 명이 아니라 여러 명이 될 수도 있고, 하루에 여러 개의 글을 읽을 수도 있다. 오늘의 작가 활동이 끝난 유아의 글은 게시판에 게시되고 친구들 앞에서 자신의 글을 읽어주는 모습이 찍힌 사진도 함께 게시된다. 자신의 글을 읽는 유아는 오늘의 작가가 앉는 의자에 앉는다. 이야기를 듣는 친구들은 "네가 쓴 글이 좋아." 혹은 "나도 넘어져서 무릎을 다친 적이 있어." 같은 코멘트를 하도록 한다. 처음부터 유아의 자발적 코멘트가 나오기 쉽지 않으므로 교사가 청중으로서 코멘트하기를 시범으로 보인다.

오늘의 작가가 된 스티븐이 의자에 앉더니 아래와 같이 말하였다.

나는 등장인물의 모험에 대한 이야기에 대하여 계속 생각하고 있어. 이것은 마치 크리포드와 빨간 개와 같은 시리즈 이야기야. 내 이야기는 고양이에 대한 것으로 처음 이야기는 버스트라는 이름의 고양이야. 나는 이를 1장이라고 하고 이미 2장과 3장에 대한 것도 다 지었어. 2장은 버스트, 프렛젤을 만나다야. 프렛젤은 강아지야. 3장은 버스터, 길을 잃다야. 지금부터 1장을 읽어줄게.

스티븐이 이야기를 다 읽자, 필립이 "내가 그 중에 한 장을 읽어도 되니?"하고 물었다. 스티븐은 "물론. 그런데 한 장만 읽으면 안 되고 모든 장을 다 읽어야 돼. 왜냐하면 이야기들이 다 연결되어 있어."라고 하였다. 필립은 "나는 지금 1장만 읽고 싶은데."라고 하였다. 스티븐은 "알았어. 그런데 이야기를 다 이해하지는 못하게 될 거야."라고 하였다.

동시 쓰기

유아들이 즐기는 글 형식 중 하나가 **동시**이다. 어린 반에서는 학급 모두가 함께 동시를 지을 수 있다. 각운이나 두운이 맞는 동시는 유아에게 잘 알려진 형식이다. 이외에도 여러 형식의 동시를 유아들이 즐길 수 있다. 각 행의 머리글자나 끝 글자를 이으면 말이 되는 글자 수수께끼(acrostic poem) 같은 것도 가능하다. 유아의 이름, 계절, 장소, 물건 등으로 주제어를 정하고 이 단어의 철자를 각 행에 적는다. 각 행에 시작되는 철자로 단어를 만들어 시를 짓는다. 예로 내 손자 제임스 이름으로 지은 수수께끼 시를 아래에 제시하였다.

James	제임스
Jolly	기쁘고
Adorable	사랑스러운
Magnificent	멋지고
Enthusiastic	힘이 넘치는
So sweet, so silly, so special	너무나 사랑스럽고, 귀엽고, 특별한

삼각형 동시는 첫 행의 단어는 명사이고 둘째 행은 두 개의 형용사로 표현하고 셋째 행의 두 단어는 '진행형(ing)'으로 표현하고 마지막 행은 문장으로 짓는다. 아래에 봄에 대한 삼각형 동시가 제시되어 있다.

Spring	봄
New pretty	새것이고 예쁜
Dancing playing	춤을 추듯이 놀이하듯이
It's so nice to be outdoors	이런 날 바깥놀이는 너무 좋아

오행시는 1, 2, 3, 4, 1의 형식으로 1행은 제목, 2행은 제목을 기술하는 형용사, 3행은 제목으로 할 수 있는 행위, 4행은 감정, 마지막 행인 5행은 제목과 같은 동의어를 쓴다. 엄격한 규칙과 적은 수의 단어로 된 오행시는 유아들이 즐기기에 좋다. 아래에 방학을 제목으로 한 오행시가 제시되어 있다.

Vacation	방학
Fun, relaxing	재미있고, 느긋한
Laughing, playing, talking	웃고, 놀이하고, 떠들고
Great time for all	모든 사람들에게 다 좋은 시간인
Retreat	휴가

디아망테(diamante)는 다이아몬드 모양으로 양 극을 상반되는 것으로 배열한다. 이 동시는 높은 학년에게 적절하며 낮은 학년에게는 교사의 도움이 필요하다. 1행은 제목이고 2행은 제목을 기술하는 형용사, 3행은 현재 진행형으로 제목을 묘사하고 4행은

첫 번째 제목과 상반되는 것을 쓰고 5행은 두 번째 주제에 대한 진행형을 쓰고 6행은 첫
번째 제목과 상반되는 제목을 적는다. 아래에 계절에 대한 디아망테가 제시되어 있다.

Summer	**여름**
Hot, sticky	덥고, 끈적끈적해
Swimming, subathing, skateboarding	수영하고, 햇빛에 몸을 말리고, 스케이트보딩을 타네
Snow, hot chocolate, mittens, hats	눈, 뜨거운 초콜릿 우유, 털장갑, 털모자
Shoveling, bundling, shivering	눈을 치우고, 두껍게 몸을 감싸고 벌벌 떨기도 하지
Winter	겨울

동시를 지으면서 어휘와 문장 구조에 대한 학습도 가능하다. 탐구 주제와 관련한 것
에 대하여 동시를 짓는다. 예를 들어서 비에 대하여 탐구하고 있을 때 이를 주제로 동시
를 지어본다. 유아들과 함께 비에 관련하여 알고 있는 것을 브레인스토밍한다. 예를 들
면 다음과 같다.

Rain 비	*Rain* 비
Heavy, Light (억수같이, 가늘게)	*Heavy rain*　억수같이 내리는 비
Cold, Warm (으슬으슬한, 포근한)	*Light rain*　가늘게 내리는 비
Falling, Blowing (떨어지는, 흩날리는)	*Warm rain*　포근한 비
	Falling rain　떨어지는 비
	Blowing rain　흩날리는 비

위와 같이 유아들이 표현한 비에 대한 것을 큰 소리로 읽으며 동시를 만들 수 있다.

동시 읽기 및 쓰기 활동에서의 유의점

유아에게 친숙한 동시를 읽어준다.

교사가 좋아하는 동시를 고른다.

너무 추상적인 동시는 피한다.

반복되어 예측이 가능한 동시를 선택한다.

운율이 있는 동시, 운율이 없는 동시를 골고루 선택한다.

동시를 읽기 전 새로운 어휘나 주제에 대하여 미리 이야기를 나눈다.

큰 글씨로 적힌 동시를 게시대에 올려놓고 읽어준다.

유아에게 동시를 적은 종이를 나누어준다.

동시를 모아두는 폴더를 준비한다.

동시에 그림도 그린다.

동시는 여러 날에 걸쳐 반복하여 읽어준다.

동시를 읽고 난 후 이야기를 나눈다.

매주 동시 하나를 선택한다.

학급 도서 영역에 동시책도 비치한다.

동시를 적은 책갈피 혹은 카드를 만든다.

동시를 적은 엽서도 보낸다.

동시 디지털 파일도 준비한다.

학급 웹사이트에 동시 게시 메뉴도 준비한다.

오후 간식 시간에 동시를 읽고 청중도 초대한다.

English Language Learners

독립적 글쓰기. 8장에서 독립적인 읽고 쓰기 활동에 대하여 기술하고 있는데, 독립적 읽기와 쓰기는 유아 스스로 주제를 선택하고 개별적으로 혹은 친구들과 함께 할 것인지를 선택하게 한다. 독립적 글쓰기는 쓰기 수준에 따라 하며 글쓰기는 한 번에 다 완성되는 것이 아니므로 그 전에 끝내지 못한 쓰기를 계속할 수 있도록 한다. 독립적 글쓰기에서 읽기와 쓰기가 분명하게 구분되는 것은 아니다. 독립적 활동을 하는 유아를 관찰하면 읽기와 쓰기에 같은 정도로 참여하고 있는 것을 보게 되는데 이는 흥미로운 현상이다. 스스로 읽기 혹은 쓰기를 하려고 선택하지만 두 활동은 상호적으로 이루어지게 된다. 독립적 글쓰기는 아래와 같은 활동 중 하나를 선택하게 된다.

책, 잡지, 신문을 혼자 혹은 친구와 함께 읽는다.

듣기 영역의 녹음기로 이야기를 듣는다.

융판 동화를 이용해 글을 읽거나 구연한다.

인형을 이용해 읽거나 구연한다.

책을 읽는 것을 녹음한다.

혼자 혹은 친구와 함께 이야기를 적는다.

이야기를 짓고 적어서 융판 동화를 한다.

이야기를 짓고 적어서 인형극을 한다.

자신이 짓거나 혹은 읽은 이야기를 토대로 동극을 한다.

지은 이야기를 책으로 묶어 도서 영역에 비치하고 다른 친구들이 읽어보게 한다.

과학 혹은 사회탐구 영역에 비치된 읽기 활동이나 쓰기 활동을 한다.

아래는 2학년 교실의 독립적 읽기와 쓰기 시간에 내가 관찰한 것이다. 이를 보면 읽기와 쓰기가 서로 연결되어 있음이 드러난다. 아동들이 쓰고자 선택하는 것의 대부분은 스스로 읽은 것이나 선생님이 읽어준 것의 영향을 받은 것이다. 글을 쓰게 되면 아동들은 정보를 얻기 위하여 여러 자료를 읽게 된다.

선생님이 「세상에서 가장 이상한 고양이(My Cat, the Silliest Cat in the World)」

(Bachelet, 2006)를 읽어주자, 스테파니, 제이슨, 케빈, 닉키는 이 책을 광고하는 포스터를 만들기로 하였다. 이들은 설득하는 글쓰기를 배웠으므로 이에 기초하여 포스터를 만들기로 하였다. 이들은 먼저 역할을 나눈 후 포스터의 제목을 '세상에서 가장 이상한 고양이에 나오는 장면' 이라고 정하였다. 이야기에 나오는 몇 개의 에피소드를 고르고 이에 어울리는 자막을 정하였다. 포스터를 완성하는 데 며칠이 걸렸다. (독립적 읽기와 쓰기 활동의 특징 중 하나가 오랜 시간에 걸쳐 진행된다는 것이다.) 포스터가 완성된 후 친구들에게 소개하였다. 스테파니와 제이슨이 포스터를 들고, 케빈과 닉키가 이를 설명하였다. 케빈은 먼저 독특한 방식으로 이야기를 짓고자 하여 포스터 형식을 선택하였다고 설명하였다. 케빈과 닉키는 번갈아가며 자신들이 그린 그림을 가리키며 이에 해당하는 자막을 읽어주었다.

마술에 대한 책을 읽고 자라와 샤키에라는 알렉산더라고 하는 신기한 물고기에 대하여 쓰기로 하였다. 샤키에라는 자라가 이야기를 적고 자신이 그림을 그리는 것이 어떻겠냐고 제안하였다. 샤키에라는 자라가 글을 적을 때 필요한 단어에 도움을 주겠다고 말하였다. 자라는 첫 행을 "알렉산더라고 하는 물고기는 말하는 물고기입니다." 라고 적었다. 샤키에라는 이 문장에 "그리고 그는 마술을 할 수 있어요." 를 더 적자고 제안하였다.

자라는 "마술, 나는 이 단어가 맞는 것 같지 않아. 이것보다는 힘이 나을 것 같은데." 라고 하였다. 샤키에라가 "마술과 힘은 같은 말인 것 같은데." 라고 하자 자라가 이를 받아들이고 이야기를 계속 적어갔다. 이 소녀들은 이야기를 지으면서 계속 적절한 어휘 선택에 관하여 의논하였다.

TV 프로그램, 대중 스타, 특별한 사건이 글쓰기에 영향을 준다. 소녀 세 명은 그들이 좋아하는 가수 그룹 멤버에 대한 이야기를 적었다. 이들은 전기에 대하여 배운 지식을 활용하여 사실을 묘사하는 표현을 많이 적었다.

특별한 사건에 대한 책을 읽고 나면 글쓰기에 영향을 받는다. 조이는 독립 전쟁을 읽고 글을 쓰려고 하였는데 크리스토퍼가 함께 하자고 하였다. 크리스토퍼는 쓸 책에 '미국의 사라토가' [2]라는 제목을 붙였다. 그들은 그림을 그리면서 폭탄이 폭발하는 소리를 내었다. 갑자기 조이가 "잠깐만 기다려. 이것 이상한데. 독립전쟁에서 비행기용 캐리어를 그리고 있어." 라고 말하였다. 그리고 두 소년은 지금 일어나고 있는 전쟁에 대한 책을 만들자고 마음을 바꾸었다. 그들은 정보를 전달하는 글에 대하여 배운 지식과 기술을 활용하여 아이디어를 수집하고, 분류하고 조직하였다.

줄리아와 케이티는 동극을 하기 위하여 대본을 적고 있었다. 이들이 적고 있는 대본은 결혼식에 관한 것으로 그림 7.18에 제시되어 있다. 이들은 일기와 이야기 쓰기에서 배운 지식과 기술을 활용하여 대본을 적었는데, 이에는 대화 기술도 활용되었다.

---

2) 역주: 미국 뉴욕 주 동부 슈빌레의 옛 이름으로 독립 전쟁의 격전지였음.

그림 7.18

줄리아와 케이티가
독립적 글쓰기에서 적은
극놀이 대본

오늘 우리는 아름답고 훌륭한 두 사람의 연합을 위하여 이곳 성스러운 곳에
모였습니다. 실비아 당신은 진을 평생의 남편으로 삼겠습니까. 네 그러겠습니
다. 진 당신은 실비아를 평생의 아내로 삼겠습니까. 네 그러겠습니다. 자 여기
에 반지가 있습니다. 실비아가 진의 손가락에 반지를 낍니다. 진이 이 반지를
실비아 손에 낍니다. 자 이제 그대들은 남편과 아내임을 선언합니다. 남편은
아내에게 입맞춤을 하십시오.

We are gathd her today to jon thes two wondrfal pepel in holey
matramony. Silvea Do you tak Gim to be yor offl weded hasbind, I do.
Gim do you tak Silvea to be yr offel weded wife. I do. Ma we have the
rins. Silvea pot this ring on Gims Finger. Gim pot this ring on Silveas
finger. I now prnawns you man and wife. Yo may now kis the brid

위의 독립적 글쓰기에 대한 관찰 기록에 의하면 글쓰기에는 다양한 주제와 활동이
관여된다. 따라서 우리는 특정한 것을 선택하여 그 주제로 글을 쓰라고 해서는 안 된다.
만약 그렇다면, 유아는 그들의 선택권이 존중되지 않으므로 글을 쓰고자 하는 열정과
동기가 줄어들 것이다. 성인은 유아 각자의 흥미와 관심을 모른다. 이들이 쓰고자 선택
한 것은 매우 미묘한 것일 수도 있다. 이들은 자신들의 개별적이고 풍부한 경험에 근거
하여 독특한 아이디어를 갖고 있다. 이들이 선택한 주제는 그들에게 의미가 있고 그들
의 목적에 부합하므로 쓰고자 하는 열정과 동기를 보일 것이다.

독립적 글쓰기는 특별한 요구가 있는 유아를 위하여 활용될 수 있다. 예를 들어서 특
별한 문제가 있는 유아는 비슷한 문제를 갖고 있는 또래를 염두에 두고 글을 쓸 수도 있
다. 교사들은 "독립적 글쓰기는 영재, 글쓰기의 기초를 배우고 있는 아이나 혹은 영어
를 이제 배우기 시작한 아이 모두 각자의 특징과 처지에 맞게 자발적으로 참여할 수 있
다."라고 말한다.

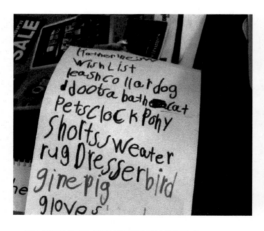

▲ 제니퍼가 휴가 희망 목록을 작성하였다.

▲ 스테파니가 만든 책에 마지막 장식을 하고 있다.

유아는 여러 종류의 글쓰기 경험이 필요하다. 독립적으로 글쓰기는 배운 지식과 기술을 스스로 연습해볼 수 있는 기회를 제공한다. 기능적 글쓰기, 일기 쓰기, 이야기 혹은 설명적 글쓰기와 과정적 글쓰기 등을 독립적 글쓰기로 연습해볼 수 있다. 유아는 여러 종류의 글쓰기 활동에 자발적으로 참여할 기회를 누려야 하며 교사는 강요하지 않아야 한다.

책으로 제본하기

유아의 글은 책으로 제본하여 출판되어야 한다. "왜 출판해야 하는가?"라는 질문은 "왜 쓰는가?"라는 질문과 같다. "글쓰기란 분명 청중 혹은 독자에게 자신의 것을 알리는 과정이다"(Grave, 1983, p. 54). 자신의 글이 제본되어 출판된다는 것을 알고 글을 쓰면 목표가 더욱 분명해진다. 글을 출판하게 되면 글쓰기 작업은 특별해지고 주의를 기울이게 된다. 글은 다양한 방법으로 출판될 수 있는데 책으로 묶는 것이 가장 일반적이고 책으로 묶은 글은 도서 영역에 비치되어 다른 친구들이 읽을 수 있다.

책으로 묶는 방법 이외에 유아가 지은 글을 공개하는 방법에는 TV 극, 융판 동화, 이야기 발표, 동극, 인형극이 있다. 글을 쓸 때 컴퓨터의 워드프로세서를 사용하여 출력하는 방법도 있다.

쓰기의 기계적 기술: 맞춤법과 구두점

지금까지는 글쓰기에 대한 관심을 자극하고 유아가 즐거운 마음으로 글을 쓰도록 하는 것의 중요성에 대하여 기술하였다. 지금부터는 글을 쓰는 데 필요한 맞춤법과 구두점 같은 기술에 대하여 이야기하고자 한다.

서체. 글쓰기는 정교한 손동작을 필요로 한다. 어린 유아나 유치원생에게 낱자의 정확한 조성에 대하여 가르치는 것은 필요하지 않으나 이들의 소근육 조절력을 향상시킬 수 있는 퍼즐이나 굵은 바느질 같은 것은 필요하다. 문해 영역에는 자석 글자, 글자 모양을 촉각으로 느끼거나 따라 그릴 수 있는 교구와 글자, 단어와 문장을 썼다가 지우는 화이트보드 등이 구비되면 좋다. 알파벳 글자는 유아의 눈높이로 게시되어야 하며 교사는 글자를 쓸 때 정확한 획순을 시범 보여야 한다(그림 7.19). 서체의 핵심은 알아보게 쓰는 것이다. 글자 간의 공간을 띄우는 것을 배우는 것도 중요하다. 글자는 수직선, 수평선, 대각선 그리고 원, 왼쪽, 오른쪽, 위, 아래가 열린 반원 형태의 모양으로 되어 있다(그림 7.20). 모든 선은 위에서 아래로 그으며, 원과 반원도 위에서 아래로 그린다. h, m, n, r과 u는 기준선에서 시작하여 중간에 끊김 없이 선을 긋는다. b, d, g, p와 q는 먼저 동그라미를 그리고 선을 긋는다.

단어와 단어 사이에는 공간을 둠을 반드시 가르쳐야 하는데 이 공간의 크기는 손가락 하나 정도라고 알려준다. 유아마다 자신의 독특한 서체를 발달시키되 남들이 읽을

그림 7.19

알파벳 글자 쓰기 순서

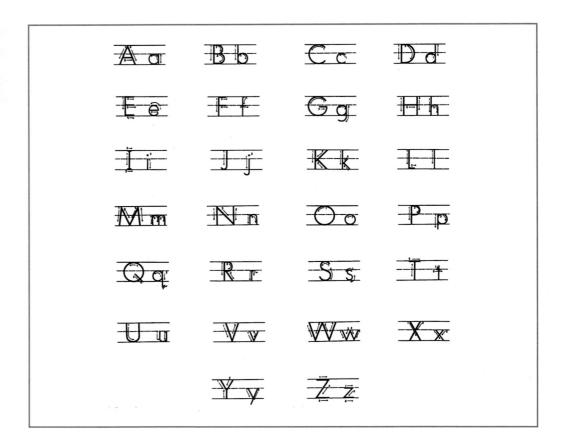

수 있도록 써야 함을 배워야 한다. 처음에는 줄이 없는 공책에 연습하다가 손가락 동작이 정교해지면 줄이 있는 공책을 사용한다. 이 정도의 정교성은 유치원이 끝날 무렵과 초등학교 입학할 즈음 나타난다.

맞춤법과 구두점. 맞춤법과 구두점은 이에 대한 필요성이 부각되었을 때 시작하는데 미니 레슨의 형식으로 체계적으로 가르쳐야 한다. 쉼표, 물음표, 마침표, 대문자 등은 모닝 메시지를 읽으면서 가르치고 다른 것들은 자연스러운 맥락에서 토의한다. 초기 글쓰기 발달에서 나타나는 창안적 맞춤법을 수용하는 분위기로 인해 많은 교사들이 언제 맞춤법과 구두점을 가르쳐야 하는지에 대하여 갈등한다. 유아들은 우선 자신이 표현하려고 한 형태를 존중받아야 한다. 그러나 '이는 어린이식 글쓰기이고 어른이 쓰는 글쓰기는 아니다' 라는 것을 알아야 한다. 유아가 글자로 표현하는 것이 익숙해지고 자신의 스타일을 자유자재로 표현하게 되면, 교사는 맞춤법과 구두점에 주목시켜야 글쓰기가 창안적 글쓰기에서 관례적 글쓰기 단계로 발달할 수 있다. 그림 7.21에 맞춤법 발달 단계를 제시하였다.

그림 7.20

필사 순서

그림 7.21

맞춤법 발달 단계

맞춤법 전 단계

- 긁적인다.
- 긁적이지만 방향성이 있다.
- 몇 개의 글자가 보인다.
- 낱자나 숫자 비슷한 형태를 무작위로 연결하여 적는다.

반음성적 맞춤법 단계

- 단어의 첫소리인 자음과 비슷하게 쓴다. 예, TIMGTAK - Today I am going to the park.
- 단어의 첫소리, 끝소리 자음이 포함된다. 예, bg - bug; bd - bed.
- 한 단어에 1 ~ 2개 소리에 맞는 낱자가 표현된다.

음성적 맞춤법 단계

- 소리 나는 대로 글자를 쓴다. 예, sokar - soccer.

맞춤법 전이 단계

- 대부분 정확하게 철자를 맞추어 쓰나 맞춤법이 틀린 글자는 일정한 규칙을 보인다.
  예, afternewn - afternoon

관례적 맞춤법 단계

- 맞춤법 규칙에 따라 쓰며 90%가 정확하다.

출처: Adapted from J. Johns, S. D. Lenski, and L. Elish-Piper, *Early Literacy Assessments and Teaching Strategies,*
pp. 139-140. Copyright ⓒ 1990, Kendall/Hunt.

소리와 글자의 관계에 대하여 가르치면 맞춤법을 쉽게 배울 수 있다. 먼저 아이들이 알고 있는 소리와 글자의 관계에 대한 지식을 활용하여 단어를 쓰도록 격려한다. 또한 ch, sh 같은 글자 덩어리가 내는 소리를 알 수 있도록 돕는다. 아래에는 관례적 맞춤법과 구두점에 유아들이 관심을 갖게 하는 몇 가지 전략을 제시하였다.

- 아이가 불러주는 말을 받아 적을 때, 잘 안 쓰는 단어의 철자는 암송하고 구두점을 표시한다.
- 특정한 단어에 대하여 일관되게 창안적 철자를 쓰거나 구두점을 표시하는 아이에게 3×5 단어 카드에 관례적 철자와 구두점을 표시하여 이를 보고 베끼도록 지도한다. 또한 글을 쓸 때 맞춤법을 잘 모르면 단어를 적은 색인카드를 찾아보고 쓰게 하는 습관을 들이고 카드로 수집하게 한다.
- 빅북을 읽을 때 글자를 손가락을 가리키며 읽어주고 철자와 구두점에 주목할 기회를 준다.
- 철자와 구두점은 모닝 메시지 시간에 가르친다. 모닝 메시지에 아이들이 따라 쓸 새로운 단어를 적고 새로운 단어에는 공란을 두어 아이들이 써보도록 한다. 또한 교사가 맞춤법과 구두점을 일부러 틀리게 적어 아이들이 이를 발견하는 게임을 할 수 있다. 또한 대문자를 써야 하는 곳에 소문자를 적어 아이들이 고치게 한다. 이 과정에서 글자를 겹쳐 쓰지 않도록 손가락을 대면서 떼어 쓰도록 지도한다. 또한 문장 사이에는 손가락 두 개 정도의 공간을 남기도록 지도한다.

- 자유로운 글쓰기는 철자와 구두점에 대한 의식을 높이는 데 좋은 활동이다.
- 유아와 함께 하는 글쓰기 워크숍 혹은 회의 같은 활동을 이용해서 철자와 구두점에 주목하도록 한다.
- 철자를 모를 때에는 사전을 활용할 수 있음을 가르친다.
- 컴퓨터로 글을 쓸 때에는 맞춤법 검사 기능을 활용하도록 가르친다.
- the, this, but처럼 자주 사용하는 단어지만 맞춤법이 어려운 글자의 목록을 만들고 외어야 할 단어 목록을 정규적으로 준비한다. 학년이 높을수록 외어야 할 단어 목록은 길어진다. 그림 5.2에 자주 사용되는 단어 목록이 제시되어 있다.
- 탐구하고 있는 주제 단원에 맞는 단어 목록도 준비한다.
- 또래 간에 단어 맞춤법과 구두점을 서로 가르치도록 지도한다.

글을 쓸 때에는 맞춤법 같은 글쓰기 기술에 너무 신경 쓰지 않는 것이 중요하다. 준비되었을 때에 맞춤법에 주목하게 한다. 자유롭게 쓰는 단계와 형식에 맞게 편집하는 단계를 글쓰기 과정에 포함시킨다. 각 과정은 다 중요하고 신경을 써야 하는 내용이 다름을 인식하도록 돕는다. 5장에 맞춤법을 익히게 하는 활동이 제시되어 있다. 아래에는 이런 활동을 게임으로 할 수 있는 예를 제시하였다(Rosencrans, 1998).

- 낱자 상자: 금주의 단어를 구성하는 5, 6개의 낱자를 상자에 넣어놓고 이를 배열하여 단어를 만드는 활동을 한다.
- 맞춤법 놀이: 섞여 있는 낱자를 가지고 맞춤법에 맞게 단어를 만들도록 한다.
- 맞춤법 콜라주: 전지에 각자의 단어를 무작위로 섞어 적는다. 마커나 크레용을 사용해 단어마다 다른 색으로 칠하게 한다. 게시판에 이것을 게시한다.
- 맞춤법 탐정가: 교사가 단어 벽, 모닝 메시지, 영역 선택 활동 지시 내용을 적을 때 맞춤법에 틀리게 적는다. 반 아이들이 틀리게 적힌 글자를 찾아보도록 한다.
- 단어 사냥: 맞춤법을 배우고 있는 단어를 수학, 과학 교과서 혹은 가정에서 읽는 신문, 음식 구매 목록 등에서 매일 찾도록 한다.
- 단어 윤곽 더듬기: 맞춤법을 배우고 있는 단어를 짝의 등에 손가락으로 적게 하면, 짝이 해당하는 단어를 맞추는 게임이다.
- 숨은 글자: 맞춤법을 배우고 있는 단어를 의미가 없는 철자 속에 숨겨 놓으면 찾아서 색칠하는 게임이다.

쓰기 발달에 대한 평가 및 쓰기 환경

다른 문해 능력과 마찬가지로 쓰기에 대한 평가는 연중 내내 실시한다. 유아의 쓰기 발달 수준과 과정을 체크하기 위해서 평가는 계획적으로 하는 것이 좋다. 아래 제시된 체크리스트는 쓰기 발달을 평가하고 교실 쓰기 환경을 평가하는 데 사용할 수 있다.

평가 체크리스트는 글 샘플에 나타난 특정한 기술과 능력을 평가하는 데 사용할 수 있다. 그림 7.22는 지은 이야기의 구조, 해석적, 비평적 사고를 평가하는 데 사용할 수 있다. 이야기를 읽은 후 혹은 선생님이 읽어준 이야기를 듣고 재화한 것의 질적 혹은 양적 수준에 대한 평가는 그림 6.13과 6.14를 활용하면 된다. 또한 설명적 텍스트 글쓰기에 대한 평가는 그림 7.23을 활용한다.

그림 7.22

창작한 이야기를 말로 하거나 글로 쓴 것을 평가하기

유아의 이름 _____ 날짜 _____		
이야기의 제목 _____		
배경	**예**	**아니오**
a. 이야기에 도입이 있다.	□	□
b. 하나나 둘 이상의 주인공이 있다.	□	□
c. 다른 인물도 있다.	□	□
d. 시간 배경에 대한 언급이 있다.	□	□
e. 장소 배경에 대한 언급이 있다.	□	□
주제		
a. 주인공이 해결해야 할 문제를 유발하는 사건이 있다.	□	□
b. 주인공이 해결해야 할 문제에 반응한다.	□	□
플롯 에피소드		
주인공이 문제를 해결하거나 목표를 달성하기 위한 사건이나 연속된 사건이 있다.	□	□
결말		
a. 주인공이 문제를 해결하거나 목표를 달성한다.	□	□
b. 이야기를 끝맺는 말이 있다.	□	□
순서		
위에 기술한 네 개의 이야기 구성 요소가 순서대로 배열되어 있다(배경, 주제, 플롯 에피소드, 결말).	□	□
해석과 비평적 코멘트		
유아가 창작한 이야기나 글에 해석적이고 비평적 요소가 있다.	□	□

그림 7.23

설명적 글쓰기 평가

설명적 글에는 다음과 같은 것이 포함되어 있다:	**예**	**아니오**
1. 비교와 대조 비슷한 점과 다른 점을 언급한다.	□	□
2. 순서 사실적 정보를 적절한 순서로 나열한다.	□	□
3. 원인과 결과 사건이 일어난 이유를 기술한다.	□	□
4. 예시 이유와 관계된 근거나 예를 제시한다.	□	□
5. 묘사 그림을 그린 듯이 특정 정보를 구체적으로 묘사한다.	□	□

이 장에 소개된 쓰기 능력에 대한 평가지나 체크리스트는 유아가 사용하는 언어, 개념, 글쓰기의 목적과 기술에 대한 지식을 파악할 수 있도록 도와준다. 또한 쓰기 관례에 대한 지식과 대문자나 구두점, 맞춤법 수준도 파악하게 한다. 이야기 다시 쓰기 혹은 창작한 이야기를 평가하는 기록지는 유아가 사용하는 의미와 구조도 알게 해준다. 다양한 평가 도구를 사용하면 쓰기 발달을 향상시킬 수 있는 교수 방향과 기술을 계획할 수 있다.

교사는 관찰 기록, 일정 기간 동안 유아가 쓴 쓰기물, 유아와 일대일 상호작용을 통해 얻은 메모, 유아 부모와의 상담을 통해 얻은 정보, 체크리스트 등을 모아 포트폴리오를 준비한다. 포트폴리오에는 가장 잘 적은 작품뿐만 아니라 개선이 필요한 글쓰기 샘플도 수집한다. 또한 각 유아는 일 년 내내 자신만의 쓰기 샘플을 수집하여 두는 폴더를 가지고 있다. 유아는 교사와 일대일 면접이나 부모-교사 상담에 함께 참여하여 자신의 글쓰기 평가에도 참여해야 한다. 그림 7.24에는 글쓰기에 대한 흥미와 능력을 평가할 수 있는 내용이 제시되어 있다. 유치부나 그보다 더 어린 유아에게는 이것보다 더 간단한 형식으로 자기 평가를 하도록 한다. 교사나 친구들과 함께 자신의 쓰기물에 대하여 '매우 잘함, 잘함, 보통'의 세 수준에서 평가하도록 한다. 교사는 '매우 잘함'에서는 아주 열정적이고 과장된 목소리로 이야기하고, '잘함'은 이보다는 덜 과장된 목소리로 하며 '보통'에서는 평상시 말투로 한다. 평가를 진행할 때, 해당되는 수준으로 왜 평가되었는지를 토의한다. 또한 평가하는 쓰기물이 유아가 보여줄 수 있는 최선의 것이었는지를 유념한다. 평가는 (1) 유아의 쓰기 능력에 대한 교사의 이해를 향상시키며, (2) 교수-학습을 계획하는 데 도움이 되며 (3) 쓰기 능력이 변화되는 과정을 부모와 유아가 이해하도록 한다.

쓰기 평가는 미국의 각 주에서 제시하고 있는 글쓰기 능력 기준에 따라 정규적으로 한다. 각 주는 평가 지표에 해당하는 점수 체계를 가지고 있으므로 교사는 학생들의 쓰기 수준을 객관적으로 평가하는 데 활용할 수 있다. 유치부 이전부터 요구되는 글쓰기 기준으로 준비시켜야 한다. 전형적인 표준화 검사는 그림을 유아에게 제시하고 30분 안에 "그림에서 일어나고 있는 것에 대한 이야기를 쓰시오. 또한 자신의 관점으로 독자를 설득하시오." 같은 지시문을 준다. 그림 7.25에 제시된 기준으로 쓰기물을 평가한다.

뉴저지 주 쓰기 평가 루브릭에는 각 문항에 대해 1점에서 6점을 매기도록 되어 있다. 1점은 아주 못함, 2점은 못함, 3점은 부분적으로 못함, 4점은 보통, 5점은 잘함이며 마지막으로 6점은 아주 잘함을 나타낸다. 다음 체크리스트는 뉴저지 주 교육부(1998)가 글을 평가할 때 사용하는 체크리스트이다.

그림 7.24

글쓴이의 자기 평가지

이름 _____

이 글 중 마음에 드는 부분은:

이 글 중 마음에 들지 않는 부분은:

이 글을 더 좋게 만들려면:

이 글은 맞춤법이 맞다:

나는 최선을 다하여 글을 썼다:

글쓰기가 어려웠다 아니면 쉬웠다:

글쓰기가 재미있다 아니면 지루하다:

나의 글쓰기가 더 나아지려면:

다음에 쓰는 글을 더 좋게 하기 위하여 하고 싶은 것은:

그림 7.25

글쓰기 평가 지표

	아주 못함 1	못함 2	부분적으로 못함 3	보통 4	잘함 5	아주 잘함 6	점수
얼마나 분명하고 적절하게 지시문에 응하였는가?							
자신의 관점을 지지할 수 있도록 충분하게 자세한가?							
글에는 도입이 있는가?							
적당한 연결이 있는가?							
결말이 있는가?							
다양한 문장 표현이 있는가?							
다양한 어휘를 사용하였는가?							
글쓰기 관례(맞춤법, 구두점, 대문자)가 잘 지켜지고 있는가?							

그림 7.26

또래 평가

저자 이름: _____ 날짜 _____

평가자 이름: _____ 날짜 _____

글짓기 한 것을 짝과 교환한다. 짝의 글을 읽으면서 좋은 점, 고칠 부분이나 질문을 생각한다. 이곳에 좋은 점, 고칠 부분,

질문을 적는다.

좋은 점

이런 부분이 좋아. _____

_____

_____

_____

_____

고칠 점

이런 부분은 고쳤으면 좋겠어. _____

_____

_____

_____

_____

질문

이 부분이 잘 이해되지 않아. _____

_____

_____

_____

_____

체크리스트 | 쓰기 발달 평가

유아의 이름 : _____ 날짜: _____

유아의 행동을 가장 잘 묘사하고 있는 것에 교사가 체크한다.	항상 그렇다	가끔 그렇다	전혀 그렇지 않다	비고
쓰기 자료를 탐색한다.				
문장, 이야기나 쓰고 싶은 말을 구술한다.				
낱자와 단어를 따라 베껴 쓴다.				
관례적으로 쓰지 못하더라도 의미가 담긴 글을 쓰고자 시도한다.				
자신의 이름을 쓸 수 있다.				

유아의 쓰기 수준에 해당하는 것에 ✓ 표시하기

_____ 그림으로 마치 글을 쓰는 것처럼 한다.				
_____ 글과 그림이 다르다는 것을 안다.				
_____ 글을 쓰기 위해 긁적거린다.				
_____ 글자 모양처럼 그린다.				
_____ 아는 글자를 무작위로 쓴다.				
_____ 창안적 표기로 글을 쓴다.				
_____ 관례적 맞춤법으로 쓴다.				
글을 쓰기 위하여 다른 사람과 협력한다.				
다양한 장르의 글을 쓴다:				
이야기 글				
설명적 글				
기능적 목적을 위하여 글을 쓴다.				
주제에서 벗어나지 않는다.				
청중이나 독자를 고려한다.				
자신의 견해를 분명하게 한다.				
글에 예시 등이 자세하게 있다.				
이야기가 순서적으로 제시되어 있다.				
글에 시작, 중간, 끝이 있다.				
다양한 어휘와 문장을 사용한다.				

체크리스트 | 쓰기 발달 평가 (계속)

유아의 이름 : _____ 날짜: _____

유아의 행동을 가장 잘 묘사하고 있는 것에 교사가 체크한다.

글쓰기 기술

	항상 그렇다	가끔 그렇다	전혀 그렇지 않다	비고
대문자를 알아보게 쓴다.				
소문자를 알아보게 쓴다.				
왼쪽에서 오른쪽 방향으로 쓴다.				
단어와 단어 사이는 띄어 쓴다.				
대문자로 써야 하는 부분을 안다.				
구두점을 바르게 사용한다.				

맞춤법

해당하는 수준에 ✔ 표시하기

____ 의사소통 전 단계의 맞춤법				
____ 반음성적 맞춤법				
____ 음성적 맞춤법				
____ 전이적 맞춤법				
____ 관례적 맞춤법				

교사의 코멘트:

체크리스트 | 글쓰기에 대한 자기 평가지

글을 쓰면서 다음과 같은 것을 하였나요?

_____ 주제와 일관되게 내용이 전개되었나요?

_____ 독자를 고려하였나요?

_____ 자세한 예시를 주었나요?

_____ 순서에 맞게 제시하였나요?

_____ 도입부와 결말이 있나요?

_____ 다양한 어휘와 문장을 사용하였나요?

_____ 의견이나 관점을 명확하게 제시하였나요?

_____ 대문자와 구두점을 바르게 사용하였나요?

_____ 깨끗하게 적었나요?

체크리스트 | 교실의 쓰기 환경 평가

	예	아니오
쓰기 영역이 있다.		
쓰기 영역에 책상과 의자가 있다.		
유아가 쓴 글을 게시할 판과 게시대가 있다.		
연필, 펜, 크레용, 사인펜, 색연필 등 쓰기 도구가 있다.		
타자기나 컴퓨터가 있다.		
다양한 크기의 종이, 작은 공책이 있다.		
학급 교사나 친구들과 편지를 주고받을 공간이 있다.		
나만의 단어를 모아두는 곳이 있다.		
쓴 글을 모아두는 폴더가 있다.		
책 만들기 재료가 있다.		

활동과 질문

1. 이 장의 맨 앞에 있는 핵심 질문에 답하라.

2. 3세, 5세, 7세 유아에게 자신이 좋아하는 음식, TV 프로그램, 그림책이나 게임에 대하여 써보게 하라. 쓰기 활동 중 그들이 보여주는 행동을 관찰하고 글을 분석하여 연령별 발달 수준을 평가 하라.

3. 이 장에 여러 가지 기능적이고 의미 있는 쓰기 경험이 제시되어 있다. 이 장에서 제시되지 않은 쓰기 활동을 제안하라.

4. 유아교실에서 가능한 역할 놀이 주제를 생각해보라. 각 주제에 따라 놀이를 하는 유아들에게 제 공할 수 있는 쓰기 자료를 생각해보라.

5. 4장에서 제시된 포트폴리오 평가를 계속하라. 이 장에서 제시하고 있는 쓰기 발달 체크리스트 를 사용하여 평가하고 일정기간 동안의 쓰기물을 수집하라. 이를 근거로 유아의 쓰기 발달을 평 가하라.

6. 4장에서 시작한 주제 단원을 계속하라. 주제에 따른 목표와 이 목표를 성취할 수 있는 활동을 제 시하라. 활동은 기능적이고 의미적인 것이 되도록 주의하라.

7. 어린 유아의 맞춤법과 구두점을 향상시킬 수 있는 활동을 고안하라.

8. 쓰기 활동 전 할 수 있는 브레인스토밍과 같은 웹 활동을 해보라. 또한 KWL(What I Know, What I Want to Know, What I Have Learned), 벤 다이어그램, 설명적 글 등을 시도해보라.

9. 유아교실에서 컴퓨터를 이용한 문해 활동을 생각해보라.

핵심 질문

● 긍정적 태도로 읽기와 쓰기에 대한 동기를 활성화시키는 문해 교육의 목표와 기준은 무엇인가?

● 유아가 문해 활동을 활발하게 하도록 하는 문해 영역의 환경적 특징은 무엇인가?

● 아동 문학의 다양한 장르와 이의 정의를 말하라.

● 문해 영역에서 이루어지는 활동을 기술하고 독립적 읽기와 쓰기를 향상시키는 활동은 어떻게 조직되어야 하는지 기술하라.

● 공학기술의 향상은 문해에 대한 동기에 어떤 영향을 주는가?

● 주제중심 접근법은 내용교과에서의 읽기와 쓰기를 어떻게 동기화하는가?

● 놀이는 문해 발달을 어떻게 촉진하는가?

핵심 용어

개념책	글 없는 그림책	내적 동기
동기	동시	디지털 텍스트
문해 영역	빅북	새로운 문해
소설	스캐폴딩	우화와 옛이야기
외적 동기	이야기 그림책	읽기 쉬운 책
전기	정보책	전통 문학

8

읽기와 쓰기에 대한 동기: 일반적 문해와 새로운 문해

읽고 쓰는 것을 좋아하는 것은 배우는 것이 아니라 창조되는 것이다.
읽고 쓰는 것을 좋아하는 것은 의무로 되는 것이 아니라 영감으로 격려되는 것이다.
읽고 쓰는 것을 좋아하는 것은 지시로 되는 것이 아니라 예증되는 것이다.
읽고 쓰는 것을 좋아하는 것은 억지로 되는 것이 아니라 자극되는 것이다.
읽고 쓰는 것을 좋아하는 것은 구걸해서 되는 것이 아니라 작동시키는 것이다.
－러셀 스토퍼
(윌슨 도서관 블루틴에서 발췌, 1980)

개별적으로 읽기와 쓰기를 하는 시간에 2학년인 트리샤와 제시카는 「아줌마가 내 엄마인가요?(Are you my mother?)」(Eastman, 1960)의 융판 동화를 읽었다. 아래는 이들이 책을 읽고 인형을 조작하면서 한 이야기를 전사한 것이다.

> **제시카:** 내가 읽을까?
>
> **트리샤:** 그래.
>
> **제시카:** (트리샤가 부직포 인형을 판에 붙이기 시작하자 제시카는 신나서 책을 읽기 시작한다.) 아기 새가 소에게 물었습니다. "아줌마가 내 엄마인가요?"
>
> **트리샤:** (소 부직포를 융판에 붙인다.) 음매애애.
>
> **제시카:** 음매애애. (책을 계속 읽는다.)
>
> **트리샤:** 이 그림을 봐. (아기 새를 가리킨다. 함께 웃기 시작한다.)
>
> **제시카:** 엄마 나 여기 있어요! (높은 목소리로 읽는다.) 엄마, 엄마, 나 여기 있어요!
>
> **트리샤:** 나는 아기 새가 트랙터에게 "아줌마가 내 엄마에요, 부릉 부릉" 하고 말할 때가 재미있어.
>
> **제시카:** 부릉 부릉! 아 내 엄마는 어디 있을까? (손을 머리에 얹고 아기 새 목소리로 말한다. 그리고 마치 우는 것처럼 몸을 앞뒤로 흔든다.)
>
> **트리샤:** (손을 머리에 얹는 제시카의 행동을 그대로 따라 한다.) 내 엄마는 어디 있을까!
>
> **제시카:** (융판을 가리킨다.) 내가 인형을 만지고 네가 읽을래? (역할을 바꾸어서 트리샤가 읽기 시작한다. 트리샤는 아기 새와 엄마 새 목소리를 내며 만남의 순간에는 흥분된 상황을 표현한다. 트리샤가 너무 빨리 읽어서 제시카가 미처 속도에 맞추어 인형을 조작하지 못한다.)
>
> **제시카:** 기다려, 기다려, 트리샤, 잠깐 기다려 줄래. (강아지 인형을 융판에 붙이자, 트리샤가 계속 읽는다.) 기다려, 기다려, 기다려! (아기 새 인형을 융판에 붙인다.)

위의 대화는 2학년 두 여자아이가 문해 영역에서 보여준 대화이다. 이들은 읽기와 쓰기에 열중하게 하는 교실에서 문해와 관련된 기술을 연습하고 드러내고 있다.

읽기와 쓰기 동기를 발달시키는 전략

언어관련 설문조사에서 교사들은 최우선순위로 연구되어야 할 영역으로 읽기와 쓰기에 대한 동기를 꼽았다(O' Flahavan, Gambrell, Guthrie, Stahl, & Alberman, 1992). 교사들은 문해 발달에서 동기의 중요성을 인식하고 있는 것이다. 교사들은 유아의 읽기와 쓰기에 대한 동기를 향상시키는 교수-학습 전략에 관심이 많았다. 따라서 이 책은 동기에 대해 별도로 한 장에서 다루고 있는데, 그 이유는 읽고 쓰도록 가르치는 궁극적인 목

▲ 2학년 아동이 책을 읽으며 융판 동화를 함께 하고 있다.

적이 바로 동기에 있기 때문이다. 동기이론을 먼저 탐색하고 동기이론에 근거하여 유아가 문해에 동기화되는 것과 관련된 여러 주제를 다룰 것이다(Abuhanmdeh & Csikszentmihalyi, 2009). 이장에서 논의되는 것은 (1) 아동 문학을 활용하여 문해 영역을 구성하고 운영하는 것, (2) 내용교과를 통합하는 주제 접근법 (3) 공학 기술을 활용한 새로운 문해 (4) 놀이와 문해 발달과의 관계이다.

동기란 특정한 행동을 시작하고 유지하는 것이다. 이는 일정 시간 특정 과제를 계속하려는 의지와 관계 있다(Brophy, 2008; Gambrell, Palmer, Colding, & Mazzoni, 1996; Guthrie, 2004; Wentzel, 2009). 동기는 외적 동기와 내적 동기로 나눈다. **외적 동기**는 목적을 이루기 위하여 선택하는 것으로 칭찬, 특혜 혹은 좋은 성적을 얻고자 하는 외부의 보상에 초점을 맞추는 것이다. 반면 즐거움, 도전, 재미, 흥미처럼 행동 그 자체에 몰입하는 **내적 동기**가 있다. 문해에 대한 동기 수준은 학업 성취와 관계있다(Lepper, Corpus, & Iyengar, 2005). 읽는 것에 동기화된 독자는 정기적으로 읽고 다양한 이유로 읽는다. 연구자들은 학생들에게 (1) 선택, (2) 도전, (3) 유관성, (4) 진실성, (5) 사회적 협력, (6) 성공을 경험할 기회를 주는 것이 동기를 향상시킨다는 것을 발견하였다.

선택

문해 과제를 스스로 선택할 수 있다면 그 상황에 책임감을 느끼며 통제할 수 있다. 따라서 다양한 선택 대안이 주어져야 한다. 예를 들어서 연필과 종이를 사용하는 전통적 활동에서부터 공학기계, 연극, 시각적 미술 활동이 포함되어야 한다. 그러나 유아에게 선택 기회를 줄 때에는 그 수를 제한해야 한다. 그렇지 않으면 유아가 혼란스러울 수 있다. 선택은 내적 동기를 장려한다(Gaskins, 2003; Guthrie, 2002).

도전

유아는 자신의 능력을 넘어서는 것을 인지하면서 동시에 해 볼 만하다는 느낌을 가져야 한다. 과제는 너무 어렵지도 않고 너무 쉽지도 않아야 한다. 과제가 너무 쉬워 보이면 관심과 흥미를 보이지 않는다. 과제가 너무 어려우면 당황한다(McKenna, 2001; Stahl, 2003).

어려운 과제를 당황하지 않고 하게 되는 것은 교사의 스캐폴딩이 제공될 때이다. 교사는 새로운 자료를 제시할 때 직접적으로 가르치거나 안내하고 학습자 스스로 과제를 수행할 수 있게 되면 도움을 멈춘다. 유아가 과제에 숙달하면서 자존감이 형성되면 동기가 강해진다. 학습자는 과제에 도전할 만한 자신감을 얻으면 더 몰입한다(Brophy, 2004; Guthrie, 2011).

유관성과 진실성

과제의 유관성을 발견하지 못하면 학습자의 동기는 저하된다(Brophy, 2008). 문해 지식과 기술이 학교 밖의 생활과 유관하다는 것을 느낄 수 있도록 해야 한다. 예를 들어서 음식을 주문할 때 사용하는 메뉴판이나 신문을 읽고 쓰는 것은 삶과 유관성이 있는 것이다.

학습자의 삶과 관계가 있는 사건에 대하여 읽고 쓰는 것은 진실한 문해 경험이다. 과자를 만드는 방법을 읽고 실제 과자를 굽고 먹어보거나 혹은 장난감 조립법을 읽고 조립하는 것은 진실한 문해 경험이다. 문해 활동 결과물을 교사뿐만 아니라 반 친구, 학교 구성원에게 발표할 기회를 갖도록 해야 한다. 이러한 경험은 학습의 보편성을 알게 한다(Gignoux & Wilde, 2005). 학생들은 교실에서 배우는 것과 학교 밖 자신의 삶과 유관성과 진실성을 발견하기가 어려우나 이를 발견하면 동기가 증가한다(Wilson, 2008).

사회적 협력

동기는 사회적 협력을 통해 증가한다. 교사나 또래와 협력해야 하는 사회적 상황에 놓이면 혼자서 할 때보다 과제 수행의 정도가 높아진다. 또한 이들은 사회적 상호작용을 즐긴다(Guthrie, 2002).

성공

유아는 과제를 완성하면 성공했다고 느낀다. 모든 과제를 정답으로 끝내는 것이 중요한 것이 아니라 자신이 성공했다고 인지하는 것이 중요하며 그래야 내적 동기가 자란다(Ritchie, James-Szanton, & Howe, 2003). 예를 들어서, read라는 단어를 reed로 적어 맞춤법에 오자가 있을 때, 틀린 부분보다는 바르게 쓴 부분에 대하여 인정해주어야 한다. 이는 4개의 낱자로 이루어진 이 단어에서 3개는 맞게 썼기 때문이다. 따라서 유아가 정답으로 맞춘 부분을 인정해주고 틀린 부분을 고칠 수 있도록 도와준다.

이 장에서 제시한 동기에 관한 것은 동기이론에 기초하고 있다. 아래에 읽고 쓰는 것을 원하도록 하는 동기를 향상시키는 목표를 나타냈다.

읽기와 쓰기에 대한 동기를 향상시키는 목표와 기준
1. 유아에게 도전이 되면서 동시에 성취감을 느끼게 하는 다양한 자료와 활동을 선택할 수 있는 문해 영역이 제공되어야 한다.

▲ 유아가 짝 읽기를 하고 있다.

2. 교사는 유아가 모방할 수 있도록 문해 행동의 모델 이 되어야 한다.

3. 유아는 혼가 읽고 쓰는 기회뿐만 아니라 상호작용을 통해 협력할 수 있는 기회를 가져야 한다.

4. 유아는 자신이 하고자 하는 문해 활동을 선택할 기 회를 가져야 한다.

5. 유아는 즐겁고 편안한 분위기에서 교사 혹은 친구가 읽어주는 이야기를 들을 기회를 가져야 한다.

6. 교사는 유아가 토의하거나 역할놀이를 하거나 인형 을 이용하여 이야기를 다시 말하는 경험을 통해 문 학에 반응할 기회를 주어야 한다.

7. 유아는 학급에 있는 도서를 가정에 빌려갈 기회를 가져야 한다.

8. 유아는 아동 문학의 다양한 장르를 경험해야 한다.

여러 단체, 주 교육부, 지역 교육청 등에서 제안하는 문해 교육 기준은 종종 기술 획 득과 향상에 집중되어 있는 듯하다. 그러나 대부분의 기준은 읽기와 쓰기에 관한 기술 을 배우지 못하는 학습자에게만 관심이 있는 것이 아니라 읽기와 쓰기의 즐거움을 배우 지 못하는 학습자에게도 관심이 있다. 즉 어린 학습자들이 읽기와 쓰기를 통해 즐거움 을 느끼고 정보를 얻기 위하여 읽고 쓰게 하는 데 관심이 있다. 여러 단체와 주정부에서 제시하는 읽기와 쓰기에 대한 기준은 읽기와 쓰기에 대한 습관 형성이 유치원과 초등학 교 3학년 과정을 통해 완성되도록 노력한다. 아래는 피츠버그대학교(1999)에 소재한 교 육과 경제 센터(National Center on Education and the Economy), 학습과 발달 연구 센 터(Learning Research and Development Center)에서 제시한 읽기와 쓰기에 대한 습관 형성에 대한 기준이다.

읽기에 대한 습관

읽기에 대한 습관은 유아 자신이 독립적으로 읽을 기회를 자주 가질 때 형성된다. 좋고 흥미롭고 다양한 장르의 책을, 그리고 유아 스스로 읽기에는 어려운 수준의 책을 자주 읽어준다. 다음과 같은 기회를 가질 때 유아기에 읽기에 대한 습관을 형성할 수 있다.

● 동시, 개념책, 이야기 텍스트와 설명적 텍스트 등 다양한 장르를 경험할 기회
● 매일 학급에서 혼자 읽는 시간에 스스로 짧은 길이의 책을 읽을 기회
● 매일 누군가가 읽어주는 책을 듣고 토의할 기회
● 부모가 읽어주는 것을 듣거나 부모와 함께 읽을 기회

쓰기에 대한 습관

쓰기에 대한 습관은 유아 자신이 독립적으로 쓸 기회를 자주 가질 때 형성된다. 유아는 다른 사람이 쓴 것을 감상할 기회를 가져야 한다. 정보를 전달하는 글, 설명하는 글 그리고 이야기를 전달하는 글 등 다양한 형식의 글을 쓸 기회를 가져야 한다. 유아기에 쓰기에 대한 습관은 다음과 같은 기회를 가질 때 형성된다.

- 스스로 많이 쓰고 다른 사람이 쓴 것을 감상할 기회를 갖는다.
- 독립적으로 혹은 협력하여 쓸 기회를 갖는다.
- 동시, 사인 표시, 편지 쓰기, 이야기나 설명적 텍스트와 같은 다양한 형식의 글을 쓸 기회를 갖는다.
- 다른 사람이 쓴 것을 감상하고 의견을 교환한다.
- 집에서도 쓸 기회가 있다.

위와 같은 기준은 문해 발달을 위하여 꼭 성취해야 하는 것이다. 문해 교육의 목표는 기술적으로 읽기와 쓰기 능력을 갖추게 하는 것뿐만 아니라 즐거움을 느끼며 정보를 얻기 위하여 읽기를 선택하는 습관과 동기를 형성하게 하는 것에 있다.

문해 자료와 활동이 풍부한 환경의 준비

교실의 **문해 센터**(literacy center) 혹은 문해 영역은 문학 도서를 직접 경험할 수 있는 아주 중요한 공간이다. 많은 도서가 비치된 교실에 있는 유아는 그렇지 않은 유아보다 50% 이상 더 자주 책을 보고 읽는다. 교실에 매력적인 문해 영역을 구성하려는 노력은 유아의 책에 대한 관심으로 보상된다(Guthrie, 2002). Morrow(1987)는 잘 구성된 문해 영역을 선택하는 유아의 수와 활동 시간이 유의하게 증가한다는 것을 보고하였다. 어린이집, 유치원, 초등학교 1, 2학년 교실의 문해 영역이 특징 있게 구성되면 자유놀이 시간에 선택이 증가한다. 반면 문해 영역의 공간적 구성과 자료의 수준이 떨어지면 유아들의 선택은 감소한다(Morrow, 1982). 따라서 교실 문해 공간의 배치와 활동 자료 등의 매력도는 유아가 영역을 선택하고 참여하도록 하는 동기와 관계있다.

잘 구성된 문해 영역의 특징

유아교실에는 유아가 배워야 하고 배운 것을 혼자 연습할 수 있도록 다양한 영역이 준비되어야 한다. 4장에서 흥미 영역에 대해 설명하였다. 유아교실의 문해 영역에는 도서영역과 쓰기 영역이 있다. 도서 영역에 대해서는 이 장에서 기술하고 쓰기 영역에 대해서는 7장과 9장에서 기술한다.

문해 영역의 구성

ELL
English Language Learners

문해 영역은 교실의 여러 영역 중 중심에 위치하여 교실에 들어오는 사람에게 한눈에 보이며 매력적이어야 한다. 사적 공간을 확보하고 다른 영역과의 구분을 위하여 서가, 피아노, 문서장, 게시판과 같은 것으로 이 면 혹은 삼 면을 구분하는 것이 좋다. 교실의 공간 크기에 따라 문해 영역의 크기는 다양하다. 일반적으로 유아 5, 6명이 한 번에 활동할 수 있는 정도는 되어야 한다. 그림 8.1에 나와있듯이, 이 영역에는 다음과 같은 것이 구비되어야 한다.

- 부분 양탄자
- 쿠션, 베개, 속을 콩으로 채운 의자
- 작은 테이블과 의자
- 녹음된 이야기와 헤드셋
- 흔들의자: 교사가 책을 읽어주거나 유아가 친구에게 읽어줄 때 사용함. 혹은 방문자가 책을 읽어줄 때도 사용함.
- 봉제 인형처럼 푹신한 물품
- 그림책 인물과 관련된 인형: 예,「피터 래빗(The Tale of Peter Rabbit)」(Potter, 1902)의 토끼 인형
- 등장인물 부직포 인형과 융판
- TV 동화극을 할 수 있는 상자와 소품
- 손가락 인형이나 손인형
- 도서관 포스터나 아동 도서 포스터
- 쓰기 영역이나 작가의 자리: 7장에 자세하게 설명되어 있음

교실에서 사적 공간을 갖는 것은 어렵다. 그러나 많은 유아들이 혼자 있는 것을 즐기고 때로는 서가 밑이나 어두운 공간에서 혼자 읽기를 좋아한다. 문해 영역은 다른 영역과 서가 등으로 구분되어 독립된 공간을 제공할 수 있다. 헤드셋을 끼고 이야기를 듣는 것은 일종의 사적 활동이 되며, 냉장고 박스처럼 큰 박스를 색지 등으로 처리한 후 문해영역에 놓아두면 유아가 이곳에 들어가서 책을 읽으며 아늑한 분위기와 사적 공간으로

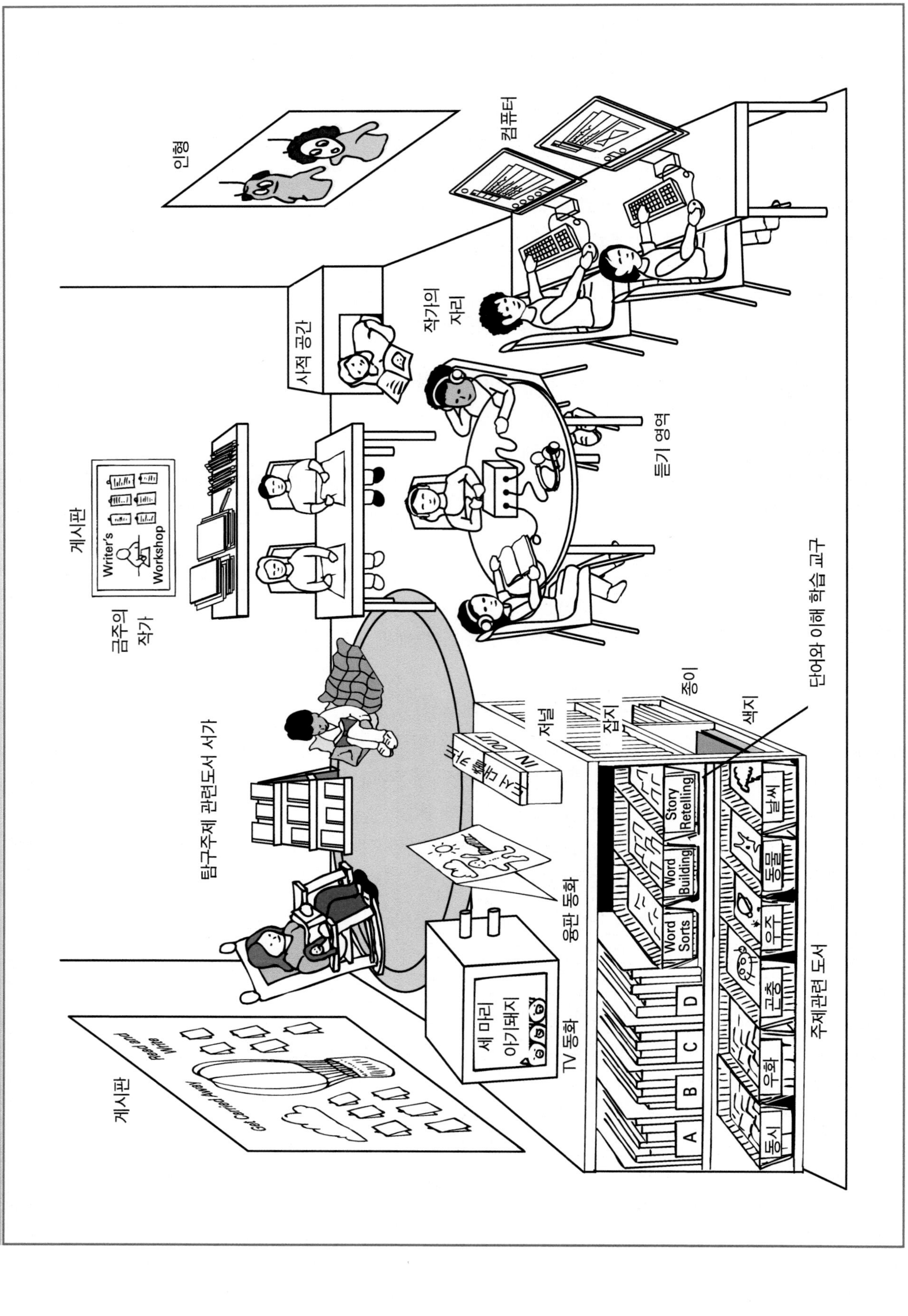
게시판
Get Carried Away!
Read and Write
세 마리 아기돼지
TV 동화
융판 동화
탐구주제 관련도서 서가
금주의 작가
게시판
Writer's Workshop
사적 공간
인형
컴퓨터
작가의 자리
듣기 영역
저널
잡지
종이
색지
IN
OUT
단어와 이해 학습 교구
A
B
C
D
Word Sorts
Word Building
Story Retelling
동시
우화
곤충
우주
동물
날씨
주제관련 도서

그림 8.1 문해 영역

활용할 수 있다.

작가의 자리는 문해 영역에서 빠질 수 없는 부분으로 아래와 같은 것이 구비되어야 한다.

- 책상과 의자
- 사인펜과 크레용
- 다양한 크기의, 줄 있는 공책과 줄 없는 공책
- 컴퓨터
- 책 만드는 재료
- 스테이플러와 가위

유아도 문해 영역을 구성하는 데 참여하게 한다. 영역을 사용하는 데 필요한 규칙을 유아가 정할 수 있으며 자료 정리도 하며 영역의 명칭도 정할 수 있다.

도서 영역

English Language Learners

문해 영역의 일부인 도서 영역을 조직하는 방법에는 여러 가지가 있다. 책등이 보이도록 보관하는 서가에는 책을 많이 보관할 수 있고, 책 전면이 보이도록 보관하는 서가는 책 표지가 한눈에 보여 유아의 관심을 끌 수 있다. 주제와 연관된 책은 책 전면이 보이도록 전시하며 주제에 따라 책을 바꾸어준다. 이외에도 서점에서 주로 볼 수 있는 원기둥 서가도 책의 전면이 보이게 전시가 가능하다(Tafa, 2001).

도서 영역의 책은 책의 주제나 종류에 따라서 구분되어야 하는데, 예를 들어서 동물에 관한 책은 파란 동그라미 색지를 책등에 붙여서 유아들이 쉽게 구분하도록 한다. 혹은 도서의 장르에 따라서 보관하는 바구니를 두어 바구니 앞면에 장르의 이름표를 붙인다.

유아 1인당 5~8권의 책이 학급 도서에 비치되는데 읽기 수준의 범위는 3~4레벨의 편차가 있도록 한다. 과거에는 유아에게 제공되는 도서는 전적으로 이야기 텍스트가 주를 이루었으나 이야기 텍스트와 설명적 텍스트가 다 포함되어야 한다. 구비 도서 중 논픽션 도서가 1/3~1/2의 비중을 차지하도록 준비한다(Moss, Leone, & Dipillo, 1997).

학급 도서용 책을 수집하는 것에 크게 부담을 느끼지 않아야 한다. 중고 시장에서 구입해도 되며 공공도서관에서 빌리거나 부모들에게 기증을 받거나 도서 구입을 위한 모금 행사를 해도 된다. 또한 아동용 도서는 한꺼번에 많이 사면 할인도 많이 해준다. 최신판이 아니더라도 어린이용 신문과 잡지도 구비한다. 철 지난 잡지를 무료로 학교에 기증하는 출판사도 있다.

▲ 흔들의자는 유아에게 자부심을 갖게 하는 공간이다.

그림 8.2

도서 대출 기록장

이름: Kalmika Jones

도서명	대출일	반납일
Green Eggs and Ham	Feb 10 2.10	Feb 17 2.7
Carrot Seed	Feb 20 2.20	Feb 26 2.26
Curious George	3.3 March 3	3.9 March 9
Where the Wild Things Are	3.13 March 15	March 21 3.21

유아의 관심을 유지시키기 위하여 책과 잡지는 주기적으로 다른 것으로 교체되어야 한다. 대략 매 2주마다 25권의 새 책이 소개되어야 한다. 옛것으로 교체된 책은 몇 달 후에 다시 소개될 수 있다. 도서를 주기적으로 순환하는 것은 매번 새 책을 구입해야 하는 예산 부담을 줄인다.

학급의 도서 영역에 있는 책들은 일정 기간 대출도 가능해야 한다. 대출 과정은 간단하여서 정해진 날과 시간에 빌려가서 정해진 날에 다시 돌려주도록 하며 교사는 책의 제목, 유아의 이름과 날짜를 기록한다. 유치부 유아는 각자의 도서 대출 카드에 책 이름과 대출 날짜를 스스로 적어 대출할 수도 있다. 이보다 어린 유아들은 도서 대출 카드에 적힌 책 이름, 대출 날짜 등의 기록을 보는 것을 즐긴다. 카드가 아닌 스프링 노트를 이용한 대출 기록 방식이 그림 8.2에 제시되어 있다.

▲ 교실의 문해 영역은 유아가 책에 접근할 수 있게 하므로 중요하다.

도서 영역에 비치된 책. 도서 영역에 비치된 책은 유아의 다양한 관심을 충족시키고 다양한 수준의 것이어야 한다. 또한 유아들에게 인기 있는 도서는 같은 책을 여러 권 비치해야 한다. 유아는 친구가 골랐기 때문에 관심을 가지고 읽는 경우가 많다(Morrow, 2002; Pressley, Allington, Wharton-McDonald, Block, & Morrow, 2001; Roskos, Tabors, & Lenhart, 2009). 도서 영역에 비치되어야 하는 장르를 아래에 제시하였다.

이야기 그림책. 아동 문학 중 가장 친숙한 장르이다. 글과 그림의 관계가 중복되거나 서로 보완적이며 다양한 주제와 내용을 다루고 있다. 칼데콧 상은 매년 훌륭한 그림책 작가에게 주는 상이다. 이 상을 받은 작가는 닥터 수으스, 에즈라 잭 키즈, 토미 드파오라, 모리스 샌닥, 샬롯 졸로토우 등으로 그림책에서는 이미 고전이 된 작품의 저자로 여전히 유아의 사랑을 받고 있다. 모든 유아는 그림책의 고전을 경험해야 한다. 그러나 출현적 읽기 수준에 있는 유아가 이런 류의 책을 스스로 읽기에는 단어나 문장이 어려울 수 있다. 이야기 장르는 배경, 주제, 주제와 연관된 에피소드, 결말이 있어 이야기의 구조가 분명하다.

정보책. 논픽션 장르의 대표적 유형이다. 한때는 유아가 이야기 텍스트를 더 좋아한다는 인식으로 설명적 텍스트를 학급 도서에 비치하지 않았다. 그러나 성인은 이야기 텍스트뿐만 아니라 설명적 텍스트로 된 논픽션 장르를 많이 읽는다. 따라서 유아들도 이러한 글의 종류를 많이 경험해야 한다. 정보책은 외국, 지역사회, 유명 인사와 같은 사회적 내용과 공룡과 같은 과학적 정보를 많이 제공한다. 정보책은 유아의 배경 지식을 확장시키고 새로운 아이디어를 탐색할 기회를 주며 특정 주제에 대하여 깊게 탐구할 수 있도록 한다. 설명적 텍스트에도 특유의 구조가 있는데, 묘사, 순서, 비교와 대조, 원인과 결과, 문제 해결과 예시 등이 그것이다.

개념책. 이는 아주 어린 유아에게 적절한 도서이다. 이런 유형의 도서는 줄거리는 없고, 동물, 장난감과 같은 특정 주제를 중심으로 그림과 글을 제시한다. 각 장은 그림과 이름이 적혀 있다. 개념책은 어린 유아가 만지므로 견고한 종이, 천, 비닐 등으로 만들어지고, 알파벳, 숫자 등이 순서대로 제시되어 있는 것도 이 유형에 해당한다.

전통 문학. 전래 동요와 동화는 문화유산으로 구어로 전달되는 것이 특징이다. 모든 유아에게 「금발머리와 세 마리의 곰(Goldilocks and the Three Bears)」(Daley & Russell, 1999) 혹은 「아기 돼지 세 마리(The Three Little Pigs)」(Zemach, 1991)를 친숙한 것으로 당연시하는 경향이 있으나, 유아들 중 이 동화를 전혀 들어보지 못한 유아도 많다. 이 이야기에 익숙한 유아들은 마치 오래된 친구처럼 반긴다.

사실주의 문학. 이는 유아의 실제 삶과 관련된 것을 다루는 문학의 종류이다. 「사정이 안 좋은 때(Tight Times)」(B. Hazen, 1983)는 가장이 직업을 잃자, 모든 가족이 이 문제를 어떻게 극복해나가는지를 보여준다. 이 집의 가장은 어린 아들에게 그가 말하는 "사정이 안 좋은 때"에 대하여 설명해준다. 이 장르는 유아가 살아가면서 겪을 법한 문제들, 예를 들어서 어둠에 대한 두려움, 동생이 생겼을 때와 같은 것을 다룬다. 이외에도 이혼, 약물 중독, 알코올 중독, 죽음에 관한 것도 다룬다. 유아의 삶에서 문제가 될 만한 것을 다루는 책을 읽어줄 수 있다. 혹은 어려움을 겪고 있는 가정에 비슷한 문제를 다루고 있는 도서를 추천할 수도 있다.

우화와 민담. 특정 문화권의 신화나 민담과 전설은 그림책 형식으로 많이 출판된다. 다른 문화권의 신화와 민담은 유아의 지식과 경험을 확장시킬 수 있다.

글 없는 그림책. 그림으로만 이야기를 전개하고 글은 하나도 없다. 종종 아주 어린 유아에게만 적절한 것으로 인식되는 경우가 있으나, 3세 이상의 유아에게도 적절하다. 그림만으로도 복잡한 사건과 인물을 묘사하므로 그림을 보면서 이야기 만들기를 좋아한다.

동시. 문학 장르 중 가장 적게 경험되는 종류이다. 유아용 동시집이 많이 출판되어 있으며 이는 도서 영역에 꼭 비치되어야 한다.

소설. 이야기가 여러 개의 장(chapter)으로 구성된 긴 이야기이다. 자꾸 읽어주면 이런 종류의 글에 익숙해진다. 나이 든 유아는 이 장르에 쉽게 빠져들며 챕터북이라고도 한다.

전기. 역사적 인물에 대한 간단한 전기부터 스포츠 스타, 대중을 통해 유명해진 인사에 대한 것도 있다. 이 종류도 유아에게 적절하다.

빅북. 처음부터 빅북으로 출판되는 경우도 있고, 원래는 작은 책자였으나 이를 빅북으로 출판한 것도 있다. 빅북을 읽으려면 이젤에 올려놓고 읽는데 이 책의 목적은 교사가 읽어주는 글을 유아가 쉽게 보도록 하는 것과 구어와 문어의 관계성을 깨닫게 하거나 글을 읽는 방향성을 인식하게 하는 데 있다.

이상에서 소개한 장르 이외에도 유아는 유머, 수수께끼, 만들기, 요리책 등도 좋아하고 손으로 만지거나 냄새를 맡는 등의 조작이 가능한 책도 좋아한다. 또한 같은 주인공이 등장하는 시리즈물, TV에 방송되는 이야기책도 좋아한다. 잡지와 신문도 도서 영역에 준비되어야 하는데, 이는 다양한 읽기 수준의 유아가 볼 수 있는데 이유는 다양한 주제와 문화에 대한 이야기를 다루고 있기 때문이다. 잡지와 신문은 부모들에게도 매력적인 읽기 자료이다.

유아는 일정한 패턴이 반복되는 이야기가 이해하기도 쉽고 읽어주는 사람과 함께 읽을 수 있으므로 좋아한다. 이를 예측이 가능한 책이라고도 하는데 운율, 반복, 동일한 구, 대화가 반복되는 것과 요일, 수와 같이 순서가 있는 것을 소재로 한 책이다. 또한 사건이 누적되거나 친숙한 주제에 대한 것, 잘 알려진 이야기나 삽화가 이해하기 쉽도록 표현된 것, 배경, 주제, 플롯, 해결의 이야기 구조가 잘 발달된 것 등도 예측이 가능한 책으로 분류된다.

특별한 요구를 갖고 있는 유아를 위한 책이나 다문화 관련 책의 목록이 부록에 제시되어 있다. 정보책에 대한 목록이 부록에서 강조되어 있는데, 그동안 이 장르를 유아 문해 교육에서 소홀히 다루어왔으므로 이를 보강하려는 것이다.

아래에는 아동 도서 클럽과 아동 도서를 대상으로 하는 상에 대한 정보를 제시하였다. 이를 통해 아동 도서에 대한 정보를 많이 얻을 수 있다.

북 클럽

스콜래스틱 북 클럽. 꿀벌(영아~4세까지), 리오 클럽(유아~8세까지), 개똥벌레(유아기), 시소(유치~1학년), 럭키(초등 2~3학년), 화살(초등 4~6학년), 탭(7학년 이상), TRC(십대): 주소 2931 East McCarty Street, PO Box 7504, Jefferson City, MO 65102-7504; 전화번호 800-724-6527

트럼펫 북 클럽. PO Box 7511, Jefferson City, MO 65102; 전화번호 800-826-0110

아동 도서 상

칼데콧 메달. American Library Association, 50 East Huron Street, Chicago, IL, 60611-2795

Children's Book Showcase. Children's Book Council, 12 W. 37th Street, 2nd Floor, New York, NY 10018-7480

뉴베리 메달. American Library Association, 50 East Huron Street, Chicago, IL, 60611-2795

문해 영역의 기타 자료

문해 영역에는 읽기와 쓰기에 필요한 기술을 반복 연습하는 자료도 비치되어야 한다. 알파벳 글자, 운율, 소리와 글자의 관계를 알게 하는 교구, 두 개의 철자가 모여 내는 소리, 장음과 단음의 모음을 익힐 수 있는 교구가 준비되어야 한다. 이들은 자석 글자, 퍼즐, 빙고 게임, 보드 게임처럼 다양한 형태로 만들어져 유아가 손으로 만지고 눈으로 볼 수 있는 구체적 조작물이어야 한다. 교사가 이를 직접 제작할 수도 있는데 5장에 조작물 교구에 대한 설명이 자세하게 제시되어 있다. 텍스트 이해를 도와주는 교구도 문해 영역에 구비되어야 한다. 이 장 끝부분에 융판 동화, 인형을 이용한 이야기 말하기, 인형극 발표와 같은 활동이 제시되어 있는데 이는 유아가 이야기의 순서와 구조를 이해하고 세부사항을 분류하며 결과를 예측하고 해석하는 능력이 발달하도록 도와준다.

▶ 아동 문학을 장르로 구분하여 바구니에 이름표를 붙여서 비치한다.

문해 영역에 대한 반응

내가 지금까지 기술한 문해 영역의 공간적 특성과 자료에 대한 교사와 유아의 반응은 다음과 같다. 교사는 문해 영역을 위한 충분한 공간이 없다고 늘 생각해왔으나 내가 제시한 자료들이 이 공간에 다 들어갈 수 있다는 것에 깜짝 놀라는 반응을 보였다. 결국 교사들은 자신의 교실에 문해 영역을 위한 공간을 더 많이 배려하게 되었다. 또한 교사들은 학급에 배려된 문해 공간은 유아들에게 문해 활동이 중요하다는 메시지를 전달하는 것이라고 인정하였다. 또한 유아는 이 공간에 마련된 융판 동화, 인형극 소품 등과 같은 교재 교구에 매력을 느끼고 그 공간에 출입을 자주 한다고 하였다. 교사는 혼들의자, 부분 카펫, 베개, 봉제인형이 공간을 편안하고 아늑한 읽기 공간으로 만든다는 것을 깨달았다. 한 교사는 다음과 같이 말하였다.

문해 영역은 읽기를 잘 못하는 유아부터 아주 잘 하는 유아 모두가 함께 어울리는 공간이 되었어요. 이는 사회적 상호작용을 활발하게 하도록 하며 협력 학습의 맥락을 제공하는 것 같아요. 아이들은 매일 그 공간에서 활동하는 것을 기다립니다.

한 유아는 다음과 같이 말하였다.

나는 책을 들고 베개에 눕거나 구석 공간으로 기어들어가거나 혼들의자에 앉아서 읽는 것을 좋아해요. 학급 도서를 집으로 빌려갈 수 있어요.

유아들은 문해 공간을 아주 특별한 공간이라고 하였다. 그들은 더 많은 공간, 더 많은 책, 이것을 이용할 수 있는 더 많은 시간이 주어진다면 이 공간이 더 멋진 곳이 될 것이라고 하였다. 한 유아는 말하기를 "문해 영역에서 빠진 것이 있다면 간식 테이블(snack bar)이에요."라고 하였다.

도서 영역에서 아이들이 책을 보고 있으며 글쓰기 자료가 다양하게 준비되어 있다.

동기를 격려하는 모델로서의 교사

교사는 유아가 자발적으로 읽기를 선택하고 읽기에 대한 긍정적 태도를 갖게 하는 데 큰 역할을 한다.

> 연구에 따르면 읽기 학습에 실패하는 이유 중 하나는 즐거움을 못 느낀다는 것이다. 어린 이와 젊은이들이 자발적 읽기를 하도록 자극하는 교사의 역할은 아마도 성인이 어린이에게 주는 영향 중에서 가장 의미 있는 것일 것이다. (Irving, 1980, p. 7)

문학을 즐겁게 경험하게 하는 프로그램은 책에 대한 흥미와 열정을 길러주고, 이는 유아가 자발적으로 책을 선택할 가능성을 높인다(McKenna, 2001). 유아교사는 매일 규칙적으로 유아에게 책을 읽어주거나 이야기를 들려주어야 한다. 책을 읽기 전과 읽은 후에 이루어지는 의견 나누기나 토의는 유아의 흥미를 증진시킨다. 사전과 사후 토의가 유아의 일상 경험과 관계되거나 현재 학급에서 진행되는 것과 관련되면 이들의 관심은 더욱 증가한다. 책에 있는 내용을 확인하는 토의와 추론적 토의 모두 어린 유아기에 경험되어야 한다. 읽기와 관련된 기술은 이야기책을 즐겁고도 의미 있게 경험하면서 충분히 학습될 수 있다. 아래는 「금발머리 소녀와 세 마리의 곰(Goldilocks and the Three Bears)」을 읽은 4세 유아도 추론적이고 비평적 이해를 할 수 있음을 보여준다.

「금발머리 소녀와 세 마리의 곰」을 읽어준 후 나는 누가 나쁜 인물이고 누가 착한 인물인지 질문하였다. 여러 손이 들렸고 그 중 제니퍼가 대답하기를 "금발머리 소녀가 착하고 곰들이 나빠요."라고 하였다. 내가 그 이유를 묻자 "곰들이 금발머리 소녀를 놀라게 하였으니까요."라고 하였다.

팀은 말하기를 "아니야, 그렇지 않아. 곰들은 착하고 금발머리 소녀가 나빠. 금발머리 소녀는 곰들이 집에 없을 때 그 집에 들어갔어. 그 아이는 묻지도 않고 곰 가족의 음식을 다 먹었어."라고 하였다. 메간도 "맞아. 소녀는 곰 가족의 의자를 부셔 놓았고, 허락을 받지도 않고 곰들의 침대에서 잠을 잤어."라고 하였다. 크리스는 "맞아, 금발머리 소녀는 정말 나빠. 그녀는 허락을 받지 않고 했기 때문에 너무 나빠."라고 하였다.

내가 "너희들은 잘 모르는 사람의 집에 들어가서 금발머리 소녀가 한 것처럼 똑같이 할 거니?"라고 묻자, 모든 아이들이 한 목소리로 "아니요."라고 하여 내가 그 이유를 물었다. 사라는 말하기를 "왜냐하면 그것은 마치 훔치는 것과 같아요. 소녀는 나빠요. 만약 경찰관이 이것을 보았다면 분명 소녀를 잡아갔을 거예요."

작가와 삽화가에 대한 토의도 유아들의 관심을 불러일으킨다. 같은 작가가 쓴 다른 이야기나 「개구리와 두꺼비는 친구(Frog and Toad Are Friends)」(Lobel, 1979)처럼 동일한 인물이 등장하는 시리즈물도 유아의 관심을 높인다. 다양한 종류의 책을 읽어주고 될 수 있으면 주제에 일관된 책을 선정하라. 즉 봄 주제를 하고 있으면 나비의 고치를 가져와서 나비의 발달 주기에 대하여 이야기를 나누고 애벌레가 자라서 나비가 되는 이야기인 「배고픈 애벌레(The Very Hungry Caterpilla)」(Carle, 1969)를 읽어준다. 동시도 매일 정규적으로 읽고 함께 암송한다. 윗반 유아, 교장 선생님, 관리인, 양호 교사, 도서 사서, 부모나 조부모를 초청하여 대집단, 소집단, 개별 유아에게 이들이 책을 읽어주도록 한다. 또한 유아들끼리 책을 함께 보도록 격려한다. 집에서 가져온 책을 친구들과 함께 나누어 보도록 하며 학교에서 집으로 책을 대출해 가도록 격려한다.

　「박첨지네 밭 있어(Old MacDonald Had a Farm)」(Quackenbush, 1972)와 같이 잘 알려진 전래 동요는 그림책으로 출판되어 있으므로 읽어주면 유아들이 이미 가사에 익숙하여 스스로 책을 읽는 듯한 가장을 할 수 있다. 요리 역시 문학과 연계될 수 있는 즐거운 활동이다. 「빵과 잼만 먹을래(Bread and Jam for Frances)」(Hoban, 1964)와 같은 그림책은 요리 활동과 연계시키기 좋다. 책을 읽고 난 후, 빵과 잼으로 요리를 한다. 미술 활동도 책을 읽고 난 후 촉진될 수 있다. 「눈 오는 날(The Snowy Day)」(Keats, 1962)를 읽고 하얀 솜털뭉치, 분필, 알루미늄 호일, 머핀 받침 등으로 꼴라주를 만든다. 「괴물들이 사는 나라(Where the Wild Things Are)」(Sendak, 1963)을 읽고서 괴물에 대하여 생각해보고 이를 그림으로 그려보는 활동을 전개할 수 있다. 그림을 학급 책으로 묶는다. 학급 책은 유아들이 읽기를 즐기는 책이다. 슬라이드, 비디오 등도 유아들이 즐기는 매체인데 비디오와 함께 출판된 도서를 활용하면 읽기에 대한 동기를 향상시킬 수 있다.

이야기 텍스트나 설명적 텍스트 읽기와 구연

즐거운 읽기 경험

누군가 책을 읽어주면 읽기와 쓰기에 대한 긍정적인 태도를 가지게 도와준다. 보살펴주는 어른이 책을 읽어주면서 전달하는 따뜻한 감정은 오랫동안 지속된다. 이러한 읽기 경험은 양방향으로 좋은 감정을 전달하고 나누며 특정한 상호작용이 반복되어 의례처럼 된다. 어떤 책은 두 사람이 모두 좋아하거나 둘 중의 한 사람이 좋아해서 반복해서 읽으며 두 사람에게 특별한 의미를 주기도 한다. 나와 내 딸은 「알렉산더의 무지하게 운 나쁜 날(Alexander and the Terrible, Horrible, No Good, Very Bad Day)」(Viorst, 1972)로 특별한 경험을 나누었다. 나는 스테파니가 네 살일 때 처음으로 이 책을 읽어주었다. 그리고 내 딸에게 무언가 안 좋은 일이 생기면 "내 생각에 너에게는 나쁘고도, 힘들고도, 무지하게 운 나쁜 날이구나."라고 말하곤 하였다. 이후 곧 내게 안 좋은 일이 생기면 스테파니도 나에게 똑같이 말하곤 하였다. 스테파니가 7학년이던 어느 날, 신발을 한 짝만 신고 넋 나간 표정으로 학교에서 돌아왔다.

　나는 "무슨 일이니?" 하고 물었다. 스테파니가 대답하기를 "누군가가 내 신발 한 짝을 훔쳐갔고, 수업 중 내 친구가 내게 뭘 물어서 대답하는 중에 선생님께 혼나고, 해야 할 숙제가 무지 많은데 숙제 공책을 잃어버렸어요." 나는 "나쁘고도, 힘들고도, 무지하게 운 나쁜 날인 것 같구나."라고 말하였다. 딸은 미소 지으며 말하기를 "엄마 말이 맞아. 나 호주로 이사 갈 테야."라고 해서 나는 "호주에서도 그런 날이 올 수 있어."라고 답하였다. 그리고 함께 한참 웃었다.

이러한 의례적 상호작용은 최근 손자인 제임스와도 일어났다. 나는 「할머니를 울린 것(What Cried Granny: an Almost Bedtime Story)」(Lum & Johnson, 1998)을 손자에게 읽어주었다. 이 이야기는 패트릭이 할머니 집에서 처음으로 잠을 자게 되면서 일어난 이야기이다. 할머니가 잘 시간이다 하고 패트릭은 침대가 없다고 한다. 그래서 할머니가 나무를 잘라서 그에게 침대를 만들어 주었다. 이런 식으로 같은 이야기가 반복되는데, 이번에는 베개가 없다고 하여 할머니가 닭장에 가서 닭털을 모아 베개를 만들어준다. 할머니가 잘 시간이다 할 때마다 패트릭은 "그런데, 할머니. 나는 이불이 없어요."와 같은 말을 한다. 그러면 할머니는 "뭐라고!" 하면서 운다. 이 책을 읽고 잔 그 다음 날, 아침상을 차리면서 제임스가 말하기를 "할머니, 냅킨이 없어요."라고 해서 나는 "뭐라고!" 하면서 냅킨을 가지러 달려가는 시늉을 하였다. 그러자 제임스는 자지러지게 웃었다.

많이 읽어서 친숙한 책의 익숙한 표현은 책을 읽어주고 들었던 두 사람 사이에 의례적인 상호작용을 하도록 한다. 책을 읽으면서 느낀 좋은 감정은 읽기 행동으로 전이된다(Dickinson, DeTemple, Hisrschler, & Smith, 1992; International Reading Association, 2006).

아래에서 언급하는 이야기(story)란 말은 이야기 텍스트와 설명적 텍스트 모두를 가리킨다. 이야기란 그것이 허구적이든(fiction) 허구적이지 않든(nonfiction) 하나의 사건이나 연속적 사건에 대한 읽기, 말하기나 보고이다. 한동안 유아들에게는 이야기 텍스트만이 제공되고 설명적 텍스트에 대한 것은 거의 제공되지 않았다. 초등학교 교실에서 읽어주는 책에 대한 조사 결과 15%만이 설명적 텍스트라는 보고가 있다(Yopp & Yopp, 2000). 이러한 관행의 배경에는 저학년에는 먼저 이야기 텍스트를 경험하고 고학년이 되어서야 설명적 텍스트를 경험해야 한다는 신념이 있었기 때문이다. 이러한 부자연스러운 이분법적 신념으로 인해 초등학교 4학년이 되어 그전에는 거의 경험하지 않았던 설명적 텍스트를 배우게 되면서 좌절 등의 어려움을 겪는 학생이 많았다. 성인은 이야기 텍스트보다는 설명적 텍스트를 더 많이 읽고 쓴다. 그러나 유아기 교실에서 유아에게 제공되는 장르는 논픽션 장르보다는 픽션 장르가 주를 이룬다. 즉 3세에서 8세 사이는 설명적 텍스트를 이해하거나 즐기기에는 너무 어리다는 잘못된 관념이 있다. 이제부터는 이야기 읽기와 말하기는 이야기 텍스트뿐만 아니라 설명적 텍스트도 포함하여 논의하고자 한다.

이야기를 읽는 경험이 즐거운 경험이 되기 위해서는 우선적으로 좋은 책을 선택해야 한다. 좋은 이야기 텍스트(narrative text)는 다음과 같은 특징이 있다.

- **배경:** 인물이 분명하게 제시되며 시간과 장소에 대한 언급이 있다.
- **주제:** 주요 인물이 추구하는 목적이나 해결해야 하는 문제가 분명하다.
- **에피소드:** 주요 인물이 목적을 달성하거나 문제를 해결하는 과정을 돕는 일련의 사건이 있다.
- **해결:** 목적 달성과 문제 해결이 있다.

설명적 텍스트(expository text)는 이야기 텍스트만큼 자주 경험되어야 한다. 좋은 설명적 텍스트는 다음과 같은 특징이 있다.

- **묘사:** 마치 독자에게 그림을 보여주는 듯 잘 묘사한다.
- **순서:** 어떤 결과나 산출물이 나오도록 과정을 순서적으로 보여준다.
- **비교와 대조:** 두 개의 대상 혹은 현상의 공통점과 차이점을 비교하거나 대조한다.
- **원인과 결과:** 특정한 사건과 현상의 원인을 말해준다.
- **문제 해결:** 문제가 먼저 제시된 후 해결이 뒤따른다. 따라서 시간 개념이 이 구조를 이해하는 데 필수적이다.
- **예시:** 주요 아이디어에는 바로 뒤에 이를 뒷받침하는 세부사항이 뒤따른다 (Vukelich, Evans, & Albertson, 2003).

잘 구성된 이야기와 설명적 텍스트는 텍스트에 일관되게 삽화가 제시되며 운율, 반복, 눈에 띄는 표현 등이 있다.

교사는 안락한 장소에서 편안한 분위기로 책을 읽어주어야 한다. 교사 바로 옆에 앉아서 듣는 유아를 바꿔주며 나머지 유아는 교사를 바라보며 둥글게 앉도록 한다. 흔들의자가 있으면 책을 읽어줄 때 이것을 활용한다. 유아들은 이야기를 들으며 그림을 보는 것을 좋아하므로 유아들이 그림을 볼 수 있도록 책을 잡고 충분한 시간을 두고 책장을 넘긴다. 유아에게 책을 읽어주기 전 교사 혼자 책을 읽어보아야 한다.

책을 읽어줄 때는 되도록 실감나게 읽어준다. 다른 인물이 나오면 표정과 목소리도 다르게 하고 사건을 극화하는 것이 필요하다. 책 읽어주기는 마치 연극과 같다. 천천히 읽고 되도록 풍부한 표정과 목소리를 표현한다. 교사는 책 읽기를 녹음하거나 녹화하여 스스로의 모습을 보고 책 읽어주기 기술이 향상되도록 노력한다. 책을 읽어주기 전에는 아래와 같이 시작한다.

오늘 선생님이 읽어줄 이야기는, 엄마의 생일선물로 무엇을 할까 고민하는 여자 친구에 대한 것이예요. 이 친구는 토끼에게 도움을 청하는데 책의 제목은 「엄마의 선물(Mr. Rabbit and the Loverly Present)」(Zolotow, 1977)이예요. 책 작가는 샬롯 졸로토우이고 그림은 모리스 샌닥이 그렸어요. 선생님이 읽어줄 동안 어느 선물이 가장 좋은지 생각해 보세요. 책을 다 읽은 후에는 '가장 좋은 선물이 무엇인지'에 대하여 의견을 나눌 거예요.

이야기 말하기의 창의적 기법: 구연과 소품

English Language Learners

동화 구연은 유아가 책을 좋아하도록 만든다(Ritchie, James-Szanton, & Howes, 2003). 동화 구연은 구연가가 창의적 기술을 구사하므로 책을 읽는 것과 차이가 있다. 또한 구연은 청중의 반응이 즉각적이어서 구연가와 청중이 심리적으로 가까워지게 한다. 긴 이야기는 구연으로 각색하여 들려주면 유아는 한 자리에서 전체 이야기를 감상할 수 있다. 동화 구연은 예술이고 많은 사람이 배울 수 있다. 또한 다양한 문화적 배경을 가진 유아들이 모여 있는 교실에서 동화 구연은 더 중요하다. 즉 많은 문화권에서 책을 읽는 것보다는 구연으로 이야기를 듣는 것이 더 일반적이기 때문이다. 따라서 이런 문화권 출신의 유아는 책 읽기보다는 구연을 더 친숙하고 편안하게 느낀다.

구연을 할 때 모든 이야기를 외어서 할 필요는 없으나 이야기를 충분히 알고는 있어야 한다. 이야기의 핵심이 되는 문장과 표현을 살려서 구연을 하지만 연기적 요소가 너무 강조되어 이야기가 흐려져서는 안 된다. 청중을 바라보고 그들의 이목을 집중시켜야 한다. 구연은 청중의 집중도에 따라서 이야기를 늘리거나 줄일 수 있는 융통성이 있다. 구연할 때에는 원작 도서를 옆에 두고 구연이 끝나고 난 이후 유아에게 원작을 보여주면 그림과 장면을 다시 즐길 수 있는 이점이 있다.

구연의 창의적인 표현은 이야기에 생명을 불어넣는다. 청중의 상상력을 자극하며 유아 자신이 구연을 하고자 하여 스스로의 방법을 창안하기도 한다. 구연을 할 때 손인형, 융판 동화나 칠판에 분필을 사용할 수 있다.

융판 동화는 교실에서 쉽게 사용하며 의미가 있는 활동이다. 교사가 직접 만들거나 구입하여 사용한다. 융판 게시대를 만들고 인형이나 소품의 뒷면에 찍찍이를 붙인다. 이야기 텍스트나 설명적 텍스트 모두 융판 자료를 만들어서 감상할 수 있는데, 이야기나 정보에 나오는 모든 인물과 아이디어 모두를 만드는 것이 아니라 가짓수를 줄여서 인물과 소품을 만들어 구연에 활용한다.

인형은 대화가 많은 이야기에 활용하는 것이 적절하다. 인형의 종류에는 손가락인형, 손인형, 막대 인형, 가면 등이 있다. 수줍어하는 유아들은 인형으로 말하는 것을 편안하게 여긴다. 「생강빵 소년(The Gingerbread Boy)」(Galdone, 1983)과 「빨강 암탉(The Little Red Hen)」(Pinkey, 2006)은 등장인물이 적고, 이야기가 짧으며 같은 대화가 반복되어 인형극을 하는 데 적절하다. 정보책도 인형을 가지고 구연할 수 있다.

소리 효과는 이야기를 감상하며 구연자나 청중이 만들 수 있다. 소리 효과는 목소리, 리듬 악기나 여러 종류의 음악을 활용한다. 음악 효과를 하기 위해서는 이야기 중 효과를 넣어야 할 부분을 정한다. 그리고 누가 이를 낼 것인지도 정한다. 이야기가 진행되면서 구연가나 청중은 자신이 맡은 역할에 따라서 소리 효과를 내며 이야기 진행에 합류한다. 구연과정을 녹음하여 문해 영역에 원본 책과 함께 둔다. 소리 효과를 내기 좋은 책은 「너무 시끄러워(Too Much Noise)」(JcGovern, 1992)와 「음매하는 소리(Mr. Brown Can Moo! Can You?)」(Seuss, 1998)이다.

구연에 소품을 활용하는 것은 그리 어렵지 않다. 봉제 인형, 장난감 등 이야기에 등

▲ 유아들이 가면을 쓰고 아기돼지 세마리 구연을 하고 있다.

장하는 인물과 사물을 준비한다. 구연을 하며 소품을 적절하게 사용한다. 「금발머리 소녀와 세 마리의 곰(Goldilocks and the Three Bears)」(Daley & Russell, 1999)에는 금발머리 인형과 세 마리 곰 봉제 인형을 활용한다. 「꼬마 기관차(The Little Engine That Could)」(Piper, 1990)에서는 장난감 기차를 활용한다. 또한 장난감 기차는 기차에 관한 정보책을 읽을 때도 사용할 수 있다.

칠판 동화란 구연을 하며 분필로 이야기의 시작부터 끝까지 그림을 그리는 것이다. 칠판 동화를 할 때에는 큰 칠판을 준비하여야 이야기의 시작과 끝을 한눈에 다 볼 수 있어 효과적이다. 굳이 칠판이 아니더라도 전지나 화이트보드를 사용하여 분필이 아닌 사인펜이나 크레용으로 그림을 그리며 구연을 해도 된다. 또한 칠판 동화를 응용하여 이젤을 사용하거나 OHP 프로젝터를 사용하는 것도 가능하다. 칠판 동화에는 단순한 그림의 동화가 적절하다. 구연을 하며 특징적인 것 몇 개만 그리도록 한다. 「해롤드의 보라색 크래용(Harold and the Purple Crayon)」(Johnson, 1981)은 아예 칠판 동화용으로 제작된 그림책이다.

헤드셋과 녹음테이프는 문해 영역에 항상 구비되는 자료이다. 책을 읽어주는 것이 일반적이나 이야기를 녹음하여 들려주면 텍스트를 눈으로 따라 볼 수 있다. 이는 표준 영어로 녹음되기 때문에 학교에서 영어를 배우는 유아에게 적절하다. 또한 유창하게 읽는 소리를 들으며 텍스트를 따라 보기 때문에 텍스트 해독을 어려워하는 유아에게도 적절하다. 부모, 교장, 교사, 양호교사, 원감 등의 목소리로 이야기를 녹음하라. 결국은 유아 스스로가 녹음을 하게 된다.

이외에도 구연에 관계된 여러 기법이 있으나 다 기술하지는 못하였다. 당신 자신의 기법을 이 목록에 첨가해도 된다. 이상에서 언급된 기법과 자료들을 활용하여 유아 자신이 동화 구연가가 되도록 한다. 유아 자신이 동화 구연을 하게 되면 다음 능력을 기르게 된다.

● 교사가 구연하며 사용한 기법과 자료를 활용하여 구연할 수 있다.
● 자신이 잘 아는 이야기의 일부를 구연하며 여러 기법을 활용할 수 있다.
● 구연 활동을 친구들 앞에서 발표할 수 있다.
● 이야기를 창작하여 다양한 기법을 활용하여 구연할 수 있다. 또 친구들 앞에서 발표하고 사용된 소품은 문해 영역에 비치하여 다른 친구들도 활동할 수 있도록 한다.

다음에 융판 동화를 활용한 구연활동의 교실 실제가 제시되어 있다.

교실 실제

융판 동화 활동

「토끼 냇(A Bunny called nat)」(작가 미상) 이야기

구연을 하며 색이 다른 토끼 인형을 융판에 붙인다.

자료 준비

회색, 파랑, 초록, 노랑, 주황으로 그려진 5마리의 토끼 인형. 토끼 그림은 그림 8.3을 참고.

그림 8.3

토끼 넷의 부직포 인형 모형

ELL

English Language Learners

옛날에 회색 털 토끼가 있었는데 이름이 냇이에요. 어느 날, 주변의 친구와 사촌들을 보니 그들도 모두 회색인 것을 알았어요. 그래서 냇은 다른 색의 털을 갖고 싶었어요. 냇은 다음과 같이 말했어요.

나는 토끼 냇이에요.
나는 멋지고 통통해요.
그리고 나는 털색을 바꿀 수 있어요.
이처럼요. (구연을 하며 손가락을 튕긴다.)

냇은 금방 파랑 털 토끼가 되었어요. 냇은 마치 하늘과 바다처럼 파랬어요. 또 새벽의 하늘과 땅거미처럼 파랬어요. 냇은 파랑 털이 마음에 들었어요. 그래서 연못에 자신의 모습을 비춰보기로 했어요. 연못가로 달려가 물가에 비친 자신의 모습을 보았어요. 그런데 연못가에 너무 바짝 기대어서 풍덩하고 빠졌어요. 냇은 물 속 깊이 빠졌는데 수영을 할 줄 몰랐어요. 냇은 너무 무서웠어요. 도와달라고 소리쳤어요. 친구들이 냇을 구하러 왔지만 냇은 물처럼 파래서 친구들이 냇을 알아볼 수 없었어요. 다행히 거북이가 와서 냇을 구하여 연못가로 건져내었어요. 냇은 파랑 털이 싫어졌어요. 냇은 다음과 같이 말했어요.

나는 토끼 냇이에요.
나는 멋지고 통통해요.
그리고 나는 털색을 바꿀 수 있어요.
이처럼요. (구연을 하며 손가락을 튕긴다.)

이번에는 냇의 털색이 무엇이 되었을까요? 맞아요, 노랑색. 해, 민들레, 앵무새처럼 노랑색이 되었어요. 노랑색은 너무 행복해 보이는 색이예요. 냇은 노랑색 털이 너무 마음에 들었어요. 그래서 밀림을 산책하기로 했어요. 밀림에서 냇은 누구를 만났을까요? 냇은 사자와 호랑이를 만났어요. 사자와 호랑이는 냇의 노랑 털을 보고 말하기를 "너 노랑 털옷을 입고 무엇을 하고 있는 거니? 밀림에서 노랑 털옷을 입을 수 있는 동물은 사자와 호랑이뿐이야." 그리고는 너무나 무섭게 으르렁거려서 냇은 놀라 집으로 도망쳤어요. 냇은 다음과 같이 말했어요.

나는 토끼 냇이에요.

나는 멋지고 통통해요.

그리고 나는 털색을 바꿀 수 있어요.

이처럼요. (구연을 하며 손가락을 튕긴다.)

이번에 냇의 털색이 무엇이 되었을까요? 맞아요. 초록색. 냇은 풀, 나무의 잎처럼 녹색이 되었어요. 그는 풀숲에 숨어있는 메뚜기처럼 녹색의 털을 가지게 되었어요. 냇은 토끼 친구들이 부러워할 것이라고 생각하고 풀숲에 있는 토끼 친구들하고 놀기로 했어요. 그런데 냇의 털이 풀과 같은 색이어서 다른 토끼들이 그를 알아보지 못하거나 냇을 보고도 메뚜기라고 생각해서 무시했어요. 냇은 초록색 털옷을 입은 이후로 토끼 친구들과 놀 수가 없었어요. 초록색 털을 갖는 것이 싫어졌어요. 그래서 냇은 다음과 같이 말했어요.

나는 토끼 냇이에요.

나는 멋지고 통통해요.

그리고 나는 털색을 바꿀 수 있어요.

이처럼요. (구연을 하며 손가락을 튕긴다.)

이번에 냇의 털색이 무엇이 되었을까요? 맞아요. 주황색. 냇은 당근처럼 주황색 털을 가지게 되었고, 해가 질 때와 같이 주황색, 늙은 호박처럼 주황색이 되어 정말 반짝 반짝 빛났어요. 냇은 밖에 나가서 형제와 친구들과 함께 놀고 싶어졌어요. 그런데 어떤 일이 일어났을까요? 친구들은 냇을 보자 노는 것을 멈추고 웃으면서 "하, 하, 하. 세상에 주황색 토끼가 다 있구나!" 하며 놀렸어요. 아무도 냇과 놀지 않았어요. 냇은 주황색 토끼가 싫어졌어요. 냇은 연못에 빠져서 아무도 알아볼 수 없는 파랑 토끼도 싫었어요. 냇은 사자와 호랑이가 무섭게 으르렁대는 노랑 토끼도 싫었어요. 풀숲과 똑같아서 친구들이 못 알아보는 초록색 토끼도 싫었어요. 그래서 냇은 다음과 같이 말했어요.

나는 토끼 냇이에요.

나는 멋지고 통통해요.

그리고 나는 털색을 바꿀 수 있어요.

이처럼요. (구연을 하며 손가락을 튕긴다.)

이번에 냇의 털색이 무엇이 되었을까요? 맞아요. 다시 회색 토끼가 되었어요 회색 토끼가 되어 친구 토끼들과 재미있게 놀았어요. 아무도 으르렁거리지 않고 놀리지 않았어요. 냇은 비구름처럼 회색이고 코끼리처럼 회색이고 갯버들처럼 회색 토끼였어요. 회색토끼는 따뜻했고 편안했어요. 그때부터 냇은 회색 토끼가 되는 것을 좋아했어요. 냇은 원래의 자기 모습이 최고라는 것을 알게 되었어요.

스테파니 부셀(2학년 담임)

동화 구연을 하면 유아의 이해력이 높아지는데, 이유는 구연에는 사건의 순서, 세부 사항, 이야기 요소가 다 포함되기 때문이다. 또한 구연을 위한 각색 과정에서 포함되는 부분과 삭제되는 부분을 결정해야 하고 이에 따른 소품과 기법도 결정해야 하므로 문제 해결력이 증가한다. 또한 목소리를 내기 위하여 인물의 성격과 심리상태에 대한 이해도 선행되어야 한다.

구연 기법을 활용하여 구체적 문해 기술을 가르칠 수도 있다. 예를 들어서, 글자 쓰기 기술을 가르치고자 한다면, 「피터의 편지(A Letter to Amy)」(Keats, 1998)를 활용할 수 있다. 이 이야기는 자신의 생일파티에 여자 친구를 초대하고 싶으나 다른 친구들의 놀림을 받을까 걱정하는 피터의 이야기이다. 피터는 여자 친구에게 초청장을 보냈으나 친구가 초대에 응할까 궁금하다. 이야기에 글자에 대한 것이 많이 언급된다. 내 대학원 학생 중 한 사람은 「피터의 편지」를 가지고 융판 동화를 활용하여 글자를 가르쳤다. 융판 동화에 활용되었던 소품으로 머리 글, 받는 사람과 보낸 사람 등 편지의 형식을 갖춘 편지도 있었다. 유아들은 이를 보고 초대글을 썼다.

이야기 읽기나 구연하기: 한 교실의 모습

나는 아동 문학을 활발하게 활용하여 문해 교육을 실행하는 1학년과 2학년 담임교사와 함께 일할 기회가 있었다. 이들은 아동에게 책을 읽어주고 구연에 활용할 소품을 만들어 교실 문해 영역에 비치하여 두었다. 이 교사들은 이미 앞에서 언급한 구연과 함께 여러 기법을 활용하였으며 그들 중 한 명은 다음과 같은 말을 하였다.

내가 책을 읽어주는 것을 아이들은 무척 좋아해서 질리는 적이 없어요. 사실 전에는 2학년에게는 책을 읽어주는 것이 그리 중요하지 않다고 생각했죠. 그러나 책을 읽어주면 줄수록 이것이 얼마나 중요한지 분명해졌어요. 책을 읽어주고 난 이후 아이들의 토론의 깊이는 날로 깊어졌고, 또한 자신들의 삶과 연결시키는 경우가 늘어났어요. 우리는 작가, 삽화가, 이야기 구조와 요소에 대하여 이야기를 나누죠. 이야기 읽기와 토론을 통해 아이들이 문학을 더욱 즐기게 되었고 이들이 사용하는 어휘와 이해도가 상당히 향상되었습니다. 또한 읽는 모습을 아이들에게 모델링하는 것의 중요성을 내 자신이 깨달았어요. 책을 읽으면서 융판 동화, TV 동화, 칠판 동화 등 여러 기법을 활용하는 것도 중요하다는 것을 알게 되었어요. 이를 통해 어떻게 해야 읽기가 아이들에게 매력적인 활동이 될 수 있는지도 알게 되었어요. 결론적으로, 교사가 책을 읽어주고 다양한 기법과 소품을 사용한 구연을 해주면 아이들의 읽기에 대한 흥미와 동기가 크게 향상됨을 발견하였습니다.

선생님이 동화책을 읽어주고 소품을 사용하여 구연을 해주는 학급 유아들에게 무엇을 배웠느냐고 질문하자 그들은 다음과 같이 답하였다.

저는 선생님이 책 읽어주는 것을 좋아해요. 선생님이 재미있게 읽어주는 이야기를 듣다 보면 나 자신이 어떻게 읽어야 할지 배우게 돼요. 또 선생님은 책을 여러 개 읽어주고 구연을 해주어 너무 재미있고, 나도 이를 똑같이 흉내 내어요.

2학년 학급 담임인 페이톤 선생님이 동화 읽기 시간에 책을 읽어주며 두 명의 삽화가의 차이점에 대하여 주목하였다. 두 권의 책을 다 읽은 후, 이 책의 그림은 한 사람이 그린 것인가 아니면 다른 사람이 그린 것인지를 질문하였다. 그러자 유아들은 그림이 너무 다르다고 하였다. 책 하나는 에즈라 잭 키즈의 「피터의 의자(Peter's Chair)」였고 다른 하나는 닥터 수우스의 「초록 계란과 햄(Green Eggs and Ham)」이었다. 교사는 각 그림의 특징을 묘사하도록 하였다.

타미카는 말하기를 "피터의 의자에서 의자는 실제와 똑같아요. 에즈라 잭 키즈는 그림을 너무 잘 그려요. 그림에 칠한 색이 마음에 들어요."

페이톤 선생님은 키즈 작가가 그림을 그렸을 뿐만 아니라 콜라주라는 기법을 사용하였다고 설명하였다. 그림을 자세히 보면 벽지, 신문, 머핀 받침 등이 그림에 섞여 있는 것을 볼 수 있다고 알려주었다. 페이톤 선생님이 닥터 수우스의 그림에 대하여 이야기해 보라고 하자, 마슬이 손을 들고 말하기를 "닥터 수우스의 그림은 키즈의 것과 아주 달라요. 선을 많이 사용하였고 사물도 상상해서 그린 것이예요. 또 사람과 사물에 칠한 색은 우리가 알고 있는 색과 달라요. 이 그림은 마치 만화 같고 키즈의 그림은 진짜 같아요."

이와 같은 토론 후에 아이들은 자신들이 창작한 글에 그림을 그렸다. 이들의 그림은 창의적으로 표현할 수도 있고 아니면 다른 동화책 삽화를 따라서 그릴 수도 있다. 아이들이 작업을 하는 동안 페이톤 선생님은 교실을 돌아다니며 작업에 대한 코멘트를 하거나 도움을 주었다. 마그다는 닥터 수우스의 그림처럼 그렸는데 페이톤 선생님은 말하기를 "마그다, 닥터 수우스가 저 문을 통해 우리 교실에 들어와서 네가 그린 그림을 보면 자신이 그린 줄 알 정도로 그렸구나." 하였다. 마그다는 영어 사용에서는 제한적인 능력을 보이지만, 교사의 이러한 긍정적인 강화로 인해 교사와 아동의 대화는 촉발되었다.

독립적으로 읽기와 쓰기. 학교 내에서나 밖에서나 유아 스스로 책을 읽는 양은 읽기 성취와 관계가 있음이 여러 연구에서 보고되었다. 초등학교 학생들에 대한 대규모 연구에서, 학교 밖에서 하루에 2분간 책을 읽는 학생은 읽기 표준검사 점수가 30% 수준을 나타낸다. 하루에 5분을 읽는 학생은 50% 수준을 나타낸다. 10분을 읽는 학생은 상위 70% 수준을 나타내며 20분을 읽는 학생은 상위 90% 수준을 나타낸다(Anderson, Fielding, & Wilson, 1988; Taylor, Frye, & Maruyama, 1990). 스스로 책을 선택하여 읽는 어린이는 평생 독서 습관을 형성하며 읽기에 대한 긍정적 태도를 갖는다.

일정 시간 집중하여 조용히 읽기(SSR: Sustained Silent Reading)나 모든 것을 내려놓고 읽기(DEAR: Drop Everything and Read)란 조용하게 읽기를 하는 시간을 의미한다. 학급의 모든 유아들이 자신이 읽을 책을 선택하여 조용히 책을 본다. 조용히 혼자 읽는 시간은 유아가 배운 것을 연습하는 시간이며 이해를 위하여 집중하게 하므로 중요하다. 그러나 어떤 경우에는 읽을 책을 고르느라고 너무 많은 시간을 소비하고, 앉아서도 책장만 그냥 넘기는 등 형식적인 행동을 하는 것으로 비난받기도 한다. 또한 읽은 것에 대하여 확인할 방법도 없다.

따라서 이러한 부작용을 최소화하기 위하여, 독립적으로 읽고 쓰는 활동은 학급에서 탐구되고 있는 주제에 맞는 내용에 집중하거나, 저자나 삽화가나 특정 장르에 집중하는 것도 하나의 방법이다. 예를 들어서, 동물에 대하여 학습하고 있다면, 독립적 읽기와 쓰기 활동에서는 동물과 관련된 책만을 선택하게 하는 것이다. 교사는 이때 이 주제의 책과 다른 책을 구분해서 서가에 진열해야 한다. 혹은 서가 자체에 독립적 읽기에 사용되는 책만을 따로 모아둔다. 또한 골라야 할 책의 권수를 최소화하면 유아들이 책을 선택하는 것이 쉽고 시간도 절약된다(Ritchie, James-Szanton, & Howes, 2003). 독립적 책 읽기에 책임감을 가지고 참여할 수 있도록 읽은 쪽수를 적게 하거나 읽은 것 중 좋아하는 문장을 노트에 적도록 하는 것도 하나의 방법이다. 이와 같은 방법은 책을 읽는 것에 더욱 집중하도록 도울 것이다. 교사는 독립적으로 읽기와 쓰기 활동을 시작하기 전 유아들이 지켜야 할 규칙을 안내한다. 아래에 몇 가지 규칙을 정리하였다.

- 읽을 책은 빨리 고르세요.
- 한 번에 한 권만 읽으세요.
- 책 제목과 읽은 날짜를 기록하세요.
- 읽은 내용 중 좋았던 것을 한 문장으로 메모하세요.

교사가 주도하는 문학 활동

문학 활동은 교사가 주도하고 모델을 보여 유아의 흥미를 불러일으켜야 한다. 아래에 정규적으로 제시되는 문학 활동의 목록을 제시하였다.

매일 하는 활동
1. 이야기글이나 정보글을 읽거나 구연해준다.
2. 읽은 이야기에 대한 사실적 사항과 해석적 의미에 대하여 이야기를 나눈다.
3. 학급 도서 대출 프로그램을 운영한다.
4. 자신이 읽은 책을 기록하게 한다.

5. 학급 도서 영역을 정리하고 관리하는 것을 유아 스스로 하게 한다.

매주 하는 활동

1. 원장, 원감, 양호교사, 사무원이나 부모들이 교실에서 책을 읽어주는 기회를 마련한다.
2. 작가와 삽화가에 대한 의견을 나눈다.
3. 저자에게 편지를 쓴다.
4. 윗반 유아가 아랫반 유아에게 책을 읽어준다.
5. 친구에게 서로 책을 읽어준다.
6. 동화책의 DVD도 시청한다.
7. 내용교과 학습을 위해 아동 문학을 활용한다.
8. 아동 문학 감상을 미술로 표현한다: 저자의 그림을 따라 그리거나 기법을 실제 해 본다.
9. 다양한 구연 기법으로 이야기를 들려준다.
10. 소품을 활용하여 유아가 구연을 하도록 한다.
11. 동극을 한다.
12. 동화와 관련한 요리 활동을 한다: 돌맹이 수프를 읽고 돌맹이 수프를 만들어본다.
13. TV 프로그램, 스포츠뉴스, 사건 등에 관련된 책을 읽는다.
14. 학급 책을 만들거나 개인 책을 만들어 제본하여 도서 영역에 비치한다.
15. 동요집을 감상하고 도서 영역에 비치한다.
16. 도서 안내 게시판을 운영한다.
17. 읽은 책을 홍보하는 활동을 한다.
18. 책을 다루는 방법에 대하여 토론한다.
19. 동시 감상, 암송, 쓰기 활동을 한다.
20. 일주일에 몇 번은 10~20분간 독립적 읽기와 쓰기 활동을 한다.
21. 학교 밖에서 읽은 것을 토론한다.

정기적으로 하는 활동

1. 책의 앞표지가 보이도록 진열하는 서가에 정규적으로 새 책을 배열하고 가끔은 특별 전시도 한다.
2. 서가에 진열된 새 책을 소개한다.
3. 두 주에 한 번씩 25권의 책을 진열한다.
4. 학생들 스스로 정기적으로 책을 살 수 있는 학교 서점도 운영한다.

▲ 융판 동화 등 다양한 구연 기법으로 문학을 제공하는 것은 교사의 몫이다.

일 년에 몇 번 하는 활동

1. 책갈피를 나누어준다.
2. 유아에게 책을 선물한다.
3. 유아 작가 모임도 개최한다; 유아들이 만든 책 발표회, 책 제본 모임을 개최하거나 작가, 삽화가나 구연가를 초청한다.
4. 책 전시회를 개최한다.
5. 동화책 파티를 연다; 등장인물처럼 분장하기, 구연하기, 영화보기나 구연발표 등
6. 유아가 북클럽을 통해 책을 주문하게 한다.
7. 기성 작가와 삽화가를 초청하여 유아와 만남의 시간을 갖는다.
8. 미술교사, 정보교사, 음악교사와 협력하여 문학을 주제로 통합 활동을 한다.

부모 참여 활동

1. 학교에서 개최하는 문학 활동을 가정통신문으로 부모에게 알린다.
2. 학교에서 진행되는 문학 활동에 부모가 참여하도록 독려한다; 책 읽어주기, 책 만들기 활동의 보조, 책 구입 모금 운동 등
3. 학교에서 진행하는 문학 활동의 중요성, 목적, 활동을 소개하는 부모교육을 한다.
4. 가정에서 자녀를 위한 독서 활동이나 문학 활동의 방법에 관한 부모교육을 개최한다.
5. 가정에 비치할 도서 목록을 제공한다.
6. 방과후 가족과 함께 문학의 밤 같은 행사를 진행한다(행사 이름은 "커피, 간식 그리고 책"으로 한다).

읽기와 쓰기를 동기화하는 문해 영역 활동

교실의 문해 영역은 유아가 읽기와 쓰기에 동기화되도록 기여하는 중요한 공간이다. 유아가 교실에 오자마자 읽고 쓰기를 하면서 창의적 활동에 참여할 수 있는 영역이 되도록 한다. 유아 스스로가 어떤 과제를 어떻게 할 것인지를 결정하도록 한다. 책을 읽거나 이야기를 적거나 인형극 자료를 제작할 수 있다. 활동은 유아 혼자 하거나 교사가 소집단으로 안내된 읽기 수업을 하거나 혹은 일대일 수업과 평가 등을 할 때 나머지 유아들이 활동하는 공간이 된다. 문해 영역은 유아들이 즐거움과 정보를 얻기 위하여 스스로 선택한 활동을 하면서 또래들과 상호작용할 수 있는 공간이다. 이 영역에서 일어나는 활동은 유아가 자발적인 독서자나 작가가 되는 습관을 기르도록 한다(Morrow,

Sharkey, & Firestone, 1994). 읽기와 쓰기에 대한 동기를 장려하는 요인은 선택, 사회적 상호작용, 도전, 성공이다. 문해 영역에서 활동하는 유아는 자신이 원하는 것을 선택할 수 있다. 또한 대부분의 활동은 또래와 함께 하는 협력을 요구한다. 또한 활동은 유아에게 도전이 되면서도 성취감을 느끼게 한다. 영어에 능숙하지 않은 유아도 인형극이나 융판 동화 활동에 함께 할 수 있다.

　신학기에 문해 영역 활동을 시작할 때에는 교사가 두세 명으로 모둠을 구성해주고 리더도 지명해주고 모둠이 함께 할 활동도 골라준다. 초기에 교사가 주도하는 모둠 형성과 활동의 내용은 시간이 지나면 유아 스스로가 할 수 있다. 유아들이 활동을 선택하도록 안내하고 이를 게시하고 유아들과 검토한다.

　읽기 초보자들에게 교사는 글에 그림을 병행하여 표기하여 역할과 규칙을 이해할 수 있도록 돕는다. 그러나 항상 교사는 이 목록을 안내하고 함께 검토하여 유아가 내용을 이해할 수 있도록 돕는다. 문해 영역에서 유아는 읽기와 쓰기에 관하여 배운 기술을 다시 연습하기도 하고 새로운 것을 배우기도 한다. 학기 초에는 한 활동에 집중하기 어려워하는 유아도 있으나, 시간이 지나면 대부분의 유아들이 한 활동을 끝까지 할 수 있게 된다.

　나는 이 장에서 기술된 활동을 교실 현장에 적용하기 위하여 린치 선생님이 담임을 맡고 있는 2학년 교실을 1년간 방문하여 지도하였다. 학년이 끝나는 날 반 아이들과 작별인사를 하기 위하여 마지막으로 반을 방문하였다. 린치 선생님과 나는 반 아이들이 문해 영역에서 활동하는 것을 보면서 큰 자부심을 느낄 수 있었다. 몇 명의 아이들은 부분 양탄자에 앉아서 베개에 기대어서 자신이 고른 책을 읽고 있었다. 루이스와 라몬은 흔들의자에 앉아서 함께 책을 읽었다. 마르셀, 패트릭, 로젠질라는 봉제 인형으로 가득한 서가 아래의 조용한 공간에 들어앉아서 번갈아가며 책을 읽었다.

　트레샤와 티파니는 「생강빵 소년(The Gingerbread Boy)」(Galdone, 1983)으로 융판 동화를 하였다. 트레샤는 "달려, 빨리 달려! 너는 나를 잡을 수 없을 거야. 나는 생강빵 소년이야!"라고 말하고 티파니는 인형을 조작하였다. 네 명의 아이들은 각자 모리스 샌닥의 「피에르(Pierre)」(Sendak, 1991) 책을 들고 함께 소리 내어 읽었다. 티론이 빅북을

▲ 문해 영역에서 TV 동화를 하거나 테이프에 녹음된 이야기를 듣는다.

들고 다른 아이들은 작은 책을 들고 티론이 교사처럼 글을 소리 내어 읽다가 교사가 하듯이 아이들에게 질문을 하였다.

이곳에 기술된 프로그램과 활동은 유치부부터 초등학교 2학년 교실을 관찰하고 지도하여 얻은 결과들이다. 이러한 활동을 운영하는 교실의 아이들은 읽기 이해도 검사에서 높은 점수를 받았고 이야기를 다시 말하거나 쓰기, 글의 구성요소가 있는 이야기를 창작하거나 쓰는 능력에서 그렇지 않은 교실의 아이들보다 높은 수준을 나타냈다(Morrow, 1990, 1992; Morrow, O' Connor, & Smith, 1990). 무엇보다도 중요한 것은 재미있고 의미 있는 활동을 할 때 유아들은 내적으로 동기화되었다는 것이다. 문해 영역의 자료는 옆 반의 자료와 돌려가며 사용하면 유아에게 풍부한 자료를 제공할 수 있다. 혹은 유아도 문해 영역에 비치할 자료를 찾고 만드는 데 참여할 수 있다. 예를 들어서 이야기를 녹음할 수도 있고 융판 동화용 인물과 소품을 만들 수도 있으며 TV 동화 상자를 만들 수도 있다. 혹은 이야기를 창작하여 이를 책으로 엮어서 학급 문고에 비치할 수도 있다. 이러한 활동은 유아로 하여금 소유감을 갖게 하고 이 영역을 애정을 가지고 존중할 수 있게 한다.

문해 영역 활동에 대한 반응

교사와 유아에게 문해 영역 활동과 프로그램 운영 전반에 대하여 질문하였다. 교사들은 유아가 문해 영역에서의 활동을 특별히 좋아하는 이유로 다음을 꼽았다.

- 하고 싶은 일을 스스로 선택할 수 있다.
- 읽고 싶은 책을 스스로 선택할 수 있다.
- 혼자 활동할지 친구와 활동할지 선택할 수 있다.
- 인형이나 융판 동화와 같은 구체물을 조작할 수 있다.

교사들은 문해 영역 시간과 활동을 통해 유아가 배우는 것은 다음과 같다고 응답하였다.

- 또래와 함께 활동하고 협동하는 것을 배울 수 있다.
- 독립적으로 결정을 내리는 것을 배울 수 있다.
- 이야기를 듣고 혹은 읽으면서 이야기 구조에 대한 이해를 발달시킬 수 있다.
- 새 어휘를 배울 수 있다.
- 스스로 읽은 것과 혹은 들은 내용을 잘 이해할 수 있다.
- 아동 문학의 다양한 장르에 대한 지식을 얻으며 책을 좋아하게 된다.
- 또래 간에 서로 가르치고자 하며 가르칠 수 있다.

교사들은 문해 영역 운영을 통해 다음을 배웠다고 응답하였다.

- 문해 영역과 활동에서 조성된 가족적 분위기가 유아의 학습에 긍정적이다.

- 유아는 협력하고 독립적으로 활동할 수 있는 능력이 있다는 것을 알게 되었다.
- 문해 영역은 또래보다 발달이 앞선 유아나 늦은 유아 모두에게 맞는 활동이 있다. 즉 문해 영역의 활동과 운영은 유아의 수준에 맞추어 융통성 있게 운영될 수 있다. 이 영역은 학습의 촉진제 역할을 한다.
- 읽기와 쓰기를 잘 하지 않던 유아들도 문해 활동에 참여하였다. 이는 유아 스스로가 자신이 하고자 하는 활동을 선택할 수 있었기 때문으로 보인다.

유아들은 스스로는 문해 영역 활동을 통해 다음과 같은 것을 학습하였다고 응답하였다.

- 읽기는 즐겁다.
- 읽기와 쓰기를 배우려면 많이 읽어야 한다.
- 읽기를 통해 이야기를 이해하게 되고 새 단어를 배운다.
- 나보다 책을 잘 읽는 친구가 도와주므로 읽기를 배울 수 있다.
- 작가와 삽화가에 대하여 알게 되고 이들도 나 같은 사람이므로 언젠가는 나도 작가나 삽화가가 될 수 있다는 것을 배웠다. (Morrow, 1992)

책에 대한 유아의 태도 평가

유아가 이야기를 듣는 동안이나 글을 읽거나 그림을 볼 때 유아를 관찰하면 책에 대한 유아의 태도를 효과적으로 평가할 수 있다. 얼마 동안 책을 집중해 읽는가? 책을 훑어보는가? 책장을 빨리 넘기기만 하고 그림이나 글에는 전혀 관심을 두지 않는가? 아니면 그림이나 글을 꽤 오랜 시간 집중해 보는가?(Martinez & Teale, 1988) 또한 다른 선택 사항이 있을 때 얼마나 자주 책 읽기를 선택하는가에 대하여도 주의해서 보아야 한다. 유아를 면담할 기회가 있을 때 학교에서 좋아하는 것과 가정에서 좋아하는 것을 물으면 책에 대하여 갖는 흥미나 태도를 평가할 수 있다. 학부모 상담을 할 때에 자녀가 자발적으로 책을 보는지 아니면 부모가 책을 읽어줄 때 집중하는지 묻는다. 또한 부모가 얼마나 자주 자녀에게 책을 읽어주는지도 묻는다. 또한 가정의 문해 환경에 대한 정보를 수집하여 책에 대한 유아의 태도를 평가하는 데 참고할 수 있다.

그림 8.4에 읽기와 쓰기에 대한 유아의 동기를 평가하는 도구가 제시되어 있고 다음 체크리스트에는 유아의 책 읽기에 대한 태도를 파악하는 면담 질문이 있다. 이 자료는 유아의 포트폴리오에 보관한다.

그림 8.4	읽고 쓰기에 대한 동기 면담 질문

방법: 읽기와 쓰기에 대하여 무엇을 좋아하고 어떻게 생각하는지를 알고 싶다고 유아에게 말한다. 다음 질문을 한다.

1. 선생님이 얼마나 자주 책을 읽어주었으면 좋겠니?
   (2) 매일   (1) 거의 매일   (0) 거의 안 읽어줌

2. 너 스스로 책을 읽는 것을 좋아하니?
   (2) 네   (1) 보통   (0) 아니오

3. 다음 중 가장 갖고 싶은 것은 무엇이니?
   (2) 새 책   (1) 게임기   (0) 새 옷

4. 읽은 책에 대하여 친구에게 말해주니?
   (2) 아주 많이   (1) 가끔   (0) 전혀

5. 다른 사람에게 소리 내어 읽어주는 것을 좋아하니?
   (2) 네   (1) 보통   (0) 아니오

6. 시간이 날 때 책 읽는 것을 좋아하니?
   (2) 네   (1) 보통   (0) 아니오

7. 선물로 책을 받으면 기분이 어떠니?
   (2) 좋아요   (1) 보통이예요   (0) 아니오

8. 학교에서 책을 빌려가니?
   (2) 네   (1) 가끔   (0) 아니오

9. 집에서 식구 누군가에게 책을 읽어주니?
   (2) 거의 매일   (1) 가끔   (0) 아니오

10. 너의 읽기 실력은 어느 정도니?
    (2) 아주 좋아요   (1) 보통   (0) 잘 못해요

11. 읽기 공부는 어떠니?
    (2) 쉬워요   (1) 조금 어려워요   (0) 아주 어려워요

12. 글쓰기를 좋아하니?
    (2) 네   (1) 보통   (0) 아니오

13. 시간이 나면 글을 쓰니?
    (2) 네   (1) 가끔   (0) 전혀

14. 어느 것을 읽을 때 가장 재미있니?
    (2) 책과 잡지   (1) 학교 숙제   (0) 아무것도

출처: Gambrell, Linda B., Palmer, Barbara Martin, Coding, Rose Marie, and Mazzoni, Susan Anders. (1996, April). Assessing motivation to read. *The Reading Teacher*, 49(7), 518-533. Figure reprinted with permission of the International Reading Association.

체크리스트 | 읽기와 쓰기에 대한 태도 평가

유아의 이름: _____ 날짜: _____

방법: 교사가 평가함

	항상 그렇다	가끔 그렇다	전혀 그렇지 않다	비고
교실에서 자발적으로 책을 보거나 읽는다.				
책을 읽어달라고 요구한다.				
교사가 읽어줄 때 집중하여 듣는다.				
책을 읽고 난 후 자신의 생각을 말하고 질문을 하며 토론에 참여한다.				
책을 집으로 빌려간다.				
가정에서 자발적으로 글쓰기를 한다.				
교실에서 자발적으로 글쓰기를 한다.				

교사 코멘트:

문해에 대한 동기를 발달시키는 극놀이

English Language Learners

문해 학습의 동기화를 위해 계속 관심 가져야 할 교육과정 영역은 바로 놀이이다. 놀이를 통해 유아는 소집단으로 상호작용하며 협력한다. 역할 놀이 영역은 탐구하고 있는 사회나 과학 주제를 실제 삶으로 경험하도록 하는데 이를 문해 활동과 연관시켜 구성할 수 있다. 읽기와 쓰기 자료를 제공하면 놀이를 강화할 수 있으며 놀이를 하면서 말하고 듣고 읽고 쓰기는 의미 있는 경험이 된다.

유아교육자들이 놀이가 유아의 사회, 정서, 신체 발달에 도움이 된다는 것을 인정하고 있었으나, 놀이가 문해에 대한 동기를 촉진한다는 것에 대한 인식은 최근이다. 놀이는 문해 행동을 촉진시키는 아주 중요한 매개가 되는데 이유는 놀이는 반복되고 사회적으로 의미 있는 맥락을 제공하기 때문이다. 문해는 유아가 또래와 함께 적극적으로 협력하고 자신이 이미 알고 있는 배경 지식과 관계있으며 다른 사람의 지원과 안내를 받을 때 발달한다. 놀이가 바로 이러한 맥락을 제공한다. 놀이를 하는 유아를 관찰하면 자신의 놀이 상황에서 문해를 목적 있게 활용하는 것을 볼 수 있다. 또래들과 협력하며 읽기와 쓰기를 시도하거나 관례적 형식으로 읽고 쓰는 것을 놀이 안에서 관찰할 수 있다 (Morrow, 1990; Neuman & Roskos, 1992; Roskos & Christie, 2000). 문해 발달이 사회적이고 협력적이며 상호작용 안에서 이루어진다는 것을 보기 위하여 동물 주제 중 애완동물에 초점을 맞추어 역할극 영역에 동물 병원을 구성한 하트 선생님 교실을 방문해보자. 역할극 영역에는 대기실이 있으며 의자, 잡지, 책, 애완동물 돌보기에 대한 팸플릿이 놓여 있는 책상, 애완동물 포스터, 업무 시간 표시, 금연 표시, '먼저 간호사에게 등록하세요' 표시 등이 준비되어 있다. 간호사 책상에는 전화기, 전화번호부, 예약 카드, 탁상 달력, 예약과 손님 기록을 위한 컴퓨터, 환자 등록 카드가 묶인 클립보드 등이 놓여 있다.

하트 선생님은 먼저 동물 병원에서 사용하는 여러 도구와 물품에 대하여 유아에게 안내하였는데, 예를 들어서 대기실에서는 애완동물에게 책을 읽어주거나, 진단서나 예약을 위하여 기록하고, 동물의 상태에 대하여 기록하는 양식 등을 소개하였다. 또한 하트 선생님은 자료를 소개하며 실제 유아들과 놀이에 참여하여 동물 병원 놀이에 대하여 모델링을 하였다.

극놀이 중 나타난 문해 행동

아래에 제시한 일화는 책과 쓰기 자료 등 문해 환경이 풍부하고 유아가 관찰하고 따라할 수 있도록 읽기와 쓰기 행동의 모델이 되는 교사가 있는 환경에서 유아가 보여주는 문해 행동이다. 이러한 문해 행동은 실제 삶과 관계되었을 때 의미 있으며 또래와 협력하며 놀이하는 중에 읽고 쓴다는 것을 보여준다.

제시카는 대기실에서 의사를 기다리고 있었다. 제시카는 자신의 봉제 강아지 인형 샘에게 의사가 아프게 하지 않을 테니 걱정하지 말라고 말한다. 제시카는 고양이 봉제 인형 머핀과 함께 기다리고 있는 제니에게 고양이가 어디가 아프냐고 물었다. 또한 두 소녀는 자신들의 애완동물의 고통에 서로 공감하였다. 한참 하던 이야기가 끝나자, 제시카는 책상 위에 놓인 「아줌마가 내 엄마인가요?(Are You My Mother?)」를 애완동물에게 읽어주는 시늉을 한다. 제시카는 책을 읽으면서 봉제 인형 샘에게 그림을 보여준다.

지니가 소리치며 병원에 들어왔다. "우리 강아지가 차에 치였어요." 의사는 강아지의 다리에 반창고를 붙여주었다. 그리고 두 아이는 이 사고를 경찰에 신고하기로 하였다. 경찰서에 전화하기 전 전화번호부 책을 꺼내어 강아지가 자동차에 치인 장소를 찾기 위하여 지도가 그려진 장을 펼친다. 그리고 장난감 전화로 경찰서에 전화를 걸어 사고를 신고하였다.

프레스톤은 크리스토퍼의 애완 곰을 검사한 후 환자 기록부에 증세를 적었다. 그는 자신이 긁적여 놓은 것을 큰 소리로 다음과 같이 읽었다. "이 곰의 혈압은 29예요. 다 낳을 때까지 매 시간 알약을 62개 먹어야 하고 몸을 따뜻하게 하고 푹 재우세요." 프레스톤은 이것을 읽으면서 자신이 쓴 것을 크리스토퍼에게 보여주어 이해할 수 있도록 도왔다. 그리고 간호사에게 이 내용을 컴퓨터에 적어 넣도록 하였다. 그림 8.5는 동물 주제

그림 8.5 동물 병원 극놀이 영역에 비치하는 각종 양식

예약 카드

이름: _____

예약 날짜 _____

☐ 월 ☐ 화 ☐ 수 ☐ 목 ☐ 금 ☐ 토

날 _____ 시 _____

약 처방

환자의 이름:

처방:

다음 처방: 투약법:

프랭클린 A. 머로우, 동물의사

환자 기록 카드

환자 이름: _____   동물 종류: _____

주인 이름: _____   방문 날짜: _____

주소: _____   전화번호: _____

이전의 병: _____   치료: _____

DOCTOR   SERVICE   ROOM

DATE   Note progress of case, complications, consultations, change in
              diagnosis, condition or discharge, instructions to patient.

동물 병원 놀이를 하고 있는 유아가 곰 인형을 검사한 후 "이 곰의 혈압은 29이고 62개의 알약을 먹어야 합니다. 몸을 따뜻하게 하고 푹 재우세요."라고 말하였다. 위 긁적인 글자는 이런 내용을 적은 것이다.

를 하면서 동물 병원 극놀이 영역에서 사용할 수 있는 여러 양식이다.

이 활동은 영어가 모국어가 아닌 유아나 배경이 다양한 유아들에게 아주 좋은 기회를 제공한다. 이런 놀이를 통해 또래와 함께 실제 상황과 같은 맥락에서 어떻게 행동해야 하는지를 배울 수 있다. 소품과 놀이 상황으로 인해 유아가 참여하는 것에 큰 부담이 없다. 아래에 유아의 발달 수준에 맞는 놀이 상황과 이를 통해 어떻게 읽기와 쓰기가 격려될 수 있는지가 제시되어 있다.

1. **신문사:** 전화기, 전화번호부, 지도, 컴퓨터, 종이, 연필, 스포츠 기사, 여행 기사, 일반 뉴스, 날씨 등을 다룸.

2. **슈퍼마켓:** 음식 라벨이 붙어 있는 선반, 상표가 붙어 있는 음식 용기, 계산기, 전화기, 컴퓨터, 영수증, 수표책, 쿠폰, 광고 전단지

3. **우체국:** 유아들이 보내는 편지를 전달하거나 종이, 봉투, 주소 책, 펜, 연필, 도장, 현금 지급기, 컴퓨터, 우체통, 우체부의 모자와 가방, 편지를 전달하는 데 수신자와 주소를 읽는 것이 중요함.

4. **공항:** 도착과 출발을 표시하는 게시판, 티켓, 탑승권, 짐표, 대기실의 잡지와 책, 안전에 관한 메시지, 승무원의 이름표. 컴퓨터 인터넷으로 비행기 표 예약을 함.

5. **주유소와 자동차 정비소:** 이는 블록 영역에 구성함. 장난감 자동차, 트럭, 영수증, 지도, 자동차 수리 매뉴얼, 자동차 부품 광고 포스터, 주유소에서 파는 물건의 빈 깡통 등. (Morrow, 2007)

유아가 극놀이에 사용하는 소품은 최대한 실제와 같은 것이어야 문해 발달을 최적화할 수 있다. 즉 극놀이에 제공되는 자료와 소품의 기능이 유아에게 친숙한 것이어야 한다. 그리고 한 번에 여러 개의 주제로 극놀이를 구성하는 것은 좋지 않다. 극놀이는 현재 탐구하고 있는 주제와 연관되게 한다. 새로운 주제 탐구가 시작되면 극놀이 영역도 변화시켜야 한다. 교사는 새로운 극놀이 자료와 소품의 사용에 대하여 직접 시범을 보여야 한다(Barone, Mallette, & Xu, 2004; Neuman & Roskos, 1993).

극놀이 영역에 지원된 자료들은 표시가 분명하여 무엇인지 알아볼 수 있게 하고 유아가 쉽게 접근할 수 있어야 한다. 시도된 읽고 쓰기도 존중되어야 하며 교사는 극놀이에 나타나는 문해 행동을 일화기록하면 유아의 행동과 문해 발달 수준을 이해하는 데 유익하다.

놀이는 전형적으로 유아부와 유치부의 전유물로 생각되어 왔다. 그러나 놀이는 초등 1학년, 2학년과 3학년에게도 유용하다. 초등학교 어린이가 놀이하면서 보여주는 문해 행동은 더 복잡하고 섬세하다. 예를 들어서, 놀이를 하면서 인터넷으로 정보를 얻고, 새로운 이야기를 읽으며, 여행 정보를 얻는 등 무궁무진하다. 그림 8.6은 식당놀이에 필요한 자료이다.

그림 8.6 식당놀이

환영합니다.

_____ 식당

그림 8.6   식당놀이 (계속)

이탈리아 식당 메뉴

음료

우유	천원
물	공짜

주식

스파게티	만원
피자	이천원

후식

이탈리아 쿠키	삼천원
치즈 케이크	삼천원

멕시코 식당 메뉴

음료

우유	천원
주스	천원

주식

콩 부리토	오천원
닭 케스딜라	오천원

후식

아이스크림	이천원
쌀 푸딩	이천원

그림 8.6   식당놀이 (계속)

바비큐 식당 메뉴

음료

주스 천원

물   공짜

주식

햄버거   삼천원

핫도그   이천원

후식

오트밀 쿠키   천원

아이스크림   천원

식당 메뉴를 만들어 보세요. 그림을 그리고 이름을 적으세요.

——————————————————

음료   **주식**   **후식**

그림 8.6 식당놀이 (계속)

————————— 식당에 와주셔서 감사합니다.

총 ————— 원입

또 방문해 주세요!

위의 영수증은 종업원이 작성한다.
아래 만족도 설문은 손님이 작성한다.

식당 만족도 설문

음식이 마음에 드셨나요?
종업원은 친절하였나요?
음식은 제 시간에 나왔나요?

식당 이름: _____

주문서와 영수증 _____

음료수 _____

주식 _____

후식 _____

총 원입 _____

주제 학습: 문해 학습과 다른 영역의 통합

이 책 대부분에서는 내용을 이해하면서 얼마나 유창하게 잘 읽게 가르칠 것인가에 대하여 기술하였다. 학교 일과 중 읽기에 필요한 기술을 직접적으로 가르치는 시간은 주로 아침이다. 이 시간을 언어 시간(Language Arts Block)이나 읽기와 쓰기 워크숍 시간 (Reading and Writing Workshop)이라 한다. 구체적이고 직접적으로 읽기와 쓰기에 대한 기술을 가르치는 시간은 약 1시간 30분에서 3시간인데 이 시간은 중요하다. 유아에게 읽고 쓸 기회를 주고 이 과정에서 아이들은 선택, 도전, 협력과 성취감을 경험해야 한다. 학습은 아이들의 경험과 관련이 있고 실제적이어야 이들의 흥미를 이끌 수 있다.

읽기에 대하여 직접적으로 가르치는 것은 주로 아침에 소집단으로 이루어지고 나머지 일과에서는 내용교과 학습에 읽기와 쓰기가 통합되어야 한다. 벌레, 공룡, 동물 등과 같은 사회와 과학 내용교과를 공부하면서 읽고 쓰기를 한다. Guthrie(2004)는 개념 중심의 읽기 학습(Concept-Oriented Reading Instruction; CORI)을 개발하였다. 이 프로그램의 목적은 과학을 공부하면서 문해에 대한 동기를 활성화하는 것이다. CORI 프로그램에 참여한 학생들은 새로운 지식을 배우면서 배경 지식을 활성화하고 질문을 제기하며 질문에 대한 답을 스스로 찾는다고 하였다. 또한 정보를 조직하고 요약하는 능력이 향상되었다. 또한 CORI 프로그램은 읽기와 쓰기에 필요한 구체적 조작 활동, 재미있는 아동 문학, 협력을 요구하는 프로젝트를 제시하므로 프로그램에 참여한 학생들의 활동 참여 동기와 몰입도가 높았다.

CORI는 과학 주제를 중심으로 탐구한다. 새 주제를 할 때에는 밖에 나가서 관찰하고 토론한다. 새의 생김새, 새의 먹이, 잠자는 곳에 대하여 관찰하고 탐구한다. 박물관, 동물원을 방문하여 다양한 새의 종류에 대하여 관찰하고 알아본다. 또한 새 전문가를 초청하거나 방문한다. 방문과 관찰을 통해 궁금한 것들에 대한 답을 찾기 위하여 새 모이집을 만들어 학교 마당에 걸어놓고 교실에 애완 새를 들여놓아 돌보고 관찰한다. 질문이 생기면 답을 얻기 위하여 책을 찾아 읽고, 인터넷을 검색하며 동영상을 보는 등 여러 방법으로 협력한다. 배우고 알게 된 것을 음악, 미술, 실험, 다른 여러 방법으로 정리하고 표현하여 발표한다.

교과내용 간 통합에 교육자의 주목을 끌게 한 최대의 공헌자는 Dewey(1966)이다. 통합교육이란 하나의 주제하에 모든 과목의 과정 기술과 내용을 학습하게 하는 것이다. 주제는 유아의 실제 삶과 관계된 것이거나 유아 스스로가 흥미를 보인 것이다. 학습은 구성원 간 상호작용을 통해서 과정 중심으로 진행되며 다양한 자료를 탐색하고 실험하면서 진행된다. 예를 들어서 공룡을 학습하는 교실에서 유아는 공룡에 대하여 말하고 읽고 쓴다. 공룡을 만드는 조형 활동을 하고 공룡과 관계된 노래를 배운다. 이를 통해 유아는 공룡에 대하여 배울 뿐만 아니라 각 교과와 관계된 과정 기술을 배우게 된다.

문해 경험은 유아교육의 하루 일과의 모든 내용에 통합되어 진행되어야 한다. 아래에 문해 학습이 통합되는 과정과 전략을 기술하였다(Morrow, 2004; Pappas, Kiefer, & Levstik, 1995).

미술 활동의 목표

유아기 미술 교육의 목표는 아래와 같다.

1. 다양한 미술 재료와 매체를 경험한다.
2. 재료와 매체를 탐색하고 변화를 시도한다.
3. 미술 경험을 통해 감정을 표현한다.
4. 경험을 시각적 형태로 표상한다.
5. 다양한 미술 작품의 아름다움을 느낄 수 있다.
6. 선, 색, 질감, 형태 등에 대하여 묘사하고 이를 토론할 수 있다.
7. 미술 활동을 통해 문해 경험을 한다.

미술 활동을 통해 손가락 페인팅, 수채화, 찍기, 실로 그리기, 스폰지로 그리기, 색연필, 사인펜, 크레용, 색지, 티슈, 알루미늄 호일, 랩, 밀가루 반죽, 가위, 실, 천 조각, 찰흙, 고무 점토 등의 다양한 재료를 탐색하고 변형시킬 수 있다. 이러한 재료를 탐색할 때 재료의 성질과 질감에 대하여 표현할 기회를 격려한다면 이들의 언어 사용 능력은 크게 향상된다. 예를 들어서 손가락 페인팅을 하는 유아는 미끄러운, 끈적거리는, 질척거리는, 꿈틀거리는 등의 다양한 언어를 사용하게 된다. 밀가루 반죽이나 찰흙을 탐색하면서 유아는 탕탕 두들기다, 꾹 짜다, 굴리다, 누르다, 접다 같은 어휘를 사용한다. 수채화 물감은 "아이쿠, 물이 뚝뚝 떨어진다." "물감이 강줄기처럼 흘러내린다." "색들이 어떻게 섞이는지 볼래? 빨간색이 파란색을 보라색으로 만들었어." 혹은 "내 그림은 하늘의 무지개 색이 다 있어." 같은 표현을 쓰게 된다. 교사는 미술 활동 중에 사용될 수 있는 어휘와 표현을 목록으로 적어서 활동을 진행하면서 유아가 이러한 표현을 할 수 있도록 격려한다. 활동 중에 유아 스스로가 사용한 말은 '나만의 단어'라는 제목하에 단어 목록을 만드는 활동을 할 수도 있다.

유아는 자신의 작품을 보여주기를 무척 좋아한다. 이를 이용해 서로 자신의 작품이 어떻게 만들어졌는지 소개하는 시간을 갖도록 한다. 과정을 설명하고 작품을 묘사하는 것은 바로 문해 능력이 발달할 수 있는 절호의 기회를 제공한다. 어린 유아는 자신이 만든 작품 설명서와 특징에 대한 것을 말로 묘사하고 교사는 이를 받아 적으며, 글을 쓸 수 있는 유아는 스스로 적어도 된다. 한 주제에 의하여 만들어진 미술 작품의 제목, 이야기나 설명서 등은 책으로 묶어서 교실에 비치해둘 수도 있다. 미술 활동 중 가장 많이 쓰이는 단어들의 첫 자를 하나 정하여 철자 학습을 할 수 있다. 예를 들어서 p는 paint, pink, purple, paper, play dough의 머리글자이므로 p를 집중적으로 탐색하는 시간을 가질 수도 있다.

음악 활동의 목표

유아기 음악 교육의 목표는 아래와 같다.

1. 음악에 몰입하고 반응한다.
2. 다양한 악기, 노래, 장르를 경험하고 이들의 차이를 알 수 있으며 이를 즐길 수 있다.
3. 음악을 통해 듣기, 노래하기, 동작하기, 놀이하기 등의 창의적 표현을 경험한다.
4. 음악 활동을 통해 문해 경험을 한다.

음악 활동을 하면서 다양한 문해 경험을 할 수 있다. 노래에서 새 어휘를 배우면 어휘를 확장시킨다. 노래는 단어, 운율이 반복되어 유아들은 이에 민감하게 반응한다. 노래를 차트에 적어 부를 때 교사가 왼쪽에서 오른쪽 진행 방향으로 단어 하나씩 가리키면 글자를 읽는 방향에 대하여 유아들이 인식할 수 있다. 「박첨지네 밭 있어(Old MacDonald had a Farm)」(Quackenbush, 1972)처럼 노래를 그림책으로 표현한 것은 특정 문장이 반복되므로 어린 유아도 마치 글을 읽는 것처럼 노래하며 글자를 읽게 된다. 클래식 음악을 들으면 심상이 형성되는데 이는 언어 묘사 능력을 향상시킨다. 유아는 노래에 대하여 이야기를 꾸미기도 하며 자신의 감정을 표현하고 악기의 소리를 묘사하는 기회를 가질 수 있다.

사회 및 과학 활동의 목표

주제 중심의 사회와 과학 활동은 대부분 언어 및 문해 활동이 도구가 되어 진행된다. 즉 특정 주제를 탐구하기 위하여 읽고 써야 한다. 내용 영역의 과정 관련 기술은 맥락과 상관없이 학습되는 것이 아니라 특정 주제 안에서 학습된다. 유아기 사회 활동의 목표는 다음과 같다.

1. 나누기, 협동하기, 다른 사람과 관계 맺기 같은 사회적 기술을 배운다.
2. 다른 사람과 자신의 공통점과 차이점을 알고 존중한다.
3, 다른 문화, 민족, 인종에 대한 지식을 갖는다.
4. 사회 탐구를 통해 문해 경험을 한다.

유아기 과학 활동의 목표는 다음과 같다.

1. 관찰하기, 가설 세우기, 자료 기록하기, 요약하기, 분석하기, 결론짓기를 배운다.
2. 다음과 같은 것에 대한 이해를 높인다.
   a. 생명에 대한 탐구인 생물학
   b. 물리적 현상에 대한 이해
      - 하늘에 있는 것의 움직임에 관한 천체학
      - 지구에 있는 물질과 변화에 관한 화학

- 기후와 공기에 관한 기상학
- 물체와 힘에 관한 물리학

3. 과학 탐구를 통해 문해 경험을 한다.

사회와 과학 활동은 아마도 문해 기술과 능력을 발달시킬 수 있는 최적의 기회를 제공하는 교과일 것이다. 이들 영역의 내용은 문해 기술을 사용해야 하는 열정, 의미, 목적을 제시한다. 농장 주제를 탐구할 때 유아는 여러 종류의 농장, 농장 동물 등 농장에 대하여 토론하면서 말하기와 듣기를 하게 된다. 농장 동물, 곡식 이름, 농장에서 하는 일 등에 대한 단어 목록을 작성할 수 있다. 농장 그림, 농장 방문이나 농부가 교실을 방문하게 되면 많은 토론을 유발하고 읽기와 쓰기도 촉진된다. 책에 대한 호기심을 촉진하기 위하여 농장에 관한 아동 도서를 교실에서 읽어줄 수 있다. 「페튜니아 시리즈(Petunia)」(Duvoisin, 2002)는 농장에 사는 거위에 관한 재미있는 이야기이며, 「빨간 암탉(The Little Red Hen)」(Galdone, 1973)과 「피터 래빗 이야기(The Tale of Peter Rabbit)」(Potter, 1902), 「마당의 수탉(Barnyard Banter)」(Fleming, 2001), 「닭이냐 계란이냐(Chicken or the Egg)」(Fowler, 1993)는 농장과 관계있는 그림책들이다. 이외에도 교사는 다문화 관련 아동 도서도 활용해야 한다. 매력적인 그림책은 유아 스스로가 이를 선택하여 읽고, 다시 이야기하고, 극놀이를 하고 다른 사람들에게 이에 대하여 이야기를 하게 한다. 농장 견학은 교실에서 경험을 발표하게 하며 유아의 그림들을 묶어서 교실 책을 만들고, 언어 경험 차트나 나만의 단어 목록에 관련된 단어와 표현을 기록한다. 또한 유아의 이름이나 흔히 사용하는 단어와 농장 관련 단어에 있는 글자를 연결시켜서 모양과 글자의 소리 탐색을 할 수 있다.

과학 실험과 요리 활동은 토론을 촉진하며 다양한 어휘를 사용하게 한다. 블록 영역에서도 문해 활동이 이루어질 수 있다. 예를 들어서, 교통기관 주제에서 장난감 트럭, 기차, 자동차, 배, 비행기와 함께 티켓, 여행 가방, 비행기 이름표, 지도, 여행 안내서, 여행 소책자, 여행 포스터, 공항에서 흔히 볼 수 있는 표지판, 기차 정거장, 버스 정거장의 출구 번호, 도착과 출발 표시 등을 블록 영역에 지원한다.

수학 활동의 목표

유아기 수학 활동의 목표는 다음과 같다.

1. 구체물을 만지고 조작하면서 수학적 개념을 탐색한다.
2. 초기에는 구체물에 의지하나 점차 생각이나 아이디어에 의지하여 수학적 개념을 탐색한다.
3. 분류하기, 비교하기, 순서짓기, 측정하기, 그래프 그리기, 수 세기, 숫자를 인식하고 쓰며 숫자를 더하고 빼기로 조작한다.
4. 수학 용어를 사용한다.
5. 수학 탐구를 통해 문해 경험을 한다.

유아교사는 주제 통합 교육과정을 계획하고 실행할 때, 사회, 과학, 음악, 미술, 놀이와 문해 활동의 통합에는 자신감을 갖는 편이나 수학은 자체의 내용이 분명하여 수학만을 다루어야 하는 것이 아닌가 하는 갈등과 불안을 느끼는 경향이 있다. 그러나 주제와 일치하는 수학 활동이면서 문해 활동을 통합할 수 있는 예가 많이 있다. 수와 관계된 이야기를 들려주거나 그림책을 읽어주어도 되며 간식 시간에 먹는 과자의 수를 세고, 동전을 모금하여 불우이웃을 돕는 프로젝트에서 유아가 동전을 모으고 셀 수 있다. 날씨 주제에서는 오늘의 기온을 차트에 기록하여 큰 수를 다루어 보면서 날씨의 변화를 탐색할 수 있다.

놀이 활동의 목표

유아기 놀이 활동의 목표는 다음과 같다.

1. 문제 해결을 한다.
2. 실제 삶을 역할놀이로 경험해본다.
3. 나누기와 협동하기와 같은 상황을 다루는 방법을 배운다.
4. 놀이를 통하여 문해 경험을 한다.

극놀이는 말하기, 듣기와 읽기, 쓰기를 사용하므로 언어 발달을 위한 무한대의 가능성을 제시한다. 극놀이에 사용되는 자료와 활동은 언어 사용을 촉진하고 새로운 소품과 자료가 추가되면 언어 발달이 확장된다. 극놀이는 글을 사용해야 하는 실제적 맥락과 이유를 제공한다. 사회와 과학 영역의 새로운 주제는 읽기, 쓰기와 구어 사용을 촉진한다. 우리 동네의 고마운 사람이라는 주제는 소방관, 경찰관, 슈퍼마켓 직원, 의사, 간호사, 우체부와 사무실 직원 등에 대한 토의를 촉진한다. 우리 동네의 고마운 사람에 대한 사회와 과학 활동과 연계되어 극놀이 영역에 관련 소품과 문해 자료가 지원된다면 유아는 자연스럽게 읽기와 쓰기 활동을 놀이를 하면서 하게 된다.

슈퍼마켓 극놀이를 위하여 음식, 세탁비누 용기, 장난감 계산대, 가짜 돈, 공책, 전화기와 전화번호부, 가게 간판, 영업시간, 광고, 음식, 상품 광고 포스터 등이 지원된다. 교사는 동네에 있는 슈퍼마켓을 방문하여 철 지난 포스터 등을 얻어오거나, 실제 마켓에 표시된 간판을 알아본다. 슈퍼마켓 극놀이를 위하여 잡지와 책으로 가득 찬 서가에 '바겐세일' 표시를 해놓는 것도 좋다. 이러한 소품과 자료는 유아가 가게 관리인, 직원이나 구매자의 역할을 하도록 촉진한다. 유아는 놀이를 하면서 포스터, 책, 표지판, 잡지를 읽고 구매 목록, 주문 목록을 작성하기도 하며 필요할 때는 새로운 표지판을 작성하기도 한다.

이외에도 극놀이와 문해 활동이 통합될 수 있는 주제가 많다. 건강을 지켜주는 사람에 대한 탐구는 병원 놀이로 이어진다. 병원 대기실에는 잡지, 팸플릿, 건강 관리법에 대한 메모를 준비하여 환자 역할을 하는 유아가 이를 읽어보게 할 수 있다. 이곳에는 금연 표지판이 있어야 하고, 병원 영업시간 등이 표시된다. 간호사는 예약을 기입하는 공책이 있어야 하고 예약된 시간에 도착한 환자를 안내하고 메모를 하는 수첩, 진단서 등을 적는 공책, 환자 진료 기록 카드에 환자의 이름, 주소, 전화 번호 등을 적어야 한다.

교통기관 주제에서는 여행사 놀이를 진행할 수 있다. 이곳에는 지도, 여행 포스터, 여행지 안내 팸플릿, 비행기와 기차 티켓 등이 지원된다. 유아들은 소품이 준비된 환경에서 극놀이하는 것을 즐기고 자연스럽게 읽고 쓰기를 하게 된다.

극놀이는 어린 유아와 유치부에만 적용하는 것으로 인식하여, 초등학교 1학년과 2학년에서는 극놀이를 통해 배움이 일어난다고 생각하지 않는 경향이 있다. 그러나 이 연령대에서도 주제 아래 교과가 통합되어 경험된다면 무척 깊은 수준의 읽기, 쓰기, 언어 활동이 일어난다. 따라서 초등 1, 2학년 교사들도 극놀이를 교육과정에 통합해야 한다. 기술의 발달로 인해 통합교육의 계획과 실행이 더욱 쉬워졌다. 예를 들어서 여행에 대하여 탐구할 때는 인터넷으로 기차와 비행경로를 탐색할 수 있다. 또한 유아 스스로가 인터넷을 통하여 주제 관련 정보를 탐색하고 이를 극놀이와 연계할 수 있다(Manning, Manning, & Long, 1994; McGee & Morrow, 2005; Purcell-Gates, Duke & Marineau, 2007; Walmsley, 1994).

주제 단원의 준비

탐구할 주제는 교사나 유아가 선택한다. 자신들이 탐구해야 할 것을 스스로 선택할 기회를 갖는 것은 배움의 과정에서 중요한 부분이다. 주제가 결정되면 유아들이 탐구하고 싶은 것이나 알고 싶은 것에 대하여 브레인스토밍을 한다. 이때 교사가 유아가 집중해야 할 영역을 정해주면 이 과정이 유아에게 쉽다(Katz & Chard, 2000; Rand, 1993; Tompkins, 2003). 영양에 대한 주제를 준비하면서 내가 담임을 맡았던 유치반 아이들에게 그들이 배우고 싶은 것에 대하여 물어보았다. 이를 위해 먼저 영양이라는 큰 주제 안에 음식은 왜 중요한가? 어떤 음식이 우리에게 이로운가? 우리는 음식을 어디서 얻는가? 음식 조리법에는 어떤 것이 있는가? 이와 같은 네 가지 소주제를 정하고 유아가 질문을 제기하도록 하였다. 그림 8.7에 우리 반 유아들이 제기한 질문을 웹으로 표시하였다.

그림 8.7

영양에 대한 웹

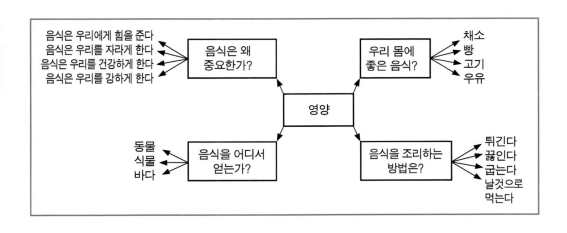

주제학습을 준비할 때 모든 교과 혹은 영역이 포함되어야 한다. 주제를 중심으로 하루 일과의 모든 교과 활동을 계획하고 준비하라. 아래는 1학년 담임인 응가이 선생님이 실행한 주제 학습 활동이다. 아래에서 보듯이 모든 교과 활동이 한 주제로 통합되어 있다.

주제 학습: 우리 몸에 좋은 음식

유아에게 재미있는 주제는 아이들의 활기를 북돋는다. 음식이라는 주제 아래 한 주 동안 팝콘에 집중하였는데 시간이 흐르면서 많은 것들이 팝콘처럼 '팡팡' 튀어오르기 시작하였다. 아래는 팝콘을 탐구하면서 모든 교과 영역을 통합한 활동이다.

주제 시작 전 주 금요일: 물에 적신 티슈를 그릇에 깔고 위에 옥수수 씨를 심었다. 씨에 물을 주고 랩으로 그릇을 덮어 두었다. 며칠 지나자 싹이 나기 시작하였다(과학).

월요일: 주말 동안 자란 싹의 모양과 크기를 관찰지에 기록하였다. 우리는 「팝콘(The Popcorn Book)」(dePaola, 1978)을 읽었다. 최초로 아메리카 원주민이 팝콘을 개척자들에게 소개하였다는 것에 대하여 이야기를 나누었다. 팝콘이라는 단어처럼 두 개의 단어가 모인 단어를 찾아 목록을 만들었다. 컵케이크, 밀크셰이크 등을 차트에 적었다. 일과 중 누구든지 두 개의 단어로 이루어진 단어가 생각나면 차트에 적었다. 한 주가 끝날 무렵에 차트는 단어들로 가득 찼다(과학, 언어, 사회).

화요일: 팝콘을 만들기 위하여 실험 도구와 기록지를 준비하였다. 먼저 "무엇을 발견하고자 하는가?" "옥수수 씨는 어떻게 하여 팝콘이 되는가?" "어떤 일이 일어날 것 같은가?" "변화를 어떻게 알 수 있는가?" "실제 어떤 일이 일어났는가?" "무엇을 배웠는가?" 등의 질문을 제기하였다. 실험을 진행하기 전 처음 두 개의 질문에는 예상되는 답을 미리 말하였다. 팝콘 기계를 사용하여 팝콘을 만들고 실험 과정을 쓰고 결과를 정리하고 앞서 제기하였던 질문에 대한 답을 적었다. 간식으로 팝콘을 맛있게 먹었다. 종이컵에 흙을 담고 이곳에 씨를 심었다(과학).

수요일: 어림 세기를 하기 위하여 팝콘을 더 만들었다. 유아 각자는 큰 그릇에 담긴 팝콘을 한 주먹씩 쥐고는 팝콘이 몇 개 있는지 어림잡아보았다. 각자 어림잡은 수를 종이에 적었다. 그리고 실제 수를 세어보았다. 다시 한 주먹의 팝콘을 쥐고서 어림 세기를 하고 실제 수를 세어서 두 번째의 어림수가 더 정확하게 추정되었는지를 비교하였다(수학).

목요일: 아메리칸 원주민들은 잘 말린 옥수수를 통째로 막대기에 꽂아서 불에 구워 팝콘을 만들거나, 아니며 옥수수를 그냥 불 위에 두어서 팝콘이 사방으로 튀게 하여 먹었다. 혹은 뜨거운 모래를 토기에 담고 여기에 옥수수를 넣어 팝콘을 만들어 먹었다. 우리 반 아이들은 이러한 방법을 그림으로 그려보고 이중 가장 좋은 방법에 대하여 생각하고 그것이 왜 가장 좋은지 글을 쓰도록 하였다. 또한 아메리칸 원주민들이 팝콘으로 어떻게 목걸이를 만들었는지에 대하여 이야기를 나누고 수요일에 만들었던 팝콘으로 목걸이를 만

들어 보았다. 이때 우리는 크고 뭉특한 바늘과 두꺼운 실을 이용하여 목걸이를 만들었다 (글쓰기, 미술, 사회).

금요일: 팝콘 탐구의 하이라이트로 학부모 자원봉사를 초청하여 팝콘 강정을 만들었다. 우리가 심었던 옥수수 씨의 싹이 얼마나 자랐고 모양이 어떻게 변하였는지를 관찰 기록 지에 적었다(과학, 요리).

디지털 문해에 대한 동기 발달시키기

읽고 쓰는 것을 종이에만 하던 시대에서 디지털로 읽고 써야 하는 시대가 왔다. 이는 읽고 쓰는 것을 배우는 방법을 완전히 변화시킨다. 컴퓨터가 학습의 보조기구에서 이제는 문해 학습의 주요 요소로 변화하고 있으며 이는 교사와 학생 모두에게 지금까지와는 다른 도전이 되고 있다(McKenna, Labbo, Conradi, & Baxter, 2010). 이는 학습, 의사소통, 의미전달의 경로를 다양화시키는 다중체계(multimodalities)와 관계있다. 예를 들어서 컴퓨터에서 게임을 하고 있는 아이는 소리를 듣고 글자를 보며 마우스를 누르고 글자를 입력하고 있다. 이 아이가 참여하고 있는 청각, 시각, 촉각을 통한 자극과 반응은 다양한 기술을 요구한다(Rowsell & Lapp, 2010).

학습자의 삶과 관계있는 것으로 학습자의 참여를 동기화하려면 교실의 문해 경험도 이러한 교실 바깥세상의 변화를 반영해야 한다. 교사는 자신이 배운 방식으로 가르치게 되는데, 문제는 학습자들은 과거 교사가 배운 방식으로 배우지 않는다는 것이다. 현재 학습자의 경험과 환경을 반영한 교수-학습 과정을 구성하려면 시간과 용기가 필요하다. 교사는 새로운 문해나 공학기술에 대하여 마음을 열어야 하고 이 과정에서 성공보다 실패가 더 많다는 것을 받아들여야 한다(Sheridan & Rowsell, 2010). 학생들은 이러한 태도를 갖는 교사에게서 더 많이 배운다.

디지털 문해가 학생에게는 모국어이나 교사에게는 외국어일 수 있다(Prensky, 2001). 즉 어린 학습자는 아주 어려서부터 컴퓨터, 비디오 게임, 디지털 음악, 휴대폰 등 각종 공학기기에 노출되어서 이들의 삶은 공학기기와 불가분의 관계에 있다(Prensky, 2001). 이러한 아이들의 정보처리방식은 앞 세대 사람들의 방식과 다를 수 있다. 따라서 성인이 되어 디지털 시대를 경험하는 사람들은 공학기기의 사용이 자연스러운 것이 아니므로 의식적인 노력으로 이를 활용해야 한다(Prensky, 2001).

교육과정에 공학기기를 활용하려면 일과에 통합되어야 한다. 먼저 (1) 교사의 시범이 있어야 하고 (2) 학생과 교사 간의 협력이 있도록 계획되어야 한다(McKenna et al., 2010). 지금부터는 교실 수업에서 공학기기를 활용할 수 있는 실제적인 아이디어와 방법을 소개할 것이다.

새로운 문해에는 컴퓨터, 인터넷, 여러 종류의 공학기기와 관계된 텍스트가 포함된다. 공학기기는 유아교실에서 중요하다. 즉 이는 우리 삶의 일부이며 문해 교육에 활용될 수 있는 자원이다. 공학기기는 유아가 문해 기술을 배울 수 있도록 돕는다. 컴퓨터를 통하여 단어 분석이나 독해에 관한 활동을 친구들과 혹은 혼자서 하면서 문해 지식을 습득할 수 있다. 예를 들어서 전자책은 유아가 책을 읽도록 동기화하며 단어 분석 기술을 향상시키고 이야기의 세부 사항을 기억하도록 하며 이야기 구조에 대한 지식을 얻을 수 있도록 한다. 페이스북, 유튜브, 티처튜브, 위키, 블로그, 구글을 통해 전 세계로부터 정보를 얻을 수 있다(Sheridan & Rowsell, 2010). 유아교사로서 컴퓨터의 활용 가능성을 잘 인지하여 유아의 문해 능력 향상에 도움이 될 수 있도록 공학기기를 사용할 줄 알아야 한다.

컴퓨터 소프트웨어

컴퓨터를 사용할 때는 소프트웨어 프로그램을 이용하는 것이 일반적이다. 다음은 유아가 사용할 소프트웨어를 선택할 때 유의해야 할 사항이다(Wepner & Ray, 2000).

- 안내 사항은 간결하고 이해하기 쉬워야 한다.
- 프로그램을 이용한 활동은 유아의 관심과 흥미를 불러일으켜 적극적 참여를 일으키는 것이어야 한다.
- 학교 교육과정에서 배우는 내용과 일치하거나 혹은 확장시키는 것이어야 한다.
- 개념을 이해하고, 확장하며 적용할 수 있는 것이어야 한다.
- 프로그램에 있는 텍스트는 유아가 스스로 사용하는 데 적절한 것이어야 한다.
- 교사용 안내 매뉴얼이 있어야 한다.
- 평가가 있어야 한다.

음운 인식, 텍스트 독해, 쓰기와 어휘 등 다양한 종류의 문해 기술을 습득하는 데 도움이 되는 좋은 소프트웨어가 많다. Wepner와 Ray(2000)는 문해 기술 학습에 도움이 되는 소프트웨어 선택 기준을 다음과 같이 제시하였다. (1) 예측할 수 있는 순서로 문해 기술이 소개된다 (2) 피드백이 항상 있으며 즉각적이다 (3) 피드백이 있다 (4) 유아들이 적극적으로 소프트웨어 활용에 참여한다.

또 다른 컴퓨터 소프트웨어로 전자책이 있다. 좋은 질의 아동 도서가 전자책으로 있으며 다양한 방법으로 이야기를 제공한다. 이미지가 스크린에서 움직이고, 소리 내어 읽어주며, 텍스트도 눈으로 볼 수 있다. 이야기가 극화되어 제시되므로 유아들에게 매우 매력적이다. 전자책의 또 다른 이점은 K-W-L(Know-Want-Learn)이나 목적적으로 읽고, 생각하기 활동이 자연스럽게 이루어질 수 있다는 점이다(Wepner & Ray, 2000).

▲ 유아 문해 교육에 컴퓨터도
활용되어야 한다.

전자책은 starfall.com, PBSkids.org와 Disney.com 등에서 무료나 저가로 구입할 수 있다(McKenna et al., 2010). 전자책은 아이들이 읽도록 동기화하고 이야기의 세부 내용에 대한 기억력을 높이며 이야기 구조 획득에도 도움이 되고 단어 분석력을 높인다고 보고되었다 (Kinzer & McKenna, 1999; Labbo & Ash, 1998; Stine, 1993).

컴퓨터 소프트웨어는 소근육 사용이 미숙한 초보자 혹은 손을 사용하는 데 장애가 있는 유아의 쓰기 발달에도 도움이 된다. 좋은 소프트웨어는 글을 더 많이 쓰고 창작할 의욕을 높이며, 수정하고 편집할 수 있도록 한다.

소프트웨어를 교실에서 사용하고자 할 때는 교사가 사용법을 잘 인지하고 있어서 유아에게 컴퓨터 사용법과 소프트웨어 사용법을 가르쳐야 한다. 가르칠 때에는 프로젝터 등으로 확대하여 모든 유아들이 같이 볼 수 있도록 한다. 목적에 따라서 선택하는 소프트웨어의 종류가 다를 것이나 소프트웨어를 사용하는 목적은 이미 배운 지식과 기술을 연습하는 것에 있다. 컴퓨터 활동은 교사의 도움 없이 친구 혹은 혼자 한다. 다른 영역 활동과 마찬가지로 교사가 소집단 유아에게 안내된 읽기 수업을 진행할 때 나머지 유아들은 컴퓨터 활동을 하는 것이 적절하다. 또한 소프트웨어를 사용하면서 불편한 점이나 문제점에 대하여 학급에서 토의할 기회를 가져야 하며 컴퓨터를 이용한 결과물도 학급 친구들에게 발표할 기회를 갖는다.

많은 회사들이 통합적인 읽기 프로그램을 개발하여 출시하고 있다. 이들 프로그램은 꽤 효율적이나 실제는 읽기 학습에 어려움을 갖고 있는 유아들에게 더 적절하다. 프로그램 첫 단계는 사용자의 읽기 수준을 평가하고 이에 맞는 활동을 선택하도록 되어있다. 물론 컴퓨터가 교사의 역할을 대신할 수는 없다.

인터넷

교실의 문해 활동에 활용 가능한 또 하나의 기기는 인터넷이다. 인터넷은 무한한 가능성을 갖고 있다. 펜팔을 통해 즉각적으로 전 세계의 또래와 의사소통할 수 있다. 월드와이드웹(World Wide Web)은 한계가 없는 정보의 자원이다. 예를 들어서, 우주에 대하여 공부하고 있을 때 교사는 인터넷을 이용해 관련 주제의 픽션과 논픽션 책의 목록을 찾아서 이를 교실에 비치한다. 또한 우주를 탐구하는 데 필요한 지식과 정보를 제공하는 사이트 주소를 찾아 유아에게 알려줄 수 있다. 또한 책을 읽기 전, 소프트웨어를 사용하기 전이나 특정 전자책에 대하여 리뷰를 올려놓은 사이트도 활용할 수 있다.

학교 전체 혹은 교실에서 자신들의 웹사이트를 개설하여 운영할 수 있다. 아이들의 작품을 웹사이트에 올리거나 웹사이트를 통해서 교사와 부모들 간의 의견 교환도 가능하다.

많은 교사들이 블로그를 운영하고 있다. 블로그는 일기나 저널과 비슷하나 다수에게 공개되어 열람이 가능하다. 블로그는 연필과 종이로 하던 반응을 인터넷으로 하는 것이다. 블로그를 만들기 쉽고 무료인 사이트는 www.blogger.com이다.

교실에서 활발하게 디지털 문해를 활용하는 크리스티나 스페죠 교사는 블로그를 다음과 같이 활용하고 있다.

- 책 서평
- 주제 활동에 대한 동영상
- 새 소식
- 교사 반성적 저널
- 부모와의 대화
- 유아의 독후활동

그림 8.8에 있듯이 교실 웹사이트를 운영하는 것이 흔해지고 있다. 사용하기 쉽고 비용도 들지 않는 웹사이트로 www.wikispaces.com이 있다. 이곳에 교실 활동을 올리고, 부모와 대화하며 유아도 소식을 게시할 수 있다. 이외에도 아래와 같은 것을 위키에 게시할 수 있다.

- 함께 협력하여 쓴 글
- 교실 체험
- 주제 프로젝트 발현을 위한 브레인스토밍
- 활동 동영상, 그림
- 각 유아별 메뉴(유아의 작품을 게시한다)
- 토론 메뉴
- 자료 메뉴

팟캐스트(Podcast) 역시 교실에서 활용하면 편리하고 유익하다. 팟캐스트는 인터넷으로 오디오나 비디오 파일을 올리고 내리게 하는 디지털 매체이다. 예를 들어서 개학 첫 날 반 웹사이트의 첫 페이지에 교사의 인사말을 올려놓는다. 이를 통해 아이들은 교사의 환영 메시지를 듣고 부모들도 자녀의 새 선생님의 인사말을 듣고 안심하고 교사와 부모 간의 신뢰감이 형성되기 시작한다. 즉 교사, 학생과 부모 간 의사소통을 효율적으로 하게 한다.

아이들도 교실 활동과 프로젝트를 팟캐스트로 올리면 부모가 이를 직장에서나 가정에서 들을 수 있다. 오데이써티(Audacity)는 무료로 오디오 자료를 팟캐스팅할 수 있는 프로그램이다. 이는 http://tinyurl.com/4gx3j에서 내려받을 수 있고 비디오 자료를 팟캐스팅하려면 외장 웹캠을 사용하거나 윈도우 무비메이커나 아이무비를 사용한다. 아

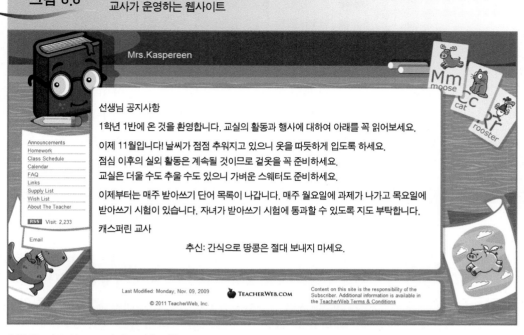

그림 8.8 교사가 운영하는 웹사이트

출처: Reprinted by permission of Ann Kaspereen.

니면 USB가 있는 디지털 카메라는 바로 컴퓨터에 연결하여 사용할 수 있다. 아래의 웹사이트에서 팟캐스팅 정보를 더 많이 얻을 수 있다.

- 학생이 진행한 면담: http://www.podkids.com.au
- 아이팟 플래시 카드: http://www.mrcoley.com/flashcards/index.htm
- 팟캐스트를 활용한 교육자료: http://tinyurl.com/66grdx
- 비디오카메라를 활용한 교실 활동: http://tinyrul.com/234bdqf

위의 사이트에는 서로 돕고 공유할 수 있는 자원이 많다. 블로그와 위키는 대화를 촉발하고 이는 무엇인가에 몰입하도록 동기화한다(Boling, Castek, Zawilinski, Barton, & Nierlich, 2008; Morgan & Smith, 2008). 큰 아이들은 이미 사생활에서 이러한 매체를 재미로 사용하고 있고 어린 아이들은 가정에서 손위 형제로부터 이를 배운다. 교실에서 사회적 상호작용이 덜 활발한 아이들은 오히려 온라인을 통해 상호작용이 더 활발할 수 있다.

교실에서 인터넷을 활용하기 전 교사는 지역 교육청의 인터넷 사용에 대한 정책이나 규칙을 알아야 한다. 또한 부모로부터 블로그나 위키 사용에 대한 허가를 받아야 할 경우도 있다. 교사는 어떻게 웹사이트를 찾고 회원가입을 하며 이를 통한 활동에서 얼마나 기여해야 하는지를 학생들에게 분명하게 가르쳐야 한다.

유아에게 유익한 웹사이트를 찾도록 돕는 것은 교사의 역할이고 이를 통해 스스로 사이트를 찾을 수 있도록 한다. 「어린이를 위한 1001개의 웹사이트(1001 Best Web Sites for Kids)」(Kelly, 2004)를 활용하라. 유아를 위한 웹사이트를 고를 때 다음 사항을 고려하라(Wepner & Ray, 2000).

- 빨리 로딩되는 웹사이트여야 한다.
- 표지 페이지에 내용을 한눈에 볼 수 있는 요약이 있다.
- 웹사이트 내용이 사용 목적에 맞아야 한다.
- 관계된 웹사이트에 연결할 수 있는 아이콘이 있다.
- 그림은 매력적이며 개념 학습에 도움이 된다.
- 목소리를 알아들을 수 있으며 개념 학습에 도움이 된다.

소프트웨어를 활용하는 컴퓨터 활동과 인터넷을 활용하여 정보를 수집하거나 의사소통하는 활동은 매일 학습 일과에 포함되어야 한다. 지금의 유아가 성장하면 매일의 모든 생활이 컴퓨터와 함께 이루어질 것이다.

가상 현장 견학. 교사는 가르치는 모든 것을 학생들이 직접적으로 경험하기를 바란다. 가상 현장 견학을 통해 박물관, 기념비, 국립공원이나 기념이 될 장소를 방문할 수 있다. www.internet4classroom.com/vft.htm에 가면 이것이 가능하다. 한 유아부 교사는 아이들과 함께 이스라엘을 방문하였다. 이들은 비행기를 타고 비행사나 승무원의 역할을 하였다. 이들은 안전 규칙을 읽고 비행을 즐겼다. 이들은 통곡의 벽을 방문하여 사랑하는 사람에게 편지도 썼다. 이들은 이스라엘 사해 끝 벼랑위에 있는 고대 유적지인 마사다를 방문하여 예전에 이곳에서 일어난 일에 대하여 들었다. 유아들은 체험학습 경험을 그림으로 그렸다. 부모들은 자녀들의 지식에 큰 감동을 받았다. 또한 자녀들이 집에 와서 현장 견학을 실제로 다녀온 듯 너무도 생생하게 이야기하였다고 한다.

교실 실제

전자칠판 활용

우리 교실에는 전자칠판이 있습니다. 전자칠판은 교수-학습에 활용할 수 있는 기기 중 하나입니다. 이 기계를 컴퓨터와 프로젝터에 연결하면 바로 사용할 수 있습니다. 전자칠판은 터치 기능이 되어 글쓰기, 끌어오기, 하이라이팅, 클릭킹이 가능합니다. 문해 교육을 위해서는 단어 분류, 단어 퍼즐 맞추기 등을 할 수 있어요. 학습한 것을 저장해서 다음 시간에 해도 되고 인쇄도 됩니다. 전자칠판은 인터넷에도 연결되므로 대집단과 소집단 활동에서 웹사이트를 방문하여 수업을 합니다. 전자칠판에 파워 포인트 파일도 게시하고 티처튜브나 유튜브의 자료도 활용합니다. 또 아메리칸 아이돌 TV 프로그램을 응용하여 유창성 아이돌 활동을 합니다. 학생들은 유튜브의 카라오케 스타일로 글을 유창하게 읽는 연습을 합니다. 전자칠판을 활용하면 아이들의 참여 동기가 높습니다.

케네스 누쥬(3학년 담임)

디지털 스토리텔링. 디지털 스토리텔링은 소리, 그림이나 동영상을 이용하여 학생 스스로가 만든 이야기나 자신들이 좋아하는 이야기를 반 웹사이트에 올려서 친구들이나 부모들과 공유할 수 있는 것이다. www.techteachers.com/digitalstorytelling.htm에서 디지털 스토리텔링에 관련된 자료, 작품, 아이디어를 볼 수 있다.

활동과 질문

1. 이 장의 맨 앞에 있는 핵심 질문에 답하라.

2. 유아 연령에 적절한 문해 기술을 하나 고르고, 아동 문학을 이용해 이 기술을 배우고 창의적 말하기 기술을 사용해보도록 하라. 융판 동화, 칠판 동화를 이용해 유아나 또래 교사에게 구연할 수 있도록 개작하고 자료를 준비하라. 이 장에서 제시한 구연 기술을 평정하는 기준에 의하여 자신의 구연을 평가해보라.

3. 유아 교실을 세 번 정도 관찰하라. 읽기와 쓰기에 대한 긍정적 태도와 동기를 향상시키는 데 기여하는 교사의 행동과 활동을 나열하라.

4. 유아를 관찰하여 포트폴리오 평가를 하라. 이 장에서 소개된 평가 체크리스트를 사용하여 읽기와 쓰기에 대한 태도와 동기를 평가하라. 그림 8.4의 양식을 이용하여 읽기와 쓰기에 대한 동기를 면담하라.

5. 2학년과 3학년의 문해를 발달시킬 수 있는 놀이를 구상하라.

6. 위키, 블로그, 팟캐스트와 같은 새로운 문해 매체를 조사하라.

7. 유아가 인터넷을 이용하여 정보를 얻을 수 있는 학습계획안을 구성하라. 활동 중에 유아가 문해 관련 기술을 사용하도록 해야 한다.

8. 4장의 겨울, 교통기관과 같은 주제에 기초하여 읽기에 대한 긍정적 태도를 발달시킬 수 있는 목표 세 가지를 정하고 각 목표를 성취할 수 있는 활동을 고안하라.

9. 음식점놀이와 관계된 그림 8.6의 활동지를 사용하라. 실제 삶과 관계된 문해 행동이 출현될 것이다.

핵심 질문

- 문해 자료가 풍부하며 문해 교육을 최적화할 수 있는 교실 환경에 대하여 기술하라.

- 유아의 개별적 발달 특징이나 필요를 반영한 집단 구성 방법이나 체계에는 어떤 것이 있는가?

- 개별화 교육의 뜻은 무엇인가?

- 균형 있는 문해 교육 프로그램에 기초한 언어교육 영역은 어떻게 구성되어야 하는가?

- 하루 일과 운영에서 문해 학습은 어떻게 통합되어야 하는가?

핵심 용어

개별화 교육	내용교과 영역	대집단 교수
도서 영역	문해 영역	소집단 교수
쓰기 영역	일대일 교수	

9

문해 교육 프로그램의 구성과 운영

국가에서 존중받는 것은 그곳에서 배양될 것이다.

– 플라톤

2학년 담임을 맡고 있는 존슨 선생님은 학기 초에 아동에게 교실 운영과 규칙에 관한 것을 가르친다. 영역 활동이 끝나고 선생님이 세 번의 박수를 치면 수학시간을 알리는 것임을 아이들은 안다. 반의 모든 아이들이 수학시간을 시작할 준비가 될 때까지 준비된 아이들도 함께 박수를 세 번씩 친다. 가끔은 모든 아이들이 준비될 때까지 몇 번의 박수를 쳤는지 세어서 기록을 하는 데 아이들은 무척 흥미로워하며 함께 참여한다.

정리하는 시간이 되면 아이들은 3분 안에 제 자리에 앉고 종이 울리면 다음 활동을 시작한다. 바깥 활동을 시작하기 전 선생님이 먼저 '하나, 준비' '둘, 일어서기' '셋, 의자 집어넣기' '넷, 줄서기' 를 시작하면 아이들도 함께 노래 부르듯이 따라 한다. 양탄자에 앉아서 활동하는 시간이 되면 존슨 선생님은 '모두 발 앞, 뒷꿈치, 모두 발 앞, 뒷꿈치, 모두 발 앞, 뒷꿈치' 라는 랩을 하면 아이들도 함께 랩을 하면서 줄에 맞추어 앉는다. 양탄자에 앉을 때에는 '아빠다리' 를 하며 앉는다. 활동이 전이될 때 잘 듣고 규칙을 잘 따르는 아이들에게는 친구들이 관찰하고 있다가 막대사탕을 나누어준다.

존슨 선생님은 행동을 잘하는 모둠에게는 말로 칭찬을 한다. 아이들이 듣고 행동하며 규칙을 따르도록 노래, 랩, 시 등을 많이 활용한다. 지시사항도 잘 알려진 노랫가락인 생일축하노래에 맞추어서 '종이에 이름을 적으세요. 종이에 이름을 적으세요. 제출하기 전 종이에 이름을 적으세요.' 와 같이 노래를 한다. 규칙을 전달하는 방법이 아이들에게 잘 받아들여지지 않으면 다른 방법을 취한다.

교실의 행동 규칙 및 관리

교실의 문해 교육 프로그램의 성공 여부는 일과의 조직, 구성과 운영에 달려있다. 일과를 잘 운영할 수 있도록 환경과 운영이 조직되지 않으면 창의적이고 좋은 프로그램이라도 실패하기 쉽다. 지금까지는 구체적인 문해 기술을 어떻게 가르치며 유아가 읽기와 쓰기에 어떻게 동기화되도록 하느냐에 대하여 기술하였다. 이 장은 포괄적인 문해 교육 프로그램이 성공적으로 실행될 수 있는 모델을 제시하고 있다. 필요한 지식과 기술을 구체적으로 가르치면서 각 유아의 개인적 필요와 욕구에 맞는 활동을 하루 일과 중 어떻게 제시할 것이냐를 아는 것은 무척 중요하다. 이를 통해서 반 아이들은 과학, 사회, 수학과 같은 내용교과를 배우면서 동시에 읽기와 쓰기를 경험하는 하루 일과에 참여하게 된다. 이와 같은 목적을 달성하기 위하여 다음에 유념한다.

1. 활동에서 다음 활동으로 어떻게 전이해야 하는지를 분명하게 가르친다.
2. 학습 자료를 다루는 방법을 가르친다.
3. 언제, 어디로 가야 하는지를 분명하게 가르친다.
4. 교실에서 필요한 자기 절제나 관리 행동을 가르친다.

5. 학습 자료를 비치하는 곳, 자료 선택 등이 학습자에게 분명하게 전달될 수 있도록 환경을 구성한다.

6. 모든 교과에 문해 활동을 통합시킨다.

7. 개별화 교육을 위해 소집단 활동을 한다.

8. 대집단, 소집단 혹은 영역 선택 활동을 할 때 요구되는 행동 규칙에 대하여 가르친다.

학급 운영을 잘 하기 위해서는 교실 행동 규칙을 가르쳐야 한다. 예를 들어서, 교사의 도움 없이 영역 활동을 혼자 할 때에는 다른 사람을 방해하지 않고 영역과 영역을 옮겨다닐 수 있어야 한다. 학기 초에는 시간 관리에 대한 것도 가르쳐서 학습이 계획대로 진행되도록 한다. 교실 운영 규칙에 잘 적응하고 자신을 관리하는 유아가 그해 배울 내용을 많이 배운다(Morrow, Reutzel, & Casey, 2006).

문해 발달을 지지하는 환경의 준비

환경은 유아가 특정 활동을 선택하는 데 영향을 주는 것으로 알려져 있다(Jalongo, 2007; Morrow & Tracey, 1997; Morrow & Weinstein, 1986; Otto, 2006). 교실 구성은 교수 계획과 조직을 반영하여야 한다. 조기 문해 학습을 촉진하는 프로그램은 문해 자료와 경험을 풍부하게 제공하며 통합적이며, 개인의 발달 수준과 차이를 반영한다.

아래에는 읽기와 쓰기를 촉진하는 자료가 비치되고 공간이 구성되어서 유아가 문해를 기능적으로 사용할 수 있는 사례가 제시되어 있다.

유치부 담임인 새퍼 선생님 반 유아들은 지역사회에서 일하는 사람들에 대하여 공부하고 있었다. 유아들은 신문 기자라는 직업에 대한 이야기를 하면서 역할놀이 영역에 방송국을 차리고 신문을 만들기로 하였다. 교사는 종이, 전화기, 전화번호부, 타이프라이터와 컴퓨터 등으로 영역을 준비하여 주었다. 또한 팸플릿, 지도와 뉴스의 여러 면, 즉 스포츠, 여행, 날씨와 일반 뉴스를 볼 수 있는 면을 준비하였다. 첫 신문이 완성되었고 야신은 신문을 배달하는 역할을 맡았다. 야신은 신문 배달 가방을 준비하고 각 유아의 이름이 적힌 신문을 담았다. 야신은 친구들의 이름이 적힌 사물함을 찾아서 신문을 배달하여야 한다. 또한 야신은 교장선생님, 간호사, 사무원, 관리인과 다른 반 선생님께도 신문을 배달하였다. 이후에 그들이 작성한 신문을 읽을 때 반 아이들은 매우 열정적이었다. 그림, 이야기나 동시 등으로 모든 유아들이 신문 제작에 기여하였다. 신문은 가정에 보내져 부모들에게도 전달되었다.

문해 발달을 지지하는 교실 환경에 대한 이론 및 연구

역사적으로 유아기 발달을 연구한 이론가와 철학자 모두 학습과 문해 발달에서 환경의 중요성을 강조하였다. 페스탈로치(Rusk & Scotland, 1979)와 프뢰벨(1974)은 실제 삶과 유사한 환경에서 학습이 왕성하게 일어난다고 하였다. 두 이론가 모두 문해 발달에서는 유아가 직접 조작할 수 있는 자료를 강조하였다. 몬테소리(1965)는 독립적인 학습이 이루어질 수 있도록 세밀하게 준비된 환경을 강조하였고, 구체적인 학습 목표를 갖는 자료를 제시하였다.

피아제(Piaget & Inhelder, 1969)는 세상이나 환경과의 상호작용을 통해 지식을 구성하는 과정에 대하여 기술하였다. 이상적인 환경은 실제 삶의 맥락을 반영하며 유아는 자료를 탐색하고 다루면서 지식을 구성한다고 하였다. 듀이(1966)는 교과 통합에 대한 신념을 가지고 있었다. 즉 학습은 내용교과(content subject) 간의 통합을 통해 이루어진다고 믿었다. 그는 각 영역에 비치된 자료가 유아의 흥미와 학습을 자극한다고 믿었다.

이상과 같은 선구적 이론가들의 신념과 주장에 의하면 읽기와 쓰기, 구어 발달은 언어 경험이 풍부하게 이루어질 수 있는 자료와 환경을 제공하는 교실에서 이루어진다. 자료는 주로 문해 영역에 비치되지만 다른 영역에 준비된 자료 역시 문해 발달을 촉진할 수 있다. 자료와 영역 구성은 실제 유아의 삶을 반영하며 읽기와 쓰기를 의미 있게 경험할 수 있도록 해야 한다. 이는 유아가 이미 갖고 있는 지식을 반영하며 문해 경험이 자신의 문제와 필요를 해결해주는 기능이 있어야 한다. 세심하게 구성된 시각적이고 물리적 환경의 교실 특성은 효과적인 학습이 이루어질 수 있도록 한다. 교수 학습 계획에서 물리적 환경의 배치 및 특징은 종종 그 중요성이 간과되는 경향이 있다. 교사나 교육과정 개발자들은 교육적이고 관계적인 측면에는 세밀한 관심을 보이나 시각적이고 공간적 맥락에 대한 관심은 상대적으로 미약한 경향이 있다. 즉 그들은 다양한 교수 전략에 대하여는 자신의 에너지와 노력을 쏟으나 환경을 변화시키려는 노력은 크게 하지 않는다. 환경은 프로그램이 성취하고자 하는 학습과 활동을 반영하도록 구성되고 조직되어야 한다. 그렇지 않으면 교수-학습은 계획하였던 것만큼 효과를 얻지 못한다(Weinstein & Mignano, 2003).

교사는 환경이 자신의 활동과 태도에 영향을 줄 뿐만 아니라 유아의 행동에도 영향을 준다는 것을 인정한다. 가구, 재료와 시각적으로 심미적인 자료들은 학습과 교수에 영향을 준다(McGee & Morrow, 2005; Morrow, 1990; Morrow & Tracey, 1996; Morrow & Weinstein, 1986; Tompkins, 2003, 2007). 예를 들어서 공간의 배치는 유아의 행동에 영향을 준다. 교실을 작은 공간으로 구분하면 또래 간 상호작용이 많아지고, 환상놀이, 협동놀이가 하나로 열려 있는 교실보다 많아진다. 세심하게 조직된 공간에 있는 유아들의 행동은 생산적인 놀이와 언어적 상호작용이, 임의적으로 조직된 공간에 있는 유아들보다 많이 나타난다(Moore, 1986; Reutzel & Cooter, 2009).

주제 중심의 역할놀이 영역에서 문해 경험이 활발하게 이루어질 수 있도록 구성된 교실이 언어 및 문해 행동을 촉진하고 결과적으로 문해 기술을 향상시켰음이 여러 연구를 통하여 확인되었다(Morrow, 1990; Newman & Roskos, 1993, 1997). 또한 소품이 있는 역할놀이는 이야기 꾸미기 능력, 이야기의 순서를 짓는 능력과 세부사항을 기억하는 능력 및 해석하는 능력과 같은 독해 능력을 향상시켰다고 한다.

문해 경험이 풍부한 환경의 준비

교실의 물리적 환경에 대하여 연구한 많은 보고서에 의하면 목적을 가지고 교실 공간을 조직하고 자료를 비치하는 교사는 적극적이고 긍정적이며 전면적인 영향력을 갖는 교수-학습 환경을 제시한다. 교사는 교실 환경은 무언의 메시지를 전달하는 장소 또는 눈으로 보이는 메시지를 전달하는 곳임을 기억해야 한다. 아래에는 유아의 읽기와 쓰기를 동기화하는 문해 환경에 대하여 제시하였다.

English Language Learners

교실 글자. 문해가 풍부한 교실에서는 특정한 기능을 나타내는 글자를 쉽게 관찰할 수 있다. 교실 자료에는 이름표가 붙어 있고 '조용히 하세요' 혹은 '사용 후 제자리에 갖다 놓으세요.' 와 같은 지시가 있다. 도우미, 하루 일과, 결석 유아, 달력 등이 게시되어 있다(McGee & Morrow, 2005; Schickedanz, 1993). 또한 각 영역을 표시하는 이름표와 유아의 사물함에 각자의 이름이 부착되어 있다. 다양한 문화권 출신의 유아가 있다면 하나의 언어보다는 두 개 이상의 언어로 이름표를 붙이는 것도 좋은 아이디어이다.

잘 보이는 곳에 위치한 게시판은 유아들과 글로 의사소통할 수 있는 좋은 수단이다. 경험을 목록으로 정리한 것이나 모닝 메시지도 탐구 주제와 관련하거나 교실의 요리활동과 관련된 조리법 혹은 과학 실험 등과 관련하여 새롭게 알게 된 어휘를 공부할 수 있는 기회가 된다. 자주 사용되는 단어, 새로 배운 단어, 시각 글자, 음운 소리 등에 관한 것은 단어 벽(word walls)에 게시한다. 모든 게시 내용은 유아가 주목하도록 시선을 끌고 이에 대하여 유아들이 토의할 수 있다. 유아가 글자를 읽도록 격려하고 글쓰기에 이 단어들을 활용하도록 한다(Ritchie, James-Szanton, & Howes, 2003).

바깥 환경에도 문해 발달이 촉진될 수 있도록 조직한다. 일반적인 놀이 기구 이외에 계절에 따라서 꽃이 피는 봄에는 화분, 가을에는 가랑잎을 긁어모을 수 있는 갈퀴, 눈이 오는 겨울에는 눈을 파고 눈사람을 만들 수 있는 양동이, 삽 등을 제공한다. 박스, 용기, 나무판, 밧줄, 공 등은 유아들이 창의적으로 놀게 하는 것이다. 이러한 자료들은 놀이하면서 언어를 사용하게 하고 실내에서 쓰기 게시판에 단어를 쓰게 하거나 교실 책을 만드는 내용이 된다.

교실의 영역. 교실의 각 영역은 학습에 중요한 역할을 한다. 각 영역에서는 유아 혼자혹은 또래와 함께 한두 개의 활동을 활 수 있다. 영역은 폴더가 놓여 지시사항대로 활동하는 곳일 수도 있고 가구로 구분된 공간일 수도 있으며 차트로 게시된 공간일 수도 있다. 영역 활동은 교사가 미리 활동하는 방법과 자료를 소개하기도 하며 현재 학습하고 있는 내용과 기술을 연습할 수 있는 곳이기도 한다. 교실 영역은 다음 기능을 한다.

1. 교실의 영역 활동에 참여하면서 유아들은 읽기와 쓰기에 활발하게 참여한다.
2. 과제를 먼저 끝낸 유아는 다른 영역의 활동에 참여하면서 학습을 심화시킨다.
3. 교실의 영역은 교사가 일대일 교수, 소집단 교수 혹은 평가를 할 수 있도록 한다.
4. 교실의 영역은 유아가 재미를 위하여 혹은 정보를 수집하기 위하여 스스로 선택하고 참여할 수 있도록 한다. 이런 선택 경험이 쌓이면 유아는 자발적인 평생 독서자로 성장할 수 있다.

영역의 종류. 영역의 자료들은 반 아이들의 발달 수준과 흥미를 고려하여야 한다. 도서 영역에는 읽기 수준이 3~4 수준 차이가 있으며 다양한 주제와 장르의 책이 준비된다. 구비된 책의 수준이 다양하여야 반 아이들의 읽기 수준에 맞게 가르칠 수 있으며 모든 아이들이 참여하고 성취감을 느낄 수 있다. 예를 들어서 반의 탐구 주제가 밀림의 동물이라고 하자. 관련 활동으로 긴 단어의 글자에서 작은 단어의 글자를 만들어보는 활동을 한다고 하자. 글 읽기 능력이 많이 발달하지 않은 유아는 elephant(코끼리)에서 만들 수 있는 글자가 at, ant처럼 짧은 글자 몇 개밖에 안 될 것이다. 그러나 읽기 능력이 발달한 유아는 hat, let, pet, tape, pant, heap, heat, heal 등 여러 개를 찾을 수 있다. 따라서 자료는 그 학년의 낮은 수준부터 높은 수준까지 다 포함하여야 한다.

문해 영역. 도서 영역과 쓰기 영역을 포함하는 문해 영역은 교실 환경의 주요 부분이 되어야 한다. 자유롭게 동화책을 볼 수 있고 필요할 때 쓰기 자료를 만질 수 있는 환경에 있는 유아들은 다양한 문해 경험을 하게 된다. 이 두 영역은 분명 눈에 잘 띄고 매력적이어서 유아를 초청하는 분위기가 되어야 하나 혼자서 조용히 활동할 수 있는 분위기도 보장되어야 한다. 공간 크기는 한 번에 네 명에서 다섯 명의 유아가 쾌적하게 활동할 수 있는 정도가 좋다. 문해 영역을 잘 구비하는 것은 교사가 이 영역을 가치 있게 여기고 있다는 무언의 메시지를 유아에게 전한다. 자료의 난이도는 각 유아의 개인적 차이를 수용하여 다양하게 배치한다. 자료는 일정한 곳에 비치하며 이에는 읽기, 쓰기, 말하기와 듣기, 단어의 낱자를 조직하고 분해할 수 있는 것들이 포함된다. 도서 영역과 쓰기 영역에 대하여 아래에 자세히 기술하였다.

▲ 문해 영역은 교실 공간의 중심이 되어야 한다.

도서 영역. 책등이 보이도록 배치하는 전통

적 서가를 준비한다. 도서 분류 체계를 사용하여 유형별로 도서를 꽂아둔다. 이는 도서관의 책이 체계적으로 정리되어 서가에 꽂혀 있고 이것은 찾기 쉽게 하기 위한 것임을 유아가 이해하도록 한다. 책의 표지가 보이게 보관하는 서가도 필요한데 이는 유아의 관심을 쉽게 유도한다. 이런 서가에는 현재 탐구되는 주제 관련 도서를 꽂아둔다. 책은 시간을 두고 교체하며 장르에 따라 구분하여 보관한다. 도서를 보관할 때 읽기 난이도에 따라 보관하는 것도 필요하다. 한 학생당 약 5권에서 8권 배당하는데 3년 혹은 4년 정도의 난이도 차이가 있으며 다양한 장르가 포함되도록 한다. 유아들에게 인기 있는 책은 여러 권을 비치하는 것도 필요하다.

도서 영역에는 카펫, 쿠션을 준비하고 흔들의자도 준비하여 이 흔들의자는 '명예의 의자(Literacy Chair of Honor)'라고 명하여 교사 혹은 유아가 책을 읽어주는 자리로 활용한다. 이 영역은 유아가 재미를 위하여, 친구에게 책을 읽어주기 위하여 혹은 자신이 꾸민 이야기를 발표하는 자리로 활용한다. 또한 가전제품을 포장했던 큰 박스를 갖다 놓으면 유아들이 속으로 기어들어가 안락하고 사생활을 즐길 수 있는 공간이 되기도 한다.

독서 전시회 포스터 혹은 게시판 등으로 이 영역을 꾸미고 도서 대출 활동도 한다. 또한 이야기책에 등장하는 인물의 인형 혹은 소품도 같이 준비하여 유아의 이야기 활동이 적극적으로 이루어질 수 있도록 한다. TV 동화, 테이프로 녹음된 이야기를 들을 수 있는 장비도 필요하다. 이러한 자료는 언어와 독해 능력을 향상시킨다. 이외에도 글자 퍼즐 혹은 단어를 낱자로 해체하고 다시 구성하며 가지고 놀 수 있는 게임 도구 등도 비치하여 유아가 글자를 촉각으로 조작하며 모양과 소리를 익힐 수 있도록 한다.

쓰기 영역. 이 영역에는 의자와 탁자를 준비하고 크기가 다양한 색연필, 사인펜, 연필, 분필, 작은 칠판, 다양한 크기와 색깔의 종이 등을 비치한다. 줄이 그어지지 않은 종이도 준비하고 색인카드를 준비하여 유아가 자신이 좋아하는 단어, 많이 사용하는 단어 혹은 첫 소리 혹은 끝소리가 같은 단어 등을 적고 관찰할 수 있게 한다. 글을 쓸 때 받칠 수 있는 받침대와 컴퓨터도 이곳에 비치한다. 책을 만드는 데 필요한 재료인 종이, 구멍 뚫는 기계, 스테이플러와 하드보드지 등을 준비한다. 속 내용은 아직 없으나 묶인 책이나 카드 등을 준비하여 어린 유아가 책의 내용을 채울 수 있도록 하는 것도 좋다. 유아의 쓰기 작품은 게시판에 전시하고 교사와 유아, 유아와 유아 간에 편지를 주고받는 게시판, 편지함을 준비한다.

문해 영역을 조직하고 운영하는 데 유아를 참여시키면 유아 스스로 운영 규칙을 정하며 깔끔하게 정리하는 것에 적극적인 역할을 할 수 있다.

내용교과 영역. 조기 문해 교육을 촉진하는 교실은 유아 개인의 욕구와 필요, 발달 수준을 반영하며 여러 교과와 통합하여 문해 경험이 이루어지는 환경이다. 이러한 교실은 영역별로 구성되어 있다. 각 영역은 일반 자료뿐만 아니라 탐구되고 있는 주제에 맞게 자료가 비치된다. 대개의 자료는 직접 손으로 조작할 수 있으며 활동 중심적이다. 자료는 유아 혼자 조작할 수도 있으며 소집단으로 조작할 수도 있다. 각 영역은 가구, 자료로 경계가 구분되며 영역과 자료에는 이름표를 붙인다. 각 영역은 목적에 맞게 확실히 구분되어 있으며 교사의 지시에 따라 구분된 영역을 유아가 쉽게 이용할 수 있도록 해야 한다. 학기 초에는 각 영역의 자료를 최소화하고 시간이 흐르면서 보강하는 것이 좋다. 각 자료의 목적, 사용법, 위치 등을 유아에게 미리 소개하여야 한다.

사회탐구, 과학탐구, 음악, 미술, 문해, 역할놀이와 블록놀이 영역에는 각 영역의 특징에 해당되는 자료가 주제에 맞게 비치된다. 사회와 과학 탐구 영역에는 주제에 해당되는 읽기, 쓰기 자료와 말하기 자료가 구비될 수 있다. 이를 통해 새로운 어휘와 개념을 배우고 호기심이 유발되며 문해 활동이 일어난다. 해당 주제를 심화 탐구할 수 있도록 책, 포스터, 공예품, 음악, 조형 자료, 역할놀이 자료, 과학 탐구를 위한 도구 및 사물 등이 유아의 관심을 촉진한다. 그림 9.1과 9.2에 어린 유아기부터 5학년까지의 교실 공간 배치 예를 제시하였다.

그림 9.1은 어린 유아기부터 초등 1학년 교실의 영역 구분인데 미술 영역은 물의 사용이 쉽도록 싱크대 가까이에 위치해야 한다. 또한 바로 옆에 유아의 사물함이 있어서 작품 보관이 쉽도록 한다. 유아기에는 책상보다는 탁자가 적절하다. 그림 9.1에 표기된 각 영역의 자료와 내용은 4장에 자세히 기술되어 있다. 각 영역에 해당되는 자료 이외에도 읽을거리와 쓰기 자료를 구비하는 것이 필요하다. 예를 들어서, 음악 영역에는 노래를 개작하여 만든 그림책 「치킨 수프와 쌀(Chicken Soup with Rice)」(Sendak, 1962)

그림 9.1

어린 유아~초등 1학년
교실 공간 배치도

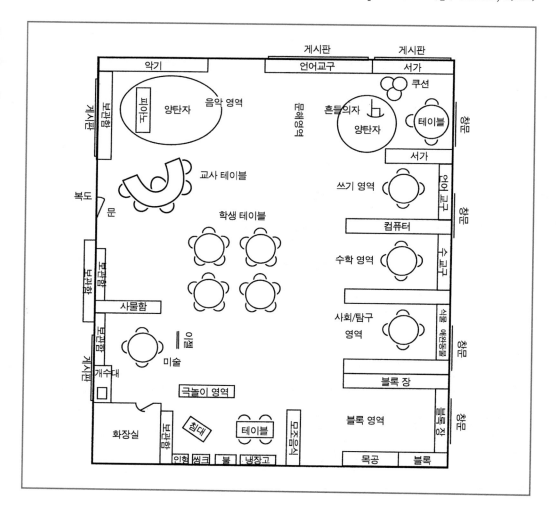

그림 9.2

초등 2학년~5학년 교실
공간 배치도

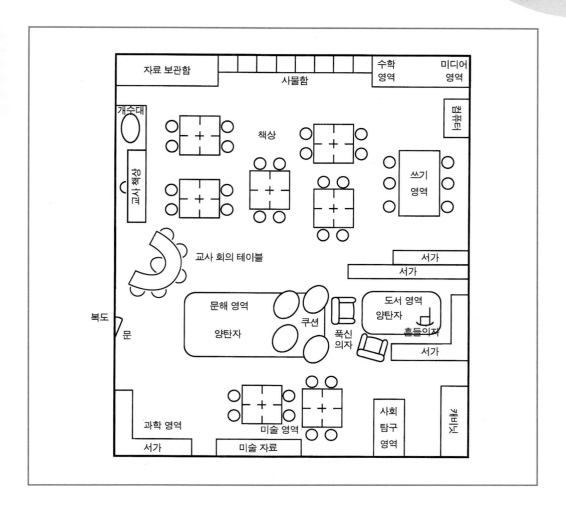

을 두면 유아가 책을 보는 것 이외에도 이야기에 나오는 단어를 따라 쓰기도 한다. 사회탐구와 과학탐구 영역에는 정보 그림책이 꼭 구비되어야 한다. 미술 영역에는 조형을 하는 데 안내가 되는 지시사항, 도표 등이 있어야 한다. 역할놀이 영역에도 이야기책을 둔다. 예를 들어서 우주에 대하여 토의하고 우주에 관한 그림책을 역할놀이 영역에 두면, 유아들이 엄마놀이를 하면서 엄마가 우주에 관한 책을 아기에게 읽어주는 놀이를 할 수도 있다. 블록 영역에도 블록 구성의 아이디어를 보여주는 책을 둘 수 있는데 다리, 지도 등을 놓아두면 유아는 이 자료에 영감을 받아 자신의 마을을 구성하기도 한다.

문해 경험이 풍부한 환경과 교과내용의 통합과 더불어, 교실 환경은 다양한 교수법, 집단 형식을 수용하도록 구성하는데 이유는 유아 간의 차이를 존중하기 위함이다. 각 영역은 독립적, 사회적 상호작용의 공간이 되기도 하고 탐색과 자기 조절의 공간이 되기도 한다. 그림 9.1에 제시된 탁자는 대집단 활동 공간이 되며 음악 영역의 열린 공간에서는 카펫 위에 유아들이 앉을 수 있다. 교사 회의 탁자에서는 개별, 소집단 학습이 이루어진다. 모든 가구들은 이동식으로 필요에 따라서 공간 조직이 변형될 수 있다. 각 영역은 조용하고 학습이 이루어지는 공간과 적극적인 활동과 놀이가 이루어지는 공간으로 구분된다. 도서와 쓰기 및 말하기와 듣기 활동이 이루어지는 문해 영역은 수학 영역에 인접하는데 두 영역에서는 주로 조용한 활동이 이루어지기 때문이다. 반면, 역할놀이, 블록놀이 영역은 시끄러운 경향이 있으므로 조용한 영역과 반대편에 위치한다. 미술 활동도 시끄러우므로 조용한 영역의 반대편에 위치한다. 교사 회의 테이블은 조용한 곳에 놓이나 교실의 모든 영역을 한눈에 볼 수 있도록 자리 잡는다. 교사가 개인이나 소집단과 함께 과제를 하고 있을 때 나머지 유아들의 활동을 볼 수 있도록 해야 한다.

그림 9.1의 교실 영역 배치도는 어린 유아들에게 적합하므로 주로 어린이집, 유치원과 초등 저학년 교실에서 사용된다. 특히 초등 1, 2학년 교사는 이 공간 배치도에 유념해야 하는데, 이유는 이것이 문해 학습을 촉진하기 때문이다. 그림 9.3은 주제에 일관되게 각 영역의 구비 자료를 사전에 계획하는 데 유익한 양식이다. 문해 영역에 필요한 자료의 준비 정도를 평가하려면 뒤의 체크리스트를 활용하라.

그림 9.3

각 영역별 자료 계획표

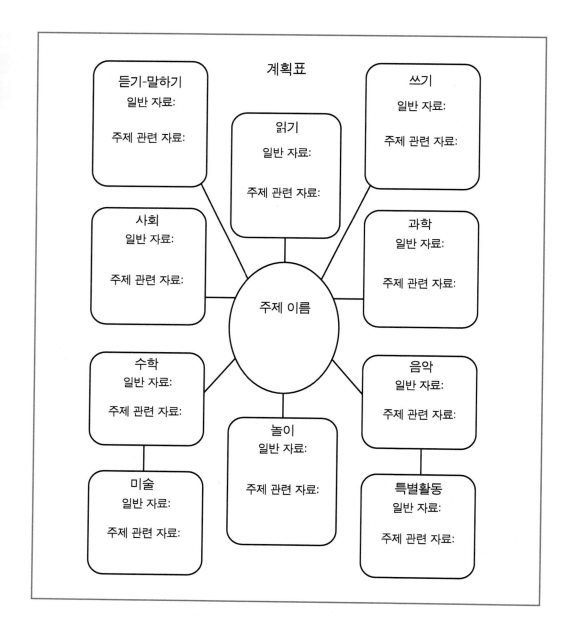

개인의 특징과 필요를 충족시키는 개별화 교육의 운영

교수-학습 활동은 대집단, 소집단이나 개별적으로 계획되어 진행될 수 있다. 유아의 능력, 필요와 관심에 따라서 동질이나 이질 집단으로 구성되거나 혹은 협동 학습을 위하여 동질 집단으로 구성된다. 활동의 목표, 특징, 다양한 집단 형태에 따라서 학습에 미치는 효과가 다르므로 집단 구성은 중요하다. 다양한 집단 구성은 하나의 집단으로 계속 운영하는 경우에 유아에게 남겨질 낙인 효과를 감소시킨다는 긍정적 효과도 있다. 또한 다양한 집단을 통하여 만나는 친구들은 서로를 알아가는 좋은 기회가 될 수도 있다. 교사는 교실의 공간을 최대한 활용하고 **개별화 교육**을 위하여 다양한 전략을 사용하여야 한다. 모든 유아에게 맞는 하나의 교수법은 없다(Walpole & McKenna, 2007). 다양한 배경과 필요를 가지고 있는 여러 유아들을 잘 가르치기 위해서 교사는 이들을 평가하고 평가에 근거하여 개인에게 맞는 개별화 교육을 제공해야 한다. 지금부터 이에 대하여 기술할 것이다(Tominson, 2004).

대집단, 소집단, 일대일 상호작용

대집단 수업은 유아의 연령이 최소 3세는 되어야 가능하다. 어린 아이들은 한 자리에 모여 앉아 집중할 수 있는 시간이 짧고 들을 수 있는 능력도 아직 미약하다. 대집단 활동은 경험을 나누는 시간으로 불리기도 하는데 정보를 친구들 모두에게 전달하거나 혹은 발표할 때 적절하다. 유아기 문해 교육에서는 교사가 책을 읽어주거나 함께 노래 부르기, 토론, 브레인스토밍 등을 대집단으로 진행하는 것이 적절하다.

소집단 수업은 체계적이고 직접적으로 가르쳐야 할 때 긴밀한 상호작용이 필요하므로, 안내된 읽기(guided reading)나 쓰기 시간에 적당하다. 교사의 직접적인 안내와 지도 없이 유아끼리 협동하여 진행하는 프로젝트에도 적절하다. 교사는 집단을 구성할 때 다양한 요인을 고려한다. 예를 들어서 안내된 읽기에는 읽기 기술을 구체적으로 가르치기 때문에 소집단 구성이 필요하며, 이외에도 유아들끼리의 우정, 관심이 고려되며 독립적인 읽기와 쓰기 활동을 위해서도 소집단 구성을 한다. 다양한 기준으로 집단을 구성하면 유아는 여러 유아들과 상호작용할 기회를 얻을 뿐만 아니라, 오직 한 집단에만 속할 경우의 낙인 효과를 제거할 수 있다. 유아는 다양한 집단에 속할 수 있는 기회를 가져야 하고 시간에 따라서 집단에 변화를 주어야 한다.

일대일 상호작용이나 유아 개인 독자적 활동은 개별화 학습(individualized instruction)이라고도 한다. 교사나 또래와 상호작용하며 배우는 것도 있지만 유아는 혼자 스스로 문제를 해결하여 성취감을 느껴야 한다. 일대일 상호작용으로 교사는 유아 개인에게 관심을 둘 수 있으며 유아에 대하여 많은 이해를 할 수 있다. 교사가 유아 한 명과 상호작용할 때에는 연속 기록을 통해 유아 평가에 활용할 수도 있으며 이야기 재화 과제를

체크리스트 | 문해 환경 및 자료 체크리스트

사용법: 교사는 아래의 양식을 이용해 교실을 평가한다.

문해 영역

	예	아니오
유아들이 교실의 규칙과 영역의 이름을 정하거나 자료 구성 등 영역을 계획하는 데 참여한다.		
문해 영역은 조용한 곳에 위치하고 있다.		
문해 영역은 눈으로 식별이 가능하고 접근도 쉬우나 다른 영역과는 가구를 사용하여 분명하게 구분되어 있다.		
문해 영역에는 카펫, 쿠션, 흔들의자, 푹신한 의자, 봉제인형 등이 있다.		
문해 영역에는 숨어 들어가서 책을 읽을 수 있는 공간이 있다.		
문해 영역은 전체 교실 면적의 약 10%를 차지하고 유아 5~6명이 동시에 활동할 수 있다.		

도서 영역

책등이 보이도록 보관할 수 있는 서가가 있다.		
책은 분류되어 비치되어 있다.		
a. 장르로 분류되어 비치되어 있다.		
b. 읽기 난이도 수준에 따라 분류되어 비치되어 있다.		
책 앞표지가 보이도록 보관할 수 있는 서가가 있다.		
유아당 5~8권의 책이 구비되어 있다.		
책의 난이도 수준은 3~4년 정도의 차이가 있으며 아래와 같은 다양한 장르의 책이 구비되어 있다: (a) 그림책 (b) 그림 이야기책 (c) 전래동화 (d) 동시 (e) 사실동화 (f) 정보책 (g) 인물전기 (h) 챕터 북 (i) 읽기 쉬운 책 (j) 수수께끼나 농담 책 (k) 놀이로 참여할 수 있는 책 (l) 시리즈 책 (m) 글 없는 책 (n) TV 관련 책 (o) 소책자 (p) 잡지 (q) 신문		
2주에 한 번 20권 정도의 책이 소개된다.		
도서 대출 프로그램을 운영한다.		
녹음된 이야기와 헤드셋		
이야기 등장인물 인형과 소품		
이야기 구성에 사용할 수 있는 조작물(막대 인형, 부직포 인형 등)		
녹음기		
같은 책이 여러 권 비치되어 있다.		

체크리스트 | 문해 환경 및 자료 체크리스트

쓰기 영역	예	아니오
탁자와 의자		
유아의 쓰기물이 게시될 수 있는 게시판		
쓰기 도구(색연필, 크레용, 사인펜, 연필 등)		
쓰기 자료(다양한 크기와 색깔의 종이, 책받침 등)		
컴퓨터		
꾸민 이야기를 책으로 엮을 수 있는 재료		
유아, 교사가 서로에게 메시지를 전달하는 메시지 보드		
자신이 좋아하는 단어를 모아두는 곳		
유아의 글을 보관하는 개별 폴더		
유아 서로가 편지를 주고받을 수 있는 우편함		

문해 영역 이외의 교실 환경

	예	아니오
교실의 모든 영역에 문해 관련 자료를 두어야 한다. 문해 자료는 탐구 주제에 맞추는데 예를 들어서 과학탐구에서는 주제 관련 도서, 음악 영역에는 노래판 등이 비치된다. 놀이 영역에도 주제 관련 문해 자료가 비치된다. 모든 영역에는 다음과 같은 것이 구비된다.		
주제 관련 사인, 지시 사항, 규칙 등과 같은 글이 교실 환경에 표시되어 있다.		
달력		
오늘 혹은 이번 주의 행사 알림판		
책, 잡지와 신문		
쓰기 도구		
여러 종류의 종이		
유아의 문해 활동 결과물을 게시할 수 있는 공간		
교사나 유아가 서로에게 메시지를 남길 수 있는 공간		
단어 게시판		
다문화 유아의 모국어 표기		

다음과 같은 영역이 있다(해당 영역에 표시)
☐ 음악   ☐ 미술   ☐ 과학   ☐ 사회   ☐ 수학   ☐ 극놀이

대집단과 소집단의 교수법은 다양하다.

주어 유아의 이해 능력을 평가할 수 있다. 또한 학습하는 데 어려움을 느끼는 개념과 기술은 일대일 상호작용을 통해 쉽게 습득할 수도 있다. 교사는 일대일 상호작용에서 유아가 꾸민 이야기를 받아 적거나 유아의 글에 대하여 토론을 할 수도 있다.

나는 교사를 시작한 초기에 일대일 상호작용의 가치를 깨달았다. 내 반 유아의 한 어머니가 말하기를 자녀가 결석을 하고 싶어한다고 전하였다. 그 유아가 내 반이 싫어서 그러나 보다 하는 생각에 나는 실망이 컸다. 그러나 결석하고 싶어하는 이유가 결석한 유아는 그 다음 날 교사와 '단둘이 친밀한 시간'을 갖기 때문이라는 것이다. 당시 나는 결석했던 아이가 돌아오면 결석한 날 교실에서 했던 활동을 그 아이에게 일대일로 상호작용하며 설명하는 시간을 갖고 있었다. 이를 통해 나는 유아가 담임선생님과 일대일 상호작용하는 것을 무척 즐긴다는 것을 깨달았다. 일대일 상호작용을 통해 나는 유아 개인의 필요, 정서 상태, 관심과 같은 개인의 특징에 대한 이해를 높일 수 있었다.

▼ 일대일 교수를 하는 동안 연속 기록을 하면서 유아의 약점과 강점과 읽기 수준을 파악할 수 있다.

소집단에서의 안내된 읽기와 쓰기: 직접적으로 가르치기

특정한 기술은 직접적으로 가르쳐야 한다. 직접적 교수는 유아에게 필요하며 대집단, 소집단, 일대일로 가르칠 수 있으나 직접적 교수는 소집단 형태일 때 제일 적절하다. 문해 학습과 관련하여 특정한 기술과 개념에 대하여 직접적으로 가르치는 것을 소홀히 하면 어떤 유아는 아주 중요한 기술과 개념을 아예 배우지 못할 수도 있다. 따라서 교사는 유아 개인의 특징과 요구를 잘 파악하여야 하며 직접적으로 가르치는 것과 유아가 스스로 배우도록 하는 방법 간에 균형을 맞추어야 한다.

연구자들은 직접적 교수를 목표로 할 때 소집단을 활용하는 것에 대하여 많은 연구를 하였다. 소집단에서는 유아의 관심을 모으고 유지시키는 것이 용이하며 유아의 참여가 높아진다(Combs, 2006; Lou et al., 1996; Slavin, 1987; Sorenson & Hallinan, 1986). 소집단에서는 유아 개인의 이해 수준과 필요에 따라서 교수법과 자료를 쉽게 변형할 수 있다. 또한 집단에 함께 있는 유아의 특성이 동질하면 수준에 맞게 개별화된 수업을 제시할 수 있다(Jalongo, 2007; Slavin, 1987). 소집단에서는 유아의 학습 속도에 따라서 수업 조절이 쉽고 교사의 수업 스타일도 집단 특성에 맞게 조정할 수 있으며 유아를 통제하기도 쉽다(Combs, 2006; Hallinan & Sorneson, 1983).

그러나 집단 구성에 따른 부정적 효과도 있다. 예를 들어서 소수민족 출신 유아들은 종종 우수 집단보다는 능력이 부족한 유아들이 모이는 집단에 배치되기 쉽다. 집단 구성이 융통적이지 않으면, 특정 집단으로 배치되어 학교생활 중 계속 유지될 가능성도 있다. 이는 유아의 자존감에 영향을 주고 유아가 받게 되는 수업 내용과 양식에도 영향을 준다(Antonacci & O' Callaghan, 2004; Slavin, 1987). 또 다른 문제점은 유아를 특정 집단에 배치할 때 하나의 평가에만 의지하는 경향이 있다는 것이다. 일단 능력에 따라서 집단을 구성하게 되면 교사는 낮은 능력 집단에 대한 기대 수준이 낮고 결과적으로 이들의 수행이 낮게 나오는 경향이 있다(Gambrell & Gillis, 2007; Hallinan & Sorenson, 1983; Otto, 2006).

소집단 형태로 직접적 교수를 하는 대표적 활동이 안내된 읽기인데 Fountas와 Pinnell(1996)은 이에 대하여 다음과 같이 정의하고 있다.

안내된 읽기에서 교사는 소집단으로 수업을 진행한다. 집단에 속한 유아의 읽기 능력은 비슷한 수준이다. 교사는 읽어야 할 이야기를 소개하고 유아가 독립적으로 읽기 전략을 활용하고 습득할 수 있도록 돕는다. 각 유아는 텍스트를 읽는다. 이 활동의 목표는 각 유아가 독립적으로 조용하게 읽는 것이다. 점차 읽기 자료의 수준을 높이는 것에 목적이 있다. 집단 배치는 고정되는 것이 아니라 계속적인 관찰과 평가를 통해 새롭게 구성된다. (p. 4)

또 Spiegel(1992)은 다음과 같이 말하였다.

안내된 읽기의 가장 큰 목표는 유아가 의미를 이해하면서 읽게 하는 것이다. 안내된 읽기는 독해에 필요한 다양한 기술을 체계적으로 가르친다. 이를 위한 활동이 계획되는데, 특히 구체적 기술에 대한 교육은 아주 분명하다. 특정 기술을 가르치는 것에 대한 계획이 미리 조직되고 실행된다 하더라도 실행 시 포착되는 '가르쳐야 할 순간' 에 대하여 열린 마음을 가져야 한다.

교사는 소집단 수업을 진행할 때 수업 자료를 준비하여야 한다. 읽기 자료는 아동 문학이거나 읽기 프로그램 자료이든 상관없다. 그러나 자료의 난이도는 너무 쉽거나 어려워서는 안 된다. 수준에 따라 구분된 레벨 북이 안내된 읽기에서 제일 많이 쓰인다. 레벨 북은 교사가 유아의 읽기 수준에 맞게 자료를 선택하기 쉽도록 미리 구분된 것이다.

예를 들어서 특정 레벨의 책을 90~95%의 정확도를 가지고 읽으면 이 유아는 이 레벨에 해당된다(Clay, 1993b). 텍스트가 너무 쉬우면 새롭게 배울 내용이 없고 또 너무 어려우면 읽어도 거의 이해를 하지 못하여서 단지 글자를 읽는 해독에 집중되어 의미를 이해하는 읽기는 되지 못한다. 유아기를 위한 레벨 북이 있으므로 이를 활용하면 된다. 그러나 레벨 북은 직접적 교수를 위하여 고안된 것이므로 좋은 아동 문학을 대체해서는 안 된다.

안내된 읽기를 하는 동안 다른 활동 운영하기

교사의 도움을 받지 않는 소집단 활동은 친구들과의 협동 학습을 강조한다. 이 시간은 유아가 이미 알고 있는 기술을 연습하는 시간이다. 자유선택 활동 시간에 유아는 스스로 선택한 읽기와 쓰기 활동을 하고 교사의 도움을 적게 받는다. 교사는 유아가 하는 질문에 답을 하고 필요한 경우 유아가 과제에 몰입할 수 있도록 촉진자의 역할을 한다.

안내된 읽기와 쓰기 시간에 교사는 소집단 학습에 집중하므로 소집단 활동을 하지 않는 유아들은 자신이 어디서 무엇을 해야 하는지 정확하게 알고 있어야 한다. 8장에 기술되어 있는 자유선택 활동의 계획과 운영은 유아가 독립적으로 자신의 활동을 균형 있게 선택하여 몰입할 수 있도록 하는 좋은 모델의 하나이다. 그러나 유아들을 소집단으로 모이게 하여 특정 지식과 기술을 직접적으로 가르치는 수업 운영에는 세심한 계획이 필요하다. 독립적인 과제 수행을 위한 교실 운영의 사례를 2학년 담임인 시아 선생님의 교실 모습으로 설명하고자 한다.

유아가 독립적인 활동을 하는 시아 선생님의 수업 모형은 종종 기술, 주제와 관련되어 활동을 구성하는 것이다. 학기 초에 먼저 유아들에게 각 영역을 소개한다. 반의 유아가 다양한 활동을 할 수 있도록 격려한다. 유아들이 자유선택 활동을 할 때 시아 선생님은 소집단 수업을 운영하지 않고 유아들이 자유선택을 통하여 자신의 과제에 독립적으로 몰입하는 것을 돕는 것에 중점을 둔다.

종종 유아들에게 과제를 주기도 하는데 과제를 다 끝낸 유아는 스스로 활동을 선택할 수 있다. 유아들이 하는 읽기와 쓰기 과제는 주로 기술 습득에 관련된 것이다. 시아 선생님은 모든 유아가 아래 제시된 활동 1, 2, 3, 4를 다 하도록 한다. 이 과제는 능력이 다양한 유아들로 구성한 소집단에서 반 유아 모두 같은 시간에 하게 한다. 이를 다 끝낸 유아는 과제 5 혹은 6을 할 수도 있다. 이때는 자신의 집단에서 하지 않아도 된다.

1. *짝 읽기.* 유아는 짝과 함께 책을 번갈아가며 읽기도 하고 다른 책을 각자 읽고 자신이 읽은 내용에 대하여 서로에게 이야기해 준다. 동물 주제를 진행하고 있으면 유아는 책의 앞표지가 보이도록 보관된 서가에서 동물에 관한 이야기나 설명적 장르의 책을 선택하고, 읽은 후에는 토의를 한다. 이 활동 후 모든 유아는 자신이 읽은 책의 제목과 이야기에 대한 감상을 한 문장으로 카드에 기록하여야 한다.

2. *쓰기 활동.* 시아 선생님이 아침에 읽어준 「못생긴 물고기(Ugly Fish)」(LaReau & Magoon, 2006)에 대하여 다시 써보기를 한다. 다시 쓰기를 할 때 배경, 주제, 플롯, 해결과 같은 이야기 요소가 포함되도록 한다. 다시 쓰기는 책을 보면서 해도 된다. 그날의 다시 쓰기의 초점은 조금씩 다르다.

3. *단어 활동.* 교실 주변에 있는 단어 중, sh나 ch처럼 두 글자로 한 소리가 나는 단어를 찾아본다. 유아들은 이 단어를 찾아서 교실에 게시되어 있는 차트에 적어 넣는다. 이 단어 찾기는 교실의 책에서도 찾을 수 있다.

4. *듣기 활동.* 동물에 관한 이야기가 녹음된 테이프가 준비되어 있는데, 이야기마다 활동지가 있어서 질문에 답해야 한다. 「너의 엄마는 라마이니?(Is Your Mama a Llama?)」(Kellogg, 1989)와 「아서의 애완 샵(Arthur's Pet Business)」(Brown, 1990)이 준비되어 있다.

5. *미술 영역.* 동물 사진이 있는 잡지가 준비되어 유아들은 이것을 가지고 콜라주를 만든다.

6. *컴퓨터 영역.* 읽기와 쓰기를 할 수 있는 소프트웨어가 준비되어 있다.

시아 선생님은 모든 유아들이 각 활동에 참여할 수 있도록 계획표를 만든다. 또한 소집단을 구성할 때에도 이 계획표에 기록된 내용에 근거하여 모든 집단이 순환될 수 있도록 한다. 다른 집단이 끝나기 전에 과제를 끝낸 집단은 공간이 허락되면 다른 영역으로 이동하거나 다른 활동을 선택하도록 한다. 모든 영역에는 자신이 활동하였음을 표시하는 종이가 있고 활동 결과물은 해당 바구니에 제출하여야 한다.

학기 초에는 선택 활동을 구조화된 형식으로 운영하는 교사가 많다. 즉 교사는 유아가 해야 할 과제와 집단을 정해준다. 그러나 차츰 유아 스스로 활동을 선택하고 친구와 함께 활동을 선택하게 한다. 자유선택 활동의 성공은 어떻게 운영하느냐에 달려있다. 유아는 반드시 규칙을 알아야 한다. 유아들 스스로가 독립적으로 활동하는 데 필요한 규칙과 안내사항을 정할 수 있다. 그림 9.4에 이러한 규칙 및 안내 사항의 예를 제시하였다.

▼ 유아 스스로 활동에 참여하고 있다.

그림 9.4

선택 활동 중 지켜야 할 규칙

1. 선생님이 배정한 활동을 한다.

2. 선생님이 다른 친구들을 돕고 있을 때, 질문이 있으면 도우미 친구에게 도움을 먼저 구한 후 선생님에게 질문을 한다.

3. 자료를 사용한 후 제자리에 갖다 놓는다.

4. 친구들이 과제를 하고 있으므로 작은 목소리로 말한다.

5. 친구들과 자료를 나누어 사용한다.

6. 친구에게 도움이 필요할 때는 도와준다.

7. 완성된 과제를 친구들과 공유한다.

8. 과제를 끝낸 후에는 과제 완성표에 이름을 쓴다.

9. 자료를 주의하여 다루어 다른 친구들이 사용하는 데 불편하지 않도록 한다.

10. 결과물은 제자리에 제출한다.

어떤 교사는 그림 9.5에 제시된 것과 같이 선택 활동을 그림이나 차트로 제시하기도 한다. 이 목록에는 의무적으로 모두 해야 하는 활동과 선택 활동이 포함되어 있다. 어떤 교사는 게시된 활동 목록에서 한 활동을 선택하고 끝내면 유아 스스로 다른 활동을 하도록 하기도 한다. 그런데 이런 경우 각 영역에는 유아가 활동을 참여하였다는 표시를 할 수 있도록 준비한다. 한 영역에 한꺼번에 유아가 몰리지 않도록, 참여할 수 있는 유아의 수는 의자의 수로 알려줄 수 있다. 활동이 끝나면 결과물은 정해진 곳에 제출한다. 이러한 개별 선택 활동 시 특정 활동이 빠지거나 치중되지 않도록 확인할 수 있는 체계가 필요하다(Reutzil & Cooter, 2009; Fontas & Pinnell, 1996). 유아 스스로 계획하고 활동에 참여하였음을 보여주는 이름 적기와 같은 양식도 좋다.

그림 9.5와 그림 9.6은 Fountas와 Pinnell(1996)이 제시한 '과제 판(Work Board)'을 응용한 것이다. 이는 셋이나 넷으로 구성된 소집단 유아에게 몇 가지 활동을 제시하는 것이다. 두꺼운 판에 각 영역과 활동을 나타내는 그림을 표시한다. 맨 윗줄에는 유아의 이름을 붙인다. 영역과 활동 표시 그림은 찍찍이 등으로 붙였다 떼었다 하거나 위치를 바꿀 수 있게 하는 것이 좋다.

어떤 교사들은 영역 선택 활동 운영에서 교사가 주도적으로 과제를 배당하는 것을 선호하기도 한다. 이런 운영은 어린 유아에게 더 많이 선호되는데, 교사는 소집단 학습을 진행하면서 유아들이 다음에 해야 할 활동을 정해주는 방식이다. 선택 활동을 할 때에는 특정 영역에 너무 많은 아이들이 몰리지 않도록 적당한 참여 인원만큼 목걸이를 만들어 이용하도록 한다. 그림 9.7처럼 딱딱한 종이에 영역 목걸이를 만들어 사용한다. 또한 그림 9.8처럼 영역 활동 시작 시간과 끝나는 시간을 적는 목록표도 활용한다. 이로써 특정 영역에 참여하고 있는 유아 수를 파악할 수 있다.

그림 9.5　영역 차트

재니, 젠, 키이스 켈리, 루몬	홀리, 마이클, 벤, 맷, 알렉시스	데런, 티샤, 아이보리, 샘, 매튜	사라, 팀, 야신, 조시, 카일
짝 읽기	듣기	말하기	저널 쓰기
저널 쓰기	컴퓨터	단어 교구	짝 읽기
말하기	단어 교구	짝 읽기	듣기
단어 교구	짝 읽기	저널 쓰기	컴퓨터
듣기	말하기	컴퓨터	단어 교구
컴퓨터	저널 쓰기	듣기	말하기

영역 표시와 이름표는 떼었다 붙였다 할 수 있다.

그림 9.6 영역 카드

독립적 읽기

듣기

과학

수학

그림 9.6   영역 카드 (계속)

사회

글쓰기

동시

모둠

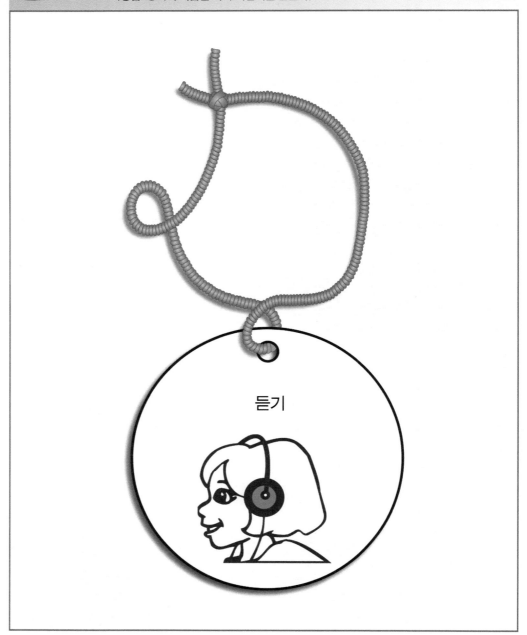

그림 9.7 영역 목걸이
사용법: 영역의 이름을 적어 목걸이를 만든다.

듣기

선택 활동 시간에 교사의 역할

선택 활동 시작 전과 시작 후 모두 교사의 역할이 있다. 교사는 유아가 각 영역의 활동에 익숙해지도록 자료 사용법과 활동에 참여하는 법에 대하여 시범을 보인다. 또한 유아가 활동을 선택하여 시작할 수 있도록 돕고 시작 후에도 도움이 필요하면 돕는다.

교사가 소집단으로 읽기 관련 기술에 대한 수업을 할 때에 나머지 아이들이 독립적

그림 9.8   활동 계획 및 실행확인 표: 하고자 계획한 활동에 * 표시를 하고 실행한 활동에는 v 표시를 한다.

활동 목록 표
계획한 활동과 마친 시간

이름 _____   날짜 _____

계획	활동		실행
	읽기 		
	쓰기 		
	말하기 		
	언어 교구 		
	듣기 		
	컴퓨터 		
	읽기 유창성 		
	독립적 읽기 		
	기타		

으로 활동할 수 있도록 해야 한다. 현재 교사와 활동하고 있는 유아를 제외한 나머지 유아들은 생산적이고 독립적 활동을 할 수 있어야 한다. 그런데 스스로 활동을 하지 않는 유아를 돕는 것은 큰 도전이다. 대체로 90%의 유아는 스스로 활동을 한다. 교사는 활동을 하지 않는 이유를 파악해야 한다. 활동하는 방법을 모르는지, 자료 사용법을 모르는지를 확인하고 또래가 돕도록 하는 것도 좋은 방법이다. 과제 결과물을 교사에게 제출하도록 하여 활동에 참여한 유아와 활동 수준을 쉽게 파악할 수 있다.

유아가 선택 활동을 할 때 일화기록을 하거나 동영상을 찍기도 한다. 영역 활동 이후 유아들과 함께 평가를 한다. 교사와 유아가 함께 자신의 활동과 수준에 대하여 이야기를 나누고 수준을 높이기 위한 협력 방안도 의논한다. 유아들에게 선택 활동의 자료와 수준을 향상시키기 위한 아이디어도 묻는다. 교사는 영역을 운영하다가 공간 배치를 바꿀 수도 있다. 도서와 구체물 자료를 보강하여 유아의 선택권을 넓히도록 한다.

문해 영역 활동은 다양하므로 교사는 활동법과 자료 사용법을 구체적으로 가르쳐야 한다.

1. 책, 잡지, 신문을 보거나 읽는다.
2. 친구에게 책을 읽어주거나 함께 읽는다.
3. 누군가 읽어주는 책을 듣는다.
4. 테이프로 이야기를 듣거나 따라 읽는다.
5. 융판 동화를 하면서 책을 읽는다.
6. TV 동화를 한다.
7. 이야기를 짓는다.
8. 책을 읽고 그림을 그린다.
9. 이야기를 짓고 책을 만든다.
10. 이야기를 짓고 부직포 인형을 만들어 융판 동화를 한다.
11. 인형극을 짓고 친구에게 이야기해 준다.
12. 이야기를 짓고 녹음한다.
13. 학급 도서를 대출한다.
14. 알파벳 글자를 익히는 단어 게임을 한다.
15. 두운이나 각운이 맞도록 단어를 찾아본다.
16. 긴 단어에서 짧은 단어를 만들어본다.
17. 선택 활동의 지시사항에 따라 활동한다.

유아에게 맞는 집단의 구성

교사는 집단 유형을 고려할 때, 다음과 같은 질문을 하게 된다. '이 유아에게는 어떤 유형의 집단이 최적일까?' 유아는 친구와의 우정이나 관심에 따라서 집단을 선택하려고 한다. 그러나 읽기와 쓰기를 위한 소집단은 교사가 주로 결정하는데, 이는 필요한 것, 읽기 수준, 발달 상태 등이 비슷한 유아들로 집단을 구성하기 때문이다. 한 반에 약 세 개 정도의 소집단을 구성하며 각 집단에 사용될 자료와 교수법은 다르다.

유아에게 필요한 것이나 능력을 결정할 때는 다양한 기준을 근거로 하여야 한다. 이 책 전체를 통하여 나는 다양한 평가 방법을 소개하였는데 될 수 있는 대로 여러 평가 방법을 활용하여 유아의 필요와 발달 수준을 판단하여 집단을 구성하여야 한다. 물론 이 과정에서 가장 중요한 것은 교사 자신의 판단이다. 아래에 집단 배정에서 고려해야 할 판단의 종류를 제시하였다.

읽기 수준, 단어 분석과 재조직에서의 강점과 약점, 유창성, 자기 조절에 대한 정보를 얻을 수 있는 연속 기록법 (2장에 자세히 기술되어 있음)

낱자 읽기 검사 (5장에 자세히 기술되어 있음)

자주 사용하는 단어에 대한 검사 (5장에 자세히 기술되어 있음)

독해 능력 검사 (6장에 자세히 기술되어 있음)

표준화 검사 (2장에 자세히 기술되어 있음)

반 아이들의 읽기 능력을 가장 높은 수준에서 낮은 수준으로 배열하여 비슷한 수준의 아이들끼리 4~6개의 집단을 만든다. 한 집단에는 5명이 적당하다. 집단을 구성하여 몇 번의 학습을 진행한 후 집단 구성원 능력에 차이가 있으면 구성원을 바꾼다.

소집단 안내된 읽기의 운영 실제

교실에 있는 유아들의 사회, 정서, 신체, 지적 능력은 서로 다르다. 이외에도 배경 경험이 달라서 학교에 오기 전에 배웠던 것과 학교에 온 이후에 배울 수 있는 것에 차이가 있다. 따라서 비슷한 요구가 있는 유아를 한 집단으로 구성하여 차별화된 수업을 제시하는 것은 아주 중요하다. 소집단에서는 유아가 습득해야 하는 기술을 체계적으로 학습해야 한다. 한 예로 소집단에서 글자 모양 따라 쓰기, 문법에 대한 지식, 의미적 지식, 쓰기 등을 학습한다(Reutzel & Cooter, 2004). 읽기 학습의 목표, 학습 자료의 선택은 유아의 읽기 발달 수준에 따라서 결정된다.

소집단 읽기 학습은 일반적으로 다음 특성을 갖는다.

1. 유아가 소속되는 집단은 읽기 능력에 대한 정규적인 평가를 통하여 계속 바뀐다.
2. 교사는 일과 중 능력에 따라 구분된 집단 외에 다른 유형의 집단을 동시에 운영하여서 유아에게 낙인 효과가 최소화되도록 한다.
3. 교실의 집단 수는 고정적이지 않다; 유아의 능력 수준에 따라서 집단 수가 변할 수 있는데, 대개 4~6개의 집단이 구성된다.
4. 읽기 자료의 수준은 학년에 의하여 결정되는 것이 아니라 읽기 능력에 따라서 결정된다.
5. 소집단 읽기 학습의 목표는 유창한 독서자가 되도록 하는 데 있다.
6. 소집단 읽기 학습에 참여하지 않는 유아들은 대개 선택 활동을 한다. 이는 소집단 학습을 통하여 배운 기술과 지식을 적극적으로 사용해보고 결과물을 만들며 재미를 느끼도록 고안되어 있다. 필요에 따라서는 작업지를 할 수 있으나 손으로 조작

▲ 유아는 일주일에 3~4번 소집단으로 읽기 기술을 구체적으로 배운다.

할 수 있는 구체물이 유아의 홍미를 더 끈다.

소집단 안내된 읽기 학습은 여러 방법으로 진행이 가능하나 중요한 것은 유아가 필요로 하는 것을 공급하는 것에 있다. Clay(1991)의 Reading Recovery 학습에서 중시하는 안내된 읽기의 요소를 소개하면 아래와 같다.

1. 유아가 쉽게 읽을 수 있는 자료를 함께 읽으며 시작한다. 이로써 발음, 억양을 좋게 하고 적절한 속도로 읽을 수 있게 된다.

2. 교사는 새로운 책을 소개할 때 유아들이 배경지식과 연계하고 익숙해지도록 책을 쭉 훑어보는 시간이나 책과의 산책(walk through the book)을 한다. 유아들에게 배경 지식과 사전 경험을 책의 내용과 연계시킬 기회를 주어 이해를 돕는다 (Anderson & Pearson, 1984; Jalongo, 2007; Tompkins, 2007). 아래에 책과의 산책을 하는 과정이 소개되어 있다.
   a. 책에서 어떤 일들이 일어날 것인지 예측해보도록 한다.
   b. 책의 제목, 작가와 삽화가의 이름을 읽어보도록 한다.
   c. 교사가 이야기를 간단하게 요약해줄 수 있다.
   d. 새 단어를 읽는 방법과 뜻을 알려준다.
   e. 반복되는 표현을 미리 말해줄 수 있다.

3. 처음으로 읽을 때는 교사가 처음부터 끝까지 읽어준다. 즉 유아가 차례대로 돌아가며 읽거나 한 목소리로 읽지 않는다. 각 유아는 자신의 책을 가지고 자신의 속도에 맞게 혼자 읽는다. 나이 든 유아는 교사가 책의 일부를 소리 내어 읽어주어 좋은 읽기 모델을 제시한 후 조용히 스스로 읽는다.

4. 유아가 혼자 읽는 것을 교사는 듣고 어려운 단어나 발음을 지도한다. 이때 교사는 유아가 잘 읽은 부분과 그렇지 않은 부분에 대한 메모도 기록한다. 교사 바로 옆에 앉는 유아는 매일 다르다. 이를 통해 면밀한 관찰과 메모 기록의 대상을 순환시킨다.

5. 1회 차 읽기가 끝나면 유아는 더 이상 해독에 집중하지 않아도 되므로 이해에 집중하며 읽을 수 있다. 같은 자료를 여러 번 읽는 것은 유아가 유능한 독서자가 되는 데 효과적이다(Clay, 1991; Frey & Fisher, 2006; McGee & Morrow, 2005).

6. 반복 읽기가 끝나면 유아에게 필요한 기술을 가르친다. 예를 들어서 읽었던 책에서 자주 나왔던 frog의 /og/가 들어가는 다른 단어를 찾아보는 것이다. 교사는 먼저 log, fog, jog 등 /og/가 들어가는 단어를 제시하여 유아들이 스스로 생각할 기회를 주거나, 자석 글자를 나누어주어 유아들이 이를 철판에 붙이면서 관련 단어를 구성하게 한다. 또한 /og/가 들어가는 단어를 사용한 문장을 유아들과 함께 만들어 발음과 철자에 민감해지도록 가르친다. 그 다음에 문장을 적은 종이를 단어

▲ 소집단으로 안내된 읽기를
할 때에는 유아의 읽기 수준에
맞는 책을 사용한다.

별로 잘라내어 유아들이 순서대로 배치하
고 읽어보는 활동도 한다.

7. 교사는 안내된 읽기에 적었던 메모를 가정
의 부모에게 전달하여 부모가 유아와 함께
하는 활동을 돕는다.

8. 안내된 읽기의 마지막 요소는 연속 기록이
다. 이는 개별 유아를 대상으로 진행한다.
소집단 수업이 끝난 후 한 명의 유아를 남
기고 한 개의 단락을 읽도록 한다. 이를 통
해 교사는 유아가 배워야 할 읽기 기술, 읽기 수준, 유아가 속할 집단을 정하는 근거로
삼는다.

이외에도 유아가 쓴 글, 읽기행동 관찰기록 등을 포트폴리오에 보관한다. 또한 이 책
에 제시한 여러 종류의 체크리스트도 활용한다. 안내된 읽기에 대한 이해를 돕기 위하
여 아래 1학년 담임인 키프 선생님의 실제 사례가 제시되어 있다.

키프 선생님은 아동이 알고 있는 것과 배워야 할 것을 평가하는 데 소집단 학습이 유익하
다는 굳은 신념을 갖고 있다. 선생님은 읽기 수준과 필요가 비슷한 아동 4~5명으로 구성
된 5개의 소집단을 운영하고 있다. 아동이 속하는 집단은 선생님의 계속적인 평가에 의
하여 바뀐다. 키프 선생님은 각 집단을 일주일에 서너 번은 만나며 모임은 10~20분 정도
소요된다. 매번 모임은 (1) 유창하게 읽을 수 있는 자료를 읽고, (2) 단어 소리의 조합과
분해와 같은 단어 활동, (3) 새로운 읽기 자료의 소개와 함께 새 자료를 읽는 데 필요한
해독과 독해 기술 소개, (4) 새로운 자료를 교사나 또래의 도움을 받아 읽기, (5) 이야기
에 대한 토론과 (6) 쓰기 활동을 한다. 선생님은 소집단 모임을 할 때 한 명이나 두 명의
읽기 오류를 기록하거나 이들의 이해도를 평가할 수 있도록 다시 말하기
과제를 하도록 한다.

▼ 소집단으로 안내된 읽기에
참여하는 아이의 읽기 수준에
맞는 책을 '비닐 지퍼 가방'에
보관한다.

보통 키프 선생님은 아동이 혼자서 활동을 시작하고 나면 이후 안내된 읽
기 활동을 위해 소집단과 함께 앉는다. 선생님은 우선 각각의 아동이 보관
하고 있는 친숙한 텍스트 자료를 꺼내서 읽도록 한다. 이 자료는 '비닐 지
퍼 가방'에 들어 있고 아동은 매일 이 가방을 소집단 활동에 가져온다. 처
음에는 유창하게 읽어서 자신감을 갖도록 친숙하고 쉬운 책으로 시작한다.
아동은 이 활동을 무척 즐긴다.

다음에 키프 선생님은 읽기에 필요한 구체적 기술을 직접적으로 가르치는
시간을 짧게 갖는다. 처음 보는 글자를 읽을 때 음소가 나타내는 소리적 암
시를 사용하도록 격려한다. 또한 작은 화이트보드에 단어 한 개가 생략되
어 있는 문장을 쓴다. 그리고 나서 아동들이 자신의 화이트보드에 생략된
단어를 써넣도록 한다. 키프 선생님은 이 비슷한 활동, 즉 단어가 생략된 문

▲ 읽기 난이도 수준에 따라서 책을 구분하여 읽기 수업에 활용한다.

장 세 개를 활동지로 만들어서 아동이 채워놓도록 한다. 활동지에 생략된 단어의 첫 글자는 쓰여있는데 옆의 짝과 협력하여 생략된 단어를 채울 수도 있다.

다음에는 읽기 수준에 맞는 동물에 관한 아동도서를 소개한다. 책에 나오는 새로운 단어를 7×9 카드에 적어 준비한다. 아동들이 단어를 먼저 읽고 나면 선생님은 단어 카드를 주머니로 된 차트에 넣어두고 아동은 이 단어를 자기 화이트보드에 적는다. 키프 선생님은 새 책에 나오는 문장을 종이 띠에 적어 준비하는데, 이때 각 문장마다 생략된 단어가 있다. 이 또한 단어카드를 보면서 아동들이 채워 넣게 한다.

새 책을 처음 읽을 때, 한 목소리로 읽는 것이 아니라 각자의 속도에 맞추어 읽는다. 이때 교사는 아동이 읽는 것을 유심히 들으면서 도움이 필요한 아이에게 도움을 준다. 한 번 다 읽은 후, 더 읽고 싶어하면 또 읽도록 한다. 이들은 아직 읽기 초보자이므로 작은 목소리로 읽는 것을 허용한다. 그날 집중하여 연속 기록을 할 아동을 정한다. 다음 소집단 모임에서는 다른 아동이 바로 옆에 앉도록 하여 이 아동을 자세히 관찰한다.

두 번 읽은 후 아동과 교사가 함께 책의 내용에 대하여 토론한다. 키프 선생님은 책 내용 중 아동의 실제 경험과 관계되는 것에 대하여 질문한다.

수업이 끝날 무렵, 선생님은 아동의 부모에게 자녀가 무엇을 배웠고 다음에 배워야 할 것이 무엇이며 숙제 등에 관하여 메모를 한다. 숙제로 아동 혼자 유창하게 읽을 수 있는 책을 부모 앞에서 읽어보거나 새 책을 부모의 도움을 받아서 읽어오게 한다. 숙제를 마치면 부모는 사인을 해서 보낸다. 소집단이 당일 활동을 끝내면 모든 아동은 자신의 자료와 숙제를 적은 메모를 가방에 담아서 집에 가져간다.

▼ 각 유아의 수준에 맞는 아동 도서는 이처럼 상자에 보관하는 것이 좋다.

키프 선생님은 다른 집단과 수업을 시작하는데 이 집단의 필요와 읽기 수준은 앞의 집단과는 다를 수 있지만 진행 과정은 거의 비슷하다. 점심 시작 전까지 키프 선생님은 약 네 집단과 수업을 할 수 있다.

지금까지 논의한 초등학교 1학년과 2학년에서 진행된 문해 교육과정은 유아기 문해 교육에 크게 영향을 미친 「Preventing Reading Difficulties in Young Children」(Burns, Griffin & Snow, 1998)에서 제안된 것이다.

일과에서 문해 교육의 계획과 운영

어린이집의 영아반, 유치원, 초등학교 1, 2 및 3학년을 위한 일과는 이들의 사회, 정서, 신체 및 인지 수준을 고려하여 구성한다. 또한 피아제, 프뢰벨, 듀이, 몬테소리, 비고스키, 행동주의의 유아 교육에 대한 이론을 근거로 삼아야 한다. 또한 학습이 자연스럽게 일어나면서도 교사의 구체적인 지도로 유아의 잠재력이 최대한 발현될 수 있도록 환경을 준비해야 한다.

유아는 한 자리에 오랫동안 앉아있기 어려우므로 이들의 일과는 다양해야 한다. 앉아서 듣는 것을 요구하는 대집단 수업은 최소화하고 짧아야 한다. 반면 환경을 탐색하는 시간은 충분히 할애되어야 한다. 이들은 놀이하고 자료를 조작하며 여러 영역을 탐색하고 바깥놀이를 해야 한다. 앉아서 듣는 활동 후에는 몸을 움직일 기회를 주어야 한다. 또한 조용한 활동 후에는 시끄러운 활동을 해야 한다. 일과 중 문해를 경험하여야 하며 언어를 사용하는 것이 즐겁고 실용적인 경험이 되어야 한다.

일과에는 대집단, 소집단, 개별 활동 및 일대일 상호작용이 안배되어야 한다. 교사 주도의 활동과 유아가 주도하는 활동도 안배되어야 한다. 유아는 그림책이나 자신이 쓴 글을 소리 내어 읽는 시간과 조용히 읽는 시간도 가져야 한다. 또한 다른 사람과 함께 읽을 뿐만 아니라 함께 쓰는 시간도 가져야 한다. 또한 안내된 읽기와 쓰기뿐만 아니라 독립적으로 읽고 쓰는 시간도 가져야 한다. 또한 또래와 협력하여 읽고 쓰는 시간과 비형식적으로 읽고 쓰기, 형식적으로 읽고 쓰는 시간도 가져야 한다. 이 활동 모두가 매일 일어나야 하는 것은 아니나 주 단위로는 경험되어야 한다.

국가읽기위원회보고(2000)에 의하면 유아부터 초등 3학년까지 다음을 배워야 한다: (1) 음운 인식 (2) 해독력 (3) 어휘력 (4) 이해력 (5) 유창성. 이를 위하여 읽기 워크숍과 쓰기 워크숍의 이름으로 혹은 언어 교육 시간이라는 이름으로 교육이 이루어진다. 연방정부는 유치원에서 하루 최소 90분이 언어 수업에 할애되어야 한다고 명시하고 있다. 초등학교 1학년에서 3학년 때는 매일 150분에서 180분 동안 다른 활동의 방해를 받지 않고 매일 언어와 문해 수업에 집중해야 한다. 한 명의 아이도 다른 이유로 이 시간을 방해받으면 안 된다.

말하기와 듣기는 매일 일과 중 일어나지만 아침 대집단 시간에 하면 더 집중할 수 있다. 오늘의 날씨, 지난 주말 이야기, 오늘의 사건이나 탐구할 주제 등에 대하여 이야기를 나눈다. 모닝 메시지를 통해서 이야기를 나눌 주제를 알린다. 아침 이야기 나누기는 15분 정도가 적절하다. 교과 수업으로 화산, 동물이나 다른 문화에 대하여 수업하면서 새로운 단어를 배우게 된다. 대집단으로 그림책을 읽을 때에는 사건이 일어난 순서 등에 유의하며 읽어준다. 또한 반복적인 표현에 주목시켜 유창하게 읽을 수 있도록 돕는다. 이 시간에 아이들과 한 목소리로 읽기를 하기도 한다. 동화시간은 20분이 적절하다.

단어의 모양, 소리, 합성과 분해를 학습하는 시간은 최소 30분이 필요하다. 이 시간에 음운 인식을 높이고 해독하는 법을 가르치는데 구체물을 가지고 하면 더욱 좋다. 소집단으로 교사가 가르치는 안내된 읽기는 집단당 5~15분이 적절하다. 안내된 읽기 학습 시간에는 유창성, 단어, 글쓰기 등에 필요한 기술을 구체적으로 가르친다. 교사와 소집단으로 학습하는 유아 이외의 아이들은 영역 선택 활동을 하며 해독, 글쓰기, 어휘, 유창성 등의 기술을 스스로 연습할 기회를 갖는다. 각 유아는 매일 세 가지 정도의 문해 활동을 한다.

아침 대집단 모임에서 상호적인 글쓰기를 할지라도 매일 30분의 글쓰기 워크숍 시간이 필요하다. 감사 카드를 쓰는 것과 같은 활동을 통해서 글쓰기에 필요한 기술을 가르친다.

지금부터는 문해 경험을 촉진시키는 교실 영역과 시간 배치에 대한 구체적 사례를 제시할 것이다. 일과 운영은 유아가 교실에서 생활하면서 구조화된 활동을 편안하게 하도록 한다. 그러나 모든 교실에 적합한 단 하나의 일과 모델은 없음을 기억해야 한다. 제시되는 사례에는 영역, 활동, 구조, 계획이 있다. 먼저 유치부부터 초등 3학년 교실에서의 언어 프로그램을 제시하였다. 일과 운영의 실제는 다음 순서로 제시하였다.

1. 만 5세 유치부부터 초등 3학년 교실의 일과
2. 만 3세와 4세 유아부의 종일 일과
3. 만 5세 유치반의 종일 일과
4. 만 3세와 4세 유아부의 반일 일과
5. 만 5세 유치반의 반일 일과
6. 만 1세와 2세 어린이집의 종일반 일과

교실 실제

유치원부터 초등 3학년 교실

여기서 소개하는 언어교육 과정의 계획과 운영은 미국 알바니 뉴욕주립대학교의 영어와 성취 연구소에 소속된 초등학교 1학년 교사들의 실제로서, 그 중 모범 사례를 제시한다(Morrow & Asbury, 2003). 이 교사들은 장학사의 관찰에 의하여 언어 교육 과정을 우수하게 운영하고 있는 것으로 평가되었다. 이들의 우수한 수업 운영은 동료 교사, 학부모, 학생들의 평가뿐만 아니라 수업 참여 유아들의 문해 능력 시험 점수에서도 확인되었다. 모범적 교육과정을 운영하는 것으로 평가된 여러 교사 중 트레이시(가명) 선생님의 것을 제시하였는데, 이는 모범 교사들이 운영하는 수업 특징을 대표한다고 할 수 있다. 이 일과 운영의 예는 지금까지 언급한 문해 교육에 적절한 이론과 전략을 다 포함하고 있다.

8:30~9:00. 교실에 들어서자마자 유아들은 문해 활동에 참여한다. 이름과 사진이 붙어 있는 출석 차트로 가서 자신의 사진을 정면으로 붙여 출석을 표시한다. 점심을 사먹을 친구들은 점

심 목록표에 이름을 쓰고 원하는 메뉴에 표시한다. 그 다음 트레이시 선생님이 전 날 역할을 적어 놓은 도우미 차트에서 자신이 오늘 해야 할 역할을 확인한다. 아침에 도우미 역할이 있는 유아는 바쁘게 자신의 역할을 시작한다. 대미엔은 화분에 물을 주고, 앤젤은 애완 토끼에게 먹이를 준다. 패티와 애쉴리는 함께 달력에 오늘의 날짜와 요일을 쓴다. 캘리는 날씨 그래프를 채워 넣어야 하는데 달토의 도움을 받아 한다. 스테파니와 제임스는 오늘 교실에서 일어나는 일과 같은 뉴스를 한두 문장으로 쓰는 리포터 역할을 한다.

아침 도우미를 하지 않는 친구들은 저널 쓰기, 혼자 혹은 친구와 함께 책 읽기나 단어문제 풀기 중 하나를 선택한다. 앤젤리카는 이번 주말에 친구 집에서 하룻밤을 보내는 것에 대하여 쓰기로 선택하였고, 대랜은 저널 쓰기를 끝내고 탐구 주제인 겨울에 대한 책을 읽기 시작하였다. 데이빗과 요엘은 주제와 관련된 단어문제를 다 푼 후에 "다했다!" 하고 함께 큰 소리로 외쳤다. 8시 55분이 되자 선생님이 박수를 쳤는데 이는 앞으로 5분 동안 활동하던 것을 정리하고 아침 모임을 위하여 카펫으로 모이라는 신호이다.

9:00~9:40. 대집단 아침 모임에서 달력과 날씨에 대하여 토의를 하였는데 이는 수학과 언어가 통합된 것이다. 1월이 된 지 며칠이 되었으며 앞으로 며칠 더 남았는지 수를 세었다. 이것은 세기표로 표시하고 십 단위와 일 단위를 아이스크림 막대로 묶어서도 수를 세었다. 달력에 대하여 토론하는 동안 겨울 주제가 시작되어 배운 어휘가 많이 사용되었다. 두 명의 리포터가 뉴스를 큰 소리로 읽었다.

트레이시 선생님이 주제 관련 모닝 메시지를 쓰기 시작하는데 이는 며칠 안에 실시할 아이스 스케이팅 현장 견학에 관한 것이었다. 선생님이 모닝 메시지를 쓰면서 펜을 바르게 잡는 법, 구두점에 대하여 주의 깊게 모델링을 하면서 구두점의 의미에 대하여 설명하였다. 요즈음 구두점에 대하여 배우고 있는 중이므로 선생님은 질문형, 감탄형 등의 문장을 썼다. 또한 물음표, 느낌표의 모양과 기능에 대하여 설명하며 이야기를 나누었다.

선생님은 메시지를 다 쓰고 읽으면서 유아들이 문장에서 새롭게 발견하거나 이야기하고 싶은 부분이 있는지를 물었다. 덩어리(chunk)로 된 /sh/의 소리에 대하여 이야기를 나눈 적이 있는데 데이빗은 shivers(부스러기)에 /sh/가 있다고 지적하며 이 부분에 동그라미를 그렸다. 샤나야는 rink(스케이트장)에 /ink/가 있다고 하였다. 이에 선생님은 처음 보는 글자에서 아는 글자를 찾아 읽어보는 것은 아주 좋은 전략임을 강조하였다. 그리고 나서 rink란 단어가 반 아이들과 함께 작성한 단어 게시판에 ink 덩어리 글자에 속하는 단어로 표기되어 있는지를 확인하게 한 이후에 이 단어가 없자, 단어 게시판에 그림과 함께 rink를 적을 것을 제안하였다.

다음, 두 명의 유아가 집에서 가져온 물건을 보여주며 발표하였다. 일주일에 한 번 발행되는 소식지에 트레이시 선생님은 겨울에 대하여 탐구하고 있음을 부모에게 공지하였다. 그리고 겨울과 관련된 물건을 자녀 편으로 학교에 보내줄 것을 요청하고 이 물건에 대한 세 가지 힌트를 적어 보낼 것을 부탁하였다. 물건과 힌트가 적힌 종이는 봉투에 담아 밀봉하고 겉에는 '비밀'이나 '만지지 마시오'라고 적어 학교에 가져온다. 유아는 힌트가 적힌 종이를 꺼낼 때 속의 물건이 보이지 않도록 조심한다. 유아가 힌트를 친구들 앞에서 읽어주고 손을 든 친구를 지명하여 물건이 무엇인지 추측하게 한다.

그 다음 트레이시 선생님은 겨울과 관계된 아동 도서인 「눈썰매 타기(The Wild Toboggan Ride)」(Reid & Fernades, 1992)를 읽어주는데 이 책은 소년이 할아버지와 함께 눈썰매를 타면서 일어나는 에피소드에 관한 것이다. 선생님이 이 책을 선택한 이유는 에피소드가 시간의 흐름에 따라서 전개되어 있고 같은 표현이 반복되기 때문이다. 이야기를 읽어주기 전에 눈이 쌓인 언덕을 내려가는 것에 대하여 이야기를 나누면서 내려가는 방법에 대하여 유아들이 브레인스토밍한 것을 선생님이 받아 적었다. 책의 표지를 보여주며 눈썰매가 생긴 모습에 대하여 이야기 나누고 눈썰매(Toboggan)라는 단어를 단어 게시판에 붙였다.

그 다음 트레이시 선생님은 목적적으로 듣고 사고하기 활동(Directed Listening and Thinking Activity)을 진행한다. 즉 선생님은 유아들이 이야기를 들으면서 누가 눈썰매를 탔으며 눈썰매 타기가 왜 '거친' 것인지 생각하도록 요구하였다. 선생님이 큰 소리로 읽어주면서 반복되는 표현이 나오면 유아들이 같이 읽도록 하였다.

이야기 읽기가 끝난 후, 교실의 모든 유아들은 눈썰매를 탄 사람이 누구이며 왜 썰매를 타고 언덕을 내려왔는지에 대하여 의견을 나누었다. 선생님은 유아들이 언급한 인물과 역할을 종이 띠에 받아 적었다. 그러고 나서 유아들이 사건이 일어난 순서대로 종이 띠를 배열하도록 하였다. 처음, 다음, 마지막 같은 단어를 소개하며 이야기의 전개에 이러한 단어 사용이 유용하다고 설명하였다. 선생님은 이제 유아 자신이 썰매를 탔던 경험이나 눈에서 놀았던 경험에 대하여 쓸 것이라고 알려주었다. 선생님이 유아들에게 도표 조직지나 이야기 지도 등을 소개하여 자신의 이야기를 쓸 때 순서를 잡는 데 도움이 되도록 하였다. 이야기 지도 같은 도표는 교사와 유아가 함께 활동한 종이 띠 하나에 인물과 행동에 대하여 적고 여러 개의 종이 띠를 순서대로 배열하는 것과 비슷하다. 도표 조직지나 이야기 지도는 여러 개를 복사하여 쓰기 영역에 비치해두고 유아들이 글쓰기에 활용할 수 있도록 한다.

9:40~9:50. 함께 읽기와 쓰기 활동이 끝나면 트레이시 선생님은 읽기 워크숍(Reading Workshop)을 시작한다. 먼저 이 시간은 소집단으로 안내된 읽기를 하는 시간이므로 나머지 유아들은 다른 영역에서 활동을 하도록 한다. 이때 각 영역의 활동 내용과 방법을 유아들에게 소개한다. 선생님이 몇몇의 아이들과 읽기 워크숍을 하는 동안 다른 유아들이 할 수 있는 영역과 활동은 아래와 같다.

혼자 읽기 혹은 짝과 읽기. 탐구 주제인 겨울과 관련된 책을 선택한다. 혼자 혹은 짝과 함께 책을 읽은 후 다른 친구들이 책을 읽기 전 참고할 수 있도록 8X12cm 카드에 서평을 적는다.

쓰기 영역. 교사가 읽어준 「눈썰매 타기」에 대한 감상을 적는다. 이 영역에는 사건이 일어난 순서대로 자신의 이야기를 짓는 데 도움이 되는 도표 조직지가 준비되어 있다. 자신의 이야기 혹은 글이 완성되기 전 도표 조직지에 순서적으로 배열되었는지 등을 옆의 짝과 확인해본다.

듣기 영역. 녹음된 이야기를 헤드셋을 통해 듣는다. 트레이시 선생님은 겨울과 관련된 여러 장르의 도서를 준비하였다. 「모자(The Hat)」(Brett, 1997), 「토끼의 소원(Rabbit's Wish for Snow: A Native American Legend)」(Tchin, 1997), 「겨울이 오면(When Winter Comes)」(Maass, 1993), 「마나티의 겨울(Manatee Winter)」(Zoehfeld, 1994)이 있다. 또한 빈 테이프를

두어서 유아가 자신이 읽은 이야기나 동시를 녹음하여 듣도록 한다. 자신의 목소리를 녹음하면 유창하게 억양을 살려서 읽는 데 도움이 된다. 유아는 녹음된 목소리를 듣고 자신의 읽기에 대한 평가를 적는다.

단어 학습. 겨울과 관계된 단어 목록이 단어 학습 영역에 준비되어 있다. 오늘 트레이시 선생님은 목록 중 유아가 단어를 하나 선택하고 이 단어의 글자를 사용해 다른 단어를 만들어보게 하였다. 유아가 교구를 조작하며 발견한 단어를 기록지에 적고, 완성되었으면 이를 폴더에 보관한다. 기록지 완성이 다 끝나지 않았으면 '끝나지 않았음' 이라고 표시된 폴더에 두어 다음에 계속한다.

컴퓨터 영역. 두 대의 컴퓨터를 활용할 수 있는데, 오늘 아침에 두 명의 유아가 이번 주 초에 배운 겨울에 관한 동시를 컴퓨터에 적었다. 트레이시 선생님은 문해 교육을 위해 주제와 맞는 아동 도서뿐만 아니라 동시를 많이 활용하였다. 동시는 덩어리 글자, 자주 사용되는 단어, 말소리 규칙, 리듬이 있어서 좋은 문해 학습 자료가 된다. 이외에도 동시는 유아에게 즐거움을 준다. 학급 대다수의 유아가 이미 '내가 좋아하는 동시' 라는 책을 갖고 있다. 유아는 컴퓨터를 이용하여 동시를 적고 그림을 그린 후 '내가 좋아하는 동시' 에 보관한다.

과학 영역. 트레이시 선생님은 오늘 일과가 끝날 무렵 실험을 계획하고 있다. 물질이 녹는 시간을 유아들이 측정할 것이다. 실험을 시작하기 전 유아는 생각해보고, 적고, 자신의 예측치에 대하여 설명할 것이다. 기록지에 예측을 적고 그래프를 그려보고, 실험이 끝난 후 예측과 결과를 비교한다.

미술 영역. 인형을 만들 수 있는 재료가 준비되어 있다. 트레이시 선생님은 이야기 구조가 분명하고 사건이 순서적으로 전개되는 이야기를 선택하여 유아들에게 읽어주었다. 이는 「눈썰매 타기(The Wild Toboggan Ride)」(Reid & Fernades, 1992), 「키알라처럼 하렴(Do Like Kyla)」(Johnson, 1990)과 「장갑(The Mitten)」(Brett, 1989)이다. 유아는 인물인형을 만들어서 이를 다시 말하기에 사용한다. 이 학급은 인형극 공연을 계획하고 있으며 겨울 주제가 끝날 때에는 친구들 앞에서 전체 공연을 할 계획이다.

트레이시 선생님은 위의 여러 영역 활동 중 두 개의 활동을 하며 각 활동에는 최소 20분을 써야 한다고 요구한다. 그리고 나서 선생님이 소집단과 읽기 워크숍을 마칠 때까지 자신이 하고 싶은 활동을 할 수 있다고 말한다. 또한 과학 실험이 오늘 오후에 진행될 것이므로 아직 예측 기록지를 완성하지 않은 유아는 이를 끝낼 것을 상기시킨다.

9:50~11:15. 다른 유아들이 선택 활동을 하는 동안 트레이시 선생님은 소집단으로 안내된 읽기를 한다. 소집단은 4~5명으로 총 5개가 있다. 소집단은 읽기 행동이 비슷하거나 읽기에 사용하는 전략의 발달 정도나 읽기 수준이 비슷한 유아들로 구성한다. 그러나 유아의 향상을 계속 평가하고 있으므로 소집단의 구성원은 자주 바뀐다. 선생님은 한 집단을 일주일에 3~4회 만나며 1회당 20~30분을 소요한다. 소집단 활동에는 선생님이 집중하여 연속 기록을 하거나 이야기 재화를 들어보는 유아가 한 명씩 있다.

오늘 아침 소집단은 글자에 대한 수업으로 시작하였다. 선생님은 유아들이 새 단어를 보면 전체를 보며 정보를 활용하기보다는 단어의 첫 글자에만 집중하는 경향이 있다는 것을 관찰하였다. 또한 짐작하고 읽은 단어가 문장에서 의미가 통하는 것인지를 체크하여 자신의 단어 선택이 옳은지를 확인해보는 것을 가르치려고 한다. 이를 위해 선생님은 단어 하나를 뺀 문장을 화이트보드에 적었다. 그리고 유아들에게 빈 곳에 어떤 단어가 들어가야 말이 될지를 생각해보게 하였다. 그러고 나서 유아 각자의 작은 화이트보드에 그 단어를 적게 하였다. 이후, 교사와 유아가 함께 생략된 단어가 될 만한 것을 하나하나 추리해갔다. 이 추리 과정은 선택된 단어로 말이 되도록 하는지 체크해보는 것이다. 세 개의 문장으로 같은 활동을 반복한 후에 이것이 읽기에 어떠한 도움이 될지를 이야기 나누었다.

이후 새 책 「정신 나간 퀼트(The Crazy Quilt)」(Avery & McPhail, 1993)를 소개하였다. 각 유아는 자신의 책을 가지고 있다. 선생님은 안내된 읽기 수업에 대개 레벨 북을 사용하였다. 그러나 대집단으로 읽어줄 때는 낮은 단계의 책을 읽어주기도 한다. 책을 읽기 전체를 훑어보는 책 산책을 하여 배경 지식과 어휘를 연계하여서 유아가 독립적으로 읽을 때 도움이 되도록 하였다. 책 산책 이후에 유아 각자가 작은 목소리로 읽었다. 교사는 유아가 읽는 소리를 들으며 도움이 필요한 유아에게 도움을 주었다.

두 번을 읽은 후, 선생님은 유아들이 좋은 전략을 사용한다고 칭찬하였다. 특히 자신이 관찰한 결과 유아들이 어려운 단어를 읽을 때 단어 전체를 보며 정보를 활용하거나 선택한 단어가 문장 안에서 말이 통하는지를 체크해보는 전략을 사용하는 것에 칭찬을 크게 해주었다. 이후 유아는 책에 있는 반복되는 문장의 형식을 모방하여 자신의 문장을 적었다. 문장을 띠지에 적어 자른 후에 단어로 문장을 다시 구성하는 활동을 하였다. 또 문장 중의 두 개의 단어를 선택하여 이를 낱자로 분해하여 다시 단어로 구성하는 활동을 하면서 글자와 소리의 관계에 대하여 주목하게 하였다. 집단 활동이 다 끝난 후 유아 각자는 책을 보관함에 넣는데 이후 혼자 읽거나 짝과 함께 읽는다. 선생님은 이 집단 유아의 행동을 기록하고 소집단 사전 및 사후 활동의 특이사항에 대하여 간단하게 메모를 한다. 또한 각 부모에게 소집단 수업에서 유아가 배운 것과 가정에서 할 숙제와 부모의 역할에 대한 통신문을 보낸다. 읽기 워크숍은 11시 20분에 끝났다.

11: 20~11:30. 정리 및 화장실

11:30~12:20. 점심과 휴식

12:20~12:30. 휴식 이후에 선생님은 「북극곰아, 집으로 데려다 줘!(Little Polar Bear, Take Me Home!)」(deBeer, 1996)를 읽어주었다.

12:30~1:15. 오늘 오후는 쓰기 워크숍(Writing Workshop)으로 시작하였다. 선생님은 자기 반의 유아들이 대문자를 언제 사용해야 하는지에 대하여 다시 배워야 함을 쓰기 회의(writing conference)를 하면서 알게 되었다. 10분간 대문자와 구두점 사용에 대하여 먼저 가르쳤다. 대부분의 유아가 마침표와 따옴표는 사용하나, 물음표와 느낌표는 잘 사용하지 않았다.

「북극곰아, 집으로 데려다 줘!」중의 한 단락을 OHP 필름에 적을 때 몇 개의 대문자와 구두점을 생략하여 적은 것을 프로젝터로 보여주었다. 전체 유아들이 대문자와 구두점이 어디에, 왜 들어가야 하는지를 의논하며 단락을 바르게 수정하였다. 그러고 나서 유아들은 자신의 쓰기 폴더를 가져와서 남은 35분 동안 쓰기 활동을 하였다. 대부분의 유아는 겨울 주제와 관련한 것을 적었다.

쓰기 활동은 개별적으로 이루어지므로 유아마다 단계가 다르다. 어떤 유아는 새로운 이야기의 초고를 쓰는 중이고 어떤 유아는 컴퓨터에서 편집을 하거나 마지막 정리를 하고 있다. 워크숍에서 교사는 유아에게 일대일로 글쓰기 과정에 대하여 지도한다. 또한 글쓰기 워크숍 시간에는 또래가 튜터 역할을 하므로 유아들 간의 상호작용도 활발하다.

1:15~2:00. 쓰기 워크숍이 끝나고 트레이시 선생님은 대집단으로 녹는 것에 대한 실험을 하였다.

2:00~2:45. 과학 실험이 끝나고 45분간 수학 워크숍을 하였다.

2:45~3:00. 일과의 끝 10분은 모두 함께 모이는데 오늘은 두 명 유아의 성취를 칭찬하는 시간을 가졌다. 폴과 린다가 오늘 자신의 책을 완성하였는데 내일 이를 친구들 앞에서 보여주며 발표할 것이다. 선생님은 숙제와 부모 동의서를 마지막으로 상기시키고 유아들은 가방을 싸고 교실 밖으로 나갔다.

교실 실제

유아 3, 4세 종일반 교실

3, 4세 유아는 대집단 활동을 위해 오래 앉아 있는 것이 어렵다. 따라서 대집단 활동에 참여하지 못하는 유아를 위한 보조 교사가 있어야 한다. 학기가 진행되면서, 4세는 대집단 활동 참여 능력도 향상되어야 한다.

8:00~8:30. 도착, 인사, 겉옷 정리, 조용한 활동, 오늘의 활동과 영역 소개를 위한 짧은 모임

8:30~9:30. 영역 선택 활동과 오늘의 특별 활동

9:30~9:40. 정리와 손 씻기

9:40~10:10. 대집단 음악, 동작, 극놀이

10:10~10:30. 아침 간식

10:30~11:00. 소집단 문해 수업, 나머지 유아는 영역 활동

11:00~11:30. 자유선택 놀이나 바깥놀이

11:30~11:40. 정리 및 화장실

11:40~12:15. 점심, 바깥놀이나 대근육 활동

12:15~12:45. 이야기 읽기, 이야기 꾸미기, 반복 읽기, 역할놀이, 빅북 읽기

12:45~1:45. 조용한 음악과 함께 휴식

1:45~2:20. 실내놀이

2:20~2:45. 서클 모임. 오늘의 활동 요약, 내일 계획, 주제와 관련된 물건 집에서 가져와서 소개하기, 노래, 이야기

2:45~2:55. 정리와 귀가

교실 실제

5세 유치부 종일반 교실

종일 일과는 환경 탐색 및 자료 조작을 통한 학습을 여유 있게 하며 각 영역에 할당되는 시간도 길다.

8:30~9:00. 교실 도착, 옷 정리, 조용한 활동

9:00~9:30. 대집단 모임, 아침 운동, 모닝 메시지, 주제에 대한 토론, 노래와 음악 활동, 오늘의 뉴스, 오늘의 계획

9:30~9:50. 수학이나 언어에 관한 대집단 수업 및 과제 활동

9:50~10:15. 소집단 안내된 읽기 수업. 나머지 유아는 과제 완성 및 영역 선택 활동(문해, 수학, 사회, 과학)

10:15~10:45. 자유놀이. 극놀이, 블록놀이, 목공놀이 영역에서 자유선택 놀이 가능. 일주일에 한 번은 소집단으로 교사의 지도 없이 미술이나 요리 활동을 함

10:45~11:00. 정리 및 간식

11:00~11:30. 함께 책 읽기, 이야기 꾸미기, 역할극, 빅북 읽기

11:30~12:15. 문해 영역 활동. 도서 영역, 쓰기 영역, 말하기 영역 등의 교구 활동

12:15~1:15. 점심과 바깥놀이. 비가 오면 실내 강당에서 대근육 활동

1:15~1:45. 과학이나 사회탐구 대집단 활동(언어, 음악이나 미술을 통합함)

1:45~2:15. 영역 활동(문해, 수학, 과학, 사회). 한 영역에서는 특별 프로젝트가 진행되며 소집단으로 참여함. 교사는 수학이나 읽기와 쓰기 소집단 수업 진행

2:15~2:50. 대집단 서클 모임. 하루 일과 요약과 내일의 계획. 가정에서 가져온 주제와 관련된 사물을 소개하거나 유아가 만든 노래, 시 등을 발표하거나 아니면 교사가 책 읽어주기

2:50~3:00. 귀가 준비 및 귀가

교실 실제

유아 3, 4세 반일반 교실

3, 4세 유아는 대집단 활동을 위해 오래 앉아 있는 것이 어렵다. 따라서 대집단 활동에 참여하지 못하는 유아를 위한 보조 교사가 있어야 한다. 학기가 진행되면서, 4세는 대집단 활동 참여 능력도 향상되어야 한다.

8:00~8:30. 등원 및 인사, 의복 정리, 조용한 활동, 새로운 영역과 활동 소개하는 짧은 서클 모임

8:30~9:30. 영역 탐색 및 오늘의 특별 활동

9:30~9:40. 정리 및 손 씻기

9:40~10:00. 대집단 음악, 동작, 극놀이 활동

10:00~10:20. 간식

10:20~10:50. 소집단 안내된 읽기 수업. 나머지 유아는 문해 영역 활동을 하거나 특별 프로젝트 참여

10:50~11:40. 자유놀이 혹은 바깥놀이

11:40~12:00. 대집단으로 책 읽기(함께 책 읽기, 이야기 꾸미기, 역할극 등 다양한 활동), 일과 평가

교실 실제

5세 유치부 반일반 교실

8:30~8:50. 학교 도착, 의복 정리, 조용한 활동

8:50~9:20. 대집단 아침 모임, 아침 운동, 모닝 메시지, 주제에 관한 이야기 나누기, 노래와 음악 활동, 오늘의 뉴스, 일과 계획

9:20~9:40. 수학, 언어, 사회나 과학에 대한 대집단 수업, 과제 활동

9:40~10:00. 소집단 안내된 읽기 수업. 나머지 유아는 과제 완성이나 소집단으로 영역 활동으로 과제 참여(문해, 사회, 과학이나 수학)

10:00~10:35. 영역 시간: 미술, 음악, 극놀이, 문해, 과학, 사회 등 모든 영역이 열림. 특별 프로젝트가 영역별로 진행될 수 있고 유아는 혼자 혹은 소집단으로 교사의 도움 없이 활동함

10:35~10:50. 정리 및 간식

10:50~11:10. 문해 영역 시간. 도서 영역, 말하기 영역, 쓰기 영역에서 교구 활동

11:10~11:30. 바깥놀이 혹은 실내 강당에서 대근육 활동

11:30~12:00. 대집단 읽기 활동(함께 책 읽기, 이야기 꾸미기, 역할극 등 다양한 활동), 일과 평가 및 귀가

교실 실제

영아 종일반 교실

6:45~7:45. 등원, 기저귀 갈기, 아침 수유. 일상을 진행하면서 보육교사는 아기에게 말을 걸고, 노래를 불러주며, 동시를 읊어주고, 아기의 반응을 강화함. 블록, 장난감, 책, 종이와 크레용 등을 가지고 놂. 교사나 보조 교사는 물건의 이름을 말해주고 아기가 가지고 노는 모습에 대하여 이야기해주고 아기의 말하기 시도, 책 보기, 크레용과 종이를 조작하는 행동에 주목하고 칭찬함

7:45~8:30. 아기에게 아침을 먹이면서 노래와 동시를 들려줌(더 어린 아기는 필요할 때마다 먹임)

8:30~9:00. 자유놀이

9:00~9:15. 정리, 씻기, 기저귀 갈기 등 아기에게 필요한 것에 반응하기. 모든 돌봄 활동에는 말, 노래, 리듬이 있는 소리가 동반됨

9:15~9:30. 아침 간식

9:30~10:30. 영역 탐색 활동과 짧은 대집단 수업

10:30~11:00. 바깥놀이

11:00~11:45. 점심. 음식의 맛, 냄새, 질감에 대하여 이야기 나누기

11:45~12:00. 화장실. 아기들은 기저귀를 갈고 낮잠 준비

12:00~12:15. 책 읽기

12:15~2:15. 낮잠 시간이나 조용한 휴식. 조용한 노래의 배경 음악

2:15~2:30. 낮잠을 끝내고 기저귀 갈기 등 보살핌. 간단한 간식

2:30~3:40. 실내 혹은 바깥놀이. 교사는 소집단으로 책을 읽어주고 아기의 반응을 격려하며 글자에 관심을 갖도록 함

3:40~4:00. 교사는 소집단 아기들에게 노래를 가르치거나 책을 읽어주기. 귀가 전 화장실, 기저귀 갈기 등 보살핌 행동을 통해 귀가를 준비함

이 장의 서두에서 언급하였듯이 아기를 돌보아주는 어린이집은 가정의 문해 자료와 문해 경험과 유사한 것을 제공한다. 이는 이것이 자연스러운 문해 발달을 촉진하기 때문이다.

활동과 질문

1. 이 장의 맨 앞에 있는 핵심 질문에 답하라.

2. 균형적 접근법에 의한 문해 교육 프로그램의 하루 일과를 계획하라. 먼저 만 3세 교실부터 3학년 중 연령을 선택하라.
   a. 주제와 일관된 문해 교육 자료 및 환경에 대하여 계획하라.
   b. 교실에서 진행되는 활동을 부모에게 설명하고 이들의 참여를 요청하는 통신문을 계획하라. 10장에 부모에게 보내는 통신문의 예가 제시되어 있다.
   c. 교사가 안내된 읽기를 진행하는 중 나머지 유아들이 독립적으로 참여하는 영역 활동을 계획하라.

3. 유아교실의 문해 환경을 관찰하라. 이 장에서 제시한 '문해 환경 및 자료 체크리스트'를 활용하라.

4. 학기 초부터 수집한 유아의 포트폴리오를 검토하라. 문해 발달 수준을 평가하고 지금까지의 발달 정도를 기술하고 앞으로 이 유아를 위한 수업을 제안하라.

5. 지금까지 보아왔던 영역 이외에 새로운 영역을 창안해보고 새로운 영역의 이름과 표시도 고안해보라.

핵심 질문

- 가정 문해란 용어의 여러 측면을 정의하라.

- 가정에 비치된 읽기와 쓰기 자료에는 어떤 것이 있는가? 이것들은
  어떻게 유아의 문해 발달을 촉진하는가?

- 유아의 문해 발달을 촉진하기 위하여 가정에서 할 수 있는 활동은 무엇인가?

- 자녀의 문해 발달을 돕기 위하여 부모가 학교에서 할 수 있는 것은 무엇인가?

- 자녀의 문해 발달을 돕기 위하여 부모가 교사를 도울 수 있는 것은 무엇인가?

- 다문화 가정의 문해 프로그램의 문제는 무엇인가?

- 학교와 연계된 가정 문해 프로그램을 성공시키는 요인은 무엇인가?

핵심 용어

가정 문해   부모 참여   세대 간 문해 추진 전략

10

가정 문해:
가정과의 협력

당신은 바로 보이는 곳에 엄청난 부를 갖고 있을 수 있겠지요:
빛나는 보석이 들어있는 함과 금으로 된 상자.
그런데 당신이 나보다 더 부자일 수는 없어요---
나는 책 읽어주는 엄마가 있었거든요.

－스트릭랜드 길리안
(미국인이 가장 사랑하는 시 모음 중 '책 읽어주는 엄마')

볼턴 할머니는 손녀인 아다샤(6세)와 요넬(4세)이 그림을 그리기 위하여 물감, 물통, 붓, 종이를 가져오자 바닥에 신문을 깔았다. 그녀는 손녀들이 무언가 어질러놓는 놀이를 시작하면 바닥을 보호하기 위하여 항상 신문을 깔았다. 신문을 깔면서 "자, 오늘 우리가 보고 있는 신문에는 어떤 내용이 있지?"라고 말하였다. 그러자 아다샤가 "오! 이것 보세요. 요리에 관한 것이네요."하였다. 볼턴 할머니는 "여름 날씨에 좋은 과일과 채소에 관한 것이구나. 여름에는 매일 건강에 좋은 것들을 먹어야 한단다."라고 말하였다. 볼턴 할머니는 손녀들이 신문에 관심을 갖고 보도록 한다. 손녀들은 신문을 들여다보느라 놀려고 했던 것을 잊어버릴 정도이다. 때로는 금방 읽은 것에 대하여 그림을 그리기도 한다. 볼턴 할머니는 환경에서 쉽게 볼 수 있는 환경 문자를 활용하여 문해 경험이 놀이와 같이 즐거우면서 지식을 얻을 수 있도록 하고 있다.

나의 대학원 학생인 록샤냐는 가정에서 경험한 문해에 대하여 다음과 같은 이야기를 들려주었다.

> 내가 어려서 우리 부모님이나 누군가가 나에게 책을 읽어준 기억은 없어요. 그러나 이야기를 들은 기억은 있어요. 부모님은 자신에게 실제 일어났던 일이나 친척들에게 일어난 기쁜 일, 슬픈 일 등 가족과 관계된 일에 대한 이야기를 하고 또 하곤 하였어요. 가족이 모여서 이야기가 시작되면 모든 사람이 이야기에 참여하여 앞 사람이 빼먹은 부분을 누군가가 보충하는 역할을 하였죠. 이는 특히 주일에 교회를 다녀온 후 할머니 집 식탁에 모여 앉아 함께 점심을 먹으며 반복하는 우리 가족의 전통이었죠. 이 시간이 너무 즐거워 나는 항상 이 시간이 빨리 오기를 기다렸던 기억이 나요. 이야기는 매번 같은 것이었지만 항상 재미있어서 들어도 또 듣고 싶었죠.

가정 문해에 대한 이론 및 연구

가정 문해란 여러 내용이 포함된 복잡한 개념이다. 여러 연구가들이 제시하는 가정 문해에 대한 정의는 아래와 같다(Bus, van Ijzendoorn, & Pellegrini, 1995; Donahue, Finnegan, Lutkus, Allen, & Campbell, 2001; Melzi, Paratore, & Krol-Sinclair, 2000; Morrow, Paratore, & Tracey, 1994).

1. 가정 문해란 가족, 자녀, 확대 가족 구성원이 가정과 지역사회에서 사용하는 문해를 말한다.
2. 가정 문해는 가족의 일상 삶을 유지하는 가운데 자연스럽게 일어나며 부모와 자녀가 함께 무언가를 '이루는 과정'을 돕는다.
3. 가정 문해의 예에는 아이디어를 소통하기 위하여 그리거나 적는 것, 메시지를 전달하기 위하여 메모를 하거나 편지를 쓰는 것, 기록하는 것, 목록을 작성하는 것,

적힌 지시사항을 따르는 것, 이야기를 하거나 대화를 하는 것 등이 있다.

4. 가정 문해는 가족 구성원에 의하여 의도적으로 시작되기도 하나 가족 일상의 일부로서 자연 발생적으로 일어난다.

5. 가정 문해는 가족 구성원의 민족, 인종이나 문화적 유산을 반영한다.

6. 가정 문해는 학교가 추진할 수도 있다. 이는 가족과 자녀에게 필요한 학교 문해의 발달과 습득을 도와주기 위한 것이다.

7. 가정 문해에는 학교에서 주관하는 부모회나 자녀가 참여하는 문해 프로그램도 포함된다.

8. 가정 문해는 자녀의 교실 생활을 참관하는 부모를 참여시키는 것이다. 또한 자녀에게 책을 읽어주거나 부모의 취미, 작품과 전문적 식견을 나누는 것도 포함된다. 자녀가 교실에서 영역 활동을 할 때 도와주는 것도 포함된다.

9. 가정 문해는 학교에서 주관하는 부모 워크숍을 통해 자녀의 문해 능력을 향상시키는 것뿐만 아니라 자녀의 문해 발달을 위해 가정에서 부모가 도와줄 수 있는 전략에 대하여 학습하는 것도 포함된다.

가정 문해의 중요성

출생부터 3세까지

자녀의 안녕과 복지에 관심을 갖는 가족은 유아의 첫 교사이다. 이들은 유아에게 평생 교사 역할을 한다. 출생과 함께 시작되는 유아의 경험은 이들이 성공적인 문해자가 되는 데 영향을 미친다. 학교 문해 교육 프로그램의 성공은 크게 가정의 문해 환경에 의해 좌우된다. 가정 문해에 대한 연구는 조기 문해 교육 전략을 세우는 데 돌파구가 되어 왔다. 체계적인 교육을 받지 않고도 이미 읽기와 쓰기를 습득하여 학교에 오는 유아들이 있으므로 이러한 유아의 가정환경과 특징에 대하여 연구해왔다.

이러한 배경에서 진행되는 연구는 두 가지를 전제하고 있다. 첫째, 가정에서 사용하는 방법이 학교에서도 효과적이다. 둘째, 유아의 문해 발달에 중요한 영향을 미치는 가정에 대한 정보와 가정과 학교가 어떻게 협력하는 것이 좋은지에 대한 정보를 준다.

나는 조기 문해 발달에서 가정이 하는 역할이 크다는 신념을 가지고 있다. 나의 손자 제임스(4세 반)와 손녀 나탈리(2세)가 태어난 이후로 우리는 그들에게 책을 읽어주었다. 이 아이들은 누군가의 무릎에 앉거나 의자에 앉아서 매일 책을 보았다. 그림에 대하여 대화를 하였고 이야기를 들었다. 5개월이 되어 제임스와 나탈리는 우리가 읽어주는 것을 집중하여 들었다. 그 당시에 읽어준 책은 하드보드지에 글이 별로 없는 책이었고, 아기들은 선명한 색의 그림을 뚫어지게 바라보았다. 이들의 표정은 심각하기도 하였고, 미소를 짓기도 하였다. 손을 뻗쳐서 책을 잡으려고 하거나 입에 넣어 빨기도 하였다. 가끔은 이들이 내는 소리가 마치 우리가 읽어주는 소리를 따라 하는 듯이 들렸다. 이러한 경험이 매일 꾸준하게 반복되어 아기들은 책 읽는 것에 익숙해졌으며 이를 즐겼다.

제임스와 나탈리가 나이가 들어가면서 책 읽기에 대한 반응은 증가하였다. 말을 하기도 전에 그림을 손으로 가리키고 마치 사물과 인물의 이름을 말하는 듯한 소리를 내었다. 말소리를 시작하자, 책에 있는 것들의 이름을 말하기 시작하였다. 그들은 즐겁게 참여하였고 우리는 그들의 반응에 관심을 보이고 강화하였다. 우리는 책에 없는 말이라도 필요한 경우에는 설명을 길게 하기도 하였다. 함께 책 읽기는 편안하고, 따뜻하였으며 기분 좋은 경험으로 항상 기다려지는 시간이었다.

이들이 14개월이 될 즈음, 바닥에 앉아 책을 보거나 읽는 모습을 자주 보였다. 그들은 책을 어떻게 잡아야 하는지 알았으며 어디서부터 시작하여야 하는지, 책의 어디에서 끝이 나는지 알고 있었으며 책장을 넘기는 방법도 알고 있었다. 그림을 보고 마치 책을 읽는 듯한 소리를 내기도 하였다. 이들의 말을 다 알아들을 수는 없었으나, 멀리서 보면 진짜 책을 읽고 있다는 확신이 들 정도였다. 사실 이들은 관례적으로 읽고 있는 것이 아니라 문해 행동을 보이기 시작한 것이다. 이들은 자신이 반복해서 보고 싶은 책이 있었고 주변 어른에게 이를 반복해서 읽어달라고 하였다.

문해 경험을 촉진하는 가정

문해 경험을 촉진하는 가정에는 책 이외에도 연필, 크레용, 사인펜, 여러 종류의 종이가 있다. 방에 스스로 책을 꺼내고 정리할 수 있는 책장도 있다. 또한 바구니 가득하게 장난감과 책이 있어서 언제든지 가지고 놀 수 있다. 이외에도 부엌, 화장실, 거실 등에도 책이 있다. 이런 가정의 아이는 부모가 보는 여가 관련 도서인 소설, 잡지, 신문과 직업 관련 전문 서적 등 여러 종류의 책을 경험한다. 아이들은 수시로 부모가 책 읽는 모습을 관찰하고 때로는 부모 옆에서 책을 읽기도 한다.

아이가 2세경이 되면 연필을 쥐고 앉아 종이에 그림을 그리고 심지어 그림 아래 휘갈겨서 무엇을 쓰는 듯한 모습을 관찰하는 것은 그리 어렵지 않다. 아이가 무엇을 그린 것인지 알아볼 수는 없지만, 아이는 그린 것에 대하여 설명을 한다. 글을 휘갈긴 것과 그림을 휘갈긴 것의 모양은 분명 다르다. 관례적 형식으로 그림을 그리거나 글을 쓰는 능력은 없지만, 그림과 글의 차이를 알고 있는 듯하다.

환경 글자가 유아의 문해 발달에 의미하는 바를 아는 부모는 집이나 슈퍼마켓과 우체국에 가면 환경에 널려 있는 글자를 유아에게 주목시킨다. 조기 문해 발달에서 환경 글자의 중요성을 아는 부모는 운전을 하며 멈춤 사인을 가리키고 아이가 읽을 수 있는 사인은 읽어보게 한다. 집에서는 시리얼 상자의 글자를 읽어주고 새 장난감을 조립하는 방법도 읽어주고, 우편과 전자 메일도 읽어준다. 이를 통해 아이들은 글자에 대한 지식과 글자의 기능에 대한 지식을 습득한다. 아이는 이름표를 보면 뜻이 무엇이냐고 묻고 정보를 얻기 위하여 글을 읽으려고 한다.

3세가 되면 책 읽기를 하면서 활발하게 상호작용한다. 유아는 그림과 사건에 대하여 질문하거나 자신의 의견을 말한다. 부모는 질문으로 답하거나 자녀의 의견에 대하여 토론을 하기도 한다. 여러 번 읽은 책을 읽을 때 유아가 따라서 읽기도 한다. 유아는 글에 집중하여 읽는 방법을 묻거나 뜻에 대하여 질문도 한다.

4세 정도 되면 하루 있었던 일을 기록하는 일기도 일주일에 몇 번을 적을 수 있다. 글을 쓰기 전 무엇을 쓰고 싶은가에 대하여 이야기를 나누고 난 이후 그림을 그리고 부모는 자녀가 불러주는 것을 받아 적어준다. 혼자 쓸 수 있는 글자가 있으면 직접 쓴다.

이런 가정의 유아는 어느 날 갑자기 스스로 책을 읽는다. 나는 딸 스테파니에게서 이런 놀라운 경험을 하였다. 어느 날 도서관에서 돌아오는 자동차 안에서 스테파니 자신이 골라서 대출한 책을 큰 소리로 읽기 시작하였다. 이 책은 「나무에 달린 사과(Ten Apples up on Top)」(LeSieg, 1961)라는 재미있는 책으로 적은 수의 단어가 리듬 있게 여러 번 반복해 나온다. 그림도 텍스트와 일치하였다. 딸이 소리 내어 읽길래 나는 전에 함께 읽었던 책이라고 생각하였다. 그러다 갑자기 이 책은 스테파니가 처음 읽는 책이라는 생각이 들어서 차를 갓길로 빼서 스테파니의 행동을 관찰하였더니, 내 짐작이 맞게 처음 읽는 책을 스스로 읽고 있는 것이었다. 스테파니는 반은 읽고 반은 이야기를 하듯이 하다가 나중에는 글자 하나하나를 읽는 것이었다. 스테파니는 출생 이후 줄곧 책과 글자를 접해왔고 여러 개의 시각 글자를 취득하였으며 다른 읽기 기술을 갖게 되었다. 스테파니의 이러한 능력은 그냥 얻어진 것이 아니다. 가족의 안내, 모델링, 지원과 격려가 있었기 때문이다.

현대 가정의 복잡성

English Language Learners

지금까지의 이야기는 의도적인 교육 없이 자연스럽게 글을 깨우치는 데 이상적인 환경에 대한 것이었다. 불행하게도 이러한 환경이 일반적인 것은 아니다. 현재 75%의 가정이 맞벌이다. 맞벌이 부모는 어린 자녀의 문해에 대하여 생각할 여유가 없다. 또한 많은 아이들이 한 부모 가정에서 자라는데 자녀에게 매일 읽어주고 글을 써주고 대화를 많이 나눈다는 것은 한 부모가 부담해야 하는 다른 책임에 비하면 사치한 것일 수 있다. 우리 사회는 다른 문화를 가진 가족의 수가 증가하고 있으며 영어가 아닌 다른 언어를 사용하는 부모의 수도 증가하고 있다. 미국 사회에서 자녀 양육에 대한 신념은 다양하며 문해에 대한 관점도 다양하여 학교의 문해 교육에 대하여 모든 가정으로부터 지지와 협력을 보장받을 수는 없다. 또한 가족의 어른이 글을 읽을 줄 몰라서 자녀에게 문해 경험을 제공한다는 것의 의미조차 모르는 경우도 있다. 빈곤한 가정은 책을 사거나 도서관에 갈 기회가 적으며 심지어 집에 책을 놓아둘 공간조차 없다(Hart & Risley, 1995). 다문화 사회에서 빈곤과 문해 발달은 가장 첨예한 이슈이다. 그러나 이것을 해결해야 할 역할이 학교와 교사에게 있다. 우리는 자녀의 문해 발달을 지원하는 것이 자녀의 장래의 직업과 건강한 삶을 위해서 중요하다는 것을 부모가 인지할 수 있도록 도와야 한다. 부모자신이 글을 읽지 못하거나 영어를 유창하게 못하여도 자녀의 문해 발달을 돕기 위하여할 수 있는 것이 많이 있다. 물론 부모를 돕기 위한 노력이 좌절될 때도 많다. 부모 워크숍을 개최하여도 참여하는 부모는 극히 적다. 어떤 것은 부모에 의하여 무시되기도 한다. 그러나 세 부모와 연락이 되었다면 세 가정을 도운 것이고 이는 좋은 출발이고 성과이다. 작은 성공을 크게 여기며 앞으로 전진해야 한다(Christian, Morrison, & Bryant, 1998; Hoover-Dempsey & Whitaker, 2010; Lonigan & Whitehurst, 1998).

가정에서 문해 발달을 촉진하는 전략

여기서는 가정 문해에 대한 미국 사회의 주류 관점인 부모 참여를 제시하고 있다. 이는 대부분의 가정에 적합할 수 있으나 학교 교육에서 강조되는 문해 활동을 가치 있게 여기는 가정에서 가장 잘 실천될 수 있다. 나는 다른 문화권에서 중요시되는 문해를 가치 절하하려는 것이 아니라 미국 학교에서 중요시 여기는 문해 활동을 그들의 가정생활에 포함시키고자 한다. 이 관점은 아래의 경험에 대하여 이야기할 수 있는 가족 구성원이 있다는 전제를 하고 있다. 그러나 영어를 사용하는 가정에서만 실천될 수 있는 것도 아니다. 먼저 가족이나 부모가 참여하는 가정 문해를 소개하고 영어가 아닌 다른 언어를 사용하는 가정이나 제한된 문해 능력을 갖고 있는 가정에서 실천할 수 있는 전략을 소개할 것이다. 이 절의 최종 목적은 모든 부모가 자녀의 문해 발달을 촉진하는 전략과 제안을 사용할 수 있도록 하는 데 있다.

많은 연구자들이 체계적인 학교 교육을 받지 않고도 일찍 읽기와 쓰기를 시작하는 유아의 가정을 연구하였다(Leseman & deJong, 1998; Morrow, 1983; Neuman, 1996). 이들의 연구에 의하면 이러한 유아의 가정에 공통적인 특징이 있다. 어린 나이에 읽기를 하는 유아는 가족 중 누군가가 책을 읽어주며 읽기와 쓰기와 관련하여 어린 유아를 기꺼이 도와주는 사람이 있다. 이들의 가족원은 소설, 잡지, 신문과 직업 관련 서적을 다양하게 많이 읽는다. 이 가정에서는 부모 자신뿐만 아니라 자녀를 위하여 책을 사거나 빌린다. 읽기와 쓰기와 관련된 자료는 집에 널려 있고 어린 자녀를 도서관과 서점에 자주 데려간다(Morrow, 1983; Morrow & Young, 1997; Neuman, 1996). 이런 가정에서 읽기와 쓰기는 중요하고 가치 있는 것으로 여겨진다. 가정은 매일의 일상이 잘 조직되어 있고 가족 구성원에게 책임을 맡긴다. 부모와 자녀의 상호작용은 문해에 관심을 가지고 성장할 수 있도록 사회적이고 감성적이며 지적이다(Anderson, Hiebert, Scott, & Wilkinson, 1985).

▲ 가정에서 조부모나 부모가 자녀와 함께 책을 읽으며 하는 상호작용에는 글을 의미화하는 과정이 포함된다.

어린 유아가 읽기와 쓰기를 배우는 가정은 읽을거리와 쓰는 데 필요한 자료가 풍부한 환경이 특징이다. 조기에 읽기와 쓰기를 배우는 유아는 크레용으로 그림 그리기나 쓰기, 책 보기 등으로 시간을 보내는 경향이 있다. 또한 이런 가정은 TV 시청 시간과 시청 프로그램을 제한한다. 가족 간 대화가 풍부하며 학교에서 자녀가 무엇을 하고 지냈는지를 잘 알고 있다. 이런 가정 출신 유아들은 학교 담임에 의하여 사회적으로 정서적으로 성숙한 것으로 평가되고 과제에 대하여 성실하고 학업 성취도가 높다 (Faber & Mazlish, 1995).

다음과 같은 요소가 가정 문해 환경의 질에 영향을 미친다: (1) 물리적 환경 조건이나 문해 자료 (2) 가족 구성원과 유아 간 문해 경험을 매개로 이루어지는 상호작용의 특징 (3) 문해 성취에 대한 긍정적이고 지원적인 태도(Finn, 1998; Zeece & Wallace, 2009).

학교와 지역사회 기관들은 유아가 학교에 들어가기 전부터 가정에서 경험하는 문해 경험의 중요성에 대하여 가정에 알려야 한다. 이에는 산부인과 병원의 예비 부모 교육, 조산원, 소아과 병원, 교회 등이 포함된다. '가정에서 문해 경험을 촉진하는 방법' 등에 대한 소책자가 도서관, 서점, 병원, 슈퍼마켓 등을 통해 부모에게 전달되어야 한다. 이 소책자는 영어뿐만 아니라 우리 사회의 소수 민족이 사용하는 언어로도 인쇄되어야 한다. 소책자의 예가 이 장에 제시되어 있다. 그림 10.1에는 가정에서 자녀와 함께 할 10가지 활동이 제시되어 있다.

가정의 읽기 자료

▼ 아기 침대, 놀이방에도 책이 있어야 하며 심지어 욕조에도 방수처리된 책이 있어야 한다.

아동 도서는 자녀가 쉽게 접근할 수 있도록 비치되어야 한다(Hannon, 1995; Soderman, Gregory, & McCarty, 2005). 자녀를 위한 작은 도서관을 꾸며도 좋다. 골판지 박스나 플라스틱 상자를 책장으로 활용할 수도 있다. 집 곳곳에 책이 널려 있는 것이 좋은데 부엌, 침실, 욕실처럼 유아가 지내는 시간이 많은 곳에는 책이 있어야 한다. 놀이방이 따로 있다면 이 방에도 책이 반드시 있어야 한다. 기는 아기 때도 아기 침대나 놀이방에 책을 가져다놓고 심지어 욕조에도 방수처리된 책을 준비해둔다.

책의 종류도 다양해야 한다. 18개월 아기는 하드보드지와 같은 딱딱한 종이, 플라스틱이나 천으로 만든 것에 밝은 색상으로 표현된 책이 적절하다. 물론 책의 모서리가 부드럽게 처리되어야 하며 아기가 씹거나 함부로 다루어도 쉽게 찢어지지 않는 재질이어야 한다. 아기가 점점 커서 유아기에 접어들면, 동시책, 옛이야

그림 10.1   자녀와 가장 우선적으로 해야 할 10가지

다음은 읽기와 쓰기를 발전시킬 수 있는 재미있고 쉬운 방법들이다.

아이에게 책을 읽어주거나 같이 읽는다. .
자녀와 책에 대해서 혹은 읽은 것에
대하여 이야기를 나눈다.

아이의 도시락 통 안에 메모를
남겨 놓는다.

자녀의 숙제를 도와준다.

식사시간에 낮에 있었던 일에 대하여
이야기 나눈다.

텔레비전에서 본 프로그램에
대하여 토의한다.

부모와 자녀가 같이 쓰는
일기장을 만든다.

집안일 목록을 만든다.
예를 들어서 시장 목록 같은
것을 만든다.

집에 도서관을 만들고
그곳에서 시간을 보낸다.

가족이 함께 레시피를
보고 요리를 한다.

가족여행을 기록한다.

기 책, 사실주의 동화, 정보책, 그림책, 알파벳 책, 숫자 책, 좋아하는 TV 프로그램과 관련된 책, 글자 수가 적거나 크게 인쇄되어 유아 스스로 읽기 쉬운 책 등이 준비되어야 한다. 유아용 잡지는 우편으로 배달되면 특별한 경험이 되며 사진과 글씨, 내용 등이 꽤 매력적이므로 유아의 관심을 사로잡는다. 아동 도서 이외에도 어른이 읽는 책, 잡지, 신문, 직업 관련 서적이 가정에 있어야 한다. 그러나 책을 물리적으로 비치하는 것 이상으로 중요한 것은 자녀에게 책을 읽어주는 것이다. 또한 이야기 들려주기는 책을 읽어주는 것만큼 중요하다. 많은 가정에서는 성경책을 읽으면서 이야기를 나누고 종교 관련 서적을 통하여 자녀의 문해 경험을 풍부하게 한다. 소수 민족인 경우 자신의 언어로 적힌 책도 준비한다(Carter, Chard, & Pool, 2009).

가이드라인   가정에서 문해 활동 촉진하기

부모용 체크리스트

자녀가 읽고 쓰는 능력을 발달시키는 것은 아기가 태어난 순간부터 부모님이 어떻게 하느냐에 따라 크게 좌우됩니다. 아래에 읽고 쓰기 능력을 발달시키는 데 필요한 자료, 활동, 태도를 나열하였습니다. 이미 갖고 계신 자료, 하고 계신 일에는 체크하십시오. 그리고 아직 실행하고 있지 않은 것은 실행하도록 노력하십시오.

자료

- ☐ 1. 아이용 책과 잡지를 보관하는 장소가 우리 집에는 있다.
- ☐ 2. 아이용 잡지를 정기 구독할 의사가 있다.
- ☐ 3. 아이용 책과 내가 보는 책은 별도의 장소에 보관되어 있다.
- ☐ 4. 인형, 손 인형이나 녹음테이프와 같이 아이 스스로 이야기를 꾸밀 수 있는 자료를 주고 활동하도록 한다.
- ☐ 5. 크레용, 사인펜, 연필, 다양한 크기의 종이 등이 집에 있다.

활동

- ☐ 1. 책, 잡지, 신문을 아이와 함께 보거나 읽는다. 보거나 읽은 것에 대하여 이야기 나눈다.
- ☐ 2. 도서관에 가서 책이나 잡지를 빌린다.
- ☐ 3. 책에 관한 것이나 가족에 대하여 혹은 하는 일에 대하여 아이와 이야기를 나눈다.
- ☐ 4. 카탈로그, 광고, 직업 관련 자료, 편지와 같은 인쇄물을 보고 함께 이야기 나눈다.
- ☐ 5. 내가 읽거나 쓰는 것을 아이가 관찰할 기회가 있다.

☐ 6. 길거리 표시와 가게의 이름 같은 집 밖의 글자에 아이를 주목시킨다.

☐ 7. 아이와 함께 쓰면서 이야기 나눈다.

☐ 8. 음식 용기의 글자, 요리법, 약병의 투약법이나 물건 조립 설명서에 있는 글자에 아이를 주목시킨다.

☐ 9. 우체국, 슈퍼마켓, 동물원을 아이와 함께 방문한다. 보고 읽는 것에 대하여 이야기 나눈다. 집에 와서는 그것에 대하여 그림을 그리거나 글을 쓴다.

☐ 10. 글로 적은 메모에 대해 아이와 대화한다. 쇼핑 리스트, 해야 할 일 등과 같은 목록을 함께 작성한다.

긍정적 태도 길러주기

☐ 1. 완벽하게 읽거나 쓰지 못하여도 다음과 같이 칭찬한다.
"너무 잘했다."
"네가 읽는 것을 보니 행복하다."
"네가 쓰는 것을 보니 기쁘다. 도와줄까?"

☐ 2. 아이가 읽거나 쓰는 것에 대하여 질문하면 대답해준다.

☐ 3. 읽기와 쓰기가 즐거운 활동이 되도록 한다.

☐ 4. 집에 아이의 작품을 전시해둔다.

☐ 5. 아이가 원하면 학교를 방문한다. 아이 학교에 도움을 자원하거나 프로젝트, 학부모 회의 등에 참여한다. 이는 아이의 학교생활에 내가 관심이 있다는 증거이다.

학교를 방문하거나 교사와 상담하기

☐ 1. 나는 자원봉사를 원하면 학교를 방문하거나 교사와 상담한다.

☐ 2. 아이의 학교생활이 궁금하면 학교를 방문하거나 교사와 상담한다.

☐ 3. 아이의 읽기와 쓰기 학습이 걱정이 되면 학교를 방문하거나 교사와 상담한다.

☐ 4. 아이의 시각, 청각이나 어딘가에 문제가 있다고 생각되면 학교를 방문하거나 교사와 상담한다.

☐ 5. 집에서 영어를 사용하지 않아 도움이 필요하면 학교를 방문하거나 교사와 상담한다.

☐ 6. 나 자신의 읽기와 쓰기에 도움이 필요하면 학교를 방문하거나 교사와 상담한다.

☐ 7. 집에서 아이를 도와주는 방법을 알기 원하면 학교를 방문하거나 교사와 상담한다.

☐ 8. 아이가 학교에서 배우는 것에 대하여 알기 원하면 학교를 방문하거나 교사와 상담한다.

체크리스트 ┃ 자녀의 문해 발달 관찰 (부모용)

유아 이름: _____　　날짜: _____

	항상 그렇다	가끔 그렇다	전혀 그렇지 않다	비고
1. 책을 읽어달라고 한다.				
2. 내 아이는 혼자 책을 보거나 읽는다.				
3. 내가 읽어주는 내용을 이해한다.				
4. 내 아이는 책장을 어떻게 넘기는지, 책을 어떻게 잡는지, 글을 읽는 방향을 알고 있다.				
5. 내 아이는 읽는 시늉을 한다.				
6. 운율이 있거나 반복되는 표현이 있는 것을 같이 따라 읽는다.				
7. 내 아이는 내가 쓸 때 함께 쓴다.				
8. 내 아이는 무언가 혼자 쓴다.				
9. 내 아이는 자신이 쓴 것에 대하여 이야기한다.				
10. 길거리 표시 혹은 이름표와 같은 환경 글자를 읽는다.				
11. 내 아이는 학교를 좋아한다.				

내 아이에 대한 코멘트:

가정 활동과 읽기

부모, 형제나 가족이 정규적으로 책을 읽어주는 유아는 조기에 읽기 기술을 습득하며 책에 관심을 갖는다고 한다(Bus, van Ijzendoorn, & Pellegrini, 1995; Educational Research Service, 1997). 이는 그리 놀랄 일이 아니다. 자주 책 읽기를 경험하면 책 언어에 익숙해지고, 글자의 기능을 깨닫게 된다. 책 읽기는 항상 즐거운 것이며 즐거운 경험은 읽기에 대한 관심과 열정을 키운다(Cullinan, 1992; Huck, 1992). 또한 계속적인 책 읽기는 유아의 어휘 습득을 돕고 이야기 구조에 대한 지식을 얻게 하는데 이들은 읽기를 가능하게 하는 지식이다.

책 읽기를 하는 동안 성인과 유아 사이의 언어적 상호작용이 문해 발달에 결정적 영향을 주는 것이 분명하다(Cochran-Smith, 1984; Ninio, 1980; Vukelich & Christie, 2009). 이때의 상호작용은 읽고 쓰는 데 필요한 정보를 유아에게 직접적으로 전달한다(Allison & Watson, 1994; Heath, 1982; Morrow, 1987). 또한 책을 읽는 동안 유아가 질문과 코멘트를 하게 한다. 시간이 흐르면 유아의 반응은 복잡해지고 텍스트에 대한 생각이 깊어진다. 가정에서 자녀에게 책을 읽어줄 때 일어나는 상호작용은 다음과 같은 특징을 나타낼 때 자녀의 문해 발달에 효과가 있는 것으로 연구들이 보고하고 있다. 질문하기, 스캐폴딩하기, 질문과 대답을 모델링하기, 칭찬하기, 정보 제공하기, 토의를 이끌기, 개인적 반응을 나누기, 실제 삶의 경험을 책과 연결시키기 등이 이에 해당한다(Edwards, 1995; King & McMaster, 2000; Roser & Martinez, 1985).

아래는 한 어머니가 자신의 아들인 이안(4세)에게 책을 읽어주는 장면에 대한 전사 자료이다. 이를 보면 자녀가 참여하도록 초청하고, 반응을 이끌고, 자녀의 질문에 답하고, 긍정적인 강화를 제공하여 자녀의 질문과 코멘트를 지원하는 어머니의 행동이 드러나 있다. 어머니가 제공하는 초청과 자극, 정보와 지원에 의하여 이안은 질문하고 다시 새로운 정보를 얻고 있다.

> **엄마:** 이안아, 오늘의 책 읽을 준비가 되었니? 오늘은 새 책이구나. 이 책을 전에 한 번도 읽어본 적이 없는데. 이 책은 엄마 새와 아기 새에 대한 이야기야.
>
> **이안:** (책 표지의 제목을 가리키며) 엄마, 이것은 뭐예요?
>
> **엄마:** 이것은 책의 제목이란다. 제목은 '당신이 우리 엄마예요?' 란다. 이것이 이 책의 이름이지. 자, 보거라, 여기에도 또 있구나: '당신이 우리 엄마예요?'
>
> **이안:** (한참 있다가 단어를 가리키며) '당신이 우리 엄마예요?'
>
> **엄마:** 그렇지, 잘 읽는구나. 우리 이안이가 읽을 줄 아네.
>
> **이안:** 제목에 '당신이 우리 엄마예요?' 라고 쓰여 있어요. (다시 손가락으로 단어를 가리킨다)
>
> **엄마:** 또 읽었네. 우와, 이안이 정말로 읽을 줄 아는구나!
>
> **이안:** 엄마, 지금 읽어주세요. 그리고 나도 읽을 거예요. (Morrow, 1986)

▼ 어린 나이부터 책을 경험한 유아는 책을 읽는 흉내를 내고 자신이 책장을 넘기려 하고 책 읽기에 집중한다.

이안의 어머니는 책을 읽어주었다. 책장을 넘기면서 '당신이 우리 엄마예요?' 라는 문장이 나오면 그녀는 읽기를 멈추고 이안을 바라보고 글을 가리키며 이 문장을 과장되게 읽었다. 두 번을 이렇게 반복하였더니 이안은 더 이상 어머니가 가리키지 않아도 스스로 '당신이 우리 엄마예요?' 가 나올 때마다 읽었다.

가정에서 자녀에게 정규적으로 읽어주는 것을 강조해야 하는 사람은 교사라고 많은 연구들이 지적하고 있다. 자녀에게 책을 읽어주는 것은 자녀가 태어나면서 바로 시작해야 한다. 그러나 아기가 집중하여 듣는 시간은 짧고 책에 따라서 집중도도 다르다. 어떤 때는 듣는 것보다는 입으로 가져가서 빨기를 더 좋아할 수도 있고 손으로 두드리는 것을 더 좋아할 수 있다. 그러나 신생아 때부터 책 읽기 경험을 한 아기들은 그렇지 않은 아기에 비하여 책 읽기 상황에 더 몰입한다.

내 수업을 들었던 대학원 학생 한 명이 갓 태어난 아기와 가졌던 문해 경험을 아래와 같이 기술하였다. 이 아기는 학기 중에 태어났다.

우리의 첫 번째 문해 경험: 존 세아

아내의 제왕절개가 예정된 하루 전 날 병원에 가기 위하여 짐을 쌀 때 어린 시절에 우리 어머니가 자주 읽어주었던 마더 구스를 가방에 넣었다. 이는 우리 어머니가 보관하고 있다가 손녀가 태어난다는 소식을 듣고 내게 돌려준 것이다. 딸아이와의 문해 경험은 내가 예상했던 것보다 훨씬 빨리 일어났다.

태어나자마자 아기는 신생아실로 옮겨져 체온을 따뜻하게 유지하는 열 패드 위에 놓였다. 그리고 그 옆에는 이제 아버지가 된 사람을 위한 의자가 있었다. 나의 딸 옆에 앉아서 아기의 모습에 경이로움을 느끼고 있다가 갑자기 이 순간이 바로 책을 읽어줄 때라는 생각이 들었다. 그래서 그곳의 간호사에게 아기에게 읽어줄 책을 가져와도 되냐고 물었다. 간호사는 미소 지으며 "20년 신생아실 간호사 경력에 신생아에게 읽어줄 책을 가져와도 되냐고 질문한 사람은 당신이 처음이네요. 가져와도 괜찮을 것 같네요."

나는 딸아이가 태어나서 처음으로 보낸 그 장소에서 아기의 숨소리를 들으며 마더 구스를 읽어주었다. 책을 읽어주기 전에 아기는 약간 울기도 하고 찡그리기도 하였으나 책을 읽어주기 시작하자 안정이 되며 거의 울지 않았다.

출생 순간부터 자녀에게 책 읽어주기

출생부터 3개월까지 신생아가 책에 보이는 관심은 불규칙하다. 조용하게 그림을 뚫어지게 바라보는 아기는 만족한 듯하며 책에 수용적이라고 할 수 있다. 그러다가 아기가 찡그리며 무언가 불편해 보이면 책 읽기를 멈추고 책 읽어주기를 다음 기회로 미룬다.

3개월부터 6개월의 아기는 책 읽기에 더 몰입한 듯 보인다. 그림에 집중하며 이야기를 듣는다. 아기들은 책을 잡거나 탁탁 치기도 하고 입으로 가져가기도 한다. 아기가 울지 않는다면 이 모든 것은 책을 좋아하는 신호이다.

6개월부터 9개월의 아기는 책 읽기에 더 적극적이다. 아기는 책장을 넘기려고 하고 읽어주는 사람이 평상시와 다르게 읽으면 그 차이에 반응하고 스스로 소리를 내거나 몸을 움직이며 즐거움을 표현한다. 또한 반복해서 읽기를 원하는 책이 생긴다.

1세 된 아기는 확실하게 책에 몰입한다. 아기는 책장을 스스로 넘길 수 있고 책을 읽는 것과 같은 억양으로 옹알이를 한다. 과거의 책 읽기 경험을 기억하여 현재 읽고 있는

▲ 아버지, 어머니, 형제, 조부모, 증조부모까지도 어린 아이들과 함께 책을 읽어야 한다.

책에서 관계된 것을 찾아내기도 한다.

15개월 아기는 책의 앞과 뒤, 책을 읽는 방향을 알고 있다. 책에 나오는 인물이나 사물을 알아보고 이름을 말한다. 어른과 함께 읽으며 말을 많이 한다(Burns, Snow, & Griffin, 1999). 좋아하는 책과 좋아하지 않는 책에 대한 선호가 분명해진다.

어머니, 아버지, 조부모, 베이비시터, 손위 형제 모두는 아기에게 책을 읽어주어야 한다. 책 읽기는 같은 시간에 같은 장소에서 매일 하여 마치 의례처럼 하여야 한다. 잠자기 전 책 읽기는 좋은 습관이 된다. 자녀와 가족 구성원 모두이 시간을 기대하고 함께 하루를 마감하며 보낼 수 있는 시간이 될 수 있다. 자녀가 잠들기 전에 책을 읽는 것은 아이를 안정시키며 자녀가 자라서는 잠자기 전 스스로 책을 읽는 습관의 기초가 될 것이다.

자발적인 읽기는 격려되어야 하며, 가족마다 책 읽기를 선호하는 시간이 다르면 각자의 시간에 맞추어 읽는 것이 전혀 안 읽는 것보다 훨씬 좋다. 아기에게 읽어주려면 누군가는 아기를 팔에 안고 있어야 한다. 아기가 스스로 앉을 수 있게 되면 아기를 무릎에 앉히거나 가까이 앉아서 읽는다. 책의 그림과 글이 아기에게 보이도록 하며 아기가 적극적으로 책 읽기에 참여할 수 있다는 믿음을 가져야 한다. 아기가 질문하고 코멘트하도록 격려하고 존중한다. 아기의 코멘트는 가능하면 생활의 경험과 관계 짓고, 아기가 쉽게 답할 수 있도록 아기에게 친숙한 것에 대하여 질문을 한다.

자녀가 스스로 글을 읽게 되었다고 부모가 책 읽기를 그만두어서는 안 된다. 이때가 오히려 책 읽기를 지원하고 안내해야 하는 중요한 시기이다. 자녀 스스로가 읽게 되면 잠자리 전 책 읽기는 자녀가 어른에게 읽어주는 시간으로 운영한다. 혹은 자녀 스스로 읽을 수 있는 수준보다 높은 것을 어른이 읽어줄 수도 있다. 6세에서 8세가 되면 이야기가 여러 장(chapter)으로 된 챕터북에 관심을 보이나 스스로 읽기에는 힘겹다. 따라서 부모는 자녀의 이러한 관심을 이용하여 위 연령의 아이들이 즐겨 읽는 책을 읽어준다. 또한 부모가 이 시기의 자녀를 위하여 명심해야 할 것은 아이의 관심을 끄는 자료를 항상 가까이에 준비하는 것이다. 자녀가 읽은 것을 기록하라. 자녀의 독서 습관이 잡혀 있다 할지라도 자녀의 손에 새로운 읽을거리를 쥐어주도록 신경을 써야 한다. 책을 선택할 때는 자녀의 의견을 존중하여야 한다. 이야기 장르뿐만 아니라 정보 장르도 자주 이용하며 이외에도 신문, 잡지의 단편도 좋은 읽을거리가 된다.

자녀에게 책을 읽어주는 것만큼 중요한 것이 가족 구성원이 저마다 읽을 시간을 마련하는 것이다. 같은 시간에 부엌 식탁, 거실 등에 앉아서 자신이 읽고 싶은 책을 읽는 것은 즐겁고도 유익한 문해 활동이다. 또한 각자가 읽은 것에 대하여 이야기를 나누는 것도 필요하다.

가정의 쓰기 자료

ELL
English Language Learners

어떤 연구자들은 읽기보다 쓰기가 먼저 발달한다고 하였다. 많은 유아들이 자신에게 의미 있는 쓰기 표현을 창안한다. 쓰기가 먼저 발달하는지, 읽기가 먼저 발달하는지에 대한 문제는 아직 해결되지 않았다. 그러나 확실한 것은 읽기 발달은 쓰기 경험에 의하여 촉진되고, 쓰기 발달은 읽기 경험과 병행될 때 가속된다(McGee & Richgels, 2008; Schickedanz & Casbergue, 2009).

이것이 의미하는 바는 가정에도 쓰기 자료가 준비되어야 한다는 것이다. 아기에게는 줄이 없는 여러 크기의 종이가 좋다. 아기가 유아원에 다닐 나이가 되면 작은 크기의 종이가 좋다. 유치원에 들어가는 유아에게는 줄이 있는 종이가 적당하다. 연필, 크레용, 색연필, 분필과 칠판, 사인펜과 화이트보드도 필요하다. 자석 글자, 부직포, 나무 글자도 좋다. 유아는 어릴 때부터 이러한 것들을 조작해볼 기회를 가져야 한다. 컴퓨터는 쓰기를 촉진하며 어린 유아도 이를 활용할 수 있다.

읽기와 마찬가지로 가족 구성원이 하는 쓰기행동을 관찰할 기회가 있어야 한다. 가족 간에도 될 수 있으면 자주 글로 의사소통을 한다. 자녀가 유아원을 다닐 시기가 되면 점심 도시락 가방에 "안녕! 사랑해. 엄마, 아빠가"와 같은 메모를 넣어주거나 베개 아래에 "잘 자거라" 혹은 "잘 잤니?"와 같은 메모를 둔다.

쓰기를 일종의 가족 행사처럼 하라. 가족 간에 감사 카드나 편지를 주고받는다. 혹은 자녀와 함께 학교에서 보내온 서류를 작성하거나 쇼핑 리스트를 작성한다. 글로 의사소통하는 기회를 많이 활용하는 가정의 자녀는 이러한 모습을 닮아간다.

문해 발달을 촉진하는 부모

ELL
English Language Learners

어린 유아기에 글을 읽는 자녀의 부모는 책과 글에 대한 자녀의 질문에 답해주고, 정보를 제공하며 문해 발달에 도움이 되는 문해 경험을 제공하며 자녀가 문해 행동에 참여하는 것을 칭찬한다. 가정에서의 위와 같은 지원은 유아의 읽기 발달을 촉진한다. Durkin(1966)은 자녀에게 읽기를 가르치려는 가정은 자녀의 질문에 대하여 단순히 반응해주는 가족만큼 자녀의 읽기 발달에 효과적이지 않다고 보고하였다.

부모와 자녀 사이의 반응은 조기에 시작되어 가꾸어가야 한다. 부모와 자녀 사이의 반응은 언어가 매개가 된다. 반응적 부모는 질문에 답을 하고 문해 활동을 촉진한다. 옷을 입히거나, 기저귀를 갈거나 아기에게 우유를 먹일 때도 말을 걸어주고, 노래를 부르며 동시를 들려주거나 이야기를 해준다. 아기는 웃거나 목젖 울림으로 답하여서 부모의 행동을 강화하여 상호 반응성을 발달시킨다.

　　환경 글자는 유아의 주위에 널려있고 의미를 전달한다. 이러한 자연적 읽기 자료는 유아에게 친숙한 만큼 문해 경험이 된다(Clay, 2000; Neuman & Roskos, 1993, 1997; Vukelich & Christi, 2009). 유아는 책의 글에 대한 관심보다 먼저 환경에 있는 글에 관심을 보일 가능성이 크다. 환경에 있는 글의 중요성을 인식하는 부모는 유아에게 친숙한 이름표, 시리얼 박스에 있는 글, 세탁 세제 용기에 있는 글과 음식 용기에 있는 글에 자녀가 주목하도록 이끈다. 또한 유아는 전화번호부, 요리책, TV 가이드, 광고, 우편물에 관심을 많이 보인다. 특히 개인 간에 주고받는 편지, 전단지, 카드, 신용카드 명세서, 카탈로그, 잡지에 관심이 많다. 집 밖의 길거리 표시, 간이음식점 간판, 주유소 간판에 글자가 많이 있다. 따라서 부모는 의미 있는 환경 글자에 자녀를 주목시킨다. 환경 글자를 소리 내어 읽어준다. 자녀에게 풍부한 문해 환경을 제공하는 부모는 이를 통해 다양한 경험을 하도록 유도한다. 자녀를 도서관이나 서점에 데려가고 자녀에게 많은 말을 해주는데 이것이 어휘 습득에 도움이 된다. 동물원, 소방서, 공항이나 공원에 갈 때 언어와 긍정적 상호작용이 동반되면 유아의 문해 발달이 촉진된다. 따라서 어떤 곳을 방문하거나 여행하는 것은 자녀의 경험을 넓히는 것뿐만 아니라 가족 간의 대화를 촉진시킨다. 대화를 통한 상호작용에는 방문 장소에 대한 정보, 보는 것에 대한 이야기, 방문 소감 나누기, 관련 서적 읽기, 새로운 지식 얻기 등이 포함된다. 방문이 끝난 후 본 것에 대하여 그림을 그리게 하거나 이야기하는 것을 부모가 받아 적어 주는 것도 문해 발달을 촉진한다.

　　TV는 우리 삶의 일부이다. TV를 유익하게 활용하려면 자녀가 보는 TV를 함께 보며 질문하고, 문제에 대하여 지적하여 수동적으로 시청하는 것이 아니라 적극적인 상호작용을 한다. TV 프로그램인 쎄사미 스트릿이나 클리포드는 책 버전도 있는데, 이를 함께 본다. 「그린치가 크리스마스를 훔친 방법(How the Grinch Stole Christmas)」(Seuss, 1957a) 같은 프로그램이 방영될 때에는 도서관에서 이 책을 빌리거나 구입한다.

　　좋은 DVD를 자녀와 함께 보며 이야기를 나누면 좋은 문해 경험이 된다. 컴퓨터의 소프트웨어 중 어떤 게임은 어른과 함께 할 수 있으므로 잘 활용하면 가치가 있다. 그러나 TV시청, DVD 시청과 컴퓨터의 이용 시간은 제한해야 한다.

　　조기에 읽기를 시작한 유아의 부모와 인터뷰한 결과, 읽는 것과 쓰는 것은 이들 가족의 삶의 일부로서 의미가 있고 기능을 발휘한다는 것이 분명하게 드러났다. 이 가정에는 여러 종류의 글 자료들이 풍부하고 가족 상호간 언어 사용이 빈번하며 이는 정서적으로 만족스럽다. 자녀의 문해 행동을 칭찬하고 읽고 쓰는 가운데 기쁨과 즐거움을 공유한다. 또한 무엇이 자녀가 글을 읽게 하였는

▼ 동물원, 소방서, 공항, 공원에 아기를 데려가서 이야기를 나누면 언어뿐만 아니라 사회적 상호작용이 활발해진다.

가에 대하여 부모에게 물으면 바로 대답을 못한다. 이유는 읽기와 쓰기를 가르치려는 의도로 자녀에게 경험을 제공한 것이 아니기 때문이다. 대부분 활동의 목표나 기능은 가정생활을 자연스럽게 영위하려는 데 있었다는 것이다. 즉 인간관계를 좋게 하고 자녀에게 책임과 예절을 가르치는 데 목적이 있다고 하였다. 아래는 실제 부모들의 이야기이다.

아주 어려서부터 우리 아이들이 선물을 받으면 감사 메모를 쓰게 하였다. 처음에는 아이들이 말하면 나는 받아 적었다. 이후 이들 스스로 '감사합니다'라고 쓰게 되었다. 아이들을 동기화하기 위하여 내가 사용한 방법은 자신이 쓸 필기구와 종이 등을 스스로 선택하게 하는 것이다.

— 린 코헨

나는 아기가 태어나면서 육아공책을 마련하여 몸무게, 키, 사진을 붙였다. 또한 아기가 자라면서 처음으로 한 말, 첫 발걸음과 같은 기억할 만한 성장의 순간과 재미있는 사건을 기록하였다. 이를 들여다보고 있으면 아기가 옆에 끼어들어 관심을 많이 보였다. 육아공책에 기록하는 것을 지금도 계속하고 있고, 우리 아이들은 이것에 기초하여 자신의 일기를 쓰고 있다.

— 스테파니 부셸

나는 손자손녀를 보고 싶은 만큼 자주 만나지 못한다. 그래서 이들과 계속 관계를 유지하기 위하여 편지를 자주 보낸다. 신문에 나온 유아용 게임을 오려서 동봉하여 손자손녀가 이를 풀어보게 하고, 유명한 사람의 사진을 보내면서 그가 누구인지와 같은 질문을 한다. 내게 전화를 걸어 내가 질문한 것에 아이들이 답하도록 한다.

— 밀톤 맨델

아이가 읽기를 시작하기 전에도 아이를 놀래주려고 메모를 남기기 시작하였다. 아이는 글을 읽기 전에도 어떻게든 메모를 찾아서 읽곤 하였다. 지금은 점심 도시락에 메모를 남긴다. 메모는 '안녕'처럼 짧은 말이거나 수수께끼를 내기도 하고, 재미있는 말도 적는다. 혹은 아이가 답을 해야 하는 질문을 하기도 한다. 메모는 우리 가족의 전통인데 요즈음에는 아이가 비밀한 곳에 내게 메모를 남기기도 한다.

— 해더 케이시

4세와 5세 난 우리 아이들이 TV를 너무 많이 보아서 걱정이 많았다. 한 가지 해결책으로 우리는 TV 가이드를 함께 읽으며 매일 시청할 프로그램을 선택하고 개수를 정하였다. 아이들과 TV를 함께 보며 누가, 무엇을, 언제, 어디서 등에 대한 질문을 하였다. 또한 '왜'라고 질문을 하여 아이들이 해석을 하도록 자극하였다.

— 미첼 로젠

나는 매일 일기를 쓴다. 4세 난 우리 애가 어느 날 내가 글을 쓰고 있는 것을 보더니 무엇을 하느냐고 물었다. 아이는 나처럼 일기를 쓰고 싶어 하였다. 나는 그날 있었던 일을 쓰

고, 아이가 자신에게 있었던 일을 말로 하면 내가 받아 적었다. 곧 아이 스스로 일기를 쓰
게 되었다. 가끔 딸아이에게 무엇을 썼느냐고 일기에 적어 묻는다.

— 켈리 던스톤

문해 환경이 풍부한 가정은 자녀가 읽기와 쓰기를 쉽고도 즐겁게 배우도록 한다.

학교와 가정의 연계: 부모 참여

English Language Learners

이 장에서 부모란 말은 가정에서 유아를 돌보아주는 어른이나 손위 형제에게도 적용된
다. 부모는 문해 발달을 위한 교사의 파트너이다. 모든 교사는 학교에서 일어나는 일과
부모가 자녀를 돌봐야하는 방법에 대하여 정규적으로 부모에게 고지할 의무가 있다. 교
사는 유아를 중심으로 일어나는 활동에 가족을 포함시켜야 하며 부모는 자녀의 교육에
서 교사의 파트너라는 느낌을 갖도록 해야 한다. 또한 부모는 자신의 자녀가 배웠으면
하는 것에 대한 의견을 내야 하며 학교에서 일어나는 일에 대한 자신의 느낌을 표현하
고 제안을 할 권리가 있다. 아래는 학교 교육에서 부모가 교사의 파트너가 되도록 가정
에 보내는 통신문이다.

1. 학기 초 모든 부모가 잘 이해할 수 있는 형식과 내용으로 1년간 문해 성취 목표를
   가정에 알린다.
2. 문해에 대한 새로운 개념과 주제 학습이 시작되면 학교에서 학습하고 있는 것과
   이에 관련하여 부모가 도와줄 수 있는 것에 대한 통신문을 보낸다.
3. 교육 과정 및 방법의 선택과 결정, 학부모회의, 수업 설명회 등에 부모를 초청한다.
4. 교실에서 유아에게 책 읽어주기, 책 정리하기, 유아가 하는 말 받아 적기, 교사가
   소집단이나 개별 유아와 활동하고 있을 때 다른 유아들의 활동 지도하기 등과 같
   은 교실 보조 활동에 부모를 참여시킨다.
5. 가정에서 부모와 자녀가 함께 할 수 있는 활동을 소개하고 활동에 대한 후기를 수
   집한다. 일기 함께 쓰기, 함께 읽기, 도서관 방문하기, 환경에서 볼 수 있는 글자
   기록하기, 메모하기, 요리법을 읽고 요리하기, 장난감이나 가전제품 조립하기,
   TV 프로그램 보고 이야기 나누기 등이 예가 되는데 이 과제에 참여하는 것이 중
   요하다.
6. 가족의 전통, 취미, 직업 등에 대하여 가족 간에 대화하는 시간을 마련한다.
7. 문제 행동이 있을 경우에만 알림문을 보내는 경향이 있는데 유아가 학교에서 잘
   했을 때도 알림문을 보낸다.
8. 자녀와 함께 읽을 수 있는 아동 도서의 목록을 보낸다.
9. 학교 문해 활동에 부모도 함께 할 수 있는 시간을 마련한다. 예를 들어서, 영역 선

택 시간에 부모가 읽어주거나 글을 써주기도 하며 교실의 문해 환경을 관찰할 기회를 준다. 이는 자녀의 문해 발달 과정에 부모가 핵심 역할을 한다는 메시지가 된다.

10. 학교의 프로젝트에 부모를 초대한다.

11. 전화, 폰 메시지, 회의 등을 통해 부모와 자주 대화한다. 부모와의 대화 주제는 문제와 같은 나쁜 소식보다는 성취와 같은 좋은 소식이 되도록 노력한다.

12. 유아 발달 평가 과정에 부모를 참여시킨다. 가정에서 부모가 관찰할 수 있는 문해 행동 체크리스트를 주고 체크하게 한다. 또한 학부모회의 시간에 그들이 관찰한 유아 행동에 대해 정보를 나눈다.

그림 10.2   책갈피

하얀 종이나 색지 위에 아래의 표어를 붙이고 뒤편에는 '나에게 딱 맞는 책 고르기'를 붙인다. 이를 코팅하여 주위 사람에게 선물로 줄 수도 있고 직접 사용할 수도 있다.

잠들기 전

책을 읽으세요!

그 이후에 불을

끄세요!

나에게 딱 맞는 책 고르기

1. 책 표지를 보세요.

2. 책 제목과 작가를 보세요.

3. 책 뒤편에 있는 책 소개를 읽으세요.

4. 책을 죽 넘기면서 살펴보세요.

5. 첫 장을 읽고 '다섯 손가락' 방법을 쓰세요.

   모르는 단어가 나올 때마다 손가락을 접으세요. 이 책이 당신에게 좋을지 아래를 참고하고 결정하세요.

   0~1 손가락 - 너무 쉽다.
   2~3 손가락 - 딱 맞다.
   4~5 손가락 - 너무 어렵다.

교실 실제

가정 학습 가방

금년 1학년 활동은 탐구 주제에 따라서 다음과 같은 자료를 가정 학습 가방에 모은다: 학급 일기, 다양한 장르와 읽기 수준을 반영한 5~7권의 책, 게임, 동시, 노래와 실험보고서를 모은 폴더, 비디오, 카세트, 봉제인형 등이다. 아동의 문화 전통과 관계된 것, 예를 들어서 전통 이야기나 동시도 가방에 준비한다. 매주 아동이 돌아가면서 학습 가방을 집에 가져간다. 가방에 있는 자료를 활용하여 부모와 활동하도록 아동을 지도한다. 학기 초 오리엔테이션 시간에 부모에게 가방을 보여주고 관련된 활동을 소개하는 것도 좋은 방법이다. 혹은 학부모 상담기간에 가정 학습 가방과 그것들의 결과물을 전시하여 부모들이 자료와 활동에 익숙하도록 한다. 교사는 아동들과 함께 가방 안의 자료와 활동을 검토하고 집으로 가져가게 해서 부모와 자녀가 활동하면서 서로를 돕도록 한다.

자녀가 돕기도 하고 부모가 지도하면서, 자녀는 가방 안 자료 중 하나인 학급 일기를 작성한다. 학급 일기에는 '내가 가장 좋아하는 책과 좋아하는 이유'에 대하여 쓴다. 혹은 음식 주제를 탐구하고 있다면 가족이 즐겨 먹는 음식의 조리법을 쓴다. 음악 주제에서는 카세트테이프에 좋아하는 음악을 녹음하게 한다. 학습 가방이 교실로 돌아오면 학급 일기를 아동이 발표한다. 아동과 부모는 자신이 가정 학습 가방을 받을 차례를 아주 기대한다.

샤논 코코란(1학년 담임)

교실 실제

학교에서의 가족 참여 실제

우리 학교에서는 매달 가족 참여 활동을 한다. 이 활동은 자신의 가족뿐만 아니라 다른 가족과 친밀한 관계를 갖도록 하고 다양한 문화를 경험하게 한다. 이 활동의 중요성을 강조하기 위하여 모든 교사가 함께 '가족 참여의 중요성'이라는 전시를 한다. 교사는 부모들이 참여하면 사진을 찍고 전시한다. 아래 활동은 전시의 자료가 되었던 것이고 또한 부모들이 학교 활동에 참여하도록 촉진하였다.

주제로 모이는 밤: 이 행사는 여러 나라 주제로 부모와 유아가 함께 밤에 모인다. 가족마다 자기 나라 혹은 문화의 공예품을 보여주거나 자기 나라의 이야기를 들려주거나 전통 이야기를 읽어주거나 미술 프로젝트를 한다.

요리의 밤: 간편하게 만들 수 있는 조리법을 가져와서 함께 요리를 한다. 가족들이 제일 좋아하는 순간은 요리가 다 만들어져 함께 먹는 시간이다.

책 나눔의 밤: 가족이 좋아하는 책을 가져와서 자신이 좋아하는 부분을 읽어준다. 이 책은 영어와 다른 언어로 되어 있을 수도 있는데, 이 경우 통역을 한다.

가족사진 나눔의 밤: 이 행사에는 가족사진을 가져와서 발표한다. 참여자들과 함께 사진을 보며 이야기를 나눈다. 그 자리에서 가족 앨범을 만들고, 한 해가 가기 전 앨범을 완성할 수 있도록 독려한다.

마가렛 유세프(교사)

파자마파티

파자마파티는 유아, 교사, 부모가 함께 잠자리 옷을 입고 이불, 좋아하는 봉제 인형, 책을 가지고 모인다. 우리는 이 행사를 유치부, 초등 1학년과 부모를 대상으로 1년에 한번 도서관에서 한다.

유아들은 강당에 모여 노래를 하고 재담가의 이야기를 듣는다. 또한 읽기 전문가가 부모에게 매일 자녀와 함께 책을 읽는 것의 중요성과 책을 읽어주는 방법에 대한 강의를 한다. 부모는 이후 질문을 하거나 애로사항을 나눈다. 또한 아래와 같은 것들이 논의된다.

● 자녀에게 책을 읽어주는 것의 중요성
● 소리 내어 읽어주기에 좋은 책 고르는 법
● 좋은 책을 자녀에게 읽어주는 법

부모가 강당으로 돌아오면, 자녀와 함께 앉아서 재담가의 이야기를 듣는다. 그리고 부모는 자녀와 편안한 자세로 앉아 책을 읽어준다. 우유와 과자로 저녁 간식을 먹고 모임을 끝낸다.

리넷 브레너(읽기 전문가)

가족 참여와 가정 문해에 대한 다문화적 관점

English Language Learners

이 장에서 가정 문해는 가족 구성원이 자녀의 읽기와 쓰기 발달을 위하여 가정에서 스스로 지원하거나 학교의 문해 활동에 참여하여 자녀의 문해 발달을 지원하는 가족의 관점에서 설명되었다. 그러나 미국의 많은 가정이 집에서 영어를 사용하지 않으므로 학교에서 제안하는 대로 자녀의 문해 발달을 도울 수 없다. 게다가 자녀의 문해 발달을 지원할 만큼 문해 능력을 갖고 있는 가족원도 그리 많지 않을 수 있으며, 돕고자 하는 열심이 있어도 능력이 제한되어 학교에서 제안하는 방법대로 자녀의 문해 발달을 도울 수 없기도 하다. 심지어 부모 본인이 학교 교육을 도중에 포기한 십대 부모인 경우도 있다. 그러므로 가정 문해를 이야기할 때에는 최소한 두 세대가 관계되는 것임을 인식해야 한다. 즉 부모 자신의 문해 능력을 향상시킴과 동시에 자녀의 문해 발달을 지원하는 것을 동시에 고려해야 한다. 그러나 많은 저소득 가정, 소수 민족 가정, 이민자 가정이 문해 발달을 위해 노력하고 있음이 여러 증거들에 의해 밝혀지고 있다. 그런데 그들이 노력하고 가치 있게 여기는 문해 혹은 목표하는 것이 미국 사회의 학교 교육에서 요구하는 것과 차이가 있을 수 있다. 가정에 책이 많지 않은 가정일지라도 이야기 들려주기, 노래하기나 성경과 같은 종교 서적 읽기와 의견 나누기와 같은 문해 활동을 하는 가정의 관습을 존중하고 이들로부터 배워야 한다(Morrow, 1995).

미국의 학교에서 중요시 여기는 문해 교육의 형태와 양상이 미국 사회의 특정 가정에서 중요하게 여기는 문해 교육과 다르다는 것을 보여주는 연구들이 있다(Auerbach, 1989; Heath, 1993; Paratore, Melzi, & Krol-Sinclair, 2003; Taylor & Dorsey-Gaines, 1988). 가정마다 보여주고 참여하는 문해 경험에 차이가 있지만, 가정에서 참여하는 특정한 형태의 문해 경험은 학교에서의 성취와 특별히 관계가 있다. 반대로 교실에서 중요시되거나 경험되는 문해 활동은 어떤 유아의 경우에는 학교 밖에서의 생활과 전혀 상관없을 수도 있다. 저소득 가정, 소수 민족과 이민 가정도 자녀의 문해 발달을 위한 맥락을 조성하고 특별한 노력과 상상력으로 가정 문해 활동을 지원한다(Auerbach, 1989; Bryant & Maxwell, 1997). 따라서 가정 문해는 문화적 편견을 극복하는 관점에서 접근해야 하며 이들에 대한 지원은 방해가 아닌 지원이 되도록 해야 한다.

가정 문해의 다름에 대하여 이해하기

연구자들은 각 가정에서 중요시하는 읽기와 쓰기의 방식을 이해하는 데 관심이 많다. 이들의 기본 전제는 각 가정이 갖고 있는 문해 유산과 경험을 존중하는 것이다. 가정마다 다르게 시행되는 문해 사건을 탐구하는 데 관심이 있는 연구자가 있는가 하면, 특정한 가정 문해 양식이 자녀의 읽기와 쓰기에 미치는 효과를 탐구하는 데 관심이 있는 연구자도 있다. 이러한 연구 노력은 교사가 가족마다 존재하는 문해의 특징을 이해할 수 있도록 하며 학교에서 제공하는 문해 경험이 모든 가정의 자녀와 가족에게 의미 있는 경험이 될 수 있도록 계획하고 실행할 수 있도록 한다.

델가도-가이탄(Delgado-Gaitan, 1992)은 미국의 멕시코계 가족이 자녀의 교육에 대하여 갖는 태도와 역할에 대하여 연구하였다. 이 연구의 주요한 목적은 부모와 자녀 사이의 관계, 동기를 북돋우는 분위기와 물리적 환경을 관찰하여 기술하는 것이었다. 연구 결과 멕시코계 부모는 집 공간이 부족할지라도 자녀의 학습을 위한 공간을 배려하고, 자녀가 학교 수업에서 성공하기를 원하였다. 부모는 친구, 친척이나 이웃 사람의 도움을 받아서라도 학교와 관계된 문제를 도우려 노력하였다. 자녀의 성적이 부진하면 벌을 주고 잘하면 상을 주었다. 자녀의 숙제를 도와주는 부모의 노력은 별 효과가 없었는데, 이유는 과제의 지시 사항을 이해하지 못하거나 잘못 가르치기도 하였기 때문이다. 모든 부모들은 '교과서 공부'만으로는 잘 배웠다고 할 수 없다고 인식하였고, 다른 사람을 존경하고 예절을 지키며 도와주는 것을 배우는 것이 더 중요하다고 인식하였다.

모국 멕시코에서의 가족의 삶과 생활이 이들 자녀를 위한 도덕 교육의 기초가 되었다.

이런 가정에 대한 정보와 이해는 멕시코에서 이민 온 가정은 자녀의 예절교육을 중요시 여김을 학교 교육에 반영해야 함을 보여준다. 또한 이민 가족의 자녀를 돕고자 할 때 장애가 되는 언어 문제를 학교에서 알아야 한다. 또한 이런 가정이 갖고 있는 역사와 이야기 전통을 학교 교육에 통합해야 하는데, 이유는 이것이 멕시코 문화에서는 아주 중요한 것이기 때문이다(Paratore et al., 1995; Rodriguez-Brown, 2010).

▲ 부모의 문화유산을 학교에서 나눌 수 있는 기회를 마련해야 한다. 아버지가 아들이 다니는 유치원교실에 가서 「아기 돼지 세 마리」를 스페인어로 읽어주고 있다.

미국의 흑인이면서 저소득 가정 출신의 아이들은 학교 성취도가 낮다. 그러나 저소득 흑인 가정의 여러 불리한 조건에도 불구하고 부모가 교육을 중시하고 자녀의 학습을 도우려고 노력하는 경우 자녀의 학교 성취도가 높다. 이런 가정의 부모들이 보여준 행동은 다음과 같은 특징이 있다.

- 부모는 가정과 학교에서 자녀가 경험하는 문해 활동에 참여한다.
- 자녀의 학교생활 적응에 관심을 가지고 있다.
- 자녀를 도와주는 것에 대하여 낙관하고 자녀가 학교에서 성공하리라는 믿음을 가지고 있다.
- 자녀의 성취에 대하여 높은 기대를 하면서도 융통성이 있다.
- 자녀가 성취해야 하는 목표가 구체적이다.
- 부모와 자녀의 관계가 좋다.

이와는 반대로 자녀를 도와주지 않고 어쩔 줄 모르며 자녀의 교육에 참여하지 않는 흑인 부모의 자녀는 학교 성취도가 낮다(Edwards, 2010).

가정 문해 프로그램

가족 참여 추진전략

English Language Learners

가족 참여 추진전략이란 학교에서 제공하는 문해 교육이 성공할 수 있도록 가족을 참여시키고 이에 대하여 정보를 주는 프로그램을 말한다. 이런 프로그램에서는 자녀의 문해 발달을 지원하는 주체로 부모와 가정을 중시하며 이 전략은 학교, 도서관이나 지역사회의 여러 시설에서 추진될 수 있다. 혹은 관계된 기관 간의 협력에 의하여 추진되기도 한다. 가족 참여 추진 프로그램의 기본 전제는 자녀의 읽기 능력을 향상시킬 수 있도록 가정을 돕는 것이다.

읽기는 모든 것의 기초이다(RIF; Reading Is Fundamental)는 연방정부에서 지원을 받는 단체이다. 이는 1학년 아동의 손에 책을 쥐어주고 이들의 가정 문해를 격려하고 지원한다. 이 단체에서 하는 프로그램 중 하나가 **달리면서 시작하기**(RS; Running Start)인데 이것의 목표는 (1) 1학년 아동의 읽기에 대한 동기를 향상시켜 이들이 재미있어서 혹은 정보를 얻기 위하여 책을 읽도록 한다, (2) 자녀의 문해 발달에 가족을 참여시킨다, (3) 담임교사와 학교가 1학년 아동의 문해 발달 지원에 성공하도록 돕는다. 이 프로그램에 참여하는 교사는 좋은 아동 도서를 구입하여 학급문고에 비치할 수 있도록 자금을 지원받는다. 참여 아동은 10주 프로그램이 진행되는 동안 21권의 책을 읽거나 누군가가 읽어주어야 한다. 독서 경주 대회를 열어서 아동이 21권의 책을 시간 안에 읽을 수 있도록 가정이 도울 수 있는 여러 방법과 사례를 공유한다. 아동이 21권의 책을 다 읽으면 도서관에 두는 책을 고를 수 있다. 연구 결과에 의하면 이 프로그램에 참여한 1학년의 읽기 동기는 증가하고 가정에서의 문해 활동이 의미 있게 증가하였다(Gambrell, Almasi, Xie, & Heland, 1995).

부모와 자녀가 함께(Parents and Children Together)는 켄터키 주 루이빌에 있는 국립 가정문해센터(NCFL; National Center for Family Literacy)에서 시작한 국가 차원의 다세대를 위한 가정 문해 추진 전략이다. 중졸 학력을 가진 부모와 그들의 3~4세 자녀가 일주일에 3~5회 학교에 함께 온다. 자녀에게는 유아교육이 제공되고 부모는 읽기, 수학, 부모교육을 받는다.

부모는 자신의 읽기와 쓰기 실력 향상을 위한 수업을 받으며 목표를 세우고 프로그램에 참여하는 다른 부모와 협력하는 방법에 대하여도 배운다. 또한 부모교육의 일부로서 자녀 훈육에서부터 자아 존중감과 같은 다양한 주제에 대하여 부모들과 함께 토의한다. 또한 프로그램 끝 시간에는 부모와 자녀가 함께 놀이하는 시간을 갖는다. 놀이 활동은 자녀가 주도하는데 이를 통해 부모는 자녀와 함께 배우기도 하고 자녀로부터 배울 수 있다는 것을 깨닫는다(NCFL, 1993).

다세대를 위한 문해 추진 전략(Intergenerational Literacy Initiatives)은 부모와 자녀의 문해 능력 향상을 위한 프로그램이다. 이 프로그램의 전제는 부모와 자녀는 협력 학습자라는 것이며 부모와 자녀 모두를 위한 교육방법은 구조화되어 있고 체계적이다. 부모와 자녀가 협력하며 학습하게 하거나 병행하여 학습하게도 한다. 부모는 자신의 문해 능력 향상에 대하여 배우고 자녀의 문해 능력 향상을 돕는 방법을 배운다.

동등한 시작(ES; Even Start)은 연방정부에서 지원하는 프로그램으로 부모는 반드시 학교에 와서 자녀와 놀아주는 방법, 책을 읽어주는 방법과 함께 글을 쓰는 방법 등에 대하여 교육을 받는다. 또한 수업 관찰을 통하여 자신의 자녀를 도울 수 있다는 깨달음을 갖게 한다.

가정 문해 프로그램의 성공 요소

모든 가정은 필요와 사정이 다르므로 가정 문해 프로그램은 지원하려는 가정과 가족 구성원의 특징에 맞추어서 계획되고 실행되어야 한다. 아래에 가정 문해 프로그램을 성공시키는 요소로 검증된 내용을 제시하였다.

가정 문해 프로그램의 목표

1. 지원하는 가정의 다양성을 존중하고 이해한다.
2. 가정에서 이미 실행하고 있는 문해 행동에서 시작한다. 이들이 보여주는 문해 행동이 비록 학교에서 시행하는 문해 행동과 차이가 있더라도, 모든 가정은 가정사의 일부로서 문해 행동을 하기 마련이다. 따라서 이러한 문해 행동을 인정하고, 존중하고, 보존하며 이것이 가정 문해 프로그램의 일부가 되어야 한다.
3. 가정에서 사용하는 언어를 알고 이것이 영어가 아닐 경우 모든 자료는 번역되어 가족이 이해할 수 있도록 한다.
4. 가정 문해 프로그램은 '이 가정을 치료한다' 같은 태도를 갖지 않는다. 오히려 이런 가정으로 인해 우리 경험의 한계를 확장하는 계기로 삼는다.
5. 모임의 시간은 하루 중 다양한 시간이나 일주일 중 다양한 요일 등 융통성 있게 운영하여 많은 가정이 참석할 수 있도록 한다.
6. 모임 장소는 모이기에 쉽고 편안한 곳으로 해야 한다. 또한 대중교통으로 모일 수 없거나 가정에 교통수단이 여의치 않으면 모임 장소로 이동할 수 있도록 도움을 주어야 한다. 또한 부모가 모임에 참석하는 동안 자녀 보육 서비스를 제공한다.
7. 모임에는 음식과 음료수를 제공한다.
8. 유아와 성인의 문해 교육에 적합한 방법을 계획하고 실행한다. 자녀와 함께 쓰기, 함께 읽기, 흥미로운 자료 나누기 등과 같은 다양한 학습 전략을 사용한다.
9. 부모에게만 혹은 부모와 자녀가 함께 하는 활동이 다 포함된다. 부모와 자녀가 함께 하는 활동에는 반드시 발표하는 시간이 있다.
10. 자녀를 돕는 것에 대하여 이야기를 나누거나 자신이 배우고 싶은 것에 대하여 함께 이야기를 나눌 수 있는 조력 집단이 있다.
11. 가정 문해 프로그램은 문해 능력 향상을 위한 것뿐만 아니라 부모와 자녀 사이의 상호작용을 향상시키는 것을 포함한다.
12. 부모가 가정에서 사용할 수 있는 재료와 아이디어를 제공한다.
13. 부모가 실용적이고 유익하다고 여길 수 있는 문해 활동, 즉 육아 정보, 지역 사회에서 삶의 향상에 대한 정보, 주거, 취업에 도움이 되는 활동을 제공한다.
14. 부모가 학교 활동에 참여할 수 있는 기회를 제공한다.
15. 학교와 가정에서 진행되는 활동은 일관되어야 한다. 학교에서 경험한 활동은 가

족과 함께하는 활동과 일치하여야 한다. 이를 통해 부모는 자녀의 학습과정에 참여할 수 있다.

가정 문해 프로그램 활동에서의 성공 요소

부모 참여의 강조. 가정 문해 프로그램은 부모와 자녀가 여러 가지 문해 사건을 통해 상호작용하도록 해야 한다. 가정 문해 프로그램은 부모가 가지고 있는 풍부한 경험과 문화유산을 존중하나 이들을 결핍과 곤궁에 처한 존재로 보는 것은 곤란하다. 학교에서 제안한 가정 문해 활동은 실행하기 쉬워야 한다. 가정으로 보내는 자료는 학교에서 유아에게 먼저 소개한 이후에 보낸다. 내용은 위협적이지 않아야 하며 다양한 문화를 반영하고 재미있는 활동이어야 한다. 내가 함께 일했던 교육청에서 가정과 학교가 함께 사용한 자료는 '아동에게 중요한 것'(Highlights for Children; Honesdale, PA)이라는 잡지였다. 이 잡지는 교사들이 기사를 쓰고 학교에서 유아마다 한 권씩 보고 집에도 한 권씩 보내진다. 가정에서는 이 잡지에 소개된 활동을 자녀와 부모가 함께 한다. 가정에서 하는 활동은 학교에서 유아가 이미 해본 활동이므로 아주 성공적이었다. 또한 이 잡지로 학교와 가정을 연계한 프로그램은 다음과 같은 요소로 인하여 성공할 수 있었다: (1) 여러 개의 활동이 소개되어 가정에서 할 수 있는 활동이 많았다 (2) 학교에서 느낄 수 있는 긴장이 없었다 (3) 여러 연령대와 능력에 적절한 활동이 많았다 (4) 문화적으로 다양한 내용을 담고 있었다 (5) 어떤 활동은 읽기를 하지 못하여도 가능하였다 (6) 재미있는 활동이어서 부모와 자녀가 열심히 활동에 참여하였다(Morrow, Scoblinoko, & Shafer, 1995; Morrow & Young, 1997). 이 프로그램의 성공 요소는 다른 가정 문해 프로그램에서 유념해야 할 특징이다.

문해 능력을 발달시키는 데 가족이 중요한 요소임을 모든 교육자들은 인식하고 있다. 여러 분야의 정책 입안자들은 효과적인 가정 문해 프로그램을 기안하고 지원하기 위하여 서로 협력하고 파트너십을 형성해야 한다. 학교에서 실행하는 문해 교육 프로그램은 가정으로부터 지원을 받아야 성공할 수 있다. 따라서 가정 문해 프로그램은 중요하다.

주제별 아동 문학 목록인 부록에 가정을 주제로 하는 아동 도서 목록이 제시되어 있다. 이러한 책은 다양한 문화적 배경을 갖고 있는 가족을 다루고 있다. 따라서 각 문화마다 갖고 있는 가족 관계, 친족 관계 등에 대한 것을 이해할 수 있다. 가족 관계는 부모, 조부모, 삼촌, 이모, 자매나 형제나 어떤 문화권에서는 혈연으로 관련되어 있지 않을지라도 가족 구성원이 되는 경우도 있다.

부모와의 잦은 의사소통(상담, 전화 등). 부모와 자주 연락을 취하면 부모는 환영받는 느낌과 소속감을 갖게 된다. 부모와의 의사소통에는 여러 방법이 있는데 아래에 몇 가지 예가 소개되어 있다.

- 부모를 학교에 자주 초대한다. 초대를 자주 받으면 학교에 가는 것에 대하여 편안함을 느끼고 교사가 하는 일에 대하여 잘 이해하게 된다. 일하는 부모들이 초대에 응할 수 있도록 모임 시간을 매번 같게 하지 말고 다르게 정한다.
- 새로운 탐구 주제를 시작하면 가정통신문에 무엇을 어떻게 공부하려고 하는지 알리고 부모들의 도움을 구한다. 그림 10.4에 예가 제시되어 있다.
- 전화 통화. 교사가 부모에게 전화를 하면 과거에는 아이의 행동 문제, 질병처럼 무언가 안 좋은 소식을 전하는 경우가 많았다. 그러나 좋은 소식의 전화를 받은 부모와 교사는 좋은 관계를 형성할 수 있다. 학교에서 준비하고 있는 행사 즈음에 전화를 하여 그들의 참석을 독려한다. 아이가 괄목할 만한 성장과 발전이 있으면 전화를 걸어 기쁨을 부모와 나누며 부모도 가정에서 아이의 성장을 위해 같은 노력을 해줄 것을 부탁한다. 좋은 소식으로 전화를 걸어 관계를 맺었다면, 나쁜 소식으로 전화를 걸어도 크게 문제가 되지 않는다.
- 학부모 상담은 정규적으로 한다. 학부모 상담을 하기 전 부모가 자녀 문해 발달 관찰 체크리스트를 작성하도록 한다. 이는 부모가 상담에 대한 구체적 기대를 하고 교사와 부모 간의 양방향 상담이 되도록 한다. 또한 교사는 자녀의 사회, 정서, 신체 발달, 학업에 대하여 이야기 나눌 것을 상담 전에 통신문으로 미리 알린다. 상담 시 긍정적인 발달 상황을 먼저 이야기해야 함을 명심하라. 혹은 학교에서 최근에 있었던 좋은 소식이나 훈훈한 소식에 대한 언급으로 시작하는 것도 좋다. 부모가 작성해온 체크리스트에 대한 것으로 이야기를 시작한다. 그리고 교사가 그동안 관찰해온 자녀의 발달상황에 대한 정보를 나눈다. 또한 자녀가 반 친구들과 어떻게 지내는지, 문해 발달을 비롯한 다른 영역의 발달상황이 어떠한지를 전한다. 유아의 작품에 대한 코멘트도 한다. 또한 학교에서 노력하고 있는 일에 부모가 기여할 수 있는 것에 대한 제안도 한다. 상담 끝에는 그동안 나눈 이야기를 정리하고 부모에게 궁금한 것이 없는지를 확인한다.
- 상담은 1년에 두 번은 해야 한다. 학년 시작 몇 달 후에 한 번 하고 학년이 끝날 즈음 한 번 더 한다. 물론 필요하면 중간에 또 할 수도 있다.
- 알림장은 전화와 마찬가지로 긍정적인 행동과 자녀의 향상에 대한 것을 위주로 적어 보낸다. 또한 가정에서 부모가 도울 수 있는 일에 대하여 교사와 부모가 상호 의사소통하는 것이 중요하다. 많은 것을 전할 필요는 없지만, 작은 의사 전달은 부모로부터 신뢰를 얻는다(Vukelich, Christie, & Enz, 2007).
- 부모 참여에 열심이고 만족한 부모에게 VIP 확인증을 준다(그림 10.5).

그림 10.3

부모 참여 초대장

부모님을 초대합니다.

부모님께,
자녀의 읽기와 쓰기 활동에 초청합니다. 아래는 방문하셔서 부모님께서 도와주실 수 있는 일들의 목록입니다. 부모님이 참석할 수 있는 날짜와 시간을 적어주십시오. 우리의 시간은 언제나 부모님이 가능한 시간에 맞출 수 있습니다. 부모님뿐만 아니라 형제, 자매, 동생, 조부모님 등 모두 초청합니다. 부디 오셔서 자녀의 학습과정을 경험하시고 가정과 학교의 동반자 체험을 제안합니다.
안녕히 계십시오.

갈리거 (2학년 담임)

아래의 질문에 답하시고 자녀 편으로 학교로 돌려 보내주십시오.

부모님 성함 _____

자녀의 이름 _____

참석 가능한 요일 _____

참석 가능한 시간 _____

학교에서 참여할 수 있는 일

☐　1.　유아들이 하는 활동을 감독할 수 있다.

☐　2.　유아들의 활동에 같이 참여할 수 있다.

☐　3.　소집단 유아들에게 책을 읽어줄 수 있다.

☐　4.　대집단 유아들에게 책을 읽어줄 수 있다.

☐　5.　내 고국의 옷, 그림과 책을 유아에게 보여주며 우리나라에 대하여 소개할 수 있다.

☐　6.　내 취미를 유아들에게 소개할 수 있다.
　　　나의 취미: _____

☐　7.　내가 갖고 있는 재능을 소개할 수 있다.
　　　나의 재능: _____

☐　8.　내 직업에 대하여 소개할 수 있다.
　　　나의 직업: _____

☐　9.　개별적인 도움이 필요한 유아를 도울 수 있다.

☐　10.　이상의 것 말고 다른 것을 도울 수 있다.
　　　도울 수 있는 것: _____

☐　11.　무엇을 내가 도울 수 있는지 결정하는 데 도움이 필요하다.

☐　12.　나는 정규적으로 학교에 와서 참여할 수 있다.
　　　내가 올 수 있는 날과 시간: _____

그림 10.4

탐구 주제 알림
가정 통신문

부모님께,

우리 학급은 건강한 몸과 마음에 대한 주제 탐구를 시작합니다. 이 주제에서는 몸에 좋은 음식을 왜 먹어야 하는지, 식품 5군, 운동, 휴식, 위생, 자아 존중감의 중요성에 대하여 탐구할 것입니다.

건강 주제는 놀이, 미술, 음악, 사회, 과학, 수학, 언어 경험을 통하여 탐구되고 이해될 것입니다. 교실에서 진행되는 활동은 가정에서 자녀와 함께 할 수 있으므로 적극 활용하시기 바랍니다.

학교와 가정에서

미술: 다양한 미술 재료를 다루고 조작하면서 눈과 손의 협응과 시각 변별력을 기를 것입니다. 학교에서는 음식 재료를 이용한 콜라주와 콩으로 모자이크를 할 것입니다. 가정에서는 미술활동을 위해 다양한 재료를 사용할 수 있고 이때 자녀의 상상력을 북돋아주십시오. 미술이란 여러 재료를 가지고 무엇을 할 수 있는지를 탐색하는 것이므로 성인이 만들어 놓은 형태를 그대로 모방하지 않는 것임을 기억하십시오.

과학: 교실에서 사과소스를 만들며 지시에 따라 하는 것을 배우고, 사과가 어디서 났으며 어떻게 자라는지, 요리를 통해 사과가 어떻게 변하는지를 배우게 될 것입니다. 가정에서도 과일이나 야채샐러드와 같은 건강식을 자녀와 함께 만드십시오. 자녀와 함께 요리를 하면 자녀의 듣기 실력도 향상시키고 조리법의 지시를 따르는 것을 가르칠 수 있습니다.

문해: 가정에서 h, f, b (health, food, body의 첫 글자)가 들어가는 건강한 음식 찾아보기 활동을 함께 하십시오. 집밖에서도 같은 첫 글자나 마지막 글자 찾기 놀이를 하십시오. 자녀에게 이야기를 들려주거나 동시, 정보책, 요리책 등을 읽어주거나 건강과 관련된 운동 잡지 등을 함께 보십시오. 아래는 건강 주제와 관련된 아동 도서 목록입니다.

애취!(Achoo!; P. Demuth, 1997)

세계의 어린이(Children around the World; D. Montanari, 2001)

먹보 그레고리(Gregory, the Terrible Eater; M. Sharmat, 1984)

목욕은 이제 그만(No More Baths; B. Cole, 1989)

달과자(Mooncake; F. Asch, 1983)

부모님의 도움이 필요합니다.

우리는 다문화 음식이나 좋아하는 음식을 경험하는 주간을 준비하고 있는데, 이에 부모님의 도움이 필요합니다. 한나절 간식을 준비하고 이를 유아에게 소개하실 수 있다면 동봉된 종이에 서명하시고 음식 이름을 적어주십시오.

교실에 와서 자녀와 함께 즐겨 읽는 그림책을 읽어주실 수 있으면 동봉된 종이에 서명하시고 참석 날짜와 시간을 명시하여 주십시오.

가정에 건강 주제와 관련한 사물과 자료, 예를 들어서 빈 음식 용기, 씨앗, 호두, 콩이나 요가 잡지 등이 있으면 자녀 편에 학교로 보내주십시오. 이들은 교실에서 유아들이 역할놀이를 하는 데 크게 도움이 됩니다.

기타 가정에서 자녀와 함께 할 수 있는 활동

자녀와 같이 슈퍼마켓에 가십시오. 가기 전 목록을 작성하고, 물건을 사면서 자녀가 체크하도록 하십시오. 또한 식품 5군을 골고루 사도록 하십시오.

그림 10.4

탐구 주제 알림 가정
통신문 (계속)

수박, 아보카도, 당근 등을 집에서 심어 보십시오. 싹이 나는 과정 등에 대한 관찰 기록지를 준비하여 자녀와 함께 작성하십시오. 또한 다른 채소의 성장과정을 비교하십시오.

과일샐러드, 녹색채소 샐러드, 땅콩버터 등을 집에서 만들어 보십시오. 이는 교실에서 배운 것을 다시 가정에서 확인하는 과정이 됩니다.

매일 자녀와 함께 운동하는 시간을 가지십시오. 빠른 걸음걸이나 자전거 타기를 하면 운동은 즐거운 것이고 자주 해야 하는 것임을 자녀가 체험할 수 있는 좋은 기회입니다. 또한 이는 가족 간의 관계를 좋게도 합니다.

잠자리에 들기 전 잠은 우리의 건강을 위하여 중요한 것임을 자녀에게 상기시키십시오. 항상 자기 전 유아에게 책을 읽어주는 시간을 가지십시오.

유아 활동

자녀가 건강 주제와 관련하여 학교에서 배운 것에 대하여 그림을 그리거나 글을 써보도록 하십시오. 매일 자녀가 먹은 음식에 대한 일기를 쓰게 하는 것도 좋습니다. 자녀가 하는 운동에 대하여 기록도 하십시오. 또한 하루에 몇 시간 잠을 잤는지 적는데 유아가 숫자를 써보도록 하십시오. 혹은 며칠간의 기록을 도표로 작성해 보십시오. 이러한 사항을 기록하는 것은 공책에 적거나 종이에 써서 책처럼 스테이플러로 붙여 사용하십시오.

학급에서 탐구하고 있는 주제에 대하여 의문사항이 있거나 새 아이디어가 있으면 저에게 연락을 주십시오. 혹 영양사나 체력 훈련사와 같은 영양 주제와 관련된 직종에 근무하시면 교실에 오셔서 경험을 나누어 주시면 감사하겠습니다.

안녕히 계세요.

담임 리사 로작

건강한 몸과 마음 주제와 관련하여 다음과 같은 간식을 준비할 수 있습니다.

간식 이름: _____   부모의 성함: _____

나는 다음과 같은 시간에 책을 읽어줄 수 있다: 날짜 _____

책 이름: _____   부모의 성함: _____

그림 10.5 VIP 확인증

V.I.P.

Great Job!

매우 귀중한 부모님

_____ 부모님에게 수여합니다.

부모님께서 우리 반에 주신 도움에 감사합니다.

부모님의 관심과 참여로 우리 반 아이들이 공부할 수 있었습니다.

확인증은 _____

_____ 교사 (인)

_____ 날짜

가정 문해 프로그램 단체 및 자료

가정 문해에 관련된 단체, 협회나 조직에 연락하면 가정 문해 프로그램을 준비하고 운영하고 평가하는 데 필요한 정보와 도움을 얻을 수 있다. 아래에 몇 단체를 소개하였다.

The Barbara Bush Foundation for Family Literacy, 1112 16th Street, NW, Suite 340, Washington, DC 20036, www.barbarabushfoundation.com

International Reading Association, 800 Barksdale Road, PO Box 9130, Newark, DE 19714-8139, www.reading.org

National Center for Family Literacy, Waterfront Plaza, Suite 200, 325 West Main Street, Louisville, KY 40202-4251, www.famlit.org

Reading Is Fundermental (RIF), 600 Maryland Avenue, SW, Suite 600, Wasshington, DC 20024, www.rif.org

아래에 소개된 소책자는 국제읽기협회(IRA)로부터 얻을 수 있다.

Beginning Literacy and Your Child: A Guide to Helping Your Baby or Preschooler Become a Reader

I Can Read and Write! How to Encourage Your School-Aged Child's Literacy Development

Explore the Playground of Books: Tips for Parents of Beginning Readers

Get Ready to Read! Tips for Parents of Young Children

Summer Reading Adventure! Tips for Parents of Young Readers

Library Safari: Tips for Parents of Young Readers and Explorers

Making the Most of Television: Tips for Parents of Young Viewers

그 밖의 자료가 더 있다.

Raising a Reader, Raising a Writer: How Parents Can Help (Brochure available from the National Association for the Education of Young Children, 1509 16th Street, NW, Washington, DC 20036)

Choosing a Children's Book (Brochure available from the Children's Book Council, Inc., 568 Broadway, Suite 404, New York, NY 10012)

Brandt, D. (2001). *Literacy in American Lives.* New York: Cambridge University Press.

Lipson, E. R. (2000). *New York Times Parent's Guide to the Best Books for Children.* New York: Crown Publishing Group.

Stillman, P. R. (1989). *Families Writing* (2nd ed.). Portland, ME: Calendar Islands

Publishers.

Thomas, A., Fazio, L., & Steifelmeyer, B. L. (1999). *Families at School: A Handbook for Parents.* Newark, DE: International Reading Association.

Trealease, J. (2006). *The Read-Aloud Handbook* (6th ed.). New York: Penguin Books.

See the World on the Internet: Tips for Parents of Young Readers—and Surfers

활동과 질문

1. 이 장의 맨 앞에 있는 핵심 질문에 답하라.

2. 가족이나 친구 중 부모인 사람을 면담하라. 가정의 일상 속에서 자연스럽게 일어난 문해 활동의 예를 부탁하라. 강의를 듣는 모든 교사와 학생들의 면담 결과를 모아서 소식지나 회보를 만들어 유아 자녀의 부모에게 보내라.

3. 나의 어린 시절 가족생활의 기억을 되살리거나 친구나 어린 자녀를 둔 친척의 가정의 물리적 환경과 활동을 관찰하라. 이 환경과 활동이 유아의 문해 발달을 촉진하는지 분석해보라. 문해 환경과 활동을 향상시킬 수 있는 요소를 생각해보라.

4. 한 유아와 그의 가정을 선택하여 한 학기 동안 포트폴리오 평가를 시작하라. 내가 보관할 포트폴리오와 가족이 보관할 포트폴리오를 준비하라. 이 장에 있는 「가정에서 문해 활동 촉진하기」를 부모가 체크하여 부모용 포트폴리오, 나의 포트폴리오에 보관한다. 또한 체크리스트인 「문해 발달 관찰 (부모용)」을 학기 초와 학기 말에 체크하도록 한다. 이것의 복사물을 내 폴더에도 보관한다.

5. 내가 잘 알고 있는 지역사회를 위한 가정 문해 프로그램을 구성하라. 지역사회의 부모가 영어를 사용하며 문해 기술을 갖고 있다면, 이들에게는 부모 참여 프로그램이 적절하다. 반면 영어가 아닌 언어를 쓰거나 문해 능력이 제한되어 있다면 부모 자신의 문해 능력을 향상시키고 이를 기초로 자녀의 문해 발달을 도와주는 다세대 프로그램 개발이 적절하다. 어떤 프로그램을 구성하든 학교와 가정의 활동과 전략이 연계되어야 한다.

6. 그림 10.3의 양식을 사용하여 부모가 참여할 수 있는 활동의 목록을 제공하여 부모의 참여를 부탁하라. 그림 10.2를 활용하여 책갈피를 만든다. 그림 10.5를 이용하여 가정과 학교에서 자녀의 문해 발달을 지원하는 부모에게 VIP 확인증을 준다.

후기

우리는 글과의 로맨스에 다시 불을 붙여야 한다.

―스티븐 스필버그(1987)

이 책에서 이론과 실제에 기초한 영유아기 문해 발달 프로그램을 소개하였다. 읽기와 쓰기를 풍부하게 경험할 수 있는 환경, 사회적 상호작용, 또래 협력, 대집단, 소집단, 개인 학습과 문제 해결 경험을 강조하였다. 이것은 듣기, 말하기, 읽기, 쓰기, 보기를 통합하는 활동이었다. 또한 유아에게 의미 있고 흥미로운 문해 경험은 그의 삶과 관계있는 것임을 강조하였다. 주제에 따른 내용교과와 문해 활동이 통합되어야 하며 이에는 열정, 동기, 의미가 포함되어야 한다. 다양한 방법의 평가를 활용한 교수 계획과 유아 스스로가 놀이하며, 조작하며 탐구하여야 함을 강조하였다. 유아가 가지고 있는 다양한 배경과 요구에 민감해야 함도 강조하였다.

학습과정에 대하여는 새로운 이론이 계속 제안되고 있으므로 교사는 자신이 익숙한 교수 전략에 변화를 주어야 한다. 현직 교사는 예비교사 시절 배웠던 이론과 지식을 계속 업데이트하여야 한다. 현직 교사는 교사 연수를 통해 문해 교육 이론, 연구, 정책과 실제에 대하여 계속 배워야 한다.

교사는 석사 혹은 박사과정을 하거나 다른 종류의 교사 자격을 취득하면 좋다. 또한 교사는 전문가들이 모인 기관이나 단체에 가입하여 이곳에서 열리는 학회, 세미나에 참여하여야 한다. 학회에서는 문해 발달과 교육에 대한 최근의 이론과 실제에 대한 학회지도 발행한다. 학술 단체나 전문가 단체에 가입하면 다른 사람과 네트워킹하여 대화를 하며 자신에 대하여 돌아볼 수 있다. 교사는 기관 운영자 혹은 관리자와 협의하여 1년을 단위로 연구 혹은 전문성 개발에 대한 계획을 세우는 것이 좋다. 연구 개발 계획을 하면서 새로운 목표 혹은 경험 등을 구체화한다.

협력 모델은 학습 공동체의 바람직한 모델이다.

1. 협력 모델은 다양한 관점을 가진 사람들이 함께 모여 교수-학습에 대한 새로운 아이디어를 모은다.
2. 협력 모델은 교사에게 통제감을 갖게 한다.
3. 협력 모델은 동료 교사, 관리자 혹은 연구자들로부터 지원을 받을 수 있다.

학습 공동체를 통한 전문성 개발은 다음과 같은 목표를 갖는다.

1. 교실 실제를 변화시킨다.
2. 전문성 개발에 대한 교사의 태도를 변화시킨다.
3. 학습 공동체가 있는 기관 혹은 학교의 문화를 창조한다.

이러한 목표는 다음과 같은 것이 전제될 때 가능하다.

1. 교실의 실제 변화에 집중한다.
2. 교실의 실제를 변화시킨 결과 학생이 변화되는 것을 경험한 교사는 신념과 태도가 변화된다.
3. 자신이 추구하는 교수 실제를 지도할 전문가의 도움을 받는다.

교사의 전문성 개발에 필요한 요소

교사의 전문성 개발에 필요한 요소는 다음과 같다.

1. 기관 혹은 학교 관리자의 지원
2. 열정적이며 전문 지식이 풍부한 전문가가 제공하는 워크숍
3. 교사 자신이 설정한 목표
4. 새로운 교수-학습 실제를 모델링하거나 지원할 수 있는 코치의 존재
5. 자원의 접근성
6. 동료 교사, 코치 등의 수업과 교실 운영에 대한 모니터링
7. 동료 교사와 학습 공동체를 통한 토론 및 피드백
8. 변화에 필요한 시간

전문성 개발에 참여한 교사의 이야기

교사 1: 교사 전문성 개발 프로그램에 참여하여 새로운 아이디어를 실천하게 되었다. 교육청에서는 새로운 것을 시도할 것을 요구하지만 사전에 미리 배울 기회를 주거나 실행에 필요한 도움을 주지는 않는다. 교사들이 새로운 것을 시도하게 하는 가장 좋은 방법은 열정이 있고 능력이 있는 조언자를 통해서 새로운 전략을 배우도록 하는 것이다. 교사 전문성 개발 프로그램에서 훌륭한 조언자를 만나서 새로운 아이디어를 소개받고 구체적 실행방법에 대하여 배울 수 있었다. 구체적인 교수계획안도 소개받아 많은 도움이 되었다. 또한 새로운 교수법을 실행하고 있는 동료 교사의 수업참관도 많은 도움이 된다. 변화는 천천히 이루어짐을 인식하는 것이 제일 중요하다. 내가 참여한 프로그램에서는 서두르지 않았으며 토론을 통해 서로를 격려하고 변화되는 과정에 대하여 서로에게 피드백을 줄 수 있었다.

교사 2: 가장 큰 변화는 학생들이 가지고 있는 요구나 필요가 교실에서 충분히 채워지지 않아서 이들의 잠재력이 발휘되고 있지 못하고 있다는 깨달음이었다. 나의 교수 스타일에 변화를 시도한 이후 바로 학생의 행동에서 변화를 볼 수 있었다. 이제 우리 반 학생들은 자신들에게 요구되는 것을 할 수 있다.

교사 3: 나는 소집단을 통한 읽기 교수법에 대하여 배우고 싶었는데 전문성 개발 프로그램에 참여하여 이를 이루었다. 나는 배움을 계속하기 위하여 전문성 개발 프로그램에 이후로도 계속 참여할 것이다. 조언자와의 만남뿐만 아니라 동료 교사와의 만남도 계속할 것이다. 또한 새로운 읽기 교수법에 관심 있는 교사를 기꺼이 도와줄 것이다.

교사 연구자

교사의 전문성 개발을 위한 또 다른 방법은 자신의 교수과정에 대하여 반성하며 연구하는 것이다. 이는 교사의 강점과 약점을 발견하도록 도우며 교수법에 대한 새로운 질문을 제시한다. 교사 연구자는 교실의 일상 경험과 관련하여 교수 전략, 아동 발달, 교실 환경, 교육과정 개발 등에 관련하여 질문을 제기하고 연구한다. 교사 연구자는 관련 주제에 대한 지식과 기술을 발달시킬 수 있다.

탐구하고자 하는 문제 혹은 질문이 제기되면 교사 연구자는 자료를 모은다. 자료 수집에는 일화기록, 동영상 녹화, 유아의 결과물, 유아, 교사, 부모 면담이 있고 검사를 실행하거나 새로운 교수법을 실행한다.

교사 연구자는 현재 논의되고 있는 프로그램, 교수법 등에서 최신 정보를 얻을 수 있다. 교사 연구자는 매일의 경험에서 새로운 것을 배우고 발견하므로 교수 행위가 흥미롭다. 또한 교사 연구자는 전문가들의 모임 혹은 활동에 참여하게 되므로 교수 역할이 확장된다. 교사 연구자는 가르침의 예술과 과학적 행위에 다 참여하는 것이다. 탐구, 독서, 관찰, 자료 수집이 과학적 활동이며 자료 혹은 현상에 대하여 반성하면서 필요한 변화를 시도하는 것은 예술적 활동이다. 교사 연구자는 스스로 의사결정을 하고 변화를 주도하므로 성취감이 크다. 교사 연구자가 제기한 질문은 교실 현장 맥락의 역동성을 반영한 것이므로 이들의 아이디어와 제안은 큰 영향을 미친다. 즉 교실 혹은 학교 밖에 있는 행정가, 이론가에 의해 제안되는 변화보다는 현장에서 생활하고 있는 교사 연구자가 제안하는 변화는 실행의 가능성이 크다. 매년마다 탐구 영역을 새롭게 하는 것이 좋다. 동료 교사와 협력하면 혼자서 할 수 없는 프로젝트도 할 수 있다. 지난 수년간 누적된 학습 이론과 조기 문해 발달에 관한 지식은 대학교 교수와 현장 교사의 협력으로 진보하였으며 이는 계속되어야 한다.

이 책에 기술된 프로그램은 교사와 유아 모두에게 열정을 불러일으키기 위한 것이다. 교사는 성실과 열정으로 일하고 유아는 즐겁고, 긍정적이고 성공적인 학교생활을 하면서 문해 활동에 참여한다. 읽고 쓰기를 배우는 것과 관런된 요소 중 가장 중요한 것은 유아 스스로 원해서 읽고 쓰기를 하도록 격려하는 교사이다. 읽기와 쓰기를 원하면 저절로 유창한 문해 기술을 갖게 된다. 이러한 기술과 태도는 평생에 걸쳐 문해 능력을 더 섬세하고 깊이 있게 할 것이다. 이는 "우리는 글과의 로맨스에 다시 불을 붙여야 한다"(Speilberg, 1987)를 가능하게 할 것이다.

주제별 아동 문학 목록

스테파니 레더만

■ 영아를 위한 책

하드보드

DK Books. (2002). *Things that go*. New York: DK.

DK Board Books. (2004). *My first farm board book*. New York: DK.

Dog Artlist. (2005). *The dog from arf! arf! to zzzzzzz book*. New York: HarperFestival.

Huelin, J. (2004). *Harold and the purple crayon: Opposites*. New York: HarperFestival.

Kubler, A. (2003). *Ten little fingers*. New York: Children's Play International.

Leoni, L. (2004). *A busy year*. New York: Knopf.

헝겊책

Golden Books. (2003). *Sleep bunny*. New York: Random House Children's Books.

Katz, K. (2007). *Baby's day*. New York: Little Simon.

Magsamen, S. (2007). *Messages from the heart: Good night, little one: Huggable, lovable, snuggable books*. New York: Little, Brown & Co. Books for Young Readers.

Potter, B. (2004). *Peter rabbit snuggle time: A cloth book*. New York: Warner.

Priddy, R. (2003). *Fuzzy bee and friends*. New York: St. Martin's Press.

Priddy, R. (2003). *Squishy turtle and friends*. New York: Priddy.

플라스틱 책

Aigner-Clark, J. (2003). *Baby Einstein: Water, water everywhere*. New York: Hyperion Books for Children.

Baggot, S. (2009). *The jolly pirate*. Tulsa, OK: EDC Publishing.

Boynton, S. (2007). *Bath time*. New York: Workman Publishing.

Davis, C. (2009). *Animals on the farm: My first noisy bath book*. Hauppauge, NY: Barron's Educational Series.

Romendik, I. (2002). *The musical Mary had a little lamb rub a dub book*. Westport, CT: Straight Edge Press.

감각책

Aigner-Clark, J. (2003). *Baby Einstein: Violet's house*. New York: Hyperion Books for Children.

Brown, M. W. (2005). *Little fur family*. New York: HarperCollins Publishers.

Kunhardt, D. (2001). *Pat the bunny*. New York: Random House Children's Books.

McKendry, S. (2005). *Are you ticklish?: A touch-and-tickle book*. Atlanta, GA: Dalmatian Publishing Group.

Van Fleet, M. (2003). *Tails*. Orlando, FL: Houghton Mifflin Harcourt.

Watt, F. (2006). *That's not my kitten*. DE: Usbourne.

■ 개념책

Fleming, D. (2004). *The everything book*. New York: Holt.

George, L. B. (2006). *Inside mouse, outside mouse*. New York: HarperCollins Publishers.

Lehman, B. (2004). *The red book*. Boston: Houghton Mifflin.

Ljungkvist, L. (2007). *Follow the line through the house*. New York: Penguin Group.

McMullan, J., & McMullan, K. (2005). *I stink*. New York: HarperFestival.

Seeger, L. V. (2007). *First the egg*. New York: Roaring Book Press.

Seeger, L.V. (2007). *Black? White? Day? Night? A book of opposites*. New York: Roaring Brook Press.

■ 알파벳 책

Bonder, D. (2007). *Dogabet*. N. Vancouver, BC, Canada: Walrus.

Bruel, N. (2005). *Bad kitty*. New York: Roaring Brook Press.

Ernest, L. (2004). *The turn-around, upside down alphabet book*. New York: Simon & Schuster Children's Publishing.

Fleming, D. (2006). *Alphabet under construction*. New York: Henry Holt and Co.

Lionni, L. (2004). *The alphabet tree*. New York: Random House Children's Books.

London, J. (2007). *Do your ABC's little brown bear*. New York: Puffin.

Martin, B. J. (2000). *Chicka chicka boom boom*. New York: Simon & Schuster Children's Publishing.

Van Fleet, M. (2008). *Alphabet*. New York: Simon & Schuster Children's Publishing.

■ 숫자책

Ball, J. (2005). *Go figure! A totally cool book about numbers*. New York: DK.

Ehlert, L. (2001). *Fish eyes: A book you can count on*. Orlando, FL: Houghton Mifflin Harcourt.

Fleming, D. (1992). *Count!* New York: Henry Holt and Co.

Fromental, J.-L. (2006). *365 penguins*. New York: Abrams.

Morales, Y. (2003). *Just a minute: A trickster tale and counting book*. San Francisco: Chronicle.

Sayre, J. (2006). *One is a snail, ten is a crab: A counting by feet book*. Cambridge, MA: Candlewick Press.

Schwartz, D. M. (1993). *How much is a million?* New York: HarperCollins Publishers.

■ 동요책

Denton, K. (2004). *A child's treasury of nursery rhymes*. New York: Kingfisher.

Green, A. (2007). *Mother Goose's storytime nursery rhymes*. New York: Arthur A. Levine.

Grey, M. (2006). *The adventures of the dish and the spoon*. New York: Knopf.

Jackson, A. (2001). *If the shoe fits*. New York: Henry Holt and Co.

Pearson, T. C. (2004). *Little Bo-Peep*. New York: Farrar, Straus, and Giroux.

Rescek, S. (2006). *Hickory, dickery dock: And other favorite nursery rhymes*. New York: Tiger Tales.

Sloat, T. (2005). *This is the house that was tidy and neat*. New York: Henry Holt & Co.

■ 글 없는 그림책

Briggs, R. (1999). *The snowman*. New York: Random House Children's Books.

dePaola, T. (1978). *Pancakes for breakfast*. Orlando, FL: Houghton Mifflin Harcourt.

Hutchins, P. (2005). *Rosie's walk*. New York: Simon & Schuster Children's Publishing.

Mayer, M. (2003). *A boy, a dog, and a frog*. New York: Penguin Group.

Schories, P. (2004). *Breakfast for Jack*. Honesdale, PA: Boyd's Mill Press.

Tafuri, N. (1991). *Have you seen my duckling?* New York: HarperCollins Publishers.

■ 동시책

Degan, B. (2008). *Jamberry*. New York: HarperCollins Publishers.

Donaldson, J., Scheffler, A. (2005). *The Gruffalo*. New York: Dial.

Pretlutsky, J. (1999). *The 20th century children's poetry treasury*. New York: Random House Children's Books.

Pretlutsky, J. (2007) *Good sports: Rhymes about running, jumping, throwing, and more*. New York: Random House Children's Books

Rammell, S. K. (2006). *City beats: A hip-hoppy pigeon poem*. Nevada City, CA: Dawn.

Silverstein, S. (2004) *Where the sidewalk ends*. New York: HarperCollins Publishers.

Swados, E. (2002) *Hey you! c'mere!: A poetry slam*. New York: Scholastic Inc.

■ 옛이야기(신화, 우화, 전설)

Brett, J. (2009). *The mitten*. New York: Penguin Group.

Marshall, J. (1998) *Goldilocks and the three bears*. New York: Penguin Group.

Mosel, A. (2007). *Tikki tikki tembo*. New York: Square Fish.

Pinkney, J. (2000) *Aesop's fables*. San Francisco, CA: Chronicle Books LLC.

Pinkney, J. (2009). *The lion and the mouse*. New York: Litte, Brown & Co. Books for Young Readers.

Scieszka, J. (1992). *The stinky cheese man and other fairly stupid tales*. New York: Penguin Group

Taback, S. (2000). *Joseph had a little overcoat*. New York: Penguin Group.

■ 읽기 쉬운 책

Cannon, A. E. (2004). *Let the good times roll with Pirate Pete and Pirate Joe*. New York: Penguin Group.

Capucilli, A.S. (2003). *Biscuit loves school*. New York: HarperCollins Publishers.

Holub, J. (2003). *Why do horses neigh?* New York: Penguin Group.

Juster, N. (2006). *The hello, goodbye window*. New York: Hyperion Books for Children.

Karlin, N. (2006). *The fat cat sat on the mat*. New York: HarperCollins Publishers.

Rocklin, J. (2003). *This book is haunted*. New York: HarperCollins Publishers.

■ 사실 동화

Brown, L. K., & Brown M. T. (1998). *When dinosaurs die: A guide to understanding death*. New York: Little, Brown & Co. Books for Young Readers.

Buehner, C. (2000). *I did it, I'm sorry*. New York: Penguin Group.

Cohen, M. (2008). *Jim's dog muffins*. Long Island City, NY: Star Bright Books, Incorporated.

dePaola, T. (2000). *Nana upstairs and Nana downstairs*. New York: Penguin Group.

Katz, K. (2002). *The colors of us*. New York: Henry Holt & Co.

Levins, S., & Langdo, B. (2006). *Was it the chocolate pudding? A story for little kids about divorce*. Washington, DC: American Psychological Association.

Parr, T. (2009). *It's okay to be different*. New York: Litte, Brown & Co. Books for Young Readers.

Penn, A. (2006). *The kissing hand*. Terre Haute, IN: Tanglewood Press.

Viorst, J., (1971). *The tenth good thing about Barney*. New York: Simon & Schuster.

■ 정보책(연령별 구분)

유아기

DK Publishing. (2009). *Love your world: How to take care of the plants, animals, and the planet*. New York: DK Publishing Inc.

Rubbino, S. (2009). *A walk in New York*. Cambridge, MA: Candlewick Press.

Showers, P. (1991). *How many teeth?* New York: HarperCollins Publishers.

Ziefert, H. (2006). *You can't taste a pickle with your ear!* Maplewood, NJ: Blue Apple Books.

Zoehfeld, K. W. (1995). *What's alive?* New York: HarperCollins Publishers.

유치~초등1학년

dePaola, T. (1985). *The cloud book*. New York: Holiday House Inc.

DeWitt, L. (1993). *What will the weather be?* New York: HarperCollins Publishers.

Ehlert, L. (2005). *Leaf man*. Orlando, FL: Houghton Mifflin Harcourt.

Gibbons, G. (1992). *Weather words and what they mean*. New York: Holiday House Inc.

Pfeffer, W. (2004). *From seed to pumpkin*. New York: HarperCollins Publishers.

초등 1~2학년

Aliki. (1999). *My visit to the zoo*. New York: HarperCollins Publishers.

Bartoletti, S. C. (2004). *Flag maker*. Orlando, FL: Houghton Mifflin Harcourt.

Cole, J. (2003). *Ms. Frizzle's adventures: Ancient Egypt*. New York: Scholastic, Inc.

Davies, N. (2004). *Oceans and seas*. New York: Kingfisher.

Gibbons, G. (2002). *Tell me, tree: All about trees for kids*. New York: Little, Brown & Co. Books for Young Readers.

Pivon, H., & Thomson, S. L. (2004). *What presidents are made of*. New York: Simon & Schuster Children's Books.

초등 2~3학년

Cole, J. (1990). *The magic school bus inside the human body*. New York: Scholastic, Inc.

Dorion, C. (2010). *How the world works: A hands-on guide to our amazing planet*. Cambridge, MA: Candlewick Press.

Frandin, J. B. (2002). *Who was Sacagawea?* New York: Penguin Group.

Fredericks, A. D. (2001). *Under one rock: Bugs, slugs, and other ughs*. Nevada City, CA: Dawn Publications.

George, J. S. (2004). *So you want to be president?* New York: Penguin Group.

Myers, L. (2002). *Lewis and Clark and me: A dog's tale*. New York: Henry Holt & Co.

Solheim, J. (2001). *It's disgusting and we ate it!: True food facts from around the world and throughout history*. New York: Simon & Schuster Children's Books.

시리즈 정보책

Let's read and find out science. New York: HarperCollins Publishers.

My first Bob books series. New York: Scholastic Inc.

Science kids. Ashmore, QLD: Kingfisher.

Time for kids. New York: HarperCollins.

Who was…? series. New York: Penguin Group.

Zoobooks series. Evanston, IL: Wildlife Education.

■ 전기

Abramson, A. (2007). *Who was Ann Frank?* New York: Penguin Group.

dePaola, T. (2001). *26 Fairmont Avenue*. New York: Penguin Group.

Fritz, J. (2002). *Double life of Pocahontas*. New York: Penguin Group.

Gerstein, M. (2007). *The man who walked between the towers*. New York: Square Fish.

Giovanni, N. (2007). *Rosa*. New York: Square Fish.

Krull, K. (2003). *Harvesting hope: The story of Cesar Chavez*. Orlando, FL: Houghton Mifflin Harcourt.

Martin, J. B. (2009). *Snowflake Bentley*. Orlando, FL: Houghton Mifflin Harcourt.

■ 잡지

American Girl. 8400 Fairway Place, Middleton, WI 53562 (ages 8–12).

High Five. 803 Church Street, Honesdale, PA 18431 (ages 2–6).

Highlights. 803 Church Street, Honesdale, PA 18431 (ages 6–12).

Kids Discover. Kids Discover. 149 Fifth Avenue, New York, NY (ages 6 and up).

National Geographics Kids. 1145 17th Street N. W., Washington, D.C 20036 (ages 6–14).

National Geographics Little Kids. 1145 17th Street N. W., Washington, D.C 20036 (ages 3–6).

Nickelodeon. PO Box 1529, Elk Grove Village, IL 60009 (ages 6–14).

Ranger Rick. 1100 Wildlife Center Drive, Reston, VA (ages 7 and up).

Scholastic News. 557 Broadway, New York, NY 10012. (ages 5–11).

Time for Kids. 1271 Sixth Avenue, New York, NY 10020 (ages 5–12).

■ 예측하기 쉬운 책

반복되는 표현이 있는 책

Brown, M. W. (2007). *Goodnight moon*. New York: HarperCollins Publishers.

Elliott, D. (2009). *And here's to you*. Cambridge, MA: Candlewick Press.

Gordon, J. R. (2000). *Two badd babies*. Honesdale, PA: Boyds Mills Press.

Guarino, D. (2004). *Is your mama a llama?* New York: Scholastic Inc.

Martin, B. J. (2007). *Brown bear, brown bear, what do you see?* New York: Henry Holt & Co.

Sloat, T. (2001). *The thing that bothered Farmer Brown*. New York: Scholastic Inc.

운율이 있는 책

Alborough, J. (2003). *Some dogs do*. Cambridge, MA: Candlewick Press.

Donaldson, J. (2009). *Stick man*. New York: Scholastic Inc.

Kirk, D. (2007). *Miss Spider's tea party*. New York: Scholastic Inc.

Lawrence, J. (2006). *This little chick*. Cambridge, MA: Candlewick Press.

Mayo, D. (2007). *House that Jack built*. Cambridge, MA: Barefoot Books.

Prelutsky, J. (2007). *Good sports: Rhymes about running, jumping, throwing, and more*. New York: Random House Children's Books.

요일, 개월, 수, 글자로 반복되는 책

Bang, M. (1996). *Ten, nine, eight*. New York: HarperCollins Publishers.

Carle, E. (2001). *Today is Monday*. New York: Penguin Group.

Carle, E. (2007). *The very hungry caterpillar*. New York: Penguin Group.

Sendak, M. (1991). *Chicken soup with rice: A book of months*. New York: HarperCollins Publishers.

Ward, C. (2004). *Cookies week*. New York: Penguin Group.

Wood, J. (1996). *Moo moo, brown cow*. Orlando, FL: Houghton Mifflin Harcourt.

누적적 책

Adams, P. (2007). *There was an old lady who swallowed a fly*. England: Child's Play International.

Hayes, S. (1999). *This is the bear*. Cambridge, MA: Candlewick Press.

Hutchins, P. (2000). *Little pink pig*. New York: HarperCollins Publishers.

Kalan, R. & Barton, B. (2003). *Jump, frog, jump!* New York: HarperCollins Publishers.

Kubler, A. (2005). *Ten little monkeys*. England: Child's Play International.

Stutson, C. (2009). *By the light of the Halloween moon*. Tarrytown, NY: Cavendish, Marshall Corporation.

토의를 촉진하는 책

Cuyler, M. (2009). *Bullies never win*. Simon & Schuster Children's Books.

Green, J. (2005). *Why should I recycle?* Hauppauge NY: Barron's Educational Series.

Lovell, P. (2001). *Stand tall, Molly Lou Melon*. New York: Penguin Group.

Polacco, P. (2001). *Thank you, Mr. Falker*. New York: Penguin Group.

Silverstein, S. (2004). *The giving tree*. New York: HarperCollins Publishers.

■ 반드시 보아야 하는 그림책

아이들이 좋아하는 작가의 작품들로 반드시 보아야 하는 목록이다.

Allsburg, C. V. (2009). *The polar express*. Orlando, FL: Houghton Mifflin Harcourt.

Bemelmans, L. (2000). *Madeline*. New York: Penguin Group.

Berenstain, S., & Berenstain, J. (2002). *The bears' picnic*. New York: Random House.

Brown, M. W. (2005). *Goodnight moon*. New York: HarperCollins.

Carle, E. (2007). *The very hungry caterpillar*. New York: Penguin Group.

Eastman, P. D. (2005). *Are you my mother?* New York: Random House.

Freeman, D. (2008). *Corduroy*. New York: Penguin Group.

Galdone, P. (2006). *The little red hen*. Boston: Houghton Mifflin.

Henkes, K. (2007). *Chrysanthemum*. New York: Scholastic Inc.

Hoban, R. (2009). *Best friends for Frances*. New York: HarperCollins.

Johnson, C. (1981). *Harold and the purple crayon*. New York: Harper.

Kraus, R. (2008). *Leo the late bloomer*. New York: HarperCollins.

Lobel, A. (2005). *Frog and toad together*. Norristown, PA: Backpack Books.

McCloskey, R. (2010). *Blueberries for Sal*. New York: Penguin.

Piper, W. (2009). *The little engine that could*. New York: Penguin.

Potter, B. (2006). *The tale of Peter Rabbit*. New York: Warner.

Rey, H. A. (2006). *Curious George rides a bike*. Boston: Houghton Mifflin.

Scieszka, J. (1996). *The true story of the 3 little pigs*. New York: Penguin Group.

Sendak, M. (1988). *Where the wild things are*. New York: HarperCollins.

Seuss, Dr. (2000). *Horton hatches the egg*. New York: Random House.

Slobodkina, E. (2008). *Caps for sale*. Reading, MA: Addison-Wesley.

Steig, W. (2005). *Sylvester and the magic pebble*. New York: Simon & Schuster.

Viorst, J. (2009). *Alexander and the terrible, horrible, no good, very bad day*. New York: Atheneum.

Willems, M. (2003). *Don't let the pigeon drive the bus*. New York: Hyperion Books for Children.

Willems, M. (2006). *Don't let the pigeon stay up late*. New York: Hyperion Books for Children.

Willems, M. (2007). *Knuffle Bunny*. New York: Scholastic, Inc.

Wood, A. (2010). *The napping house*. Orlando, FL: Houghton Mifflin Harcourt.

■ 글자와 소리에 관한 책

자음

B

Bottner, B. (1997). *Bootsie barker bites*. New York: Penguin Group.

Disen, D. (2010). *The barefooted, bad-tempered, baby brigade*. New York: Random House Children's Books.

James, S. (2008). *Baby brains: The smartest baby in the whole world*. Somerville, MA: Candlewick Press.

Martin, B. (2008). *Brown bear, brown bear, what do you see?*. New York: Henry Holt & Co.

Oram, H. (2002). *Badger's bad mood*. New York: Scholastic Inc.

C(경음)

Cain, S. (2006). *The crunching munching caterpillar*. Wilton, CT: Tiger Tales.

Edwards, P. D. (2004). *Clara Caterpillar*. New York: HarperCollins.

Galloway, R. (2007). *Clumsy Crab*. Wilton, CT: Tiger Tales.

Numeroff, L. (2008). *If you give a cat a cupcake*. New York: HarperCollins Publishers.

Willis, J. (2008). *Cottonball Colin*. Grand Rapids, MI: William B. Eerdmans.

C(연음)

Dusen, C. V. (2009). *The circus ship*. Cambridge, MA: Candlewick Press.

Priceman, M. (2009). *Emeline at the circus*. New York: Random House Children's Books.

Ross, T. (2003*). *Centipede's one hundred shoes*. New York: Henry Holt and Co.

Sanderson, R. (2002). *Cinderella*. New York: Little, Brown & Co. Books for Young Reader.

D

Buzzeo, T. (2005). *Dawdle duckling*. New York: Puffin Books.

Falwell, C. (2001). *David's drawings*. New York: Lee & Low Books.

Graham, B. (2007). *Dimity Dumpty: The story of Humpty's little sister*. Cambridge, MA: Candlewick Press.

Hills, T. (2007). *Duck, duck, goose*. New York: Random House.

Singer, M. (2001). *Didi and Daddy on the promenade*. Orlando, FL: Houghton Mifflin Harcourt.

F

Bright, P. (2008). *Fidgety fish and friends*. Wilton, CT: ME Media.

DeRubertis, B. (2010). *Frances frog's forever friend*. New York, NY: Kane Press.

Duncan Edwards, P. (2010). *Four famished foxes and fosdyke*. New York: Barnes & Noble.

Fox, M. (2000). *Feathers and fools*. Orlando, FL: Houghton Mifflin Harcourt.

Stevens, J. (2005). *The great fuzz frenzy*. Orlando, FL: Houghton Mifflin Harcourt.

G(경음)

Clark, K. (2006). *Grandma drove the garbage truck*. MD: Down East Books.

Dewdney, A. (2006). *Grumpy Gloria*. New York: Penguin Group.

Dunrier, O. (2007). *Goosie and Gertie*. Orlando, FL: Houghton Mifflin Harcourt.

Eastman, P. (1997). *Go dog. Go*. New York: Random House.

Kann, V. (2009). *Goldilicious*. New York: HarperCollins.

Rathmann, P. (2004). *Good night, gorilla*. New York: Penguin.

Wise Brown, M. (2005). *Goodnight moon*. New York: HarperCollins.

G(연음)

Andreae, G. (2008). *Giraffes can't dance*. New York: Scholastic.

Donaldson, J. (2005). *The spiffiest giant in town*. New York: Penguin Group.

Egielski, R. (2000). *The gingerbread boy*. New York: HarperCollins.

Peck, J. (1998). *The giant carrot*. New York: Penguin Group.

Silverstein, S. (1964). *A giraffe and a half*. New York: HarperCollins.

H

Carle, E. (2009). *A house for hermit crab*. New York: Simon & Schuster.

Johnson, D. B. (2006). *Henry hikes to Fitchburg.* Orlando, FL: Houghton Mifflin Harcourt.

Pfister, M. (2003). *The happy hedgehog.* New York: North-South Books.

Suess, Dr. (2000). *Horton hatches the egg.* New York: Random House.

Van Camp, K. (2009). *Harry and horsie.* New York: HarperCollins.

Yolen, J. (2010). *One hippo hops.* Bolton, ON: Key Porter Books.

J

Degan, B. (2008). *Jamberry.* New York: Barnes & Noble.

Fischer, S. M. (2010). *Jump.* New York: Simon & Schuster.

Havill, J. (2009). *Jamaica's find.* Orlando, FL: Houghton Mifflin Harcourt.

Johnson, A. (2007). *Just like Josh Gibson.* New York: Simon & Schuster.

Yang, J. (2006). *Joey & Jet in space.* New York: Simon & Schuster.

Van Chris, A. (1981). *Jumanji.* Orlando, FL: Houghton Mifflin Harcourt.

K

dePaola, T. (1994). *Kit and Kat.* New York: Penguin Group.

Fox, M. (1994). *Koala Lou.* Orlando, FL: Houghton Mifflin Harcourt.

Himmelman, J. (2008). *Katie loves the kittens.* New York: Henry Holt & Co.

Pilkey, D. (2003). *Kat Kong.* Orlando, FL: Houghton Mifflin Harcourt.

Mandine, S. (2009). *Kiss kiss.* New York: Random House.

L

Archambault, J. (2004). *Larry the lawnmower.* Hawthorn, Australia: Jitterbug Books.

Blankenship, P. (2004). *Lulu's lost shoes.* Novato, CA: Treasure Bay

Dewdney, A. (2005). *Llama, llama, red pajama.* New York: Penguin Group.

Gerth, M. (2006). *Ten little ladybugs.* Atlanta, GA: Dalmatian Press.

Horse, H. (2005). *Little rabbit lost.* Atlanta, GA: Peachtree Press.

Knudson, M. (2009). *Library lion.* Cambridge MA: Candlewick Press.

M

Bemelmans, L. (2000). *Madeline.* New York: Penguin Group.

Cousins, L. (2007). *Maisy big, Maisy small.* Cambridge, MA: Candlewick.

Donofrio, B. (2007). *Mary and the mouse, the mouse and Mary.* New York: Random House.

Freeman, D. (2006). *Manuelo, the playing mantis.* New York: Penguin Group.

Kellogg, S. (2002). *The missing mitten mystery.* New York: Penguin Group.

N

Bunting, E. (1996). *No nap.* Orlando, FL: Houghton Mifflin Harcourt.

Kirwan, W. (2007). *Nobody notices Minerva.* New York: Sterling Publishing Co.

O'Connor, J. (1993). *Nina, Nina, ballerina.* New York: Grosset.

Shannon, D. (1998). *No, David.* New York: Scholastic.

Wells, R. (2000). *Noisy Nora.* New York: Scholastic.

Wood, A. (2000). *The napping house.* Orlando, FL: Houghton Mifflin Harcourt.

P

Cooper, H. (2008). *A pipkin of pepper.* New York: Farrar, Straus and Giroux.

Corey, S. (2006). *Players in pigtails.* New York: Scholastic.

Munsch, R. (1992). *The paper bag princess.* Toronto, ON: Annick Press.

Numeroff, L. (2000). *If you give a pig a pancake.* New York: HarperCollins.

Palatini, M. (1997). *Piggie pie.* Orlando, FL: Houghton Mifflin Harcourt.

Wood, A. (2010). *Piggy pie po.* Orlando, FL: Houghton Mifflin Harcourt.

Q

Good, M. (2002). *Reuben and the quilt.* New York: Good Books.

Johnston, T. (1996). *The quilt story.* New York: Penguin Group.

Polacco, P. (2010). *The keeping quilt.* New York: Simon & Schuster.

Wood, A. (1998). *Quick as cricket.* New York: Child's Play-International.

Yorinks, A. (2003). *Quack.* New York: Abrams.

R

Arnosky, J. (2001). *Rabbits and raindrops.* New York: Penguin Group.

Emmett, J. (2007). *Ruby in her own time.* New York: Scholastic.

Pfister, M. (1999). *The rainbow fish.* New York: North-South Books.

Stewart, A. (2006). *Rabbit ears.* London: Bloomsbury.

Wells, R. (2004). *Ruby's beauty shop.* New York: Penguin Group.

Willis, N.C. (2002). *Raccoon moon.* Middletown, DE: Birdsong Books.

Wise Brown, M. (2005). *The runaway bunny.* New York: HarperCollins.

S

Arnold, T. (2009). *Super fly guy.* New York: Scholastic.

Duncan Edwards, P. (1998). *Some smug slug.* New York: HarperCollins.

Lionnni, L. (1973). *Swimmy.* New York: Random House.

McMullan, K. & McMullan, J. (2006). *I stink.* New York: HarperCollins.

Root, P. (2009). *Ten sleepy sheep*. Cambridge, MA: Candlewick Press.

Schachner, J. (2005). *Skippyjon Jones*. New York: Penguin Group.

Wright, M. (2010). *Sneezy the snowman*. Tarrytown, NY: Marshall Cavendish Corporation.

T

Bisset, J. (2008). *Tickle monster*. Seattle, WA: Compendium Inc.

Christian Anderson, H. (2004). *Thumbelina*. New York: Penguin Group.

Fleming, C. (2007). *Tippy-tippy-tippy, hide!*. New York: Simon & Schuster.

Manual, L. (2006). *The trouble with Tilly Trumble*. New York: Harry N. Abrams.

Milgrim, D. (2006). *Time to get up, time to go*. Orlando, FL: Houghton Mifflin Harcourt.

Van Fleet, M. (2003). *Tails*. Orlando, FL: Houghton Mifflin Harcourt.

Zimmerman, A. (2007). *Trashy town*. New York: Weston Woods Studio.

V

Bauer Stamper, J. (2003). *Voyage the volcano*. New York: Scholastic.

Berenstain, J., & Berenstain, M. (2008). *Berenstain bears' Valentine party*. New York: HarperCollins.

Carle, E. (2007). *The very hungry caterpillar*. New York: Penguin Group.

Clancy, S. (2010). *Violet, the fuzzy honeybee*. Mustang: OK Tate Publishing.

McCue, L. (2004). *Corduroy's Valentine's day*. New York: Penguin Group.

Williams, M. (2011). *The velveteen rabbit*. Tarrytown, NY: Marshall Cavendish Corporation.

W

Hartman, B. (2004). *The wolf who cried boy*. New York: Penguin Group.

Henkes, K. (2010). *Wemberly worried*. New York: HarperCollins.

Jenkins, E. (2007). *What happens on Wednesdays*. New York: Farrar, Straus and Giroux.

Keats, E. J. (1998). *Whistle for Willie*. New York: Penguin Group.

McGee, M. (2006). *Winston the bookwolf*. New York. Walker & Co.

Sendak, M. (1988). *Where the wild things are*. New York: HarperCollins.

Williams, S. (1996). *I went walking*. New York. Gulliver.

X

Fox, M. (1992). *Hattie and the fox*. New York: Simon & Schuster.

Portis, A. (2006). *Not a box*. New York: HarperCollins.

Wells, R. (2002). *Max cleans up*. New York: Penguin Group.

Zonta, P. (2006). *Jessica's x-ray*. Tonawanda, NY: Firefly Books.

Y

Ashford Frame, J. (2008). *Yesterday I had the blues*. New York: Random House.

Berger, C. (2008). *Little yellow leaf*. New York: HarperCollins.

Boynton, S. (2001). *Yay, you! Moving out, moving up*. New York: Simon & Schuster.

Bramsen, C. (2009). *The yellow tutu*. New York: Random House.

Van Fleet. M. (1992). *One yellow lion*. New York: Penguin Group.

Wells, R. (2009). *Yoko*. New York: Hyperion.

Z

Campbell, R. (2007). *Dear zoo*. New York: Simon & Schuster.

Fontes, R. (2002). *How the zebra got its stripes*. Random House Golden Books.

McDermott, G. (1996). *Zomo the rabbit. A trickster tale from West Africa*. New York. Scholastic.

Moss, L. (2000). *Zin! Zin! Zin! A violin*. New York. Simon & Schuster.

Tavares, M. (2005). *Zachary's ball*. Boston, MA: Candlewick Press.

Wynne-Jones, T. (2009). *Zoom*. Toronto, ON: Groundwood Books.

모음(장모음, 단모음)

A

Dorros, A. (1992). *Alligator shoes*. New York: Puffin.

Holabird, K. (2006). *Angelina and Alice*. New York: Penguin Group.

Holabird, K. (2008). *Angelina ballerina*. New York: Penguin Group.

MacAulay, D. (2006). *Angelo*. Orlando, FL: Houghton Mifflin Harcourt.

Parish, H. (2010). *Amelia Bedelia's first apple pie*. New York: HarperCollins.

Van Allsburg, C. (1998). *Two bad ants*. Orlando, FL: Houghton Mifflin Harcourt.

Wellington, M. (2004). *Apple farmer Annie*. New York: Penguin Group.

E

Bechtold, L. (2001). *Edna's tale*. New York: Houghton Mifflin Harcourt.

D'amico, C., & D'amico, S. (2004). *Ella the elegant elephant*. New York: Scholastic.

Knowles, S., & Clement, R. (1998). *Edward the emu*. New York: HarperCollins.

Lionni, L. (1998). *An extraordinary egg*. New York: Random House.

McPhail, D. *Emma's pet* (1993). New York: Puffin.

Munson, D. (2000). *Enemy pie.* San Francisco, CA: Chronicle Books.

Sakai, K. (2006). *Emily's balloon.* San Francisco, CA: Chronicle Books.

I

Beaty, A. (2007). *Iggy Peck, architect.* New York: Harry N. Abrams.

Dorros, A. (1999). *Isla.* New York: Puffin.

Gibbons, G. (2007). *Ice cream: The full scoop.* New York: Holiday House.

Lionni, L. (2010). *Inch by inch.* New York: Random House.

Orloff, K. (2004). *I wanna iguana.* New York: Penguin Group.

Reynolds, P. (2007). *Ish.* New York: Weston Woods Studios.

O

Boyle, D. (2002). *Otter on his own: The story of a sea otter.* Norwalk, CT: Soundprints.

Cammuso, F. (2009). *Otto's orange day.* Cambridge, MA: Candlewick.

Dunrea, O. (2007). *Ollie.* Orlando, FL: Houghton Mifflin Harcourt.

Falconer, I. (2004). *Olivia.* New York: Simon & Schuster.

Frasier, D. (2002). *Out of the ocean.* Orlando, FL: Houghton Mifflin Harcourt.

Middleton Elya, S. (2006). *Oh no! Gotta go!* New York: Penguin Group.

Parr, T. (2005). *Otto goes to school.* New York: Little Brown Books.

U

Anderson, H. C. (2008). *The ugly duckling.* New York: North-South Books.

Brett, J. (2011). *The umbrella.* New York: Penguin Group.

Disney, R. H. (2010). *Up.* New York: Random House Golden Books.

Lloyd, J. (2010). *Ella's umbrellas.* Vancouver, BC: Simply Read Books.

Monsell, E. M. (2010). *Underwear.* Park Ridge, IL: Albert Whitman & Company.

Yashima, T. (2004). *Umbrella.* New York: Penguin Group.

이중음

CH

Archambault, J., & Martin, B., Jr. (2000). *Chicka chicka boom boom.* New York: Simon & Schuster.

Black, I. M. (2009). *Chicken cheeks.* New York: Simon & Schuster.

Graves, K. (2010). *Chicken big.* San Francisco, CA: Chronicle Books.

Palanti, M. (2007). *Cheese.* New York: HarperCollins Publishers.

Yamada, U. (2007). *Story of Cherry the pig.* San Diego, CA: Kane Miller Book.

PH

Alter, A. (2011). *A photo for Greta.* New York: Random House.

Foster, K. (2010). *A dolphin up a tree.* Foster Branch Publishing.

Hill, S. (2006). *Punxsutawney Phyllis.* New York: Holiday House.

Meachen Rau, M. D. (2006). *Family photo.* New York: Scholastic.

SH

Bunting, E. (2007). *The baby shower.* Watertown, MA: Charlesbridge Publishing.

Collins Berkes, M. (2002). *Seashells by the seashore.* Nevada City, CA: Dawn.

Davis, N. (2005). *Surprising sharks.* Cambridge, MA: Candlewick Press.

Palatini, M. (2006). *Shelly.* New York: Penguin Group.

Shaw, N. (1997). *Sheep in a shop.* Boston: Houghton Mifflin.

TH

Bourgeois, P. (1998). *Franklin and the thunderstorm.* New York: Scholastic.

Craig, H. (2009). *Thirsty Thursday.* Cambridge, MA: Candlewick Press.

McElligott, M. (2007). *Bean thirteen.* New York: Penguin Group.

Milgrim, D. (2006). *Thank you, Thanksgiving.* Orlando, FL: Houghton Mifflin Harcourt.

Suess, Dr. (2009). *Oh, the thinks you can think.* New York: Random House.

재미난 소리

Alborough, J. (2008). *Duck in the truck.* San Diego, CA: Kane Miller Books.

Edwards, D. (1998). *Some smug slug.* New York: HarperCollins.

Freeman, D. (2006). *Mop top.* Pine Plains, NY: Live Oak Media.

Karlin, N. (2006). *The fat cat sat on the mat.* New York: Barnes & Noble.

O'Connor, J. (1995). *Kate skates.* New York: Penguin Group.

Seuss, Dr. (1957). *The cat in the hat.* New York: Random House.

Shaw, N. E. (2009). *Sheep in a jeep.* Orlando, FL: Houghton Mifflin Harcourt.

Willis, R. (2002). *Raccoon moon.* Middletown, DE: Birdsong Books.

Wilson, K., & Randin, J. (2007). *A frog in the bog.* New York: Simon & Schuster.

■ 방법에 관한 책

Betty Crocker Editors. (2007). *Betty Crocker's kids cook!* Hoboken, NJ: Wiley, & Sons.

Curtis, J. L. (2004). *It's hard to be five: Learning how to work my control panel.* New York: HarperCollin Publishers.

Gibbons, G. (1996). *How a house is built.* New York. Holiday House.

Gold, R. (2006). *Kids cook 1-2-3: Recipes for young chefs using only three ingredients.* New York: Bloomsbury.

Priceman, M. (1996). *How to make apple pie and see the world.* New York: Random House Publishers.

Robinson, N. (2006). *Origami adventures: Animals.* Hauppauge, NY: Barron's Educational Series.

Sturn, J., Arnold, A., & Frost, A. F. (2009). *Adventures in cartooning: How to turn your doodles into comics.* New York: First Second Books

■ 시리즈 책

McDonald, M. *Judy Moody series.* Cambridge, MA: Candlewick.

O'Connor, J. *Fancy Nancy series.* New York: HarperCollins Publishers.

Osborne, M. P. *Magic tree house series.* New York: Random House Publishers.

Parish, P. *Amelia Bedelia series.* New York. Scholastic inc.

Park, B. *Junie B. Jones series.* New York. Random House Publishers.

Rylant, C. *Henry and Mudge series.* New York: Simon & Schuster.

Stilton, G. *Geronimo Stilton series.* New York: Scholastic Inc.

■ 특정 주제에 관한 책

나에 관한 모든 것

Appelt, K. (2003). *Incredible me!* New York: HarperCollins Publishers.

Cain, J. (2006). *The way I feel.* Seattle, WA: Parenting Press.

Carlson, N. L. (1990). *I like me!* New York: Penguin Group.

Curtis, J. L. (2007). *I'm gonna like me: Letting off a little self-esteem.* New York: HarperCollins Publishers.

Estes, E. (2004). *The hundred dresses.* Orlando, FL: Houghton Mifflin Harcourt.

Kingsbury, K. (2004). *Let me hold you longer.* Carol Stream, IL: Tyndale House.

Mitchell, L. (2001). *Different just like me.* Watertown, MA: Charlesbridge.

Parr, T. (2009). *It's okay to be different.* New York: Little, Brown & Co. Books for Young Readers.

Parr, T. (2009). *Things that make you feel good, things that make you feel bad.* New York: Little, Brown Books for Young Readers.

Young, S. (2011). *All about me: A hundred things that happened to me between 0 and 3.* Wales: Dolphin Paperbacks.

동물

Bancroft, H., & Van Gelder, R. G. (1997). *Animals in winter.* New York. HarperCollins

Becker, B. (2008). *A visitor for bear.* Cambridge, MA: Candlewick Press.

Hawes, J. (2000). *Why frogs are wet.* New York. HarperCollins.

Hickman, P. (2007). *How animals eat.* Tonawanda, NY: Kids Can Press.

Jenkins, S. (2008). *What do you do with a tail like this?* Orlando, FL: Houghton Mifflin Harcourt.

Larson, K., & Nethery, M. (2008). *Two Bobbies: A true story of Hurricane Katrina, friendship, and survival.* New York: Walker & Company.

Myron, V. (2009). *Dewey: There's a cat in the library.* New York: Little, Brown & Co Books for Young Readers.

So, M. (2008). *Pale male: Citizen hawk of New York City.* New York: Random House Publishers.

Van Fleet, M. (2007). *Dog.* New York: Simon & Schuster Children's Publishing.

공룡

Carter, D. (2001). *Flapdoodle dinosaurs.* New York: Simon & Schuster.

Diggory-Shields, C. (2008). *Saturday night at the dinosaur stomp.* Cambridge, MA: Candlewick Press.

Gibbons, G. (2006). *Dinosaur discoveries.* New York: Holiday House.

Kudlinski, K. V. (2008). *Boy, were we wrong about the dinosaurs.* New York: Puffin.

Mitton, T. (2009). *Dinosaurumpus.* New York: Scholastic.

Willems, M. (2006). *Edwina, the dinosaur who didn't know she was extinct.* New York: Hyperion.

Viorst, J., (2010). *Lulu and the Brontosaurus.* New York: Simon & Schuster.

Yolen, J., & Teague, M. (2000). *How do dinosaurs say good night?.* New York: Scholastic.

Zoehfeld, K. W. (2003). *Did dinosaurs have feathers?* New York: HarperCollins.

생태

Cherry, L. (2000). *The great kapok tree: A tale of the Amazon rainforest.* Orlando, FL: Houghton Mifflin Harcourt.

Cherry, L. (2002). *River ran wild: An environmental history.* Orlando, FL: Houghton Mifflin Harcourt.

Fleming, D. (2000). *Where once there was a wood.* New York: Henry Holt & Co.

Green, J. (2005). *Why should I recycle?* Hauppauge, NY: Barron's Educational Series.

Kochanoff, P. (2009). *You can be a nature detective.* Missoula, MT: Mountain Press Publishing.
Rey, H. A. (2010). *Curious George plants a tree.* Orlando, FL: Houghton Mifflin Harcourt.
Wells, R. E. (2006). *Did a dinosaur drink this water?* Morton Grove, IL: Whitman, Albert & Company.
Woodman, N. (2007). *Dirt.* Des Moines, IA: National Geographic Society.

오감각

Caviezel, G. (2005). *My own five senses.* Hauppauge, NY: Barron's Educational Series.
Ciboul, A. (2006). *Five senses.* Tonawanda, NY: Firefly Books.
Cole, J. (2001). *The magic school bus explores the senses.* New York: Scholastic.
Miller, M. (1998). *My five senses.* New York: Simon & Schuster.
Roca, N. (2006). *The 5 senses.* Hauppauge, NY: Barron's Educational Series.
Romanek, T. (2004). *Wow! The most interesting book you'll ever read about the five senses (Mysterious You Series).* Tonawanda, NY: Kids Can Press.

방법(원리)

Berger, M. (2000). *Why I sneeze, shiver, hiccup, and yawn.* New York: HarperCollins.
Bryant, R. (2010). *The book of how: And other questions asking how.* New York: Kingfisher.
Gates, P. (2010). *Nature got there first: Inventions inspired by nature.* New York: Kingfisher.
Porter, A., & Davies, E. (2003). *How things work (Discoveries Series).* New York: Barnes and Noble.
Showers, P. (2001). *What happens to a hamburger?* New York: HarperCollins.
Voorhees, D. (2001). *Why does popcorn pop?: And 201 other fascinating facts about food.* New York: MJF Books.

곤충/파충류

Berger, M., & Berger, G. (2002). *Snap! A book about alligators and crocodiles.* New York: Scholastic.
Cronin, D. (2003). *Diary of a worm.* New York: HarperCollins.
Ehlert, L. (2001). *Waiting for wings.* Orlando, FL: Houghton Mifflin Harcourt.
Gibbons, G. (2010). *Snakes.* New York: Holiday House.
Heiligman, D. (1996). *From caterpillar to butterfly.* New York: HarperCollins.
Kellog, S. (2004). *The mysterious tadpole.* New York: Penguin Group.
Laden, N. (2000). *Roberto: The insect architect.* San Francisco, CA: Chronicle Books LLC.
Orloff, K. K. (2004). *I wanna iguana.* New York: Penguin.
Rockwell, A. (2001). *Bugs are insects.* New York: HarperCollins.

바다

Bunting, E. (2003). *Whales passing.* New York: Scholastic.
Carle, E. (2009). *A house for hermit crab.* New York: Simon & Schuster.
Jenkins, S. (2009). *Down, down, down: A journey to the bottom of the sea.* Orlando FL: Houghton Mifflin Harcourt.
Lionni, L. (1973). *Swimmy.* St. Louis, MO: Turtleback Books.
Pfeffer, W. (2009). *Life in a coral reef.* New York: HarperCollins.
Pfister, M. (1999). *The rainbow fish.* New York: North-South Books.
Sherry, K. (2007). *I'm the biggest thing in the ocean.* New York: Penguin Group.
Zoehfeld, W. K. (1994). *What lives in a shell?* New York: HarperCollins.

우주

Branley, F. M. (1998). *Floating in space.* New York: HarperCollins.
Curtis, C. (2008). *I took the moon for a walk.* Cambridge, MA: Barefoot Books.
Davis, K. C. (2001). *Don't know much about space.* New York: HarperCollins.
Floca, B. (2009). *Moonshot: The flight of Apollo 11.* New York: Simon & Schuster.
Gibbons, G. (2007). *The planets.* New York. Holiday House.
McNulty, F. (2005). *If you decide to go to the moon.* New York. Scholastic.
Pratt Nicolson, C. (2005). *Discover space.* Tonawanda, NY: Kids Can Press.
Rey, H. A. (2008). *Find the constellations.* Orlando, FL: Houghton Mifflin Harcourt.
Stott, C. (2003). *I wonder why stars twinkle and other questions about space.* New York: Kingfisher.

계절/명절

4계절

Branley, F. M. (2005). *Sunshine makes the seasons.* New York: HarperCollins.
Gibbons, G. (1996). *Reasons for seasons.* New York: Holiday House.
Rey, H. A. (2008). *Curious George seasons.* Orlando, FL: Houghton Mifflin Harcourt.
Rosenstiehl, A. (2010). *Silly Lilly and the four seasons.* Cambridge, MA: Candlewick Press.

가을

dePaola, T. (2004). *Four friends in autumn.* New York: Simon & Schuster.
Ehlert, L. (2005). *Leaf man.* Orlando, FL: Houghton Mifflin Harcourt.
Ezra Stein, D. (2007). *Leaves.* New York: Penguin Group.
Maestro, B. (1994). *Why do leaves change color?* New York: HarperCollins.

McNamara, M. (2007). *How many seeds in a pumpkin?* New York: Random House Children's Books.

Rawlinson, J. (2008). *Fletcher and the falling leaves.* New York: HarperCollins.

Rylant, C. (2008). *In November.* Orlando, FL: Houghton Mifflin Harcourt.

Tafuri, N. (2010). *The busy little squirrel.* New York: Simon & Schuster.

겨울

Brett, J. (2007). *The three snow bears.* New York: Penguin Group.

Briggs, R. (2000). *The snowman.* New York: Random House Children's Books.

Briggs Martin, J. (2009). *Snowflake Bentley.* Orlando, FL: Houghton Mifflin Harcourt.

Ehlert, L. (2001). *Snowballs.* Orlando, FL: Houghton Mifflin Harcourt.

Fleming, D. (2001). *Time to sleep.* New York: Henry Holt & Co.

Keats, E. J. (1996). *The snowy day.* New York: Penguin Group.

Lee Buron, V. (2009). *Katy and the big snow.* Orlando, FL: Houghton Mifflin Harcourt.

Rylant, C. (2008). *Poppleton in winter.* New York: Scholastic.

Sams, C. R., & Stoick, J. (2000). *Stranger in the woods: A photographic fantasy.* Milford, MI: Carl R. Sams II Photography.

Yolen, J. (2005). *Owl moon.* New York: Scholastic.

봄

Berger, S. (2003). *It's spring.* New York: Scholastic.

Carr, J. (2002). *Splish, splash, spring.* New York: Holiday House.

Fleming, C. (2004). *Muncha! Muncha! Muncha!.* Pine Plains, NY: Live Oak Media.

Rylant, C. (2006). *Henry and Mudge in puddle trouble: The second book of their adventures.* Elmsford, NY: Spotlight.

Saltzman, R. E. (2001). *Poppy bear: The garden that overslept.* New York: Simon & Schuster.

Schnur, S. (2000). *Spring thaw.* New York: Penguin Group.

Thompson, L. (2005). *Mouse's first spring.* New York: Simon & Schuster.

Wilson, K. (2008). *Bear wants more.* New York: Simon & Schuster.

Yoon, S. (2006). *Duckling's first spring:* New York: Penguin.

여름

Carter, D. A. (2008). *Beach bugs.* New York: Simon & Schuster.

DeGroat, D. (2009). *No more pencils, no more books, no more teacher's dirty looks.* New York: HarperCollins.

Florian, D. (2002). *Summersaults.* New York: HarperCollins.

Ingalls Wilder, L. (2000). *Summertime in the big woods.* New York: HarperCollins.

Mayer, M. (2001). *Just grandma and me.* New York: Random House Children's Books.

Skalak, D. (2006). *All summer's fun.* Norwalk, CT: Soundprints.

Van Leeuwen, J. (2007). *Amanda pig and the really hot day.* New York: Penguin Group.

Wing, N. (2002). *The night before summer vacation.* New York: Penguin Group.

■ 다문화

흑인문화

Bridges, R. (1999). *Through my eyes.* New York: Scholastic.

Fitzgerald Howard, E. (2001). *Aunt Flossie's hats and crab cakes later.* Orlando, FL: Houghton Mifflin Harcourt.

Giovanni, N. (2007). *Rosa.* New York: Square Fish.

Hopkinson, D. (2005). *Under the quilt of night.* New York: Simon & Schuster.

King Mitchell, M. (1998). *Uncle Jed's barbershop.* New York: Simon & Schuster.

Levine, E. (2007). *Henry's freedom box: A true story from the underground railroad.* New York: Scholastic.

McKissack, P. C. (2008). *Goin' someplace special.* New York: Simon & Schuster.

Polacco, P. (1998). *Chicken Sunday.* New York: Penguin Group.

Rappaport, D. (2007). *Martin's big words: The life of Dr. Martin Luther King Jr.* New York: Hyperion Books.

Ringgold, F. (1996). *Tarbeach.* New York: Random House Children's Books.

Steptoe, J. (2001). *In daddy's arms I am tall: African Americans celebrating fathers.* New York: Lee & Low.

백인문화

Bunting, E. (1999). *Smoky night.* Orlando, FL: Houghton Mifflin Harcourt.

Bunting, E. (2004). *October picnic.* Orlando, FL: Houghton Mifflin Harcourt.

Borden, L. (2005). *America is.* New York: Simon & Schuster.

Cheney, L. (2006). *Our 50 states: A family adventure across America.* New York: Simon & Schuster.

Keenan, S. (2007). *O, say can you see?* New York: Scholastic.

Lee-Tai, A. (2006). *A place where sunflowers grow.* San Francisco, CA: Children's Book Press.

McDonald, M. (2005). *Saving the Liberty Bell.* New York: Simon & Schuster.

Stewart, S. (2007). *The gardener.* New York: Square Fish.

Walker, D. (2010). *Hello, New York City.* New York: Sterling Publishing.

에스키모

Bania, M. (2002). *Kumak's house.* Portland, OR: Alaska Northwest Books.

Dabcovich, L. (1999). *Polar bear son: An inuit tale.* Orlando, FL: Houghton Mifflin Harcourt.

Herbet Scott, A. (2000). *On mother's lap.* Orlando, FL: Houghton Mifflin Harcourt.

Joosse, B. M. (1998). *Mama, do you love me?* San Francisco: Chronicle Books.

Wallner, A. (1994). *Betsy Ross.* New York: Holiday House.

아시아

Bishop, C. H., & Wiese, K. (1996). *Five Chinese brothers.* New York: Penguin Group.

Coerr, E., & Himler, R. (2004). *Sadako and the thousand paper cranes, Vol 1.* New York: Penguin Group.

Demi. (2007). *The empty pot.* New York: Henry Holt & Co.

Lin, G. (2004). *Kite flying.* New York: Random House.

Louie, A. L. (2009). *Yeh-Shen: A Cinderella story from China.* Darby, PA: Diane Publishing.

Mosel, A. (2010). *Tikki Tikki Tembo.* New York: Square Fish.

Say, A. (2008). *Grandfather's journey.* Orlando, FL: Houghton Mifflin Harcourt.

Yolen, J., & Young, E. (1998). *Emperor and the kite.* New York: Penguin Group.

Young, E. (1996). *Lon Po Po: A red riding hood story from China.* New York: Penguin Group.

Young, E., & Adams, T. (2004). *The lost horse: A Chinese folktale.* Orlando, FL: Houghton Mifflin Harcourt.

아일랜드

Climo, S. (2000). *Irish cinderlad.* New York: HarperCollins.

dePaola, T. (1994). *Patrick: Patron Saint of Ireland.* New York: Holiday House.

dePaola, T. (2009). *Jamie O'Rourke and the big potato.* New York: Penguin Group.

Gleeson, B. (2005). *Finn McCoul.* Edina, MN: ABDO Publishing Co.

Krull, K. (2009). *Pot o'gold: A treasury of Irish stories, poetry, folklore, and (of course) blarney.* New York: Hyperion Books.

McDermott, G. (2010). *Tim O'Toole and the wee folk.* New York: Penguin Group.

이탈리아

Creech, S. (2005). *Granny Torrelli makes soup.* New York: HarperCollins.

dePaola, T. (1980). *The legend of old Befana.* Orlando, FL: Houghton Mifflin Harcourt.

dePaola, T. (1996). *Tony's bread.* New York: Penguin Group.

dePaola, T. (2010). *Strega Nona.* New York: Simon & Schuster.

Jacobson, R. (2005). *The Mona Lisa caper.* Plattsburgh, NY: Tundra.

Mauner, C., & Smalley, E. (2006). *Zoe Sophia scrapbook: An adventure in Venice.* San Francisco, CA: Chronical Books LLC.

자메이카

Hanson, R. (2005). *Season for mangoes.* Orlando FL: Houghton Mifflin Harcourt.

Pomerantz, C. (1989). *Chalk doll.* New York: HarperCollins.

Van West, P. (2001). *The crab man.* Madison, CT: Turtle Books.

Winter, A. (2007). *Angelina's island.* New York: Farrar, Straus & Giroux.

유대

Gilman, P. (1993). *Something from nothing.* New York: Scholastic.

Halprin Wayland, A. (2009). *New year at the pier: A Rosh Hashanah story.* New York: Penguin Group.

Horowitz, D. (2007). *Five little gefiltes.* New York: Penguin Group.

Oberman, S. (2005). *Always prayer shawl.* Honesdale, PA: Boyds Mills Press.

Polacco, P. (2009). *Mrs. Katz and tush.* New York: Random House.

Polacco, P. (2010). *The keeping quilt.* New York: Simon & Schuster.

Silverman, E. (2003). *Raisel's riddle.* New York: Farrar, Straus and Giroux.

Taback, S. (2000). *Joseph had a little overcoat.* New York: Penguin Group.

Taback, S. (2005). *Kibitzers and fools: Tales my Zayda told me.* New York: Penguin Group.

라틴

Alvarez, J. (2002). *How Tia Lola came to (visit) stay.* New York: Random House.

Dorros, A. (1997). *Abuela.* New York: Random House.

Garza, C. L. (2000). *In my family En mi familia.* San Francisco, CA: Children's Book Press.

Gonzalez, L. (2008). *The storyteller's candle.* San Francisco, CA: Children's Book Press.

Krull, K. (2003). *Harvesting hope: The story of Cesar Chavez.* Orlando, FL: Houghton Mifflin Harcourt.

Mora, P. (2000). *Tomas and the library lady.* New York: Random House.

Negrin, F. (2002). *The secret footprints.* New York: Random House.

Soto, G. (1996). *Too many tamales.* New York: Penguin.

미국 원주민

dePaola, T. (1996). *The legend of Bluebonnet: An old Texas tale.* New York: Penguin Group.

Desimini, L. (1996). *How the stars fell into the sky.* Orlando, FL: Houghton Mifflin Harcourt.

Goble, P. (2001). *The girl who loved wild horses.* New York: Simon & Schuster.

Jeffers, S. (2002). *Brother eagle, sister sky: A message from Chief Seattle.* New York: Penguin Group.

Lind, M. (2003). *Bluebonnet girl.* New York: Henry Holt & Co.

Littlechild, G. (2003). *This land is my land.* San Francisco, CA: Children's Book Press.

Martin, R. (1998). *Rough face girl.* New York: Penguin Group.

Munsch, R. N. (1992). *A promise is a promise.* Vancouver BC: Annick Press.

러시아

Mikolaycak, C. (1997). *Bearhead: A Russian folktale.* New York: Holiday House.

Polacco, P. (1995). *Babushka's doll.* New York: Simon & Schuster.

Polacco, P. (1999). *Babushka Baba Yaga.* New York: Penguin Group.

Ransome, A. (1987). *The fool of the world and the flying ship.* New York: Farrar, Straus & Giroux.

Tolstoy, A. (2006). *The gigantic turnip.* Cambridge, MA: Barefoot Books.

■ 특수아 관련 책

언어장애

Kline, S. (1995). *Mary Marony and the chocolate surprise.* New York: Penguin Group.

Lester, H. (2002). *Hooway for Wodney Wat.* Orlando, FL: Houghton Mifflin Harcourt.

Moore-Malinos, J. (2007). *It's called dyslexia.* Hauppauge, NY: Barron's Educational Series.

Polacco, P. (2001). *Thank you, Mr. Falker.* New York: Penguin Group.

Wojcicki, R. M. (2007). *Speech class rules: An introduction to speech therapy for children.* Lutherville, MD: Speech Place Publishing.

신체장애

Carlson, N. (1992). *Arnie and the new kid.* New York: Penguin Group.

Cowen-Fletcher, J. (1995). *Mama zooms.* New York: Scholasitc.

Gilmore, R. (2000). *A screaming kind of day.* Markham, Ontario: Fitzhenry & Whiteside.

Karim, R. (2003). *Mandy Sue Day.* Orlando, FL: Houghton Mifflin Harcourt.

Meyer, D. J. (1997). *Views from our shoes: Growing up with a brother or sister with special needs.* Bethesda, MD: Woodbine House.

Millman, I. (2000). *Moses goes to school.* New York: Farrar, Straus and Giroux.

Riggio Heelan, J. (2000). *Rolling along: The story of Taylor and his wheelchair.* Atlanta, GA: Peachtree Publishers.

Thomas, P. (2002). *Don't call me special: A first look at disability.* Hauppauge, NY: Barron's Educational Series.

Willis, J., & Ross, T. (2000). *Susan laughs.* New York: Henry Holt & Co.

학습장애

Dahl, R. (1994). *Vicar of Nibbleswicke.* New York: Penguin.

Daly, N. (2003). *Once upon a time.* New York: Farrar, Straus and Giroux.

Fleming, V. (1993). *Be good to Eddie Lee.* New York: Penguin.

Hodge, D. (2007). *Lily and the mixed-up letters.* Plattsburgh, NY: Tundra.

Kraus, R. (2008). *Leo the late bloomer.* New York: Barnes & Noble.

Lears, L. (1998). *Ian's walk: A story about autism.* Morton Grove, IL: Albert Whitman & Co.

Lord, C. (2007). *Rules.* New York: Scholastic.

Shriver, M. (2001). *What's wrong with Timmy?* New York: Little, Brown Books.

Van Niekerk, C. (2008). *Understanding Sam and Asperger Syndrome.* Erie, PA: Skeezel Press.

주제 및 영역통합 언어 활동: 건강한 몸과 마음

제시카 바론스키, 다니엘 윈트링햄, 엘리자베스 프리택

이 부록에는 건강한 몸과 마음이라는 주제를 가지고 모든 영역이 언어를 중심으로 통합되어 유아부터 초등학교 3학년까지의 활동을 제시하였다. 즉 하나의 주제를 중심으로 교육과정의 다양한 영역을 언어와 문해로 통합한 것이다. 따라서 유아의 나이와 학년에 맞는 활동을 취사선택하여 활용할 수 있다. 개념과 지식을 학습하기 위해서는 제시된 활동을 반복하는 것이 중요하다. 또한 활동이 진행되면서 유아들의 결과물을 수집하여 비형식적, 형식적으로 평가하는 것도 필요하다. 이를 통해 각 유아의 발달상황을 확인하며 포트폴리오 평가에 활용할 수 있다. 또한 이 내용을 참고하여 다른 주제로 통합 활동을 고안, 적용할 수 있다.

■ 건강한 몸과 마음에 관한 사실

건강한 몸과 마음이란?
영양가 있는 음식을 먹고, 정규적으로 운동을 하며, 잠을 충분히 자고, 몸을 깨끗하게 하여 몸과 마음을 건강하고 밝게 한다.

왜 영양가 있는 음식을 먹어야 하는가?
몸과 마음이 건강하게 유지되고 성장하기 위해서는 에너지가 필요한데 이 에너지는 영양가 있는 음식을 통해 만들어진다. 모든 사람과 동식물은 음식을 먹고 물을 마셔야 생명을 유지할 수 있다. 우리가 자라고, 놀고, 공부하고 일하는 데 필요한 에너지는 음식에 있는 영양분에 의하여 공급된다.

식품의 종류
충분한 잠과 운동, 좋은 식습관을 통해서 사람은 몸을 건강하고 튼튼하게 유지할 수 있다. 식품에는 여섯 종류가 있고 이를 매일 골고루 다양하게 섭취해야 한다.

1. **채소**: 채소에는 많은 비타민과 섬유질이 있다. 브로콜리, 상추, 당근, 시금치, 호박과 같은 파랗고 노란 채소를 많이 먹어야 한다. 하루에 3~4회 채소를 먹어야 한다.
2. **과일**: 비타민뿐만 아니라 여러 영양소가 있으면서 단맛을 공급한다. 사과, 오렌지, 배, 바나나, 딸기 등이 이에 속한다. 하루에 2~3회 먹어야 한다.
3. **곡류 혹은 시리얼**: 밥, 빵, 베이글, 크래커, 귀리와 쌀로 만든 시리얼, 파스타가 이에 속한다. 기초 영양소이며 이런 음식에 많이 있는 탄수화물 덕분에 놀고 일할 수 있다. 매일 4회 먹어야 한다.
4. **쇠고기, 닭고기, 돼지고기, 생선, 콩, 땅콩, 계란**: 이 음식을 통해 미네랄과 단백질이 공급된다. 근육과 뼈 성장과 유지에 단백질이 필요하다. 매일 2회 먹어야 한다.
5. **우유, 치즈, 요구르트**: 고단백과 필수 영양소를 갖고 있어서 뼈와 이를 튼튼하게 한다. 또한 지방을 공급하는 식품이다. 매일 2~3회 먹어야 한다.
6. **기름**: 평온에서 액체 형태인 식물성 기름은 음식을 조리하는 데 사용된다. 올리브, 옥수수, 카놀라, 해바라기와 같은 식물에서 기름이 나오고 땅콩, 아보카도, 생선 등에 기름이 많이 있다.

건강하게 자라기 위해서는 여러 종류의 식품을 섭취해야 한다. 인스턴트 식품 혹은 기름과 당분이 많은 음식도 있다. 이런 음식은 비타민, 미네랄, 단백질과 같은 건강한 몸에 필요한 영양소가 별로 없다. 탄산음료, 사탕도 이런 종류이며 너무 많이 먹지 않도록 해야 한다.

문화마다 먹는 음식의 종류가 다르다. 미국에는 다양한 문화적 전통이 공존하여 멕시코, 아시아, 프랑스, 이탈리아, 자메이카 등의 여러 음식이 있다. 각 문화의 독특한 음식을 먹어보고 그 문화의 특징을 이해하는 것도 필요하다.

왜 운동, 휴식, 위생이 중요한가?

혼자 혹은 여럿이 하는 운동 모두 즐거운 놀이가 될 수 있으며 우리의 몸에 근육을 붙이고 심장을 튼튼하게 해주며 상쾌한 기분을 준다. 혈액 순환을 도우며 생기를 얻을 수 있다.

지구촌 사람들은 정규적으로 운동을 하여 몸을 건강하게 유지한다. 미국의 운동과 스포츠는 여러 문화의 영향을 받은 것이다. 야구는 영국의 크리켓, 미식축구는 럭비의 영향을 받은 것이다.

사람은 인생의 삼분의 일을 잠으로 소비한다. 잠을 자면서 몸과 마음이 휴식을 취하며 심장박동과 맥박이 느려져서 깨어 있을 때 몸과 마음이 일할 힘을 비축한다. 잠을 너무 적게 자면 몸과 마음의 기능과 성장에 안 좋다.

자존감은 몸과 마음에 어떻게 영향을 미치는가?

자신에 대하여 좋게 생각하는 사람은 자존감이 있는 사람이다. 자존감이 있는 사람은 자신의 몸과 마음을 소중하게 여겨서 몸에 좋지 않은 패스트푸드, 약물, 알코올을 섭취하지 않는다. 이들은 건강해 보이며 주변 사람들과 만족스러운 관계를 맺는다.

정신적으로 건강해야 일상을 살아갈 힘이 있다. 기분이 안 좋을 때는 자전거 타기, 책 읽기, 그림 그리기, 요리하기와 같은 자신이 할 수 있는 일의 목록을 적어 본다. 부모, 형제자매, 친구, 선생님은 우리가 기분이 안 좋을 때 도움을 줄 수 있는 사람이다. 우리 모두는 강점과 약점을 다 갖고 있으며 내 문제의 해결에는 나 자신이 가장 중요하다.

적절하게 감정 표현을 하는 것은 지극히 정상적이다. 화날 때 조용히 생각해 보거나 말로 표현하는 대신에 소리를 지르거나, 싸우거나 혹은 혼자 지내는 사람들도 있다. 잠을 충분히 자고 영양가 있는 음식을 먹고 실외에서 운동을 하며 몸을 깨끗하게 하는 것은 기분을 좋게 한다.

■ 교실 환경 준비하기

건강한 몸과 마음 주제를 진행할 때 교실에 들어서는 누구나 이 주제를 알아볼 수 있도록 준비한다. 아래 제시된 것을 참고하여 영양, 위생, 운동, 휴식, 자존감 등에 관한 내용을 게시한다.

1. **역할극 영역**: 역할극 영역은 식당 혹은 헬스장으로 꾸밀 수 있다. 식당에는 메뉴, 요리법, 주문서, 요리책, 요리 기구, 모형 음식, 계산대, 가짜 돈, 점원 옷을 준비하고 음식점에서 흔히 볼 수 있는 포스터를 게시한다. 헬스장에는 아령, 줄넘기, 공, 평균대, 매트, 회원증, 스톱워치, 에어로빅 참가 사인 목록, 수건을 준비하고 헬스장에서 볼 수 있는 사진을 게시한다.

2. **블록 영역**: 음식 재료와 음식이 공급되는 농장과 식당 관련 소품, 즉 동물, 식물, 가짜 돈, 영수증, 가방 등을 소품으로 준비하고 음식에 관한 포스터를 게시한다.

3. **바깥놀이**: 바깥놀이터에 헬스장 소품을 준비한다. 책상과 의자, 줄넘기, 공, 평균대, 계산기, 영수증, 업무 시간표, 종이와 연필을 준비한다.

4. **음악**: 영양, 운동, 위생, 자존감과 관련된 노래를 준비한다. 운율이 있는 가사를 벽에 게시한다. 노래 가사를 극화할 수 있는 소품도 좋다. 또한 건강에 관련한 가사를 지어보게 한다.

5. **미술**: 점토로 만들 수 있는 음식 모형, 마카로니와 같은 마른 음식으로 콜라주 만들기, 과일 혹은 야채 모양의 스폰지로 도장 찍기

건강한 몸과 마음에 대한 가정통신문

_____ 부모님께

요즘 아이들이 건강한 몸과 마음에 대하여 공부하고 있습니다. 이를 통해서 유아들은 왜 건강한 음식을 먹어야 하며, 건강한 음식은 어떤 것임을 알게 될 것이며 운동, 휴식, 위생, 마음의 건강을 나타내는 자존감의 중요성에 대하여 배우게 될 것입니다.

이 주제는 놀이, 미술, 음악, 사회생활, 과학, 수 그리고 언어생활과 통합하여 탐구될 것입니다. 유치원에서 하는 활동을 가정에서도 부모님과 함께 할 수 있습니다.

유치원과 가정

미술: 다양한 재료를 탐색하면서 유아의 눈과 손의 협응과 시각이 발달하게 됩니다. 교실에서는 식품을 활용한 콜라주, 혹은 콩으로 만든 모자이크를 합니다. 가정에서 부모님은 자녀에게 이런 재료들을 제공하여 맘껏 표현해 볼 수 있도록 하면 자녀의 상상력과 창의력이 자랍니다. 미술은 성인이 한 것을 그대로 모방하는 것이 아니라 유아 스스로가 다양한 재료를 탐색하는 것임을 기억하시기 바랍니다.

과학: 사과소스를 만들 것인데 유아는 지시를 듣고, 사과가 어디서 어떻게 재배되는지를 알게 되며 사과에 열이 가해져서 소스로 변화하는 과정을 체험하게 됩니다. 과일 샐러드처럼 몸에 좋은 음식을 가정에서 자녀와 함께 만들면 듣기 능력에도 도움이 되며 과학적 지식을 얻는 데도 도움이 됩니다.

언어 활동: 건강한 음식(Healthy Food)의 첫 글자 ㄱ, ㅇ으로 시작하는 단어를 붙이거나 이 글자가 내는 소리를 같이 만들어 봅니다. 가정 안에서나 밖에서 이 글자를 보면 자녀의 관심을 집중시킵니다. 건강과 관련된 동화책, 잡지, 정보책 등을 자녀에게 꾸준히 읽어 주십시오. 아래와 같은 그림책을 활용해 보십시오.

애취(Achoo; Demuth, 1997)
세계의 어린이들(Children Around the World; Montanari, 2001)
먹보 그레고리(Gregory, the Terrible Eater; Sharmat, 1984)
목욕은 이제 그만(No More Baths; Cole, 1989)
달과자(Mooncake; Asch, 1983)

부모님의 도움이 필요합니다.

다양한 음식과 관련하여 가정에서 즐기는 음식 혹은 부모님 고향 음식을 소개해주시면 감사하겠습니다. 교실에서 음식을 소개하실 수 있는 분은 아래의 표에 성함, 날짜, 음식이름을 적어주세요.

교실에 오셔서 가정에서 자녀와 즐겨 읽는 책을 읽어주실 분은 아래 표에 이름, 날짜 등을 적어 주세요.

건강한 몸과 마음 주제와 관련된 물품, 예를 들어 그릇, 씨앗, 콩 혹은 운동·요가 잡지가 있으면 유치원으로 보내 주세요. 이 물품들은 극놀이 영역에 비치하면 훌륭한 놀잇감이 된답니다.

그 밖의 활동

자녀와 함께 동네 마트에 가세요. 구입 목록을 미리 작성해서 물품을 사면서 자녀가 직접 표시하도록 하세요. 5군 식품을 골고루 사세요.

수박, 아보카도, 시금치, 당근을 집에서 길러 보세요. 기록표에 성장과정을 적고 여러 식물의 차이를 관찰하세요.

과일 샐러드, 상추 샐러드, 피넛 버터 만들기와 같은 간단하면서도 영양가 있는 음식을 만들어 교실에서 배운 내용을 가정에서도 체험하게 하세요.

매일 자녀와 함께 운동을 하세요. 빠르게 걷기, 자전거 타기를 하면서 운동은 재미있으면서도 자주 해야 함을 자녀가 알게 하세요. 이런 운동은 가족이 함께 할 수 있어서 좋습니다.

잠자리에 들기 전 잠은 우리 몸을 휴식하게 하는 중요한 활동임을 알려 주세요. 매일 잠들기 전 이야기를 들려주거나 책을 읽어 주세요.

유아 활동

자녀가 교실에서 배운 건강한 몸과 마음에 대하여 그림을 그리거나 글을 적게 해보세요. 자녀가 먹은 음식을 매일 적도록 도와주세요. 자녀가 한 운동도 기록하세요. 하루에 잔 시간도 적어보세요. 이것을 도표로 함께 만들어 보세요. 기록장은 종이를 묶어서 사용하거나 공책을 사용하면 됩니다.

건강한 몸과 마음에 대한 질문이 있으면 언제든지 제게 연락하세요. 혹은 영양사, 헬스 트레이너 등의 직업에 종사하는 부모님은 교실을 방문해주시면 감사하겠습니다.

감사합니다.

제시카 바론스키

건강한 몸과 마음 주제와 관련하여 아래와 같은 간식을 만들 수 있습니다.

간식 이름: _____ 부모 이름: _____

아래와 같은 날짜에 교실에서 유아들에게 책을 읽어줄 수 있습니다.

날짜: _____ 책 이름: _____

부모 이름: _____

6. **과학**: 현미경, 심장박동 차트, 맥박 측정기, 식품군 분류 용기, 씨앗, 식물 기르기 등을 준비한다. 관찰 기록지도 같이 준비한다. 근육, 뼈가 보이는 인체 사진을 게시한다. 정보책도 비치한다.

7. **사회**: 식품군 사진, 여러 지역과 나라의 음식 사진과 반 아이들이 속한 문화와의 관계를 표시한 차트, 전 세계 스포츠 이벤트 포스터 사진 등을 준비한다.

8. **수학**: 마카로니, 마른 콩을 준비하여 수세기를 한다. 좋아하는 음식 세기표, 하루에 잠자는 시간을 표시한 차트, 수학 관련 책을 만들 수 있는 재료를 준비한다.

9. **문해 영역**: 좋아하는 음식 조리법 카드, 과일 모양의 책 등이 쓰기 영역에 준비된다. 건강, 헬스 관련 잡지, 영양에 관한 팸플릿, 다양한 장르의 건강 관련 그림책을 준비한다.

■ 도서 영역에 비치할 수 있는 건강한 몸과 마음에 관한 도서

Asch, F. (1983). *Mooncake*. Englewood Cliffs, NJ: Prentice Hall.

Bradenberg, F. (1976). *I wish I was sick, too*. New York: Greenwillow.

Carle, E. (1969). *The very hungry caterpillar*. New York: Philomel.

Chambers, W. (1974). *The lip-smackin', joke-crackin' cookbook for kids*. New York: Golden Press.

Cole, J. (1988). *The magic school bus inside the human body*. New York: Scholastic.

Curtis, J. L. (2002). *I'm gonna like me: Letting off a little self-esteem*. New York: HarperCollins.

De Brunhoff, L., & Weiss, E. (2002). *Babar's yoga for elephants*. New York: Harry N. Abrams.

Demuth, P. (1996). *Johnny Appleseed*. New York: Grosset & Dunlap.

Demuth, P. (1997). *Achoo!* New York: Grosset & Dunlap.

dePaola, T. (1975). *Strega Nona: An old tale*. Englewood Cliffs, NJ: Prentice Hall.

dePaola, T. (1978). *The popcorn book*. New York: The Holliday House.

Eberts, M. (1984). *Pancakes, crackers, and pizza*. Chicago: Children's Press.

Faulkner, M. (1986). *Jack and the beanstalk*. New York: Scholastic.

Hoban, R. (1976). *Bread and jam for Frances*. New York: Harper & Row.

Hopkins, L. B. (1985). *Munching: Poems about eating*. Boston: Little, Brown.

Irving, W. (1987). *Rip Van Winkle*. New York: Puffin Books.

Izawa, T. (1968). *The little red hen*. New York: Grosset & Dunlap.

Katzen, M., & Henderson, A. (1994). *Pretend soup and other real recipes: A cookbook for preschoolers and up*. Berkeley, CA: Ten Speed Press.

Kellogg, S. (1988). *Johnny Appleseed: A tall tale*. New York: Morrow Jr. Books.

Krauss, R. (1945). *The carrot seed*. New York: Scholastic.

Montanari, D. (2001). *Children around the world*. Tonawanda, NY: Kids Can Press.

Numeroff-Joffe, L. (1985). *If you give a mouse a cookie*. New York: Scholastic.

Raffi. (1987). *Shake my sillies out*. New York: Random House.

Reid, M. (1996). *Let's find out about ice cream*. New York: Scholastic.

Ripley, C. (1997). *Why does popcorn pop? And other kitchen questions*. Toronto: Firefly Books.

Rockwell, L. (1999). *Good enough to eat: A kid's guide to food and nutrition*. New York: HarperCollins.

Shartmat, M. (1984). *Gregory, the terrible eater*. New York: Macmillan.

Shaw, C. (1947). *It looked like spilled milk*. New York: HarperCollins.

Showers, P. (1997). *Sleep is for everyone (Let's read-and-find-out science book)*. New York: HarperCollins.

Silverstein, A., Silverstein, V. B., & Silverstein, Nunn, L. (2000). *Eat your vegetables! Drink your milk!* New York: Scholastic.

Simon, S. (1997). *The brain: Our nervous system*. New York: Scholastic.

Suess, Dr. (1960). *Green eggs and ham*. New York: Random House.

Taylor, B. (1998). *A day at the farm*. New York: DK Publishing.

Thomas, P. (2002). *My amazing body: A first look at health and fitness*. Hauppauge, NY: Barron's Educational Series.

Westcott, M. B. (1980). *I know an old lady*. Boston: Little, Brown.

Zolotow, C. (1962). *Mr. Rabbit and the lovely present*. New York: Harper & Row.

■ 건강한 몸과 마음 주제 웹 자료

영양

Children's games about nutrition *www.mypyramid.gov/kids*

Games, presentations, and material for teachers about nutrition *www.facs.pppst.com/foodpyramid.html*

Interactive food pyramid *www.nutritionexplorations*

.org/kids/nutrition-pyramid.asp

Flash games about nutrition *www.nourishinteractive*
.com/kids/gameroom.html

운동

Games and rules that children can play outside *www*
.gameskidsplay.net

Online games about exercise *www.kidnetic.com/kore/*

New games for groups *http://wilderdom.com/games/*
PhysicalActivities.html

위생

Dental learning games *www.learninggamesforkids.com/*
health_games_dental.html

Dental care games for kids by age *www.colgate.com/*
app/Kids-World/US/HomePage.cvsp

Personal hygiene activities and ideas *www.hygiene-*
educ.com/en/learn/personal/guide/presentation2.html

Links to websites about hygiene *www.k12station*
*.com/k12link_library.html?subject=NHS&sub_*
cat=103496&final=103500

■ 건강한 몸과 마음 주제 소개 수업 계획안

목표

글은 어휘 습득과 글자-소리에 관한 지식 습득을 돕는다. 메시지를 담고 있으므로 글의 기능을 알게 한다.

활동: 모닝 메시지. 게시판에 건강한 몸과 마음에 대한 주제를 소개한 글을 적는다. "오늘부터 우리 몸과 마음을 건강하게 하는 방법을 배울 거예요. 우리는 건강하기 위하여 먹어야 하고, 자야 하며, 운동을 하고, 씻고, 나 자신을 좋아해야 합니다."와 같은 메시지를 적을 수 있다. 메시지를 포인터로 가리키며 아이들에게 읽어준다. 내용에 대하여 아이들과 토의를 할 수도 있고 글자, 단어, 소리에 대하여 이야기를 나눌 수도 있다. 아이들이 메시지 내용에 무언가 첨가하도록 돕는다. 모닝 메시지를 통해 매일 건강한 몸과 마음에 대한 새로운 정보를 주거나 주제 관련 질문, 행사를 안내한다.

■ 인쇄물에 대한 개념 수업 계획안

목표 1

나만의 글자를 적으면서 말하기 혹은 시각 글자에 대한 지식을 얻는다. 또한 영양에 대한 지식도 얻는다.

활동: 나만의 글자. 「파리를 꿀떡 삼킨 할머니(I Know an Old Lady Who Swallowed a Fly)」(Westcott, 1980)를 읽어주기 전 먹어서는 안 되는 것을 삼키는 것이 왜 위험한 것인지에 대하여 유아들과 토의한다. 책을 읽고 먹어서는 안 되는 음식에 대하여 토의한다. 또한 유아가 좋아하면서도 몸에 좋은 음식에 대하여 이야기를 나눈다. 5×8cm 카드에 유아가 좋아하는 음식을 적어 나만의 글자에 모아둔다.

목표 2

환경 글자를 보면서 글의 기능과 모양에 대하여 안다.

활동: 환경 글자. 건강한 몸과 마음 주제와 관련되는 직업 혹은 경험, 예를 들어서 식당 주인, 식당의 메뉴, 혹은 병원 포스터 등을 교실 벽에 붙인다. 이는 다문화 유아의 언어로도 게시한다.

목표 3

영양과 관련된 어휘를 가나다 순으로 정리한다. 자음과 모음, 특정 글자가 내는 소리를 안다.

활동: 영양 가나다 책. ㄱ, ㄴ, ㄷ으로 시작되는 글자를 모아 책을 만든다. 예를 들어 ㄱ, ㄴ, ㄷ에서 ㄱ-가지, ㄴ-낮잠, ㄷ-단백질을 찾는다. 또한 '나는 _____을 좋아해요'와 같은 문장에서 빈칸에 ㄱ으로 시작하는 글자인 가지를 적는다. 그러면 유아는 첫소리에 민감해지며 단어, 문장을 읽고 쓰게 되며 문장 구조에 민감해진다.

■ 말하기

목표 1

완성된 문장으로 말한다.

활동: 보여주며 말하기. 유아의 집에서 즐겨 먹는 음식을 가져와서 보여주며 설명하게 한다. 혹은 건강을

위하여 가정에서 하는 습관 등에 대하여 이야기 나눈다.

목표 2

다시 말하기를 하면서 연령에 맞는 어휘를 구사한다.

활동: 다시 말하기. 「배고픈 애벌레(The Very Hungry Caterpillar)」(Carle, 1969)를 읽고 이야기에 나오는 음식 소품을 사용해 다시 말하기를 한다.

목표 3

영양소의 여러 특징을 형용사를 사용하여 표현을 풍부하게 한다.

활동: 동시 짓기. 우유와 같은 영양가 있는 음식으로 아래 그림처럼 브레인스토밍을 한다. 우유의 특징을 나타내는 형용사를 생각한다. 브레인스토밍으로 나온 어휘와 표현을 이용해 동시를 지어본다. 유아가 말하는 내용을 차트에 적고 모든 유아와 함께 읽어본다.

> 우유는 차갑고 맛있어요.
> 우유는 몸을 건강하게 하고 힘을 주어요.
> 우유는 하얀 액체이고 우리 몸에 좋아요.

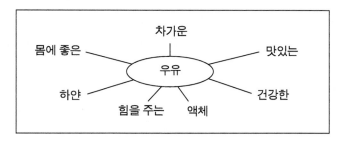

■ 읽기와 쓰기에 대한 흥미 높이기

목표 1

반 유아의 부모가 책을 읽어준다.

활동: 소품을 이용한 책 읽기. 유아의 부모가 교실에서 「만약에 당신이 생쥐에게 쿠키를 준다면(If You Give a Mouse a Cookie)」(Numeroff, 1985)을 읽어주면서 생쥐 인형, 컵, 쿠키 상자 등 이야기에 나오는 소품을 활용한다. 같은 문장이 반복되므로 유아가 아는 부분은 함께 소리 내어 읽도록 한다. 소품을 도서 영역에 함께 놓아둔다.

목표 2

도표 조직지를 활용하여 이해도를 높인다.

활동: 식품 영양탑. 「먹으면 좋은 음식(Good Enough to Eat: A Kid's Guide to Food and Nutrition)」(Rockwell, 1999)을 읽어주고 책에 나오는 음식에 대하여 이야기 나눈다. 소집단으로 식품 영양탑을 그려보고 각 식품군에 유아가 좋아하는 음식을 그리거나 적어본다.

■ 책에 대한 개념

목표 1

글과 그림의 차이를 알며 책의 기능을 안다.

활동: 빅북. 유아가 좋아하는 운동의 그림과 이에 대한 글이 적힌 빅북을 유아와 함께 만든다. 다문화 가정 출신의 유아가 있으면 가정의 언어도 같이 병기하도록 한다. 책이 완성되면 아이들과 함께 읽어보고 도서 영역에 책을 놓아둔다.

목표 2

글은 왼쪽에서 오른쪽 방향으로 읽는다는 것을 안다.

활동: 동시 읽기. 큰 종이에 몸 움직임 혹은 운동에 관한 동시를 써서 유아들과 함께 소리 내어 읽는다. 이때 포인터를 사용하여 글을 읽는 방향이 왼쪽에서 오른쪽으로 진행됨을 유아가 보게 한다. 동시로 극도 해보고 유아들과 동시를 창작한다. 게시된 동시를 읽는 방향에 주의하면서 함께 읽는다.

■ 글자-소리의 관계

목표 1

영양에 관한 동시를 읽으며 단어의 소리에 민감해진다.

활동: 「그린 에그와 햄(Green Eggs and Ham)」(Seuss,

1960)을 읽으면서 두운, 각운을 생각해본다.

목표 2

음절이 모여 단어가 됨을 안다. 영양과 관련된 단어를 들으며 음절을 끊어본다.

활동: 음절마다 박수 치기. 먼저 하나의 음절로 된 단어인 run, eat, fruit, sleep을, 그 다음 healthy, veggies, apple처럼 두 음절로 된 단어, 그 다음 exercise, banana처럼 세 음절로 된 단어를 들려준다. 단어를 들려줄 때 그림도 함께 보여준다. 유아들과 함께 영양과 관련된 어휘 중 한 음절, 두 음절, 세 음절로 된 단어를 생각해본다. 그리고 단어를 말할 때 음절마다 박수를 치게 한다. 다문화 가정 유아의 가정 언어로도 이 활동을 해 본다.

■ 이해력

목표 1

배경, 주제, 인물, 플롯, 해결과 같은 문학 요소를 알아보고 이야기 구조를 이해한다.

활동: 이야기 구조. 「벽장의 괴물(There's Nightmare in my Closet)」(Mayer, 1968)을 읽는다. 두 번째 읽기를 하기 전 사건의 장소와 시간, 인물에 대하여 기억하는지 물어본다. 두 번째 읽어준 후 시간, 장소, 인물에 대하여 아이들이 기억하도록 한다. 주제, 플롯, 해결 부분도 이런 식으로 반복한다.

목표 2

K-W-L(what they Know, what they Want to know, what they have Learned)을 만들 수 있다.

활동: K-W-L 활동. '우리가 아는 것(what we Know)'이라는 제목을 차트지에 쓰고 운동이 몸에 어떤 영향을 주는지, 운동의 중요성에 대하여 토의한 것을 그 아래에 적는다. '우리가 알고 싶은 것(what they Want to know)'이라는 제목을 쓰고 그 아래에 아이들이 한 말을 적는다. 그 다음 정보책, 팸플릿, 포스터, 잡지에 나와 있는 운동과 건강한 몸에 대하여 읽

는다. 여러 종류의 자료를 이용하여 답을 며칠간 수집한 후 '우리가 배우게 된 것(what we have Learned)'을 그 아래에 적는다. 이후 우리가 아는 것, 알고 싶은 것과 배우게 된 것을 비교해본다.

■ 쓰기

목표 1

작가 혹은 삽화가가 되어본다. 이를 위해 브레인스토밍, 초안 쓰기, 회의하기, 편집하기, 수정하기 과정을 경험한다.

활동: 책 만들기 활동. 「달과자(Mooncake)」(Asch, 1983) 혹은 「우리는 잠이 필요해(Sleep is for everyone)」(Showers, 1997)를 읽는다. 잠에 대한 이야기 웹을 작성한다. 이를 기초로 이야기를 적거나 그림을 그린다. 결과물을 침대 모양의 책으로 엮는다. 위생에 관한 책을 만들 때는 욕조 혹은 비누 모양의 책으로 제본하고 내용은 동일한 과정으로 구성한다.

목표 2

운동, 영양, 위생에 대하여 글을 적는다.

활동: 게시판 만들기. 게시판에 유아들의 작품을 게시할 수도 있고 메시지를 주고받기도 한다. 예를 들어서 점심에 무엇을 먹었는지, 또한 먹은 음식의 식품군이 무엇인지, 주말에 가족과 함께 한 운동에 대하여 게시한다. 또한 각 개별 공간에는 자신이 좋아하는 그림을 그릴 수도 있다.

■ 놀이

목표 1

바깥놀이에 필요한 규칙, 안내 사항을 글로 적을 수 있다.

활동: 바깥놀이-헬스클럽. 바깥놀이터에 헬스클럽 운동 영역을 꾸민다. 각 기구에는 참가표 목록도 준비한다. 운동 코치, 회원카드 적기, 음식 요리법 적는 역할을 나누어서 해 본다. 헬스클럽의 이름을 만들어보고 광고 포스터도 만든다.

목표 2

극놀이에 참여하고 다른 사람의 말을 듣는다. 순서대로 참여하고 관계있는 말을 할 줄 알며 자존감을 높인다.

활동: 극놀이-나는 내가 좋아요. 나는 내가 좋아요 왕국을 꾸민다. 각 유아가 자신에 대하여 자랑하고 싶은 것, 자신의 좋은 점 등을 그림으로 그려서 깃발로 만들어 전시한다. 왕관, 왕복, 홀 등의 소품을 준비한다. 또한 왕국 혹은 요정이야기 책도 준비한다.

■ 미술

목표 1

자아 개념과 자존감이 강화된다.

활동: 나에 관한 책 만들기. 빈 종이를 제본한 책을 나누어준다. 책 표지에 유아 각자의 엄지 손가락 프린팅을 한다. 한 주에 하나씩 유아 각자가 이룬 것이나 혹은 자랑스러운 것을 그린다. 그림 옆에 긁적인 그림 혹은 쓸 수 있는 만큼 글을 적도록 한다. 매 장이 채워질 때마다 교사는 이를 보고 칭찬하고 격려한다. 책이 다 채워지면 각 유아에게 이 활동을 하면서 가장 자랑스럽거나 힘들었던 것에 대하여 물어본다.

목표 2

콜라주를 하면서 표현력과 창의력을 기른다. 시각적 민감도를 기르며 관찰한 것에 대하여 이야기를 나누며 어휘력과 표현력을 기른다.

활동: 콜라주. 잡지, 신문, 마카로니, 구슬을 이용해 콜라주를 만들고 크레용, 사인펜, 하드보드지 등을 이용해 그림을 그린다. 마카로니를 줄로 엮어 목걸이, 팔찌를 만든다. 마카로니는 식용 색소로 물들여 사용한다. 이를 만들 때 다양한 문화권의 보석 그림과 사진이 있는 잡지를 보여준다. 모델의 것을 보고 그대로 모방해 만들 수도 있고 옆 친구의 것과 자신의 것을 비교하며 이에 대하여 이야기를 나눈다.

■ 음악

목표 1

자신의 잠자리 경험을 친구에게 이야기할 수 있으며 기억력도 높인다.

활동: "졸리니, 졸리니, 친구 영희야, 친구 영희야? 아침 종소리가 들리는구나, 아침 종소리가 들리는구나, 딩동댕, 딩동댕." 가사에 맞추어 노래하기. 가사를 차트지에 적어 선생님이 포인터로 가리키며 함께 노래한다. 잠자리에 들기 전 가정에서 하는 활동, 혹은 자기 싫을 때 하는 활동에 대하여 이야기 나눈다. 이를 목록표에 적는다.

목표 2

시각 단어를 통해 어휘를 익힌다. 자신의 감정과 느낌에 대하여 이야기할 수 있다.

활동: '기분이 좋을 때, 우리 모두 함께 박수를' 와 같은 노래를 하면서 감정을 나타내는 얼굴을 종이접시에 그리고 그 밑에 단어를 적는다. 이 노래는 '기분이 나쁘면, 우리 모두 함께 얼굴을' 처럼 여러 감정을 표현하게 한다. 가사는 그림과 함께 보여주며 부르다가 유아가 가사에 익숙해지면 그림 없이 글만으로 가사를 보며 노래하게 한다. 기쁘고, 화나고, 슬프고처럼 여러 감정을 일으키는 사건, 물건 등에 대하여 이야기 나누고 목록에 적는다.

■ 사회

목표 1

우리가 즐겨 하는 운동이 다른 나라에서도 즐겨 하는 운동이며 이를 통해 문화와 지리에 관한 지식을 얻는다.

활동: 스포츠 탐구. 각 문화마다 인기 있는 스포츠를 알아본다. 이를 소집단으로 함께 조사하고 빅북 형태로 같이 묶어본다. 조사한 스포츠를 바깥놀이에서 해본다.

목표 2

다양한 음식과 문화를 알아보고 다른 문화, 민족, 나라에 대한 이해와 지식을 넓힌다. 말하기와 글쓰기 능력을 향상시킨다.

활동: 세계 여러 나라. 「세계의 어린이들(Children Around the World)」(Montanari, 2001)을 읽는다. 각 나라의 관습, 의복, 음식 등에 대하여 알아본다. 음식에 대한 각 나라의 차이점과 공통점에 대하여 알아본다. 또한 다른 나라의 음식 중 자신이 좋아하는 음식에 대하여 이야기 나누고 그림으로 그려본다.

■ 과학

목표 1

감기가 무엇이며 어떻게 걸리는 것인가에 대하여 이야기를 나누고 이에 대하여 글로 적을 수 있다.

활동: 「나도 아팠으면(I wish I was sick, too)」(Brandenburg, 1976)을 읽는다. 감기에 대하여 아이들이 알고 있는 것에 대하여 적는다. 위생, 세균에 대하여 이야기 나눈다. 더러운 손으로 만진 감자를 접시에 놓고 관찰한다. 감자가 어떻게 될지 예측한다. 매일 감자의 모양을 관찰하며 기록한다. 이때 돋보기 혹은 현미경을 이용하기도 한다.

목표 2

요리를 하면서 음식 재료의 변화를 관찰하고 이야기 나눈다.

활동: 사과소스 만들기. 「조니 에플시드 이야기(Who was Johnny Appleseed?)」(Demuth, 1996)를 읽는다. 사과가 가지고 있는 영양분에 대하여 이야기 나눈다. 반에서 사과소스를 만든다. 사과소스 만드는 데 필요

한 재료와 요리법을 교실에 게시하여 이를 보며 순서에 맞게 만들어본다.

■ 수학

목표 1

동물의 잠 습관을 관찰, 정리하며 말하기와 글쓰기를 연결한다.

활동: 잠 습관. 교실의 애완동물의 잠 습관을 관찰하며 기록한다. 다른 동물의 잠 습관에 대하여 이야기 나눌 때 기록을 보며 비교한다.

목표 2

그림과 글을 연결시킨다. 모양에 따라 사물을 분류할 수 있다.

활동: 분류하기. 「팬케이크, 크래커, 피자(Pancakes, Crackers and Pizza)」(Eberts, 1984)를 읽는다. 동그란 모양의 팬케이크, 네모 모양의 크래커, 세모 모양의 피자와 같이 음식의 모양에 대하여 이야기 나눈다. 잡지, 신문에 있는 음식 사진을 오려서 세모, 동그라미, 네모 모양으로 음식을 분류한다.

■ 발표

목표: 건강한 몸과 주제 활동을 하면서 나온 결과물을 가족, 다른 반 친구들에게 발표한다.

활동: 과일 샐러드, 사과소스 등으로 간식을 준비한다. 건강과 위생 관련 노래를 함께 부른다. 주제 탐구를 하면서 나왔던 그림 혹은 조형물을 게시하고 참가자들에게 설명한다. 교실에서 가꾼 식물을 보여주며 성장과정에 대하여 설명한다.

참고문헌(아동 문학)

Aliki. (1974). *Go tell Aunt Rhody*. New York: Macmillan.

Archambault, J., & Martin, Jr., B. (1989). *Chicka chicka boom boom*. New York: Scholastic.

Asch, F. (1983). *Mooncake*. New York: Simon & Schuster.

Avery, K., & McPhail, D. (1993). *The crazy quilt*. Glenview, IL: Scott Foresman.

Bachelet, G. (2006). *My cat, the silliest cat in the world*. New York: Abrams Books for Young Readers.

Base, G. (1987). *Animalia*. New York: Harry N. Abrams.

Bemelmans, L. (1939). *Madeline*. New York: Viking.

Bemelmans, L. (1953). *Madeline's rescue*. New York: Viking.

Berenstain, S., & Berenstain, J. (1987). *The Berenstain bears and too much birthday*. New York: Random House.

Branley, F. M. (1985). *Volcanoes*. New York: Harper & Row Junior Books.

Brenner, B. (1972). *The three little pigs*. New York: Random House.

Brett, J. (1989). *The mitten*. New York: Putnam & Grosset.

Brett, J. (1997). *The hat*. New York: Putnam & Grosset.

Brown, M. (1947). *Goodnight moon*. New York: Harper Collins.

Brown, M. (1957). *The three billy goats gruff*. New York: Harcourt Brace.

Brown, M. (1990). *Arthur's pet business*. New York: Little Brown.

Burton, V. L. (1943). *Katy and the big snow*. Boston: Houghton Mifflin.

Carle, E. (1969). *The very hungry caterpillar*. New York: Philomel.

Cohen, M. (1980). *First grade takes a test*. New York: Dell.

Cole, B. (1989). *No more baths*. New York: Farrar, Straus & Giroux.

Cole, J. (1987). *The magic school bus inside the earth*. New York: Scholastic.

Cowley, J., & Fuller, E. (2006). *Mrs. Wishy-Washy's farm*. New York: Penguin Young Readers Group.

Cronin, D. (2000). *Click, clack, moo: Cows that type*. New York: Simon & Schuster.

Daley, A., & Russell, C. (1999). *Goldilocks and the three bears*. Ladybird Books.

DeBeer, H. (1996). *Little polar bear, take me home!* New York: North-South Books.

Demuth, P. (1997). *Achoo!* New York: Sagebrush Educational Resources.

DePaulo, T. (1978). *The popcorn book*. Upper Saddle River, NJ: Prentice Hall.

DePaola, T. (1975). *Strega nona*. New York: Simon & Schuster.

DK Publishing. (2004). *Farm animals*. New York: DK Publishing.

Duvoisin, R. (2002). *Petunia*. New York: Dragonfly.

Eastman, P. D. (1960). *Are you my mother?* New York: Random House.

Fleming, D. (2001). *Barnyard banter*. New York: Henry Holt.

Fowler, A. (1992). *Frogs and toads and tadpoles, too!* Chicago: Children's Press.

Fowler, A. (1993). *Chicken or the egg?* New York: Scholastic.

Fox, M. (2000). *Harriet, you'll drive me wild*. New York: Harcourt.

Fujikawa, A. (1980). *Jenny learns a lesson*. New York: Grosset & Dunlap.

Galdone, P. (1973). *The little red hen*. Boston: Houghton Mifflin.

Galdone, P. (1983). *The gingerbread boy*. Boston: Houghton Mifflin.

Hazen, B. S. (1983). *Tight times*. New York: Picture Puffins.

Hennesey, B. G., & Pearson, T. C. (1989). *The queen of hearts*. New York: Picture Puffins.

Hoban, R. (1964). *Bread and jam for Frances*. New York: Harper & Row.

Hoberman, M. A. (2001). *You read to me, I'll read to you*. New York: Little Brown.

Hoberman, M. A., & Westcott, N. B. (2004). *I know an old lady who swallowed a fly*. New York: Little Brown.

Hurd, E. (1980). *Under the lemon tree*. Boston: Little Brown.

Izawa, T. (1968). *The little red hen*. New York: Grosset & Dunlap.

Johnson, A. (1990). *Do like Kyla*. New York: Scholastic.

Johnson, C. (1981). *Harold and the purple crayon.* New York: Harper & Row.

Keats, E. (1966). *Jenny's hat.* New York: Harper & Row.

Keats, E. J. (1974). *Pet show.* New York: Aladdin Books.

Keats, E. J. (1967). *Peter's chair.* New York: Harper & Row.

Keats, E. (1996). *The snowy day.* New York: Viking.

Keats, E. J. (1998). *A letter to Amy.* New York: Puffin.

Kellogg, S. (1989). *Is your mama a llama?* New York: Scholastic.

La Reau, K., & Magoon S. (2006). *Ugly fish.* Orlando, FL: Harcourt.

LeSieg, T. (1961). *Ten apples up on top.* New York: Random House.

Lionni, L. (1987). *Swimmy.* New York: Alfred A. Knopf: Dragonfly Books.

Lobel, A. L. (1979). *Frog and toad are friends.* New York: HarperCollins.

Lum, K., & Johnson, A. (1998). *What cried granny: an almost bedtime story.* New York: Puffin Books.

Maass, R. (1993). *When winter comes.* New York: Scholastic.

Merriam, E., & DeGroat, D. (1989). Where is everybody? An animal alphabet. New York: Simon & Schuster Books for Young Children.

McClosky, R. (1948) *Blueberries for Sal.* New York: Viking.

McGovern, A. (1967). *Too much noise.* Boston: Houghton Mifflin.

McNulty, F. (1979). *How to dig a hole to the other side of the world.* New York: Harper & Row.

Montanari, D. (2001). *Children around the world.* New York: Kids Can Press.

Neitzel, S. (1991). *The jacket I wear in the snow.* New York: Greenwillow Books.

Parrish, P. (1970). *Amelia Bedelia.* New York: Avon Books.

Pinkey, J. (2006). *The little red hen.* New York: Dial Books.

Piper, W. (1990). *The little engine that could.* New York: Platt and Munk.

Potter, B. (1902). *The tale of Peter Rabbit.* New York: Scholastic.

Quackenbush, R. (1972). *Old MacDonald had a farm.* New York: Lippincott.

Quackenbush, R. (1973). *Go tell Aunt Rhody.* New York: Lippincott.

Reid, S., & Fernandes, E. (1992). *The wild toboggan ride.* New York: Scholastic.

Rey, H. A. (1941). *Curious George.* Boston: Houghton Mifflin.

Scieszka, J. (1996). *The true story of the three little pigs.* New York: Puffin Books.

Sendak, M. (1962). *Chicken soup with rice.* New York: Harper & Row.

Sendak, M. (1963). *Where the wild things are.* New York: Harper & Row.

Sendak, M. (1991). *Pierre.* New York: HarperCollins.

Seuss, Dr. (1957a). *How the Grinch stole Christmas.* New York: Random House.

Seuss, Dr. (1957b). *The cat in the hat.* New York: Random House.

Seuss, Dr. (1960). *Green eggs and ham.* New York: Random House.

Seuss, Dr. (1998). *Mr. Brown can moo! Can you?* New York: Random House.

Shannon, D. (1998). *No, David.* New York: The Blue Sky Press.

Sharmat, M. (1984). *Gregory, the terrible eater.* New York: Scholastic.

Slobodkina, E. (1947). *Caps for sale.* Reading, MA: Addison-Wesley.

Tchin (1997). *Rabbit's wish for snow: A Native American legend.* New York: Scholastic.

Viorst, J. (1972). *Alexander and the terrible, horrible, no good, very bad day.* New York: Atheneum.

Westcott, N. B. (1980). *I know an old lady.* Boston: Little, Brown.

White, E. B. (1952). *Charlotte's web.* New York: Scholastic.

Willems, M. (2004). *Knuffle bunny.* New York: Hyperion.

Yolan, J., & Teague, M. (2005). *How do dinosaurs eat their food?* New York: Scholastic.

Zemach, M. (1991). *The three little pigs.* New York: Tandem Library.

Zoehfeld, K. W. (1994). *Manatee winter.* Hartford, CT: Trudy Corporation.

Zolotow, C. (1977). *Mr. Rabbit and the lovely present.* New York: Harper & Row.

참고문헌

Abuhamdeh, S., & Csikszentmihalyi, M. (2009). Intrinsic and extrinsic motivational orientations in the competitive context: An examination of person-situation interactions. *Journal of Personality, 77(5),* 1615–1635.

Adams, M. J. (1990). *Beginning to read: Thinking and learning about print.* Urbana: University of Illinois Center for the Study of Reading.

Adams, M. J. (2001). Alphabetic anxiety and explicit, systematic phonics instruction: A cognitive science perspective. In S. B. Neuman & D. K. Dickinson (Eds.), *Handbook of early literacy research* (pp. 66–80). New York: Guilford Press.

Akhavan, L. L. (2006). *Help! My kids don't all speak English: How to set up a language workshop in your linguistically diverse classroom.* Portsmouth, NH: Heinemann.

Allen, R. V. (1976). *Language experience in communication.* Boston: Houghton Mifflin.

Allington, R. L. (2009). *What really matters in fluency: Research-based practices across the curriculum.* Boston: Allyn & Bacon.

Allington, R. L., & Cunningham, P. M. (1996). *Schools that work: Where all children read and write.* New York: HarperCollins.

Allington, R. L., & Cunningham, P. M. (2007). *Schools that work* (3rd ed.). New York: Longman.

Allison, D. T., & Watson, J. A. (1994). The significance of adult storybook reading styles on the development of young children's emergent reading. *Reading Research and Instruction, 34(1),* 57–72.

Almasi, J. F. (2003). *Teaching strategic processes in reading.* New York: Guilford Press.

Almasi, J. F., & Hart, J. (2011). Best practices in comprehension. In L. M. Morrow & L. B. Gambrell (Eds.), *Best practices in literacy instruction* (4th ed.). New York: Guilford Press.

Anderson, J., Anderson, A., Friedrich, N., & Ji Eun, I. (2010). Taking stock of family literacy: Some contemporary perspectives. *A Journal of Early Childhood Literacy, 10(1),* 33–53.

Anderson, R. C., Fielding, L. G., & Wilson, P. T. (1988). Growth in reading and how children spend their time outside of school. *Reading Research Quarterly, 23,* 285–303.

Anderson, R. C., Hiebert, E. H., Scott, J. A., & Wilkinson, I. A. G. (1985). *Becoming a nation of readers.* Washington, DC: National Institute of Education.

Anderson, R. C., & Pearson, P. D. (1984). A schema-theoretic view of basic processing in reading. In P. D. Pearson (Ed.), *Handbook of reading research* (pp. 255–292). New York: Longman.

Anthony, J. L., & Lonigan, C. J. (2004). The nature of phonological awareness: Converging evidence from four studies of preschool and early grade school children. *Journal of Educational Psychology, 96(1),* 1–18.

Antonacci, P., & O'Callaghan, C. (2003). *Portraits of literacy development: Instruction and assessment in a well-balanced literacy program, K–3.* Upper Saddle River, NJ: Merrill/Prentice Hall.

Applebee, A. N., & Langer, J. A. (1983). Instructional scaffolding: Reading and writing as natural language activities. *Language Arts, 60,* 168–175.

Applebee, A. N., Langer, J. A., & Mullis, M. (1988). *Who reads best? Factors related to reading achievement in grades 3, 7, and 11.* Princeton, NJ: Educational Testing Service.

Applegate, M. D., Applegate, A. J., & Modla, V. B. (2009). "She's my best reader; she just can't comprehend": Studying the relationship between fluency and comprehension. *The Reading Teacher, 62(6),* 512–521.

Armstrong, T. (2009). *Multiple intelligences in the classroom.* Alexandria, VA: Association for Supervision and Curriculum Development.

Ashton-Warner, S. (1963). *Spinster.* New York: Simon & Schuster.

Ashton-Warner, S. (1986). *Teacher.* New York: Bantam.

Assel, M. S., Landry, S. H., Swank, P. R., & Gunnewig, S. (2007). An evaluation of curriculum setting, and mentoring on performance of children enrolled in pre-kindergarten. *Reading and writing: An interdisciplinary journal, 20(5),* 463–494.

Au, K. (1998). Constructivist approaches, phonics, and the literacy learning of students of diverse backgrounds. In T. Shanahan & F. V. Rodriguez-Brown (Eds.), *Forty-seventh yearbook of the National Reading Conference* (pp. 1–21). Chicago: National Reading Conference.

Au, K. (2001, July–August). Culturally responsive instruction as a dimension of new literacy. *Reading Online 5(1).*

Auerbach, E. (1989). Toward a social–contextual approach to family literacy. *Harvard Educational Review, 56,* 165–181.

Bachelet, G. (2006). *My cat, the silliest cat in the world.* New York: Abrams.

Banks, J., & Banks, C. (2009). *Multicultural education: Issues and perspectives* (4th ed.). Boston: Allyn and Bacon.

Barone, D. (1998). How do we teach literacy to children who are learning English as a second language. In S. Neuman & K. Roskos (Eds.), *Children achieving: Best practices in early literacy* (pp. 56–76). Newark, DE: International Reading Association.

Barone, D. M., Mallette, M. H., & Xu, S. H. (2004). *Teaching early literacy: Development, assessment, and instruction.* New York: Guilford Press.

Barone, D., & Morrow, L. M. (2003). *Literacy and young children: Research based practices.* New York: Guilford Press.

Bauer, E. B., & Manyak, P. C. (2008). Creating language-rich instruction for English-language learners. *The Reading Teacher, 62*(2), 176–178.

Bauer, E. B., & Mesmer, H. A. E. (2008). Response to Intervention (RTI): What teachers of reading need to know. *The Reading Teacher, 62*(2), 176–178.

Baumann, J. F. (1992). Effect of think aloud instruction on elementary students' comprehension monitoring abilities. *Journal of Reading Behavior, 24*(2), 143–172.

Baumann, J. F., Hoffman, J. V., Duffy-Hester, A. M., & Ro, J. M. (2000). The first R: Reading in the early grades. *Reading Teacher, 54*, 84–98.

Bear, D., Invernizzi, M., Templeton, S., & Johnston, F. (2008). *Words their way.* Upper Saddle River, NJ: Pearson Education.

Beauchat, K., Blamey, K., & Walpole, S. (2009). Building preschool children's language and literacy one storybook at a time. *Reading Teacher, 63*(1), 26–39.

Beck, I. L., & McKeown, M. G. (2001). Text talk: Capturing the benefits of read-aloud experiences for young children. *Reading Teacher, 55*, 10–20.

Beck, I. L., & McKeown, M. G. (2007). Increasing young children's oral vocabulary repertoires through rich and focused instruction. *The Elementary School Journal, 107*(3), 251–273.

Beck, I. L., Perfetti, C., & McKeown, M. (1982). The effects of long-term vocabulary instruction on lexical access and reading comprehension. *Journal of Educational Psychology, 74*, 506–521.

Berk, L. E. (2007). *Infants, children, and adolescents.* Upper Saddle River, NJ: Prentice Hall.

Berk, L. E. (2008). *Child development.* Boston: Allyn and Bacon.

Blachowicz, C. L. Z., & Fisher, P. J. (2002). Best practices in vocabulary instruction: What effective teachers do. In L. M. Morrow, L. Gambrell, & M. Pressley (Eds.), *Best practices in literacy instruction* (2nd ed., pp. 87–110). New York: Guilford Press.

Blau, S., Elbow, P., Killgallon, D., & Caplan, R. (1998). *The writer's craft.* Evanston, IL: McDougal Littell.

Bloom, L. (1990). Development in expression: Affect and speech. In N. Stein & T. Trabasso (Eds.), *Psychological and biological approaches to emotion* (pp. 215–245). Hillsdale, NJ: Erlbaum.

Boling, E. (2007). Linking technology, learning, and stories: Implications from research on hypermedia video-cases. *Teaching and Teacher Education, 23*(2), 189–200.

Boling, E., Castek, J., Zawilinski, L., Barton, K., & Nierlich, T. (2008). Collaborative literacy: Blogs and Internet projects. *Reading Teacher, 61*(6), 504–506.

Bond, G. L., & Dykstra, R. (1967a). The cooperative research program in first-grade reading instruction. *Reading Research Quarterly, 2*, 5–142.

Bond, G. L., & Dykstra, R. (1967b). *Coordinating center for first grade reading instruction programs.* (Final Report of Project No. x-001, Contact No. OES10–264). Minneapolis: University of Minnesota.

Bouch, M. (2005). *Comprehension strategies for English language learners.* New York: Scholastic.

Bowman, B. T., Donovan, M. S., & Burns, M. S. (Eds.). (2000). *Eager to learn: Educating our preschoolers.* Washington, DC: National Academy Press.

Brock, C. H., & Raphael, T. E. (2005). *Windows to language, literacy, and culture.* Newark, DE: International Reading Association.

Bromley, K. (2003). Building a sound writing program. In L. M. Morrow, L. B. Gambrell, & M. Pressley (Eds.), *Best practices in literacy instruction* (2nd ed., pp. 243–263). New York: Guilford Press.

Bromley, K. (2006). From drawing to digital creations: Graphic organizers in the classroom. In D. S. Strickland & N. Roser (Eds.). *Handbook on teaching literacy through the communicative and visual arts,* Vol. II. Mahwah, NJ: Lawrence, Erlbaum.

Bromley, K. (2007). Assessing student writing. In J. Paratore & McCormack (Eds.), *Classroom literacy assessment* (pp. 210–226). New York: Guilford Press.

Bromley, K. (2011). Best practices in writing. In L. M. Morrow & L. B. Gambrell (Eds.), *Best practices in literacy instruction* (4th ed.). New York: Guilford Press.

Brophy, J. (2004). *Motivating students to learn* (2nd ed.). Mahwah, NJ: Erlbaum.

Brophy, J. (2008). Developing students' appreciation for what is taught in school. *Educational Psychologist, 43*(3), 132–141.

Brown, R. (2008). The road not yet taken: A transitional strategies approach to reading instruction. *The Reading Teacher, 61*(7). 538–547.

Brown, R., Cazden, C., & Bellugi-Klima, U. (1968). The child's grammar from one to three. In J. P. Hill (Ed.), *Minnesota symposium on child development.* Minneapolis: University of Minnesota Press.

Brownell, R. (Ed.). (2000). *Expressive one-word picture vocabulary test, 2 to 18 years.* Novato, CA: Academic Therapy Publications.

Bryant, D., & Maxwell, K. (1997). The effectiveness of early intervention for disadvantaged children. In M. Guralnick (Ed.), *The effectiveness of early intervention* (pp. 23–46). Baltimore: Paul H. Brookes.

Burke, A., & Rowsell, J. (2007). Assessing new literacies: Evaluating multimodal practice. *E-Learning Journal, Special Edition,* Oxford, UK: Symposium Journals.

Burns, M. S., Snow, C. E., & Griffin, P. (Eds.). (1999). *Starting out right: A guide to success*. Washington, DC: National Academy Press.

Bus, A. G. (2001). Joint caregiver–child storybook reading: A route to literacy development. In S. B. Neuman & D. K. Dickinson (Eds.), *Handbook of early literacy research* (pp. 179–191). New York: Guilford Press.

Bus, A. G., van Ijzendoorn, M. H., & Pellegrini, A. D. (1995). Joint book reading makes for success in learning to read: A meta-analysis in intergenerational transmission of literacy. *Review of Educational Research, 65*, 1–21.

Byrne, B., & Fielding-Barnsley, R. (1993). Evaluation of a program to teach phonemic awareness to young children: A one-year follow-up. *Journal of Educational Psychology, 85*, 104–111.

Byrne, B., & Fielding-Barnsley, R. (1995). Evaluation of a program to teach phonemic awareness to young children: A two- and three-year follow-up and a new preschool trial. *Journal of Educational Psychology, 87*, 488–503.

Calkins, L. M. (1986). *The art of teaching writing*. Exeter, NH: Heinemann.

Calkins, L. M. (1994). *The art of teaching writing*. Portsmouth, NH: Heinemann.

Cappellini, M. (2005). *Balancing reading and language learning: A resource for teaching English language learners, K-5*. Portland, ME: Stenhouse; Newark, DE: International Reading Association.

Carter, D., Chard, D., & Pool, J. (2009). A family strengths approach to early language and literacy development. *Early Childhood Education Journal, 36*(6), 519–526.

Cazden, C. B. (2005). The value of conversations for language development and reading comprehension. *Literacy Teaching and Learning, 9*(1), 1–6.

Center for the Improvement of Early Reading Achievement. (2001). *Put reading first; The research building blocks for teaching children to read*. Washington, DC: National Institute for Literacy.

Cepada, N. J., Vul, E., Rohrer, D., Wixted, T., & Pashler, H. (2008). Spacing effects in learning: A temporal ridgeline of optimal retention. *Psychological Science 19*(11), 1095–1102.

Chomsky, C. (1965). *Aspects of a theory of syntax*. Cambridge, MA: MIT Press.

Christian, F., Morrison, F., & Bryant, F. (1998). Predicting kindergarten academic skills: Interaction among child-care, maternal education, and family literacy environments, *Early Childhood Research Quarterly, 13*, 501–521.

Clay, M. M. (1966). *Emergent reading behavior*. Doctoral dissertation, University of Auckland, New Zealand.

Clay, M. M. (1987). Implementing reading recovery: Systematic adaptations to an educational innovation. *New Zealand Journal of Educational Studies, 22*, 35–38.

Clay, M. M. (1991). *Becoming literate: The construction of inner control*. Portsmouth, NH: Heinemann.

Clay, M. M. (1993a). *An observation survey of early literacy achievement*. Portsmouth, NH: Heinemann.

Clay, M. M. (1993b). *Reading Recovery: A guidebook for teachers in training*. Portsmouth, NH: Heinemann.

Clay, M. M. (2000). *Concepts about print: What have children learned about the way we print language?* Portsmouth, NJ: Heinemann.

Cochran-Smith, M. (1984). *The making of a reader*. Norwood, NH: Ablex.

Cohen, M. (1980). *First grade takes a test*. New York: Dell.

Coiro, J., & Dobler, E. (2007). Exploring the online reading comprehension strategies used by sixth-grade skilled readers to search for and locate information on the Internet. *Reading Research Quarterly, 42*(2), 214–257.

Collins, N. L. D., & Shaeffer, M. B. (1997). Look, listen, and learn to read. *Young Children, 52*(5), 65–67.

Combs, M. (2009). *Readers and writers in primary grades: A balanced literacy approach K-3* (3rd ed.). Upper Saddle River, NJ: Pearson Education.

Connell, R. W. (1994). Poverty and education. *Harvard Educational Review, 64*, 125–149.

Cook-Cottone, C. (2004). Constructivism in family literacy practices: Parents as mentors. *Reading Improvement, 41*(4), 208–216.

Corgill, A. M. (2008). *Of primary importance: What's essential in teaching young writers*. Portland, ME: Stenhouse.

Council of Chief State School Officers. (2010). *Common core state standards for English language arts & literacy in history/social studies, science, and technical subjects*. Washington, DC. www.corestandards.org/articles/8-national-governors-association-and-state-education-chiefs.

Cox, C. (2007). *Teaching language arts: A student- and response-centered classroom* (6th ed.). Boston: Allyn and Bacon.

Cullinan, B. E. (1992). *Invitation to read: More children's literature in the reading program*. Newark, DE: International Reading Association.

Cunningham, P. (2009). *Phonics they use* (5th ed.). Boston: Pearson.

Cunningham, P. M., & Cunningham, J. W. (1992). Making words: Enhancing the invented spelling–decoding connection. *Reading Teacher, 46*, 106–115.

Cunningham, P., & Hall, D. (2001). *Making words*. Torrance, CA: Good Apple.

Dahl, K., & Farnan. N. (1998). *Children's writing: Perspectives from research*. Newark, DE: International Reading Association & National Reading Conference.

Daniels, H. (1994). *Literature circles: Voice and choice in the student centered classroom*. Portland, ME: Stenhouse.

Delgado-Gaitan, C. (1992). School matters in the Mexican-American home: Socializing children to education. *American Educational Research Journal, 29*, 459.

Delpit, L. (1995, December). *Other people's children*. Presentation at the National Reading Conference, New Orleans, LA.

Dewey, J. (1966). *Democracy and education*. New York: First Press.

Dewitz, P., Jones, J., & Leahy, S. (2009). Comprehension strategy instruction in core reading programs. *Reading Research Quarterly, 44*(2), 102–126.

Dickinson, D. K., De Temple, J. M., Hirschler, J. A., & Smith, M. W. (1992). Book reading with preschoolers: Coconstruction of text at home and at school. *Early Childhood Research Quarterly, 7*, 323–346,

Dickinson, D. K., McCabe, A., & Essex, M. J. (2006). A window of opportunity we must open to all: The case for preschool with high-quality support for language and literacy. *Handbook of Early Literacy Research, 2*, 11–28.

Dickinson, D. K., & Tabors, P. O. (Eds.). (2001). *Beginning literacy with language*. Baltimore: Paul H. Brookes.

Donahue, P., Doane, M., & Grigg, W. Educational Testing Service. (2000). *Nation's report card*. National Assessment of Educational Progress. http://nces.ed.gov/nationsreportcard/.

Donahue, P. L., Finnegan, R. J., Lutkus, A. D., Allen, N. L., & Campbell, J. R. (2001). *The nation's report card: Reading 2000*. Washington, DC: U.S. Department of Education, Office of Educational Research and Improvement.

Duke, N. (2000). 3.6 minutes per day: The scarcity of information texts in first grade. *Reading Research Quarterly, 35*, 202–224.

Duke, N. K., & Kays, J. (1998). Can I say "Once upon a time?" Kindergarten children developing knowledge of information book language. *Early Childhood Research Quarterly, 13*(2), 295–318.

Duke, N. K., & Pearson, P. D. (2002). Effective practices for developing reading comprehension. In A. E. Farstrup & S. J. Samuels (Eds.), *What research has to say about reading instruction* (3rd ed., pp. 205–242). Newark, DE: International Reading Association.

Dunn, L., Beach, S., & Kontos, S. (1994). Quality of the early literacy environment in day care and children's development. *Journal of Research in Childhood Education, 9*(1), 24–34.

Dunn, L. M., & Dunn, L. M. (1997). *The Peabody picture vocabulary test: 2 years to 18 years*. Circle Pines, MN: American Guidance Service.

Dunsmore, K., & Fisher, D. (2010). *Bring literacy home*. Newark, DE: International Reading Association.

Durkin, D. (1966). *Children who read early*. New York: Teachers College Press.

Durkin, D. (1978–79). What classroom observations reveal about reading instruction. *Reading Research Quarterly, 14*, 481–533.

Dyson, A. H. (1985). Individual differences in emerging writing. In M. Farr (Ed.), *Advances in writing research. Vol. 1: Children's early writing development*. Norwood, NJ: Ablex.

Dyson, A. H. (1986). Children's early interpretations of writing: Expanding research perspectives. In D. Yoden & S. Templeton (Eds.), *Metalinguistic awareness and beginning literacy*. Exeter, NH: Heinemann.

Dyson, A. H. (1993). *Social worlds of children learning to write in an urban primary school*. New York: Teachers College Press.

Educational Research Service. (1997). *Promoting early literacy through family involvement* (ERS Information Folio No. C98-F0226). Arlington, VA: Author.

Edwards, P. (1995). Combining parents' and teachers' thoughts about storybook reading at home and school. In L. M. Morrow (Ed.), *Family literacy connections in schools and communities* (pp. 54–69). Newark, DE: International Reading Association.

Edwards, P. (2010). The role of family literacy programs in the school success or failure of African American families and children. In K. Dunsmore & D. Fisher (Eds.), *Bring literacy home* (pp. 184–202). Newark, DE: International Reading Association.

Edwards, S. A., Maloy, R. W., & Verock-O'Loughlin, R. (2003). *Ways of writing with young kids: Teaching creativity and conventions unconventionally*. Boston: Allyn and Bacon.

Ehri, L., & Roberts, T. (2006). The roots of learning to read and write: Acquisition of letters and phonemic awareness. *Handbook of Early Literacy Research, 2*, 113–131.

Englemann, S., & Bruner, E. (1969). *DISTAR: Direct Instruction System for Teaching Arithmetic and Reading*. Chicago: Science Research Associates.

Enz, B., & Morrow, L. M. (2009). *Assessing preschool literacy development: Informal and formal measures to guide instruction*. Newark, DE: International Reading Association.

Erickson, K. A., & Koppenhaver, D. A. (1995). Developing a literacy program for children with severe disabilities. *Reading Teacher, 48*, 676–684.

Faber, A., & Mazlish, J. E. (1995). *How to talk so kids can learn at home and at school*. New York: Fireside/Simon & Schuster.

Fields, M. V., Groth, L. A., & Spangler, K. L. (2007). *Let's begin reading right: A developmental approach to emergent literacy* (6th ed.). Upper Saddle River, NJ: Pearson.

Fingon, J. (2005). The words that surround us. *Teaching PreK–8, 35*, 54–56.

Finn, J. D. (1998). Parental engagement that makes a difference. *Educational Leadership, 55*(8), 20–24.

Fitzpatrick, J. (1997). *Phonemic awareness*. Cypress, CA: Creative Teaching Press.

Fletcher, R., & Portalupi, J. (2001). *Writing work-shop: The essential guide*. Portsmouth, NH: Heinemann.

Flippo, R. R., Holland, D. D., McCarthy, M. T., & Swinning, E. A. (2009). Asking the right questions: How to select an informal reading inventory. *The Reading Teacher, 63*(1), 79–83.

Fountas, I. C., & Pinnell, G. S. (1996). *Guided reading: Good first teaching for all children*. Portsmouth, NH: Heinemann.

Freedman, P. (2007). Writing with the wind. *Encounter, 20*(1), 7–9.

Freeman, Y. S., & Freeman, D. E. (2006). *Teaching reading and writing in Spanish and English in bilingual and dual language classrooms* (2nd ed.). Portsmouth, NH: Heinemann.

Frey, N., & Fisher, D. B. (2006). *Language arts workshop: Purposeful reading and writing instruction.* Upper Saddle River, NJ: Pearson.

Froebel, F. (1974). *The education of man.* Clifton, NJ: Augustus M. Kelly.

Fromkin, V., & Rodman, R. (2010). *An introduction to language* (9th ed.). Fort Worth, TX: Harcourt Brace.

Galda, G. (1995). Language change in the history of English: Implications for teachers. In D. Durkin (Ed.), *Language issues: Readings for teachers* (pp. 262–272). White Plains, NY: Longman.

Gambrell, L. B., & Almasi, J. (1994). Fostering comprehension development through discussion. In L. M. Morrow, J. K. Smith, & L. C. Wilkinson (Eds.), *Integrated language arts: Controversy to consensus* (pp. 71–90). Boston: Allyn and Bacon.

Gambrell, L. B., Almasi, J. F., Xie, Q., & Heland, V. (1995). Helping first graders get off to a running start in reading: A home-school-community program that enhances family literacy. In L. Morrow (Ed.), *Family literacy connections at school and home* (pp. 143–154). Newark, DE: International Reading Association.

Gambrell, L. B., & Gillis, V. R. (2007). Assessing children's motivation for reading and writing. In J. R. Paratore & R. L. McCormack (Eds.), *Classroom literacy assessment: Making sense of what students know and do.* New York: Guilford Press.

Gambrell, L. B., & Koskinen, P. S. (2002). Imagery: A strategy for enhancing comprehension. In C. C. Block & M. Pressley (Eds.), *Comprehension instruction: Research-based best practices* (pp. 305–319). New York: Guilford Press.

Gambrell, L., Morrow, L. M., & Pressley, M. (2007). *Best practices in literacy instruction.* New York: Guilford Press.

Gambrell, L., Palmer, B., Codling, R., & Mazzoni, S. (1996). Assessing motivation to read. *Reading Teacher, 49,* 518–533.

Garcia, E., & McLaughlin, B. (Eds.), with Spodek, B., & Soracho, O. (1995). *Meeting the challenge of linguistic and cultural diversity in early childhood education.* New York: Teachers College Press.

Gardner, H. (Ed.). (2006). *Multiple intelligences: New Horizons in theory and practice.* New York: Basic Books.

Gaskins, I. W. (2003). A multidimensional approach to beginning literacy. In D. M. Barone & L. M. Morrow (Eds.), *Literacy and young children: Research-based practices* (pp. 45–60). New York: Guilford Press.

Gee, J. P. (2007). *What videogames have to teach us about language and literacy.* New York: Palgrave.

Genishi, C., & Dyson, A. (1984). *Language assessment in the early years.* Norwood, NJ: Ablex.

George, M, Raphael, T. E., & Florio-Ruane, S. (2003). Connecting children, culture, curriculum, and text. In G. G. Garcia (Ed.), *English learners: Reading the highest level of literacy* (pp. 308–332). Newark, DE: International Reading Association.

Gersten, R., Scott, B., Shanahan, T., Linan-Thompson, Collins, P., & Scarcella, R. (2007). *LES practice guide: Effective literacy and English language instruction for English learners, elementary grades.* Washington, DC: NCEE 2007-401-1. U.S. Department of Education, Institute of Education Sciences, National Center for Education Evaluation and Regional Assistance.

Gesell, A. (1925). *The mental growth of the preschool child.* New York: Macmillan.

Gignoux, P., & Wilde, S. (2005). The power of collaboration. *Teaching Artist Journal, 3*(2), 99–105.

Gollnick, D. M., & Chinn, P. C. (2008). *Multicultural education in a pluralistic society* (8th ed.). Upper Saddle River, NJ: Merrill/Prentice Hall.

Goodman, K. S. (1967). Reading: A psycholinguistic guessing game. *Journal of the Reading Specialist, 4,* 126–135.

Graves, D. (1994). *A fresh look at writing.* Portsmouth, NH: Heinemann.

Graves, D., & Hansen, J. (1983). The author's chair. *Language Arts, 60,* 176–183.

Graves, D. H. (1983). *Writing: Teachers and children at work.* Exeter, NH: Heinemann.

Graves, M. F., Juel, C., & Graves, B. B. (2006). *Teaching reading in the 21st century.* Boston: Allyn and Bacon.

Gregory, A., & Cahill, M. (2010). Kindergartners can do it, too!: Comprehension strategies for early readers. *Reading Teacher, 63*(6), 515–520.

Griffin, M. (2001). Social contexts of beginning reading. *Language Arts, 78*(4), 371–378.

Gundlach, R., McLane, J., Scott, F., & McNamee, G. (1985). The social foundations of early writing development. In M. Farr (Ed.), *Advances in writing research. Vol. 1: Children's early writing development.* Norwood, NJ: Ablex.

Gunning, T. G. (2003). *Creating literacy instruction for all children* (4th ed.). Boston: Allyn and Bacon.

Guthrie, J. T. (2002). Engagement and motivation in reading instruction. In M. L. Kamil, J. B. Manning, & H. J. Walberg (Eds.), *Successful reading instruction* (pp. 137–154). Greenwich, CT: Information Age.

Guthrie, J. T. (2004). *Motivating reading comprehension: Concept-oriented reading instruction.* Mahwah, NJ: Erlbaum.

Guthrie, J. T. (2004). Teaching for literacy engagement. *Journal of Literary Research, 36*(1), 1–28.

Guthrie, J. T. (2011). Best practices for motivating students to read. In L. M. Morrow & L. B. Gambrell (Eds.), *Best practices in literacy instruction* (4th ed.). New York: Guilford Press.

Hadaway, N. L., & Young, T. A. (2006). Changing classrooms: Transforming instruction. In T. A. Young & N. Hadaway (Eds.), *Supporting the literacy development of English language learners: Increasing success in all classrooms* (pp. 6–18). Newark, DE: International Reading Association.

Hall, M. A. (1976). *Teaching reading as a language experience.* Columbus, OH: Merrill.

Halliday, M. A. K. (1975). *Learning how to mean: Exploration in the development of language.* London: Edward Arnold.

Hallinan, M. T., & Sorenson, A. B. (1983). The formation and stability of instructional groups. *American Sociological Review, 48,* 838–851.

Hannon, P. (1995). *Literacy, home and school: Research and practice in teaching literacy with parents.* London: Falmer.

Hansen, J. (1987). *When writers read.* Portsmouth, NH: Heinemann.

Harp, W. (2000). Assessing reading and writing in the early years. In S. Strickland & L. M. Morrow (Eds.), *Beginning reading and writing, kindergarten to grade 2* (pp. 154–167). New York: Teachers College Press.

Hart, B., & Risley, T. (1995). *Meaningful differences in the everyday experiences of young American children.* Baltimore: Paul H. Brookes.

Hart, B., & Risley, T. R. (1999). *The social world of children learning to talk.* Baltimore: Paul H. Brookes.

Hasbrouck, J., & Tindal, G. (2006). Oral reading fluency norms: A valuable assessment tool for reading teachers. *Reading Teacher, 59,* 636–644.

Heath, S. B. (1982). What no bedtime story means. *Language in Society, 11,* 49–76.

Heath, S. B. (1983). *Ways with words: Language, life, and work in communities and classrooms.* Cambridge, England: Cambridge University Press.

Hiebert, E. H., & Raphael, T. E. (1998). *Early literacy instruction.* Fort Worth, TX: Harcourt Brace.

Hiebert, E. H., & Taylor, B. (1994). *Getting reading right from the start.* Newark, DE: International Reading Association.

Hill, S. (1997). *Reading manipulatives.* Cypress, CA: Creative Teaching Press.

Holdaway, D. (1979). *The foundations of literacy.* Sydney: Ashton Scholastic.

Hoover, J. J., & Patton, J. R. (2005, March). Differentiating curriculum and instruction for English-language learners with special needs. *Intervention in School and Clinic, 40*(4), 231–235.

Hoover-Dempsey, K. V., & Whitaker, M. C. (2010). The Parental Involvement Process: Inclinations for literacy development. In K. Dunsmore & D. Fisher (Eds.), *Bring literacy home* (pp. 53–82). Newark, DE: International Reading Association.

Horn, M., & Giacobbe, E. (2007). *Talking, drawing, writing: Lessons for our youngest writers.* Portland, ME: Stenhouse.

Hresko, W., Reid, D. K., & Hammill, D. (1999). *Test of language development: Primary, 4 through 8 years.* Austin, TX: Pro-Ed.

Huck, C. S. (1992). Books for emergent readers. In B. E. Cullinan (Ed.), *Invitation to read: More children's literature in the reading program.* Newark, DE: International Reading Association.

Hunt, K. W. (1970). *Syntactic maturity in children and adults.* Monograph of the Society for Research in Child Development (vol. 25). Chicago: University of Chicago Press.

International Reading Association. (1998). *Phonemic awareness and the teaching of reading: A position statement of the board of directors of the International Reading Association.* Newark, DE: Author.

International Reading Association. (1999). *Position statement: Using multiple methods of beginning reading instruction.* Newark, DE: Author.

International Reading Association. (2001). Association issues position statement on second-language literacy instruction. *Reading Today.* Retrieved on May 14, 2003, from www.findarticles.com.

International Reading Association. (2006). *Reading in preschool.* Newark, DE: Author.

International Reading Association & National Association for the Education of Young Children. (1998). *Learning to read and write: Developmentally appropriate practices for young children.* Newark, DE: Author.

International Reading Association & National Council of Teachers of English. (1996). *Standards for the English language arts.* Newark, DE: Author.

Invernizzi, M. (2003). Concepts, sounds, and the ABCs: A diet for a very young reader. In D. M. Barone & L. M. Morrow (Eds.), *Literacy and young children: Research-based practices* (pp. 140–157). New York: Guilford Press.

Irving, A. (1980). *Promoting voluntary reading for children and young people.* Paris: UNESCO.

Ivey, G. (2002). Building comprehension when they're still learning to read the words. In C. C. Block & M. Pressley (Eds.), *Comprehension instruction: Research-based best practices* (pp. 234–247). New York: Guilford Press.

Jalongo, M. R. (2007). *Early childhood language arts* (4th ed.). Boston: Allyn and Bacon.

Jewell, M., & Zintz, M. (1986). *Learning to read naturally.* Dubuque, IA: Kendall/Hunt.

Johns, J., & Berglund, R. L. (2002). *Fluency: Evidence-based strategies.* Dubuque, IA: Kendall/ Hunt.

Johns, J., Lenski, S. D., & Elish-Piper, L. (1999). *Early literacy assessments and teaching strategies.* Dubuque, IA: Kendall/Hunt.

Johnson, D., & Pearson, P. D. (1984). *Teaching reading vocabulary* (2nd ed.). New York: Holt.

Johnston, P., & Costello, P. (2005). Principles of literacy assessment. *Reading Research Quarterly, 40*(2), 256–267.

Juel, C. (1989). The role of decoding in early literacy instruction and assessment. In L. Morrow & J. Smith (Eds.), *Assessment for instruction in early literacy* (pp. 135–154). Upper Saddle River, NJ: Prentice Hall.

Juel, C. (1994). Teaching phonics in the context of the integrated language arts. In L. Morrow, J. K. Smith, & L. C. Wilkinson (Eds.), *Integrated language arts: Controversy for consensus* (pp. 133–154). Boston: Allyn and Bacon.

Justice, L. M., Pence, K., Bowles, R. B., & Wiggins, A. (2006). An investigation of four hypotheses concerning the order by which 4-year-old children learn the alphabet letters. *Early Childhood Research Quarterly, 21*(3), 374–389.

Karmiloff, M., & Karmiloff-Smith, A. (2001). *Pathways to language: From fetus to adolescent.* Cambridge, MA: Harvard University Press.

Katz, L. G., & Chard, S. C. (2000). *Engaging children's minds: The project approach* (2nd ed.). Norwood, NJ: Ablex.

Kelly, D. (2004). *1001 best web sites for kids.* New York: Teacher Created Materials.

Kindzierski, C. M. (2009). I like it the way it is: Peer-revision writing strategies for students with emotional and behavioral disorders. *Preventing School Failure, 54*(1), 51–59.

King, R., & McMaster, J. (2000). *Pathways: A primer for family literacy program and development.* Louisville, KY: National Center for Family Literacy.

Kinzer, C. K., & McKenna, M. C. (1999, May). *Using technology in your classroom literacy program: Current and future possibilities.* Paper presented at the Annual Convention of the International Reading Association, San Diego, CA.

Kissel, B. (2008). Promoting writing and preventing writing failure in young children. *Preventing School Failure, 52*(4), 53–56.

Knobel, M., & Lankshear, C. (2006). Weblogs worlds and constructions of effective and powerful writing: Cross with care, and only where signs permit. In K. Pahl & J. Rowsell (Eds.), *Travel notes from new literacy studies: Instances of practice* (pp. 72–95). Clevedon, UK: Multilingual Matters.

Knobel, M., & Lankshear, C. (2007). *The new literacies sampler.* New York: Peter Lang.

Krashen, S. (2003). *Explorations in language acquisition and use.* Portsmouth, NH: Heinemann.

Kress, G. (1997). *Before writing.* London: Routledge.

Kuhl, P. (1994). Learning and representation in speech and language. *Current Opinion in Neurobiology, 4,* 812–822.

Kuhn, M. (2007). Effective oral reading assessment (or why round robin reading doesn't cut it). In J. R. Paratore & R. L. McCormack (Eds.), *Classroom literacy assessment: Making sense of what students know and do* (pp. 101–112). New York: Guilford Press.

Kuhn, M., Schwanenflugel, P., Morris, R., Morrow, L. M., Woo, D., Meisinger, E., et al. (2006). Teaching children to become fluent and automatic readers. *Journal of Literacy Research, 38*(4), 357–387.

Kuhn, M. R., & Stahl, S. A. (2003). Fluency: A review of developmental and remedial strategies. *Journal of Educational Psychology, 95,* 3–21.

Labbo, L. D., & Ash, G. E. (1998). What is the role of computer related technology in early literacy? In S. B. Neuman & K. A. Roskos (Eds.), *Children achieving: Best practices in early literacy* (pp. 180–197). Newark, DE: International Reading Association.

Lassonde, C. (2006). You oughta have my life! The story of Jaime, a resistant writer. *Support for Learning, 21*(3), 135–140.

Lennenberg, E. (1967). *Biological foundations of language.* New York: Wiley.

Lepper, M. R., Corpus, J. H., & Iyengar, S. S. (2005). Intrinsic and extrinsic motivational orientations in the classroom: Age differences and academic correlates. *Journal of Educational Psychology, 97*(2), 184–196.

Leseman, P. P. M., & de Jong, P. F. (1998). Home literacy: Opportunity, instruction, cooperation and social-emotional quality predicting early reading achievement. *Reading Research Quarterly, 33,* 294–318.

Leslie, L., & Caldwell, J. (2001). *Qualitative reading inventory-3* (3rd ed.).Boston: Allyn & Bacon.

Leu, D. J., & Kinzer, C. (1991). *Effective reading instruction K–8* (2nd ed.). New York: Merrill.

Leu, D. J., & Kinzer, C. K. (2003). *Effective literacy instruction, K-8.* Upper Saddle River, NJ: Merrill/Prentice Hall.

Leu, D. J., Jr., Kinzer, C. K., Coiro, J., & Cammack, D. (2004). Toward a theory of new literacies emerging from the Internet and other information and communication technologies. In R. Ruddell & N. Unrau (Eds.), *Theoretical models and processes of reading* (5th ed., pp. 1568–1611). Newark, DE: International Reading Association.

Levin, I., Snatil-Carmon, S., & Asif Rave, O. (2006). Learning of letter names and sounds and their contribution to word recognition. *Journal of Experimental Child Psychology, 93*(2), 139–165.

Lindfors, J. (1989). The classroom: A good environment for language learning. In P. Rigg & V. Allen (Eds.), *When they don't all speak English: Integrating the ESL student into the regular classroom* (pp. 39–54). Urbana, IL: National Council of Teachers of English.

Li-Yuan, W. (2009). Children's graphical representations and emergent writing: Evidence from children's drawings. *Early Child Development & Care, 179*(1), 67–79.

Lonigan, C. (2006). Conceptualizing phonological processing skills in prereaders. *Handbook of Early Literacy Research, 2,* 77–89.

Lonigan, C., & Whitehurst, G. (1998). Relative efficacy of parent and teacher involvement in a shared-reading intervention for preschool children from low-income backgrounds. *Early Childhood Research Quarterly, 23*(2), 263–290.

Lou, Y., Abrami, P. C., Spence, J. C., Poulsen, C., Chambers, B., & d'Apollonia, S. (1996). Within-class grouping. A meta-analysis. *Review of Educational Research, 66*(4), 423–458.

Manning, M., Manning, G., & Long, R. (1994). *Theme immersion: Inquiry-based curriculum in elementary and middle schools.* Portsmouth, NH: Heinemann.

Mariotti, A. S., & Homan, S. P. (2005). *Linking reading assessment to instruction: An application worktext for elementary classroom teachers* (4th ed., pp. 73–135). Mahwah, MJ: Lawrence Erlbaum.

Marriott, D. (1997). *What are the other kids doing?* Cypress, CA: Creative Teaching Press.

Martinez, M., & Teale, W. (1987). The ins and outs of a kindergarten writing program. *Reading Teacher, 40*, 444–451.

Martinez, M., & Teale, W. (1988). Reading in a kindergarten classroom library. *Reading Teacher, 41*(6), 568–572.

McAfee, O., & Leong, D. (1997). *Assessing and guiding young children's development and learning*. Boston: Allyn and Bacon.

McCarrier, A., Pinnell, G. S., & Fountas, I. C. (2000). *Interactive writing: How language & literacy come together, K-2*. Portsmouth, NH: Heinemann.

McCormick, C., & Mason, J. (1981). What happens to kindergarten children's knowledge about reading after summer vacation? *Reading Teacher, 35*, 164–172.

McElveen, S. A., & Dierking, C. C. (2001). Children's books as models to teach writing. *The Reading Teacher, 54*(4), 362–364.

McGee, L. (2007). Language and literacy assessment in preschool. In J. Paratore & R. McCormack (Eds.), *Classroom literacy assessment: Making sense of what students know and do* (pp. 65–84). New York: Guilford Press.

McGee, L. M., & Morrow, L. M. (2005). *Teaching literacy in kindergarten*. New York: Guilford Press.

McGee, L. M., & Richgels, D. J. (2008). *Literacy's beginnings: Supporting young readers and writers* (5th ed.). Boston: Allyn and Bacon.

McKenna, M. C. (2001). Development of reading attitudes. In L. Verhoeven & C. Snow (Eds.), *Literacy and motivation: Reading engagement in individuals and groups* (pp. 135–158). Mahwah, NJ: Erlbaum.

McKenna, M. C., & Dougherty-Stahl, K. A. (2009). *Assessment for reading instruction*. New York: Guilford Press.

McKenna, M., Labbo, L., Conradi, K., & Baxter, J. (2010). Effective use of technology in literacy instruction. In L. Morrow & L. B. Gambrell (Eds.), *Best practices in literacy instruction* (4th ed.). New York: Guilford Press.

McLaughlin, M. (2003). *Guided comprehension in the primary grades*. Newark, DE: International Reading Association.

McNaughton, S. (2006). Considering culture in research-based interventions to support early literacy. *Handbook of Early Literacy Research, 2*, 113–131.

McNeil, D. (1970). *The acquisition of language: The study of developmental psycholinguistics*. New York: Harper & Row.

Meier, D. R. (2004). *The young child's memory for words: Developing first and second language and literacy*. New York: Teachers College Press.

Meller, W. B., Richardson, D., & Hatch, J. A. (2009). Using reading-alouds with critical literacy literature in K-3 classrooms. *Young Children, 11*, 76–78.

Melzi, G., Paratore, J. R., & Krol-Sinclair, B. (2000). Reading and writing in the daily lives of Latino mothers participating in an intergenerational literacy project. *National Reading Conference Yearbook, 49*, 178–193.

Mendelsohn, A. L. (2002). Promoting language and literacy through reading aloud: The role of the pediatrician. *Current Problems in Pediatric and Adolescent Health Care, 32*(6), 183–210.

Mendelsohn, A. L., Mogilner, L. N., Dreyer, B. P., Forman, J. A., Weinstein, S. C., Broderick, M., Cheng, K. J., Magloire, T., Moore, T., & Napier, C. (2001). The impact of a clinic-based literacy intervention on language development in inner-city preschool children. *Pediatrics, 107*(1), 130–134.

Mendelsohn, A. L., Valdez, P. T., Flynn, V., Foley, G. M., Berkule, S. B., Tomopoulos, S., Fierman, A. H., Tineo, W., & Dreyer, B. P. (2007). Use of videotaped interactions during pediatric well-child care: Impact at 33 months on parenting and on child development. *Journal of Developmental & Behavioral Pediatrics, 28*(3), 206–212.

Mesmer, E. M., & Mesmer, H. A. E. (2008). Response to Intervention (RTI): What teachers of reading need to know. *The Reading Teacher, 62*(4), 280–290.

Miller, L. C. (2010). *Make me a story: Teaching writing through digital storytelling*. Portland, ME: Stenhouse.

Miramontes, O. B., Nadeau, A., & Commins, N. L. (1997). *Restructuring schools for linguistic diversity: Linking decision making to effective programs*. New York: Teachers College Press.

Moats, L. C. (2005–2006). How spelling supports reading: And why it is more regular and predictable than you may think. *American Educator*, 12–22, 42–43.

Montessori, M. (1965). *Spontaneous activity in education*. New York: Schocken Books.

Moore, G. (1986). Effects of the spatial definition of behavior settings on children's behavior: A quasi-experimental field study. *Journal of Environmental Psychology, 6*(3), 205–231.

Morgan, B., & Smith, R. D. (2008). A wiki for classroom writing. *Reading Teacher, 62*(1), 80–82.

Morphett, M. V., & Washburne, C. (1931). When should children begin to read? *Elementary School Journal, 31*, 496–508.

Morris, D., & Slavin, R. (Eds.). (2003). *Every child reading*. Boston: Allyn and Bacon.

Morrison, G. S. (2008). *Fundamentals of early childhood education* (5th ed.). Upper Saddle River, NJ: Prentice Hall.

Morrison, V., & Wlodarczuk, L. (2009). Revisiting read-aloud: Instructional strategies that encourage students' engagement with texts. *The Reading Teacher, 63*(2), 110–188.

Morrow, L. M. (1978). Analysis of syntax in the language of six-, seven-, and eight-year-olds. *Research in the Teaching of English, 12*, 143–148.

Morrow, L. M. (1982). Relationships between literature programs, library corner designs, and children's use of literature. *Journal of Educational Research, 75*, 339–344.

Morrow, L. M. (1983). Home and school correlates of early interest in literature. *Journal of Educational Research, 76,* 221–230.

Morrow, L. M. (1984). Reading stories to young children: Effects of story structure and traditional questioning strategies on comprehension. *Journal of Reading Behavior, 16,* 273–288.

Morrow, L. M. (1985). Retelling stories: A strategy for improving children's comprehension, concept of story structure, and oral language complexity. *Elementary School Journal, 85,* 647–661.

Morrow, L. M. (1986). *Promoting responses to literature: Children's sense of story structure.* Paper presented at the National Reading Conference, Austin, TX.

Morrow, L. M. (1987). Promoting voluntary reading: The effects of an inner city program in summer day care centers. *Reading Teacher, 41,* 266–274.

Morrow, L. M. (1988). Young children's responses to one-to-one story readings in school settings. *Reading Research Quarterly, 23*(1), 89–107.

Morrow, L. M. (1990). Preparing the classroom environment to promote literacy during play. *Early Childhood Research Quarterly, 5,* 537–554.

Morrow, L. M. (1992). The impact of a literature-based program on literacy achievement, use of literature, and attitudes of children from minority backgrounds. *Reading Research Quarterly, 27,* 250–275.

Morrow, L. M. (1995). *Family literacy connections at school and home.* Newark, DE: International Reading Association.

Morrow, L. M. (1996). Story retelling: A discussion strategy to develop and assess comprehension. In L. B. Gambrell & J. F. Almasi (Eds.), *Lively discussions: Fostering engaged reading* (pp. 265–285). Newark, DE: International Reading Association.

Morrow, L. M. (2002). *The literacy center: Contexts for reading and writing* (2nd ed.). York, ME: Stenhouse.

Morrow, L. M. (2003). *Organizing and managing the language arts block.* New York: Guilford Press.

Morrow, L. M. (2004). *Children's literature in preschool: Comprehending and enjoying books.* Newark, DE: International Reading Association.

Morrow, L. M. (2005). Language and literacy in preschools: Current issues and concerns. *Literacy Teaching and Learning, 9*(1), 7–19.

Morrow, L. M. (2007). *Developing literacy in preschool.* New York: Guilford Press.

Morrow, L. M. (2012). *Teaching the alphabet.* Huntington Beach, CA: Shell Educational Publishing.

Morrow, L. M., Applegate, M. D., Applegate, A. J., & Molda, V. B. (2009). Promoting literacy during play by designing early childhood classroom environments. *Reading Teacher, 44,* 396–405.

Morrow, L. M., & Asbury, E. (2003). Best practices for a balanced early literacy program. In L. M. Morrow, L. Gambrell, & M. Pressley (Eds.), *Best practices in literacy instruction* (2nd ed., pp. 49–67). New York: Guilford Press.

Morrow, L. M., Gambrell, L. B., & Freitag, E. (2009). *Using children's literature in preschool to develop comprehension: Understanding and enjoying books.* Newark, DE: International Reading Association.

Morrow, L. M., Kuhn, M. R., & Schwanenflugel, P. J. (2006). The family fluency program. *Reading Teacher. 60*(4), 322–333.

Morrow, L. M., Mendelsohn, A., & Kuhn, M. (2010). Characteristics of three family literacy programs that work. In K. Dunsmore & D. Fisher (Eds.), *Bring literacy home* (pp. 83–103). Newark, DE: International Reading Association.

Morrow, L. M., & O'Connor, E. (1995). Literacy partnerships for change with "at risk" kindergartners. In R. Allington & S. Walmsley (Eds.), *No quick fix: Rethinking literacy programs in America's elementary schools* (pp. 97–115). New York: Teachers College Press.

Morrow, L. M., O'Connor, E. M., & Smith, J. (1990). Effects of a story reading program on the literacy development of at-risk kindergarten children. *Journal of Reading Behavior, 20*(2), 104–141.

Morrow, L. M., Paratore, J. R., & Tracey, D. H. (1994). *Family literacy: New perspectives, new opportunities.* Newark, DE: International Reading Association.

Morrow, L. M., Pressley, M., Smith, J., & Smith, M. (1997). The effects of integrating literature-based instruction into literacy and science programs. *Reading Research Quarterly, 32,* 54–77.

Morrow, L. M., Reutzel, D. R., & Casey, H. (2006). Organization and management of language arts teaching: Classroom environments, groping practices, and exemplary instruction. In C. Evertson (Ed.), *Handbook of classroom management* (pp. 559–582). Mahwah, NJ: Erlbaum.

Morrow, L. M., Scoblionko, J., & Shafer, D. (1995). The family reading and writing appreciation program. In L. M. Morrow (Ed.), *Family literacy connections in schools and communities* (pp. 70–86). Newark, DE: International Reading Association.

Morrow, L. M., Sharkey, E., & Firestone, W. (1994). Collaborative strategies in the integrated language arts. In L. M. Morrow, J. K. Smith, & L. C. Wilkinson (Eds.), *Integrated language arts: Controversy to consensus* (pp. 155–176). Boston: Allyn and Bacon.

Morrow, L. M., & Smith, J. K. (1990). The effect of group setting on interactive storybook reading. *Reading Research Quarterly, 25,* 213–231.

Morrow, L. M., Strickland, D. S., & Woo, D. G. (1998). *Literacy instruction in half- and whole-day kindergarten: Research to practice.* Newark, DE: International Reading Association.

Morrow, L. M., & Tracey, D. (1997). Strategies for phonics instruction in early childhood classrooms. *Reading Teacher, 50*(8), 2–9.

Morrow, L. M., & Tracey, D. H. (1997). Instructional environments for language and learning. Considerations for young children. In J. Flood, S. B. Heath, & D. Lapp (Eds.), *Handbook for literacy educators:*

Research on teaching the communicative and visual arts, 475–485. New York: Macmillan.

Morrow, L. M., & Weinstein, C. S. (1986). Encouraging voluntary reading: The impact of a literature program on children's use of library centers. *Reading Research Quarterly, 21,* 330–346.

Morrow, L. M., & Young, J. (1997). A family literacy program connecting school and home: Effects on attitude, motivation, and literacy achievement. *Journal of Educational Psychology, 89,* 736–742.

Moss, B., Leone, S. & Dipillo, M. L. (1997). Exploring the literature of fact: Linking reading and writing through information trade books. *Language Arts, 74*(6), 418–429.

Moustafa, M. (1997). *Beyond traditional phonics: Research discoveries and reading instruction.* Portsmouth, NH: Heinemann.

Nagy, W. (1988). *Teaching vocabulary to improve reading comprehension.* Newark, DE: International Reading Association.

National Center for Family Literacy. (1993). Parents and children together. In *Creating an upward spiral of success* (pp. 6–8). Louisville, KY: Author.

National Center for Family Literacy. (2004). *Report of the National Early Literacy Panel.* Washington DC: National Institute for Literacy.

National Center on Education and the Economy and the Learning Research and Development Center at the University of Pittsburgh. (1999). *Reading and writing grade by grade: Primary literacy standards for kindergarten through third grade.* Washington, DC: National Center on Education and the Economy.

National Reading Panel Report. (2000). *Teaching children to read.* Washington, DC: National Institute of Child Health and Human Development.

Neuman, S. (1996). Children engaging in story-book reading: The influence of access to print resources, opportunity, and parental interaction. *Early Childhood Research Quarterly, 11,* 495–513.

Neuman, S., &.Roskos, K. (1992). Literary objects as cultural tools: Effects on children's literacy behaviors in play. *Reading Research Quarterly, 27*(3), 203–225.

Neuman, S., & Roskos, K. (1993). *Language and literacy learning in the early years: An integrated approach.* Orlando, FL: Harcourt Brace.

Neuman, S., & Roskos, K. (1994). Building home and school with a culturally responsive approach. *Childhood Education, 70,* 210–214.

Neuman, S., & Roskos, K. (1997). Knowledge in practice: Contexts of participation for young writers and readers. *Reading Research Quarterly, 32,* 10–32.

Neuman, S., & Roskos, K. (Eds.). (1998). *Children achieving: Best practices in early literacy.* Newark, DE: International Reading Association.

Newberger, J. J. (1997). New brain development research: A wonderful window of opportunity to build public support for early childhood education. *Young Children, 52*(4), 4–9.

New Jersey State Department of Education. (1998). *Test specification booklet.* Trenton, NJ: Author.

New Jersey State Department of Education. (2004). *N.J. standards for the English language.* Trenton, NJ: Author.

Newman, J. (1984). *The craft of children's writing.* Exeter, NH: Heinemann.

Ninio, A. (1980). Picture book reading in mother–infant dyads belonging to two subgroups in Israel. *Child Development, 51,* 587.

O'Connor, R. E., Harty, K. R., & Fulmer, D. (2005 November/December). Tiers of intervention in kindergarten through third grade. *Journal of Learning Disabilities, 38*(6), 532–538.

O'Flahavan, J., Gambrell, L. B., Guthrie, J., Stahl, S., & Alverman, D. (1992, April). Poll results guide activities of research center. *Reading Today,* 12.

Ogle, D. (1986). K-W-L: A teaching model that develops active reading of expository text. *Reading Teacher, 39, 564–570.*

Orellana, M. E., & Hernandez, A. (1999). Talking with the walk: Children reading urban environmental print. *Reading Teacher, 51,* 612–619.

Otto, B. (2006). *Language development in early childhood* (2nd ed.). Upper Saddle River, NJ: Merrill/Prentice Hall.

Pappas, C., Kiefer, B., & Levstik, L. (1995). *An integrated language perspective in the elementary school: Theory into action.* New York: Longman.

Paratore, J. R., Homza, A., Krol-Sinclair, B., Lewis-Barrow, T., Melzi, G., Stergis, R., et al. (1995). Shifting boundaries in home and school responsibilities: Involving immigrant parents in the construction of literacy portfolios. *Research in the Teaching of English, 29,* 367–389.

Paratore, J. R., Melzi, G., & Krol-Sinclair, B. (2003). Learning about the literate lives of Latino families. In D. M. Barone & L. M. Morrow (Eds.), *Literacy and young children: Research-based practices* (pp. 101–120). New York: Guilford Press.

Paris, A. H., & Paris, S. G. (2007). Teaching narrative comprehension strategies to first graders. *Cognition and Instruction, 25*(1), 1–44.

Parker, E. L., & Pardini, T. H. (2006). *The words came down: English language learners read, write, and talk across the curriculum, K-2.* Portland, ME: Stenhouse.

Pearson, P. D., Roehler, L. R., Dole, J. A., & Duffy, G. G. (1992). Developing expertise in reading comprehension. In S. J. Samuels & A. E. Farstrup (Eds.), *What research has to say about reading instruction* (2nd ed., pp. 145–199). Newark, DE: International Reading Association.

Pellegrini, A., & Galda, L. (1982). The effects of thematic fantasy play training on the development of children's story comprehension. *American Educational Research Journal, 19,* 443–452.

Pflaum, S. (1986). *The development of language and literacy in young children* (3rd ed.). Columbus, OH: Merrill.

Piaget, J., & Inhelder, B. (1969). *The psychology of the child.* New York: Basic Books.

Pilonieta, P., & Medina, A. (2009). Reciprocal teaching for the primary grades: We can do it, too! *Reading Teacher, 63*(2), 120–129.

Pinker, S. (2007). *The language instinct: How the mind creates language.* New York: Harper Perennial Modern Classics.

Pinnell, G. S., Freid, M. D., & Estice, R. M. (1990). Reading recovery: Learning how to make a difference. *Reading Teacher, 43*(4), 282–295.

Pittelman, S. D., Heimlich, J. E., Berglund, R. L., & French, M. P. (1991). *Semantic feature analysis: Classroom applications.* Newark, DE: International Reading Association.

Prensky, M. (2001). Digital natives, digital immigrants. *On the Horizon, 9*(5), 1–6.

Prescott, O. (1965). *A father reads to his child: An anthology of prose and poetry.* New York: Dutton.

Pressley, M. (1998). *Reading instruction that works: The case for balanced teaching.* New York: Guilford Press.

Pressley, M., Allington, R. L., Wharton-McDonald, R., Block, C. C., & Morrow, L. (2001). *Learning to read: Lessons from exemplary first-grade classrooms.* New York: Guilford Press.

Pressley, M., & Hilden, K. (2002). How can children be taught to comprehend text better? In M. L. Kamil, J. B. Manning, & H. J. Walberg (Eds.), *Successful reading instruction* (pp. 33–53). Greenwich, CT: Information Age.

Purcell-Gates, V., Duke, N. K., & Martineau, J. A. (2007). Learning to read and write genre-specific text: Roles of authentic experience and explicit teaching. *Reading Research Quarterly, 42*(1), 8–45.

Rand, M. (1993). Using thematic instruction to organize an integrated language arts classroom. In L. M. Morrow, J. K. Smith, & L. C. Wilkinson (Eds.), *Integrated language arts: Controversy to consensus* (pp. 177–192). Boston: Allyn and Bacon.

Rand Reading Study Group. (2002). *Reading for understanding: Toward a research and development program in reading comprehension.* Washington, DC: Author/OERI/Department of Education.

Rasinski, T. (1990). Effects of repeated reading and listening while reading on reading fluency. *Journal of Educational Research, 83,* 147–150.

Read, S. (2005). First and second graders writing information text. *The Reading Teacher, 59*(1), 36–44.

Report of the National Early Reading Panel. (2004). Washington, DC: National Institute for Literacy.

Reutzel, D. R., & Cooter, R. B. (2009). *Teaching children to read: Putting the pieces together* (4th ed.). Upper Saddle River, NJ: Pearson/Merrill/Prentice Hall.

Risko, V. J., & Walker-Dalhouse, D. (2010). Making the most of assessments to inform instruction. *The Reading Teacher, 63*(5) 420–422.

Ritchie, S., James-Szanton, J., & Howes, C. (2003). Emergent literacy practices in early childhood classrooms. In C. Howes (Ed.), *Teaching 4- to 8-year-olds* (pp. 71–92). Baltimore: Paul H. Brookes.

Robertson, C., & Salter, W. (2007). *Phonological awareness test E.* Moline, IL: LinguiSystems, Inc.

Rodriguez-Brown, F. V. (2010). Latino culture and schooling: Reflections on family literacy with a culturally and linguistically different community. In K. Dunsmore & D. Fisher (Eds.), *Bring literacy home* (pp. 203–226. Newark, DE: International Reading Association.

Rog, L. J. (2007). *Marvelous minilessons for teaching beginning writing, K-3.* Newark, DE: International Reading Association.

Rosenblatt, L. M. (1988). *Writing and reading: Transactional theory* (Report No. 13). University of California, Berkeley: Center for the Study of Writing.

Rosencrans, G. (1998). *The spelling book: Teaching children how to spell, not what to spell.* Newark, DE: International Reading Association.

Roser, N. (2010). Talking over books at home and in school. In K. Dunsmore & D Fisher (Eds.), *Bringing literacy home* (pp. 104–135). Newark, DE: International Reading Association.

Roser, N., & Martinez, M. (1985). Roles adults play in preschool responses to literature. *Language Arts, 62,* 485–490.

Roskos, K. A., & Christie, J. F. (Eds.). (2000). *Play and literacy in early childhood: Research from multiple perspectives.* Mahwah, NJ: Erlbaum.

Roskos, K. A., Christie, J. F., & Richgels, D. J. (2003). The essentials of early literacy instruction. *Young Children, 58*(2), 52–60.

Roskos, K. A., Tabors, P., & Lenhart, L. (2009). *Oral language and early literacy in preschool: Talking, reading and writing.* Newark, DE: International Reading Association.

Rossi, R., & Stringfield, S. (1995). What we must do for students placed at risk. *Phi Delta Kappan, 77,* 73–76.

Rousseau, J. (1962). *Emile* (ed. and trans. William Boyd). New York: Columbia University Teachers College (original work published 1762).

Routman, R., (2005). *Writing essentials: Raising expectations and results while simplifying teaching.* Portsmouth, NH: Heinemann.

Rowe, D., & Neitzel, C. (2010). Interest and agency in 2- and 3-year-olds' participating in emergent writing. *Reading Research Quarterly, 45*(2), 169–195.

Rowsell, J., & Lapp, D. (2010). Best practices in new literacies. In L. M., Morrow & L. B. Gambrell (Eds.), *Best practices in literacy instruction.* New York: Guilford Press.

Rusk, R., & Scotland, J. (1979). *Doctrines of the great educators.* New York: St. Martin's Press.

Sampson, M. B. (2002). Confirming K-W-L: Considering the source. *Reading Teacher, 55*(6), 528–532.

Schickedanz, J. A., & Casbergue, R. M. (2009). *Writing in preschool: Learning to orchestrate meaning and marks.* Newark, DE: International Reading Association.

Schickedanz, J. A., York, M. E., Stewart, I. S., & White, A. (1990). *Strategies for teaching young children.* Upper Saddle River, NJ: Prentice Hall.

Schwanenflugel, P., Meisinger, E., Wisenbaker, J., Kuhn, M., Strauss, G., & Morris, R. (2006). Becoming a fluent and automatic reader in the early elementary school years. *Reading Research Quarterly, 41*(4), 496–522.

Seefeldt, C., & Barbour, N. (1998). *Early childhood education: An introduction.* Columbus, OH: Merrill/Prentice Hall.

Shannahan, T. (2006). Relations among oral language, reading, and writing development. In C. MacArthur, S. Graham, & J. Fitzgerald (Eds.), *Handbook of writing research* (pp. 171–186). New York: Guilford Press.

Shaywitz, S. (2003). *Overcoming dyslexia.* New York: Knopf.

Sheridan, M., & Rowsell, J. (2010). Design literacies: Learning and innovation in a digital age. London: Routledge.

Shore, K. (2001). Success for ESL students: 12 practical tips to help second-language learners. *Instructor, 1*(110), 30–32, 106.

Silvaroli, N. J. (2001). *Classroom reading inventory* (9th ed.). Boston: McGraw-Hill.

Sipe, L. (2008). *Storytime: Young children's literacy understanding in the classroom.* New York: Teachers College Press.

Skinner, B. F. (1954). The science of learning and the art of teaching. *Harvard Educational Review, 24,* 86–97.

Skinner, B. F. (1992). *Verbal behavior.* Acton, MA: Copley Publishing Group.

Slavin, R. E. (1987). Ability grouping and student achievement in elementary schools: A best-evidence synthesis. *Review of Educational Research, 57,* 292–336.

Slavin, R. E. (1997). *Educational psychology: Theory and practice* (5th ed.). Boston: Allyn and Bacon.

Slavin, R. E., & Madden, N. A. (1989). What works for students at risk: A research synthesis. *Educational Leadership, 46,* 4–13.

Smith, F. (1971). *Understanding reading.* New York: Holt.

Snow, C. E., Burns, M. S., & Griffin, P. (1998). *Preventing reading difficulties in young children.* Washington, DC: National Academy Press.

Soderman, A., & Farrell, P. (2008). *Creating literacy-rich preschools and kindergartens.* Boston: Pearson Education.

Soderman, A. K., Gregory, K. S., & McCarty, L. T. (2005). *Scaffolding emergent literacy: A child-centered approach for preschool through grade 5* (2nd ed.). Boston: Allyn and Bacon.

Sorenson, A. B., & Hallinan, M. T. (1986). Effects of ability grouping on growth in academic achievement. *American Educational Research Journal, 23,* 519–542.

Spandel, V. (2001). *Creating writers through six-trait writing assessment and instruction.* New York: Longman.

Spandel, V. (2008). *Creating young writers: Using six traits to enrich writing process in primary classrooms.* Boston: Allyn and Bacon.

Spencer, B. H., & Guillaume, A. M. (2006). Integrating curriculum through the learning cycle: Content-based reading and vocabulary instruction. *Reading Teacher, 60*(3), 206–219.

Spiegel, D. L. (1992). Blending whole language and systematic direct instruction. *Reading Teacher, 46,* 38–44.

Spielberg, S. (1987). Acceptance speech at the Academy Award Ceremonies, Los Angeles.

Stahl, S. A. (2003). No more "madfaces": Motivation and fluency development with struggling readers. In D. M. Barone & L. M. Morrow (Eds.), *Literacy and young children: Research-based practices* (pp. 195–209). New York: Guilford Press.

Stahl, S. A. (2008). The effects of three instructional methods on the reading comprehension and content acquisition of novice readers. *Journal of Literacy Research, 40*(3) 359–393.

Stahl, S. A., & Heubach, K. M. (2005). Fluency-oriented reading instruction. *Journal of Literacy Research, 37,* 25–60.

Stanovich, K. E. (1986). Mathew effects in reading: Some consequences of individual differences in the acquisition of literacy. *Reading Research Quarterly, 21,* 360–407.

Stauffer, R. G. (1980). *The language-experience approach to the teaching of reading* (2nd ed.). New York: Harper & Row.

Stine, H. A. (1993). *The effects of CD-ROM interactive software in reading skills instructions with second grade Chapter I students.* Doctoral dissertation, George Washington University. Ann Arbor, MI: University Microfilms International.

Strickland, D., & Schickedanz, J. (2009). *Learning about print in preschool: Working with letters, words, and beginning links with phonemic awareness.* Newark, DE: International Reading Association.

Strickland, D., & Snow, C. (2002). *Preparing our teachers: Opportunities for better reading instruction.* Washington, DC: Joseph Henry Press.

Sullivan, N. W., & Buchanan, C. D. (1963). *Programmed reading series.* New York: McGraw-Hill.

Sulzby, E. (1985a). Children's emergent reading of favorite storybooks. *Reading Research Quarterly, 20,* 458–481.

Sulzby, E. (1985b). Kindergartners as writers and readers. In M. Farr (Ed.), *Advances in writing research. Vol. 1: Children's early writing* (pp. 127–199). Norwood, NJ: Ablex.

Sylvester, R., & Greenidge, W. (2009–2010). Digital storytelling: Extending the potential for struggling writers. *The Reading Teacher, 63,* 284–285.

Tabors, P. (1998). What early childhood educators need to know: Developing effective programs for linguistically and culturally diverse children and families. *Young Children, 53*(6), 20–26.

Tafa, E. (2001). *Reading and writing in preschool education*. Athens, Greece: Ellinika Grammata.

Tamis-LeMonda, C. S., Bornstein, M. H., & Baumwell, L. (2001). Maternal responsiveness and children's achievement of language milestones. *Child Development, 72*(3), 748–767.

Taylor, B. M. (2008). Tier 1: Effective classroom reading instruction in the elementary grades. In D. Fuchs, S. Fuchs, & S. Vaughn (Eds.), *Response to intervention: A framework for reading education* (pp. 5–25). Newark, DE: International Reading Association.

Taylor, B. M., Frye, B. J., & Maruyama, M. (1990). Time spent reading and reading growth. *American Educational Research Journal, 27,* 351–362.

Taylor, B. M., Strait, J., & Medo, M. A. (1994). Early intervention in reading: Supplemental instruction for groups of low-achieving students provided by first-grade teachers. In E. H. Hiebert & B. Taylor (Eds.), *Getting reading right from the start* (pp. 107–123). Newark, DE: International Reading Association.

Taylor, D., & Dorsey-Gaines, C. (1988). *Growing up literate*. Portsmouth, NH: Heinemann.

Taylor, L., & Adelman, H. S. (1999). Personalizing classroom instruction to account for motivational and developmental differences. *Reading & Writing Quarterly, 15*(4), 255–276.

Teale, W. (2003). Questions about early literacy learning and teaching that need asking—And some that don't. In D. M. Barone & L. M. Morrow (Eds.), *Literacy and young children: Research-based practices* (pp. 140–157). New York: Guilford Press.

Teale, W. H., & Gambrell, L. B. (2007). Raising urban students' literacy achievement by engaging in authentic, challenging work. *Reading Teacher, 60*(8), 728–739.

Temple, C., Nathan, R., Burris, N., & Temple, F. (1988). *The beginnings of writing*. Boston: Allyn and Bacon.

Templeton, S. (1996). *Teaching the integrated language arts*. Belmont, CA: Wadsworth Publishing.

Tomlinson, C. A. (2004). *How to differentiate instruction in mixed-ability classrooms* (2nd ed.). Alexandria, VA: Association for Supervision and Curriculum Development.

Tompkins, G. E. (2000). *Teaching writing: Balancing process and product* (3rd ed.). UpperSaddle River, NJ: Prentice Hall.

Tompkins, G. E. (2003). *Literacy for the 21st century: Teaching reading and writing in prekindergarten through grade 4*. Upper Saddle River, NJ: Pearson Education.

Tompkins, G. E. (2007). *Literacy for the 21st century: Teaching reading and writing in prekindergarten through grade 4*. Upper Saddle River, NJ: Pearson Education.

Tompkins, G. E., & Koskisson, I. K. (2001). *Language arts content and teaching strategies*. Upper Saddle River, NJ: Prentice Hall.

Treiman, R., & Kessler, B. (2003). The role of letter names in the acquisition of literacy. In R. V. Kail (Ed.), *Advances in child development and behavior* (3rd ed., pp. 105–135. Oxford, UK: Academic Press.

Turbill, J., & Bean, W. (2006). *Writing instruction K-6: Understanding process, purpose, audience*. Katonah, NY: Richard C. Owen.

U.S. Department of Education. (2001). *No child left behind legislation*. www.nochildleftbehind.gov.

Veatch, J., Sawicki, F., Elliot, G., Barnett, E., & Blackey, J. (1973). *Key words to reading: The language experience approach begins*. Columbus, OH: Merrill.

Vukelich, C., & Christie, J. (2009). *Building a foundation for preschool literacy: Effective instruction for children's reading and writing development*. Newark, DE: International Reading Association.

Vukelich, C., Christie, J., & Enz, B. (2007). *Helping young children learn language and literacy*. Boston: Allyn and Bacon.

Vukelich, C., Evans, C., & Albertson, B. (2003). Organizing expository texts: A look at the possibilities. In D. M. Barone & L. M. Morrow (Eds.), *Literacy and young children: Research-based practices* (pp. 261–290). New York: Guilford Press.

Vygotsky, L. S. (1978). *Mind in society: The development of psychological processes*. Cambridge, MA: Harvard University Press.

Walmsley, S. A. (1994). *Children exploring their world: Theme teaching in elementary school*. Portsmouth, NH: Heinemann.

Walpole, S., & McKenna, M. C. (2007). *Differentiated reading instruction strategies for primary grades*. New York: Guilford Press.

Ward, M., & McCormick, S. (1981). Reading instruction for blind and low vision children in the regular classroom. *Reading Teacher, 34,* 434, 444.

Wasik, B. A., & Bond, M. A. (2001). Beyond the pages of a book: Interactive book reading and language development in preschool classrooms. *Journal of Educational Psychology, 93*(2), 243–250.

Wasik, B. H., Dobbins, D. R., & Herrmann, S. (2001). Intergenerational family literacy: Concepts, research, and practice. In S. B. Neuman & D. K. Dickinson (Eds.), *Handbook of early literacy research* (pp. 444–458). New York: Guilford Press.

Weinstein, C. S., & Mignano, A. J., Jr. (2003). *Elementary classroom management* (3rd ed.). Boston: McGraw-Hill.

Weitzman, E., & Greenberg, J. (2002). *Learning language and loving it: A guide to promoting children's social, language, and literacy development in early childhood settings* (2nd ed.). Toronto: Hanen Centre.

Wentzel, K. R. (2009). Students' relationships with teachers as motivational contexts. In K. R. Wentzel

& Wigfield, A. (Eds.), *Handbook of motivation at school* (pp. 301–322). New York: Routledge/Tayor & Francis Group.

Wepner, S., & Ray, L. (2000). Sign of the times: Technology and early literacy learning. In D. S. Strickland & L. M. Morrow (Eds.), *Beginning reading and writing* (pp. 168–182). New York: Teachers College Press.

Whitehurst, G. J., & Lonigan, C. J. (2001). Emergent literacy: Development from prereaders to readers. In S. B. Neuman & D. K. Dickinson (Eds.), *Handbook of early literacy research* (pp. 11–29). New York: Guilford Press.

Wilson, A. A. (2008). Motivating young writers through write-talks: Real writers, real audiences, real purposes. *Reading Teacher, 61*(6), 485–487.

Woods, M. L., & Moe, A. Z. J. (1999). *Analytical reading inventory* (6th ed.). Upper Saddle River, NJ: Merrill/Prentice Hall.

Wright, S. (2010). *Understanding creativity in early childhood*. London: Sage Publications.

Xu, H. (2003). The learner, the teacher, the text, and the context: Sociocultural approaches to early literacy instruction for English language learners. In D. M. Barone & L. M. Morrow (Eds.), *Literacy and young children: Research-based practices* (pp. 61–80). New York: Guilford Press.

Xu, Y., & Drame, E. (2008). Culturally appropriate content: Unlocking the potential of response to intervention for English language learners. *Early Childhood Educational Journal, 35*(4), 305–311.

Xu, S. H., & Rutledge, A. L. (2003). Chicken starts with ch!: Kindergartners learn through environmental print. *Young Children, 58*, 44–51.

Yopp, H. K. (1992). Developing phonemic awareness in young children. *The Reading Teacher, 45*(9), 696–703.

Yopp, R. H., & Yopp, H. K. (2000). Sharing informational text with young children. *Reading Teacher, 53*(5), 410–423.

Young, C., & Rasinski, T. (2009). Implementing readers' theatre as an approach to classroom fluency instruction. *The Reading Teacher, 63*(1), 4–13.

Zecker, L. (1999). Different texts, different emergent written forms. *Language Arts, 76*(1), 483–484.

Zeece, P., & Wallace, B. (2009). Books and good stuff: A strategy for building school to home literacy connections. *Early Childhood Education Journal, 37*(1), 35–42.

찾아보기

역자 소개

권민균

고려대학교 사범대학 가정교육과 졸업

고려대학교 대학원 아동학 석사

UC 버클리대학교 인간발달학 박사

현재 계명대학교 유아교육과 교수

영유아 문해 발달과 교육 7판

Literacy Development in the Early Years
Helping Children Read and Write, 7/E

발행일 ┃ 2012년 3월 13일 초판 발행

저　자 ┃ Lesley Mandel Morrow

역　자 ┃ 권민균

발행인 ┃ 홍진기

발행처 ┃ 아카데미프레스

주　소 ┃ 413-756 경기도 파주시 문발동 출판정보산업단지 507-9

전　화 ┃ 031-947-7389

팩　스 ┃ 031-947-7698

웹사이트 ┃ www.academypress.co.kr

이메일 ┃ info@academypress.co.kr

등록일 ┃ 2003. 6. 18 제406-2011-000131호

ISBN ┃ 978-89-97544-07-3 93370

값 25,000원